Agustín Pániker

# EL JAINISMO

## HISTORIA, SOCIEDAD, FILOSOFÍA Y PRÁCTICA

editorial Kairós

Numancia, 117-121
08029 Barcelona
www.editorialkairos.com

Primera edición: Marzo 2001
Tercera edición: Octubre 2019

ISBN-10: 84-7245-484-3
ISBN-13: 978-84-7245-484-2
Depósito legal: B-46.246/2001

Fotocomposición: Beluga y Mleka, s.c.p. Córcega 267. 08008 Barcelona
Impresión y encuadernación: Ulzama digital

# SUMARIO

# EL JAINISMO

# INTRODUCCIÓN

El jainismo es una de las grandes tradiciones religiosas que ha dado la civilización india. Sin embargo, es una religión apenas conocida fuera del Sur de Asia. Para los pocos que han oído hablar de los jainistas, éstos simplemente forman parte de lo exótico y lo fabuloso de la India. Están inscritos en un paisaje, entre onírico y legendario, que a lo largo de los siglos la imaginación occidental ha ido modelando alrededor de ideas como "India" u "Oriente".

Todo empezó con los cronistas griegos. Siguieron los mercaderes fenicios y romanos. Más tarde, los viajeros árabes, los navegantes portugueses y los misioneros cristianos. Luego, los románticos alemanes, los doctos orientalistas, los colonos británicos, los hippies... hasta los turistas de hoy. Todas y cada una de las generaciones, entre los que viajaron a la India y los que nunca la pisaron, han participado en la creación de un lienzo de una India fantástica, honda, exótica y lejana.

Este paisaje está repleto de junglas frondosas; enmarcado por cordilleras inaccesibles. Allí crecen especias picantes y plantas aromáticas, y moran grandes elefantes, cobras y tigres de Bengala. Es tierra azotada por tormentas tropicales y atravesada por ríos extremadamente sagrados. Entre los arrozales aparecen ojos oscuros y saris de colores. Se han reportado palacios increíbles, habitados por marajás inmensamente ricos. Sus tesoros contienen rubíes luminosos, perlas y ámbares. Estiman que ese país tiene 330 millones de dioses, cada uno con su templo, donde el incienso nunca se apaga. La India, o mejor, la civilización india,* como *elemento de deseo*, ha sido siempre

* Actualmente "India" se identifica con el país definido política y jurídicamente a partir de su nacimiento en 1947. Sin embargo, el espacio al que me referiré durante toda la obra es mucho mayor y extraordinariamente más antiguo que el moderno estado-nación. De hecho, hasta 1947, la India nunca se constituyó en un Estado, concepto eminentemente europeo. El espacio al que apunto es la *civilización india* o, si se prefiere, el Sur de Asia –India, Pakistán, Bangladesh, Nepal, Sri Lanka, Bhután y Maldivas–; una complejísima placa tectónica de la humanidad que no puede reducirse a una mera nación. Comprende infinidad de culturas, religiones, lenguas, grupos sociales, valores éticos, nociones políticas, etc. Por tanto, cuando en esta obra utilizo los términos "India", "civilización india", "Sur de Asia" o "continente indio" –saquémosle de una vez lo de *sub*-continente– no me refiero a una entidad política, sino a una placa civilizacional.

una constante en la frontera de la imaginación occidental. Eso ya lo advirtió Hegel.[1]

Desde luego, existen otras "Indias" imaginadas, menos fantásticas y evocativas. La India del hambre y la pobreza extremas; de la suciedad y la falta de higiene. La India superpoblada de niños y niñas sin futuro. La tierra anegada por el monzón o resquebrajada por la sequía, escenario de catastróficos accidentes. La India hipotecada por la injusticia social o la sumisión de la mujer. O la de los conflictos interreligiosos, el fanatismo y la guerra. Aunque mucho más reciente, y excesivamente promovida por el interés mediático y los espurios *clichés* amarillistas, esta imagen también ha venido a alimentar los estereotipos que nos hemos forjado de la India.

No obstante, el jainismo rara vez se ubica en esta visión miserable, tercermundista y agónica. Si es que llega siquiera a imaginarse, el jainismo se inserta, por decirlo de alguna forma, en una subcategoría de la India fantástica y prodigiosa: la India de la sabiduría, la que desde antaño sedujo a los europeos. Volvamos al cuadro fantástico.

En la cima de alguna montaña o en las afueras de una aldea, junto a un río, quizá en el interior de un templo abandonado, ahí meditan místicos extraordinarios. Quietos, calmos, arquetipos de la sabiduría anónima de tiempos remotos: el yogui de poderes sobrenaturales; el sacerdote versado en letanías sagradas (*mantras*); el faquir sobre el lecho de pinchos; el extravagante santón, cubierto de ceniza; el asceta impávido, entrando en la ataraxia total.

Es en esta última categoría, la de los yoguis proverbiales, en la que se inserta a los jainistas. ¿Acaso no eran jainas los misteriosos filósofos desnudos (*gymnosophistés*) que las tropas de Alejandro Magno (siglo -IV) encontraron en su campaña por la India? Correcto. Los cronistas de Alejandro narran el encuentro del general con ciertos santones, cuya sabiduría ya era por entonces legendaria. Del gimnosofista Kalanos se decía que era inmune al dolor o al placer, y de Dandamis que no osó dejar su tierra. La forma de vida de estos ascetas desnudos, su manera de afrontar la muerte, su indiferencia hacia las convenciones sociales, impresionaron fuertemente a los macedonios. Luego, los filósofos estoicos vieron en ellos la culminación práctica de todas sus teorías acerca de la inmunidad al placer o al dolor.[2] Aunque no todo el mundo acepta que estos sabios desnudos fueran ascetas jainistas,[3] sigue siendo la posibilidad más verosímil.[4] Lo que no deja de ser curioso: que los primeros indios que cautivaron a Occidente fueran monjes de una tradición religiosa que luego Europa olvidó casi por completo. Aún Diógenes Laercio (siglo III) hablaba de aquellos sabios, y se preguntaba hasta qué punto habían pesado en la filosofía helena.[5] Alguna noticia del jainismo retornó, muchos siglos después, de boca de ciertos misioneros y de algún intelectual alemán. Poco a poco, las referencias fueron desapareciendo. Hoy, el jainismo, si es que llega a aparecer en el horizonte occidental, remite sólo a aquella India antigua poblada de ascetas extravagantes que asombraron a los griegos. La imagen inicial ha perdurado, cada vez más difusa y perdida en la leyenda.

Me parece lícito y saludable que se fabule con estos estereotipos y se deje correr la imaginación. Al fin y al cabo, la India ha sido tierra de fábulas y leyendas y siempre ha estimulado una sana vena de ensoñación. Pero, al mismo tiempo, opino que una dosis de comprensión sería preciosa. Mi argumento es que el conocimiento es uno de los pocos remedios que poseemos para el respeto intercultural y para aproximarnos a la descorazonadora complejidad de la India. Una revisión de los *clichés* en modo alguno representa un frío desencantamiento de la escena, sino una comprensión más estimulante y profunda del Otro; en este caso, del jainismo, dentro de la civilización india.

## INFORMACIÓN BÁSICA

Más prosaicamente, el propósito de este libro no es otro que el de rellenar la laguna de conocimientos que sobre esta religión se tiene en Occidente. Siguiendo la dinámica y el desarrollo del jainismo he intentado abarcar sus aspectos principales: su cosmología, su mitología, sus orígenes, sus transformaciones, su propia percepción de la historia, las grandes figuras, los principales grupos religiosos, las castas, los textos, las filosofías, las prácticas rituales y vías soteriológicas, las metas y propósitos, la ética, la iconografía, sus conexiones con otras tradiciones, la geografía sagrada, etcétera. Lo que pretendo es proveer de un manual de *información básica* y de *referencia* para el público general y no necesariamente especializado en la materia.

En un mundo de diálogo resulta indispensable tener conocimiento de los valores y referentes de las distintas civilizaciones del planeta. Y para comprender una civilización tan intrincada como la hindú,* el conocimiento de sus expresiones religiosas es fundamental. Aunque sólo sea por su importancia histórica, los lectores tendrían que familiarizarse con las prácticas y enseñanzas cardinales del jainismo. Y, ciñéndonos al mundo de lengua castellana, que yo sepa, no existe una sola monografía dedicada al jainismo.

## DINÁMICA E HISTORIA DE LA TRADICIÓN

En mi opinión, el estudio de otras culturas debería formar parte de la educación general que se imparte en las escuelas. Y debería enseñarse, en primer lugar, que en una situación planetaria, el diálogo entre las culturas es total-

* Utilizo los gentilicios "indio" (griego: *indoi*) e "hindú" (persa: *hindu*) de forma sinónima, que es su sentido estricto. Cuando quiero dar una connotación religiosa al indio o hindú que practica el *hinduismo* –un concepto colonial malo, que será revisado más adelante– opto por "hinduista".

mente asimétrico: se da en un medio occidental, con un lenguaje occidental y hasta el concepto mismo de diálogo intercultural suena sospechosamente euro-americano. En cierto sentido, al resto del mundo no le queda más remedio que pasar por lo que se llama occidentalización o modernización –ideológica, tecnológica, económica, política–, por ambiguos y matizables que sean estos conceptos. Por parte occidental, un buen antídoto para paliar el efecto de depredación cultural de esta globalización consiste precisamente en el conocimiento y comprensión de los *Otros*. Este libro aspira a fomentar este espíritu de entendimiento. Por parte de las otras culturas, en el viaje hacia la occidentalización, hacia lo que para ellas es *lo extraño*, cada una tendrá que redescubrir y reinterpretar su propia identidad.

Lo interesante es que esto no es nuevo para el jainismo. Toda su historia, como la de cualquier otra tradición, puede enmarcarse en un continuo diálogo con el Otro, ante el cual se define, se opone, se estimula, se combate o se refleja. Veamos.

El jainismo es una religión antigua, por lo menos con 2.500 o 3.000 años de historia más o menos registrada, y con infinitos eones de otra historia, que hoy suele llamarse mítica. Originalmente, a los miembros de esta comunidad se les conocía con el nombre de "desligados" (*nirgranthas*), un apelativo que ilustra bastante bien el carácter ascético de esta religión. A sus líderes históricos y míticos la tradición los llamó con el extraño nombre de "hacedores de vados" (*tīrthaṅkaras*). ¿Vados? Sí, puentes o vados de río para que los demás puedan cruzar a la otra orilla de la liberación (*nirvāṇa*). Un sinónimo de *tīrthaṅkara* es la palabra *jina*, que significa victorioso o vencedor espiritual.[6] El *tīrthaṅkara* o *jina* es, por definición, aquel que venció las pasiones, se deshizo del apego, alcanzó la iluminación y predicó la senda jainista para que los demás pudieran cruzar a la otra orilla de la salvación. El último de estos guías perfectos fue Mahāvīra (siglos -VI/-V), el *jina* de nuestros tiempos. El jainismo es, como su nombre indica, la religión que estos *jinas* expusieron al mundo. Todo seguidor de la senda promulgada por los *jinas* es llamado jainista (*jaina*).*

En su origen, los Otros ante los cuales comenzó a definirse el jainismo fueron el brahmanismo védico y una serie de grupos religiosos denominados shramánicos, entre los que destacaba el budismo –y de los que el propio jainismo formaba parte–. Durante muchos siglos el budismo fue ese Otro, a la vez rival y hermano, con el que el jainismo antagonizó, del que aprendió y al que también alimentó. Más tarde, el Otro tomó la guisa del hinduismo devocional, principalmente el shivaísta (śaiva) y el vishnuista (vaiṣṇava). A conti-

* Como nombre para la religión "jinismo" sería igualmente correcto. No obstante, esta tradición no deriva su nombre del de sus propagadores, sino del de sus seguidores: los *jainas*. Por tanto, opto por "jainismo", que, además, es la fórmula más estandarizada y empleada por los propios jainistas.

nuación, la India musulmana. En los siglos XIX/XX, la colonial. Hoy, el jainismo debe responder al reto de la modernidad –de origen euro-americano– y al nacionalismo hinduista. En todos los casos el jainismo ha tenido que transformarse y crear un nuevo discurso. Esta larga historia de *interacción* es lo que también me propongo subrayar en este libro. El jainismo no es ningún monolito impertérrito, sino una tradición que se ha transformado en respuesta a condiciones sociales siempre cambiantes y en relación a los Otros. Puede, pues, que en su viaje hacia *lo extraño*, el jainismo –y la civilización india *in toto*– tenga más recursos y capacidad de adaptación de lo que se piensa.

Durante décadas se ha tenido la impresión de que el jainismo estaba estancado; era una tradición sin cambios ni verdaderos desarrollos[7] que mantenía un conservadurismo a ultranza. Espero mostrar que, si bien la tradición ha premiado la fidelidad a sus principios, no ha sido ni es un ente tan estático como lo pintan. Por ello creo que el *enfoque histórico* que parcialmente he adoptado, y las incursiones en temas y formas de entender la religión de otras tradiciones de la India, son francamente pertinentes. Desde esta perspectiva se podrá comprender que toda tradición es algo *dinámico* en perpetuo movimiento y contacto con los Otros, y sólo así podremos valorar el inmenso rol desempeñado por el jainismo en la construcción de la civilización india. Creo que el estudio y la divulgación de la historia del Sur de Asia ha enfatizado en exceso el componente brahmánico, védico o sánscrito, en detrimento de otros factores igualmente fundamentales: budista, jainista, tántrico, devocional, tribal, musulmán, sijista o cristiano. Esta obra pretende resituar al jainismo en su justo lugar en la formación y composición de la civilización india. Veamos algún ejemplo.

La comunidad jainista actual es reducida. Consta de unos cuatro o cinco millones de practicantes y se ha mantenido confinada a la tierra que la vio nacer, la India, y a las pequeñas comunidades de indios jainistas que emigraron a África, Europa, América y otros puntos de Asia. Sin embargo, en otro tiempo fue una religión multitudinaria, especialmente entre los siglos V y XII, cuando rivalizó con bastante éxito con las demás tradiciones indias. Su influencia sobre los valores y prácticas de hinduistas o budistas fue notable. El jainismo ha sido, por ejemplo, la religión que mayor énfasis ha puesto en prácticas como el vegetarianismo o la no-violencia (*ahiṃsā*), que hoy son patrimonio de millones de indios y de las religiones índicas. Hasta tal punto ganó prestigio la doctrina de la no-violencia que el brahmanismo la elevó como la virtud cardinal. Todo su viejo sistema basado en los sacrificios animales, prescrito en sus textos sagrados, tuvo que reformarse drásticamente. No extrañará que los dos mayores monarcas de la India, el budista Aśoka (siglo -III) y el musulmán Akbar (siglos XVI/XVII), fueran abanderados de la doctrina de la no-violencia. Hoy, el culto devocional hinduista (*pūjā*) es invariablemente vegetariano y el sacrificio animal ha sido prohibido en la mayoría de estados de la India. Gracias al mensaje de Gandhi, la ética y la *praxis* de la no-violencia alcanzaron todos los rincones del planeta.

Sirva esta reflexión para poner en tela de juicio el extendido *cliché* –bien desgranado por John Cort– de que el jainismo es algo así como una hermana pobre y poco importante del budismo[8] o del hinduismo.

En efecto, si examinamos los tratados sobre la espiritualidad del Sur de Asia, el jainismo aparece –invariablemente a la *sombra* del budismo– cuando se habla de la ola de inquietud espiritual que azotó el Norte de la India allá por los siglos -VI/-IV. Se habla de los cambios intelectuales y sociales de esa época axial y de las nuevas tradiciones de renunciantes-del-mundo (*śramaṇas*) lideradas por maestros carismáticos como el Buddha y Mahāvīra. A partir de ese punto, el jainismo desaparece de los tratados. Se identifica al jainismo sólo con su formulación más antigua y su peso queda confinado al reto que representó para las tradiciones védica y budista durante algunos siglos antes de la era cristiana. Ni se citan genios como Kundakunda (siglo II), Umāsvāti (siglo III), Haribhadra (siglo VIII), Jinasena (siglo IX) o Hemacandra (siglo XII), autores de enorme alcance para la filosofía y la espiritualidad indias. Ni se menciona la influencia del jainismo sobre dinastías medievales como la Gaṅga, la Rāṣṭrakūṭa, la Hoysala o la Solaṅkī. Ni se estudian las prácticas de culto en los templos o los ideales de los laicos. Ni se habla de la enorme contribución del jainismo en el desarrollo de las lenguas vernaculares: el tamil, el kanada, el maharashtri, el hindi o el gujarati. Tampoco de su poderosa influencia en la literatura o el arte indios. Es más, el tono general de muchos indianistas occidentales suele rayar lo despreciativo. El jainismo se presenta como un hecho marginal y de escasa relevancia para la sociedad moderna; eso por no hablar de quienes lo pintan como una secta descolorida, atea e irrelevante.[9] Para los más benévolos, el único interés del jainismo radica en haber preservado una visión del mundo arcaica, pre-filosófica y pesimista.

## INDIANISTAS *VERSUS* SOCIÓLOGOS

Obviamente, los verdaderos expertos conocen la importancia y el peso específico de esta tradición. Existe una larga historia de estudios jainistas.

Los pioneros fueron misioneros y oficiales europeos como Thomas Colebrooke, Horace Wilson, Otto Böthlingk o el padre J. Stevenson, que tradujeron los primeros textos jainistas a lenguas europeas en la primera mitad del siglo XIX. A finales de aquel siglo se remontan los primeros estudios serios por parte de indianistas y sanscritistas de la talla de Albrecht Weber, Georg Bühler o Hermann Jacobi. Durante el XX, otra generación de estudiosos, como Walther Schubring o Ludwig Alsdorf, contribuyeron a enriquecer nuestros conocimientos. La introducción general de Helmuth von Glasenapp, *Der Jainismus*, publicada en 1925, supuso un avance importante en la divulgación inteligente de esta tradición. Por supuesto, me estoy refiriendo a los trabajos de autores *occidentales* enfocados a un público *occidental* y no incluyo aquí los abundantes estudios de los propios jainistas, en los que tantas veces se apoyaron los indianistas. El siguiente hito en la divulgación del jainismo lo constituyó la soberbia introducción de Padmanabh Jaini, *The Jaina Path of Purification*, publicada en 1979. Pero el inconveniente de la jainología radica en que sus trabajos son conocidos únicamente por los eruditos y son de difícil acceso al público menos especializado. Y aún existe otro problema.

La mayoría de estudios sobre las religiones tiende a centrarse en la senda de los virtuosos espirituales –monjes, renunciantes, profetas, santos– y suele olvidar o menospreciar la espiritualidad de la gran mayoría. El jainismo no ha sido una excepción. Baste ojear la mayor parte de los autores que acabo de citar para comprobar que se han concentrado en la tradición escrita del jainismo, una tradición transmitida y redactada por monjes-ascetas y que se ha basado en las preocupaciones y características de la comunidad monástica. Como resultado, los indianistas nos han legado un cuadro bastante árido, androcéntrico y ascético del jainismo. Salvo escasas excepciones, la visión que se ofrece se sostiene en exceso en el estudio textual o en detalles históricos. Significativamente, existen muchos más tratados que tienen que ver con la historia antigua de los jainistas que libros que hablen del jainismo vivo de hoy. Los expertos nos han legado el pernicioso *cliché* de que sólo la India antigua tiene algo interesante que enseñar.

Aunque la visión de los indianistas y sanscritistas es fundamental para la comprensión del jainismo, han fomentado más que nadie otro de los estereotipos clásicos imputados a esta comunidad: el de su excesiva sobriedad, austeridad y tendencia a la ordalía. Aun sin negar el valor que el ascetismo posee para la comunidad, todo aquel que haya convivido con miembros de este colectivo estará de acuerdo conmigo –y con John Cort– en que se trata de gentes no menos alegres que los siempre extravertidos hinduistas, ni sus rituales menos vistosos y hasta sensuales que los de sus vecinos.[10] Existe una gran brecha entre la imagen monástica del jainismo y la religión viva que practican los laicos. –Lo mismo podría decirse del hinduismo en general, y de ahí la gran decepción del aficionado cuando viaja a la India y se percata de que el país no concuerda con los libros que ha leído o estudiado.–[11]

Pienso que el lenguaje de los historiadores y los indianistas tiene que complementarse con el de los sociólogos y antropólogos, quienes pueden ofrecernos una visión más actual de la tradición. El estudio textual es imprescindible para conocer el *pensamiento religioso* de un pueblo, pero es insuficiente para explicar el *comportamiento religioso* de la gente. Precisamente, desenfatizando algo más el estudio textual y compaginándolo con el trabajo de campo, recientemente han surgido autores como Ken Folkert, John Cort, Paul Dundas, Caroline Humphrey, James Laidlaw o Lawrence Babb, que han sabido ofrecer una visión más viva y rica del jainismo. Pienso que es importante aportar el conocimiento antropológico que explique la tradición tal y como la vive la inmensa mayoría de sus seguidores. El jainismo de los laicos, digámoslo de una vez, no es una versión inferior o popular de un verdadero o auténtico jainismo de los monjes –lo mismo podemos decir del budismo–. El jainismo laico es un modo de vida integral y es un camino de progresión espiritual que sigue las mismas pautas que el de los virtuosos ascetas. Ocurre que integra los valores, las metas y la metafísica tradicionales de una forma distinta.

Lamentablemente, ni los estudios de los indianistas ni los trabajos de los sociólogos han sido vertidos al castellano. La laguna es tal, que, con la modestia que se requiere, pretendo que mi trabajo sea pionero en el mundo de habla hispana. Aunque por lo general mantendré el tono despersonalizado de los ensayos de los indianistas –no por presunta objetividad sino como forma de reconocer mi apropiación de ideas y valoraciones de los expertos–, y estoy igualmente en deuda con los trabajos sociológicos, este libro se basa asimismo en mi experiencia directa con diversos colectivos jainistas en Delhi, Rajasthan, Gujarat, Maharashtra y Karnataka.

## LO QUE EL JAINISMO PUEDE ENSEÑAR

El diálogo intercultural no debería acabar en una comprensión mutua de mera cortesía. Creo que los lectores han de tener la sagacidad de aprender y aprovecharse de las tradiciones de sabiduría de la humanidad. Éste es el siguiente propósito implícito en este trabajo. Es decir, las tradiciones de la India no sólo tendrían que conocerse porque mucha gente las practica, porque representan la visión del mundo de millones de personas o porque el planeta se ha hecho pequeño, sino porque tienen algo que aportar a este –y cualquier– lado del mundo. El jainismo puede *enseñarnos*.

Asia no sería lo que es sin la gran aportación jainista, maravillosamente canalizada por el budismo, de la no-violencia (*ahiṃsā*): la virtud de no dañar a ningún ser vivo; o más exactamente: el estado de ánimo recto y vigilante de no infligir daño a ningún ser vivo ni a uno mismo. La *ahiṃsā* sería el rasgo fundamental que caracterizaría a la comunidad jainista en su totalidad y al jainismo como religión. Esta ética ha inspirado a toda la comunidad durante siglos y ha servido para vehicular las formas clásicas del jainismo hasta el presente. La virtud de la *ahiṃsā* es el epicentro de lo que podría ser un modo de vida jainista. Y el mundo haría bien en colocar este valor en un lugar preeminente y compartir una visión más jainista de nuestro entorno, de las relaciones humanas y de los seres que nos rodean. La enseñanza jainista de la noviolencia constituye una de las soluciones más poderosas y comprometidas al problema de la violencia del mundo.

Desde la perspectiva hindú, todos los seres participamos del mismo flujo de la vida (*saṃsāra*). Naturaleza y sociedad no se oponen. Al mismo tiempo, la India tiene que afrontar el reto de la modernización. No le queda más remedio si no quiere hundirse en niveles de pobreza más insostenibles. Y la modernización acarrea siempre el consumismo, el prisma economicista, la explotación del medio, el uso de tecnología furiosa, etc. El futuro, desde un punto de vista global –antropológico, cultural, medioambiental, social, psicológico–, no es halagador. No obstante, la India posee sus recursos para capear estos problemas. Y uno de ellos, aunque obviamente no el único, reside en el ejemplo de sus tradiciones de renunciantes. Durante muchos siglos los renunciantes de la India –budistas, jainistas, shivaístas– han predicado silenciosamente con el ejemplo de la frugalidad, el desapego, la no-violencia o el no-consumismo. Existen muchas formas de adaptar y reinterpretar los valores éticos y espirituales del jainismo para ayudar a paliar los problemas sociales o medioambientales modernos. Una actitud más compasiva por los animales, éticamente más vegetariana –no necesariamente dietéticamente– o más desapegada en cuanto a posesiones, podría aportar mucho bien a la sociedad.

El jainismo promueve, asimismo, la doctrina del no-absolutismo (*anekāntavāda*), un concepto que podría traducirse por pluralismo filosófico. Un pluralismo conciliador que anima a evitar todo extremo. Creo que un perspectivismo agudo como el jainista podría contribuir a un mundo o una existencia más saludable, comprensiva e inteligente. Y podría constituir un buen antídoto frente a la tendencia, precisamente de muchas tradiciones religiosas, de enrocarse en dogmatismos o fundamentalismos de diversa índole.[12]

Lo que quiero mostrar con estos ejemplos es que uno puede *vivir* la idea y la práctica de la no-violencia o del perspectivismo *à la jain*. Es más, todo aquel que se ha familiarizado un poco con el jainismo se ha convertido en una especie de jainista *sui generis*. Quizá muchas de las enseñanzas jainistas resuenen extrañas, lejanas, exóticas y hasta impracticables. No se trata de convertirse a ninguna religión, ni disfrazarse de santones. Este libro es una invitación a que cada uno reinterprete el jainismo –o, ya puestos, cualquier tradición espiritual– de forma creativa y fecunda. Sólo con el conocimiento de otros referentes se abre la posibilidad de revisar las convicciones propias.

Para mí, la experiencia del jainismo ha sido sumamente enriquecedora. Éste es un libro sólo parcialmente académico. Ante todo, ha sido un trabajo de estudio personal, fruto de mi simpatía y sintonía con muchas de las enseñanzas de esta tradición.

## HERMENÉUTICA

El aprendizaje de otras sabidurías no es cosa sencilla. Se requiere la audacia de dejarnos enseñar por otros sin renunciar a un espíritu crítico o a convicciones que consideramos válidas. Soy consciente de que reinterpretar las tradiciones picoteando un poco de allí y un poco de allá puede desembocar en el clásico *pot-pourri* de creencias a la carta sin ningún tipo de solidez. Se requiere también cierta agudeza e inteligencia para saber discriminar entre lo que podemos aprender y lo que resulta irreconciliable con nuestra cultura; y cierta lucidez e imaginación para no caer en superficialismos o modas baratas.

Desembarazarse del eurocentrismo es una tarea mucho más difícil de lo que parece a simple vista. Pero sí podemos abrir un interés intercultural que sea fecundo. Y para abrirse y aprender de unos "idiomas" extraños, antes debemos escucharlos. Por ello, también presento la obra como punto de partida para que el lector o la lectora ya familiarizados con las religiones índicas pueda profundizar más allá de los datos elementales. Este libro es también una *invitación al estudio* de las tradiciones de la India: estudio de su filosofía, de su arte, de sus modos de vida, de su forma de integrarse en el mundo, del modo de salirse de él... en resumen, de la dimensión espiritual según la ha concebido la India y la tradición jainista en particular. Por esta razón, me he apartado del discurso meramente informativo o histórico y he pasado a esbozar consideraciones de mayor calado. He tratado de explicar los significados de algunos de esos aspectos y símbolos religiosos: qué significa tal o cual meta, cómo percibe la tradición su propia historia, cómo una deidad es menos que un iluminado, qué es un texto sagrado, qué significa alimentar a un monje, etcétera.

Todo estudio antropológico, indológico, histórico o sociológico del Sur de Asia es un trabajo de *interpretación*. Por momentos, los lectores pueden tener la impresión de que mi interpretación se desmarca del carácter divulgativo y nos adentramos en terrenos sólo aptos para especialistas. No es éste mi ánimo. Parto de la base de que el público pide hoy algo más estimulante que la mera recopilación de datos. Los lectores quieren conocer también los significados profundos de la espiritualidad o la antropología de una civilización, en cuyo caso deben sumergirse en un mundo poco familiar y dejarse impregnar de una mentalidad que enfoca las cosas desde una perspectiva, a veces, radicalmente distinta. Y para poder interpretar el pensamiento y el comportamiento de la India será preciso vaciar la mente de determinados constructos, categorías, formas de entender el mundo o lo religioso, típicas de la tradición occidental.

## INTRODUCCIÓN AL JAINISMO

Una buena forma de introducir todas estas consideraciones consiste en captar los supuestos fundamentales, la escala de valores y el plano de partida en el que se sitúa el jainista. Los lectores ya familiarizados con las concepciones indias hallarán numerosos puntos en común con el budismo Theravāda o la filosofía brahmánica Sāṃkhya, dos de los más antiguos sistemas filosóficos hindúes. Mi intención, empero, no es comparativa sino didáctica. Pongámonos en la piel de un jainista adulto: ¿qué tiene en mente cuando imagina su religión?, ¿cuál es su bagaje?

## LA RELIGIÓN COMO SOTERIOLOGÍA

El punto de partida es espectacular. La primera máxima del jainismo enseña que todo individuo, por su propio esfuerzo, sin la ayuda de dioses, únicamente con la guía de la enseñanza promulgada por los *jinas*, es capaz de labrarse el camino espiritual en pos de la meta más alta: la liberación (*mokṣa, nirvāṇa*).

La religión jainista no pretende únicamente que los hombres y mujeres se integren en la sociedad y el cosmos –aspecto funcional de toda religión–; concomitantemente, se trata de una soteriología –aspecto místico de toda religión–, que pretende desligarlos de lo fenoménico. Este punto puede resultar extraño al occidental, que está poco acostumbrado a concebir la religión como senda de progresión espiritual. Las tradiciones asiáticas en general, y las índicas en particular, son difíciles de encajar en nuestro concepto de "religión" porque, como ha visto Frits Staal, el énfasis no se pone en las doctrinas o creencias, sino en el ritual y el *misticismo*.[13] Para los indios, la existencia es inadmisible sin este referente de progresión espiritual, purificación o búsqueda de la emancipación. Eso es lo que la India ha llamado *yoga*. Siguiendo una pauta típicamente hindú, el jainismo insiste en que el saber gnóstico y las prácticas éticas, rituales y contemplativas pueden conducirnos a lo más alto. La enseñanza de los *jinas* iluminados no sólo es *comunicable*, sino que puede ser *realizable*.

Históricamente, los jainistas fueron pioneros a la hora de aupar la mística y el *yoga*. Ciertamente, no estaban solos. Actuaban en paralelo a las enseñanzas de las *Upaniṣads* védicas, a la doctrina promulgada por el Buddha y a las indagaciones de otros grupos religiosos que compartían esta revolucionaria visión del sentido de la vida. Las interacciones entre estos vectores estaban a la orden del día. Pero de todos los sistemas religioso-filosóficos del mundo el jainismo fue el primero en plantear, de una forma clara y sin ambages, un camino de salvación *libre de toda intervención sobrenatural*. Los *jinas* o conquistadores espirituales fueron *maestros humanos* que alcanzaron la iluminación (*kevala-jñāna*) o conocimiento infinito y que predicaron la senda que conduce a la liberación. Por tanto, los jainistas no precisan de Dios, y son, estrictamente hablando, ateístas. Para alguien habituado a un medio teísta semítico, el ateísmo religioso del jainismo o del budismo resulta francamente impío. De ahí la clásica reflexión de que unas religiones que son ateístas, en verdad, no son religiones; tal vez filosofías. ¿Filosofías?

## EL AXIOMA BÁSICO

La meta del jainismo, que comparte con la mayoría de las religiones o filosofías hindúes, consiste en la liberación, emancipación o salvación espiritual, a la que los jainas suelen referirse indistintamente con apelativos como *mokṣa, mukti, nirvāṇa* o *kaivalya*. Pero, ¿de qué se libera o emancipa el jaina? De la condición de alienación y contingencia de *ser humano*. El jaina, el hindú en general, aspira a trascender la condición humana, a desembarazarse del lenguaje, a rebasar la condición de atadura a este mundo, y su consecuencia inevitable –y esto también es importante–, el renacimiento en otra vida de apego.

En efecto, el pensamiento hindú tradicional ha sido muy reacio a limitar la noción de ser humano a una única vida. Para la India clásica no hay una diferencia sustancial entre nacimiento y renacimiento. El jainista, el hinduista o el budista piensan que nuestra existencia no es sino una más dentro de una cadena infinita de renacimientos. Como algunos saben, el renacimiento es causado por la acción (*karma*), particularmente por aquellas acciones cometidas bajo el signo de la ignorancia (*avidyā, mithyādṛiṣṭi*) y el deseo (*kāma, tṛiṣṇa*). La pregunta es obvia: ¿por qué la acción conlleva el renacimiento?, ¿cómo se produce la encarnación? La India siempre ha considerado que la acción, sea física, verbal o mental, no es un evento independiente y sin consecuencias. Toda acción deja una semilla, un trazo, un efecto trascendental (*saṃskāra, vāsanā*) que, bajo determinadas condiciones, aparecerá tarde o temprano como fruto. Un aspecto clave de la cuestión es que el efecto no está confinado a la vida presente, sino que, adosado de forma sutil al agente, continúa más allá de la muerte física y tiene como consecuencia más tangible la transmigración. En el caso del jainismo, la teoría del *karma* mantiene que la valencia de la acción se adhiere al espíritu (*jīva, ātman*) bajo la forma de una *materia* refinadísima que oscurece sus cualidades. La acción es la causa que nos devuelve una y otra vez a una nueva vida contingente, pues la "acción" se ha adherido materialmente al agente y lo lastra a una nueva existencia. Esta noción materialista del *karma* es única del jainismo. La nueva existencia vendrá fuertemente determinada por el mérito (*puṇya*) o demérito moral (*pāpa*) de las acciones de vidas anteriores. Y puesto que todo ser vivo actúa apegadamente y con desconocimiento de su situación, la cadena puede perpetuarse indefinidamente. Por extensión, a la ley que rige todo este proceso se la denomina ley del *karma* o ley de causa-y-efecto, y a la rueda de transmigraciones, *saṃsāra*.

Aunque las condiciones del nuevo nacimiento vienen en parte determinadas por la cualidad de las acciones cometidas, hay espacio para el libre albedrío –los naipes vienen dados, pero el jugador es libre de jugar como quiera–. De ahí que la concepción del *karma* no desemboque en el más absoluto fatalismo y que la senda de progresión espiritual cobre sentido pleno.

Esta formulación elimina la necesidad de cualquier intervención divina. No hay "caída" al estado en el que nos encontramos. El mundo es lo que es, y los seres lo que son, debido a las fuerzas retributivas del *karma*. La formulación es bastante subversiva para la mente occidental, pues resulta que la desigualdad de la existencia queda racionalmente explicada por una mecánica ley impersonal.

Este esquema es el origen de las más importantes soteriologías de la India. Lo compartieron, con diversos matices, Mahāvīra, el Buddha, los sabios védicos de las *Upaniṣads* e infinidad de otros maestros indios de la misma época. Forma parte del bagaje cultural del pueblo hindú en su totalidad.

Pero, ¿quién o qué es lo que transmigra? Aquí el jainismo se aleja del budismo y se aproxima a ciertos sabios brahmánicos. El jainismo postula que el mundo está repleto de seres vivos (*jīvas*), que es su forma de expresar lo que los hinduistas suelen llamar espíritu (*ātman, puruṣa*). Aunque hay diferencias respecto a la noción brahmánica de *ātman*, de momento sirva decir que, según el jainismo, los infinitos espíritus (*jīvas*) encarnan en los distintos tipos de seres vivos (*jīvas*), desde las más ínfimas bacterias hasta los hombres y mujeres de este mundo. Esta concepción espiritual de todo ser vivo constituye el trasfondo de la doctrina jaina de la no-violencia. Para el jainismo, estos *jīvas* tan pronto son seres humanos, animales, seres de los infiernos como seres angélicos de los cielos. Hay continuidad entre las variopintas formas de existencia. Aunque *esencialmente* el espíritu es conciencia pura, dicha infinita y energía sin igual, está atrapado en la prisión de la materia debido a las acciones cometidas. Y puesto que el agente actúa apegado a lo mundanal, empezando por el cuerpo que su propio *karma* le ha construído, el estado de atadura (*bandha*) no es otro que la conexión entre el espíritu y la materia. A lo que aspira el jainista es a liberar el espíritu del ciclo de muertes y renacimientos en el mundo de la materia. El jaina quiere liberarse del *saṃsāra* condicionado por sus propios actos; quiere liberarse de la prisión de la eternidad corporeizada. Para lograrlo, purificará el espíritu de todo lo que es extraño a su naturaleza esencial. El liberado será aquel que *coincida* con sí-mismo: la conciencia no contaminada por el egoísmo, la pasión, el lenguaje y la ignorancia. Al ser puro conocimiento (*jñāna*) y visión infinita (*darśana*), las acciones dejan de estar enraizadas en la ignorancia y el apego, por lo que son, kármicamente hablando, inocuas, neutras. Esa realización es el *nirvāṇa*; literalmente, "dejar de soplar", "apagarse", "extinguirse".[14] ¿Qué es lo que se extingue? La llama del *karma*, el motor de la rueda de transmigraciones. Sin *karma* que lo ate, el liberado se sale del ciclo de muertes y renacimientos, por lo que también es legítimo decir que la liberación es emancipación de la muerte (*māra, mṛityu*). Y es que ¿cómo va a morir aquel que se ha desprendido de la artificialidad de un ego? Abolida cualquier identificación con el ego –apegos, pensamientos, emociones– no existe ni "yo" ni "muerte", sólo la *conciencia* de *ser*.

## LA SENDA

Ninguna tradición espiritual india olvida mencionar cómo se avanza hacia la liberación. Es más, las enseñanzas prácticas y yóguicas siempre van por delante de las doctrinales. ¿Qué tiene que hacer, pues, el jainista para liberarse? El camino que conduce a la liberación, la senda jainista de purificación, tiene su expresión más concisa y abreviada en las llamadas Tres Joyas (*triratna*): 1) correcta visión (*samyak-darśana*), 2) correcto conocimiento (*samyak-jñāna*), y 3) correcta conducta (*samyak-cāritra*).

Darse cuenta del estado de atadura en el que nos hallamos es difícil y arduo. Difícil por nuestro desconocimiento esencial de la naturaleza del espíritu y del cosmos. Y arduo porque nuestros deseos y acciones apegadas turban la naturaleza prístina del espíritu, turban su propia clarividencia –la visión y conocimiento perfectos–, y nos llevan a actuar de forma ignorante, alimentando nuevamente la cadena del *saṃsāra*. Nos encontramos en un círculo vicioso. Lo que pretende la senda jainista es dinamitar primero nuestra ignorancia, romper el círculo. Con la sabiduría necesaria se podrá combatir el apego y desligar el espíritu de su atadura a lo mundano.

Primero, el jaina trata de "ver" (*darśana*), de tener confianza en la enseñanza jainista, que es lo que encapsula la joya de la correcta visión. Luego, mira de "comprender" (*jñāna*), de eliminar la ignorancia y entender el alcance de la enseñanza. Eso es la segunda joya. Entonces no habrá más remedio que "comportarse" (*cāritra*) de acuerdo a este conocimiento. Adoptar las pautas éticas, ascéticas y meditativas que millones de jainistas han seguido; encapsuladas en la tercera joya. Esta conducta es lo que se llama *ascetismo* jainista y es lo que más distingue a los jainas de otros colectivos indios.

¿En qué consiste este ascetismo? Para conducirse correctamente en la senda liberadora, el jainista se dedicará a una serie de ejercicios ascéticos que normalmente toman la forma de ayunos y restricciones de dieta, confesiones, penitencias, limitación de actividades –en el caso de los monjes incluye la abstinencia sexual o de posesiones– y una serie de prácticas meditativas –contemplación, culto a los *jinas*– destinadas a detener el influjo de más *karma* y diseñadas para quemar o eliminar el *karma* ya acumulado. ¿Quemar *karma*? Sí. Como ya dije, el jainismo considera que la acción literalmente se materializa en forma de átomos kármicos muy sutiles que se infiltran en el espíritu y lo lastran. De lo que se trata es de evitar la entrada de más materia kármica y eliminar las partículas kármicas ya adheridas al espíritu. Lo que el jainista pretende es *purificar* su espíritu, descontaminarlo del ego, la pasión y la ignorancia. El eje de esta maestría espiritual es la no-violencia (*ahiṃsā*) hacia cualquier forma de ser vivo acompañada de la práctica de la austeridad (*tapas*), el desapego (*aparigraha*) y la concentración mental (*dhyāna*). Quien consiga controlar las pasiones hasta el punto de que logre *desidentificarse* de toda acción, ése será un omnisciente (*kevalin*), alguien que habrá rechazado todo *karma*, habrá quemado todo lastre de *karma* y cuyo espíritu no encarnará nunca jamás. Ya no será un humano sino un espíritu liberado (*mukta*), un perfecto (*siddha*). Con la muerte física, la mónada espiritual morará en su pureza original, caracterizada por la conciencia, el conocimiento, la energía y la dicha infinitas.

## JAINISMO SUPRAMUNDANO FRENTE A JAINISMO MUNDANO

¿Es posible esta maestría espiritual? La respuesta india o jaina es tajante: la búsqueda de esta perfección es lo único verdaderamente esencial en la vida. Pero está claro que no todo el mundo puede lograrla, siquiera perseguirla. Las cifras son elocuentes: existen en la India unos diez mil monjes jainistas que han renunciado al mundo y se entregan enteramente a ello. El número de *ascetas* –en el contexto jainista una palabra menos equívoca que la de monje– es elevado, pero insignificante frente a los millones de laicos que no han decidido renunciar. Y la inmensa mayoría de jainistas, más que a liberarse, aspira a generar el suficiente mérito religioso (*puṇya*), el suficiente buen *karma*, para renacer como divinidad o humano, quizá como un hombre espiritualmente avanzado que pueda tomar la senda de los ascetas renunciantes en una futura vida. Para los más, el jainismo no sólo es soteriología. Y es que no podría ser únicamente soteriología, pues sin la comunidad laica que lo mantiene con sus donaciones, el linaje de renunciantes no podría perpetuarse.

A simple vista, pues, parece existir una contradicción entre los valores supramundanos y renunciatorios del camino seguido por los ascetas que aspiran a la liberación –camino perfectamente idealizado en las vidas de los *tīrthaṅkaras*– con la vida en este mundo y metas humanas de los laicos, que persiguen el mérito religioso. Si a esta disonancia añadimos que la comunidad laica jainista es, en términos de riqueza, una de las más poderosas e influyentes de la India, la cuestión se torna de lo más paradójica. ¿Cómo pueden integrarse esas dos formas de vida y esas dos metas?, ¿cómo asimilar recomendaciones tan poco prácticas como el completo desapego, la no-violencia radical o las privaciones para aniquilar el *karma*?, ¿qué hacer con el ideal del *nirvāṇa*?

Como tendremos ocasión de ver, la tradición ha ideado numerosas herramientas –ideas, instituciones, prácticas y relaciones– para que el camino de los ascetas impregne sutilmente las prácticas de los laicos –y viceversa– y esos valores "imposibles" puedan tener cabida en la vida de los hombres y mujeres que no han decidido renunciar a este mundo. Las recomendaciones de confianza, sabiduría y conducta que se prescriben en las Tres Joyas, por ejemplo, dominan la vida de los seglares de igual modo que la de los ascetas, quizá con una diferencia de grado. Ocurre que, dada su implicación excesiva en los asuntos mundanos, los legos están impedidos de una vida de entera dedicación a la iluminación. Pero si bien los laicos y laicas no esperan alcanzar la meta de la liberación durante esta vida, no dejan de apuntar hacia ese mismo fin. La liberación es el faro que alumbra su existencia.

Para la laicidad, más que un *yoga* o un conjunto de teorías y doctrinas que deben ser puestas en práctica, el jainismo es un programa ético y ritual. De lo que se trata es de imbuirse de valores ascéticos, que es la forma segura de generar buen *karma* y dar profundidad a la vida presente. El aspecto soteriológico de las religiones índicas tampoco debe sobredimensionarse. Un hindú de a pie es un personaje menos ultramundano de lo que muchas veces se dice. Está tan preocupado por las necesidades prácticas y materiales de este mundo como un europeo o un africano. Sucede, es cierto, que nunca olvida la meta última de la trascendencia de la condición humana. Pero el hinduista, el budista o el jaina de a pie no tiene prisa en alcanzar el *nirvāṇa*. Le aguarda una larga cadena de futuras existencias ante sí para poder dedicarse a la cuestión.

## EL CONCEPTO DE RELIGIÓN

Volvamos ahora a la pregunta que nos hacíamos páginas atrás: ¿es el jainismo una filosofía? Personalmente, no creo que el esbozo dibujado pueda ser considerado una filosofía. Incluye, claro está, presupuestos filosóficos. Pero también posee una dimensión ética nítida. Y otra ritual; y social. Y comprende una senda meditativa y ascética –soteriológica– que poco tiene que ver con la idea que se tiene en Occidente de filosofía. Además, para la mayoría de laicos las doctrinas filosóficas son secundarias. Los jainistas no siguen de forma estricta las premisas teóricas delineadas por sus maestros, clérigos y textos. Este rasgo es particularmente acusado en la India, donde impera una saludable anarquía entre las directrices y las prácticas religiosas. Por tanto, está claro que el jainismo no es *solamente* una filosofía. Ahora bien, ¿es una religión?

Desde luego, si constreñimos la palabra "religión" a una creencia en Dios, a una revelación en unas Escrituras, a un monopolio de la Verdad bajo una doctrina específica, más una obligatoriedad de conversión y rechazo a toda Alteridad, entonces el jainismo claramente no es ninguna religión. Aún iría más lejos: religiones de este tipo no existen en la mayor parte del mundo. Esta definición es una proyección de las líneas maestras que caracterizan a las tradiciones abrahámicas. Por no tener, el jainismo no tiene ni Iglesia, por lo que la noción de ortodoxia, heterodoxia o herejía respecto a un dogma es, estrictamente hablando, imposible. Sin embargo, pienso que el jainismo *es una religión*, y lo es más allá de la etimología de la palabra "religión" (*religio*) y los significados que le dieran Cicerón, Lactancio y Tertuliano. El que se utilice mal el concepto y se trate de semitizar indiscriminadamente a cualquier tradición espiritual –léase a Wilfred Cantwell Smith–,[15] creo que no nos obliga a eliminarlo. Comparto la idea de que las llamadas grandes religiones del mundo –todos los *-ismos*– no son más que categorizaciones útiles para la administración y el interés periodístico.[16] A mi juicio, la religión sería –como los conceptos "cultura", "lenguaje" o "sociedad"– una dimensión que interpenetra al individuo, la sociedad y la cultura, y no un compartimento estanco *dentro* de la cultura, la sociedad o la elección personal. Evidentemente, eso no quiere decir que no podamos escoger referentes y hasta "convertirnos" –si a uno le da por eso–. Lo que quiero decir es que, en rigor, todos somos *homo religiosus*. Desde esta perspectiva el jainismo, más que una religión que posea dogmas inmutables, cánones fijos, prácticas consensuadas o instituciones cerradas, es una dinámica y dimensión particular de la civilización hindú, una dinámica que podemos llamar "religiosa" no porque nos religue a Dios, sino porque, como escribió Raimon Panikkar a propósito del budismo, lo es porque desliga, porque libera.[17]

## LA IDENTIDAD JAINISTA

El jainismo es un producto intrínsecamente indio, y como tal debe ser contemplado. Posee innumerables puntos en común con lo que ha venido a llamarse hinduismo, o con la tradición hermana budista. Y es que las fronteras religiosas son muy difusas en el Sur de Asia. Salvo en el caso de los profesionales religiosos –ascetas, monjes, sacerdotes, renunciantes– la noción de conversión apenas existe en la India.

Todo ello no despoja al jainismo de determinadas características que lo hacen único. El jainismo no es un arroyo dentro del caudal hinduista, sino un punto de vista y una sensibilidad particular de la civilización hindú. Existe una forma jainista de entender el mundo o de labrarse la vida. O mejor, existen múltiples formas jainistas de entender el mundo e imaginarse lo que el propio jainismo es. No se trata únicamente de la tradición legada por los monjes-ascetas, sino que también es la tradición de los poetas jainistas, de los reyes jainistas, de los arquitectos jainistas, de las mujeres jainistas, de los filósofos, los banqueros, los agricultores y un largo etcétera. Todo ello forma parte del jainismo o *los jainismos*.[18] El plural es apropiado porque en la India lo que impera, más que la etiqueta religiosa, son los linajes de maestros, las tradiciones de culto, las agrupaciones de casta. De hecho, muchos jainistas del Norte de la India, que siguen la corriente llamada Śvetāmbara, poseen más afinidades, puntos en común y hasta simpatía con los hinduistas vishnuistas, con quienes llegan a establecer enlaces matrimoniales, que con los jainistas del Deccan, que siguen la corriente llamada Digambara. Estos comentarios, empero, no deben conducirnos a la conclusión, típica del post-modernismo, de que el jainismo, dada su pluralidad, no existe, es una "categoría" inventada por los expertos. Esto es algo repetidamente escuchado –por cierto, con bastante sentido– acerca del hinduismo,[19] y que trataremos en su debido momento. Pero en el caso del jainismo, obviaría el hecho de que, durante dos milenios, los jainistas se han cuestionado y preguntado acerca de lo que el jainismo es y los jainistas son.[20]

## NOTA SOBRE LAS LENGUAS Y LA ROMANIZACIÓN

Las más antiguas escrituras jainistas están redactadas en una lengua prácrita llamada semi-magadhi (*ardha-māgadhī*). Más tarde comenzaron a utilizarse otras variedades de prácrito conocidas como maharashtri jaina (*mahārāṣṭrī-jaina*) o shuraseni (*śaurasenī-jaina*). El empleo del sánscrito fue común a partir de los siglos VI/VII. El jainismo tampoco reparó en utilizar más adelante lenguas modernas como el gujarati (*gujarātī*), el hindi (*hindī*), el maharashtri (*mahārāṣṭrī*), el tamil (*tamiḻ*) o el kannada (*kannaḍa*), para exponer doctrinas, realizar comentarios a los textos sagrados o componer himnos.

Siguiendo una pauta muy utilizada por los tratados modernos –salvo los altamente especializados– he escogido la terminología sánscrita. Su uso permite acercar el jainismo al público ya familiarizado con las voces sánscritas.

Para la romanización del sánscrito he utilizado las formas internacionalmente aceptadas. Soy consciente que las marcas diacríticas y macrones pueden espesar algo la lectura pero su utilización resulta inevitable si se quiere mantener un rigor. Eliminar un acento sánscrito es como borrar la tilde de una palabra española o francesa. De todas formas, rara vez la palabra resulta incomprensible a causa de tales marcas y una vez familiarizados con ellas resulta relativamente fácil hacerse una idea de la pronunciación.

Hay que tener en cuenta un par de excepciones. La primera es la forma de abordar los *plurales*. Al respecto sigo la normativa anglosajona, es decir, añadiendo una *-s* al final de la palabra. Aunque la fórmula no es gramaticalmente correcta, está muy extendida, incluso entre círculos académicos. La segunda consiste en romanizar la vocal sánscrita *ṛ* como *ṛi* –modelo alemán–.

Unas pocas recomendaciones a la pronunciación son necesarias: *c* prónunciese siempre como 'ch'; la *g* es siempre dura, incluso seguida de 'e' o 'i'; la *ṣ* o la *ś* como el sonido 'sh' anglosajón. Por lo demás, la fonética de las vocales sánscritas es muy similar a la de las lenguas latinas. El acento sobre las vocales *–ā, ī, ū*, más la *ō* y la *ē* del tamil– indica sonido largo más tilde gramatical. Puesto que no he seguido la transcripción fonética, una consideración adicional debe realizarse. La *-a* muda del sánscrito al final de una palabra no suele pronunciarse en las lenguas vernaculares. En hindi, Mahāvīra se pronuncia *mahaaviir* y la ciudad de Jodha-pura *jodhpur*.

Una excepción a la transcripción tiene que ver con determinados nombres propios. Por cuestiones obvias de sencillez he omitido la transcripción científica de topónimos modernos –países, estados, ríos, ciudades– o de lenguas y religiones,* dado que el uso del castellano no acarrea ningún conflicto y normalmente se trata de términos que ya han entrado a formar parte de nuestras enciclopedias. Para preservar la seriedad opto por recurrir esporádicamente al paréntesis.

## AGRADECIMIENTOS

Agradezco las recomendaciones atinadas de Florence Carreté, David González Raga, Joaquim Martínez Piles, Ana Pániker, Salvador Pániker, Núria Pompeia, Raúl Rodríguez y, especialmente, de Javier Maroto Suberbiola, responsable del Índice del libro. También deseo plasmar mi reconocimiento para con Rajeev P. Jain y Jainendra P. Jain, de la editorial Motilal Banarsidass. Asimismo, quiero resaltar mi enorme deuda con las fuentes que han contribuido a la realización de este trabajo. La bibliografía da cuenta de ello.

* Me desmarco de la corriente rigorista que prefiere "buddhismo" a "budismo" o "brāhmaṇismo" a "brahmanismo". Todos los *-ismos* son constructos occidentales, por lo que el empleo de voces castellanas –con siglos de antigüedad– me parece lícito y aconsejable. A nadie se le ha ocurrido hablar de "kongfuzismo" o "rujianismo" en vez de "confucianismo" (*ru-jia*), que sería lo propio según el modelo que descarto.

# *Parte I*
# Cosmología

Cada sociedad tiene sus formas de recordar lo que considera importante de su pasado. En la antigua India la tarea de compilar y registrar la historia recayó principalmente en la tradición hinduista de las Epopeyas (*Itihāsas*) y las Crónicas Antiguas (*Purāṇas*), más los Discursos (*Sūtras*) de determinados grupos religiosos, como el budista o el jainista. Éstos últimos poseen, además, sus propias Crónicas (*Purāṇas*) y Biografías (*Caritas*) que complementan a los *Sūtras*. Este gigantesco cuerpo de textos, que podríamos denominar genéricamente *itihāsa-purāṇa-sūtra*, contiene y comprende toda la historia india.

Ahora bien, ocurre que el sentido histórico de estos textos es escaso y poco fiable. Eso ya lo advirtió el viajero centroasiático al-Bīrūnī (siglo XI), sin duda, el más preclaro "indianista" de la antigüedad. En una frase que ya se ha hecho famosa, al-Bīrūnī se exasperaba por la escasa conciencia histórica y la enorme fantasía de los hindúes:

> «Por desgracia los indios no prestan ninguna atención a la secuencia histórica de los sucesos. Son muy poco cuidadosos al enumerar cronológicamente el orden de sus reyes; y si se les presiona para mayor clarificación, y no saben lo que decir, inmediatamente empiezan a contar cuentos.»[1]

Aunque al-Bīrūnī exageró un poco –al fin y al cabo, los indios compilaron centenares de *Purāṇas* y *Caritas*–, es cierto que a la que te descuidas se ponen a contar "cuentos". Indaguemos.

Lo primero que salta a la vista es que deliberadamente los autores hindúes nunca pretendieron contar la historia "objetiva". Está claro que sólo querían destacar aquellos aspectos de su pasado que consideraban fundamentales, aunque esos eventos no siempre fueran históricamente verificables. Y estos aspectos vitales no consistían precisamente en enumerar los acontecimientos políticos, sino en desvelar la *trama mítica* de los tiempos pasados en un contexto *cosmológico* preciso. De hecho, la palabra sánscrita *itihāsa* significa a la vez "cuento", "leyenda", "tradición" o "historia";[2] exactamente igual que la griega *historía*. Para Heródoto, el padre de la historia, ésta es simultáneamente registro de sucesos como de cuentos y leyendas.[3] Igual que el heleno, el sentido historiográfico indio está siempre incluido en un marco de comprensión más amplio. Y éste está constituido por los mitos de los orígenes, las leyendas del pasado y un marco cosmológico y cosmográfico coherente. Esta "historia" refleja los valores alrededor de los cuales la sociedad se organiza, codifica las creencias, vigila la eficacia del ritual... en definitiva, provee de sentido al presente. Eso es seguramente a lo que al-Bīrūnī se refería cuando sacó a relucir lo de los "cuentos".

La ausencia de una historiografía al estilo occidental ha llevado a la muy extendida noción de que el pueblo indio no posee conciencia histórica. Esa idea la explotaron mucho los indianistas del siglo XIX, en parte bastante mal guiados por el *cliché* promovido por G.W.F. Hegel: no sólo los indios eran ineptos para la historiografía,[4] sino que la India siempre había estado fuera de la historia, en un mundo estacionario, vegetativo, sin desarrollos ni revoluciones, dominado por gobernantes despóticos.[5] El colofón es que los indios son una gente fantasiosa, mística, ahistórica, sumisa e irracional, con lo bueno y lo malo que tiene todo ello. Para Hegel, la India nunca alcanzó el nivel de la filosofía y la ciencia, logros únicos y genuinamente europeos.[6] Los hindúes se alzan en claro contraste con los occidentales, que son gente científica, con sentido histórico, expansiva, pragmática y racional.

Es cierto que la India ha sospechado de la Razón, pero en modo alguno carece de raciocinio. Estos estereotipos, esta cierta substancialización de un ser *oriental* por oposición a otro *occidental*,[7] oculta el acusado sentido racionalista de los saberes hindúes (*vidyās*). Basta dar un repaso a las ciencias de la gramática, la arquitectura, la lógica, las matemáticas, la astronomía, el ritual o la filosofía, para darse cuenta de ello. Y oculta también el carácter histórico, bien que *sui generis*, de las crónicas antiguas de los indios.

La *historia* india es la de sus gigantescos períodos cósmicos, la del nacimiento de las humanidades, la genealogía de sus casas reales, las transmisiones de sus linajes religiosos, las gestas de sus dioses y diosas, y las de determinados hombres y mujeres que encarnaron de tal forma los ideales y modelos de sabiduría, que la tradición los llamó santos (*sādhus*), iluminados (*buddhas*), vencedores (*jinas*) o encarnaciones divinas (*avatāras*). Recordando a los iluminados, a los santos, a los dioses o a los reyes virtuosos, el hindú deja tras de sí su peculiaridad individual y se suma a la verdad atemporal que estos personajes encarnan. Para los hinduistas el arquetipo se encuentra en dioses como Rāma, Kṛṣṇa o en los sabios de la antigüedad (*ṛiṣis*). Para los budistas el modelo está en el Buddha, el Despierto. El de los jainas es Mahāvīra, el Gran Héroe. Y si un maestro (*ācārya*) o preceptor (*guru*) encarna esa misma verdad y ese mismo ideal, nadie en la India dudará de calificarlo de dios (*guru-deva*), merecedor (*arhat*) o maestro universal (*jagad-guru*).

De la misma forma, los sucesos políticos sólo se consideran relevantes si expresan el mismo ideal de los tiempos míticos. Los reyes, si se identifican con Pṛithu, el primer monarca que ordenó el mundo y los asuntos humanos según el modelo brahmánico, o con Bharata, el mítico rey jainista que encarnó el ideal del monarca universal (*cakravartin*), serán entonces recordados por el *purāṇa* o el *sūtra*. De lo contrario, el olvido. Como ha señalado David

Kinsley, lo cósmico, lo eterno o lo verdadero vale la pena recordarse; lo meramente individual, biográfico o histórico, no.[8] O expresado por Edward Dimock: si la vida de un individuo tiene significancia cósmica, sus particularidades son entonces irrelevantes, y si lo particular es importante, entonces no vale la pena escribir sobre la vida de este individuo.[9]

Tan impregnados estamos en Occidente de sentido histórico, que la perspectiva india nos parece casi anacrónica. Pero el hindú depende mucho menos de la flecha del tiempo, por lo que ha sabido preservar y cultivar como ningún otro pueblo el sentido de lo atemporal. De ahí que todas las tradiciones hindúes digan que el orden de las cosas (*dharma*) es inmutable, inmune a los cambios de las eras. Quizá sería atinado decir, con Garma Chang, que el jainismo es, igual que el budismo, una religión *trans*-histórica.[10] No es que los hechos históricos no posean ningún valor. Al contrario, el jainismo concede a la historia gran significación porque es el proceso necesario para realizar la perfección de los seres vivos. La *tradición* tiene que anclarse siempre en el presente. Lo veremos. Pero, al mismo tiempo, el jainismo advierte que la historia *humana* no es la única historia de significancia, ni la Tierra es el único lugar donde se desarrolla una historia.

Por tanto, si queremos ser justos con la tradición jainista deberíamos abordar una aproximación histórica según sus propios esquemas. En los tres capítulos que forman esta Parte hablaremos primero [capítulo 1] de sus períodos o edades cósmicas, que es el marco en el cual se inserta la trama mítica. A continuación [capítulo 2] describiremos esos mundos en los que se inscriben las "historias". Pasaremos luego a la "biología" del universo [capítulo 3]. Sin este marco cosmológico, cosmográfico y biológico, la "historia" jainista no tiene sentido. Dejamos las vidas de los *jinas* e iluminados de antiguas humanidades, las únicas biografías que realmente valió la pena recordar, para la siguiente Parte. El guión de la Historia Universal –el concepto en sí no es jainista, sino de los indianistas–, tal y como el jainismo lo ha concebido, comienza, pues, con una introducción al marco cosmológico tradicional.

# 1. COSMOLOGÍA

## LA VISIÓN CÍCLICA Y ATEÍSTA

Fundamentalmente, el estereotipo de ausencia de sentido histórico en el pueblo indio se debe a su peculiar manera de entender el tiempo (*kāla*) de forma cíclica. Para los indios la historia no es algo único e irrepetible. Ergo, es algo de valor relativo. Esta percepción, que por cierto también tenían los griegos y otros pueblos de la antigüedad, es común a todos los sistemas indios. Está claro que los modelos cíclicos del hinduismo, del budismo o del jainismo arrancan de un mismo tronco. Seguramente, las teorías cíclicas del tiempo surgieron de la observación de los ritmos naturales: los ciclos lunares, el año solar, las estaciones... como bien muestran algunos himnos del *Ṛig-veda*,[1] el más antiguo de los textos védicos. Es la percatación de que existe un *ritmo,* un orden, que los sabios del *Ṛig-veda* llamaron *ṛita,* y que hallaría su expresión más auténtica en el calendario anual jalonado por los ritos, los sacramentos y festivales que se repiten una y otra vez, año tras año.

### LA ETERNIDAD DEL UNIVERSO

A diferencia de la hindú, la visión cristiana es completamente lineal. Parte de la Creación, sigue con Adán y Eva, los profetas judíos y, vía Jesucristo, conduce al día del Juicio Final. Esta escatología no tiene paralelo en la India.

Para la cosmología jainista el universo no tiene comienzo ni fin. Una y otra vez se despliega en una infinita repetición de ciclos cósmicos. El tiempo es representado como una rueda que posee seis radios –o eras– que lo hacen girar hacia delante y seis más hacia atrás. Cuando el tiempo asciende, el conocimiento, el comportamiento o la envergadura de los humanos, crece. Cuando el tiempo desciende, esos mismos baremos decrecen. Al final de un ciclo ascendente o descendente se pasa directamente al siguiente. Una rotación completa se denomina *kalpa* [ver FIG. A]. A diferencia de la concepción hinduista, no hay período de disolución del universo (*pralaya*). Tras un ciclo ascendente (*utsarpiṇī*) sigue otro descendente (*avasarpiṇī*), sin ruptura. Tampoco hay intervención divina –no hay descensos de Viṣṇu para reordenar el cosmos, destruir el mundo y recrearlo de nuevo–. En el jainismo –como en el budismo–, la rueda gira por sí misma, eternamente. Nunca hubo un tiempo en que *kāla* no existiera, ni nunca tampoco habrá un tiempo en que no exista.

Las concepciones cosmológicas y cosmográficas del jainismo debieron desembarazarse muy tempranamente de la idea de un Creador. Quizá jamás suscribieron una solución creacionista y se alinearon de buen principio con la corriente racionalista y mecanicista del materialismo hindú. Para los jainistas, el cambio y la diversidad existen por la cooperación simultánea de las condiciones del tiempo (*kāla*), la naturaleza propia (*svabhāva*), la necesidad o concatenación de causas (*niyati*), la actividad (*karma*) y el deseo de ser y actuar (*udyama*). Todas estas causas, conocidas también de ciertas *Upaniṣads*,[2] cooperan simultáneamente sobre toda substancia, sea material o espiritual. Tal y como afirma el gran filósofo Umāsvāti (siglo III), el cosmos es un mecanismo con sus propias fuerzas increadas e incontroladas que se transforma permanentemente debido a la originación, la destrucción y la permanencia de lo existente.[3]

## EL ATEÍSMO JAINISTA

Coherentemente, los jainistas no admiten la noción de un *bigbang* anterior al cual no existiera el tiempo, ni la idea de un Dios Creador (*īśvara*) que, como el abrahámico, pusiera en marcha un universo en un momento preciso, *ex-nihilo*, de la nada. Así lo afirma un importante y antiguo *sūtra* jainista:

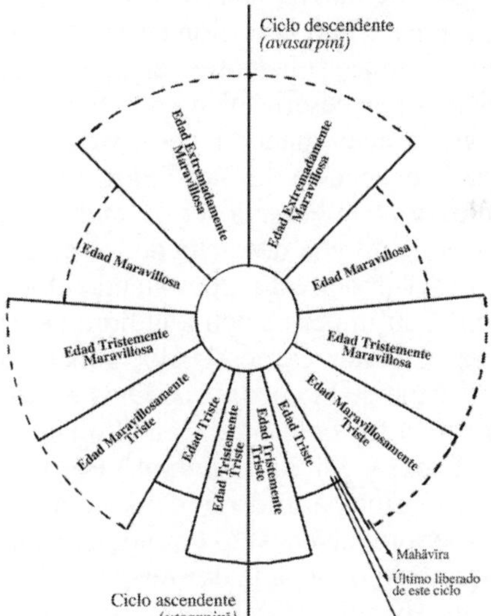


FIGURA A: *Una rotación o ciclo (*kalpa*) con las eras del tiempo que lo componen. Gira en el sentido de las agujas del reloj. Los arcos discontinuos indican períodos de tiempo muy extensos.*

> «Aquellos que por argumentos propios mantienen que el mundo ha sido creado no conocen la verdad. Tampoco [el mundo] perecerá.»[4]

Ningún Señor todopoderoso ha creado, ni gobierna, ni destruirá el universo. Existe por su naturaleza propia, sin soporte, suspendido en el espacio, increado, ingobernado. La historia no es ningún drama producido por Dios, sino el resultado del *karma* colectivo de los seres. ¿Por qué tendría que intervenir una causa primera? Y, aun aceptando que el mundo es un efecto de una causa primera, ¿por qué tiene que ser ésta inteligente?

Filósofos jainistas del estilo de Jinasena (siglo IX), Malliṣeṇa (siglo XIII) o Guṇaratna (siglos XIV/XV) se entregaron con bastante mordacidad a refutar las tesis que sostenían lógica y racionalmente la idea de un agente eterno de la creación y destrucción. En la mirilla tenían a los atomistas –los vaiśeṣikas– y a los lógicos –los naiyāyikas– medievales. Para la filosofía brahmánica Nyāya-Vaiśeṣika, Dios es como el gran alfarero cósmico, el principio que puso en marcha la primera combinación atómica. El mundo está compuesto de átomos como causa material y tiene a Dios como causa eficiente. Esta posición, similar a la cristiana, sería adoptada por bastantes grupos vishnuistas y shivaístas. En su contra, los jainas argüían que la creación no podría darse sin un *deseo de crear*. Pero, ¿cómo podría ser que un Dios no creador, de repente, se tornara creativo? Por el deseo, sin duda. Pero el deseo de crear implica una volición, una actividad egoico-emotiva, una imperfección, por lo que representa una contradicción en sí misma con la noción de Dios, que, por definición, debería ser algo perfecto. Además, si la teoría del *karma* rige los destinos de los seres, la noción de Dios es innecesaria. Y si Dios es incapaz de cambiar la ley del *karma*, y esta ley gobierna el mundo a pesar suyo, ¿de qué sirve entonces postular la hipótesis de la existencia de Dios? Si aun así el Dios gobernara los destinos humanos, entonces demostraría ser un ente cruel y caprichoso, porque conocido es el sufrimiento y la desdicha de los seres. Y por la misma razón, toparíamos con un ser imperfecto, pues siendo el productor de las cosas de este mundo, está clara su imperfección a la hora de crear. Si aun así concedemos la idea de un Creador corporeizado, gobernante y destructor del mundo, hay que postular inevitablemente que Dios es un producto, ya que su actividad no puede tener lugar sin cambios en sí mismo, lo que obliga a encontrar una causa de Dios, y así *ad infinitum*.[5] Posturas similares sostenía Kumārila (siglos VII/VIII), principal filósofo del sistema Mīmāṃsā, para quien la idea de Dios no sólo era repulsiva sino ontológicamente irrelevante.[6]

La doctrina jainista no sólo niega la existencia de Dios, sino que también rechaza la noción de un Absoluto (*brahman*), típica del Vedānta, la filosofía más influyente del brahmanismo. Para vedāntins como Śaṅkara (siglos VIII/IX) únicamente lo Absoluto es real (*sat*); el mundo fenoménico es una ilusión (*māyā*). A lo que los jainistas interponen: ¿es la ilusión cósmica inherente o diferente a lo Absoluto? Si la *māyā* es real e inherente a lo Absoluto, entonces todo lo que produce –la ignorancia, la heterodoxia, la maldad– pertenece a la naturaleza de lo Absoluto. Si la *māyā* es algo distinto que se ha unido a lo Absoluto –o a alguna manifestación suya– es lícito preguntarse: ¿la unión tiene lugar a favor o en contra del deseo de Dios/Absoluto? Si tuvo lugar a favor, entonces Dios/Absoluto *deseó*, con lo que ya no tenemos un ser puro. Si tuvo lugar en su contra, entonces tenemos un ser muy poco omnipotente. Y si, como dejan entrever los vedāntins, la *māyā* es irreal –pues sólo *brahman* es lo real y no existe nada fuera de *brahman*–, entonces fracasan al dejar de explicar la relación que existe entre lo Absoluto y el mundo fenoménico.

Luego tenemos aquellos que proclaman que Dios se ha revelado en sus textos. A lo que el astuto Malliṣeṇa (siglo XIII) arguye:

> «La revelación se hace a través de Él o de alguien más. Si es Él quien la ha realizado, entonces prueba su omnisciencia. Pero su majestuosidad acaba en nada, porque no es propio de majestades proclamar sus propias virtudes...
>
> Y si la revelación vino de alguien más, entonces tiene que preguntarse si era un omnisciente o no. Si el autor era un omnisciente, entonces tendría que haber dos omniscientes, y eso excluiría la exclusividad reclamada para Dios...
>
> Y si el autor no era omnisciente, entonces ¿quién va a creer sus palabras?»[7]

Y si a estas incongruencias añadimos la multitud de textos supuestamente revelados, todos contradiciéndose entre sí, la noción de "revelación escritural" –léase el *Veda*, la *Biblia* o el *Corán* (*Qur'ān*)– acaba siendo superflua.

Coherentemente, el jainismo es ateísta. No sólo considera la existencia de Dios o cualquier agente externo irreconciliable con la ley del *karma*, sino que entiende que el propio concepto de Dios personal es un producto del ego, y como tal, una creación de la ignorancia.[8] En conclusión: no le debemos la existencia a ningún Creador. Una idea semejante es una fútil invención de los teólogos.

Pero este ateísmo radical tiene que matizarse. En el contexto hindú un ateísta no es lo que Occidente entiende vulgarmente por ateo. El ateísta hindú es simplemente aquel que no identifica a ningún dios en particular como creador y gobernador del universo pero que tampoco se ensaña en demostrar su inexistencia o en negar el carácter espiritual de todo ser. Trans-teísta, como sugería Heinrich Zimmer,[9] sería un concepto menos equívoco. Igualmente, el jainismo nunca ha negado la existencia de ciertos seres sobrenaturales o seres luminosos (*devas, devatās*), lo mismo que ciertos seres demónicos o titánicos (*asuras, nārakis*). La palabra "divinidad" para traducir *devatā*[10] no debe confundirnos. Una *devatā* no es *Dios*. De hecho, una de las traducciones propuestas por Ananda Coomaraswamy es la de "ser angélico",[11] un concepto que expresa mejor la naturaleza y posición de las deidades de la India. Porque estas divinidades intracósmicas no son ni inmortales ni omniscientes. Las llamadas *devatās* no son más que mónadas espirituales, esencialmente idénticas a las demás, que están disfrutando provisionalmente de los méritos alcanzados por su perfecta conducta.

Lo mismo que el budista, el ateísmo jainista facilita una auténtica senda emancipadora. Si el universo no depende de causa externa alguna, entonces el ser humano es verdaderamente *libre*, y toda acción es susceptible de solidarizarse con la libertad inherente a la existencia.

## EL CICLO DESCENDENTE

No hay creación en el jainismo. En cambio, hay una infinita sucesión de rotaciones (*kalpas*). Como decíamos, cada media rotación descendente (*avasarpiṇī*) contiene seis eras decrecientes, y cada media rotación ascendente (*utsarpiṇī*), otras seis crecientes. Puesto que nos hallamos en una de las eras de una *avasarpiṇī* es pertinente comenzar por ella.

### LA EDAD EXTREMADAMENTE MARAVILLOSA

El primer período descendiente de la *avasarpiṇī*, que se repite una y otra vez siempre que el ciclo decreciente se inicia, se conoce con el ilustrativo nombre de Edad Extremadamente Maravillosa (*suṣamā-suṣamā*). Como puede sospecharse, la Edad Extremadamente Maravillosa es la formulación jainista de la utopía: la era de la verdad y la virtud, de la felicidad y el gozo.

Como la dicha de cada era es directamente proporcional a su duración temporal, se dice que esta edad, la más feliz de todas las posibles, duró la tremebunda cifra de 400 billones de océanos de años. El extraño concepto de "océano de años" (*sāgaropama*) equivale a cien millones de veces cien millones de *palyopamas*, y cada *palyopama* consta de un período de "incontables" años. A primera vista, parece del todo incoherente que el *palyopama* elimine todo cálculo posible, pues, como su nombre indica, es una cifra incontable. Si a eso añadimos la poca unidad que existe entre los tratados jainistas al respecto, la cosa se pone fea.* Pero las cifras son lo de menos. En realidad, el *sāgaropama* o el *palyopama* no son otra cosa que una aproximación a la noción de *infinito*, un concepto con el que los matemáticos indios han trabajado desde tiempos muy antiguos. Ello nos demuestra que el propósito de tal formulación no es científico, sino soteriológico. Es decir, la Edad Extremadamente Maravillosa fue aquel tiempo, inconmesurable y lejanísimo, en el que dominaba la felicidad máxima.

* Algunos dicen que el *palyopama* es nada más y nada menos que el tiempo que se necesita para vaciar un granero de 15 kms de diámetro y 15 kms de altura repleto de cabellos finísimos cuando tomamos un solo pelo cada cien años. Ciertamente, "incontables" años.

Para expresar la dicha y virtud de los humanos en cada una de sus edades los jainistas recurren a otros baremos también bastante raros: la altura, el número de costillas y la longevidad de las personas. Y en la Edad Extremadamente Maravillosa los humanos medían casi 10 kilómetros de altura, tenían 256 costillas y vivían hasta 3 *palyopamas*.

Las condiciones de vida eran utópicas. Cuando la gente deseaba algo, simplemente acudía a los fantásticos "árboles que colman los deseos" (*kalpavṛikṣas, kalpadrumas*), que proporcionaban todo lo necesario. Un árbol concedía salud y alegría. Otro regalaba todo tipo de alimentos y bebida. Un tercer árbol daba frutas deliciosas. Otro, música maravillosa. Un quinto iluminaba la oscuridad. Otro árbol manaba joyas de ensueño. Otro, cobijo, tiestos y útiles. Había el árbol que daba belleza a la gente. Y un árbol estelar resplandecía como el Sol, los meteoros y el fuego. No había necesidad de arar la tierra o cazar animales. Las aguas de los ríos eran dulces y refrescantes. No existía distinción social, ni autoridad política, ni religión, ni familia, ni enfermedad, ni pobreza. Los nacimientos eran siempre de gemelos –niño y niña–. Al cabo de pocas semanas, los gemelos vivían en pareja y procreaban una nueva estirpe de gemelos. Por tanto, en los tiempos pre-sociales de la humanidad, ni siquiera el incesto era tabú. Muy poco después del nacimiento de la nueva generación, la anterior desaparecía. La superpoblación era desconocida. De hecho, la India era llamada entonces Tierra de Gozo (*bhogabhūmi*). El cielo estaba aquí, en la Tierra.

## LA EDAD MARAVILLOSA

La segunda era descendente se conoce ya simplemente como Edad Maravillosa (*suṣamā*) y fue exactamente la mitad de feliz que la anterior. Lógicamente, la era duró algo menos: 300 billones de océanos de años. La altura de los humanos descendió hasta 6 kilómetros, hasta 128 el número de costillas y a un solo *palyopama* el lapso de sus vidas.

Aunque el apetito de los humanos incrementó, los árboles que colman los deseos siguieron proveyendo de todo lo necesario para una existencia feliz.

## LA EDAD TRISTEMENTE MARAVILLOSA

Al tercer período del ciclo se le conoce como Edad Tristemente Maravillosa (*suṣamā-duhṣamā*) y, como puede entreverse, la cosa empeoró. La altura de los humanos decreció, el número de costillas también y la vida era más corta. Aun así, las aguas de los ríos seguían siendo deliciosas y los árboles mágicos aún no se habían agotado. Al morir, los humanos iban al cielo de los dioses, pero, poco a poco, comenzaban a darse renacimientos humanos o animales. Eso quiere decir que la bondad de la gente había decaído notablemente. El odio, la avaricia y el conflicto habían aparecido sobre la faz de la Tierra. Dado que el desorden empezaba a extenderse, las gentes decidieron agruparse en familias (*kulas*) bajo la dirección de unos jefes de familia (*kula-*

*karas, manus*). Estos proto-gobernantes establecieron los derechos, los castigos y los límites de la propiedad; vigilaban, en definitiva, el mantenimiento del orden. Progresivamente, los árboles mágicos dejaron de colmar las necesidades. La gente empezó a pelear entre sí en pos de alimentos, de trabajo, de cobijo. Cada *kulakara* tuvo que enseñar a los humanos un nuevo conocimiento que supliera la ausencia de los árboles mágicos. Se dice que el último *kulakara,* un tal Nābhi, instruyó a la gente cómo plantar y recolectar frutas. Fue en esa época cuando llovió por vez primera en este ciclo cósmico.

La historia mítica del jainismo, la Historia Universal, dice que el hijo de Nābhi fue el *tīrthaṅkara* Ṛiṣabha. El concepto de *tīrthaṅkara*, que ya topamos en la Introducción, es de la máxima importancia.

## LOS *TĪRTHAṄKARAS*

En efecto, el jainismo habla de veinticuatro seres plenamente iluminados que mostraron el camino jainista [ver FIG. 2], el primero de los cuales fue Ṛiṣabha [ver FIG. 50]. La aparición del primer *tīrthaṅkara* en la Edad Tristemente Maravillosa implica que la virtud había decrecido tanto que se hacía necesario un guía espiritual. Pero, ¿qué es exactamente un *tīrthaṅkara*?

Para la India existen ciertos lugares, normalmente ríos –aunque también bosques, templos o cimas montañosas–, conocidos como "vados" (*tīrthas*). Se piensa que a estos lugares descienden las deidades o que en estos puntos el tránsito al plano de lo incondicionado es relativamente más fácil. En el contexto del jainismo el *tīrthaṅkara* es aquel que crea (*kāra*) el vado (*tīrtha*) para que los demás puedan cruzar el río u océano que conduce a la liberación (*nirvāṇa*). En otras palabras, los *tīrthaṅkaras* fueron los que cruzaron la orilla del océano del mundo fenoménico (*saṃsāra*) y señalaron el camino para que los demás pudieran liberarse. Ioan Couliano y Mircea Eliade han subrayado la semejanza de la sánscrita *tīrthaṅkara* con la latina *pontifex*, que parece significar "hacedor de puentes".[12] Los *tīrthaṅkaras* son, en suma, los *guías* del jainismo.

Como sabemos, a los *tīrthaṅkaras* también puede llamárseles conquistadores o vencedores (*jinas*). El jainista debe vencer la batalla contra el *karma* y conquistar las pasiones. Aquellos que lo han logrado son los perfectos (*siddhas*), los merecedores (*arhats*), los omniscientes (*kevalins*). Aquellos perfectos que, además, mostraron al mundo cómo conseguirlo, son los *jinas* o *tīrthaṅkaras*.

Las escrituras jainistas nos recuerdan una y otra vez que estos omniscientes fueron completamente humanos. No se trata de dioses o encarnaciones divinas, sino de humanos virtuosos que, gracias a su esfuerzo prolongado durante múltiples vidas, alcanzaron la condición de *jina*. Ello no es óbice para que la tradición los venere con la misma admiración y honor que otros pueblos rezan a sus dioses. Son los *tīrthaṅkaras* –en menor medida también los ascetas que los emulan–, y no los dioses, las figuras que definen el culto jainista y que delinean el ideal a seguir.

¿Cuán excelso es el *tīrthaṅkara*? Todo *jina* es, simplemente, perfecto. Se dice de él que posee cognición sobrehumana, su exhalación es de la fragancia del loto, tiene un cuerpo sublime, de constitución diamantina –necesaria para soportar los rigores del ascetismo–, con las 1.008 marcas auspiciosas de todo ser excelso. Ocho signos maravillosos (*prātihāryas*) le acompañan durante toda su vida y en todo lugar: un trono, tres parasoles, flores que llueven a su alrededor, un tambor, una aureola divina, un sonido mágico, unos genios numinosos que lo escoltan con abanicos, un árbol emblemático que siempre está próximo y una música celestial que se oye en su presencia. Además, un *tīrthaṅkara* puede ser reconocido por otras señales, fruto de su desapego absoluto: permanece sentado en la posición del loto (*padmāsana*) o de pie (*kāyotsarga*) siempre impasible, inmóvil, totalmente indiferente a lo que ocurre a su alrededor [ver FIG. 1]. Nunca frunce el ceño ni sonríe, no bromea ni se encoleriza, no tiene apego a persona o cosa alguna, no precisa de maestros y preceptores, no odia a nada ni a nadie, no conoce el temor, rebosa compasión, no queda en él rastro de apetito sexual. Puede vivir sin alimento, no duerme jamás, sus ojos siquiera parpadean. Sus cabellos y uñas no crecen y su cuerpo no produce sombra. En virtud de su omnisciencia puede otear todo el mundo en las cuatro direcciones; hace florecer las plantas y los árboles en todas las estaciones; en su presencia el espacio resuena con el sonido "¡victoria, victoria!" (*jaya, jaya*); destruye toda tendencia violenta en los que le rodean; impide las sequías y hambrunas en un radio de 800 millas; domina multitud de lenguas... En otras palabras, el *tīrthaṅkara* es aquel que, tras haber aniquilado el más mínimo resquicio de pasión y egoísmo, ha coincidido con su esencia espiritual íntima y, por consiguiente, emana el poder del conocimiento absoluto y posee un cuerpo que refleja su pureza interior.

Las biografías de los veinticuatro *tīrthaṅkaras* o *jinas* son modélicas y de carácter fabuloso, que es lo que se conoce como hagiografía. Todos habrían sido concebidos y nacidos en familias principescas (*kṣatriyas*). Luego, habrían renunciado al mundo, dominado la acción (*karma*) gracias a la ascesis (*tapas*) y la meditación (*dhyāna*), y habrían alcanzado la plena iluminación (*kevala-jñāna*), de la que ya no hay caída o vuelta atrás. Después de descubrir la forma de escapar al ciclo de muertes y renacimientos (*saṃsāra*), cada uno habría expuesto la doctrina eterna (*dharma*), reestableciendo el jainismo en la era que le tocó vivir. Cuando sintieron la proximidad de la muerte, se habrían retirado a la cima de una montaña, donde, tras una última meditación, su espíritu refulgente se extinguió (*nirvāṇa*). La mónada espiritual (*jīva*) abandonó el cuerpo y ascendió a la cima de los cielos, para no volver a encarnar nunca jamás. Como veremos, estos trazos son como duplicados de la biografía de Mahāvīra que resuenan en la profundidad de los eones.

Una idea similar sería utilizada también por los budistas, posiblemente algo más tarde,[13] proclamando una serie de veinticinco *buddhas* anteriores a Gautama, el Buddha. El profesor Bhagchandra Jain ha mostrado que muchos de los nombres de estos antiguos iluminados (*buddhas*) e iluminados solitarios (*pratyekabuddhas*) proclamados por el budismo se corresponden con los de los *tīrthaṅkaras* jainistas.[14] Según Dines Sircar también la importante doctrina hinduista de las encarnaciones (*avatāras*) de Viṣṇu, de tardía aparición, parece una imitación de la noción jainista de los veinticuatro *tīrthaṅkaras*.[15] El hecho es lógico. El mensaje que expuso Mahāvīra fue para sus seguidores la única Verdad (*satya*), el camino que conduce a la emancipación final. Como el *Veda* de los liturgistas (*brāhmaṇas*), esta Verdad tenía que haber existido desde el principio de los tiempos. Era harto improbable que no hubiera sido descubierta hasta la aparición de Mahāvīra. Por tanto, el jainismo entendió que esta Verdad, la doctrina jainista, fue realizada y revelada por los *tīrthaṅkaras* en diferentes eras cósmicas para el beneficio de las generaciones humanas. En cierto sentido, los jainistas reemplazaron la noción de un Señor Supremo (*īśvara*) con esta sucesión infinita e ininterrumpida de maestros humanos.[16] Además, la formulación pone el énfasis en la antigüedad del jainismo, algo que los jainas siempre han mantenido con fogosa insistencia. De esta forma, el jainismo sería anterior a cualquier otra religión india, y en particular, anterior al *Veda*, el cuerpo escritural de los *brāhmaṇas*. Eso si no optamos por la visión de Hemacandra (siglo XII), para quien el *Veda* fue originalmente expuesto por el emperador Bharata –hijo del *jina* Ṛiṣabha– y estaba formado por himnos a los *tīrthaṅkaras* que luego los *brāhmaṇas* sin escrúpulos acabarían pervirtiendo.[17] De una forma u otra, el jainismo se alza como la verdadera religión eterna (*sanātana-dharma*), propagada periódicamente por los *tīrthaṅkaras*. Puede que esta Verdad se olvide puntualmente, pero con la aparición de un nuevo *tīrthaṅkara*, la Verdad volverá a pronunciarse y practicarse. La insignificancia y el sinsentido humanos en estas gigantescas escalas de tiempo infinito quedan abolidos al proclamar los *tīrthaṅkaras* la posibilidad de la liberación de los renacimientos.[18] Por este motivo, los *tīrthaṅkaras* son los auténticos protagonistas de la Historia Universal. Cuando el devoto los visualiza, trae un pedazo de eternidad a su vida.

## LA EDAD MARAVILLOSAMENTE TRISTE

Prosigamos con el ciclo descendente. En la cuarta edad, lo doloroso y desagradable de la existencia ya supera a los aspectos felices. Se la conoce como Edad Maravillosamente Triste (*duhṣamā-suṣamā*) y duró casi 100 billones de océanos de años. La altura de los humanos era ya mucho menor. Sólo poseían 32 costillas y el lapso de vida descendió considerablemente.

A pesar de lo infeliz de este período, en él vivieron el resto de veintitrés *tīrthaṅkaras* jainistas que volvieron a proclamar y desarrollar la religión eterna. No sólo vivieron estos superhombres, sino también una serie de héroes típicos en las exposiciones de la Historia Universal, que componen el total de sesenta y tres hombres excelsos (*śalākā-puruṣas*) que forzosamente aparecen en estas edades medias de los ciclos. Según la cronología jainista, esta edad finalizó exactamente en el año -522. Mahāvīra, el último de estos *jinas* [ver FIG. 3], alcanzó la liberación final apenas tres años antes de comenzar la quinta era.

Un hecho capital en la formulación cosmológica jainista es que la liberación sólo es factible en los períodos 3° y 4°, precisamente cuando viven los *tīrthaṅkaras*. Es en estas épocas intermedias –ni excesivamente felices ni demasiado tristes– cuando los seres humanos tienen una vida suficientemente insatisfactoria y razonablemente corta como para que sean capaces de comprender la impermanencia de las cosas y la alienación de la existencia, condiciones necesarias para tomar la senda del asceta o la asceta jainas. Por tanto, aunque estas edades menos maravillosas no tienen las características utópicas de las primeras, poseen el valor insuperable de permitir lo incondicionado (*nirvāṇa*). Un claro colofón de esta idea es que los dioses o seres angélicos, quienes viven en la dicha de los cielos, no poseen la dosis suficiente de insatisfacción ni la –breve– longevidad necesaria para aspirar a la liberación. Conclusión: el *nirvāṇa* sólo puede alcanzarse desde el nacimiento humano.

Los jainistas creen que numerosos seguidores de estos *jinas* alcanzaron la iluminación, y, por tanto, la liberación, en estos períodos. Son conocidos como omniscientes (*kevalins*), perfectos (*siddhas*) o merecedores (*arhats*), pero no *jinas*. La razón no sólo es que no se convirtieron en propagadores de la doctrina jainista, sino que, salvo ciertos iluminados solitarios (*pratyekabuddhas*, *svayamsiddhas*), todos precisaron de la ayuda del *jina* para alcanzar la condición perfecta.

## LA EDAD TRISTE

El quinto período, que es en el cual nos encontramos actualmente, se conoce como Edad Triste (*duḥṣamā*). Como indicador de la infelicidad de estos tiempos, se dice que solamente durará 21.000 años. Esta cifra es exactamente el lapso que, según el *Vyākhyā-prajñāpti*, sobrevivirá la sabiduría jainista.[19] La longevidad de los humanos ha decrecido espectacularmente, igual que su constitución. En esta edad ya no aparecerán más *tīrthaṅkaras* o seres excelsos ni ya nadie alcanzará la meta más alta, la liberación, sin haber pasado antes por otro renacimiento humano. Se cuenta que el último liberado en esta Tierra fue el santo Jambūsvāmin, quien alcanzó el *summum bonum* allá por el -460 según la cronología tradicional. La misión actual de la comunidad es, en cierta manera, mantener el contacto con el tiempo de los *tīrthaṅkaras*. A pesar de que estos iluminados ya no están entre nosotros, su enseñanza puede seguir transmitiéndose gracias a la comunidad de ascetas que remonta sus linajes hasta Mahāvīra. Es por ello por lo que, lo mismo que a los *arhats* y *jinas*, a los maestros que los replican –*ācāryas, upādhyāyas* o *sādhus*– también se los denomina "supremos" (*parameṣṭhins*).

Aunque a principios de esta era las cosas no eran intolerables –no en vano Jambūsvāmin se liberó poco después de su inicio–, ahora ya nos encontramos en una decrépita fase intermedia. Inevitablemente, el mundo irá deteriorándose. Las ciudades se asemejarán a los lugares de cremación de cadáveres –para la India el lugar impuro y caótico por antonomasia–. Los gobernantes serán crueles como Yama, el dios de la muerte. La corrupción se adueñará de la política y la justicia. La riqueza material será la única fuente de devoción. La gente dará la espalda a la moral. Los discípulos no obedecerán a sus preceptores. Los dioses dejarán de visitar el mundo de los humanos. Poco a poco, signo inequívoco del deterioro general en la Edad Triste, la religión jainista irá desapareciendo. Esta concepción de eras de sucesivo empeoramiento de las cosas posee evidente similitud con la idea budista del paulatino declive de la doctrina del Buddha y con la noción hinduista de las sucesivas eras de decadencia que desembocan en la actual Edad Corrupta (*kali-yuga*) del demérito y el caos.[20] Nos hallamos, nuevamente, ante un patrón recurrente a todas las cosmologías hindúes.

La noción muestra que la concepción del tiempo no sólo es cíclica, sino que lo verdaderamente relevante de las edades que componen los ciclos es la idea de cambio en las cualidades morales en cada una de ellas. Gracias a esta percepción puede explicarse, bien que de forma simplista, la situación de sufrimiento del mundo. Pero más interesante que la explicación mítica me parece la *rationale* que encubre. En los tiempos utópicos no había ni autoridad ni gobierno. Diríase que gobernaba el orden universal (*dharma*). Pero está claro que para la India el orden sin mediación –espiritual y política– da lugar al conflicto y a la confusión. El orden, para que sea verdaderamente trascendente, ha de estar más allá de este mundo. El *dharma* no puede gobernar.

## LA EDAD TRISTEMENTE TRISTE

La presente Edad Triste desembocará en la última era descendente, la Edad Tristemente Triste (*duhṣamā-duhṣamā*), que también durará 21.000 años. Las personas apenas medirán 45 centímetros, no poseerán más de 8 costillas y no vivirán sino 20 años.

Con un agudo instinto futurista los teólogos jainistas no han escatimado esfuerzos en describir estas eras futuras. El paisaje es desolador. No habrá leche, ni frutas, ni mangos, ni flores. Los días serán insoportablemente tórridos bajo el Sol; la Luna irradiará un frío insufrible que hará las noches gélidas. La gente vivirá en cuevas, carroñeando pescado y tortugas. El hambre y la enfermedad se apoderarán de la sociedad. Reinará la ley del más fuerte. Los últimos jainistas morirán cuatro años antes de finalizar el ciclo. Cuando se llegue al límite del caos, todo el ciclo descendente se detendrá y comenzará el ascendente. Desde que se iniciara el ciclo, habrá transcurrido la friolera de 100 millones de veces 100 millones de océanos de años (*sāgaropamas*). Y eso es sólo la mitad de la rotación.

# EL CICLO ASCENDENTE

La porción ascendente del ciclo se iniciará con cinco diluvios, un símbolo universal de la intrusión del caos y de un nuevo comienzo. La primera era será tan tristemente triste como la anterior, y también durará 21.000 años. Pero a medida que se avance, las cosas empezarán a mejorar. Poco a poco la tierra volverá a hacer germinar las flores y los humanos crecerán en todos los sentidos. Pasará la siguiente Edad Triste, cuando los humanos saldrán de las cavernas, dejarán de cazar tortugas y comer pescado y podrán reinstaurar el vegetarianismo. Y así llegaremos al tercer período del ciclo ascendente, cuando reaparecerán los *tīrthaṅkaras* y demás seres excelsos. El primer salvador será Padmanātha, que anunciará nuevamente la religión jainista. La Verdad, la religión jainista, ya lo sabemos, es eterna.

El futuro *jina* Padmanātha no estará solo para proclamar la verdad eterna, pues si recurrimos a las cosmologías budistas tradicionales, resulta que será contemporáneo de Maitreya, el *buddha* del futuro. Una pequeña comparación entre el *buddha* Maitreya y el *jina* Padmanātha muestra claramente la similitud y la diferencia entre budismo y jainismo.

Para los budistas, Maitreya está disfrutando provisionalmente de la dicha celestial hasta que le llegue el momento de volver a nacer como *buddha*. En cambio, Padmanātha, que no es otro que la encarnación del rey Śreṇika de Magadha, contemporáneo de Mahāvīra, está expiando su mal *karma* en los infiernos debido a su suicidio por depresión, después de que su hijo le usurpara el trono. Por otro lado, Maitreya es un *bodhisattva* –uno que va a ser un *buddha*– altamente sagrado para los budistas de todo el mundo, receptor del culto popular. Por contra, el jainismo no ha desarrollado ningún culto al futuro *jina*. Aun en el caso de que Padmanātha estuviera en los cielos, no sería merecedor de mejor trato que el que se ofrece a un asceta mendicante. Todo esto tiene que ver con la especial relación que mantienen los jainistas con los *tīrthaṅkaras*, un tema que nos ocupará bastantes páginas más adelante. Y es que tan desapegado es el *tīrthaṅkara*, que desoye cualquier rezo o petición de sus devotos.

A Padmanātha seguirá Suradeva. Se sucederán nuevamente los *tīrthaṅkaras* hasta el vigesimocuarto y último, Svayambuddha. Aparecerán nuevamente seres excelsos, como los doce *cakravartins*, los nueve *vāsudevas*, los nueve *prativāsudevas* o los nueve *baladevas*, para completar el total de sesenta y tres hombres excelsos de la Historia Universal. Los humanos volverán a crecer, reaparecerán los árboles mágicos. Las sucesivas eras de felicidad ascendente conducirán hasta el fin del ciclo de la *utsarpiṇī*. Y la rueda del tiempo (*kālacakra*) seguirá girando y un nuevo ciclo descendente volverá a comenzar, así hasta el infinito.

* * *

Esta visión de la eternidad en perpetuo giro, que arrastra a los espíritus que van encarnando bajo distintas formas de vida, sólo puede detenerse con la liberación. Y para este fin existe el universo y la eternidad: para que los espíritus atrapados en el ciclo puedan salirse de él y realizar la plenitud. Esta posición teleológica está bastante cercana a la filosofía brahmánica Sāṃkhya.[21] Lo inanimado sólo parece estar ahí para que el *jīva* se dé cuenta de sí mismo, de su solitud o aislamiento completos, y pueda emanciparse.

# 2. COSMOGRAFÍA

## LA CONCEPCIÓN DEL MUNDO

El escenario donde tiene lugar la Historia Universal es el cosmos (*loka*). Para la filosofía jainista el cosmos es una realidad y, como tal, es llamado substancia (*dravya*). Y la visión jainista de esta *substancia cósmica* es también muy singular. Normalmente, se dice que el universo es un espacio tridimensional formado por tres mundos (*tri-loka*), pero, a decir verdad, lo está por cuatro: el Mundo Inferior, el Mundo Intermedio, el Mundo Superior y el Mundo de los Perfectos [ver FIG. B].

Más allá del cosmos existen tres membranas atmosféricas de aires cada vez más enrarecidos. Luego, el infinito, el ultracosmos o no-mundo (*aloka*), que envuelve el universo. Los textos no definen muy bien este vacío impenetrable. Sólo dicen que el mundo reposa en el no-mundo como una isla en medio del océano.[1] Ahí nada existe salvo, al parecer, vientos huracanados.

Los jainistas han gustado de concebir iconográficamente este universo por diversos objetos: un tambor, un címbalo, una embarcación, etc., donde cada pieza representa las diversas fracciones o mundos del cosmos.[2] Desde el siglo XVI ha sido bastante común representarlo como un Ser Cósmico (*Lokapuruṣa*), frecuentemente con cuerpo de mujer [ver FIG. 4]. Aunque la representación de la Mujer Cósmica es tardía, no deja de ser el reflejo de la clásica noción de la "madre" que porta al mundo en su cuerpo. Pero es una madre sin pareja, sin macho. El universo jainista no es el resultado de la unión de una pareja cósmica al estilo del tantrismo hinduista, ni existe por la agencia de ningún abstracto "embrión dorado" (*hiraṇyagarbha*) como en el brahmanismo. El Ser Cósmico es, simplemente, el organismo que reúne vida y materia, lo espiritual (*jīva*) y lo no-espiritual (*ajīva*). El *Lokapuruṣa* es idéntico al universo, increado e indestructible.

### LAS "MATEMÁTICAS" DEL COSMOS

Dos obras importantes que describen la visión cosmográfica tradicional son el *Bṛihat-saṃgrahaṇī* de Jinabhadra Gaṇi (siglo VI) y el *Trailokya-dīpikā* de Candra Sūri (siglo XIII). Estos autores se explayan con enorme rigor matemático en cálculos y mediciones acerca de las distintas partes del Ser Cósmico. Utilizan unidades espaciales como el *yojana,* que equivale a unos 15 km, o la “cuerda” (*rajju*), que es la distancia que recorre una divinidad durante un vuelo ininterrumpido de seis meses a una velocidad superior a dos millones de *yojanas* por segundo. Para Collette Caillat esta distancia sería de unos diez millones de leguas,[3] aunque a mí se me antoja una cifra muchísimo mayor. La noción, en cualquier caso, no es muy distinta de la de año-luz utilizada por la astrofísica moderna.

Pues bien, según el jainismo Digambara, este universo posee un tamaño preciso: 14 *rajjus* de altura y un volumen de 343 *rajjus*$^3$ –algo menos para el jainismo Śvetāmbara–. Este tipo de cifras, que como las de las rotaciones del tiempo parecían pura fantasía a los eruditos y misioneros europeos del siglo XIX, poseen un valor psicológico y soteriológico poderosos. Lo que importa a los cosmólogos jainistas es subrayar la inmensidad del cosmos y la rareza del destino humano. Ergo estúpido sería desperdiciar el renacimiento humano, el único desde el que se puede aspirar a la liberación.

Los tecnicismos matemáticos de la cosmografía india, en los que no es necesario profundizar, no pretenden describir científicamente el universo, sino que miran de describirlo *cosmológicamente*. Es decir, no tratan de descubrir las leyes abstractas de la estructura del universo, sino de proveer de un marco, un contexto en el que la vida y el camino espiritual de las personas pue-

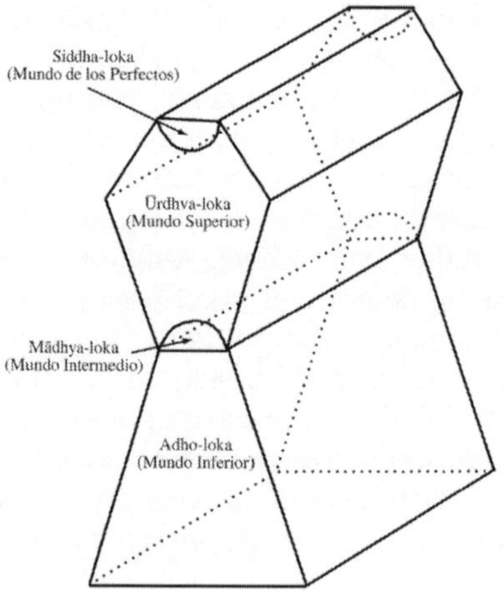


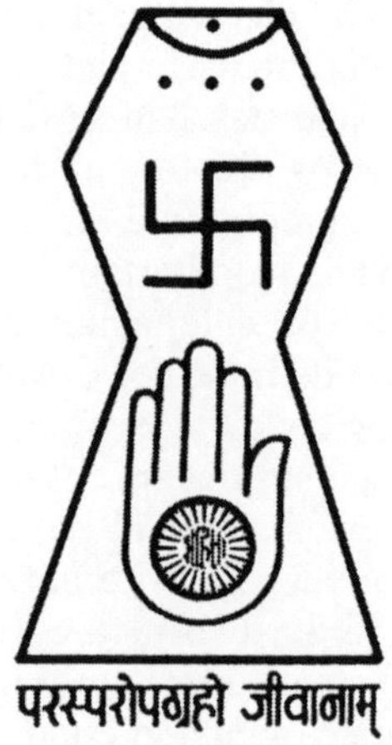


FIGURA B (izq.): *Los mundos del universo según la concepción tradicional.*

FIGURA C (dcha.): *El* Jaina pratīka, *símbolo de la religión jainista adoptado en 1975. En la palma de la mano está inscrita la palabra* ahiṃsā. *La* svastika, *los tres puntos superiores y la media Luna simbolizan respectivamente los cuatro nacimientos posibles, las Tres Joyas (*tri-ratna*) y la morada de los espíritus liberados.*

dan insertarse. El jainismo habla siempre de un universo moral en el que se establecen simetrías con la progresión espiritual. El universo se concibe en relación a los organismos que lo habitan; de modo que, más que de un cosmos frío y estático, habría que hablar de un universo vivo, de un organismo viviente. No es la descripción física lo que importa; es el destino del ser humano y los demás seres. Se trata siempre de ofrecer un croquis general del cosmos y su inmensidad, dentro del cual las mónadas vitales transmigran de una situación corporeizada a otra. Es decir, el mundo o *loka* es el escenario, casi infinito en su tamaño, donde tiene lugar el continuo flujo de renacimientos en los infinitos ciclos cósmicos. Los seres, en su devenir, lo afectan y cualifican constantemente. La ética –vía la doctrina del *karma*– es parte integral de la física y la metafísica. No importa si esta visión se corresponde o no con los hechos mientras sirva para lo verdaderamente importante: preparar para lo incondicionado (*nirvāṇa*). Por este motivo la comunidad jainista adoptó en 1975 una representación estilizada del *loka* como símbolo de su religión [ver FIG. C]. Recientemente, la comunidad ha construido réplicas a escala del cosmograma jainista en Hastināpura y Pāliṭānā. El hecho muestra el enorme significado que posee esta concepción para los jainistas.

Este punto es importante de captar. Hay que tener el valor de admitir que la cosmología científica moderna es sólo una de las posibles, por muy precisa que sea. De hecho, la visión del mundo de la ciencia tendría que denominarse *quasi*-cosmología, pues no provee de sentido a la vida de la gente que habita en el cosmos que describe.[4] Normalmente, la mente racionalista desecha otras cosmologías y cosmografías como "pre-científicas", por no llamarlas "primitivas". Se tiene la impresión de que las cosmologías no-científicas y no-occidentales representan estadios atrasados en la evolución de las ideas. Ésta es una suposición reduccionista en sumo grado –por no hablar de etnocentrista– pues juzga en términos empírico-racionales cosmologías que, como digo, trascienden el cientifismo. Además, como ya mostrara Alfred Whitehead, la fe en la ciencia moderna no deja de ser un fenómeno derivado inconscientemente de la teología cristiana medieval.[5] Y hasta el mismo concepto de un mundo cognoscible empíricamente deriva de la idea cristiana del Gran Arquitecto, el Dios legislador todopoderoso.

Si verdaderamente se quiere comprender a otra tradición hay que aceptar que otras cosmologías y cosmografías puedan sostenerse en otros lenguajes, distintos del físico-matemático. Eso es algo que, significativamente, admiten los científicos que están en vanguardia. Conocedores de que no poseen el monopolio del saber y de que la cosmología científica siempre es *provisional* –de ahí su fuerza–, muchos han rehabilitado otras formas de conocimiento: el arte, el símbolo, la intuición. Y tal es el caso de la India, donde, cosmológicamente hablando, domina un lenguaje soteriológico. Un idioma donde la aritmética cede a la metafísica, en palabras de Colette Caillat.[6] El acento se pone en el lugar y la situación espiritual de los seres que habitan el cosmos, y no en el de sus átomos. El *loka* es la trama sobre la cual puede estructurarse la vida humana con sentido pleno. Ello no es óbice para que los indios, y los jainistas en nuestro caso, puedan suscribir la cosmografía moderna para su vida cotidiana, *a la vez* que mantienen la cosmografía simbólica y tradicional, que es la que otorga sentido a su dimensión espiritual. Esta agilidad hindú a la hora de cambiar de registro proporciona una riqueza que debe subrayarse. El indio puede estar en dos mundos, en dos universos de discurso, a la vez. Ciencia y mito pueden ser explicaciones complementarias, siempre y cuando no se haga un dogma de ninguna de ellas. Y esto es algo a lo que los indios, siempre familiarizados con la naturaleza paradójica de la realidad, están plenamente acostumbrados. En la India, la unidad del pensamiento nunca ha sido una virtud –y prueba de ello es que ninguna ideología o filosofía ha detentado nunca el monopolio de la verdad–. Lo paradójico, lo contradictorio, la pluralidad de enfoques, son valorados. Dada su tendencia a engullirlo y asimilarlo todo, los indios conviven con asombrosa familiaridad con el pensamiento lógico y el espiritual, la magia y la ciencia, lo racional y lo irracional, lo tradicional y lo moderno.* Tomando el modelo retroprogresivo de Salvador Pániker, podría decir que los indios son el paradigma de la retroprogresión: el movimiento simultáneo hacia lo nuevo y hacia lo antiguo, hacia la complejidad y hacia el origen.[7] Gracias a ello, el pueblo hindú ha estado mucho mejor preparado que el bíblico para asimilar las mutaciones cronológicas que la evolución darwiniana y la astrofísica han operado en el mundo moderno.

## EL MUNDO INFERIOR

El Mundo Inferior (*adho-loka*) corresponde a las piernas del Ser Cósmico. Es el mayor de todos los mundos. Está formado por siete niveles infernales (*narakas*) donde moran los fétidos seres demoníacos (*nārakis*). A medida que se desciende de nivel las imágenes son más terroríficas. Los infiernos más suaves son de fuego, los más duros, de hielo puro. Las condiciones de vida son miserables, los olores pestilentes, se sufre de hambre y de sed. En estos niveles habitan aquellos que, habiendo realizado acciones muy criminales y perversas, su *karma* les ha valido un renacimiento como *nāraki*. Cuando no son hostigados por los titanes (*asuras*), se pasan el día infligiéndose tormen-

* La India mantiene valores, referencias y visiones arraigadas en la antigüedad –brahmánica, budista o jainista–, lo mismo que en la modernidad –islámica, cristiana o anglo-india–. Ninguno de estos estratos culturales ha desplazado a los anteriores. Todas las fases de la historia india se mantienen. Al parecer, sólo Europa ha sentido la necesidad de eliminar tradiciones, cultos, creencias, costumbres o lenguas en aras del "progreso". La mayoría de civilizaciones, y la hindú en particular, ha tendido a la amalgamación.

tos los unos a los otros.[8] Algunos son colgados de un tridente, otros son tostados a fuego lento; hay a quien le atan un pedrusco al cuello y lo arrojan al agua,[9] y quien es descuartizado por una prensa de caña de azúcar o devorado por perros salvajes.[10] Muchas veces la tortura es del mismo tipo que el crimen cometido. Los adúlteros tienen que unirse a estatuas de mujeres de cobre incandescente, los comedores de carne están obligados a comer la carne troceada de su propio cuerpo, los borrachos a beber plomo líquido hirviente. Bastantes manuscritos jainistas llevan ilustraciones que muestran la saña y el sufrimiento que se padecen en los infiernos. Se dice que el séptimo infierno es tan tremebundo, los sufrimientos tan duros, los horrores tan espantosos, que ninguna mujer es capaz de pecar de forma tan intensa como para renacer allí. Sólo los hombres –¡y determinados peces!– pueden visitar ese horror.

Los niveles superiores del primer infierno, llamado Ratnaprabhā, también están habitados por un tipo de semidivinidades denominadas "residentes en mansiones" (*bhavanavāsīns* [véase pág. 60]), capaces de transitar entre el Mundo Inferior y el Intermedio.

Pero puesto que todo está sujeto a la ley impersonal de la acción-y-retribución, nadie está condenado a vivir eternamente en los infiernos. Es más; a pesar de los espantos que se padecen en ese mundo dantesco, ninguno de los *nārakis* retiene la individualidad, personalidad o humanidad de su existencia anterior. Se trata de otros seres, o mejor, de una misma mónada espiritual (*jīva*) encarnada bajo formas bajas y demeritorias. Puede que algún *nāraki* recuerde las acciones que le valieron su condición actual, pero, en general, se encuentran en un estado de total ignorancia y atadura. Por suerte, su condición es provisional. Recordemos que Padmanātha, el futuro *jina* de nuestro mundo, está expiando su mal *karma* en el séptimo infierno. Hasta los más malvados tendrán sus ocasiones para renacimientos mejores. Si éste ha de ser como humano o animal de cinco sentidos –cosa obligatoria para los *nārakis*, ya que no se renace de forma consecutiva en un infierno–, entonces tendrá lugar en el Mundo Intermedio.

## EL MUNDO INTERMEDIO

En efecto, los humanos y los animales sólo pueden renacer y actuar en el Mundo Intermedio (*mādhya-loka*), iconográficamente situado a nivel de la cintura del Ser Cósmico. A diferencia de los otros mundos, el Intermedio siempre está dibujado como un disco visto de cara [ver FIG. 5]. Es el más pequeño de los mundos, pero sin duda el más importante. Ahí vivimos los humanos y los animales; aquí nacen siempre los *tīrthaṅkaras* y aquí es donde uno puede aspirar a la liberación. El Mundo Intermedio es el centro de gravedad del cosmos, donde renacen también los que en su vida anterior fueron seres de los infiernos o de los cielos. El Mundo Intermedio es también la morada de los dioses llamados "estelares" (*jyotiṣkas* [véase pág. 60]), esto es, las divinidades que habitan los Soles, las Lunas, los planetas, las estrellas y las constelaciones.

El Mundo Intermedio está formado por innumerables anillos de tierra o islas (*dvīpas*) separadas por océanos (*samudras*). En el centro de este disco se alza el *axis mundi*, el monte Meru. Aunque es gigantesco, en la inmensidad del cosmos el Meru es una insignificante protuberancia del Mundo Intermedio. Lo rodea un primer anillo de tierra llamado Isla del Manzano Rosa (Jambūdvīpa), siempre bien destacado en los cosmogramas jainistas. El segundo anillo es la Isla de la Grislea Tomentosa (Dhātakīkhaṇḍadvīpa); el tercero la Isla del Loto (Puṣkaradvīpa)... el octavo Nandīśvaradvīpa... y así hasta un número *incontable* de islas. Interesantemente, cada isla posee su propio sistema astronómico, con sus Lunas, Soles y constelaciones, independiente del resto. En cierto sentido, cada "isla" es un universo dentro del Mundo Intermedio. Los textos dan infinidad de detalles acerca de las medidas de cada isla, sus continentes, las distancias respecto a otras islas o los océanos que las rodean.

Las islas del Mundo Intermedio también están habitadas por seres semidivinos, conocidos de todas las religiones índicas: *yakṣas, gandharvas, rākṣasas, bhūtas, piśācas*, etc. [véase pág. 60]. Dado que pueden transitar de un mundo a otro, se les conoce con el genérico de "intersticiales" (*vyantaravāsīs*). En ocasiones, también las divinidades del Mundo Superior [véase más adelante] descienden a algunas de estas islas para venerar a los *tīrthaṅkaras* en los momentos cruciales y auspiciosos de sus vidas. Particularmente interesante es la octava isla, la de Nandīśvara, repleta de jardines donde se yerguen espléndidas estatuas de los *tīrthaṅkaras* que las divinidades vienen a adorar.

El renacimiento animal o humano está circunscrito a la parte central del Mundo Intermedio. Concretamente, a la Isla del Manzano Rosa, nuestro mundo [ver FIG. 6]; y a las contiguas Isla de la Grislea Tomentosa e Isla del Loto. Ésta última está dividida por una cadena montañosa más allá de la cual no pueden nacer ni habitar los humanos. A partir de esta cordillera, incluso el concepto de tiempo deja de existir.

## JAMBŪDVĪPA

De todas estas islas la que verdaderamente nos interesa es la Isla del Manzano Rosa (Jambūdvīpa). La descripción jainista de Jambūdvīpa es muy similar a la budista y a la hinduista, incluso en detalles ínfimos. Indudablemente, todas arrancan de un mismo patrón. No obstante, cuando ligamos la explicación jainista del cosmos y Jambūdvīpa a su visión de la Historia Universal, –la de sus edades cósmicas, *tīrthaṅkaras*, hombres excelsos, etc.– el cuadro resultante sólo es consistente con los valores del jainismo.

Una obra que relata la geografía sagrada de Jambūdvīpa es el *Jambūdvīpaprajñāpti* de Amitagati (siglos X/XI). El texto se recrea en describir las cadenas montañosas, los ríos, las ciudades, los bosques, los lagos, los palacios o los santuarios de los *tīrthaṅkaras*. Las descripciones son puramente míticas, si bien poseen cierta conexión con los accidentes geográficos conocidos de la antigua India.

Jambūdvīpa es un disco centrado alrededor del monte Meru. Toma el nombre de un gigantesco manzano de piedra que se encuentra próximo a la cima del gran monte. La isla está rodeada por un muro elevado, con cuatro portales, cada uno guardado por un ser semidivino. Más allá, el Océano Salado (Lavaṇasamudra). Siete continentes (*varṣas, kṣetras*), separados no por mar sino por cordilleras, la componen [ver FIG. 7]. De Sur a Norte: Bharata, Haimavata, Hari, Videha, Ramyaka, Hairaṇyavata y Airāvata.

La descripción de la geografía física de Jambūdvīpa, por muy detallada que aparezca en los textos o las ilustraciones, no es lo más relevante. Lo fundamental, una vez más, es la geografía moral y soteriológica. Expliquémonos.

De estos siete continentes sólo dos y medio son esferas donde la acción porta sus resultados (*karmabhūmis*), es decir, áreas sujetas a los ciclos ascendentes y descendentes y lugares donde, consecuentemente, los *tīrthaṅkaras* predican el jainismo. Las demás zonas de Jambūdvīpa y del cosmos no se ven afectadas por el paulatino declive de la moral. Sus condiciones se mantienen constantes, dice el *Tattvārtha-sūtra*,[11] y no conocen la cronología. Ni la virtud, el tamaño del cuerpo, la longevidad, el clima o la vegetación, están sujetos a cambios positivos o negativos. La prisión de la eternidad kármica se circunscribe, pues, a la porción de Jambūdvīpa que es *karmabhūmi*. Este punto es de la máxima importancia. Es en estas zonas donde los seres humanos deben trabajar y actuar para sobrevivir y, por ende, donde la ley del *karma* retribuye la acción. Afortunadamente, es en estos lugares donde precisamente uno puede recurrir al ascetismo para "quemar" el *karma*, alcanzar la iluminación y la liberación final. El resto de cuatro continentes y medio de Jambūdvīpa son Tierras de Gozo (*bhogabhūmis*), cada una en permanente estado de Edad Extremadamente Maravillosa o Edad Maravillosa. Los humanos que tienen la dicha de renacer en esas zonas de gozo viven en las mismas condiciones que los que vivieron durante esos ciclos en los *karmabhūmis*. Habitan el paraíso. Ahora bien, puesto que los humanos no pueden practicar el ascetismo en este entorno utópico, los *tīrthaṅkaras* no acuden a los *bhogabhūmis* a predicar el jainismo. Por tanto, la liberación no es posible en estas regiones.

Toda la precisión en delimitar los cielos, los infiernos, las islas, los continentes, las zonas de los continentes donde puede practicarse el ascetismo, etc., es consecuencia de la necesidad de delimitar las regiones donde la liberación es posible [ver FIG. 7].[12] Está claro que las dimensiones colosales del cosmos y la pequeñez relativa de los *karmabhūmis* o lugares donde uno puede aspirar a la liberación sirven para subrayar el incalculable valor de un renacimiento humano en un *karmabhūmi*. El paralelismo con la concepción brahmánica que hallamos en los *Purāṇas* es evidente.[13]

Ciñámonos a los dos continentes y medio *karmabhūmis*. El mayor de ellos es Videha, también llamado Mahāvideha debido a su gran tamaño. Está situado en el centro de Jambūdvīpa, circundando el Meru. La mitad de este gigantesco continente no es un *karmabhūmi*, sino un *bhogabhūmi,* donde los habitantes viven perpetuamente en la Edad Extremadamente Maravillosa. La otra mitad es un *karmabhūmi*. Esta zona es crucial ya que se piensa que el alcance de nuestro ciclo descendente no le afecta. El tiempo es estacionario en esa parte de Videha,[14] de modo que es un perpetuo *karmabhūmi* en condiciones del tercer período –Edad Tristemente Maravillosa–, donde en todo momento existe algún *tīrthaṅkara* mostrando la senda y donde en todo momento los seres humanos que allí renazcan pueden alcanzar la liberación. Se dice que el *tīrthaṅkara* Sīmaṅdhara, venerado por varias corrientes del jainismo, está predicando actualmente en Videha.

Los otros dos continentes *karmabhūmis* son Airāvata y Bharata. Son completamente simétricos. Airāvata es simplemente la réplica septentrional de Bharata. Como en la mitad de Videha, ahí también predican *tīrthaṅkaras* que algunos tratados jainistas se han preocupado de enumerar.*

Sigamos acotando el espacio y centrémonos en Bharata-varṣa, el continente meridional de Jambūdvīpa, separado del contiguo por la cordillera del Himālaya (Himavan, Himavat).

Una cadena montañosa que corre paralela al Himālaya, la de los montes Vaitāḍhya, parte horizontalmente el continente en una zona Norte y otra Sur. A su vez, de los Himālayas descienden dos ríos bien conocidos, el Indo (Sinddhu) y el Ganges (Gaṅgā), que delimitan claramente una zona Oeste, otra Centro y otra Este. En total, Bharata-varṣa está compuesto por seis zonas.

Todas las zonas, salvo la central del Sur, son llamadas innobles (*anārya*) y están habitadas por razas bárbaras (*mlecchas*). Por innoble hay que entender lugares donde el jainismo nunca hubiera penetrado. La zona central del Sur es la Tierra donde habitan los nobles (Ārya-khaṇḍa), cuya capital es Ayodhyā. Como puede sospecharse Ārya-khaṇḍa no es otro espacio que la India, aunque hoy muchos jainistas dicen que también abarca Europa, América, África, Asia y Oceanía. En cualquier caso, el continente entero toma el nombre del primer gobernante iluminado (*cakravartin*) de la Historia Universal, Bharata, primogénito del *jina* Ṛiṣabha, que consiguió gobernar sobre las seis zonas de Bharata-varṣa.

Si uno contempla el cosmos desde su localidad en Ārya-khaṇḍa la cosa resulta clara. Grande es Ārya-khaṇḍa, la tierra de los nobles, pero pequeña en comparación al resto de Bharata. Y ese continente no es sino el extremo meridional de la gigantesca Isla del Manzano Rosa. Y ésa no es sino una de las

* Similarmente, Dhātakīkhaṇḍadvīpa y Puṣkaradvīpa, las dos islas contiguas a Jambūdvīpa, y donde los humanos también pueden renacer, poseen cuatro continentes y medio que son *bhogabhūmis* y dos y medio que son *karmabhūmis*, con *tīrthaṅkaras* predicando la senda.

innumerables islas que forman el Mundo Intermedio. Y este Mundo Intermedio es de una pequeñez ridícula en el contexto del cosmos. Y no hay Dios al que asirse. El jaina le lleva muchos siglos de ventaja al hombre moderno angustiado por la solitud existencial que la cosmovisión científica ha traído. Pero la contrapartida a esta insignificante situación es que la perfección y la liberación son posibles, precisamente, en esta porción del cosmos, puesto que ése es el lugar donde la causa de nuestro sufrimiento, la acción (*karma*), existe, y, por ende, puede eliminarse. Aunque en nuestra Bharata los humanos ya no podemos liberarnos en esta Edad Triste, sí se puede renacer en Videha o en alguna de las dos islas contiguas y alcanzar, allí, la liberación.

## EL MUNDO SUPERIOR

El Mundo Superior (*ūrdhva-loka*) se sitúa en la cima del mítico Meru, el eje del cosmograma, y por encima de las estrellas. Iconográficamente, nos hallamos en la parte superior del macrántropo cósmico.

Este mundo está compuesto por doce niveles celestiales (*kalpas*), cada uno más bello que el anterior. Aquí habitan las divinidades llamadas *vaimānikas*, pues todas conducen "vehículos celestiales" (*vimānas*). Cuanto más ascendemos más serenas, longevas y puras son las deidades y más paradisíaco es el nivel celestial. Ocasionalmente, los *vaimānikas* descienden al Mundo Intermedio para visitar a amigos de existencias anteriores, para consolar a los desdichados que padecemos las consecuencias de la acción o para rendir homenaje a los *tīrthaṅkaras*. El más excelso entre los dioses es el gran Indra –Śakra en los textos jainistas–. Una especie de réplica suya preside sobre cada uno de los niveles celestiales.

Por encima de estos doce cielos se encuentran los catorce "insuperables" (*kalpātītas*), los cielos más elevados del Mundo Superior. Son también morada de los dioses "insuperables" (*kalpātītas*), divinidades etéreas desprovistas de toda pasión. Indudablemente, estos *kalpātītas* siguieron en su día la senda jaina, y tal fue su desapego que gozan de la máxima beatitud. Pero incluso estas ingrávidas divinidades que habitan el decimocuarto ultra-cielo, si quieren salirse de la rueda de la eternidad, tendrán que perseguirla desde una encarnación humana.

Todo parece indicar que, como en la cosmología budista, esta sucesión de niveles –desde los infernales hasta los celestiales– se homologa a los distintos estadios de experiencia psico-espiritual (*dhyānas*) del yogui. A medida que el meditador jaina avanza en grados de concentración más elevados no sólo "visualiza" espacios más etéreos y puros, sino que él mismo adquiere las condiciones divinas correspondientes. El meditador y el objeto de meditación son uno. De ahí que el yogui hindú pueda desarrollar los mismos poderes que las divinidades y pueda compararse a los dioses. La cosmología tradicional india está tan anclada en el mito y la filosofía como en la meditación y la experiencia yóguica. No obstante, el yogui también deberá trascender cualquier estadio meditativo si quiere alcanzar aún el nivel superior de la existencia, el de lo incondicionado (*nirvāṇa*).

## EL MUNDO DE LOS PERFECTOS

Lo incondicionado se halla en la cúspide del cosmograma. Es el llamado Mundo de los Perfectos (*siddha-kṣetra*, *siddha-loka*), que se dice que es más blanco que la leche y posee la forma de un gigantesco parasol. Por esta razón también se le conoce como el Lugar Ligeramente Inclinado (*iṣatprāgbhāra*), que suele ilustrarse como una media Luna, levemente ladeada, en la frente del Ser Cósmico. Se dice que allí van a parar los espíritus liberados. Nunca ningún *jīva* que ascendió hasta la cima del cosmos ha vuelto a renacer en ningún otro mundo.

Para el jainismo, el liberado no trasciende el cosmos. Gozará de beatitud eterna en el Siddha-kṣetra, por encima de los cielos, en las fronteras con el espacio vacío. Según Ananda Coomaraswamy, la concepción de un *lugar* de pureza donde acceden las almas perfectas quizá fuera una aportación del materialismo indio,[15] una corriente de pensamiento influyente en época de Mahāvīra. En ello el jainismo se diferencia claramente del budismo. El *nirvāṇa* budista nunca fue considerado un *lugar*, ni el nirvanado accede a ningún espacio. La opinión disidente de Coomaraswamy es que el verdadero campo del liberado es el no-mundo (*aloka*), y así se correspondería al vacío budista (*śūnya*) y a la plenitud incondicionada (*brahman*) del brahmanismo.[16] Nadie lo sabe. Empero, el *Uttarādhyayana-sūtra* jainista es bastante tajante:

> «¿Dónde residen los espíritus perfectos? ¿A dónde van cuando dejan su cuerpo al alcanzar la perfección?
>
> Los espíritus perfectos están excluidos del no-mundo [*aloka*]. Residen en la cúspide del Mundo. Dejan sus cuerpos aquí [abajo] y, al alcanzar la perfección, van allí.»[17]

# 3. BIOLOGÍA

## EL *SAṂSĀRA*

La cosmología y la cosmografía tradicionales forman el marco en el que la Historia Universal cobra pleno sentido. Antes de proceder con las biografías de los *tīrthaṅkaras* estimo clarificador atacar a los protagonistas del devenir del cosmos: los seres vivos (*jīvas*). El ir y venir de estos seres a lo largo de estos infinitos ciclos y en estos mundos gigantescos, eso es lo que los hindúes llaman *saṃsāra*, una de las palabras más recurrentes en las tradiciones espirituales indias. Está formada por el prefijo *saṃ* y la raíz *sṛi-*, "moverse", "fluir".[1] Algo que se mueve constantemente, que está en perpetuo flujo, es *saṃsāra*.

El mecanismo principal que rige el devenir del *saṃsāra* es la ley del *karma*, de la que hablaremos sobradamente más adelante [véase capítulo 25]. Simplemente resumiremos aquí su postulado esencial: la cualidad, cantidad, duración e intensidad de toda acción (*karma*) perpetuada por un ser vivo deja una traza invisible (*vāsanā, saṃskāra*) que, adosada a un cuerpo sutil del agente (*sūkṣma-śarīra*), lastra a la mónada espiritual (*jīva*) con una nueva existencia. Por tanto, para el pensamiento indio tradicional, el nacimiento y la muerte son únicamente portales que atraviesa el espíritu en su peregrinación por el cosmos.

Y por las acciones Bharata-varṣa es un permanente campo de batalla de los niveles egoicos –agresividad, búsqueda de placeres, avaricia, odio–. La situación general de la existencia puede resumirse en una idea: insatisfacción, dolor, sufrimiento, frustración, contingencia; todo lo que expresa el concepto *duḥkha*, bien conocido por el budismo o las filosofías Sāṃkhya y Yoga.

La visión jainista del ciclo de transmigraciones es bastante funesta, por lo menos la que se desprende de los textos. Los infinitos seres vivos llevan involucrados en el mundo material desde un tiempo sin principio y seguirán indefinidamente en tal situación de insatisfacción, de renacimiento en renacimiento, a cual más penoso. La atadura, dicen las filosofías hindúes, es sin comienzo (*anādi*). La atadura no tiene *historia*. No existe caída a la condición de *duḥkha*. El Ser Cósmico en el que moran las mónadas vitales es un magma de materia-espacio-tiempo configurado por la actividad y la vitalidad de los organismos, atrapados como insectos en la tela material. Quizá, la imagen que mejor ilustre esta situación sea la Rueda de la Vida (*Bhava-cakra*) del budismo, un gráfico símbolo del *saṃsāra* condicionado por los actos.

Todas las filosofías de la India utilizan la palabra *saṃsāra* para designar a este mundanal mundo en el que los seres padecen dolor.

## LOS CUATRO DESTINOS

Con bastante lógica, la noción hindú del ciclo de transmigraciones concibe que todo ser vivo es susceptible de transitar por cualquier tipo de existencia. Es más, el *Vyākhyā-prajñāpti* sostiene que toda mónada espiritual *ha pasado y pasará* por todos los tipos posibles de encarnaciones.[2] Un *jīva* puede renacer como oruga, como brizna de hierba, como humano o como divinidad, según el cómputo general de las acciones de vidas anteriores. La India nunca ha establecido fronteras insalvables entre las esferas divina, humana, animal o vegetal. La enseñanza principal de la doctrina del *karma* es que todo está interconectado y todas las formas de existencia están interrelacionadas.

A modo didáctico se dice, por ejemplo, que un renacimiento animal viene fuertemente condicionado por actos de cobardía y poca honradez. O que los renacimientos infernales son fruto de una conducta irrefrenable en pos del poder, o consecuencia de actividades marcadas por la crueldad y la violencia. En cambio, un renacimiento celestial viene determinado por actos caritativos y penitentes. Se especula con que los renacimientos humanos son fruto de cierta moderación en todas las actividades. Empero, estas explicaciones no deben tomarse al pie de la letra. Como Padmanabh Jaini ha expuesto, estas elucubraciones van más allá de un sistema de retribución proporcional al acto. Su intención es otra: fomentar el comportamiento deseable y enmarcarlo en un contexto comprensible[3] de carácter retributivo. La idea que hay que retener es que los seres son responsables de las condiciones de su existencia.

Asimismo, la noción de *saṃsāra* implica que la interrelación entre todas las formas de existencia es total. En el infinito flujo del *saṃsāra* no existe ser vivo alguno que no haya sido el padre, el enemigo, el rey o el siervo de cada uno del resto de seres, por lo que uno está totalmente hermanado con el resto de seres vivos que ha nacido.[4] O como dice Hemacandra, no existe un átomo en el universo que no haya sido ocupado por el espíritu en su infinito ciclo de existencias.[5] Pasará por la inmensa gama de encarnaciones hasta que, cansado de millones de renacimientos sin sentido, tome la senda promulgada por los *jinas* y ponga fin a esta peregrinación.

Los jainistas se han prodigado mucho en clasificar los tipos de seres según distintos criterios. La diferencia de primer orden se da entre los seres liberados (*muktas*) y los todavía encarnados (*saṃsārīns*). Dentro de esta segunda categoría, que es la que nos importa, las clasificaciones son múltiples. Por ejemplo, según sean móviles (*trasas*) o inmóviles (*sthāvaras*), que es la más común en los textos antiguos; o según el número de sentidos (*indriyas*), o de acuerdo al número de respiraciones (*prāṇas*), o según su tinte (*leśyā*), etcétera. Aquí nos guiaremos por la más habitual y genérica. Y ésta postula cuatro grandes categorías de encarnaciones o renacimientos (*gatis*). Uno puede renacer: 1) como ser divino (*deva*), 2) como ser humano (*manuṣya*), 3) como ser infernal (*nāraki*), y 4) como animal o planta (*tiryañca*). Se dice que uno de los significados del símbolo de la esvástica (*svastika*), tan querido por los jainistas [ver FIG. C], representa estos cuatro destinos posibles en cada una de sus aspas.

## ENCARNACIONES DIVINAS

El destino más elevado es el de divinidad (*deva, devatā*), un tipo de ser que viene al mundo por "manifestación", es decir, súbitamente, sin base material alguna, ahí donde de acuerdo a su *karma* deba originarse. Desde el nacimiento hasta la muerte estos seres angélicos viven en un estado de perpetua juventud. Su longevidad se cuenta por océanos de años. Gracias a un "cuerpo de transformación sutil" [véase pág. 400] pueden alterar su apariencia, algo que también les permite desarrollar ciertos poderes sobrenaturales. La cosa no es tan sorprendente si consideramos que el cuerpo de los dioses no posee huesos, carne ni sangre. El suyo es un cuerpo de belleza sublime; es *luminoso*, refulgente –uno de los sentidos literales de la palabra *deva*–,[6] libre de enfermedades. La pureza espiritual de las divinidades es muy elevada, lo mismo que su nivel de conciencia.

Los dioses disfrutan, en suma, de un inmenso mérito religioso. Pero tienen un problema: están incapacitados para la liberación. Sabemos por qué. Porque el camino que conduce al *nirvāṇa* es el ascetismo. Las deidades, en su permanente estado de gozo, no pueden convertirse en ascetas. Tan dichosa es su existencia –comparable a la de una Edad Maravillosa– que no hay anhelo por la liberación. Todo deseo suyo se cumple *ipso facto*. No ha lugar a la autodisciplina. Es más, tan luminoso y etéreo es su cuerpo –hasta el punto que son llamados desencarnados– que no hay posibilidad de ayunar –los dioses no comen– ni de privarse de placeres. Para practicar el ascetismo uno no puede estar disfrutando del paraíso. Por tanto, su felicidad es matizable. La dicha es insuperable, pero transitoria. Tarde o temprano los dioses renacerán como humanos o animales. Las deidades no son otra cosa que mónadas atrapadas y condenadas a transmigrar bajo formas refinadas y privilegiadas de existencia. Un gran dios está tan sujeto al *karma* como una serpiente.[7] Cuando se agote el *karma* que le ha proporcionado esta existencia luminosa, las valencias kármicas de viejas vidas lo lastrarán nuevamente a este mundo bajo formas menos etéreas.

## LOS DIOSES "RESIDENTES EN MANSIONES"

Los dioses menores son los "residentes en mansiones" (*bhavanavāsīns*), a los que suelen llamarse semidioses. Entre ellos encontramos a los demonios (*asuras*), las serpientes divinas (*nāgas*), las divinidades del fuego (*agnis*), las deidades del viento (*vāyus*), las rapaces divinas (*suparṇas*), etc. Los *asuras* viven en Ratnaprabhā, el nivel superior de los infiernos. Otros habitan en el Mundo Intermedio. Por ejemplo, los *nāgas*. En general, todos los *bhavanavāsīns* tienen la facultad de transitar de un nivel a otro. Por su apariencia se asemejan a jóvenes príncipes, de ahí que suela añadírseles el sufijo *-kumāra*, que significa "príncipe". Los dirigen dieciséis *indras*.

## LOS DIOSES "INTERSTICIALES"

Unos seres etéreos algo superiores son los llamados "intersticiales" (*vyantaravāsīs*). Toman el nombre del lugar que ocupan en el cosmos: entre el primer infierno y el Mundo Intermedio. Intersticiales son los músicos celestiales (*gandharvas*), los genios de la tierra (*yakṣas*), los hombres-pájaro (*kinnaras*), los titanes (*rākṣasas*), los fantasmas (*bhūtas*), los diablillos (*piśācas*), etc. Los primeros suelen ayudar a los humanos. Los últimos, en cambio, son menos benevolentes. También están gobernados por dieciséis *indras*.

## LOS DIOSES "LUMINOSOS"

El tercer tipo de deidades es el de los "luminosos" (*jyotiṣkas*), compuesto por las divinidades que habitan los Soles, las Lunas, las Lunas Negras, los planetas, los trillones de estrellas y las constelaciones. Los dirigen varios *indras*.

Como toda tradición hindú, la jainista se ha preocupado bastante del estudio de la astronomía y la astrología, y su contribución al desarrollo de estas ciencias ha sido valiosa. Los textos emblemáticos al respecto son el *Sūraprajñāpti* y el *Jambūdvīpa-prajñāpti* de Amitagati (siglos X/XI).

El conocimiento de la astrología sigue siendo fundamental para fijar el momento y lugar de todas las ceremonias religiosas importantes –iniciación de ascetas, consagración de imágenes, peregrinaciones, festivales, etc.–. Los tecnicismos sobre órbitas, conjunciones, relaciones con los meses, con los años, etc., son notables. Según la astronomía jainista, aunque en Bharatavarṣa sólo vemos un Sol y una Luna, en realidad existe un par de Soles y Lunas en Jambūdvīpa. Esta noción no tiene paralelo en otros sistemas indios.

## LOS DIOSES "QUE LLEVAN VEHÍCULOS"

Finalmente, tenemos a los dioses mayores, "los que llevan vehículos celestiales" (*vaimānikas*), que moran en los doce paraísos celestiales (*kalpas*) y en los catorce ultra-cielos insuperables (*kalpātītas*). Se dice que las condiciones en estos planos son similares a las de la Edad Extremadamente Maravillosa. Los ojos sólo ven lo hermoso, las fragancias son sublimes, los sabores deliciosos, la mente se mantiene siempre clarividente, la diferencia entre el día y la noche es desconocida. Cada uno de los veintiséis cielos está gobernado por uno o dos *indras*. El *indra* que aparece profusamente en la mitología jainista es Śakra, regente del cielo Saudharma. Su rol en las historias de los *tīrthaṅkaras* es importante. Cada vez que un *jina* va a nacer en Jambūdvīpa, el trono de Śakra retumba, y el rey de los dioses alerta a todas las divinidades de que un gran evento va a tener lugar. Asciende a un monte de la isla de Nandīśvara y, desde allí, se dirige a la casa donde va a tener lugar el nacimiento del *tīrthaṅkara*. Como veremos, Śakra también aparece en escena en otros momentos auspiciosos de la carrera del *tīrthaṅkara*.

Destacan, asimismo, los dioses del quinto cielo, el Brahmaloka, que están destinados a acabar su existencia terrenal muy pronto –en calendarios divinos–. Las diosas se encuentran solamente en el primer y segundo nivel, justamente en los cielos donde las divinidades tienen relaciones sexuales. En los superiores las divinidades son andróginas.

Dentro de los que moran en los catorce *kalpātītas* hallamos divinidades con nombres tan curiosos como "los que da gozo observar", "los que deleitan la mente", "los universalmente benignos" o "los plenamente realizados".[8] A medida que ascendemos de nivel los *devas* son más pequeños, luminosos, poderosos, puros, dichosos, longevos y sus facultades cognitivas superiores.

* * *

Cada orden de encarnación divina, sea la de los *yakṣas*, los cuerpos celestes o los distintos tipos de *vaimānikas*, está organizado al modo de un reino indio. Siempre hallamos una autoridad real a la cabeza (*indra*), con su consorte femenina (*indrāṇī*) y una serie de príncipes (*sāmānikas*), funcionarios (*trāyastriṁśas*), nobles cortesanos (*pāriṣadyas*), guardas (*ātmarakṣasas*), protectores (*lokapālas*), guerreros (*anīkas*), ciudadanos (*prakīrṇakas*) y hasta dioses-sirvientes (*ābhiyogyas*).

Todas las deidades conocerán su fin con seis meses de anticipación. A partir de ese momento el estrés se apodera de la divinidad, ya que millones de eones de gozo y dicha van a finalizar muy pronto. Aterradas por la futura encarnación, algunas divinidades cometen atrocidades que pueden acarrearles algún renacimiento bajo.

## ENCARNACIONES INFERNALES

Los dioses comparten bastantes características con los seres nacidos en el destino más bajo de todos: los seres infernales (*nārakis*). En cierto sentido, los *nārakis* son espejos-reversos de los *devas*. Mientras que los primeros sufren las consecuencias de su demérito, los otros disfrutan de las recompensas de sus méritos. En esto el jainismo se asemeja al cristianismo y sus conceptos sobre los ángeles y los demonios. Ambos tipos de seres comparten una misma constitución. Igual que los dioses, los seres infernales no son paridos sino que surgen de repente. Sus vidas tampoco pueden contarse en años humanos, sino en océanos de años, por lo que sus sufrimientos son horripilantemente largos. Los *nārakis* son siempre asexuados y destacan por su deformidad y asimetría. Como ya sabemos, durante su estancia en los infiernos padecen todo tipo de torturas. Cuanto más bajo es el infierno, de mayor tamaño es el cuerpo y más duro y prolongado el tormento. Una vez el *nāraki* ha pasado por la gama de sufrimientos prescrita acorde al *karma*, le sobreviene la muerte, sin causa aparente. Por fortuna para los *nārakis*, siempre reencarnan en el plano humano o el de animal de cinco sentidos.

## ENCARNACIONES HUMANAS

Humanos son aquellos seres de cinco sentidos que poseen también la facultad del pensamiento, longevidad, fuerza física, poder del habla y de la respiración. Estas características sirven para diferenciar a los humanos del resto de animales. No es que los animales no puedan tenerlas –los elefantes, las vacas o los tigres, por ejemplo, poseen la facultad pensante–, sino que no pueden tenerlas simultáneamente.

Básicamente, los humanos se dividen según la zona del Mundo Intermedio donde puedan renacer. Los que nos interesan son aquellos que viven en los continentes dónde la acción es retribuible (*karmabhūmis*), puesto que somos todos los que habitamos esta Tierra. Y entre nosotros se divide la humanidad entre las personas de linaje noble (*ārya*) o bárbaro (*mleccha*).

Dentro de los renacimientos humanos nobles los más elevados son los de los seres excelsos (*śalākā-puruṣas*). Como sabemos, cada era ascendente y cada era descendente produce el número de sesenta y tres excelsos. De esta condición fueron los veinticuatro *tīrthaṅkaras*. Los treinta y nueve restantes están formados por héroes de tipo *casi* divino, muchos de los cuales son bien conocidos por el hinduismo. Por un lado tenemos a los doce monarcas universales (*cakravartins*), como los grandes Bharata, Sagara, Sanatkumāra o Padma, que consiguieron gobernar sobre las seis partes de Bharata-varṣa. A continuación tenemos a los nueve *vāsudevas*, como Kṛiṣṇa, Nārāyaṇa (Viṣṇu) o Lakṣmaṇa. Son héroes que vencen a un villano *prativāsudeva*, que es un "gobernante de medio mundo" (*ardhacakrin*), es decir, de tres partes de Bharata-varṣa. Dentro de esta categoría tenemos a Bali, Prahlāda o Rāvaṇa, los principales villanos de las epopeyas hindúes. Luego tenemos a los nueve *baladevas*, hermanastros y compañeros de los *vāsudevas*, como Balarāma o Rāma (Padma). Estos tres caracteres aparecen cuando ningún *cakravartin* gobierna sobre Bharata-varṣa. En la mitología jainista es el *vāsudeva*, el hermanastro menor del *baladeva*, quien mata y vence al *prativāsudeva* y, consecuentemente, se convierte él en "gobernante de medio mundo". Invariablemente, el *vāsudeva* y el *prativāsudeva* tendrán que renacer en los infiernos debido a la violencia cometida durante la guerra. Por contra, a la muerte de su hermanastro, el *baladeva*, un caracter más místico, entrará en la orden jainista, practicará el ascetismo y alcanzará el *nirvāṇa*.

Asimismo, la mitología jainista tradicional habla de otros espíritus insignes: los nueve *nāradas*, los veinticuatro *kāmadevas*, los veinticuatro padres de los *jinas*, las veinticuatro madres de los *jinas* o los catorce *kulakaras* o gobernantes de tiempos pre-sociales.

Todos estos seres insignes vivieron en este ciclo descendente en Bharata. Pero existen seres similares en Videha, Airāvata y los *karmabhūmis* de Dhātakīkhaṇḍadvīpa y Puṣkaradvīpa.

La importancia de la encarnación humana radica en que ahí es donde el cómputo kármico puede resultar en cualesquiera de las cuatro destinaciones posibles. Un humano puede renacer como divinidad, ser infernal, otro humano o animal. Y a la inversa. El camino para llegar a humano puede ser arduo y largo para un animal, pero eventualmente puede alcanzar este preciado nacimiento. Y la condición humana es crucial porque *sólo* desde este nacimiento puede uno adquirir la autodisciplina y la conciencia necesarias para alcanzar la liberación. La encarnación humana es como el *nudo* a partir del cual uno puede embarcarse en la senda de la no-violencia, la purificación y la compasión. La humana es la forma de vida *potencialmente* liberadora. Aparte de esta cualidad, el tipo humano no es especialmente ensalzado en el jainismo. Es más, la existencia humana en estos tiempos tristes está caracterizada por la insatisfacción y la frustración. Eso por no hablar de la pobreza, la vejez, la esclavitud o la enfermedad. Pero raro es el nacimiento como humano, por lo que triste sería desperdiciarlo. Y más difícil todavía haber recibido la instrucción religiosa jainista; y aún más tener la energía suficiente para practicar el autocontrol. Lamentablemente, estas limitaciones apuntan a que sólo unos pocos podrán encaminarse en la senda y, lentamente, el jainismo desaparecerá de la faz de la Tierra.

## ENCARNACIONES ANIMALES

Los animales representan el último destino posible. Comparten con nosotros una característica importante: después de la muerte, un animal puede renacer en cualquiera de los cuatro destinos posibles.

Por "los que marchan horizontalmente" (*tiryañcas*) el jainismo considera una gama extremadamente amplia de seres. Según Umāsvāti, son animales todos aquellos seres que no son humanos, divinidades o seres infernales.[9] Por tanto, tenemos a todo el reino animal y vegetal. Pero una peculiaridad del jainismo es que considera que el espíritu puede encarnar en objetos inorgánicos como las piedras, las llamas de fuego, las gotas de agua o las brisas. Su nivel de conciencia es nulo, pero existe de forma latente. Estos "seres" también entran bajo la denominación "animal". Estamos ante una sensibilidad claramente animista. El *continuum* de la vida se expande desde lo angélico hasta lo mineral.

## LOS *NIGODAS*

Los más ínfimos de todos los seres son los microscópicos *nigodas*, unas entidades que no poseen cuerpo y que se unen en colonias que pueblan todos los mundos del universo. Además, ocupan parasitariamente los cuerpos de otros seres; notablemente los de los humanos, ciertos animales y plantas bulbosas. Su número es infinito. Ocupan el peldaño más bajo de la escalera de progresión espiritual.[10] Tan densa y opaca es su alma que se dice que el desarrollo espiritual siquiera ha comenzado en ellos. Se piensa que infinitos *nigodas* se perpetuarán indefinidamente en su bajísima condición y jamás alcanzarán la liberación. Esto tiene su lógica particular. Existe un problema para toda tradición que afirma que la liberación del ciclo de existencias es posible. A medida que los seres fueran liberándose el mundo del *saṃsāra* iría vaciándose. En cierto sentido, los jainistas suplen los espíritus liberados con esta reserva de infinitos *nigodas*. Por tanto, el peligro de desaparición del *saṃsāra* –y por tanto, de la eternidad–, queda zanjado.

No obstante, a otro número indeterminado de *nigodas* no les está barrada la progresión hasta un eventual renacimiento humano. Cada vez que un *jīva* se libera permite el ascenso de algún *nigoda* en el orden de las cosas. Igualmente, cualquier ser puede retroceder al estado de *nigoda* debido a *karmas* muy demeritorios. Existe una tradición digambara que afirma que Maskarīn Gośāla [véanse págs. 172-173], discípulo y rival de Mahāvīra, renació como *nigoda* por un intento frustrado de homicidio de Mahāvīra –si bien otra tradición digambara asegura que gracias a un arrepentimiento sincero está disfrutando de una existencia ¡como divinidad!–.

Aunque técnicamente los *nigodas* están clasificados como "seres vegetales de un sentido y del tipo inmóvil", por sus características asociativas y por la peculiaridad de habitar todos los mundos posibles, puede considerárseles una categoría aparte. Constituyen, como expresó Walther Schubring, el polo opuesto de los liberados,[11] su contrapartida.

## LOS *EKENDRIYAS*

Los segundos seres en insignificancia, son unos "animales" que asimismo sólo poseen una facultad sensitiva (*ekendriya*), la del tacto. Se trata de las encarnaciones sutiles e inmóviles de los cuerpos de la tierra, del fuego, del agua y del aire. Puesto que son sutiles –invisibles– no se dice mucho al respecto.

A continuación tenemos las que se llaman burdas –visibles– de estos mismos cuerpos. Dentro de las encarnaciones de la tierra tenemos, por ejemplo, a las motas de polvo, los granos de arena, las sales, las piedras preciosas, las rocas, los diamantes o los metales. Dentro de las del agua hallamos a los mares, los ríos, las gotas de lluvia, la nieve, el rocío, el sudor, las nubes, la bruma o los monzones. En las encarnaciones del fuego encontramos a las llamas, los carbones, los meteoritos o los rayos. *Ekendriyas* del aire son las ráfagas de viento, las inhalaciones y exhalaciones de los seres vivos, los ciclones o los tornados.

No es que una gota de agua, por caso, contenga animalillos microscópicos –que efectivamente los alberga–, sino que la gota de agua en sí es un *jīva* denominado "cuerpo del agua de un solo sentido" (*apakāya-ekendriya*). Un vaso de agua, pues, está formado por una colonia de *apakāya-ekendriyas*. Esta percepción, única del jainismo, y que suele tildarse despectivamente de "arcaísmo animista" –más correcto sería llamarla hilozoísmo–,[12] posee unas implicaciones enormes. Subraya la presencia de lo espiritual y animado en todas las manifestaciones. Como un atisbo de la teoría Gaia los jainistas proponen que no hay barrera infranqueable entre lo aparentemente inerte y lo vital. La cadena de la vida es un todo interconectado y se extiende más allá de lo meramente biológico. Nada existe en el universo sin un grado de conciencia –que es la característica por antonomasia de todo *jīva* o principio vital–. Esto posee sus implicaciones éticas. El asceta jainista intentará evitar destruir este tipo de vidas por todos los medios. El bozal de tela que cubre la boca de ciertos monjes [ver FIGS. 16 y 43] sirve para no dañar a los invisibles cuerpos del aire. Es un símbolo de su empeño en respetar hasta las más ínfimas formas de vida –y no para no tragar insectos, como suele decirse–. El animismo jainista es arcaico, sí, pero no por ello menos válido y refinado que el descarado antropocentrismo de otras tradiciones.

Aunque la existencia de los *ekendriyas* no es tan horrorosa como la de los seres de los infiernos, su situación es nefasta. Los cuerpos de la tierra son pisoteados continuamente por elefantes y caballos, los cuerpos del agua son martirizados bajo el Sol, los de los vientos se aniquilan unos contra otros cuando las tormentas se entrecruzan.

## ENCARNACIONES VEGETALES

El siguiente peldaño en la escala de la complejidad es el de los "animales inmóviles de dos sentidos" –tacto y gusto–. Está formado enteramente por el reino vegetal.

Los vegetales caen en dos categorías. Los que están compuestos por un solo *jīva*, y otros que lo están por colonias de *jīvas*. Entre los primeros tenemos a todos los árboles, yerbas y matas. Entre los segundos, a la patata, la cebolla, el ajo, la zanahoria o los higos. Esta clasificación es importante desde el punto de vista dietético. Siguiendo el voto de la no-violencia muchos jainistas se abstienen de comer estas plantas que contienen colonias de *jīvas*. Este rasgo constituye uno de los distintivos externos más claros de la comunidad jainista.

Para los jainistas los espíritus vegetales poseen conciencia de sí mismos y del mundo que les rodea. ¿Cómo, si no, sabrían cuándo deben germinar? La concepción jainista de las plantas les otorga otros aspectos casi humanos. Por ejemplo, un deseo de nutrirse, de reproducirse y hasta emociones como el miedo o el sentido de la propiedad. Según el *Vyākhyā-prajñāpti*, Mahāvīra predijo que algunos árboles y ramas de árboles alcanzarían la liberación.[13]

## ENCARNACIONES ANIMALES

El resto de animales con dos sentidos está compuesto por distintos seres móviles: los gusanos, las orugas, las almejas o las conchas. Aunque la gente de a pie no puede ser tan quisquillosa como los ascetas y no puede evitar la muerte accidental de los *ekendriyas*, técnicamente el voto de la no-violencia a nivel laico comienza con esta categoría de seres. Puede decirse que todos los jainistas con un mínimo de conciencia evitan escrupulosamente molestar a ningún espíritu móvil (*sthāvara*). Toda familia jainista, más allá de su dedicación a la práctica religiosa, es, por tanto, invariablemente vegetariana.

Con tres sentidos –tacto, gusto y olfato– tenemos a las hormigas, las pulgas, las tijeretas o las garrapatas. Con cuatro –tacto, gusto, olfato y visión–, las moscas, las avispas, los escorpiones, las mariposas o los mosquitos. Finalmente, con cinco sentidos –tacto, gusto, olfato, visión y oído–, tenemos a los delfines, los cocodrilos, los peces, los elefantes, los lagartos, los gansos o los murciélagos.

Aunque los animales no pueden liberarse bajo su condición sí pueden escuchar la doctrina sagrada, maravillarse con ella y actuar en consonancia. No en vano la tradición atribuye también el sentido del razonamiento (*manas*) a los animales superiores. El rasgo es panindio. Existen numerosas fábulas en las que los animales toman votos, ayunan, respetan a los ascetas y practican la no-violencia. Gracias a ello pueden labrarse renacimientos humanos o divinos. Tal fue el caso del elefante Udāya, por poner un ejemplo, que previamente había sido un *asura* y en su siguiente encarnación renacería como humano, tras lo cual alcanzaría la liberación en Videha.[14] O el jefe de un grupo de monos, quien gracias a la compasión mostrada hacia un asceta en el bosque renació como deidad con hermoso y resplandeciente cuerpo.[15] El propio Mahāvīra encarnó como león [véase pág. 141] y fue instruído en la religión de la no-violencia, gracias a lo cual despertó en él la semilla de la correcta visión (*samyak-darśana*) que lo catapultaría, en el curso de varias vidas, hasta la condición de *tīrthaṅkara*. Desde luego, el jainismo proyecta valores humanos sobre los animales para ejemplificar los mecanismos del *karma* y para abanderar los principios de la no-violencia y la compasión, pero no hay duda de que como resultado la jainista ha sido, de todas las religiones del planeta, de lejos la que mayor respeto ha promovido por los demás seres vivos. Esta cierta equiparación entre los comportamientos animales y humanos refleja la misma equivalencia entre los espíritus de unos y otros. Aunque en la progresión espiritual existan grandes diferencias entre los seres, cualitativamente todo espíritu es idéntico. De ahí que toda vida, más que sagrada –opción hinduista– sea inviolable –opción jainista–.

# TAXONOMÍA

Los pensadores jainistas también han investigado en la morfología, la anatomía y las formas de reproducción de los seres. El texto que más se explaya en la anatomía humana es el *Taṇḍulavaicārika*.

Las explicaciones anatómicas jainistas se centran principalmente en enumerar el número de órganos, venas, huesos o en delimitar el tamaño, la simetría o la firmeza ósea de los seres. Se habla mucho de la forma de nacimiento, del comportamiento sexual o la longevidad potencial. El enfoque propiamente médico, por su parte, se ajusta bastante al del *āyurveda* o medicina tradicional india.

El interés biológico jainista, empero, es fundamentalmente taxonómico. Lo que importa no es tanto la fisiología como la situación de los seres en el orden de las cosas y su capacidad para liberarse o no. En total se habla de 8.400.000 variedades posibles de nacimientos. Esta cifra es bien conocida por la India y es mejor traducir por algo así como "tropecientas" variedades. En cualquier caso, se dice que los biólogos jainas llegaron a identificar varias decenas de miles de especies. En verdad, sus viejas listas de categorías de nacimientos son de una aridez espantosa y su obsesión por las clasificaciones numéricas sólo puede ser tildada de alucinante. Según algunos autores el origen de la taxonomía jainista se remonta a épocas anteriores a Mahāvīra, dado que las sistematizaciones biológicas de los ājīvikas, un grupo religioso contemporáneo del jainismo antiguo, eran similares.

Si bien a la luz de nuestros conocimientos el rigor zoológico y anatómico de todas estas listas es discutible, la sistematización no deja de ser impresionante. Piénsese que el conocimiento biológico de Aristóteles no sobrepasaba las quinientas especies. Además, repito que el objetivo nunca es meramente científico. Estos niveles de existencia reflejan, para Padmanabh Jaini, una escala de percatación y conciencia (*upayoga*) por parte del espíritu.[16] Los textos son explícitos al recomendar el estudio de los seres vivientes con todos los medios de la razón para poder aprehender el sentido de la *ahiṃsā* y poder practicar la no-violencia que conduce al *nirvāṇa*.[17] Cuando uno conoce de dónde vienen los seres y a dónde van, cuando capta los mecanismos y la estructura del *saṃsāra*, uno puede salirse de él. Así opinan los *tathāgatas*, los *arhats* y los *tīrthaṅkaras*, proclama el venerado *Ācārāṅga-sūtra*.[18] La biología jainista es indisociable de la práctica jainista. Y ésta, lo veremos una y otra vez, gira permanentemente en torno a la forma de no causar daño a ningún ser vivo.

El pesimismo aparente del jainismo nunca es absoluto. Los jainas no sólo consideran el renacimiento humano como el mejor de los posibles, sino que cada encarnación, por baja que sea, es susceptible de mejorar. Ningún *jīva* posee un lugar fijo en la jerarquía, pues el que ahora es un humano, en una próxima existencia puede ser una divinidad o un ser infernal. Todas las mónadas espirituales están en perpetuo flujo, que es lo que expresa exactamente la idea de *saṃsāra*. Y si en vez de clasificar los posibles tipos de nacimientos desde la perspectiva del *jīva*, los observamos desde la del *saṃsāra*, lo único que vemos es una red interconectada de flujos, una serie de diferentes gradaciones de materia, cuanto más densa la concentración, más baja la pureza espiritual. Aún en los casos más burdos, las cualidades del espíritu –conciencia, dicha y energía– no desaparecen por completo. Pueden estar ofuscadísimas, pero casi nunca de forma irreparable. El potencial de progreso espiritual, lo que se llama *bhavya*, –bien que también el de retrogresión–, nunca queda eliminado. Dice uno de los *Sūtras* más importantes del jainismo:

> «Una encarnación de la tierra, una encarnación del agua o un ser vegetal con un tinte espiritual [*leśyā*] oscuro puede ser en su siguiente existencia un ser humano, alcanzar la iluminación y, consecuentemente, la liberación.»[19]

Es cierto que en todas las clases de seres se dice que existen *jīvas* incapaces de liberarse, *jīvas* que se encuentran en una situación que llaman *abhavya*. Se trata de mónadas espirituales que no están disgustadas con el *saṃsāra*,[20] que se sienten bien en el estado corporeizado porque no conocen nada mejor, y que, por consiguiente, nunca se liberarán. Al margen de estas alusiones a una "predeterminación" –posiblemente un trazo shramánico muy antiguo,[21] y que no impide que estos *jīvas* lleguen a alcanzar hasta el decimocuarto ultra-cielo–,[22] la tesis fundamental jainista es que todo ser vivo es susceptible de labrarse el camino que conduce al *nirvāṇa*. Todo *jīva* está, en palabras de N. Shāntā, en camino de convertirse en *siddha*.[23]

Lo que verdaderamente quiere mostrar la taxonomía jainista es la extremada rareza del nacimiento humano. Nosotros, que hemos tenido la inmensa suerte de haber traspasado la horrorosa vida de los infinitos *nigodas*... que hemos sido millones de veces alguno de los miles de millones de *ekendriyas*... que hemos pasado tropecientas vidas en una colonia de incontables *jīvas* de una planta bulbosa... que hemos renacido como un violento carnívoro cuya forma de subsistencia acarreó inevitablemente renacimientos infernales... nosotros que hemos pasado eones en los infiernos... una vez alcanzado el renacimiento adecuado para poner fin a la pesadilla de la eternidad, ¿vamos a ser tan estúpidos de no saber aprovecharlo?, ¿vamos a desperdiciar esta posibilidad prácticamente única? Y aún más; nosotros, que como humanos hemos tenido la suerte de vivir en un tiempo en que el jainismo todavía existe sobre la Tierra, ¿vamos a vivir una vida sin meta que puede devolvernos de un plumazo a cualquiera de las bajas existencias?, ¿vamos a seguir violentando a los seres vivos a sabiendas de que todo en el universo posee un grado de conciencia?, ¿vamos a seguir peregrinando en el *saṃsāra* sin meta ni fin?

# *Parte II*

# Mitología

La narrativa de la Historia Universal, la historia *à la jain*, se circunscribe a este ciclo descendente y sólo a aquella parte del cosmos donde la vida humana es relevante: Jambūdvīpa. Principalmente, se centra en las hagiografías o vidas ejemplares de los *tīrthaṅkaras* y, en menor medida, de los demás seres excelsos. Los textos más representativos de este género son el gigantesco *Mahā-purāṇa* de Jinasena (siglo IX) y Guṇabhadra (siglo IX) y el no menos monumental *Triṣaṣṭiśalākapuruṣa-caritra* de Hemacandra (siglo XII). El primero es un recuento según el jainismo Digambara; el segundo, bajo el prisma śvetāmbara.

Ciertamente, la idea de veinticuatro *tīrthaṅkaras* "históricos" no es aceptada por la comunidad de eruditos. De hecho, todas las formulaciones jainistas de la Historia Universal son relativamente recientes. Se insinúan hacia el siglo -II, cuando la biografía de Mahāvīra comenzó a teñirse de mito. Incluso la noción de los veinticuatro *jinas* no es muy antigua, quizá de los siglos -II/+I, franja en la que se han datado el *Kalpa-sūtra* o el *Āvaśyaka-niryukti*, los primeros textos en mencionarlos. La Historia Universal como tal no adquirió su formulación clásica hasta los aludidos Jinasena y Hemacandra. Las cosas así, los expertos sólo aceptan la historicidad de Mahāvīra y, un tanto hipotéticamente, la de Pārśva, el penúltimo *jina*.

Con la Historia Universal la sensibilidad cíclica de los indios se tiñe de mito. La historia mítica penetra en un tiempo a la vez remoto y palpable: los sucesos de la antigüedad gracias a los cuales el ser humano es lo que es. El mito es historia simbólica, inserto en las cosmogonías y los acontecimientos universales.

Para muchos, el relato mitológico no puede ser considerado como una forma de "historia", pues elude la verificación, la crítica o el registro arqueológico. Esta percepción es una clara consecuencia de la descomposición del *mythos* por parte de la filosofía occidental. Pero el pensamiento hindú nunca ha necesitado romper con el pensamiento mítico.

Cada época interpreta la historia de una forma peculiar. La nuestra no es una excepción. Creemos que podemos desplazarnos al espíritu de una época y podemos captarlo objetivamente. Craso error. La Historia, con mayúscula, es un género literario, fascinante, pero que no deja de ser *narrativa*. El *mito* de la objetividad histórica, típico del historicismo o del racionalismo, tiene que revisarse a fondo. Como ha dicho Hans-Georg Gadamer hay que reconocer la distancia en el tiempo[1] y no intentar abolirla. Debemos permitir que la historia, cualquier forma de *historia*, penetre en nuestro horizonte.

En el capítulo único que forma esta Parte nos ahorraremos, pues, el probar si el *mito* posee un soporte histórico en el sentido tradicional de la cosa. De lo que se trata, ahora, es de captar cómo el pasado ha sido percibido y *vive* en la tradición jainista. Y eso también es historia. No sólo los "sucesos" forman la historia, sino que la manera como una cultura o una tradición se entiende a sí misma puede ser tanto o más válida que la cronología de las guerras, las dinastías o los anuarios de la propia comunidad. Incluso el discurso político contemporáneo de la India recurre frecuentemente al idioma del mito. La concepción del pasado, sea la que sea, forma parte de nuestra sociedad y de nuestra forma de entender el mundo. Y en esta función, la historia mítica es tan potente como la convencional. En realidad, el ser humano es resultado de sucesos y presupuestos míticos. Nuestra psique está *constituida* por mitos y no puede vivir sin comunicar con los símbolos. Por ello es tan difícil "ver" los mitos de la propia tradición. En cambio, resulta más fácil reconocer los mitos de los demás, pues para nosotros no resultan invisibles.

Ocurre que la narrativa mítica es compleja. Es *filosófica* y *científica* a la vez que *ritual y soteriológica*. No pretende únicamente desvelar una verdad en el sentido racional del término. El mito siempre es trans-racional. De ahí su enorme riqueza simbólica y de ahí la importancia del mito en la religión. La explicación contiene claves para religarnos –o desligarnos–, sea a través de las ofrendas, los ritos, los *yogas*, el culto, el arte, la artesanía, el estudio, etc. El mito acaba por ser el presupuesto fundamental sobre el que se asientan las ideas, las creencias y prácticas del presente. Obviamente, el mito no puede ser la vía para la autorrealización, pero sí un soporte. Un mito que no guíe espiritualmente es un mero punto de vista pseudo-filosófico –y frecuentemente se convierte en un dogma–, y entonces suele ser visto como mera fantasía.

# 4. LA HISTORIA UNIVERSAL

## LOS VEINTICUATRO *TĪRTHAṄKARAS*

Los *jinas* fueron aquellos humanos cuyas vidas valió la pena contar. Conforman el arquetipo a emular por todo asceta jainista –que en cierto sentido los replica–, y el modelo de virtud que todo laico tiene presente. Ha sido a través de las hagiografías de los *jinas* como la inmensa mayoría de jainistas ha aprendido lo esencial de su tradición. Con estos modelos de perfección el jaina entra en contacto con la dicha suprema que algún día espera realizar.

Por regla general, de cada *tīrthaṅkara* se enumeran sus vidas anteriores, el nombre del cielo del que descendió para llevar a término su última existencia, los nombres de sus padres, el lugar de nacimiento, su signo zodiacal, algunas características físicas, el tipo de árbol bajo el cual se iluminó, el número de discípulos, los espíritus guardianes que lo escoltaron (*śāsanadevatās*), el lugar y fecha del *nirvāṇa* o el tiempo que transcurrió hasta la aparición del siguiente *jina*. Un emblema distintivo (*lāñchana*), un color y los particulares espíritus guardianes permiten la distinción iconográfica [véase Cuadro 1]. La simbología puede variar ligeramente según la tradición jainista. Como se observa en el Cuadro, es frecuente añadir la terminación "señor" (*nātha*) a sus nombres.

Nos adentramos en una historia mítica y simbólica, pero también en la mente e imaginación de cualquier jainista de hoy. Dado que las dos grandes corrientes del jainismo –Śvetāmbara y Digambara– no están de acuerdo en ciertos detalles de la Historia Universal, ensayaré una reconstrucción lo más neutra posible, señalando cuando se requiera las versiones disidentes.

## ṚIṢABHANĀTHA

El primer *tīrthaṅkara* de la Historia Universal fue el Señor Toro (Ṛiṣabhanātha), también conocido como Dios Toro (Ṛiṣabhadeva) o el Autoexistente (Svayambhu). Este personaje, muy querido por toda la comunidad, tiene el

**Cuadro 1:** Lista de los veinticuatro *tīrthaṅkaras*

| *nº* | jina | *color* | *emblema* (Śvet.) | *espíritus guardianes* (Śvet.) | *nacimiento* | *lugar del* nirvāṇa |
|---|---|---|---|---|---|---|
| 1º | Ṛiṣabhanātha | amarillo | toro | Gomukha y Cakreśvarī | Vinītānagara | Aṣṭāpada (Kailāsa) |
| 2º | Ajitanātha | amarillo | elefante | Mahāyakṣa y Ajitabalā | Ayodhyā | Sameṭa-Śikhara |
| 3º | Saṁbhavanātha | amarillo | caballo | Trimukha y Duritārī | Śrāvastī | Sameṭa-Śikhara |
| 4º | Abhinandana | amarillo | mono | Nāyaka y Kālikā | Ayodhyā | Sameṭa-Śikhara |
| 5º | Sumatinātha | amarillo | ganso rojo | Tumburu y Mahākālī | Ayodhyā | Sameṭa-Śikhara |
| 6º | Padmaprabhu | rojo | loto rojo | Kusuma y Śyāmā | Kauśambī | Sameṭa-Śikhara |
| 7º | Supārśvanātha | amarillo | *svastika* | Mātaṅga y Śāntā | Vārāṇasī | Sameṭa-Śikhara |
| 8º | Candraprabhu | blanco | Luna | Vijaya y Bhṛikuṭī | Candrapura | Sameṭa-Śikhara |
| 9º | Suvidhinātha | blanco | cocodrilo | Ajita y Sutārakā | Kānaṇḍīnagara | Sameṭa-Śikhara |
| 10º | Śītaḷanātha | amarillo | *śrīvatsa* | Brahmā y Aśokā | Bhadrapura | Sameṭa-Śikhara |
| 11º | Śreyāṁsanātha | amarillo | rinoceronte | Yakṣeṭa y Mānavī | Siṃhapura | Sameṭa-Śikhara |
| 12º | Vāsupūjya | rojo | búfalo | Kumāra y Caṇḍā | Campā | Campā |
| 13º | Vimaḷanātha | amarillo | jabalí | Ṣāṇmukha y Viditā | Kampīlya | Sameṭa-Śikhara |
| 14º | Anantanātha | amarillo | halcón | Pātāla y Aṅkuśā | Ayodhyā | Sameṭa-Śikhara |
| 15º | Dharmanātha | amarillo | rayo | Kinnara y Kandarpā | Ratnapurī | Sameṭa-Śikhara |
| 16º | Śāntinātha | amarillo | antílope | Garuḍa y Nirvāṇī | Hastināpura | Sameṭa-Śikhara |
| 17º | Kunthunātha | amarillo | cabra | Gandharva y Balā | Hastināpura | Sameṭa-Śikhara |
| 18º | Aranātha | amarillo | *nandāvartta* | Yakṣeṭa y Dhaṇā | Hastināpura | Sameṭa-Śikhara |
| 19º | Mallinātha | azul | cántaro | Kubera y Dharaṇapriyā | Mithilā | Sameṭa-Śikhara |
| 20º | Suvrata | negro | tortuga | Varuṇa y Naradattā | Rājagṛiha | Sameṭa-Śikhara |
| 21º | Naminātha | amarillo | loto azul | Bhṛikuṭi y Gandhārī | Mathurā | Sameṭa-Śikhara |
| 22º | Neminātha | amarillo | concha | Gomedha y Ambikā | Saurīpura | Girnār (Girinagara) |
| 23º | Pārśvanātha | azul | serpiente | Dharaṇendra y Padamāvatī (Lakṣmī) | Vārāṇasī | Sameṭa-Śikhara |
| 24º | Mahāvīra | amarillo | león | Mātaṅga y Siddhāyikā | Kuṇḍalapura | Pāpā (Pāvāpuri) |

privilegio de haber sido el primero en exponer el jainismo en esta *avasarpiṇī* en este *karmabhūmi* de Bharata.

Como sabemos, Ṛiṣabha vivió en las postrimerías de la Edad Tristemente Maravillosa. Consecuentemente, sus dimensiones eran colosales y su longevidad asombrosa. La mitología cuenta que era príncipe de la ciudad de Ayodhyā (Vinītānagara), hijo del último de los *kulakaras*, Nābhi, y su esposa Marudevī.

En esos tiempos ya menos maravillosos la gente comenzó a violar las leyes establecidas por los *kulakaras*. Los prohombres de la sociedad se acercaron a Nābhi para que fijara un orden más severo. El jefe entronizó a su hijo Ṛiṣabha como rey (*rājā*). Es revelador que el primer *jina* y el primer *rājā* tengan un origen común y se concreten en la misma persona. Como tendremos ocasión de ver, la asociación entre jainismo y realeza ha sido una constante durante toda su historia.

Como en los tiempos antiguos, Ṛiṣabha desposó a su hermana gemela Sumaṅgalā, si bien el jainismo Digambara no la considera su melliza. Fruto de este matrimonio fue el primogénito Bharata, su gemela Brāhmī y noventa y ocho hermanos más. Ṛiṣabha desposó a una segunda mujer: Sunandā. Se cuenta que el gemelo de esta mujer había muerto cuando un coco le cayó sobre la cabeza. De hecho, esa fue ¡la primera muerte violenta en todo el ciclo cósmico! De esa unión nacieron Bāhubali y su gemela Sundarī. Con ello Ṛiṣabha rompió con la institución del matrimonio entre hermanos, introduciendo el enlace entre miembros de familias distintas. Al formalizar este nuevo modelo matrimonial Ṛiṣabha ordenó la sociedad según el sistema de castas (*jātis*) y clases socioespirituales (*varṇas*).

Para mantener el orden Ṛiṣabha instauró el Estado, la justicia y el castigo, y enseñó las setenta y dos ciencias para los hombres y las sesenta y cuatro artes para las mujeres. Entre las primeras: la agricultura, la gramática, la aritmética, la retórica, el canto, la astronomía o la doma de elefantes. Entre las segundas: la danza, la pintura, la inteligencia, la hipocresía, el comercio o el curioso arte de componer versos con la última sílaba de una palabra.

Un día, tras presenciar la súbita muerte de su bailarina favorita, Ṛiṣabha optó por abandonar la vida palaciega. Decidió embarcarse en la búsqueda de lo eterno. Dividió su reino en cien partes –que donó a sus cien hijos–, abandonó la vida-en-el-mundo y se entregó al ascetismo durante mil millones de años –¿doce meses en calendarios humanos?–[1] Obviamente, al ser el primer asceta renunciante de este ciclo cósmico también fue el primero en pedir alimento y en recibir la donación (*dāna*) por parte de un laico, un evento tan importante para la comunidad jainista que todavía hoy se conmemora con emoción. Tras sus prolongadas ascesis y meditaciones alcanzó la iluminación bajo una higuera. A continuación, se dedicó a enseñar la senda de la no-violencia y el autocontrol durante miles de millones de años. Sus seguidores formaron las primeras comunidades de ascetas jainistas, lideradas por su nieto Puṇḍarīka.

Su hija Brāhmī, patrona de las ciencias, las artes y el conocimiento –equivalente a la brahmánica Sarasvatī–, y su hermanastra Sundarī, dirigieron las primeras compañías de monjas jainistas.

Como vemos, Ṛiṣabha es considerado a la vez el padre de la civilización como el primero en promulgar la senda espiritual que conduce a la liberación [ver FIG. 50]. Por ello también es llamado Primer Señor (Ādinātha) o Señor de la Era (Yugādīśa). Alcanzó la liberación en el monte Aṣṭāpada, que la tradición identifica con el famoso Kailash (Kailāsa), en los Himālayas, justo antes de entrar en la cuarta edad del ciclo descendente.

## LA HISTORIA DE BHARATA Y BĀHUBALI

Tan significativas como la vida del primer *jina* fueron las de sus hijos Bharata y Bāhubali. La biografía y figura del primero representa el modelo del monarca universal iluminado (*cakravartin*); la del segundo [ver FIGS. 10 y 11], el ideal del héroe jainista (*vīra*). Además, según el jainismo, ambos constituyen el origen de las dinastías hindúes. Todos los reinos indios trazan su genealogía hasta un mismo antepasado común, vía una línea que llaman "solar" (*sūryavaṃśa*) u otra que llaman "lunar" (*candravaṃśa*). Los descendientes de Bharata formaron la genealogía solar de las dinastías hindúes. Los descendientes de Bāhubali, la lunar. El primer relato formal de su historia se encuentra en el *Ādi-purāṇa* de Jinasena, la pieza principal del jainismo Digambara acerca de los orígenes de la civilización. La narración dice más o menos así.

Bharata dirigía uno de los reinos cedidos por su padre. Tal era su maestría en política que los chapelanes reconocían que el arte del gobierno se había manifestado plenamente en él por vez primera. Ellos eran conocedores de los Libros de Leyes (*Śāstras*) pero nadie había como Bharata que supiera aplicar la justicia con semejante versatilidad. Además, Bharata poseía un disco de guerra mágico, un *cakra* –símbolo de todo *cakravartin*–, que lo convertía en guerrero invencible. Gracias a su valentía en la batalla y a su maestría en el arte de gobernar, Bharata fue conquistando, una a una, todas las regiones nobles de Bharata-varṣa. Cruzó el río Indo (Sindhu) y se apropió de los países innobles. Hacia el Norte subyugó a los reyes *vidyādharas* residentes en las montañas Vaitāḍhya, que parten Bharata-varṣa en dos. Conquistó también el Ganges (Gaṅgā) y fue coronado emperador con gran pompa. Sabedor de su poder, el joven rey envió mensajeros a los últimos príncipes con un claro mensaje: «El emperador, vuestro hermano mayor, merece vuestra veneración y debería ser honrado en todas las formas.»[2] Así lo hicieron.

Los hermanos tomaron la senda ascética que su padre Ṛiṣabha predicaba al mundo por vez primera en este ciclo cósmico. Partieron hacia los solitarios bosques. En la India, la imagen del bosque significa lo liminal, lo peligroso e incivilizado, pero que está abierto a un sinfín de posibilidades. Las junglas están infestadas de diablesas (*ḍākinīs*) sedientas de sangre humana; todo el lugar está impregnado por el misterioso murmullo de los búhos. En todas direcciones resuena el aullido de los chacales. Pero los ascetas no temen a los espacios lúgubres donde tienen que pernoctar, ni a los leones o elefantes salvajes que merodean por los alrededores. El único temor del asceta es el mero pensamiento del devenir eterno en el *saṃsāra*.

Con la renuncia de sus hermanos a Bharata sólo quedaba por someter el reino de su hermanastro Bāhubali, que gobernaba en Taxila (Takṣaśilā). Le hizo llegar el mismo mensaje: o la rendición o el exilio junto al grupo de ascetas en el bosque. Para Bāhubali la codicia de Bharata resultó intolerable:

> «Claramente él [Bharata] desea poseer la tierra que Nuestro padre Nos donó. ¿Acaso saciaría su codicia si lo consintiéramos? Oh, mensajero, este Señor respetado no tiene vergüenza, pues desea tomar de Nosotros la tierra ancestral que Nuestro padre Nos legó.»[3]

La guerra era inevitable. Pero los ministros de ambos bandos exhortaron a solucionar el litigio con un triple combate entre los hermanos, una forma más "jainista" de contienda que no conllevaría un inútil derramamiento de sangre. El vencido tendría que aceptar la derrota sin rabia; el victorioso, sin orgullo.

Bāhubali venció en las dos primeras pruebas, el duelo de miradas y el combate en el agua. Finalmente, tocaba la lucha. Después de un encarnizado enfrentamiento Bāhubali logró alzar en vilo a su hermanastro. La multitud del bando de Bāhubali lo aclamaba vivamente, mientras que los aliados de Bharata se inclinaron en signo de respeto. Para Bharata la humillación fue insoportable. Preso de cólera y gracias a su poder de concentración logró que el mortífero disco mágico se disparara hacia su hermanastro. Pero en vez de decapitarlo, el *cakra* circunvaló tres veces el cuello de Bāhubali, celebrando su triple victoria. Arrepentido, Bharata se arrodilló ante su hermano y ofrecióle el reino. Cuando Bāhubali comenzó a proclamar la grandeza de su hazaña, en ese preciso momento, se dio cuenta de la futilidad de perseguir lo efímero. Entendió la actitud egoísta y apegada de quien codicia el poder y convirtió la victoria sobre su hermano en una victoria sobre el apego. Renunció al trono y decidió tomar la senda del ascetismo. Siguiendo el ejemplo de su padre se retiró del mundo. Durante un año entero, Bāhubali permaneció inmóvil de pie (*kāyotsarga*), en ayuno permanente. Las enredaderas comenzaron a crecer por sus piernas, las cobras hicieron de los pies del santo su morada, pero él mantuvo fija la mirada hacia el Norte, en la batalla interna por doblegar al ego, resuelto a detener el terrorífico ciclo del *saṃsāra* [ver FIG. 10]. Meditando en las verdades jainistas, fue avanzando en los niveles gnósticos. Las fieras se acurrucaban a su vera, mansas. La tigresa que acababa de parir besó a un viejo chacal en la cabeza, y amamantó a los cachorros del can. Los elefantes portaban agua en hojas de loto para purificar el espacio sagrado donde meditaba el santo. Todo el bosque se convirtió en un paraíso de serenidad, contagiado de la majestad del ecuánime Bāhubali. Y Jinasena, el autor del *purāṇa*, alaba:

«Oh, ¿acaso no induce a la paz el ascetismo?»[4]

Tras un año de ascesis, Bāhubali despertó a la realidad iluminada. Según la tradición Digambara, alcanzó el *nirvāṇa* incluso antes que su padre Ṛiṣabha. Por tanto, aun sin ser un *tīrthaṅkara*, el santo Bāhubali tiene el honor de haber sido el primer liberado de este ciclo descendente. La leyenda dice que el emperador Bharata vino a adorar al iluminado. Gracias a su actitud sincera eliminó muchos de sus deméritos.

Si Bāhubali representa al guerrero espiritual por antonomasia, Bharata es el modelo del rey iluminado, el *cakravartin*, un ideal también conocido del budismo y del brahmanismo. Como todo *cakravartin*, Bharata poseía la belleza, la fortaleza, la inteligencia y los distintivos físicos y mentales que caracterizan a los monarcas que consiguen conquistar las seis partes de Bharata-varṣa. Después de dominar a sus oponentes y reunir todos los reinos en un único imperio, Bharata gobernó durante un largo período. A partir de él los jainistas denominan la India con el nombre clásico de Tierra de los descendientes de Bharata (Bharata-varṣa). Se dice que él hizo componer los verdaderos *Vedas* (*Ārya Veda*), donde se proclamaba el culto a los *tīrthaṅkaras* y la senda de las Tres Joyas. Los custodios de los *Vedas* fueron llamados *brāhmaṇas* –que no debemos confundir con los falsos *brāhmaṇas* que hoy pueblan la India y balbucean un *Veda* heterodoxo–.

Si las vidas de los *tīrthaṅkaras* siguen todas un mismo patrón –pues sólo existe un camino que conduce a lo incondicionado–, las de los *cakravartins* pueden variar bastante, especialmente en lo que respecta a su fin. Algunos *cakravartins* optaron por la renuncia al mundo, y hasta los hay que se convirtieron en *tīrthaṅkaras*; otros ascendieron a los cielos tras la muerte, y aún otros bajaron a los infiernos debido a los crímenes cometidos en vida. En el caso de Bharata, Hemacandra dice que un día, mientras el emperador mirábase ante un espejo, se percató de que un anillo había caído de uno de sus dedos. La visión de la fealdad y desnudez del dedo lo noqueó. Por vez primera *aprehendió* la naturaleza impermanente de las cosas. Inmediatamente, alcanzó la omnisciencia.[5] Otras fuentes ponen de relieve la tristeza que le asoló al comprobar cómo la mayoría de amigos y familiares había partido. Bharata decidió renunciar al mundo. Tras sublimes penitencias, alcanzó la iluminación u omnisciencia en la cima del monte Kailash (Aṣṭāpada).[6]

Para la corriente Śvetāmbara del jainismo, el honor de ser el primer humano liberado en este ciclo no recae ni en Bāhubali ni en Bharata, ni siquiera en Ṛiṣabha, sino en la madre de éste último, la reina Marudevī. Enterada de la omnisciencia de Ṛiṣabha, un día acudió con su nieto Bharata a venerar al nuevo *arhat*. La visión de la gloria de su hijo provocó su ascenso por todos los niveles de conocimiento que destruyen la ignorancia. Alcanzó el conocimiento llamado único (*kevala-jñāna*) y, dejando el cuerpo, la liberación.[7]

## SIGUIENTES SERES EXCELSOS

Ṛiṣabha y Bharata fueron los únicos seres excelsos de la Edad Tristemente Maravillosa. El resto de sesenta y un insignes humanos vivió en la tercera edad, la Maravillosamente Triste.

El segundo *tīrthaṅkara* fue Ajita. Su sobrino Sagara fue el segundo *cakravartin*. Luego llegó el tercer *tīrthaṅkara*, Saṁbhava... y así hasta el noveno *jina*, Suvidhi. A su muerte el jainismo desapareció por completo de Bharata-varṣa durante un cuarto de *palyopama*. El décimo *tīrthaṅkara* fue el primero en revivir el jainismo. Pero nuevamente, con su emancipación, acaeció la extinción del jainismo. El undécimo *jina*, Śreyāṁsa, volvió a fundarlo. En esa época aparecieron el primer *baladeva*, Acala, el primer *vāsudeva*, Tripṛiṣṭa, y el primer *prativāsudeva*, Aśvagrīva. Los seres excelsos se suceden. Cantidad de narraciones jainistas se explayan profusamente en sus vidas, siempre aleccionadoras y entremezcladas con leyendas y cuentos populares. Así llegamos al decimosexto *tīrthaṅkara*, Śānti, a partir del cual la religión jainista ya no volvería a interrumpirse. Antes de renunciar al mundo, este *jina* había sido el quinto *cakravartin* de la Historia Universal. Después de conquistar las seis partes de Bharata-varṣa y tras disfrutar de su reino durante 25.000 años, renunció al mundo, se iluminó y propagó el jainismo, convirtiéndose así en *tīrthaṅkara*. Lo mismo sucedió con Kunthu, sexto *cakravartin* y decimoséptimo *tīrthaṅkara*, y con Ara, séptimo monarca universal y decimoctavo *jina*.

A medida que transcurre la Historia Universal cada *tīrthaṅkara* es ligeramente de menor estatura y menor longevidad que el anterior. Asimismo, los intervalos que separan sus vidas se reducen.

## MALLINĀTHA

Llegamos al tiempo del decimonoveno *tīrthaṅkara*, un personaje que, por su peculiaridad, es conveniente repasar más a fondo. De acuerdo con la tradición Śvetāmbara, Malli fue mujer. La tradición Digambara, empero, mantiene que Malli, como el resto de *tīrthaṅkaras*, fue varón. La historia que nos interesa aquí, obviamente, es la śvetāmbara. No porque sea mayoritaria dentro del jainismo, sino porque aporta claves más interesantes. ¿Cómo llegó a nacer un *tīrthaṅkara* en cuerpo de mujer? La explicación śvetāmbara dice así.

En una existencia anterior Malli fue el rey Vaiśramaṇa. Como tantos monarcas virtuosos, un día renunció al mundo y, junto a varios amigos, abrazó el jainismo. El grupo de mendicantes acordó practicar el ascetismo, todos con la misma intensidad y durante un mismo lapso de tiempo. Pero Vaiśramaṇa se excedió en el ayuno. Gracias a ello consiguió el precioso *karma* que le valdría su siguiente existencia como *tīrthaṅkara*. No obstante, el engaño que hizo a sus compañeros le valió simultáneamente otro *karma* que también tendría que fructificar en la siguiente existencia: el *karma* femenino (*strī-karma*).

Con este bagaje, la princesa Malli nació en Mithilā, capital de Videha, un reino del Norte de Bihar. Creció en palacio y se convirtió, como toda princesa que se precie, en una doncella de hermosura inigualable. La leyenda cuenta que seis príncipes de reinos vecinos pidieron la mano de la bella. Siguiendo los deseos de su hija –algo ciertamente inusual en la India– el rey rechazó a los pretendientes. Un desaire semejante iba a ser motivo de guerra. El rey imploró a su hija a que accediera, ya que el ejército de Videha no podría contener a las poderosas fuerzas enemigas. Malli ideó un ardid. Propuso enviar un emisario a cada uno de los seis reinos con el mensaje de que, finalmente, su mano les era concedida. Así se hizo. Pocos días después los príncipes fueron arribando a Mithilā, cada uno por un recorrido y portal distinto, sin conocer de la presencia de los demás en palacio. En una zona visible del harén la princesa había hecho esculpir una soberbia réplica suya a tamaño natural. Desde sus aposentos, los príncipes podían ver la estatua y oler las guirnaldas que la cubrían, lo que les colmaba de gozo y ansiedad. Un día Malli hizo retirar las flores. Del interior de la estatua surgió un olor nauseabundo que llegó hasta los atónitos pretendientes. Entonces, Malli se dirigió a ellos, más o menos con estas palabras: «Bajo esta estatua he ido colocando a diario un poco de comida. Con el paso del tiempo se ha convertido en esta masa en putrefacción. Lo mismo sucede con el cuerpo... Así que, amados de los dioses, no busquéis seres humanos para vuestra gratificación. No seáis criaturas de las pasiones, guiados por el deseo, ni permitáis que el apego os supere.»[8] Iluminados por la sabiduría de la princesa los pretendientes abandonaron su idea de matrimonio y optaron por la senda de la renuncia. Malli y sus discípulos tomaron la iniciación en la orden jaina y se dice que la asceta alcanzó el conocimiento supremo ese mismo día. Se había convertido en Mallināth̄a y a partir de aquel instante predicó la senda eterna de los *jinas*.

La historia de Malli contiene varias enseñanzas de interés: la naturaleza intrínsecamente impura de los alimentos, la ignorancia inherente a toda actividad pasional, etc. Indudablemente, la enseñanza principal es la determinación, independencia y sabiduría de la princesa. En una sociedad patriarcal como la india el relato de Malli tiene un impacto poderoso: el camino de progresión espiritual y la posibilidad de la meta más alta está al alcance de todo el mundo, de hombres y mujeres. Tendremos ocasión de profundizar en esta cuestión en el capítulo 12.

## LAS EPOPEYAS JAINIZADAS

Después de Malli comienzan a aparecer en la Historia Universal personajes bien conocidos de la mitología panindia. La leyenda del *baladeva*, el *vāsudeva* y el *prativāsudeva* número ocho es, de lejos, la más significativa. El octavo *baladeva* fue Padma, conocido en el hinduismo como Rāma. El octavo *vāsudeva*, su hermanastro Lakṣmaṇa. El octavo *prativāsudeva*, el villano Rāvaṇa. Éste raptará a la bella Sītā, esposa de Padma, que será rescatada por Lakṣmaṇa y los generales Hanumān y Sugrīva. Esta trama y estos personajes, muy familiares para los conocedores del hinduismo, protagonizan uno de los poemas épicos (*itihāsas*) más populares de la India: el *Rāmāyaṇa*.

Bastante pronto, los jainistas sintieron la necesidad de adaptar las leyendas, epopeyas e historias de la tradición popular a un contexto jainista. El paso era normal si el jainismo tenía que integrarse en la vasta cultura india. Pero si, de alguna forma, se podían "jainizar" las epopeyas, la tradición conseguiría mantener su independencia y resaltar sus peculiaridades. Este proceso es factible –y muy común– en la India, donde las leyendas y mitologías nunca se han cerrado. La India no tuvo un Homero o un Hesíodo que petrificara un panteón definitivo. Toda historia es susceptible de reinterpretarse, asimilarse a otras leyendas y hasta modificarse. Baste decir que del *Rāmāyaṇa* hinduista, cuyo embrión debió componerlo Vālmīki hacia los siglos -IV/-III,[9] tenemos no menos de una treintena de versiones. Hallamos *Rāmāyaṇas* en todas las lenguas vernaculares indias, en chino o en indonesio. Consiguientemente, los jainistas también compusieron sus *Rāmāyaṇas*, de los que nos han llegado más de una docena.

Cronológicamente, el primer *Rāmāyaṇa* en jainizar la historia de Rāma fue el *Padma-carita* del poeta Vimala Sūri (siglos III/IV). Siguiendo el argumento del *Rāmāyaṇa* clásico, Vimala limpió la historia de elementos excesivamente brahmánicos y creó, en cambio, una atmósfera más jainista. También purgó la narración de aspectos inverosímiles y le dio un toque más realista. Para Vimala era inconcebible que el gran Indra estuviera cautivo de Rāvaṇa, o que unos monos –Hanumān y Sugrīva– vencieran a las tropas del *prativāsudeva*. Todo esto fue desechado. No se habla de los actos violentos de Rāma (Padma), ni hay verdadero interés en mostrar la maldad del titán Rāvaṇa. De hecho, Rāvaṇa aparece como un villano bastante heroico. Es un ser excelso, devoto de los *tīrthaṅkaras*, cuya única debilidad y perdición es su amor incontrolado por Sītā. Para Vimala, el titán Rāvaṇa no es ningún monstruo comedor de humanos. Es Señor de una clase de seres semidivinos llamados *vidyādharas*, altamente civilizados y observantes estrictos del voto de la *ahiṃsā*.[10] Curiosamente, en el *Padma-carita* es Lakṣmaṇa y no su hermano Rāma quien mata al titán y rescata a Sītā, pues en la Historia Universal jainista siempre es el *vāsudeva* quien aniquila al *prativāsudeva*. Debido a su acto violento Lakṣmaṇa tuvo que ir a los infiernos, mientras que Rāma pudo mantenerse fiel al jainismo y alcanzar la liberación.

La plena jainización del *Rāmāyaṇa* se dio con el *Padma-purāṇa* de Raviśena (siglos VII/VIII). Básicamente, Raviśena sigue al *Padma-carita* pero con ciertas modificaciones para encajarlo en la óptica digambara. Aquí también el titán Rāvaṇa tiene un rol de virtuoso monarca jaina que dirige un reino pacífico. Al final, Sītā se convierte en monja digambara (*āryikā*) y comete la clásica muerte voluntaria por ayuno (*sallekhanā*), gracias a lo cual reencarnará como deidad. Rāma renunciará al mundo, se convertirá en asceta y alcanzará la iluminación. El omnisciente predecirá que Sītā renacerá como monarca universal y Lakṣmaṇa y Rāvaṇa tendrán que ir al cuarto infierno –donde creo que todavía se encuentran– debido a sus actos violentos. No obstante, renacerán como hijos de Sītā y, en esa misma vida, alcanzarán la liberación.

Otro buen ejemplo de jainización de la mitología panindia fue la adaptación de la otra gran epopeya hindú: el *Mahābhārata*. La versión principal, llamada *Harivaṃśa-purāṇa*, corrió a cargo de Jinasena Sūri (siglo VIII). La crónica se centra en la vida del *tīrthaṅkara* Nemi [véase a continuación] y su primo, el excelso Kṛṣṇa, noveno *vāsudeva* de la mitología jainista. También aquí se utiliza un artilugio similar al del *Padma-carita* para ajustarse a las enseñanzas jainistas: el héroe y virtuoso defensor del jainismo no es Kṛṣṇa –quizá, sus hazañas bélicas y amorosas impedían un cambio de rol tan drástico–, quien es presentado bajo una caracterización bastante inmoral, sino su hermano Balarāma.

En este proceso de jainización la influencia de la mitología vishnuista y krishnaísta es patente. Rāma, Kṛṣṇa, Balarāma, Sītā, Lakṣmaṇa o Hanumān son deidades de primer orden en el hinduismo de corte vishnuista. Los símbolos que portan los *vāsudevas* son los clásicos de Viṣṇu: concha, disco, espada y mazo. De hecho, veintisiete de los sesenta y tres seres excelsos del jainismo están relacionados con las leyendas de Kṛṣṇa. Significativamente, la popularidad de Kṛṣṇa o Balarāma, siempre asociados al *tīrthaṅkara* Nemi, es mucho mayor entre los jainistas de Gujarat y Rajasthan. No puede pasar desapercibido el hecho de que en estas regiones los jainistas y los vishnuistas han mantenido buenas y estrechas relaciones. Por tanto, si bien el jainismo influyó decisivamente en la doctrina vishnuista de las encarnaciones (*avatāras*) de Viṣṇu, la mitología vishnuista ha jugado un papel estelar en la mitología de la Historia Universal.

## NEMINĀTHA

El vigesimosegundo *tīrthaṅkara* fue Neminātha, llamado también Ariṣṭanemi [ver FIGS. 1, 52 y 71]. La tradición dice que era originario de la región de Shaurashtra (Śaurāṣṭra), en Gujarat. Pertenecía al clan Yādava, una famosa estirpe desde siempre ligada a Kṛṣṇa. E igual que de su primo, el *Uttarādhyayana-sūtra* dice de Nemi que era de complexión oscura (*kṛṣṇa*).[11] Temeroso de que Nemi le usurpara el reino, el no muy benévolo Kṛṣṇa preparó su matrimonio con la bella Rājīmatī. Pero, avatares del *karma*, el mismo día de la boda, el joven Nemi quedó profundamente conmovido al "oír" el llanto de los animales enjaulados que iban a ser sacrificados en el banquete nupcial. Decidió anular su matrimonio, donó todas sus posesiones a su cochero y partió desde Dwarka (Dvāravatī) hacia la montaña de Girnār (Girinagara), en la región de Kathiawar (Kāthiāvāḍ). Con la renuncia, Nemi se alza como el opuesto de Kṛṣṇa, al menos del Kṛṣṇa apegado al lujo, las armas y las mujeres que aparece en los *Purāṇas* hinduistas. En las cuevas y bosques de la montaña sagrada Nemi comenzó una nueva vida de entregado asceta. Después de varias semanas de abandono del cuerpo, Nemi obtuvo el conocimiento infinito en la cima del monte, bajo un majestuoso banyan. Hoy se encuentran en Girnār algunos de los más hermosos templos jainistas [ver FIG. 63] y la montaña sagrada ha quedado inevitablemente ligada a la figura del *jina* Nemi. Se dice que murió a los mil años.

## PĀRŚVANĀTHA

Llegamos, finalmente, al penúltimo *jina* de este ciclo descendente. La tradición mantiene que Pārśva nació en el año -817, en la ciudad de Benarés (Vārāṇasī), exactamente 84.000 años después del *nirvāṇa* de su predecesor, Nemi. Esta cercanía respecto a nuestra edad es responsable de que el tamaño de Pārśva fuera casi normal y que sólo viviera cien años.

A Pārśva suele representársele de color azul oscuro y es el único *jina* que posee un signo distintivo reconocible a simple vista: siempre le protege una cobra de múltiples cabezas [ver FIG. 12]. En la actualidad sigue siendo el más adorado de todos los *tīrthaṅkaras*. No en vano el *Kalpa-sūtra*, el primer texto que nos ofrece una biografía suya, lo apoda "el favorito de la gente" (*purisādāṇīya*),[12] el celebrado.

La hagiografía de Pārśva sigue el mismo patrón recurrente en todas las vidas de los *jinas*. Es otra réplica de la vida de Mahāvīra que se pierde en un pasado concebible. No obstante, la narración presenta algunos trazos peculiares que no hallamos en las de otros *tīrthaṅkaras*.

Como en el caso de la mayoría de sabios, santos o dioses de la India, los biógrafos de Pārśva –como Vādirāja (siglos X/XI) o Bhāvadeva Sūri (siglo XIII), autores de sendos *Pārśvanātha-caritas*– no se contentaron con relatar su última vida, sino muchas de sus anteriores encarnaciones. El propósito de incluir relatos de vidas anteriores es claro. Por un lado, se adoctrina acerca de las inevitables consecuencias de la acción. Por otro, se dibujan diferentes patrones de virtud que pueden ajustarse a las necesidades de gentes distintas. Ningún jainista pretende liberarse en esta vida –de cualquier forma imposible en Bharata–, sino que pretende generar el mérito suficiente como para renacer en una condición espiritual superior, quizá en otro continente donde todavía hoy los humanos pueden liberarse. Los relatos de las encarnaciones anteriores de Pārśva ilustran muchos de los valores y doctrinas del jainismo.

Rasgo característico de su biografía es la acusada dualidad que se presenta entre él, todo bondad y desapego, y su hermano, que hace de *alter ego*, su lado oscuro y malicioso. Heinrich Zimmer y Joseph Campbell, quienes consideraban al jainismo una religión de origen pre-ario y pre-védica, anotan una posible influencia sobre el dualismo zoroástrico.[13] La cuestión sigue abierta a consideración. En esta relación dual, el virtuoso asciende, vida tras vida, hasta convertirse literalmente en merecedor (*arhat*), mientras que el vicioso y maligno se hunde cada vez más en la miseria y la maldad. Diríase que en los derroteros del segundo existe un determinismo casi fatalista. No obstante, los protagonistas son responsables de sus acciones. Es la ignorancia la que parece disipar, más que imposibilitar, el libre albedrío. Veamos cómo fue la cosa. Aprendamos, como cualquier joven jaina, cómo retribuye la acción y cómo es la carrera de un futuro *tīrthaṅkara*.

El primer episodio narra las vicisitudes de los hermanos Marubhūti y Kamaṭha, hijos de un ministro del rey Aravinda. Marubhūti es el carácter que será Pārśva nueve existencias después; Kamaṭha es su *alter ego*. Convencido de la transitoriedad de la existencia, el bondadoso Marubhūti optó por la renuncia al mundo. El pasional Kamaṭha se aprovechó de la circunstancia y cometió adulterio con la esposa de su hermano. Cuando el rey se enteró de semejante ofensa pidió a Marubhūti que fuera él quien dictara sentencia. El futuro *jina* imploró el perdón para su hermano. Pero el rey decidió castigarlo con el destierro. Desprovisto de sus pertenencias, Kamaṭha se dedicó al ascetismo en solitario. Su propósito no era purificarse sino adquirir poderes sobrenaturales (*siddhis*) gracias al ardor espiritual levantado por la ascesis (*tapas*). Cuando Marubhūti se enteró de sus penitencias fue a rendirle homenaje, creyendo que sus propósitos eran sanos y puros. En el momento en que Marubhūti se arrodilló a besarle los pies el colérico asceta le golpeó en la cabeza con un pedrusco y lo mató. Kamaṭha siguió una vida de crímenes y maldades hasta que, a su debido momento, murió. Pero la muerte, para la India, no representa ningún fin. La continuidad entre la vida y la muerte, entre una personalidad y otra, todo se diluye a la luz del *karma*.

La siguiente leyenda nos devuelve al rey Aravinda, ya viejo, que decide renunciar al trono y seguir la senda de la contemplación y la ascesis junto a otros ermitaños. Un día, mientras todos se entregaban a la meditación, un elefante loco irrumpió en el lugar donde los ascetas meditaban. Presos de pánico los eremitas se dispersaron. Todos menos Aravinda, que se mantuvo firme en el profundo estado contemplativo. Al ver la serenidad del asceta el elefante se tranquilizó y, bajando la trompa, dobló sus patas delanteras en señal de obediencia. Aravinda le inquirió: «No existe mayor pecado que dañar a otros seres. Tu encarnación bajo esta forma animal es resultado de los deméritos adquiridos en el momento de tu anterior muerte violenta. Abandona estos actos demeritorios; empieza a tomar votos; un estado feliz comenzará a germinar en ti.» La arenga de Aravinda permitió al elefante tomar conciencia de que en su existencia anterior había sido Marubhūti. Debido a la muerte violenta y a los malos pensamientos que brotaron cuando recibió el golpe mortífero, había renacido en aquella condición inferior. Al escuchar al asceta, el elefante recordó secuencias de su vida anterior como hijo del ministro del rey, tomó los votos de los ascetas y recibió instrucción religiosa de Aravinda. A partir de aquel momento el elefante siguió una dieta vegetariana y llevó una vida de austeridades y meditaciones. Un día, cuando fue a beber a un lago cercano, un inmenso *kukurṭa*, un ser mitad gallo mitad serpiente –la encarnación de Kamaṭha–, lo mató. La oposición antagónica entre los hermanos volvía a darse, esta vez bajo la forma de dos animales. En el momento de su nueva muerte, el elefante no olvidó sus votos de asceta. Su serenidad le valió una encarnación en los cielos más elevados.

Tras varios miles de años en una condición celestial, esa mónada espiritual renació como el entregado asceta Agnivega, que también sería picado por una serpiente y moriría sin pestañear ni perder el equilibrio interior. La serpiente, ¡cómo no!, era la encarnación de su ex-hermano, quien, tras algunos eones en los infiernos, había vuelto al Mundo Intermedio.

Las historias se suceden. Uno va a los cielos, el otro a los infiernos, pero sus destinos vuelven a encontrarse en Bharata-varṣa. En cada renacimiento en el Mundo Intermedio vemos a un ser cada vez más avanzado en su progresión espiritual. El otro, abocado a la maldad. Esta oposición queda bien ilustrada con la encarnación del primero como el piadoso Vajranābha, monarca que renuncia al trono en compañía de un eremita, y del segundo como un cazador tribal, un *bhīl*, que acabará lanzando su flecha envenenada al santo. El cielo más elevado fue para el primero; el séptimo y más horrible de los infiernos, para el segundo.

En la siguiente y antepenúltima encarnación, el futuro *jina* nació como el emperador Svarṇabāhu. En esta existencia adquirió el valioso y único *karma* que resultaría en un futuro renacimiento como *tīrthaṅkara*. Su *alter ego*, empero, estaba ahí bajo la forma de un león para asesinarlo por enésima vez. El futuro *jina* renació en el décimo cielo, mientras que el león visitó nuevamente los infiernos. En su existencia celestial, quien fuera Marubhūti adoró las imágenes eternas de los *tīrthaṅkaras* que existen en la isla de Nandīśvara.

Y así fue como el futuro *tīrthaṅkara* llegó a su última existencia. Todos los dioses acudieron a participar de la suprema dicha que constituye el nacimiento de un *tīrthaṅkara* sobre la Tierra. Como toda madre de un *jina*, la reina tuvo los sueños auspiciosos que anticipan el nacimiento de un ser excepcional. Y en el mes de abril-mayo (Vaiśākha), nació en Benarés el vigesimotercer *tīrthaṅkara* de este ciclo descendente. Fue hijo del rey Aśvasena y la reina Vāmā; por tanto, miembro de la clase aristocrática (*kṣatriya*), como todo *jina* debe ser.

Cuentan los hagiográfos que un día el joven Pārśva encontró a su abuelo Mahīpāla en el bosque. El anciano estaba cortando leña para alimentar los cinco fuegos que utilizaba para sus penitencias, una práctica común –aún hoy– entre ascetas brahmánicos. En éstas que el joven le advirtió que no cortara más troncos, pues dos serpientes yacían entre las ramas y podría matarlas. El viejo hizo caso omiso y al cortar las ramas partió a las dos serpientes por la mitad. El chico exclamó: «¿No sientes compasión por ellas? Abuelo, no posees conocimiento. Estas penitencias tuyas son absolutamente fútiles... El espíritu de la envidia infecta todas tus prácticas; y cada día matas animales con tus fuegos... Abandona estas mortificaciones sin sentido; toma la senda de los *tīrthaṅkaras* y lleva a cabo los actos correctos, la correcta visión y el correcto conocimiento, pues éste es el único camino que lleva a la emancipación.»[14] El joven cantó unos himnos a las serpientes agonizantes, que fallecieron en su presencia. Tras una muerte tan meritoria los ofidios renacieron en el mundo subterráneo: el macho como el *nāga* Dharaṇendra, la hembra como la *nāgiṇī* Padmāvatī (Lakṣmī). Algunas versiones de este mito sólo hablan de una serpiente, pero la historia de los dos *nāgas* es la que hoy se ha hecho más popular. Como algunos habrán adivinado, el anciano Mahīpāla no era otro que su antiguo hermano, encarnado como falso *brāhmaṇa* tras varios nacimientos infernales. El contrariado eremita continuó sus estúpidas penitencias y murió. El joven príncipe creció y desposó a la princesa Prabhāvatī, hija del rey de Ayodhyā.

Un día de primavera Pārśva vio una imagen del *tīrthaṅkara* Nemi. *Ipso facto* su mente quedó prendada del sentido de la renuncia. Cumpliendo las predeterminaciones que sus acciones en vidas pasadas le habían valido, a los treinta años renunció al mundo y se convirtió en un sin-casa (*anagāra*), decidido a no perder ya más tiempo en el océano de las transmigraciones. Los propios dioses acudieron a celebrar el auspicioso evento de su renuncia al mundo.

El episodio central de la hagiografía de Pārśva tiene que ver con su victoria sobre la Muerte (Māra), lo que equivale a la omnisciencia (*kevala-jñāna*). El budismo conoce el mismo tema en la vida del Buddha que parece calcado de la de Pārśva.[15] Dice así.

Pārśva meditaba imperturbable en el corazón del bosque. Gradualmente fue alcanzando los niveles de conocimiento más elevados. Un día, mientras meditaba inmóvil, una deidad vino a molestarle. Se trataba de Saṁvara, también conocido como Meghakumāra. Aunque el demonio fue repelido por el halo de santidad del asceta, estaba decidido a atacar al yogui. El demonio se mostró entonces como la Muerte (Māra), pero Pārśva permaneció impasible. Saṁvara no era otro que el pérfido que muchas encarnaciones atrás había sido Kamaṭha. Con sus poderes sobrenaturales conjuró a las fuerzas de la oscuridad y de los vientos. Le atacó con diluvios colosales, adoptó formas espantosas, le incitaba a matar, a violentar. Sin éxito. La Tierra temblaba y en las cavidades subterráneas los *nāgas* Dharaṇendra y Padmāvatī se percataron del peligro que corría aquel que había iluminado sus muertes y les había proporcionado su insigne y benévola condición. Ambos se colocaron junto al sabio y, adoptando la forma de una cobra gigantesca, elevaron al santo de las aguas y lo cubrieron como un parasol [ver FIG. 12], protegiéndolo de las torrenciales lluvias enviadas por la Muerte. La aparición resultó tan terrorífica para Saṁvara que el malvado se batió en retirada. Coherentemente, el animal emblemático de Pārśva es la serpiente. El profesor Zimmer ha mostrado que la historia del príncipe que renuncia al mundo y se convierte en sabio contemplativo, que será protegido por un *nāga* que le hace de parapeto, arranca de patrones muy antiguos.[16] Algunos piensan que estos motivos mitológicos e iconográficos provienen de la civilización del Indo, si bien es una especulación todavía débil [véase pág. 131]. Jagdishchandra Jain apunta a los cultos autóctonos de las tribus de Bengala y Bihar, donde el culto a la deidad-serpiente Manasā y a los *nāgas* es muy popular.[17] En cualquier caso, es indudable que la iconografía y mitología jainistas, repletas de ofidios (*nāgas*), seres maravillosos (*yakṣas*), árboles sagrados y trances yóguicos, remiten a creencias y prácticas milenarias. Tanto el budismo como el jainismo no habrían hecho otra cosa que utilizar estos elementos para modelar las vidas de sus super-hombres.

El sabio continuó meditando durante siete semanas y alcanzó finalmente la omnisciencia bajo un árbol *dhātaki*. Había eliminado todos los *karmas* destructivos y se había convertido en un liberado en vida que podía aprehender el universo entero. En condición de omnisciencia plena y perpetua, Pārśva se dedicó a proclamar la doctrina y formar grupos de adeptos. La tradición dice que, como todo *jina*, dividió la comunidad (*saṃgha, tīrtha*) en cuatro colectivos: 1) varones renunciantes (*nirgranthas, sādhus*); 2) mujeres renunciantes (*nirgranthīs, sādhvīs*); 3) varones laicos (*śrāvakas*); y 4) mujeres laicas (*śrāvikās*). A la cabeza de cada colectivo dispuso a un líder de compañía (*gaṇadhara*), bajo la supervisión de su discípulo principal, Svayambhu. Se dice que entre sus seguidores existirían no menos de un millar de omniscientes (*kevalins*) y varios centenares de expertos en las escrituras (*śruta-kevalins*). La leyenda cuenta que el propio Saṁvara acudió a escuchar el mensaje de aquella fuente de felicidad y paz. De un plumazo, todo el odio y la hostilidad continuada durante millones de años y múltiples renacimientos, se evaporó al escuchar el mensaje de la no-violencia. Desconsolado y lleno de remordimientos, el demonio se postró a los pies del sabio y lloró. El infinitamente afable Pārśva le consoló. Gracias a la ecuanimidad de Pārśva, la mente de Saṁvara se abrió a la correcta percepción y se situó en la indefectible senda que conduce a la liberación.

Durante sesenta y nueve años multitud de hombres y mujeres se convirtieron en discípulos del nuevo *jina*. Finalmente, Pārśva se retiró al Sur de Magadha, a la cima del monte Sameṭa-Śikhara [ver FIG. 62], una montaña que en su honor hoy se conoce en el estado de Bihar como monte de Pārasnāth (Pārśvanātha). Tras un ayuno prolongado, una última y definitiva penitencia recurrente en las vidas ejemplares de algunos *jinas* y santos jainistas, alcanzó el *nirvāṇa*. Se dice que de sus ocho discípulos principales, el gran Śubhadatta tomó el mando de la orden. Le sucedieron Haridatta, Āryasamudra, Prabha y Keśī. Éste último fue contemporáneo de Mahāvīra [véanse págs. 164-165].

# *Parte III*

# El contexto social y religioso

Un prejuicio clásico dice que la noción de tiempo cíclico, típica de la India, es incompatible con la lineal, hegemónica en Occidente. Con la paulatina secularización de la concepción del tiempo lineal en Europa durante los siglos XVIII/XIX se incorporaron al mismo las nociones de cambio, evolución y progreso. La fe marxista en el progreso o la fe escatológica del cristianismo miran siempre hacia delante. Desde esta óptica, vivimos en un tiempo claramente lineal y decididamente optimista: las civilizaciones progresan, las especies evolucionan, las sociedades avanzan y hasta hay quien dice que la humanidad mejora.

No obstante, estimo que la noción cíclica de las cosmologías hindúes no excluye necesariamente otras formas de percibir el tiempo. La dicotomía entre un tiempo lineal-histórico-racional-profano frente a otro cíclico-ahistórico-mítico-sagrado no se sostiene. Siguiendo a la historiadora Romila Thapar, hay que admitir que ambas concepciones pueden coexistir,[1] por lo menos en la India. Por ilustrarlo de alguna manera, la mentalidad hindú concibe el tiempo lineal como una forma de segmentación dentro de arcos, a su vez insertos en ciclos mayores. Esta simultaneidad de categorías de tiempo supone un grado de complejidad y refinamiento loables.

Es por ello que la tradición *itihāsa-purāṇa-sūtra* recogió también aquellas particularidades histórico-lineales que consideró relevantes. Una de las áreas preferidas es la formada por las genealogías reales y los mitos asociados. Puede que estas genealogías no sean del todo exactas pero, como el estudio detallado de Romila Thapar ha demostrado, desvelan un paisaje de migraciones de pueblos e interacciones entre las culturas.[2] Y lo cierto es que hoy los expertos reconocen que se había desestimado demasiado alegremente la exactitud de la historia india tradicional.[3] Lo revelador es que a la visión cíclica se incorporó una clara noción de tiempo genealógico.

Inserto en estos gigantescos espacios cosmográficos, dentro de una infinita sucesión de eras, la vida del ser humano parece un minúsculo accidente. Pero esa angustia existencial tiene su contrapartida. Si el futuro y el pasado se alejan hacia el infinito lo que realmente tiene valor es el *presente*. Interesantemente, eso no elimina una proyección hacia el futuro. Gracias a la noción de que toda acción lleva su fruto que madurará en una existencia ulterior, para los indios la vida presente tiene un claro sentido. O bien labrarse un renacimiento auspicioso gracias al mérito de las acciones o la ruptura total del ciclo gracias al *yoga* que conduce a la liberación. Las nociones cosmológicas indias, casi de pesadilla, no tienen sentido sin la proclama de que hay una salida del atolladero. Y esta posibilidad se da *aquí y ahora*. Es en este mundo y bajo esta condición como la experiencia liberadora puede alcanzarse. Para el jainismo, el tiempo es un medio –real, no ilusorio– para la realización. El tiempo *constituye* la realidad. De ahí el interés jaina en la biografía, en la microhistoria y en las lecciones que la historia puede reportarnos.

En el jainismo, el homólogo de las genealogías y crónicas puránicas se encuentra en los *Caritas* y *Purāṇas* que forman su Historia Universal. Los *Sūtras* y *Jātakas* budistas desempeñan un rol similar. Estos textos se explayaron en las biografías de sus líderes y en la historia de las comunidades monásticas que organizaron. En la tarea de compilar este material, un proceso que tardó bastantes siglos y que, de alguna forma, sigue abierto, intervino claramente el ejemplo y la necesidad de contrarrestar los *Purāṇas* hinduistas. Los ascetas jainistas y monjes budistas que transmitieron estas enseñanzas presentan un sentido histórico-lineal del tiempo más acusado que la tradición brahmánica. De hecho, los siglos -VI/-V, la época en que se insertan las vidas de Mahāvīra y el Buddha, son conocidos por los indios como el período histórico de su cronología. Tanto jainistas como budistas empezaron a datar las peripecias de su historia a partir de la emancipación final (*vīranirvāṇa*, *mahāparinirvāṇa*) de sus últimos líderes. El uso de eras históricas por parte de la tradición brahmánica seguramente resultó de la influencia jainista y budista.

A decir verdad, los textos jainistas no se interesaron tanto por las cuestiones políticas y sociales de la época de Mahāvīra como en explicar el marco en el cual se situó la vida ejemplar y arquetípica del último *jina*. Ni describen ni reflexionan acerca de los sucesos históricos o las relaciones sociales. Sería un error componer un cuadro de la sociedad india de aquella época a partir de los *Sūtras*. No sólo no fue ése su propósito sino que está claro que estos textos fueron recopilados por una pequeña élite. No representan la visión de la sociedad. Como es lógico, son opacos acerca de colectivos normalmente marginados por la *intelligentsia* letrada: castas bajas, mujeres, comunidades tribales, etc. Pero, de una forma u otra, los textos jainistas, examinados críticamente y contrastados con el material budista y brahmánico, nos ofrecen un cuadro histórico con imágenes más o menos diáfanas. En modo alguno pretendo cuestionar los aspectos míticos de la tradición, pues considero que tan histórica es la mitología como el repaso de los "hechos". En cambio, sí podemos contextualizar los orígenes del jainismo, pues toda tradición está enraizada profundamente en una cultura, una sociedad, unas épocas y unas formas de percibir el mundo. Las enseñanzas y textos religiosos, incluso los más anónimos y atemporales, fueron compuestos, recopilados, escuchados o recordados por seres humanos. Tanto los textos como los autores fueron hijos de su tiempo. Proveen información sobre formas de entender el mundo, acerca de instituciones, acerca de prácticas o sobre modos de autopercibirse. Es importante relatar la microhistoria porque el jainismo sólo puede entenderse contextualmente, en su interrelación perpetua con el hinduismo y el budismo, con los acontecimientos políticos, económicos, sociales y religiosos de la India. Y eso es algo que el sentido lineal jainista concede y autoriza. Por tanto, antes de repasar la vida de Mahāvīra, el último *jina*, es lícito y clarificador intercalar una Parte que remita al contexto sociopolítico [capítulo 5] y religioso [capítulos 6 y 7] en el cual se insertaron su vida y la de su predecesor, Pārśva.

# 5. EL MARCO SOCIO-HISTÓRICO

## LA NOCHE VÉDICA

Situémonos en el Norte de la India, concretamente en los llanos del curso bajo del río Ganges (Gaṅgā). Esta zona hoy queda comprendida íntegramente por el estado de Bihar (Bihāra), el Este del estado de Uttar Pradesh (Uttara Pradeśa), más una porción de Bengala (Gauḍa, Baṅgāla). Actualmente, la región es una de las más atrasadas del país. La superpoblación, la deforestación, la mala nutrición o los conflictos comunales están hipotecando su futuro. No obstante, hace 2.500 o 3.000 años, este territorio era eminentemente boscoso y muy fértil gracias a los aluviones y depósitos del gran río.

Estamos en el largo período que los historiadores han denominado, para bien o para mal, la Noche Védica. La acepción se refiere a la opacidad de documentos históricos. Desde el -1800 hasta el -250, es decir, desde los últimos vestigios de una escritura –la de la civilización del Indo–, hasta la reaparición de la escritura sobre suelo hindú –en los pilares del emperador Aśoka–, diríase que la India se salió voluntariamente de la cronología y la historia. No sólo no hay constancia de documentos escritos, sino que los arqueólogos tienen una gran dificultad a la hora de clasificar y datar los materiales desenterrados. Nos adentramos en un período misterioso y proclive a lo imaginario.*

Esta turbadora laguna histórica no ha hecho sino reforzar la aludida noción de que la civilización hindú no posee conciencia histórica. No obstante, a partir de la tradición *itihāsa-purāṇa-sūtra,* y basándonos en las investigaciones de los arqueólogos e historiadores, podemos aventurar un cuadro factible.

* No puedo deslizarme en los estratos más antiguos de la sociedad védica, que dejo para una ocasión futura. Baste decir, que entre el -1900 y el -1200, que es el período llamado rigvédico, se fraguó una monumental y fascinante síntesis entre unos pueblos nómadas de habla indoeuropea, otros de lengua dravídica –posiblemente autores de la ya desaparecida civilización del Indo– y aun otros del tronco austro-asiático, claramente más periféricos pero no menos importantes. A la postre los primeros impondrían su lengua en el Norte de la India y vehicularon buena parte de la tradición culta del continente.

## ASPECTOS SOCIOECONÓMICOS

Se ha dicho, ingenuamente, que los movimientos meditativo-ascéticos como el jainismo, el budismo, el Ājīvaka, el Yoga o el Sāṃkhya, que enfatizan la condición de sufrimiento (*duḥkha*) del ser humano, implican una realidad social de miseria, empobrecimiento y conflicto social. De ahí la urgencia en escapar a este mundo de dolor y pobreza a través de comunidades de ascetas renunciantes. Desde mi punto de vista, es difícil seguir esta línea de razonamiento. Los renunciantes jainistas, budistas o brahmánicos no hablan de miseria social. El sufrimiento al que se refieren los *Sūtras* es existencial;[1] es la percatación de la absoluta finitud de la condición humana, que suelen ilustrar con la imagen de la enfermedad, el envejecimiento y la muerte.[2] *Duḥkha*, lo mismo que *saṃsāra*, remite a la contingencia, la alienación e insatisfacción de *ser* humano. El mero hecho de existir, de estar sujeto a la temporalidad, es *duḥkha*. La insatisfacción es ontológica, no sociológica. Es más, el cuadro social que aportan la arqueología y el estudio textual es realmente el contrario. Por lo que sabemos, entre los siglos -IX/-V, todo el curso del Ganges conoció un desarrollo económico, social y político espectacular.

Los arqueólogos hablan de una verdadera revolución urbana en las llanuras del Norte, donde se han desenterrado varias ciudades importantes [ver FIG. 9]. Al Oeste, Taxila (Takṣaśilā), muy cerca de la actual Rawalpindi, en Pakistán. En el Punjab, Indraprāṣṭa, que se corresponde aproximadamente con la actual Delhi, más la cercana Hastināpura. Algunos enclaves occidentales muestran evidentes conexiones con la cultura –por entonces ya totalmente dispersa– de la civilización del Indo. En la India Central, el nudo de comunicaciones de Ujjain (Ujjayinī). Más al Este, en la región gangética central, se concentraba la mayoría de centros urbanos: Śrāvastī, Kauśāṃbī, Benarés, antiguamente llamada Kāśī, y Rājagṛiha, junto a la moderna Pāṭna.

El desarrollo del urbanismo es inseparable de un excedente de riqueza y una actividad económica y comercial compleja. Sabemos que en estas prósperas ciudades apareció una clase de mercaderes acomodados, desconocida de la sociedad védica antigua. El uso de dinero en moneda ya era corriente en el siglo -VI y los textos mencionan la existencia de gremios mercantiles. Las comunicaciones mejoraron espectacularmente. Está atestiguado el comercio con Babilonia, con Persia, con la isla de Ceilán y hasta con el Mediterráneo. Si bien la agricultura y la industria textil seguían siendo los principales recursos económicos, en esta época se desarrollaron cantidad de nuevos oficios y profesiones: la herrería, la minería, la artesanía de objetos de lujo, la usura, etc. En general hubo un salto cualitativo en la calidad de vida.

El poder económico se concentraba en los nobles (*kṣatriyas*) y los comerciantes (*vaiśyas*), mientras que los liturgistas (*brāhmaṇas*) quedaban más o menos relegados –¿o auto-excluidos?– a los ámbitos del ritual, del estudio y de la jurisprudencia. Esto es significativo, porque en la ideología de estos *brāhmaṇas*, que tenían virtualmente el monopolio de lo sagrado [véase el próximo capítulo], el comercio nunca fue visto con buenos ojos. A los mercaderes se les asignaría un cierto rango como clase socioespiritual (*varṇa*), asimilados dentro de la categoría de productores (*vaiśyas*), pero no sin reticencias. Todavía el *Gautama-dharma-sūtra*, uno de los más antiguos tratados brahmánicos sobre los deberes y normas de las personas, recelaba de las urbes y decía que algunos *brāhmaṇas* declaraban que la recitación del *Veda* estaba prohibida en las ciudades.[3] De hecho, el *centro* brahmánico ortodoxo se mantuvo durante tiempo en la región Oeste del Ganges, alrededor de la zona donde se levanta la moderna Delhi (Dillī) y se abren los llanos del Punjab (Pañjāb), la región que produce gente noble (Āryāvarta), patria del sánscrito en el que están compuestos sus tratados. Desde el punto de vista brahmánico, la zona urbanizada, agrícola, mercantilista y politizada del Este era una *periferia*. Empero, era una frontera a la que apuntaban constantemente. La sociedad pastoral y trashumante de los indoarios védicos es un mundo en movimiento constante... hacia el oriente. De ahí que la zona del Este, la que verá nacer los movimientos "heterodoxos" jainista y budista, fuera una zona brahmanizada *a la vez* que un espacio fronterizo y liminal.

Indudablemente, el origen del jainismo tiene algo que ver con la tensión entre la antigua sociedad tribal frente a la emergente sociedad agraria, mercantil y estatal. Sabemos, por ejemplo, que el 65% de los monjes que formaron la primera comunidad budista provenía de medios urbanos alejados del centro brahmánico, en especial de Śrāvastī, Kapilavastu, Rājagṛiha y Vaiśālī.[4]

Está claro que algunas capas de nobles, militares y gobernantes –todo lo que engloba el concepto *kṣatriya*– comenzaron a percatarse de su poder. No es raro hallar menciones de *kṣatriyas* ritualmente más "puros" que *brāhmaṇas*. Esto es algo que choca frontalmente con la ideología brahmánica y denota una cierta tensión entre el par *kṣatriya-brāhmaṇa* sobre el que se sostenía la sociedad [ver más adelante]. Quién sabe si estos roces no marcan el tránsito del viejo ideal de la lealtad tribal hacia el de la lealtad territorial, típico de monarquías estatalistas. En este estado de cosas no resultará tan extraño que budistas y jainistas reclamen un origen *kṣatriya* para sus grandes expositores, el Buddha, Mahāvīra y el resto de *jinas*.

Los aspectos socioeconómicos y políticos tienen importancia pues el jainismo nace en el contexto de una serie de movimientos claramente "individualistas". La gente entrará en la orden jainista por voluntad propia. Este inconformismo con el patrón establecido por el brahmanismo más tradicional sería inviable en un medio pastoral de subsistencia o en una organización social donde el pivote fuera exclusivamente el clan. Además, unas órdenes monásticas totalmente improductivas sólo podían originarse y perpetuarse con el excedente de riqueza generado por el desarrollo mercantil más el mecenazgo de las realezas. Obviamente, no hay que reducir el nacimiento del jainismo a los modos de producción, a una tensión de clases o a determinados intereses políticos, como si el mensaje de Mahāvīra fuera únicamente una ideología, fruto exclusivo de un desarrollo de la agricultura, el comercio y la aparición de una clase gobernante. En la historia del mundo han habido muchos desarrollos de la agricultura y apariciones de clases gobernantes y eso no siempre ha producido jainismos y budismos. Hecha esta advertencia, no puede dejarse de lado este aspecto; como si el jainismo no estuviera enraizado en ninguna sociedad ni dependiera de ningún factor. Aunque la Verdad jainista pueda ser atemporal, el jainismo histórico, igual que el budismo, representó una respuesta nueva a un medio que estaba cambiando decisivamente.

Con todo, las primeras urbes de la cuenca del Ganges, además de centros comerciales, eran complejos rituales. El centro urbano pasó a simbolizar el poder real, pero ritualmente entronizado por los ritos solemnes de los sacerdotes. Está claro que los *brāhmaṇas* también supieron adaptarse a los nuevos tiempos.

Posiblemente hacia los siglos -VIII/-VII se formaran el *brāhmi* y el *kharoṣṭhī*, los alfabetos indios. Las primeras inscripciones no son anteriores a Aśoka (siglo -III), pero no hay duda de que llevaban varios siglos en uso cuando el emperador los empleó en sus pilares. Si bien el alfabeto pudo haberse gestado en círculos de mercaderes, su extraordinaria precisión y adecuación "científica" a la fonética hindú apunta a un desarrollo en círculos de doctos sacerdotes y gramáticos.

## LAS CONDICIONES POLÍTICAS

El desarrollo del urbanismo, la escritura, las comunicaciones, la metalurgia, la utilización de la moneda y el subsiguiente desarrollo de una clase comerciante modificaron profundamente la antigua sociedad tribal trashumante. Con el excedente de riqueza nació la propiedad privada, desconocida en la época védica temprana, y aparecieron los primeros Estados. Según los textos brahmánicos, el Estado dirigido por reyes se habría originado para proteger la propiedad y la sociedad ordenada en clases socioespirituales y castas.[5] La percepción budista es similar: la perfección social de épocas anteriores se había dislocado debido a la propiedad privada, el robo y las disputas familiares.[6] Opinión semejante, lo hemos visto, tenían los jainistas [véanse págs. 39-40 y 75]. El Estado y el rey surgían como una necesidad desafortunada pero inevitable. Transitamos de la noción de un pasado utópico a un presente más triste y degenerado.

### LA REALEZA Y EL ESTADO

Es en esta época cuando debieron comenzar a redactarse los tratados de política, de los que el célebre *Artha-śāstra* del astuto Kauṭilya (siglo I), es el mejor espécimen. Aunque el *Artha-śāstra*, tal y como hoy lo conocemos, no debe tener más de dos mil años, hay consenso en que sus líneas maestras arrancan de más lejos.[7] Básicamente, la tarea de Kauṭilya consistió en superponer un nuevo orden estatalista encima del viejo modelo tribal. La solución es plenamente hindú, ya que aún hoy el Estado indio tiene que simultanear el discurso de la modernidad con poderes y estructuras ancladas en el pasado.

Para Kauṭilya el Estado es el rey (*rājā*), el ministro, la tierra (*janapada*), la fortaleza, el tesoro, el ejército y el rey aliado vecino.[8] Más que sobre un territorio, el rey indio siempre ha gobernado sobre una población, que es lo que expresa el término *janapada*: un todo indiferenciado de gente-en-un-territorio. Las teorías clásicas de la politología hindú siempre hablan de un Estado abierto. La alusión al rey vecino no deja lugar a dudas. Él también forma parte del Estado. Es más, Kauṭilya da a entender la existencia de un octavo componente: el enemigo.

Por supuesto, la tarea estelar del rey era la guerra. El primer ministro (*amātya*) tenía que estar bien versado en las artes políticas y militares. El rol del general (*senāpati*) era vital. Las artes marciales conocieron un desarrollo fabuloso. No menos importante era el papel de la estrategia militar, de la diplomacia y del espionaje. La ambición de todo rey era conquistar las seis partes de Bharata y, siguiendo los modelos míticos, proclamarse monarca universal (*cakravartin*) o conquistador (*vijigīṣu*).

En tiempos de paz la función primordial del rey era administrar la ley. Se esperaba de él que impartiera el gobierno con justicia y ecuanimidad. Para la labor se dejaba ayudar por un ministro de justicia. Otra serie de ministerios se encargaba de las distintas parcelas de gobierno. Asimismo, existía un consejo de notables (*pariṣad*), donde había personas versadas en el *Veda*, en las convenciones locales o en la ciencia política. También se consultaba al notable (*śreṣṭhin*), un acaudalado comerciante responsable de los gremios (*śreṇis*). Para cuestiones de administración local el mando se dejaba al cabeza de la aldea (*gramāṇī, yajamāna*) o al recaudador (*bhāgadughā*), quienes hacían de nexo entre el gobierno central y el pueblo. Aunque esta época representó el comienzo de una verdadera revolución urbana, la economía rural siguió dominando la escena.

Normalmente, a la muerte del rey le sucedía el primogénito varón. En algunas ocasiones el monarca podía poner a prueba a los candidatos a la sucesión. El *Vyavahāra-bhāṣya* jainista narra la leyenda de un rey que examinó hábilmente a sus tres hijos. Les ofreció un espléndido banquete y, mientras comían, soltó a una jauría de perros furiosos. El primer príncipe dejó el plato y salió pitando; el segundo, detuvo a los perros a bastonazos y acabó su comida; el tercero continuó almorzando tranquilamente y permitió que los perros comieran con él. El rey se congratuló con la actitud del último y lo nombró heredero.[9] Obviamente, el relato corresponde a una época más tardía, permeado por las nociones jainistas de la *ahiṃsā* aplicadas a la realeza, pero ilustra bien el ideal jaina de *rājā*. Aquel hombre que, en cierta medida, replica la actitud y disposición del *tīrthaṅkara*, es digno sucesor en el trono.

## LA AUTORIDAD REAL

A pesar de su papel estelar, para el pensamiento hindú la posición del rey resulta francamente ambivalente. El rey es, en efecto, la personificación del orden (*dharma*),[10] y su cetro (*daṇḍa*), símbolo de la ley. Por el rito de consagración es un ser sacro que adquiere descomunal poder resultado de su estado renunciatorio (*dīkṣā*). Por ello el rey es el perfecto sacrificante en el complejo aparato sacrificial brahmánico. El aspecto religioso de la realeza es innegable. Empero, los Libros de Leyes (*Dharma-śāstras*) declaran a la vez que el rey es tan maligno como un carnicero que dirige cien mil mataderos.[11] ¿A qué se debe esta contradicción?

Para la India el *rājā* es un agente falto de legitimación y autoridad *últimas*. No es un ser libre. Depende de una compleja red de interconexiones sociales. Como ha dicho Robert Lingat, el poder del rey deriva de sus súbditos.[12] Y eso no es todo. Para mantener el orden (*dharma*) no posee autonomía. Los textos prescriben que siga la costumbre social, aun cuando ésta fuera contraria a la norma *ārya*, lo que significa que el orden trascendente (*dharma*) no está a su alcance. Como dice Jan Heesterman, en todo momento el rey debe sopesar entre proclamar su propio mandato como *dharma* y seguir obedientemente lo que sus súbditos le dicen que es el *dharma*.[13] La falta de autoridad del rey indio emerge con patente claridad. Buen ejemplo de ello es que los textos brahmánicos reconocen que es rey simplemente aquel que ejerce el poder, aun sin necesidad de ser un *kṣatriya*.[14]

La única opción que le resta al rey para legitimar su autoridad es dejar el *dharma* en manos de los *brāhmaṇas*. Ellos son quienes, apoyados en la enseñanza colectiva de la sociedad –el *Veda*– conocen los misterios últimos. Los *brāhmaṇas* son capaces de conceder al rey un estatus renunciatorio –trascendente– para que pueda involucrarse en la esfera mundanal del gobierno y capear el mundo del conflicto –permitiendo simultáneamente que el *brāhmaṇa* resida en la esfera de la trascendencia–. De ahí los ritos de entronización (*rājasūya, abhiṣeka*), que tendrán que ser periódicamente reactualizados –y también las donaciones reales a hombres independizados de lo social: *brāhmaṇas* consagrados o líderes de movimientos religiosos–. Es por esto por lo que el monarca se asesora por un chapelán *brāhmaṇa*, el *purohita*, que hace a la vez de *guru* real, le aconseja en distintos asuntos de Estado y participa activamente en los rituales de entronización.

A diferencia del mundo egipcio, chino o cristiano, la civilización hindú nunca ha depositado el poder temporal y la autoridad espiritual en una misma persona. El modelo hindú clásico es el del par *kṣatriya-brāhmaṇa*. El primero necesita del otro para legitimarse, y el segundo del rey para su sostén material. Aunque quizá no pueda hablarse en la antigua India de una secularización de la función real, como sostenía Louis Dumont,[15] qué duda cabe de que esta especie de separación entre lo político y lo religioso –común a los modelos brahmánicos, budistas y jainistas–, ha sido recurrente en toda la historia india.

## LOS DIECISÉIS ESTADOS

Pasemos al cuadro geopolítico. La tradición habla de dieciséis grandes reinos o estados más o menos poderosos que convivían en la región y pugnaban por la hegemonía. Si bien la lista budista[16] y la jainista[17] difieren en algunos nombres, podemos hacernos una idea de la composición política de los siglos -VI/-V [ver FIG. 9].

Kāśī, levantado donde está la moderna Benarés (Vārāṇasī), era uno de los estados poderosos. Era rico, próspero y ya entonces uno de los más importantes centros de enseñanza de todo el Sur de Asia. En tiempos de Mahāvīra el territorio fue conquistado por el potente reino de Kauśalā.

Kauśalā, que comprende la actual región de Oudh, en el centro de Uttar Pradesh, era uno de los grandes reinos que pugnaba por la supremacía. Además de la capital Śrāvastī, albergaba otra ciudad importante: Sāketa, que más tarde se conocería como Ayodhyā. El rey Prasenajit de Kauśalā, contemporáneo de Mahāvīra, fue uno de los más respetados monarcas de la época. No sólo se anexionó Kāśī, sino que también engulló a la confederación de los Śākyas y a la de los Kālāmas. Sus relaciones con el otro gran rey de la época, Śreṇika de Magadha, fueron cordiales. Pero tras la ascensión de Kūṇika en Magadha, las dos potencias entraron en guerra. Tras años de litigio Kauśalā cayó bajo las fuerzas de Magadha.

En tiempos de Mahāvīra, el reino de Magadha se correspondía simplemente con los distritos modernos de Paṭnā y Gayā, en Bihar. Los textos antiguos lo describen como tierra de gentes impuras.[18] A diferencia de la zona media del Ganges, estas regiones orientales poseen una tradición lingüística prácrita mucho más larga. O lo que es lo mismo, se encontraban alejadas del centro sánscrito y brahmánico. Pero durante el siglo -VI, el rey Śreṇika –Bimbisāra en las crónicas budistas– y su hijo Kūṇika –Ajātaśatru para los budistas– hicieron de este reino el más poderoso del continente. De hecho, al alcanzar la supremacía, Magadha se convirtió en el primer imperio indio en el sentido clásico del término. Magadha acabó por engullir a Kauśalā, Kāśī, los Vṛijjīs y tenía subordinado al reino de Aṅga.

La gran expansión de Magadha vino de manos de Kūṇika.[19] Según los textos budistas Kūṇika usurpó el poder a su padre después de asesinarlo. Las crónicas jainistas son algo más benevolentes y dicen que encarceló a su padre y que éste se suicidó en prisión. Por este motivo Śreṇika pasará varios eones en el Mundo Inferior antes de reencarnar como el futuro *jina* Padmanātha [véase pág. 45]. Ganado el control de toda la región, el reino de Magadha estaba poniendo la semilla para que un siglo y medio más tarde surgiera también allí el poderosísimo imperio Maurya [véanse págs. 187-188].

Campā, la capital de Aṅga –la actual Bengala (Baṅgāla)–, era un importante centro comercial, reputado por su riqueza. Una vez iluminado, Mahāvīra impartió su primer sermón a los humanos en esta ciudad.

Al Sur del Ganges se extendía el gran reino de Vatsā. Su capital Kauśāmbī, próxima a la moderna Allahābād (Prayāga), estaba gobernada en tiempos de Mahāvīra por el rey Udayana.

Además de estos potentes reinos, el resto de entidades políticas consistía en pequeños estados más o menos subordinados a alguno de los grandes. A muchos de éstos no se les conocía por un topónimo sino por el gentilicio de la tribu predominante. Por ejemplo: los Mallas o Mallakīs; los Kālāmas; los Śākyas; los Vṛijjīs o Licchavīs; etc. En realidad, se trataba más de confederaciones tribales (*gaṇas*) que de estados (*rāṣṭras*) en la acepción moderna del concepto. Los jefes se elegían entre la clase de los nobles y guerreros (*rājanyas, kṣatriyas*),[20] de modo que algunos autores hablan abiertamente de repúblicas oligárquicas.[21] No obstante, la opinión de ciertos pensadores, que ven en las comunidades jainista o budista una réplica de las democracias tribales, una especie de sociedad comunista y democrática paralela,[22] no parece acertada. Jan Heesterman ha probado que la diferencia entre un sistema "monárquico" y otro "republicano" era básicamente de grado.[23]

La más importante de estas confederaciones era la de los Vṛijjīs, compuesta básicamente por las tribus Licchavī y Vṛijjī, y los clanes Videha y Jñātṛika. La capital del estado era Vaiśālī, donde la moderna Besarh (Basārh). La ciudad estaba dividida en tres barriadas: una brahmánica, otra aristocrática –cuna de Mahāvīra– y otra comercial. El gran rival de los Vṛijjīs, liderados por el excelente Ceṭaka –¿tío de Mahāvīra?–, era el poderoso reino de Magadha. Como ocurriera con otros casos, el impetuoso Kūṇika acabó por conquistar a los Vṛijjīs.

Otra confederación importante era la de los Mallas, formada por nueve clanes y que poseía dos ciudades importantes: Kuśīnārā –donde falleció el Buddha– y Pāpā. El hecho de que el Buddha y Mahāvīra visitaran frecuentemente Malla ilustra bien que sus movimientos religiosos calaron hondo en esta región. Poco después de la muerte del Buddha, Magadha se anexionó el territorio. La confederación donde nació el Buddha fue la de los Śākyas, subordinada al reino de Kauśalā. Otras confederaciones menores eran la de los Koliyas y la de los Kālāmas.

Más al Oeste, en los alrededores de la actual Delhi, se extendía el reino de Kuru, con su capital en Indraprāṣṭa y con otra ciudad importante en su territorio: Hastināpura. No lejos se encontraba el reino de Pañcāla, cuya capital era Kāmpilya. Estos dos reinos, compuestos en verdad por innumerables jefaturas tribales, formarían el corazón o *centro* de la antigua sociedad védica.

Indudablemente, el suceso histórico más relevante de la Noche Védica, recordado con inusitada potencia por la tradición –pues quizá inspiraría el argumento principal del *Mahābhārata*–, fue la gran guerra civil entre el clan de los Kuru y sus rivales los Pāñcāla. La guerra pudo librarse en Kurukṣetra, cerca de Indraprāṣṭa, quizá hacia el -1000, si bien no todo el mundo acepta su historicidad. Pero el hecho ha sido "recordado" con tal insistencia que en verdad da igual si tuvo lugar o no "históricamente". El profesor D.D. Kosambi era de la opinión que el incidente debió ser, a lo sumo, bastante minúsculo, pero la tradición literaria india le otorgó la misma importancia que los griegos dieron a la guerra de Troya,[24] si es que no bastante más.

En la zona Norte del actual estado de Rajasthan (Rājasthāna) se extendía el reino de Matsya. Alrededor de la ciudad de Mathurā, la ciudad dirigida por el clan guerrero Yādava y la estirpe Vṛiṣṇi, despuntaba el reino de Śūrasena. En la India Central, ocupada hoy por las regiones septentrionales de Madhya Pradesh (Mādhya Pradeśa), se encontraba el floreciente reino de Avanti, que poseía dos capitales: Māhiṣmatī y Ujjain (Ujjayinī), importante núcleo jainista desde tiempos muy antiguos.

La parte baja del río Indo (Sinddhu) pertenecía al reino de Sauvīra. Más hacia el Noroeste se extendía Gandhāra, con la ciudad de Taxila (Takṣaśilā), un centro de enseñanza y nudo comercial de primer orden. A finales del siglo -VI Gandhāra cayó bajo el control de los persas. Finalmente, tenemos al reino de Kāmboja, situado en Cachemira (Kaśmīra).

# 6. LA TRADICIÓN BRAHMÁNICA

## EL *VEDA*

El período de la Noche Védica es, justamente, el tiempo en que se gestó el *Veda*. ¿Qué es el *Veda*?, ¿qué es la religión védica?, ¿qué relación tiene con el hinduismo?, ¿y con los *brāhmaṇas*? Ciertamente, no podemos contestar en profundidad a estas importantes preguntas en un somero capítulo, pero vale la pena realizar un pequeño esfuerzo de síntesis.

La cuestión es esencial. De la misma manera que el cristianismo es ininteligible si se desconoce el contexto judío y bíblico en el que nació, tampoco podríamos captar el significado y el impacto que el mensaje jainista produjo en la antigua India si no nos familiarizamos con el sistema de prácticas y creencias del que se alimentó, con el que convivió y al que se opuso. Y este sistema fue, principalmente, la religión védica, custodiada por los liturgistas, sacerdotes y transmisores de la tradición por herencia familiar: los *brāhmaṇas*. Éste es el primer Otro en el desarrollo del jainismo histórico.

El *Veda* es un voluminoso cuerpo de enseñanzas que tomó la forma de cuatro colecciones de Himnos Litúrgicos (*Saṃhitās*), a los que se añadieron Explicaciones Rituales (*Brāhmaṇas*), Enseñanzas Esotéricas (*Āraṇyakas*) y Enseñanzas Gnósticas (*Upaniṣads*). En la época que nos situamos, entre los siglos -X/-V, el *Veda* no estaba cerrado –de hecho, nunca lo ha estado–, ya que muchas de las enseñanzas místicas de las *Upaniṣads* estaban todavía tomando forma. En cambio, los himnos más antiguos, los de la colección del *Ṛig-veda*, haría ya más de mil años que habrían sido compuestos –eso si no optamos por las cronologías más atrevidas que sitúan los inicios del *Ṛig-veda* hacia el -4000–.[1] Más tarde, entre los siglos -VI/-I, se añadiría otra serie de explicaciones técnicas o Miembros del *Veda* (*Vedāṅgas*). Los tratados auxiliares más relevantes recibieron el nombre de Cadenas de Aforismos (*Sūtras*). Es importante no confundir estos *Sūtras* brahmánicos con los budistas o jainistas que, bien que tengan un formato aforístico parejo, poseen el significado de "sermones" o "discursos" del Buddha o Mahāvīra.

Ningún Dios reveló el *Veda*. Se dice que la Palabra (Vāc) que reproduce fue oída por generaciones y generaciones de poetas-sabios (*ṛiṣis*) que transmitieron esa vibración cósmica en forma de himnos sagrados (*mantras*) y enseñanza religiosa (*dharma*), siempre en la lengua "perfectamente construida" (*saṃskṛita*). Por ello se dice que el *Veda* es eterno (*nitya*) y de no-autoría humana (*apauruṣeya*). Luego, las distintas escuelas sacerdotales lo fueron transmitiendo oralmente, con asombrosa precisión, hasta nuestros días. El *Veda* forma lo más parecido, versión india, a la noción de revelación (*śruti*).

## LA RELIGIÓN DE LOS *BRĀHMAṆAS*

La religión de los *brāhmaṇas* se basaba enteramente en el *Veda*. Por este motivo puede llamársela vedismo. Fue la religión predominante en el Norte de la India durante los siglos -XV/-V. A partir de estas últimas fechas, y en gran medida debido al reto del jainismo y del budismo, el brahmanismo védico fue transformándose en lo que habría de ser el hinduismo.

### CONEXIÓN CON EL HINDUISMO

Quizá no sea este el lugar apropiado para polemizar acerca del significado del término "hinduismo", un concepto de nuevo cuño –siglo XIX– que se emplea para denominar lo que en realidad es un paraguas bajo el cual se arropan infinidad de expresiones rituales, textuales o filosóficas. Valga, empero, una escueta reflexión. Más que una religión, el hinduismo sería una familia de religiones, y hasta podría calificarse de *dinámica religiosa* [véase más adelante]. Hay más diversidad –teológica, textual, cultural, mitológica– *dentro* de lo que se ha denominado hinduismo, que en los grandes monoteísmos –judaísmo, cristianismo, islamismo–. Obviamente, a estas religiones no les gustaría demasiado que las redujéramos al rango de meras *sectas* de una religión semítica o "semitismo", con lo que entonces no queda más remedio que concluir que el hinduismo es una entidad mayor que una "religión". Y si el hinduismo es más que una religión, entonces es loable el grado de tolerancia que la India ha promovido al aceptar la cohabitación de infinidad de religiones como el shivaísmo, el vishnuismo, el shaktismo o los muchos *ismos* que podemos hallar en el continente. La India admitió, de buen principio, que todo individuo o grupo social es libre de escoger la senda que otorgue sentido a su existencia.* Por tanto, cuando en este libro nos refiramos al hinduismo seguiremos aproximadamente a Heinrich von Stietencron y no lo consideraremos como una "religión", comparable al modelo semítico, sino como un con-

* Eso es algo que el mundo occidental acaba de descubrir. Le ha dado el nombre de "secularización". Aunque la noción remite en primera instancia a la separación entre religión y Estado, lo que realmente significa es la privatización de lo religioso. Desde mi óptica, este proceso es la forma como la tradición cristiano-occidental se ha emancipado de la Iglesia.

junto de religiones índicas,[2] una religiosidad hindú que se ha expresado bajo formas como el vedismo, el brahmanismo, el hinduismo clásico, la tradición smārta, el vishnuismo devocional, el shivaísmo, el shaktismo, el tantrismo, el neo-hinduismo, las tradiciones tribales, etc.

Dicho esto, lo que interesa recalcar aquí es que hay toda suerte de continuidad entre el polimorfo vedismo y el heterogéneo hinduismo, si bien si comparamos la religión del período védico medio (siglos -XI/-IX) con el hinduismo clásico de la época Gupta (siglos IV/V), por poner dos momentos significativos, podrían parecer dos tradiciones enteramente distintas. Es por ello que en muchos libros se dice que el hinduismo nace verdaderamente en los albores de la era cristiana (siglos -II/+II).[3] El hilo conductor entre vedismo e hinduismo fue el peso del *Veda* y la autoridad de los *brāhmaṇas*. De ahí que el brahmanismo post-védico se haya mantenido como el corazón del hinduismo, el vector que define la confusa noción de "ortodoxia". Ocurre que el *Veda* es tan amplio que un sinfín de prácticas y creencias pudieron asimilarse o legitimarse con él. Como dice Brian Smith, el *Veda* es un canon prototípico que puede prestar su autoridad a contrapartidas similares.[4] Por eso el gran indianista Jan Gonda definió el vedismo simplemente como el hinduismo brahmánico o antiguo.[5] Toda tradición que no reconociera el poder de los *brāhmaṇas* más la eternidad y carácter trascendente del *Veda* sería una clara candidata a la disidencia.[6]

## EL RITUALISMO VÉDICO

El vedismo clásico se centraba fundamentalmente en una serie de sacrificios, ritos y sacramentos bien descritos en las distintas secciones del *Veda*. Ahí se explicaba el significado tanto de los grandes sacrificios públicos (*śrauta*), generalmente financiados por los reyes y que precisaban de los conocimientos de los sacerdotes debido a su enorme complejidad y a la utilización del lenguaje sagrado, como de los pequeños ritos domésticos (*gṛihya*), que se realizaban en el hogar y no requerían obligatoriamente la presencia de ningún sacerdote. El cabeza de familia hacía –y hace– de liturgista, acompañado de su esposa. A su vez, el *Veda* proveía de los múltiples himnos a recitar en cada ritual y de las mitologías de los principales dioses. Tanto en un tipo de ritual como en otro se realizaban distintas ofrendas con el propósito de "alimentar" a las divinidades. A ellas se alzaban peticiones para que trajeran prosperidad, descendencia, larga vida, gloria para el monarca, curación de enfermedad, etc. En los ritos públicos se utilizaban tres o más altares de fuego. Podían llegar a sacrificarse docenas y hasta centenares de animales y se consumía el brebaje embriagante del *soma*. Es posible que en los rituales más antiguos se sacrificaran víctimas humanas.[7] Parte integral del sacrificio, sobre todo del más arcaico, eran los combates verbales (*brahmodyas*), las apuestas de dados y competiciones marciales entre los distintos participantes, unos duelos que emulaban la generación-y-destrucción cíclica del cosmos y el carácter guerrero y trashumante de la vieja sociedad védica. La violencia, siempre y cuando estuviera inscrita en el sacrificio, era exaltada. En cambio, en los ritos domésticos, más sencillos y centrados alrededor del fuego del hogar, la ofrenda habitual era de leche. Una categoría especial de ritos domésticos eran los sacramentos (*saṃskāras*), ritos de paso que jalonan momentos cruciales de la vida –nacimiento, imposición de nombre, iniciación, matrimonio, funerales–, bastantes de los cuales siguen practicándose hoy en día. Siglos después, el jainismo se apropió también de buena parte de ellos [véanse págs. 458-461].

En el vedismo clásico, tanto los grandes sacrificios solemnes como los modestos ritos domésticos estaban diseñados para los miembros nobles (*āryas*) de la sociedad. ¿Quiénes eran estos nobles? En primer lugar, los propios sacerdotes y recitadores del *Veda* (*brāhmaṇas*); luego, los reyes, militares y guerreros (*kṣatriyas*); finalmente, los productores y comerciantes de alto rango (*vaiśyas*). En realidad, estos grupos se subdividían a su vez en multitud de castas (*jātis*) o unidades endogámicas, pero eso nunca interesó demasiado a los teólogos. Lo importante es que, conceptualmente, el *Veda* y la religión védica se abría a estas tres clases socioespirituales (*varṇas*) que formaban el corazón de la sociedad noble. Hablaremos en mayor profundidad acerca de las clases socioespirituales y las castas en el capítulo 20. De momento, una pincelada.

Lo decisivo según la ideología brahmánica es el nacimiento en una de las clases y no los avatares que la microhistoria depare a cada individuo. Aunque un *brāhmaṇa* tuviera que renunciar a sus tareas tradicionales y dedicarse a la adivinación o a la administración, ello no le ocasionaría la pérdida de su estatus noble. Pasaría a ser considerado seguramente un *brāhmaṇa* de grado inferior a un docto experto en gramática, y quizá ya no estuviera exento de impuestos como aquél, pero seguiría siendo *brāhmaṇa*. Para los textos védicos lo importante era establecer cómo el *brāhmaṇa* debía de comportarse ética y ritualmente y cómo tenía que relacionarse con el resto de la sociedad. Tan central era la cuestión que a la religión védica suele denominársela –algo incorrectamente, pero no sin razón– brahmanismo. De hecho, las demás clases socioespirituales apenas interesaron a los liturgistas. Pero sí la jerarquía. Y por debajo de las élites nobles los *brāhmaṇas* colocaron idealmente al grueso de los siervos y artesanos (*śūdras*) y a los numerosos grupos tribales. En el seno de estos colectivos muy heterogéneos –agricultores, artesanos, músicos, criados, ganaderos, herreros, cazadores, etc.– la ideología brahmánica comenzó a delimitar una "línea de pureza" debajo de la cual se clasificaría a los grupos considerados, por sus tareas, su lengua y costumbres, impuros entre los impuros o excluidos de la sociedad (*avarṇa*). La literatura védica tardía los agrupó bajo el genérico *caṇḍālas*. Su mera visión, por no hablar ya del contacto físico, contaminaba de tal forma a un *brāhmaṇa*, que muchos siglos después alguien acuñó el concepto "intocable" para describirlos.

Cada uno de estos colectivos tenía que actuar social y ritualmente de acuerdo a su naturaleza. El orden social dependía de que cada uno aceptara su posición y rol en la sociedad, y actuara de acuerdo a las normas, deberes y prohibiciones que establecían los Tratados sobre el Deber (*Dharma-sūtras, Dharma-śāstras*). El rey y su ministerio de justicia vigilaban el mantenimiento del orden social. Si cada uno escogiera deberes y reglas a su antojo, el resultado sería una sociedad caótica. ¿Por qué? Porque la composición social estratificada en clases socioespirituales era un *reflejo* de la estructura misma del cosmos, del *ṛita* o curso ordenado del cosmos. Las clases socioespirituales, como en verdad el resto de rituales, habían surgido del autosacrificio del macrántropo Puruṣa, la noción mítica utilizada para describir el *ṛita*.

En efecto, se pensaba que los ritos, en especial los grandes sacrificios solemnes, emulaban el sacrificio primordial realizado por el demiurgo, una entidad que los sacerdotes denominaron primero el Hombre (Puruṣa) y luego Señor de la Progenie (Prajāpati). Todo rito ejecutado con exactitud era susceptible de solidarizarse con el autosacrificio que Puruṣa se infligió a sí mismo y que dio paso a la manifestación y el ordenamiento social.[8] Esto es muy explícito en el rito de construcción del altar de fuego (*agnicayana*), que replica la restauración de Puruṣa-Prajāpati. Gracias a la recurrente concepción india de la analogía o correspondencia entre los planos, los ritos solemnes de los sacerdotes eran capaces de levantar un poder tal, llamado antiguamente *brahman*, que el cosmos mismo pasaba a depender del ritual sacrificial. Hasta los dioses se volvieron divinos gracias al sacrificio.[9] Era responsabilidad de los doctos expertos en el sacrificio reactualizar una y otra vez la misma estructura del cosmos, reconstruir a Prajāpati;[10] hasta tal punto, que los textos auguraban que el Sol no se levantaría si el sacerdote no ofreciese en la madrugada el sacrificio al fuego (*agnihotra*).[11] Tan crucial era y es el sacrificio (*yajña*) para el pensamiento hindú que Madeleine Biardeau y Charles Malamoud no dudan en calificarlo como su principio organizador del mundo y de la vida.[12]

Puesto que el ritual solemne consistía en la regeneración del universo, cabría esperar que participara la sociedad entera. Pero en el vedismo clásico los ritos colectivos brillan por su ausencia; incluso son rechazados.[13] El sacrificio es un asunto estrictamente personal. El sacrificante (*yajamāna*), asistido por los expertos *brāhmaṇas*, es él patrón y beneficiario del rito. Pero la cosa no fue siempre así.

La tesis de Jan Heesterman es que en el vedismo preclásico la relación entre el *brāhmaṇa* y el sacrificante era distinta. La función del *brāhmaṇa* era absorber la impureza de la muerte y exorcizar el caos. El par *brāhmaṇa-yajamāna* mantenía la continuidad del cosmos.[14] Este ritualismo corresponde a la época trashumante de la sociedad rigvédica, cuando el *brāhmaṇa* no era todavía el experto sacerdotal, sino un guerrero que se proclamaba *brāhmaṇa* gracias al ritual de consagración (*dīkṣā*). Incluso el rey era llamado *brahman*. Dicho de otro modo, la clase socioespiritual fluctuaba. Originalmente, el sacrificio no requería de unos profesionales del sacerdocio. Era cosa de los guerreros, reyes y jefes de la sociedad rigvédica que competían por todo tipo de bienes, materiales o espirituales. Se entenderá que el *purohita*, el que sería el "chapelán" del rey, originalmente no fuera sino el auriga del monarca,[15] una posición que recuerda la de Kṛiṣṇa, el cochero del guerrero Arjuna en la *Bhagavad-gītā*.

No todo el mundo concuerda con la visión que Heesterman ofrece de esta sociedad védica "pre-clásica".[16] En cualquier caso, en el ritualismo védico clásico, seguramente cuando la sociedad indoaria se sedentarizó por toda la planicie gangética, el aspecto relacional del sacrificio fue substituido por la absoluta individualización del ritual. No más combates, no más violencia, no más banquetes orgiásticos. Todas las competiciones se tranformaron en operaciones litúrgicas. Esto queda perfectamente ilustrado en el mito del duelo sacrificial entre Prajāpati y la Muerte. El primero logra vencer a la Muerte gracias a su conocimiento de las equivalencias simbólicas, gracias a la ciencia del ritual.[17] El mínimo error podría conducir al desastre. Así que los ritualistas acabaron construyendo un universo mecanicista y cerrado controlado y dirigido por el ritual. La catástrofe y la incertidumbre fueron reemplazados por la certeza del ritualismo.[18] El vedismo se convirtió en asunto de profesionales que pasaron a convertirse en celosa casta hereditaria. Y cuando la impureza y la maldad dejan de transitar de un participante a otro, quedan fijadas en los niveles bajos de la jerarquía. El *brāhmaṇa* aislado en su pureza requiere que el resto de la sociedad observe también líneas divisorias socioespirituales (*varṇas*). En otras palabras, con la individualización del sacrificio tocamos el principio de la ideología de casta.[19]

Los más exaltados de entre estos expertos no eran los chapelanes del rey, cuya involucración en los asuntos mundanales les hacía, bajo el prisma brahmánico, excesivamente dependientes. Los más elevados y puros, eran aquellos que se habían independizado de los lazos sociales y residían en la pureza de la trascendencia. El *brāhmaṇa* ideal era –y sigue siendo– el que se ha alejado del mundo y cultiva el *Veda* para sí mismo. Exactamente el reverso del rey. El *brāhmaṇa* por antonomasia sólo puede ser el renunciante. Por ejemplo, el *brāhmaṇa* versado (*śrotriya*), predecesor del letrado (*paṇḍita*) de épocas posteriores. Estos sabios fueron especializándose en las distintas ramas del saber –gramática, etimología, astronomía, ritual, música, artes militares, medicina, etc., o bien en las distintas transmisiones del *Veda*–, necesarias para la correcta ejecución de los ritos. Acabaron formando escuelas (*gurukulas*), donde los hijos de familias nobles, una vez habían recibido la iniciación a la adultez ritual (*upanayama*), iban a estudiar. El maestro (*guru*), bien versado en su rama del saber, adoptaba al pupilo como a su propio hijo. Cada *guru*, asistido por sus estudiantes avanzados, formaba una institución en sí mismo. Algunas ciudades se convirtieron en centros de saber de primer orden. Tal fue el caso de Benarés (Vārāṇasī), Pāṭna (Pāṭaliputra) o Taxila (Takṣaśilā).

A pesar del protagonismo de los sacerdotes, la religión védica –igual que el hinduismo moderno– se mantuvo como religión centrada en la familia. "El que se queda en casa" (*gṛihastha*), es decir, el padre de familia –que subsume al resto de miembros que la componen– ha sido siempre el epicentro de la religión védico/hinduista. Y para el *gṛihastha* el cumplimiento de los ritos equivalía a ordenarse armónicamente con la sociedad y el cosmos. En otras palabras, la noción cosmológica de *ṛita* se transformó en *dharma*, un concepto con connotaciones más prácticas y hasta jurídicas: la Ley que gobierna todos los seres y el deber religioso y moral que la replica a nivel humano. El cumplimiento del *dharma* se convierte en el eje de la vida ritual y moral del *gṛihastha*.

Un mandato védico que refleja muy bien este espíritu era el de las famosas deudas (*ṛiṇas*),[20] más tarde inextricablemente ligadas con el mandato de los cinco grandes sacrificios (*pañca-mahāyajñas*), una serie de ritos que todo noble "dos veces nacido" (*dvija* –iniciado–) pasará su vida redimiendo a diario. Estos cinco sacrificios siguen articulando, todavía hoy, la vida espiritual de la mayoría de miembros de la clase de los *brāhmaṇas*. Se trata de los cinco ritos considerados obligatorios por todas las escuelas védicas. El primero está destinado a la potencia sagrada del sacrificio (*brahman*) y a los sabios de la antigüedad (*ṛiṣis*). Se paga a través del estudio del *Veda* (*brahmacarya*) y a través de la recitación védica. El segundo es el sacrificio a los dioses (*devas*), que se paga a través de las ofrendas y oblaciones al fuego, como el *agnihotra* o los *saṁdhyās*. Para una mayoría, hoy, la adoración a la imagen de la deidad (*pūjā*) ha pasado a convertirse en el verdadero sacrificio a los dioses. El tercero es el sacrificio a los manes (*pitṛis*), a pagar a través de las ofrendas funerarias (*śrāddhas*) y libaciones diarias en su honor (*tarpaṇa*). El cuarto es el sacrificio a los seres vivos (*bhūtas*), que se redime con la manutención de los animales domésticos –especialmente la vaca– y el cuidado de los espíritus. El quinto es el sacrificio a los demás seres humanos (*puruṣas*), que se paga con el buen trato a los huéspedes, los desamparados y los mendicantes religiosos.

Aquel que siguiera estas recomendaciones rituales del *Veda*, que se acompasara con el orden cósmico a través de los ritos y sacrificios, que aceptara la autoridad litúrgica y espiritual de los *brāhmaṇas*, para él y su familia sería el cielo de los dioses.

## EL PANTEÓN VÉDICO

El cielo de los indios ha estado siempre muy poblado. Ya conocemos la visión jainista [véanse págs. 59-61]. Vamos ahora con la védica.

Es costumbre decir que el panteón védico consistía en treinta y tres divinidades, pero el número de deidades que se menciona en los himnos es muchísimo mayor. De entre todas sobresalen claramente tres. En primer lugar, Indra, una divinidad polivalente que recibió el título de "rey de los dioses". Este dios era el gran protector de la sociedad noble (*ārya*). Los textos jainistas citan en bastantes ocasiones los antiguos festivales realizados en honor de Indra. De todas las deidades védicas es la única a la que los jainistas otorgaron cierta preeminencia; notablemente al gran Śakra, uno de los sesenta y cuatro o cien *indras* concebidos por su mitología. La segunda divinidad védica en importancia debió de ser Agni, el Fuego. Quizás Agni fuera la deidad más significativa dada su posición estelar en todo rito solemne o doméstico. Todas las ofrendas –y peticiones– son transportadas por el psicopompo Agni desde el altar de fuego sacrificial a los cielos donde moran las divinidades. En tercer lugar, Soma, a la vez divinidad y planta embriagadora (*soma*), y prototipo de toda oblación. No obstante, en el período védico tardío el *soma* estaba siendo reemplazado por sustitutos simbólicos, notablemente por la mantequilla clarificada (*ghṛita*, *ghī*), de modo que su posición fue declinando. A estas tres deidades les está dedicada más de la mitad de los himnos del *Ṛig-veda*.

Otras divinidades significativas eran el dios soberano Varuṇa, guardián del orden cósmico (*ṛita*); Vāyu, deidad de los vientos; Aditi, la diosa infinita; Uṣas, la aurora; Bṛihaspati, el dios-sacerdote del poder creativo; Sūrya, el dios que reside en el Sol; y un largo etcétera. A destacar un par de dioses menores, como el preservador Viṣṇu y el terrible Rudra, que a medida que avanzamos en el tiempo fueron ascendiendo hasta el rango de divinidades supremas. El primero fue asimilándose a deidades locales como Vāsudeva, Kṛiṣṇa o Nārāyaṇa; el segundo se fusionó con Śiva. Estas transformaciones, palpables ya a finales del período védico (siglos -V/-I), corresponden a los inicios del vishnuismo y del shivaísmo, verdaderos motores del hinduismo devocional. En época de Mahāvīra el otrora importantísimo Puruṣa/Prajāpati ya se estaba transformando en Brahmā. Es de destacar también el ascenso de la diosa Śrī –o Lākṣmī–, la divinidad de la fortuna y la prosperidad.

El reverso de estos *devas* lo formaban los *asuras*, símbolo de la violencia y la destrucción, unos seres que rápidamente se convertirían en espíritus demónicos, en perpetuo combate con los *devas* por el poder del sacrificio.

Aparte estos grandes dioses, la tradición hindú estaba repleta de divinidades menores llamadas con el genérico de espíritus o seres maravillosos (*yakṣas*; fem.: *yakṣiṇīs*). En época de Mahāvīra el culto a estos geniecillos o espíritus era extremadamente popular. Se les invocaba para proteger la aldea, fomentar la fertilidad de las mujeres, curar enfermedades o colmar los deseos de la gente. Algunos *yakṣas* también causaban daño. Es sabido que muchos de estos geniecillos fueron ascendidos a rangos más elevados. De hecho, en la literatura védica o jainista no hay gran diferencia entre un *yakṣa* y un *deva*. Estos genios tenían sus propios santuarios (*caityas*), situados en jardines o parques [véanse págs. 225-226]. Tanto Mahāvīra, el Buddha, como muchos otros cabezas de órdenes religiosas se detenían en estos santuarios populares. Otros seres sobrenaturales propiciados regularmente eran las serpientes divinas (*nāgas*), de claro origen tribal. En el panteón popular también hallamos a los fantasmas (*bhūtas*), algunos de los cuales podían ser malvadamente molestos y peligrosos. Toda esta gama de divinidades "menores" era compartida por el jainismo bajo la forma de las deidades "residentes en mansiones" o "intersticiales".

Los dioses formaban parte tan integral del sacrificio como los sacerdotes o los sacrificantes. La ofrenda se elevaba de los humanos a las divinidades y regresaba en forma de larga vida, lluvia benéfica, descendencia, etc. La reciprocidad entre dioses y humanos mantenía el orden cósmico (*ṛita*). Pero al quedar todo minuciosamente ritualizado y codificado por los sacerdotes ya no hubo lugar para que el carácter trascendente de los dioses actuara de forma independiente. Solamente operaba la facultad invisible del ritual (*adṛiṣṭa, apūrva, brahman*). En otras palabras, los dioses quedaron atrapados en el mundo de la contingencia (*saṃsāra*).

El ateísmo del jainismo, del budismo o de la filosofía Mīmāṃsā parece inseparable del desencantamiento del mundo anticipado por el ritualismo védico. Si es que en verdad puede hablarse de una era axial en el planeta, caso de haberla, en la India se anticipó al tiempo de los textos llamados *Brāhmaṇas* (siglos -XI/-IX).

## LA SOTERIOLOGÍA VÉDICA

Aunque el brahmanismo de tipo ritualista fue la expresión religiosa predominante en el Norte de la India, ni fue la única ni poseía demasiada homogeneidad. Puesto que nadie escribió el *Veda* –yo diría que resume la experiencia espiritual colectiva de quince o veinte siglos de la sociedad que se llamó a sí misma noble– y la calidad de recitador y transmisor de su enseñanza recayó sobre familias sacerdotales, el vedismo y su prolongación, el hinduismo, siempre han estado abiertos a integrar, desarrollar o asimilar todo tipo de prácticas y creencias religiosas que no fueran antagónicas. El vedismo/hinduismo es la religión sin fundador, sin Iglesia, sin un dogma único, sin un canon consensuado, sin un dios hegemónico, sin ética universalmente válida. Podría definirse como el hilo conductor de una serie de rituales, creencias, divinidades y expresiones religiosas que han ido transmitiéndose e influeyéndose mutuamente entre distintos colectivos sociales y regionales. En este sentido, más que una religión o metarreligión, Brian Smith propone definirlo como un *proceso*.[21] Intermitentemente, este raro *proceso* se ha ido abriendo y cerrando a formas religiosas gestadas en periferias tribales o entre colectivos no-brahmánicos, especialmente los de *śūdras* y castas inferiores, no siempre bien insertos en la ortodoxia brahmánica. Estas periferias no han cesado de aportar mitologías, formas de culto y expresiones religiosas. A la vez, los *brāhmaṇas* nunca han cesado de indagar, desarrollar y fomentar nuevas vías que, mientras no interfirieran con el ritual o cuestionaran la autoridad del *Veda*, han pasado a engrosar la variadísima gama de prácticas y filosofías del vedismo/hinduismo.

### EL GNOSTICISMO VÉDICO

El caso es que a finales de la época védica (*circa* siglos -VIII/-IV), un período en que la India conoció un dinamismo religioso muy creativo, algunas corrientes brahmánicas comenzaron a interpretar el ritual de forma simbólica y esotérica. Esto es muy palpable en las enseñanzas llamadas *Āraṇyakas*. La cosa era lógica. Con la individualización del sacrificio, el sacrificante sacrifica para sí y reúne en sí mismo los polos opuestos de la vida y la muerte. El beneficio del sacrificio es individual; el sacrificante se identifica con Prajāpati y asimila la muerte. Ergo, el sacrificante puede alcanzar la inmortalidad. De la individualización a la interiorización del ritual hay sólo un pequeño paso. Por resumirlo de alguna manera, algunos sabios entendieron que el verdadero acto sacrificial tenía que darse en el interior de cada ser, con el fuego de la meditación, el ascetismo y el estudio. El culto al fuego (*agnihotra*) fue substituido por el sacrificio de los fuegos internos (*prāṇāgnihotra*).[22] Ya no se trataba de exorcizar el caos, divinizar la existencia o ritualizar la crueldad, como en el sacrificio público antiguo, sino de interrogarse acerca de la trascendencia de uno mismo. Es la irrupción de la vía del conocimiento (*jñāna-mārga*).

En este espíritu se codificaron muchas de las *Upaniṣads*, la última porción del *Veda*. El acento se deslizó del ritualismo al misticismo, de la actividad externa (*pravṛitti*) a la introspección (*nivṛitti*); hasta el punto de que algunos grupos brahmánicos, o algunos grupos que participaban de este espíritu más gnóstico, acabaron formando movimientos espirituales paralelos. No se trataba tanto de disidencias como de órdenes o fraternidades con centros de interés distintos. Algunas eran muy marginales, pero otras interferían de pleno con el grueso de la tradición védica. En el siguiente capítulo veremos como no puede trazarse una divisoria entre grupos brahmánicos y anti-brahmánicos. Y menos aún, tratar de calificar a las enseñanzas upanishádicas como una ruptura con la ideología de los textos *Brāhmaṇas* –la porción ritualista del *Veda*–. Aunque la percepción es distinta, las *Upaniṣads* mantienen todos los símbolos y prolongan la misma ideología del ritual sacrificial. Aquel que conoce las equivalencias subsume en sí mismo el universo y realiza interiormente el sacrificio sin necesidad de intervención exterior. Esto es el sacrificio del espíritu (*ātma-yajña*).[23] El dualismo del sacrificio es trascendido. El sacrificante y el oficiante son uno mismo, el dador y el receptor uno mismo, el mundo y la trascendencia son uno. De ahí que la mayoría de místicos fueran *brāhmaṇas*, independizados completamente de los lazos que gobiernan el mundo. Su pureza es absoluta, pues ya no dependen del intercambio en el sacrificio ni de los lazos de la vida-en-el-mundo. La institución de la renuncia comienza a dibujarse.

La búsqueda upanishádica debió realizarse al margen del grupo social, en las afueras del poblado, en el bosque (*āraṇya*); un lugar de amenaza permanente para la sociedad ordenada ritualmente, pero un espacio de posibilidades ilimitadas. El sabio que se había retirado al bosque conocía perfectamente que según la ideología brahmánica existe un rito para cada fin. Quien desee prosperidad, quien quiera descendencia, quien anhele un reino en paz, quien persiga una vida celestial en el más allá... deberá realizar el rito prescrito. Cada rito tiene su efecto específico. El asceta llevó esta realidad, que conocía bien, hasta sus últimas consecuencias. Toda acción ritual (*karma*), y cualquier acción (*kriyā, karma*) de mente, habla o pensamiento, siempre comportaría un resultado, un fruto, y es la unión entre la acción y su fruto lo que forma una vida individual y alimenta el mundo de la continuidad (*saṃsāra*). La teoría del *karma* estaba siendo proclamada. Y quedaba claro, por tanto, que el sacrificio védico no hacía más que hundir al ser humano en el ciclo kármico de causa-y-efecto.

Pero, ¿qué era lo que transmigraba? Las *Upaniṣads* más antiguas hablan del individuo como un *continuum* mental y material. El individuo es un nudo constituido por cinco alientos (*prāṇas*): respiración, habla, cara, oídos y mente. No hay separación ontológica entre una esfera material y otra de pensamiento. Cuando el ser muere la conexión de los *prāṇas* queda desencajada. Pero una existencia *postmortem* es posible cuando nuevamente los cinco factores o alientos se conjuntan por el poder del *karma*. El profesor Stcherbatsky pensaba que la sofisticada teoría budista de los cinco factores de la personalidad (*skandhas*) podría ser un desarrollo de esta vieja teoría de los cinco alientos.[24] En las *Upaniṣads* intermedias se constata una separación entre el *continuum* mente-materia con una esfera incualificable (*nirguṇa*) de pura conciencia. Los sabios llegaron finalmente a la lógica conclusión de que en todo ser existía *algo*, una conciencia o espíritu inmaterial (*ātman, puruṣa, jīva*) o una porción de la divinidad (*jīvātman*), por darle algún nombre, que trascendía la muerte, la finitud y lo contingente. Pero ya que todo acto perpetuaba el cosmos y el individuo, quedaba claro que toda acción resultaría también en una perpetuación o transmigración de esa porción de lo divino. La acción arrastra al espíritu al mundo de la contingencia y la continuidad.

Coherentemente, esta mística empezó a cuestionar la religión como mero cumplimiento de deberes y prescripciones rituales. El *quid* ya no era ordenarse en el tejido social cumpliendo los ritos, sino lo contrario: abandonar cualquier lazo social –aldea, casta, familia, ritual, cultura– para centrarse en lo divino inmanente, de modo que *ello* no volviera nunca más al mundo de las transmigraciones. De lo que se trataba era de indagar en las profundidades del espíritu (*ātman*), lo divino inmanente. La ciencia del sacrificio dio paso a la ciencia del conocimiento de *brahman*. En vez de hablar del fuego (*agni*) del altar sacrificial que nos comunica con los dioses, estos sabios hablaban del ardor espiritual (*tapas*) que purifica internamente y nos conduce a lo incondicionado. La idea de la liberación (*mokṣa*) estaba siendo desvelada. Como es lógico, la espiritualidad de las *Upaniṣads* y de los distintos movimientos de místicos se desplazó del cabeza de familia (*gṛihastha*) al renunciante (*samnyāsin*): aquel que ha renunciado a su posición en la sociedad y al beneficio de los ritos. *Grosso modo*, dos corrientes de indagación se abrieron paso.

Una tradición brahmánica –la que daría luz a la importante escuela llamada Vedānta Advaita– llegó a la impresionante conclusión de que el espíritu (*ātman*) y lo Absoluto (*brahman*) eran idénticos. No hay dualidad (*advaita*). Cuando, gracias al verdadero conocimiento (*vidyā, jñāna*), la meditación (*dhyāna*) y el ascetismo (*yoga, tapas*), se aprehende el primer principio (*ātman*), se aprehende a la vez el principio último (*brahman*). Y esa percatación, existencialmente interiorizada, consistía en la liberación (*mokṣa*) de cualquier tipo de continuidad en el mundo del *saṃsāra*. Porque, ¿cómo va a encarnar alguien que ha aprehendido, a todos los niveles del ser (*sat*), que no hay otro que el Ser (*sat*)? El mundo de la multiplicidad y la objetividad de lo material se disuelven; realizada la identidad *ātman/brahman* el mundo resulta una ilusión (*māyā*).

Una segunda línea de indagación –la que daría luz a la escuela llamada Sāṃkhya– postulaba una diferencia fundamental entre el mundo material y objetivo (*prakṛiti*) y el espíritu que es conciencia pura (*puruṣa*). A través del verdadero conocimiento (*vidyā, jñāna*), logrado por el discernimiento (*sāṃkhya*) y el *yoga*, la pura conciencia es realizada en su total desconexión con lo material. La liberación consistía en la solitud final (*kaivalya*), una vez la conciencia pura ha sido separada de cualquier contenido, separada de lo material o lo contingente. Porque, ¿cómo va a encarnar el espíritu que coincide con sí-mismo? El mundo de la multiplicidad es un mero escenario para que esta solitud pueda llegar a realizarse.

Como se observará, las posiciones brahmánicas ante la naturaleza del espíritu o la conciencia pura (*ātman, puruṣa*) son prácticamente idénticas. La diferencia estriba en su interpretación del mundo material. Para el Vedānta todo lo que no sea la unicidad es ilusorio. Para el Sāṃkhya, en cambio, el mundo es real. Como veremos, el jainismo se decantará claramente por la línea de pensamiento promulgada por el Sāṃkhya. Y quién sabe si no la precedió.

## LOS RENUNCIANTES BRAHMÁNICOS

A finales de la época védica muchos *brāhmaṇas* –aunque también miembros de otras clases nobles– optaron por alejarse de la religión centrada en los rituales. Se convirtieron en lo que la literatura de la época llamó ermitaños (*vānaprasthins*), itinerantes (*parivrājakas*) y, algo más tarde, renunciantes (*saṃnyāsins*). Posiblemente, desde siempre habrían existido yoguis constituidos en órdenes religiosas. El *Ṛig-veda*, una colección muy anterior a las *Upaniṣads*, ya mencionaba a un enigmático silencioso (*muni*) o desgreñado (*keśīn*), que marchaba errabundo por los senderos desiertos, dotado de poderes sobrenaturales (*siddhis*), con los que podía ascender por los aires y conversar con los dioses.[25] Nos hallamos, seguramente, ante el predecesor del renunciante shivaísta. Otro texto antiguo, el *Atharva-veda*, se explaya en una fraternidad de místicos bastante extravagante, los *vrātyas*,[26] al parecer muy numerosos en Magadha. Volveremos sobre estos proto-renunciantes.

El caso es que, paulatinamente, la tradición brahmánica recogió en su formulación clásica cuatro estadios ideales (*āśramas*) en la vida de todo miembro de las tres clases superiores: 1) el estudio y aprendizaje del *Veda*; 2) el estadio del cabeza de familia que lleva a cabo el ritual doméstico y sostiene la sociedad; 3) el del ermitaño que se retira al bosque para interiorizar el ritual; y 4) el estadio de la renuncia total, cuando el ermitaño deja de llevar a cabo el ritual y se dedica a mendigar por todo el país, concentrado en la búsqueda de la liberación (*mokṣa, mukti*). Con esta hábil formulación, todas las expresiones religiosas del *Veda* quedaban perfectamente hilvanadas. Este modelo teórico e ideal sigue vigente en el hinduismo. Está claro, como ha dicho Brian Smith, que el *Veda* nunca murió, sino que transmigró a diferentes cuerpos.[27]

Los textos brahmánicos, budistas y jainistas mencionan a muchos tipos de ermitaños y renunciantes de orientación védico/místico/ascética. Sabemos de reputados sofistas itinerantes (*parivrājakas*), que eran expertos en el *Veda* y las ramas auxiliares. Pasaban el tiempo entre sus retiros (*āśramas*) y las ciudades participando en debates y exponiendo sus doctrinas. Seguramente éstos fueron los maestros *śrotriyas* que compilaron muchas de las enseñanzas de las *Upaniṣads* y contribuyeron enormemente al desarrollo de ciencias como la gramática, la ética, la historia o la filosofía brahmánicas.

Pero también tenemos a grupúsculos más excéntricos, herederos de los *keśīns* y *vrātyas*. Por ejemplo, los *disāpokkhīs*, de los que había muchos tipos. Al parecer santificaban todo lugar por donde pasaban vertiendo un poco de agua y recogiendo flores y frutas.[28] Y sabemos de múltiples clases de *tāvasas*, que se dedicaban a la meditación en lo más profundo de las junglas, compaginándola con el ascetismo o con el estudio. Algunos renunciantes eran ciertamente raros, como los llamados *carakas*, que no cesaban de moverse, incluso cuando comían. Y todavía más peculiares los que se comportaban como vacas (*govvaias*), quienes para identificarse plenamente con su divina naturaleza bovina seguían en todo momento a una vaca; sólo comían hierba y hojas. También tenemos a los mendicantes llamados *paṇḍuraṅga*, que se rociaban de cenizas, muy al estilo de los shivaístas (śaivas) de tiempos posteriores. Luego había los de cabellos en tirabuzones (*jaṭilas*), como los hermanos Kāśyapa, que serían famosos seguidores del Buddha. Y se habla también de itinerantes expertos en las distintas corrientes filosóficas, como los sāṃkhyas, los yogins, los kapilas o los paramahaṁsas. En fin, entramos de lleno en el universo de las órdenes y fraternidades místicas de la antigüedad. Un paso más, y la autoridad del *Veda* y los *brāhmaṇas* será trascendida.

# 7. LA TRADICIÓN SHRAMÁNICA

## LOS *ŚRAMAṆAS*

En el capítulo anterior hemos visto cómo el interés del vedismo se desplazó del ritualismo al misticismo y una sección del brahmanismo comenzó a gravitar alrededor de órdenes de renunciantes y místicos de diversa índole. No estaban solos. Una serie particular de grupos estaba compuesta por un tipo de gentes que los textos denominaron esforzados (*śramaṇas*). Este calificativo poseía el genérico de "asceta", de alguien entregado al *yoga* o práctica espiritual y que había abandonado su rol social. Este concepto siempre se utilizaba, y esto es lo importante, en referencia a grupos *no-brahmánicos*.

Cuando el famoso embajador griego Megástenes visitó la corte del emperador Maurya Candragupta, hacia el -300, ya dividió a los filósofos hindúes en dos grupos, los *brachmanes* y los *sarmanes*.[1] Ello muestra que algunos movimientos habían tomado conciencia de su originalidad y no se incluían entre los *brāhmaṇas*. Los pilares de Aśoka lo corroboran. La mística india pre-islámica puede dividirse en estos dos grandes bloques: el brahmánico y el shramánico. A este segundo es al que ahora debemos dirigir la mirada.

*Śramaṇas* podían ser ciertos mendicantes (*bhikṣus*), ascetas (*tāpasas*), yoguis (*yogins*), renunciantes (*saṃnyāsins*), desligados (*nirgranthas*), excelentes (*sādhus*), silenciosos (*munis*)... En todos los casos se trataba de gente que se había alejado del poblado (*grāma*) y, en el espacio ilimitado del bosque (*araṇya*), se dedicaba a experimentar y *buscar* por su cuenta o en pequeños grupos al margen de la religión pública de los *brāhmaṇas*.

## LA RENUNCIA

El signo más distintivo de estos *śramaṇas* era su renuncia (*samnyāsa*) e indiferencia (*vairāgya*) a las cosas del mundo. Para todos ellos, y seguramente para los nirgranthas –futuros jainistas– más que todos, la renuncia no era el camino a la perfección, sino que, como ha dicho Raimon Panikkar, la renuncia en sí misma constituye la perfección.[2]

Si, como ya intuyeron los sabios upanishádicos, toda acción portaba a un nuevo renacimiento, lo propio sería no actuar. De hecho, la idea de la plena inacción no fue desconocida para algunos *śramaṇas*, y en bastantes aspectos el jainismo no está lejos de esta posición radical.[3] No obstante, la asunción fundamental era que se trataba de la *acción social y ritual* la que llevaba al encadenamiento de renacimientos. Si, como vimos, los ritos formaban el sostén del universo y la continuidad de la vida individual, a lo que en verdad habría que renunciar sería al ritual doméstico –familiar, social–, lo mismo que al público –social, cósmico–. La solución: renunciar a la existencia como cabeza de familia que se pasa la vida cumpliendo deberes rituales. Con el ojo puesto explícitamente en las deudas (*ṛiṇas*) del brahmanismo [véase pág. 109], el *Uttarādhyayana-sūtra* jainista reniega del ritual brahmánico:

> «El estudio de los *Vedas* no te salvará.
> Alimentar a los *brāhmaṇas* te llevará de la oscuridad a la oscuridad,
> y el nacimiento de hijos no te liberará.»[4]

## EL ORIGEN DE LA RENUNCIA

El modelo de estos esforzados tal vez fuera el renunciante brahmánico; por ejemplo, el reputado *śrotriya* convertido en eremita (*parivrājaka*). Hermann Jacobi desprende que los ascetas de casta no brahmánica habrían sido considerados como una orden inferior y separada de los ascetas *brāhmaṇas*. Quizá los ermitaños no-*brāhmaṇas* condujeran a la formación de sectas inclinadas a la disidencia.[5] Jacobi deduce que serían estos ascetas los más susceptibles de dar el paso de dejar de recitar las letanías e himnos sagrados y romper con la tradición védica. De opinión similar era Shantaram Deo, para quien el movimiento shramánico jainista consistió en una adaptación de formas de renuncia y ascetismo brahmánicas.[6]

Por otro lado, hoy cada vez más investigadores sostienen que los grupos de *śramaṇas*, inequívocamente *todos* renunciantes, anteceden incluso a la institucionalización védica de la renuncia. Puede ser que el estadio védico del renunciante no fuera sino una adopción u homologación de una práctica de renuncia iniciada por yoguis de origen no-védico o bastante "descarriados", pero una práctica que habría adquirido prestigio. Así, los *śramaṇas* podrían ser tanto chamanes aborígenes, sofistas, o miembros de órdenes como los *vrātyas*, los *keśīns* o los *munis*, esto es, los extáticos citados en el capítulo anterior, que eran bastante marginales a la cultura védica primitiva y seguían prácticas espirituales de tipo yóguico-ascético. Sabemos que los *vrātyas* hablaban lenguas prácritas, no estudiaban el *Veda* ni seguían las reglas y ritos brahmánicos que regulaban el orden de la vida. Para algunos, estos misteriosos *vrātyas* representan a los antiguos jainistas.[7] Para otros, denotarían el inicio de la espiritualidad devocional de adoración a Rudra-Śiva.[8]

El hecho de que estas órdenes más o menos heterodoxas, a las que habría que sumar escuelas anti-ritualistas dentro de la propia tradición védica, se desarrollaran en zonas urbanas de Magadha, apunta tal vez hacia una religiosidad prácrita o magadhi diferenciada de la sánscrita o védica.[9] Es también posible, como piensa Patrick Olivelle, que la institución de la renuncia fuera un desarrollo fundamentalmente urbano. Atañería tanto a *brāhmaṇas* como a *śramaṇas* abiertos a las nuevas ideas gestadas en las urbes.[10] Y hasta es posible que existiera un cierto componente de protesta *kṣatriya*, un sentimiento anti-brahmánico frente a una clase sacerdotal degenerada.[11] Para Appaswami Chakravarti, los *jinas* representan claramente a los heréticos *kṣatriyas* mencionados por la literatura védica. Estos *kṣatriyas* habrían sido los promotores del conocimiento del espíritu (*ātma-vidyā*) de las *Upaniṣads*, del jainismo y del budismo, unas enseñanzas anti-ritualistas que luego sabios como el *brāhmaṇa* Yājñavalkya incorporaron al brahmanismo *mainstream*.[12] Empero, estos razonamientos no deberían llevarse demasiado lejos. Jan Heesterman ya mostró que la institución de la renuncia no puede concebirse como una revuelta anti-brahmánica, pues, como anotamos, estaba ya implícita en el pensamiento ritual védico.[13] Y, en cualquier caso, la supuesta reacción no se habría efectuado en el interior del orden social, como ha visto Louis Dumont, sino a través de la renuncia; por tanto, a un nivel que trasciende la sociedad.[14] Volvemos al punto de partida.

En realidad, da lo mismo si la institución de la renuncia es védica o no-védica. En estas cuestiones no existen fronteras. Hay toda suerte de continuidad entre el *centro* brahmánico, ortodoxo y védico, y una *periferia* menos brahmanizada, más heterodoxa y abierta a la disidencia. Nunca hubieron límites claros que definieran lo védico de lo no-védico y sería un error dicotomizar la sociedad india en términos de adhesiones doctrinales.

Lo cierto es que la institución de la renuncia fue ganando tanto prestigio que no sólo muchos *brāhmaṇas* se pasaron a los movimientos de *śramaṇas*, sino que todos sus valores –desapego, no-violencia, meditación, *yoga*, etc.– fueron compartidos por la alta espiritualidad india. Con la apropiación de la renuncia el *brāhmaṇa* aportará esos valores a la vida-en-el-mundo de los hombres y mujeres de la sociedad. Esa síntesis habrá de fructificar en el hinduismo. Pero eso ya es otra cuestión. Lo importante a retener es que los movimientos de *śramaṇas* no fueron necesariamente una reacción contra el vedismo. En todo caso, lo fueron ante el monopolio espiritual por parte de ciertos *brāhmaṇas* y su excesivo ritualismo.

Es posible que en la institución de este modelo de vida errabunda jugaran factores sociales. Dado que el renunciante trastoca los valores, las identidades y los deberes de casta, en ciertos casos, unirse a un grupo religioso podría representar la única forma legítima de disidencia de las obligaciones del *dharma* brahmánico. Como ha escrito Romila Thapar, la multiplicidad de renunciantes en la India no siempre debe explicarse en términos de aspiraciones ultramundanas.[15] La cosa no acaba aquí. Habría que añadir las guerras entre los reinos del llano del Ganges. De hecho, las agrupaciones de renunciantes jainistas y budistas tomaron por nombres asamblea (*saṃgha*) y tropa (*gaṇa*), unos términos que en los textos védicos antiguos se empleaban para denominar a las fraternidades militares indoarias. Si a esto añadimos los códigos monásticos estrictos y los requisitos de salud física, quizá pueda pensarse en algún grado de continuidad con estas antiguas fraternidades de guerreros, tal y como sostiene Paul Dundas.[16] La simbología marcial juega un papel destacado en el jainismo. El asceta es el héroe (*vīra*), el vencedor (*jina*) que conquista al enemigo: el *karma* y el ego. Se dice que la recta visión es su fortaleza, la austeridad y el autocontrol el cerrojo de las murallas, la paciencia el torreón... y con las armas del ascetismo, la veracidad o el cuidado, vencerá en la batalla y se librará del ciclo de renacimientos.[17] Esta simbología marcial ha dado al jainismo su propio nombre: la vía de los seguidores de los vencedores (*jinas*). Esto explicaría también por qué los círculos guerreros y aristocráticos se asociaron desde los inicios a los movimientos shramánicos. Es posible, empero, que la figura del guerrero religioso que conquista el *karma* y la muerte sea una transformación del mito védico de Indra –el rey de los dioses, el guerrero por antonomasia– venciendo al dragón Vṛitra, el mito central del *Ṛig-veda*.[18] Una nueva razón para no alzar barreras demasiado estrictas.

## EL GRUPO RELIGIOSO

Un rasgo característico de los movimientos de *śramaṇas* fue la institución de órdenes religiosas, generalmente abiertas a todo tipo de individuos. El renunciante cortaba con su inmersión ritual en el mundo, con su nombre, con su origen socioespiritual, con su casta, con su familia. Pasaba a formar parte de una sociedad paralela, una fraternidad alternativa con sus rasgos y símbolos distintivos, sus reglas de conducta, sus prácticas espirituales o sus dietas. La vida de los iniciados no seguía ningún programa ritual sino un código ético, fundamentado en los principios de la no-violencia y la no-posesión de bienes. En suma, la renuncia produjo un tipo de grupo social vital en la India: el grupo religioso, la secta (*saṃpradāya, panth*). A diferencia de la sociedad ritual, que se perpetúa a través del linaje y la casta, la sociedad monástica de renunciantes se reproduce vía la iniciación (*dīkṣā*). Empero, la disidencia nunca fue tan extrema como para que se rompieran los lazos con la sociedad. Repito, con Louis Dumont, que salirse de la sociedad significaba renunciar al rol que ésta atribuye al ser humano, pero en modo alguno quiere decir cesar de tener ninguna relación con los miembros de la sociedad.[19] No sólo muchos de estos renunciantes "regresaron" al mundo, bien que libres de ataduras, para exponer sus doctrinas y caminos de salvación, sino que desde siempre los maestros han mantenido vínculos estrechos con la sociedad. Además, las fraternidades y organizaciones eran mantenidas materialmente por los cabezas de familia, por lo que la interacción era –y sigue siendo– diaria. Dado que el renunciante –brahmánico o shramánico– es aquel que se ha independizado completamente del sacrificio y la sociedad, reside en la esfera de la pureza absoluta. De ahí que, en la India, a todo renunciante se le considere una fuente de mérito. Él puede aceptar las donaciones de alimentos de los demás sin contaminar su pureza, siempre y cuando, y esto es clave, mantenga su independencia y ecuanimidad y no se entrometa en los asuntos mundanales.

## IGNORANCIA + ACCIÓN = TRANSMIGRACIÓN

La mayoría de sabios de la época aceptaba ciertas premisas básicas. Volvemos al esquema axiomático que ya anotamos en la Introducción.

Existe una entidad más allá de la *persona* que podemos denominar espíritu (*puruṣa, jīva, ātman*) o conciencia (*caitanya, vijñāna*). Esta dimensión profunda del ser es prístina, pero debido a la nesciencia (*avidyā, moha, mithyādṛiṣṭi*), es decir, a la ignorancia de su existencia, el ser humano no cesa de actuar (*karma, kriyā*) movido por el deseo (*kāma, tṛiṣṇa, icchā*) material y corporal. No es el espíritu quien actúa, es su revestimiento ignorante: el ego, el cuerpo, la mente. Y toda acción (*karma*) porta su fruto (*phala*) que nos devuelve una y otra vez a una nueva vida (*saṃsāra*). El origen de esta nesciencia es desconocido –lo mismo que el de la asociación entre el espíritu y el ego/cuerpo–, pero es un hecho, pues la vida en el ciclo de existencias se caracteriza por la insatisfacción, la alienación, la contingencia y el sufrimiento (*duḥkha*). Incluso la búsqueda de la emancipación es *duḥkha*. El axioma es idéntico al de los sabios brahmánicos.

Para la India el "pecado" capital, salvando distancias, es la ignorancia. La ignorancia es la mente atrapada en una visión dual del entorno, que considera que "mi" mente es una conciencia separada de los objetos. La identificación ilusoria con "mi" mente y "mis" sensaciones produce el apego por los objetos, que a su vez causa el deseo –la violencia, el odio, la negligencia, la codicia–. Todo ello distorsiona la vida emocional. Resultado: *duḥkha*.

Por fortuna, todos los movimientos de renunciantes coincidían en que el desconocimiento y la atadura podían eliminarse gracias al esfuerzo y/o la gnôsis. La destrucción de la ignorancia liberará la acción de todo lastre, pues quien actúa con conocimiento ya no será un individuo, sino que sólo existirá una conciencia pura, desligada de lo material. Si no hay individuo, si no hay ego, no existe volición, deseo ni apego. Cualquier actividad será kármicamente neutra, pues sólo existe un *testigo*, desidentificado de cualquier acción, *transpersonal*.

De una forma u otra, estos *śramaṇas* buscaban dominar el *karma*, el motor de la rueda de transmigraciones, porque detener el ciclo representaba la liberación de la atadura (*bandha*), esto es, de la condición de insatisfacción humana y el renacimiento. En resumen, el problema sería:

| | | | |
|---|---|---|---|
| Ignorancia + | deseo | = acción apegada | > transmigración |
| (*avidyā*) | (*rāga*) | (*apuṇya-karma*) | (*saṃsāra*) |

La salida:

| | | | |
|---|---|---|---|
| Discriminación + | desapego | = acción meritoria > | liberación |
| (*viveka*) | (*aparigraha*) | (*puṇya-karma*) | (*kaivalya*) |

La meta equivaldría a restaurar las facultades oscurecidas por la actividad egoica y sin conocimiento; es decir, restituir el espíritu en su estado innato. Eso es lo que la India ha llamado *iluminación*: la forma no-dual de experimentar el mundo, donde no hay distinción entre el conocedor y lo conocido, donde únicamente la conciencia pura, el *jīva*, *es*. La realización de esta modalidad de experiencia, radicalmente distinta a la habitual, ha sido llamada aislamiento (*kaivalya*), extinción (*nirvāṇa*), emancipación (*mokṣa*) o liberación (*mukti*). La civilización india ha distinguido siempre entre la felicidad mundanal y la felicidad espiritual. Salvo el materialismo indio, todos los movimientos de renunciantes apuntaron hacia el segundo tipo de felicidad. Esta meta, desconocida para la religiosidad activista, ritualista y social del vedismo clásico, fue una aportación revolucionaria, en términos de historia de las religiones.

La idea del *karma-saṃsāra*, tal y como la esbozaron los *śramaṇas*, es compleja. Implica que existe una entidad –el espíritu– que *parece* que actúa, pero que es distinto del cuerpo, que no es otra cosa que el resultado labrado por acciones pasadas y es el verdadero agente de la acción. El *karma* es simplemente el nexo entre cuerpo y espíritu, entre una encarnación y otra, pues la acción retribuye vía la reencarnación corporal. Como sabemos, no hay intervención divina. En consecuencia, muchos de estos grupos desarrollaron una actitud claramente ateísta y un tipo de dualismo entre el espíritu (*jīva, puruṣa, ātman*) y la materia (*prakṛiti, ajīva*). Discernir entre el espíritu y la materia, ése es el remedio contra la ignorancia. Esto es algo muy palpable en la filosofía jainista, el Sāṃkhya y el Yoga.

Asimismo, esta noción de *karma* es ontológicamente –no psicológicamente– individualista, pues considera que todo ser, toda mónada espiritual, está separada del resto. Así lo expresa el *Sūtrakṛitāṅga* jainista:

> «El hombre nace individualmente; individualmente muere; individualmente cae [a este estado de existencia], individualmente alcanza [otro estado]. Sus pasiones, su conciencia, su intelecto, sus percepciones e impresiones pertenecen exclusivamente al individuo.»[20]

Dice el jainismo que hay tantos espíritus (*jīvas*) como seres vivos (*jīvas*). Idealmente no hay conexión entre un espíritu y otro. Es únicamente en el estado de atadura en el mundo del *saṃsāra* que los espíritus encarnados se encuentran e interaccionan entre sí. De ahí que de lo que se trate sea de alcanzar la solitud o unicidad (*kaivalya*). Nuevamente el *Sūtrakṛitāṅga*:

«Intenta darte cuenta de que eres único y estás solo. Por ello obtendrás la liberación.»[21]

Y con el punto de mira puesto en la gran sentencia (*mahāvākya*) upanishádica que dice «Tu eres Eso» (*Tat tvam asi*),[22] el texto más antiguo del jainismo afirma: «Yo soy Yo».[23] Sólo aquel que se da cuenta de que es el espíritu –no un abstracto Absoluto–, y nada más que el espíritu-que-es-conciencia, es el verdadero *śramaṇa*.

## LA VÍA

Para purificar el espíritu y liberarlo de la rueda del tiempo había que renunciar no sólo al ritual y a la condición social, sino que había que realizar un sacrificio mayor: el del ego; o sea, el mundo de los apegos, deseos y lazos. ¿Cómo podría uno alcanzar el estado del *testigo* apegado a las cosas?[24] Hasta que la *persona* no sea desenmascarada, su atención está fijada únicamente en lo material, lo mundanal; en otras palabras, en lo que *no es* el espíritu. Éste es el gran desconocimiento. Y porque no nos percatamos de lo verdaderamente esencial, actuamos. Sólo sacrificando el apego, sólo desenmascarando al ego uno puede coincidir con el espíritu (*jīva*, *ātman*). De ahí la urgencia en la renuncia. Y por ello la cierta continuidad con la ideología védica. No se trataba, como Jan Heesterman ha visto, de afirmar o rechazar el sacrificio védico, sino en determinar cuál era el verdadero sacrificio.[25] Los *śramaṇas* y los *brāhmaṇas* gnósticos de las *Upaniṣads*, todos llegaron a la conclusión de que el verdadero sacrificio se daba en el interior. El rito exotérico no puede resolver el problema del sufrimiento, contingencia y alienación humanas. Sólo un sacrificio superior, la vía de la purificación interior, podría descondicionarnos.

Las fórmulas apreciadas para purificar el espíritu eran variadas. Además de la desposesión (*aparigraha*), se valoraba la potencia espiritual y el carácter renunciatorio de la castidad (*brahmacarya*) más la conciencia de que todo ser *es* espíritu y, por tanto, no debe ser violentado (*ahiṃsā*). El *śramaṇa* Mahāvīra, por ejemplo, estableció cinco grandes votos que todo asceta nirgrantha debería cumplir: 1) no matar; 2) no mentir; 3) no robar; 4) no tener propiedades; y 5) no tener relaciones sexuales. Como el trabajo de Kamala Jain ha mostrado, estos cinco grandes votos del jainismo (*pañca-mahāvratas*), las cinco restricciones del Yoga (*pañca-yamas*)[26] y las cinco virtudes del budismo (*pañca-śīlas*),[27] que son virtualmente idénticos, constituyen el fundamento de toda la ética y la moral indias.[28] Las encontramos asimismo en las doctrinas de las *Upaniṣads*.[29]

Las restricciones o votos no formaban solamente una ética, sino que se trataba de verdaderos agentes purificadores. Quien tomase estos votos de forma inquebrantable estaría combatiendo las acciones opuestas, precisamente los *karmas* que nos atan a este mundo: la violencia, la mentira, la codicia, el deseo material y el sensual. Si, como ya sabemos, toda acción deja un rastro que fructificará más tarde, la acción opuesta viene a hacer de purificador; la anula. La conducta ética llevada al límite de rigor, eso es lo que las tradiciones shramánicas llamaron ascetismo (*tapas*). Profundicemos algo más en este concepto clave. ¿De dónde surge este *tapas*?

Para la India, el medio para desprenderse de la prisión egoico-corporal ha sido y sigue siendo el ascetismo. Desde tiempos prehistóricos los indios han considerado que las prácticas ascéticas generan tal ardor espiritual (*tapas*) que el practicante es capaz de *quemar* literalmente sus pasiones y apegos. Mircea Eliade relaciona el *tapas* con las técnicas chamánicas de maestría del fuego.[30] Por extensión, a la práctica ascética que genera el ardor espiritual también se la denominó *tapas* y al asceta, *tāpasa*. En otras corrientes estos términos serían substituidos por los de *yoga* y *yogin*, pero el jainismo se ha mantenido fiel a su origen shramánico y sigue empleándolos de forma común.

La ideología védico-brahmánica también postulaba que el demiurgo Prajāpati creó el mundo calentándose de forma tremenda mediante el ascetismo.[31] El *Ṛig-veda* afirma que Indra ganó el cielo con el fervor (*tapas*).[32] La fase de estudio y aprendizaje del *Veda* implicaba también la austeridad ascética. Sacrificio y *tapas* son homologables. Al interiorizar el sacrificio, el asceta canaliza la violencia sacrificial sobre sí mismo. Toda penitencia, toda privación, el hecho de ser él mismo la oblación sacrificial, hacen que el asceta acumule un poder espiritual impresionante. El sacrificio interiorizado convierte al asceta en un ser poderosísimo, requerido y temido por los propios reyes. Es más, la *Taittirīya-upaniṣad* decía que mediante el *tapas* debía conocerse lo Absoluto. *Brahman* es *tapas*.[33] Por tanto, ya el *Veda* asumía plenamente la importancia del *tapas*.

Este recalentamiento o fervor espiritual se producía mediante técnicas del estilo de la retención del aliento, la ingestión de substancias embriagantes, la permanencia junto al fuego, la exposición al Sol, etc. En el caso de los jainistas, la práctica más frecuente era y sigue siendo el ayuno. Empero, como decía más atrás, la forma de vida del asceta guiada por los cinco votos o restricciones, es un acto de *tapas*. El ascetismo jainista no remite a prácticas excéntricas y ordálicas, sino al cuidado, el control, la recitud, el esfuerzo (*śrama*) en toda actividad. Dos ideas subyacen a todas estas prácticas: 1) trascender la condición egoico-corporal, para coincidir con lo espiritual; y 2) quemar literalmente las pasiones y apegos con el ardor espiritual generado por las penitencias y la estricta conducta.

Pero, este recalentamiento sería futil sin un control de la mente. Al *tapas* deberá sumar la práctica de la concentración (*dhyāna*) destinada a controlar la mente. De esta manera podrá alcanzar la absoluta ecuanimidad (*sāmāyika*). Práctica contemplativa y práctica ascética deben acompasarse.

Coherentemente, para los *śramaṇas* la autoridad espiritual no residía en los liturgistas profesionales sino en aquellos maestros que, cualificados espiritualmente, hubieran experimentado ellos mismos la senda que purificaba el espíritu y lo liberaba del estado de atadura y desconocimiento. El hombre perfecto, el *jina*, el *vīra*, el *buddha*, el *yogin*, el místico en su sentido universal, está por encima de cualquier sacerdote, pues coincide con sí mismo y posee la compasión y sabiduría sin límites del espíritu en estado puro. Es un ser sobrehumano, sobredivino, a quien no le afecta el placer o el dolor, el frío o el calor. No extrañará que alguien que ha trascendido la condición humana y la condición divina sea ensalzado de la forma como los jainistas alaban a sus *tīrthaṅkaras*, los budistas a sus *buddhas* y *bodhisattvas* o los yoguis a sus *yogins*. Por tanto, es la experiencia del sabio iluminado y su testimonio personal y no una revelación inmemorial quien define la autoridad religiosa. Este rasgo incide directamente en el carácter histórico de los movimientos shramánicos. La autenticidad espiritual depende de una tradición histórica y de la posibilidad de verificación personal.[34]

En suma, existe una corriente yóguico-ascética en la India que está más allá de toda filiación y se remonta a tiempos muy arcaicos. Más adelante fructificaría en las corrientes védico-brahmánicas del Sāṃkhya, el Yoga y el Vaiśeṣika, y en las corrientes shramánicas del jainismo y el budismo. Maestros como Kapila, Patañjali, Pārśva, Mahāvīra o el Buddha fueron sus mejores exponentes. Como muestran sus parecidos, en el pasado estos sistemas de pensamiento y de liberación no estaban tan claramente diferenciados como lo estuvieron con el paso de los siglos. Todos formaban parte de una viejísima cultura ascético-meditativa del Norte del continente.

En conjunto, la idea de *progreso* de la antigua India es claramente distinta de la del mundo moderno. No pasa por mejorar la sociedad –política, social, jurídica o tecnológicamente–, sino por alcanzar la sabiduría trascendental. Occidente ha invertido una enorme cantidad de energía en dominar la naturaleza y controlar la materia. El ser humano puede cambiar, dice Occidente, si se controla el entorno. La India, por su parte, ha invertido el mismo empeño y energía en la maestría de lo interior. Para los hindúes, la libertad es la búsqueda de uno mismo, en uno mismo. Sólo mejorando lo verdaderamente esencial puede progresar la sociedad. El énfasis se pone siempre en la iluminación personal, por delante de cualquier otra consideración social. No se trata de salvar la personalidad como de lograr la libertad absoluta –libertad que pasa por sacrificar la condición humana y la personalidad–. Esto no desemboca en un individualismo feroz, ya que las bases éticas de los movimientos hindúes –no-violencia, veracidad, no-robar, castidad y no-posesión– poseen unas repercusiones sociales inmensas. De hecho, se considera que quien infrinja los principios éticos es pernicioso para sí mismo y para la sociedad.[35] Todos los iluminados, místicos y santos de la India –desde Mahāvīra, Kabīr, Tukārāma o Gandhi– han insistido, con asombrosa unanimidad, que sin la búsqueda de esta libertad o santidad no existe cambio social posible.

# LAS DIFERENTES SOLUCIONES

Aquellos grupos de renunciantes que se alejaron definitivamente del *Veda* y no reconocieron la autoridad de los *brāhmaṇas* dieron lugar a las tradiciones religiosas heterodoxas o no-védicas de los *śramaṇas*. Otras corrientes, en cambio, acabaron por integrarse en el polimorfo brahmanismo; quizá nunca llegaron a escindirse del todo. Tal debió ser el caso de la importantísima escuela Sāṃkhya y de las corrientes que luego cuajarían en la filosofía Yoga. Sea como fuere, a partir del nacimiento de las vías heterodoxas, la religiosidad india acabó por escindirse en dos grandes sensibilidades: la corriente védico-brahmánica, que lentamente se transformará en el llamado hinduismo, y la corriente shramánica, que dio a luz al budismo o al jainismo.

Dentro del consenso general acerca del axioma básico, entre los *śramaṇas* se daban fuertes disputas y disensiones: ¿cuál es la causa última del *saṃsāra*?, ¿la acción, el deseo, la ignorancia?, ¿qué es lo que genera *karma*?, ¿cuáles son las mejores formas de evitar las consecuencias de la acción?, ¿qué es la liberación?, ¿quién o qué es lo que se libera?[36] Las respuestas a este tipo de cuestiones eran variadas. Cada respuesta daría lugar a una doctrina y forma de *yoga* diferente. De ahí la constante hindú de que se den tantas modalidades para alcanzar la liberación como sendas espirituales (*yogas, mārgas*) existan.

De entre los múltiples grupos que se mencionan en los textos unos seis o siete debieron rivalizar desde una cierta posición de fuerza. A sus maestros se los califica literalmente de líderes de una orden, bien conocidos, famosos, fundadores de un grupo religioso, respetados por su santidad, itinerantes y ancianos.[37] Aunque en los textos parecen afiliarse a movimientos bien delimitados, está claro que muchas de sus ideas transitaron de un grupo a otro, o fueron compartidas por todos. Los *Sūtras* budistas y jainistas no cesan de hablarnos de "conversos" de una tradición a otra. El Buddha llegó a instaurar reglas especiales para la admisión de seguidores del Nigaṇṭa Nātaputta (Mahāvīra) en su comunidad, lo que muestra que un número importante de nirgranthas entró a formar parte de la orden budista.[38] Estos trasvases no harían sino aproximar ideas y prácticas. Baste comparar sus diagnósticos de la situación de atadura, su lógica dialéctica, su ética, su cosmología o sus formas de meditación. Si bien con el tiempo las diferencias se acentuarían, es un hecho que los *Sūtras* budistas y jainistas a veces tomaban erróneamente a *śramaṇas* o determinadas prácticas de un grupo como relativas a una orden equivocada. Pienso que es interesante repasar algunas de las posiciones shramánicas, pues forman el segundo telón de fondo –después del brahmanismo védico– frente al cual se reflejará el jainismo.

## LOS ETERNALISTAS

Uno de los *śramaṇas* más respetados de la época fue Pūraṇa Kāśyapa. Su posición fundamental era la de la teoría de la no-acción (*akriyāvāda*) y la no-causación. Para Pūraṇa ninguna acción portaba mérito o demérito. Ni los sacrificios védicos, ni el control de los sentidos, ni la veracidad, ni las donaciones, ni nada resultaba en una mejora del alma. El espíritu es algo absolutamente pasivo y ninguna acción podría afectarlo. Esta perspectiva está a caballo entre el nihilismo y el fatalismo, pero también resuena familiarmente vedántica.

Otro contemporáneo de Mahāvīra fue Kakuda Kātyāyana, también muy considerado por la gente de su tiempo. Como Pūraṇa, sostenía que el espíritu no actua ni sufre modificación alguna. Kailash Jain ha notado que, siendo Kakuda y Pūraṇa *brāhmaṇas* por nacimiento, estarían bien versados en las especulaciones upanishádicas y negarían de forma radical que el espíritu pudiera verse alterado por los actos.[39] Cuando Mahāvīra y el Buddha se referían a los "eternalistas", tenían en mente la doctrina de Kakuda.

## LOS MATERIALISTAS

Uno de los maestros más polémicos e influyentes entre los *śramaṇas* fue Ajita Keśakambala, el principal exponente del materialismo indio (Cārvāka, Lokāyata). Históricamente, en la India, la corriente materialista ha sido sinónimo de anatema, el blanco de todas las críticas, recibidas por todos los flancos.

Generalizando mucho, podemos decir que bajo el nombre de materialismo encontramos a aquellos sistemas de creencias que consideran que sólo la percepción sensorial y la experiencia empírica (*pratyakṣa*) son válidos para el conocimiento verdadero. Todo lo que no pueda ser percibido sensorialmente es invalidado. Toda creencia en algo sobrenatural debía refutarse.

Todas las aseveraciones de Ajita se expresaban *via negativa*. Para él no existía mérito alguno en los sacrificios, ni fruto de la acción, ni nada que transmigrara de un mundo a otro o a un nuevo nacimiento. Tampoco aceptaba que existieran *brāhmaṇas* o *śramaṇas* que hubieran alcanzado la liberación. Decía Ajita Keśakambala que cuando el cuerpo muere, tanto el loco como el sabio, perecen por igual. No sobreviven tras la muerte.[40]

En el desarrollo del materialismo se detecta un fuerte componente de reacción ante los privilegios y excesos brahmánicos. Para los materialistas, todo el ritual era un invento de los sacerdotes para perpetuarse en el poder.

## LOS ESCÉPTICOS

Otro de los gigantes del siglo -VI fue el asceta Sañjayin Vairaṭṭīputra. Es muy factible que este *śramaṇa* fuera el maestro de Śāriputra y Maudgalyāyana, los que serían dos de los más destacados discípulos del Buddha.

Sañjayin fue el mayor exponente de la doctrina del agnosticismo o escepticismo hindú (*ajñānavāda*). Su filosofía queda bien ilustrada en una famosa sección de un *sūtra* budista.[41] Cuando el rey Ajātaśatru (Kūṇika) le preguntó si pensaba que existía un más allá, o si pensaba que se daban seres sobrenaturales, o si pensaba que existía una retribución de las acciones buenas y malas, o si pensaba que un perfecto (*siddha*) continuaba después de la muerte, Sañjayin contestó cada vez que no podía decir: ni 1) si así era, ni 2) si así no era, ni 3) si así era y al mismo tiempo no era, ni 4) si así no era y no no era. Con la ayuda de este esquema de cuatro miembros se rechaza firmemente cualquier afirmación acerca de algo que escapa a nuestra experiencia.[42] Para Sañjayin, estas cuestiones evasivas, cuya respuesta siempre permanecería en el campo de la especulación, desviaban la atención del verdadero sentido de la espiritualidad: la búsqueda, adquisición y conservación de la ecuanimidad total.

El método lógico de Sañjayin debió influir en el desarrollo de la lógica de budistas y jainistas, puesto que tiene evidentes paralelos con el método de Nāgārjuna llamado *prasaṅga* o el jainista *syādvāda* [véanse págs. 376-378].

## LOS FATALISTAS

Uno de los líderes más carismáticos de la época fue el fatalista Maskarīn Gośāla, jefe del grupo de los ājīvikas o "seguidores de la vía de la vida". Las ideas deterministas de Gośāla forman en buena medida el telón de fondo frente al cual Mahāvīra formuló puntos importantes de su filosofía, bien que ambos movimientos tuvieran muchos elementos en común.

Es factible que durante años Gośāla gravitara alrededor de Mahāvīra y los nirgranthas. Tras su separación, pasó a encabezar al grupo de los ājīvikas. Por tanto, Maskarīn no fue el fundador de la escuela Ājīvaka, pues los textos mencionan que los sabios Nanda Vaccha y Kisa Saṁkiccha le habían precedido.

Al igual que las jainistas, las enseñanzas orales de los ājīvikas se denominaron *Pūrvas*. En ello algunos autores han visto un origen común con las escrituras jainistas. Empero, puesto que el término *pūrva* significa "antiguo", "tradición del pasado", los textos ājīvikas no tienen por qué ser necesariamente iguales a los de los jainistas. Igual que éstos, mantenían la existencia de veinticuatro *tīrthaṅkaras* anteriores a Gośāla, lo que muestra la antigüedad de la noción de una cadena de iluminados que predican una misma verdad.

Gośāla fue un acalorado expositor de la teoría del cambio y la transformación (*parīṇāmavāda*). Para los ājīvikas, la creación es como un gigantesco laboratorio cósmico en el que las mónadas espirituales, por un lento proceso alquímico, se van transformando, refinando, enriqueciendo y purificando.[43] Todo sigue su curso; el espíritu va purificándose a medida que transmigra. Lo importante de la teoría ājīvika, según nos han contado budistas y jainistas, es que el agente que actúa es completamente irresponsable de sus actos. La ley de la transmigración no se decide por la cualidad de las acciones, sino que actúa acorde al destino. La naturaleza es el curso por el que el destino (*niyati*) y el tiempo (*kāla*) operan. Toda mónada debe pasar por decenas de miles de existencias, desde las más ínfimas formas de vida geólogica hasta la existencia humana. Al final de un ciclo de tropecientos mil eones cósmicos la liberación se producirá espontáneamente, sin esfuerzo alguno; pero sólo entonces. Todo está predestinado. Lo que tenga que ocurrir, ocurrirá; una noción todavía bastante arraigada en la mente de muchos hindúes. Cualquier intento por liberarse en vida resulta vano. La insistencia jaina o budista en labrarse un camino espiritual era fútil. Las criaturas vivientes no poseen voluntad, fuerza o energía por sí mismas. Evolucionan por la fuerza del destino.[44]

Estamos ante una visión radicalmente fatalista. El Buddha llegó a decir del Ājīvaka que era la peor entre todas las doctrinas y que ninguna persona había llevado el desaliento a tanta gente como Gośāla.[45] Lo que es del todo inconsistente, como bien ha visto Paul Dundas, es que si Gośāla preconizaba un determinismo absoluto y una creencia en la total falta de voluntad del ser humano, esta filosofía pudiera formar la base de ningún movimiento renunciatorio y ninguna vía de cara a la liberación.[46] En verdad, existen fundadas sospechas para pensar que las posiciones de Gośāla fueron deliberadamente distorsionadas por budistas y jainistas. En el caso del jainismo, la cuestión cobra mayor sentido si tenemos en cuenta que Mahāvīra y Gośāla compartieron años de práctica espiritual. La tradición jainista nunca pudo librarse de esa genuina conexión histórica y quizá tendió a exagerar el carácter fatalista de la doctrina ājīvaka y el talante de maestro de poderes sobrenaturales de Gośāla. De esta forma Gośāla podía ser estigmatizado y el Ājīvaka podía representar el Otro ante el cual contrastar la originalidad del jainismo. Pero el hecho es que, en tanto que movimiento shramánico, el Ājīvaka compartía muchos de los rasgos estructurales de los grupos de la época. Los ājīvikas le debían bastante al atomismo de Kakuda Kātyāyana o al nihilismo de Pūraṇa Kāśyapa. No pocos han visto influencias suyas en las doctrinas jainistas del *karma* o en prácticas como el desnudismo (*acelaka*)[47] y hasta la muerte por inanición[48] [véanse págs. 499-502].

La concepción naturalista del mundo alentó a los ājīvikas a realizar interesantes estudios sobre la naturaleza y las leyes de la vida. Para los ājīvikas nada estaba muerto ni nada sucedía por azar. Es más, los ājīvikas consideraban que el ser humano, al ser la más elevada entre las criaturas, tenía que comportarse de manera coherente con las leyes naturales y conducirse con respeto hacia los demás seres. Aunque sus actos fueran fútiles y sólo cupiera esperar pasivamente el final del *kalpa*, el ser humano tendría que revelar su posición en la jerarquía espiritual de la creación. De ahí su ética ascética y no-violenta. Al parecer, se abstenían de comer ciertas frutas y plantas bulbosas, seguían ciertas restricciones, mortificaciones y votos de soledad, prácticas todas similares a las jainistas. Aunque el ascetismo ājīvika no tuviera valor purificatorio, se presentaba como el modo de vida característico de un ser que está próximo a la emancipación. El acto piadoso y ascético no es, pues, la causa de la purificación, sino el efecto, la marca que señala que la liberación está próxima.

Los ājīvikas realizaron una curiosa clasificación de los seres humanos en seis grupos (*abhijātis*) según su "color": negro para aquellos que viven de matar animales, azul para los monjes ascetas que viven como ladrones, rojo para los jainistas (nirgranthas), verde para los laicos ājīvikas, blanco para los ascetas ājīvikas de ambos sexos, y blanco supremo para Maskarīn Gośāla y sus predecesores. Esta teoría tiene bastante en común con la jainista de los tintes o *leśyās* [véanse págs. 400-401].

## LOS ILUMINADOS

Llegamos al *śramaṇa* más universal de todos, Gautama Siddhārta (-563/-483 –como fechas más comunes–), aquel que el mundo conocería como el Despierto (Buddha) y que organizó el movimiento de los iluminados (bauddhas).

Era hijo de Śuddhodana, jefe del clan de los Śākyas de Kapilavastu. Su madre, Mahāmāyā, murió a los siete días de dar a luz. Tras una infancia y adolescencia en palacio cuentan que decidió tomar la senda de la renuncia cuando entró en súbito contacto con la caducidad y dolor de la existencia (*duḥkha*), simbolizados por un enfermo, un anciano y un muerto. Al ver a un santo calmo y en paz el joven príncipe optó por convertirse en *śramaṇa* y buscar la senda que conduce a lo incondiconado. Aprendió las doctrinas y prácticas del Sāṃkhya, del Yoga y la vía del ascetismo (*tapas*). Tras descartar todas estas soluciones optó por una vía moderada, básicamente meditacional. Tras semanas de concentración alcanzó la iluminación (*bodhi*) bajo una higuera, en las cercanías de Gayā, al Sur de Magadha. El despertar o iluminación búdica consiste en la aprehensión simultanea de las tres características de la existencia: la impermanencia (*anitya*), la insatisfacción (*duḥkha*) y la ausencia de substancia (*anātman*), más la aprehensión de la ley de surgimiento condicionado (*pratītya-samutpāda*) que posibilita el infernal ciclo samsárico y que muestra la interconexión plena de lo que existe. La senda budista consistirá en reactualizar la experiencia de iluminación del Buddha.

El nuevo *buddha* dio su primer sermón en Sārnāth, a las afueras de Benarés (Vārāṇasī) y, en poco tiempo, congregó a una buena cantidad de seguidores. Se dice que ricos comerciantes y monarcas poderosos apoyaron su doctrina y ayudaron a sostener la comunidad de renunciantes (*saṃgha*).

La enseñanza principal del budismo queda encapsulada en su famosa proclamación de las Cuatro Nobles Verdades: 1) La existencia humana es insatisfacción, alienación, sufrimiento, (*duḥkha*; pali: *dukkha*); 2) la causa de la insatisfacción es el deseo, la sed, (*tṛiṣṇā*; pali: *taṇhā*); 3) la extinción (*nirodha*) del deseo acaba con el dolor o insatisfacción; esa extinción equivale a lo incondicionado (*nirvāṇa*; pali: *nibbāna*); y 4) el camino práctico que lleva a la extinción del deseo y, por ende, a la cesación de la insatisfacción, constituye el Noble Óctuple Sendero. Esta vía de ocho miembros es el camino budista: 1) correcta visión; 2) correcto pensamiento; 3) correctas palabras; 4) correcta acción; 5) correctos medios de vida ; 6) correcto esfuerzo; 7) correcta atención; 8) correcta concentración.

Aunque con el tiempo el budismo concedería gran valor a la gnôsis (*prajñā* –quizá como forma de contrarrestar los excesos yóguicos y/o devocionales–), para el Buddha la filosofía no era de gran valía fuera de la experiencia. El budismo más antiguo concede, como el Yoga y el jainismo, un enorme valor al esfuerzo y la experiencia personales. Ante todo, el Buddha fue un gran meditador (*dhyānin*).

Como veremos, la biografía del Buddha se asemeja mucho a la de Mahāvīra y la estructura de ambos grupos religiosos es prácticamente idéntica.

## LOS NIRGRANTHAS

Llegamos, finalmente, al colectivo de los nirgranthas, los futuros jainistas. De lo que se trata ahora es de ver hasta qué punto la Historia Universal tiene que ver con la microhistoria. El mito suele estar ligado a hechos empíricos y a un contexto. Tildar la mitología jainista de mera fantasía sin conexión con la realidad me parece erróneo,[49] por lo menos tanto como afirmar que todo lo que revelan las hagiografías tiene su confirmación arqueológica, que todo mito no es más que una conversión de hechos reales en mitos.[50] Como vimos, el mito no es una representación de los hechos empíricos, y, por lo tanto, la base histórica del mito es menos significativa que su valor religioso o simbólico. Da lo mismo, pues, si los *tīrthaṅkaras* existieron o no, y si vivieron, como dice la tradición, hace millones de océanos de años. No hay que caer en la simplicidad de buscar únicamente al *hombre* tras el mito. Para los jainistas, no lo olvidemos, los *tīrthaṅkaras* no fueron gente que simplemente alcanzó la liberación, sino una parte vital e integral del orden de las cosas. Sin ciclos ascendentes y descendentes la idea misma de *tīrthaṅkara* no tiene sentido. Empero, si de alguna forma podemos ajustar mito e historia, el alcance de nuestro empeño puede ser mucho mayor. Dar un soporte al mito no es legitimarlo, sino que sirve para contextualizar y ampliar nuestro horizonte.

Y eso es algo factible con el jainismo. A pesar de toda su carga mítica los argumentos jainistas acerca de sus *tīrthaṅkaras* no deberían ser descartados completamente a la ligera, al menos *a priori*. En el pensamiento jainista mito e historia se integran en un único esquema que impide cualquier distinción. Además, en la India lo antiguo nunca es pasado. El pasado interpenetra permanentemente el presente. El caso es que de entre todos los *tīrthaṅkaras* el primero –Ṛiṣabha– y los tres últimos –Nemi, Pārśva y Mahāvīra– son los que reciben un trato y adoración muy por encima del resto. Este hecho no es del todo fortuito ya que sus mitologías muestran indicios que podrían deberse a su historicidad, en el sentido convencional del concepto. ¿Fueron *śramaṇas* estos *jinas*?

Esta línea de investigación casa bien con la actual corriente india de legitimar históricamente la religión (*dharma*). Antaño, a los indios les resultaba francamente innecesario probar la historicidad de *avatāras* como Rāma o Kṛiṣṇa, o de *jinas* como Ṛiṣabha o Nemi. Pero la clásica visión atemporal o eternalista está actualmente un tanto marginada. En cambio, gran cantidad de indios se devana hoy los sesos –indudablemente por influencia del cristianismo y del historicismo– en hurgar en el pasado y hallar trazos de sus *jinas*, *buddhas* o *avatāras*. Y esto también es el jainismo. La manera en cómo la tradición interpreta hoy su propia historia forma parte tan integrante del jainismo como su visión tradicional. Vamos, pues, con estos personajes.

## ¿UN SABIO LLAMADO ṚIṢABHA?

¿Qué hay de histórico en la mitología de Ṛiṣabha?, ¿pudo ser el iniciador de una corriente, llamémosla, proto-jainista? Los expertos han rastreado, principalmente, en dos campos distintos.

La primera posibilidad, sintetizada por Joseph Campbell –siguiendo a Heinrich Zimmer, aunque sin excesivo entusiasmo–, dice que si desde Mahāvīra retrocedemos veintitrés generaciones –una por *tīrthaṅkara*– nos encontraríamos en el período maduro de la civilización del Indo (-2500/-1900).[51] La tesis de que el jainismo y toda una serie de prácticas religiosas índicas arrancan de la civilización del Indo ha sido secundada por una gran cantidad de investigadores, indios y occidentales.[52] Siguiendo argumentos similares a los del nacionalismo hindú, Jyoti Prasad Jain va más lejos y sostiene que Ṛiṣabha predicó la verdad jainista nada más y nada menos que hacia el -6765. El *dharma* jainista fue la religión de los dravídicos de la civilización del Indo y se transmitió durante la época védica a través de fraternidades místicas y otros colectivos periféricos. El doctor concluye que el jainismo es la religión viva más antigua del hombre civilizado.[53] Entre los occidentales, Michael Tobias sostiene que el jainismo es la religión más antigua de la India y, posiblemente, del mundo.[54]

El argumento principal de esta línea de pensamiento es que en algunos sellos de esteatita desenterrados en Mohenjo-dāro, una de las principales ciudades de la civilización del Indo, aparecen hombres meditando en postura yóguica, rodeados de árboles, serpientes y animales emblemáticos. Todos estos motivos se encuentran presentes en la iconografía de algunos *tīrthaṅkaras*, notablemente en la de Pārśva [véanse págs. 86-87]. Otras figuras, rodeadas de animales como el toro (*ṛiṣabha*), sugieren la postura de pie inmóvil (*kāyotsarga*), también típica de la iconografía jainista. Tal vez los sellos podrían representar a un proto-*jina* o un tipo de religión proto-yóguica que luego desembocaría en el Yoga, el Sāṃkhya y el jainismo. Según Mircea Eliade las prácticas yóguicas podrían remontarse a esta civilización urbana pre-védica.[55] Para Heinrich Zimmer, de entre todas las corrientes heterodoxas de monjes itinerantes la jainista sería la que más nítidamente habría prolongado la corriente ascética y yóguica de la India. Para el profesor no había duda del carácter pre-védico del jainismo.[56] Aunque es evidente el cariz plenamente índico y antiguo del *yoga*, no obstante, su asociación a los sellos y figuras de la civilización del Indo es algo dudosa.[57] La reciente y convincente tesis de Asko Parpola apunta a un origen mesopotámico de dichas figuras.[58] Por tanto, aunque fascinante, parece prematuro apostar por un proto-jainismo durante la civilización del Indo.

La segunda línea de razonamiento se sostiene en el estudio textual. En dos textos védicos muy antiguos, el *Ṛig-veda* y el *Atharva-veda*, hay referencias a un sabio llamado Ṛiṣabha, hijo de Viśvāmitra.[59] Aunque no puede concluirse con certeza que dicho sabio sea la misma figura que el *tīrthaṅkara*, es tentador hacer alguna identificación. En la literatura jainista Ṛiṣabha es llamado el de largo cabello (Keśī) y a veces se lo representa iconográficamente con tirabuzones. Como ya sabemos, los místicos más antiguos mencionados en el *Ṛig-veda* son llamados de largos cabellos (*keśīns*) o silenciosos (*munis*), término este último que luego se asociaría inextricablemente a los ascetas y maestros jainistas. Según Georg Feuerstein, eso tal vez establezca una relación entre el tal Ṛiṣabha y los círculos de yoguis y ascetas de la antigüedad.[60] También de interés es el hecho de que un texto como el *Viṣṇu-purāṇa* relate la historia del sabio-rey Ṛiṣabha, hijo de Nābhi, que renunció al mundo y practicó desnudo el ascetismo.[61] El *Bhāgavata-purāṇa* incluso lo considera una encarnación menor de Viṣṇu.[62]

No puede descartarse, pues, el "recuerdo" de algún gran maestro que tal vez habría vivido hacia el -1000, si es que no antes, y que estaría en la línea yóguico-ascética que conduciría luego al jainismo. Sin embargo, las pruebas son tenues. El nombre de Ṛiṣabha aparece en el *Veda* más bien como epíteto del dios Indra y la descripción extática del *keśīn* apunta plausiblemente hacia las órdenes de seguidores del dios Śiva. Las menciones en *Purāṇas* vishnuistas corresponden claramente a una época cuando el jainismo y el vishnuismo habían estrechado fuertemente sus lazos.

Aunque, repito, no puede descartarse la idea de un *śramaṇa* proto-jainista, la vida de Ṛiṣabha, moldeada según la de Mahāvīra, igual que la de los otros *tīrthaṅkaras*, parece más bien un argumento estructuralmente necesario para la Historia Universal jainista, como piensa Paul Dundas.[63] En su opinión, la lista de veintitrés *jinas* anteriores a Mahāvīra parece una imitación parcial de las listas de sabios védicos (*ṛiṣis*) que encontramos en las *Upaniṣads*.[64] Mito e historia no parecen concordar.

## NEMI Y KṚIṢṆA

Algunos investigadores admiten también historicidad al vigesimosegundo *tīrthaṅkara,* Nemi.[65] La tesis principal es que Nemi es idéntico a Ghora Aṅgirasa, el sabio brahmánico que instruye al héroe-dios Kṛiṣṇa en la *Chāndogya-upaniṣad*.[66] El maestro le habla sobre las virtudes de la no-violencia, la veracidad, la austeridad, la caridad y la rectitud, exactamente los valores de la ética shramánica. Puesto que la tradición jainista dice que Nemi y Kṛiṣṇa fueron contemporáneos, ergo, Nemi tuvo que ser el susodicho maestro de Kṛiṣṇa.

M. Hiriyanna piensa que Kṛiṣṇa fue un reformador religioso del Norte de la India, algo anterior a Mahāvīra, que puso en marcha un teísmo que luego se transformaría en el movimiento Bhāgavata[67] –uno de los orígenes del vishnuismo–. La veneración popular acabaría divinizándolo. Es posible, aunque incierto. En cualquier caso, nada de esto prueba la historicidad del *jina* Nemi. Incluso las fuentes jainistas subrayan más una relación de parentesco que de linaje religioso. Aseguran o bien que Nemi era tío de Kṛiṣṇa, o bien que ambos serían primos hermanos. De hecho, multitud de episodios asociados a este *jina* están estrechamente vinculados con la mitología de Kṛiṣṇa. La asociación con Kṛiṣṇa seguramente tiene que ver con razones sociohistóricas. Cuando seguidores de Kṛiṣṇa se pasaron al jainismo se estableció una relación entre Kṛiṣṇa y Nemi.[68] Igual que los vishnuistas adoptaron a Ṛiṣabha, los jainistas hicieron lo propio con Kṛiṣṇa.

Una vez más, lo que importa es que durante muchos siglos el creyente jainista no ha dudado de que el omnisciente Nemi proclamó la doctrina de la noviolencia en la montaña sagrada de Girnār. Si buscamos rastros históricos en estos primeros *jinas* es, simplemente, para contextualizar el jainismo y dar con un punto de unión entre su percepción mítica y su historia lineal. De momento, empero, no tenemos dónde asirnos sólidamente.

## PĀRŚVA, ¿FUNDADOR DEL JAINISMO?

Hay bastante más consenso entre los estudiosos en reconocer historicidad al vigesimotercer *tīrthaṅkara*: Pārśva. La Historia Universal sostiene que habría vivido sólo unos doscientos cincuenta años antes que Mahāvīra, entre el -800 y el -700, unas cifras sorprendentemente razonables.

La comunidad de expertos suele considerarlo como el posible fundador del jainismo;[69] al menos, su primer expositor histórico. Mahāvīra sólo habría reformado y desarrollado el trabajo iniciado por Pārśva.[70] Pero hasta el gran profesor Jacobi, el primero en probar que Pārśva fue una personalidad histórica, admitía que no había ninguna certeza de que Pārśva fundara el jainismo.

El caso es que, dada su antigüedad, Pārśva es el primer *śramaṇa* que conocemos y su grupo sería el más antiguo. El nombre de sus seguidores era el de desligados (*nirgranthas*), es decir, los sin (*nir*) ligazones (*granthas*). Hasta el siglo I a los jainistas se les siguió llamando invariablemente nirgranthas. Con el paso del tiempo, esa antigua fraternidad de *śramaṇas* acabó por dar forma al fenómeno *jainista*.

¿Cómo podemos probar que Pārśva fue un personaje histórico? Los textos del canon budista mencionan en repetidas ocasiones la existencia de este grupo *antes* de la iluminación del Buddha. Es más, Hermann Jacobi detectó que atribuían a Mahāvīra doctrinas de Pārśva,[71] un error que no podría darse si Pārśva y sus seguidores no hubieran existido. Normalmente, en la India, los escritos de los movimientos religiosos no otorgan rango alguno a grupos rivales a menos que estén bien establecidos. La mención a los nirgranthas muestra la antigüedad del jainismo. Por otra parte, no existe una sola mención al Buddha en los más antiguos textos jainistas, lo que prueba que el budismo se desarrolló con posterioridad. La antigüedad del proto-jainismo de Pārśva está también corroborada por el hecho de que otros líderes como Pūraṇa Kāśyapa o Maskarīn Gośāla, también llamados *tīrthankaras* por sus seguidores, adoptaron prácticas y doctrinas claramente fundadas en un proto-jainismo.[72] Es más, en la clasificación de la humanidad en seis tipos de hombres según Gośāla, el tercero era el de los nirgranthas. Por supuesto, estas tesis están reforzadas por la evidencia interna de los textos jainistas. Los *Sūtras* jainistas citan, una y otra vez, a ascetas del linaje de Pārśva que fueron reencauzados por las reformas introducidas por Mahāvīra [véanse págs. 164-165].

Sabemos muy poco de la doctrina de Pārśva. El grueso de la misma debería estar compuesto por un tipo de dualismo entre lo espiritual (*jīva*) y lo no-espiritual (*ajīva*). Y en lo espiritual Pārśva incluiría a los seres aparentemente inertes típicos de la biología jainista. La idea de que todo ser vivo (*jīva*) posee espíritu (*jīva*), claramente animista, seguramente es un indicio de que esta religión se originó en tiempos muy antiguos.

Su praxis se asentaría sobre las cuatro restricciones (*cāturyāma-saṃvara*) que ya conocemos: 1) no matar vida (*ahiṃsā*); 2) no mentir (*satya*); 3) no robar (*asteya*); y 4) no tener propiedades (*aparigraha*). Según algunos comentadores medievales el cuarto voto quizá implicara la castidad (*brahmacarya*), aunque en principio hay que pensar que la inclusión de un quinto voto fue obra de Mahāvīra. Aunque el gran jainólogo Walther Schubring dudaba de que Pārśva hubiera instaurado unos votos monásticos claramente definidos,[73] sigue siendo la opinión mayoritaria entre los indianistas y, por supuesto, de la propia tradición. Los detalles de la práctica ascético-purificadora de los antiguos nirgranthas nos son desconocidos, pero a buen seguro el ideal sería emular el ejemplo del propio Pārśva.

Puede decirse que Pārśva fue uno de los primeros críticos en cuestionar con cierto éxito varios puntos clave de la ideología de los *brāhmaṇas*. Por un lado, se habría opuesto abiertamente a la dieta carnívora y los sacrificios animales de los *brāhmaṇas*. En segundo lugar, habría criticado la visión brahmánica de la sociedad estructurada en clases socioespirituales (*varṇas*), especialmente en el rango y autoridad espiritual que se atribuían a sí mismos. Finalmente, no habría reconocido la autoridad del *Veda*. Con estas críticas en su haber Pārśva habría dado definitivamente la espalda a la religiosidad védica.

# *Parte IV*
# Mahāvīra

En Mahāvīra convergen, de forma inapelable, tiempo mítico y tiempo lineal. El vigesimocuarto *jina*, cuya historicidad está fuera de toda duda, fue a la vez el último *tīrthaṅkara* de la Historia Universal como, precisamente por ello, el verdaderamente primero de los tiempos históricos.

Mahāvīra no fue el fundador del jainismo ni de los grupos de nirgranthas. Él fue un propagador y el último omnisciente de una cadena de maestros iluminados que expusieron una verdad antigua. El honor de la fundación del jainismo, lo hemos visto, tendría que recaer en Pārśva. Pero incluso eso es incierto. Lo más probable es que nadie fundara nunca el jainismo. Como la tradición védica –o la hinduista– el jainismo fue construyéndose a sí mismo alrededor de maestros carismáticos, prácticas recurrentes y doctrinas prestigiosas, pero no es necesario hablar de ningún fundador. La manía de buscar fundadores para las grandes tradiciones espirituales del mundo es una proyección típica de las religiones abrahámicas –judaísmo, cristianismo, islamismo–. El fundador o el profeta al estilo semítico ha sido raro en el Sur de Asia. El sabio oriental generalmente no funda, no inventa, no crea, no escribe; más bien recuerda un saber antiguo, tal vez olvidado. Eso es aplicable incluso al Buddha. Y en el caso de Mahāvīra la tradición insiste tenazmente en que él abrazó una orden ya existente. Tras años de práctica alcanzó la sabiduría sublime que esa comunidad ya había conocido, aunque por entonces sólo fuera de forma imperfecta.

En su origen el jainismo debió ser un componente más de la cultura ascética del Norte de la India de la que hemos visto tantos ejemplos. Consistiría en un pequeño grupo de *śramaṇas* nirgranthas que, con el paso de los siglos, fue tomando conciencia de su originalidad, y que, paulatinamente, fue marcando diferencias frente a otros grupos religiosos. No obstante, en sus inicios el jainismo tendió a asociarse, identificarse y hasta legitimarse con toda una serie de enseñanzas comunes entre los sabios del Norte de la India. Un buen ejemplo de este proceso asimilativo se encuentra en un oscuro texto, caído en desgracia tempranamente dentro de la propia tradición: el *Ṛiṣibhāṣita*. Se trata de uno de los textos más antiguos del jainismo, fechado alrededor del siglo -IV. Lo interesante del *Ṛiṣibhāṣita* es que nos presenta la enseñanza de Pārśva y Mahāvīra yuxtapuesta con la de videntes (*ṛiṣis*) que luego serían considerados rivales: el sabio védico Yājñavalkya, Śāriputra y Maudgalyāyana –dos grandes discípulos del Buddha–, el santo/dios hinduista Nārada y hasta el nefasto Maskarīn Gośāla. Paul Dundas ha mostrado que, interesantemente, la imaginería que se utiliza en este texto sigue siendo la sacrificial –esto es, la védica–, y las enseñanzas de Mahāvīra se presentan bajo su nombre de pila: Vardhamāṇa.[1] Es lógico que, con el paso del tiempo, la tradición recelara de un texto que tendía a eclipsar la originalidad de Mahāvīra y lo conectaba en exceso con sabios rivales. El texto es paradigmático del ascetismo de la antigua India, cuando los *śramaṇas* no se habían diferenciado nítidamente en nirgranthas, ājīvikas, bauddhas o yogins.

No sabemos a ciencia cierta hasta qué punto Mahāvīra fue responsable de las señas de identidad del jainismo. Quizá fue un reformador con éxito que logró unificar prácticas y doctrinas dispersas que gravitaban alrededor de los nirgranthas. En cualquier caso, la tradición es unánime en asociarlo directamente con Pārśva, estableciendo de esta forma la ligazón con el resto de *jinas* de eras prehistóricas. Mahāvīra fue aquel que enseñó el camino para los tiempos difíciles de este eón cósmico. Es por ello que la tradición lo declaró el último *jina*. Hasta dentro de muchos miles de años no reaparecerá ningún otro *tīrthaṅkara* sobre la faz de Bharata-varṣa.

Consecuentemente, vamos a dedicar íntegramente toda esta Parte [capítulos 8 y 9] a relatar la vida y enseñanza de Mahāvīra, *el maestro* por antonomasia del jainismo para esta Edad Triste. Con él, mito e historia se funden en una narrativa única y ejemplar.

# 8. EL ASCETA VARDHAMĀṆA

## LA BIOGRAFÍA DE MAHĀVĪRA

El relato de la vida de Mahāvīra ofrece el modelo de la última encarnación de un *tīrthaṅkara*. Este punto debe ser subrayado. Esa vida de Mahāvīra es la *última*. La biografía de un individuo no tiene sentido fuera del contexto de la rueda de transmigraciones. A la vez, su vida también muestra el patrón a emular por todo monje jainista. Mahāvīra es para los ascetas jainistas como el Buddha para los budistas: el *arquetipo*.

Los episodios centrales de su biografía están descritos en diversos textos. El relato más sobrio y realista, seguramente también el más antiguo, se encuentra en el *Ācārāṅga-sūtra I* (siglos -V/-IV). El *Ācārāṅga-sūtra II* y el *Kalpa-sūtra*, más tardíos (siglos -II/-I), muestran ya una admiración muy exuberante. La biografía fue luego gradualmente expandida en múltiples comentarios, entre los que destacan los *Niryuktis* (siglos I/III). Aunque las versiones varían, hay unanimidad en recalar sobre cinco momentos auspiciosos de su vida: 1) la concepción (*garbha*); 2) el nacimiento (*janma*); 3) la renuncia (*saṃnyāsa, niṣkramaṇa*); 4) la iluminación (*kevala-jñāna*); y 5) la muerte y liberación (*mokṣa, nirvāṇa*). Estos cinco episodios siguen conmemorándose en algunas de las celebraciones más importantes de la comunidad jainista. Se considera que estos eventos marcan ineludiblemente la última vida de todo *tīrthaṅkara* y definen el ideal de vida ascético. Estos cinco momentos señalaron de forma idéntica las vidas de Pārśva, Nemi, Ṛiṣabha y los demás *tīrthaṅkaras*, más allá de las peculiaridades de sus biografías individuales. Los cinco eventos forman en sí mismos una estructura sagrada simbólica.

La biografía mítica del Buddha se asemeja muchísimo. Lo comprobaremos. También la de ciertos dioses del hinduismo o las de otros maestros de la época. Se trata de un patrón bastante recurrente en el pensamiento hindú.

Desde el punto de vista historiográfico su biografía presenta bastantes inconsistencias y dificultades. Tan difícil es reconstituir un "Mahāvīra histórico" como un "Jesús histórico". Pero eso no es del todo problemático. Igual que el interés de los Evangelios es cristológico, el de las hagiografías de Mahāvīra es básicamente doctrinal. Su vida y su enseñanza están más allá de los accidentes históricos. Como bien observara David Snellgrove –a propósito del Buddha–, no puede hablarse de un mero mortal que enseña una filosofía de vida o una simple ética y que luego sería divinizado por el entusiasmo y devoción de sus seguidores.[1] Está claro que el maestro fue considerado incluso en vida un ser más allá de lo contingente y lo convencional. El "Mahāvīra histórico" no es un fenómeno aislado. Mahāvīra es una pieza más en una cadena de iluminados que aparecen periódicamente y predican la misma doctrina.

No obstante, la tradición jaina también posee un fino sentido histórico, y los textos no cesan de advertirnos de la humanidad, bien que excelsa, de su último *jina*. Mahāvīra no fue un dios (*deva*) ni una encarnación divina (*avatāra*). Para muchos lectores los milagros y episodios fabulosos de su vida pueden parecer anécdotas meramente míticas. Tras ello buscarán al *hombre*, el sabio que expuso el jainismo en tiempos históricos. Actualmente, es la humanidad de Mahāvīra, del Buddha o de Jesucristo lo que la gente valora. Lo interesante es que esta tensión entre las exposiciones biográficas y las hagiográficas se da en los propios textos y en el seno de la tradición. Como es habitual en la India, uno puede escoger: puede mirar de ver sólo al hombre y maestro, o al vencedor sobredivino, digno de la más piadosa veneración. Es una cuestión personal. Pero, en último término, no hay barrera nítida entre ambas nociones, porque ¿no es aquel que se eleva por encima de lo fenoménico y lo mundanal –por definición– un ser sobrenatural? Además, conocer algunos de los rasgos míticos de la vida del Jina resulta inestimable para captar cómo gran parte de sus seguidores futuros lo entendieron y lo ven. Tal y como Richard Gombrich ha escrito –también a propósito del Buddha–, el punto de interés no está en lo que el Buddha dijo, sino en lo que sus oyentes debieron escuchar[2] y han escuchado durante siglos. Para ajustarme a los gustos occidentales, he limpiado parcialmente su biografía de hipérboles. Sin desmitologizar enteramente la narración, lo que resulta es un núcleo biográfico razonablemente creíble, pues no hallamos nada que no sea coherente con la vida de la época y el desarrollo del pensamiento indio.

## ENCARNACIONES ANTERIORES

Puesto que el futuro *jina* alcanzó su diamantina condición gracias a los méritos y virtudes de sus vidas anteriores, como en el caso de Pārśva, muchos textos se prodigan en la narración de las encarnaciones previas de Mahāvīra. La mónada del futuro *tīrthaṅkara*, igual que el resto de *jīvas*, ha pasado por millones de variados nacimientos. Los relatos trazan un itinerario espiritual gradual, un modelo de progresión espiritual para laicos y ascetas por igual. Una vez el futuro *jina* obtiene la correcta visión (*samyaktva*), o lo que es lo mismo, una vez capta los principios del jainismo, entonces las semillas de la perfección quedan ya plantadas. A partir de ahí, la progresión espiritual es factible. Aun cuando a los laicos la meta de la liberación se les antoje algo remoto, poseen un acusado sentido de que el progreso siempre es posible, de que emulando esos patrones están en la senda correcta promulgada por los *jinas*.

Dicen que en su -26ª encarnación Mahāvīra fue Nayasāra, un virtuoso jefe de aldea nacido en el continente de Videha.[3] Su comportamiento ejemplar le valió una siguiente encarnación en el Mundo Superior. Luego, renació como el herético Marīci, hijo del emperador Bharata, y, por tanto, nieto de Ṛiṣabha. Según se cuenta, Marīci escuchó que Ṛiṣabha había profetizado que un nieto suyo llegaría a ser el último *tīrthaṅkara*, e ideó una vía indulgente, un camino que desviábase de las premisas originales. Enseñó esa doctrina al sabio Kapila,[4] y ésta llegaría a ser una de las vías brahmánicas clásicas, ergo heréticas desde el punto de vista jainista.

Las encarnaciones se suceden, casi siempre como divinidad o *brāhmaṇa*, hasta llegar a la existencia del primer *vāsudeva* Tripṛiṣṭa. Como consecuencia de las atrocidades que todo *vāsudeva* debe cometer al enfrentarse al *prativāsudeva*, el *jīva* que habría de finalizar sus existencias como Mahāvīra visitó el séptimo infierno. La siguiente encarnación fue la de un feroz león, lo que le valió un nuevo renacimiento penoso. En la cadena de vidas de todo santo o *tīrthaṅkara* siempre existe una en la que brota la correcta visión (*samyaktva, samyak-darśana*), un destello iluminador que sembrará la semilla definitiva que conducirá a la liberación. En el caso de Mahāvīra, ese vislumbre tuvo lugar cuando encarnó como león –que pasará a ser su emblema–. Se dice que justo cuando el carnívoro iba a devorar a un cervatillo se acercaron unos ascetas jainistas. Repentinamente, el león recordó sus vidas pasadas, sus incontables y dolorosas muertes-y-renacimientos. Y recordó que en alguna vida lejana ya había escuchado la Verdad jainista. Esa percatación le catapultaría –en el curso de varias vidas– directamente a la liberación.

Estos relatos están repletos de instrucciones religiosas, de simbología mítica, de descripciones de la sociedad y hasta de cuentos populares. Se asemejan muchísimo a los de las vidas anteriores del Buddha, narradas en los populares *Jātakas*. Multitud de pasajes e historias son comunes –también a los *Purāṇas* hinduistas– sólo que los contextos y moralejas varían. La India ha sido siempre un inmenso repositorio de mitos, cuentos, fábulas y leyendas que han impregnado tanto las hagiografías de sus santos y dioses como las de buena parte de la antigua literatura de ficción del mundo. Y los jainistas han sabido conservar mejor que nadie las tradiciones orales y cuentísticas mezcladas con sus exposiciones doctrinales y explicaciones acerca de la Historia Universal. Con estas historias el jainismo ha ofrecido a la vez distracción y adoctrinamiento a sus seguidores. Decenas de generaciones de laicos jainistas han aprendido las recomendaciones de la vía jainista o las consecuencias de la acción a través de los relatos de vidas anteriores de los protagonistas de la Historia Universal.

La encarnación previa a la de Mahāvīra fue la de una etérea deidad *vaimānika*. Aunque el futuro *jina* se muestra indiferente a estas encarnaciones elevadas, para el seglar que escucha o lee estas historias, este tipo de vidas son de la máxima importancia. El mensaje es claro: aquel que lleva una vida de acciones meritorias (*puṇya*) tiene como resultado el cielo; aquel que sigue acciones malignas (*pāpa*) será recompensado con las miserias de los infiernos. Manteniéndose firme en la senda del jainismo el laico aspira legítimamente a existencias celestiales o excelsas.

Transcurridos varios eones encarnado como divinidad, el espíritu que va a ser Mahāvīra siente que su vida en los cielos –¡al fin!– va a acabar.

## CONCEPCIÓN

Así, después de incontables existencias en los distintos mundos de este cosmos, llegó el primer acontecimiento auspicioso de la carrera de todo *tīrthaṅkara*. Las fuentes dicen que Mahāvīra fue concebido en el vientre de Devānandā, esposa del docto sacerdote Ṛiṣabhadatta, residentes en el barrio brahmánico de Vaiśālī, capital de Vṛijjīs. Como toda madre de un ser excepcional, la *brāhmāṇī* Devānandā tuvo una serie de sueños afortunados. Los explicó a su esposo y éste captó de inmediato el significado: Devānandā llevaba en su seno un niño que sería experto en el *Veda*, en las ciencias auxiliares del *Veda* y todos los sitemas de filosofía brahmánicos. Afortunadamente para la Historia Universal, el gran dios Indra (Śakra) intervino en el asunto. Con su conocimiento clarividente, propio de los dioses y los grandes yoguis, desde el cielo Saudharma Indra visualizó todos los continentes de Jambūdvīpa y se percató de que un gran nacimiento auspicioso iba a tener lugar. Pero sucedía algo inverosímil, algo que rarísimas veces se había dado en los infinitos *kalpas* del universo: ese ser excepcional estaba gestándose en el útero de una *brāhmaṇī*. Indra hizo transferir el embrión de la *brāhmāṇī* Devānandā a la princesa Triśalā a fin de que, como todo *jina*, el futuro *tīrthaṅkara* viniera al mundo en una familia aristocrática y noble (*kṣatriya*). Mientras las madres dormían, el bebé que esperaba Triśalā fue transferido a Devānandā. Este hecho marca una pequeña diferencia entre los cinco momentos auspiciosos de Mahāvīra y los del resto de *jinas*. El mito, que también hallamos en las leyendas de Kṛiṣṇa,[5] tiene su importancia simbólica. Por un lado, muestra el carácter excepcional del nacimiento de un ser semejante. Por otro, enseña que voluntariamente los dioses prefirieron un nacimiento en la clase aristócratica a la clase sacerdotal. Porque Indra sabía a la perfección que:

> «Nunca ha sucedido, ni sucede, ni sucederá, que los *arhats* [*tīrthaṅkaras*], *cakravartins, baladevas* o *vāsudevas* del pasado, del presente o del futuro, nazcan en familias pobres, familias de baja estofa, familias de mendigos, familias insignificantes o familias *brāhmaṇas*»[6]

La ironía del autor del *sūtra* de colocar a los ultra-puros *brāhmaṇas* en la misma categoría de seres innobles y de baja estofa es absolutamente perversa. El hecho de que Mahāvīra fuera concebido por una *brāhmaṇī* se explica como consecuencia del *karma* causado por el orgullo cuando encarnó como el herético Marīci.[7] La tradición Digambara, no obstante, desconoce el episodio de la transferencia del embrión.

La noche de la proverbial transferencia, en un estado entre el sueño y la vigilia, la nueva –y apropiada– madre tuvo los catorce sueños –dieciséis según los digambaras– que toda madre que va a dar a luz a un ser único tiene durante el embarazo. Triśalā los relató a su marido Siddhārta y éste entendió rápidamente el significado: Triśalā estaba embarazada de un príncipe que iba a ser un rey bravo y gallardo –nótese la diferencia de interpretación respecto a la del *brāhmaṇa* Ṛiṣabhadatta–. Para no desperdiciar el efecto auspicioso y propicio de los sueños, la pareja pasó el resto de la noche en vela. Al día siguiente Siddhārta convocó a los astrólogos e intérpretes de sueños para que desvelaran todo su significado. El veredicto fue unánime: se profetizó que un hermoso varón vendría al mundo, que sería experto en todas las ramas del saber y que sería o bien un emperador universal (*cakravartin*) o un vencedor espiritual (*jina*), monarca del *dharma* y de los Tres Mundos. La interpretación de los signos –que también hallamos en la hagiografía del Buddha– muestra claramente una bifurcación. El *tīrthaṅkara* es aquel que podía haber sido un monarca universal (*cakravartin*) pero que renunció a la realeza y al dominio terrenal para convertirse en un asceta, en un conquistador espiritual (*jina*) que trascenderá la Tierra entera.

## NACIMIENTO

En el Mundo Superior los dioses se entristecen cuando ven aproximarse su fin. Millones de años de felicidad y placer se esfumarán en una nueva existencia como humano o animal. Pero ése no es el caso de un futuro *tīrthaṅkara*. Él desecha con indiferencia la vía divina y prefiere el renacimiento humano; el único en el que puede seguirse la senda eterna del ascetismo predicada por los *jinas* y, por ende, desde el que puede aspirarse a la emancipación. Según las recuentos mitológicos, los *tīrthaṅkaras* conocen el destino de su última encarnación. Incluso se dice que el futuro *jina* decide el momento de su renuncia al mundo antes de nacer –en el caso de Mahāvīra hasta la muerte de sus padres–.[8] No obstante, la dogmática jainista insiste en que, a diferencia del *bodhisattva* budista, el *tīrthaṅkara* nunca es consciente de iniciar su carrera como tal.[9]

Según la mayoría de tradiciones jainistas Mahāvīra nació el treceavo día del cuarto creciente de la Luna en el mes de Caitra. Era el año -599, a finales de la Edad Maravillosamente Triste (*duhṣamā-suṣamā*). Según los horóscopos el Sol (Sūrya) estaba en Aries (Meṣa), su planeta regente era Saturno (Śani), Capricornio (Makara Rāśi) fue su ascendente, Marte (Maṅgala) ascendía y la Luna (Candra) estaba en Virgo (Kanyā).[10]

Desde hace muchas décadas los eruditos no han cesado de especular acerca de las fechas "reales" de Mahāvīra. La tarea es sumamente compleja ya que su datación depende también de la del Buddha, dado que lo más probable es que fueran contemporáneos. Y para las fechas del Buddha existen no menos de una docena de alternativas, algunas hasta con un lapso de casi dos siglos de diferencia. En todo caso, hoy los estudiosos barajan fechas de nacimiento algo más tardías que las de la tradición. La más habitual calcula que el nacimiento debió tener lugar hacia el -539. Vino al mundo en una familia noble de la región de Videha/Vṛijjīs, en Kuṇḍalapura, el barrio *kṣatriya* de Vaiśālī. Si bien la localización exacta de Kuṇḍalapura no ha sido certificada, la candidata para Vaiśālī sigue siendo Besarh (Basārh), en el estado de Bihar.

Su nombre de nacimiento fue Vardhamāṇa, que literalmente significa "próspero". Todos los nombres de los *tīrthaṅkaras* tienen que ver con sucesos acaecidos durante el embarazo de la madre. En este caso se dice que, desde el momento de la transferencia del embrión, la riqueza de la familia, de los allegados y del reino entero prosperó de forma milagrosa. Por supuesto, se cuenta que el nacimiento estuvo rodeado de innumerables signos maravillosos. Hasta los dioses descendieron de los cielos a celebrar el segundo acontecimiento auspicioso de la última encarnación del vigesimocuarto *jina* de este ciclo cósmico. Se dice que cuando un evento como éste tiene lugar, una luz pura brilla por doquier. Es la única luz que los seres del tenebroso Mundo Inferior tienen ocasión de ver en toda su existencia. Incluso sus penas se alivian ligeramente durante ese acontecimiento de significancia cósmica.

Por linaje (*gotra*) era un Kāśyapa, por clan un Jñātṛi. Los textos budistas en lengua pali (*pāli*) se referían a él como Nigaṇṭa Nātaputta,[11] es decir, el nirgrantha del clan Jñātṛika. Sabemos que tenía un hermano mayor, Nandivardhana, y una hermana mayor, Sudarśanā.

Más que lo que convencionalmente se entiende por reyes, sus padres Siddhārta y Triśalā debieron ser caudillos de aristocracias o clanes feudales, al estilo de Śuddhodana y Mahāmāyā, padres del Buddha. Según Narendranath Bhattacharyya los linajes a los que pertenecieron Mahāvīra y el Buddha eran puramente tribales. Sólo sería tras las conversiones de *brāhmaṇas* a sus doctrinas, siempre tan atentos a estas cuestiones de clases socioespirituales, que pasarían a ser tratados como *kṣatriyas*[12] en su acepción tradicional de príncipe o rey. No obstante, ello no impide que, tal vez, Vardhamāṇa estuviera ligado por vía materna con el rey Ceṭaka de Vṛijjīs y el poderoso Śreṇika de Magadha.

Se dice que el recién nacido poseía un cuerpo perfecto y diamantino, con las marcas auspiciosas que el cuerpo de todo *tīrthaṅkara* posee. Esta noción, bien conocida también de los budistas, se basa en la iconografía del monarca universal (*cakravartin*). Quizá la marca más emblemática sea la rueda (*cakra*), un viejo símbolo védico asociado a Indra, que todo *jina* lleva grabado en las plantas de sus pies. Estos signos lo identifican ineluctablemente con la noción de gran hombre (*mahāpuruṣa*), tal y como pronosticaron los astrólogos.

Según las hagiografías, todos los *indras*, con el gran Śakra a la cabeza, portaron al recién nacido al monte Meru para realizar el primer baño sacramental (*abhiṣeka*). Para efectuar la aspersión los dioses trajeron el agua de la mismísima Vía Láctea y de los ríos más sagrados del cosmos. Todo se hizo de forma idéntica a como se había hecho con los veintitrés *tīrthaṅkaras* precedentes. Este gesto se repite a diario en multitud de templos jainistas en uno de los cultos más emblemáticos del jainismo.

## JUVENTUD

El *Ācārāṅga-sūtra* dice que sus padres ya eran jainas que adoraban a Pārśva y a los *śramaṇas*.[13] Aunque pueda dudarse de la veracidad de la mención, lo que cuenta es que desde hace muchísimos siglos, por lo menos veinte, la tradición entendió que Mahāvīra nació hijo de jainas laicos y recibió una educación según los preceptos religiosos de los *śramaṇas* seguidores de Pārśva. Incuestionablemente, la ciudad de Vaiśālī siempre fue un feudo para los nirgranthas. Su infancia y juventud transcurrieron apaciblemente en "palacio", aunque bien poco sabemos de estas etapas de su vida. Lo único que se desprende de textos tardíos es que aprendió todas las artes y ciencias que un príncipe debe conocer y creció hasta convertirse en un apuesto joven. Los recuentos ejemplares se explayan acerca de su profunda erudición, su asombrosa fortaleza o de las duras pruebas a las que era sometido por divinidades celosas. Se dice que por su valentía, perseverancia y autocontrol, los dioses le apodaron gran héroe (*mahāvīra*) y por su ausencia de amor u odio ya le llamaban renunciante (*śramaṇa*).[14]

De adulto cumplió con los deberes de todo hindú de pro. Es decir, se casó con la princesa Yaśodā y, según las fuentes śvetāmbaras, tuvo una hija, Priyadarśanā. Los digambaras niegan rotundamente que ningún *tīrthaṅkara* estuviera casado.

## RENUNCIA

El tercer acontecimiento auspicioso en la vida de un *jina*, y a decir verdad, de todo *śramaṇa*, es el de la renuncia a la vida familiar, ritual y social. Dada la promesa contraída por Vardhamāṇa, este momento crucial tenía que postergarse hasta el fallecimiento de sus progenitores. La leyenda narra que sus padres optaron por poner fin a sus vidas con una eutanasia voluntaria por ayuno.[15] Se trata de uno de los votos religiosos más severos y sagrados del jainismo [véanse págs. 499-502].

Las fuentes digambaras, empero, no aceptan el relato que liga su renuncia a su previo matrimonio con Yaśodā y a la muerte de sus progenitores. Mantienen que desde niño Vardhamāṇa se encaminó hacia la renuncia definitiva, aun cuando sus progenitores se opusieran inicialmente a la idea. Una vez adulto, recibió el debido consentimiento. Según las fuentes śvetāmbaras, cumplido su deber de cabeza de familia, fueron su hermano mayor y su tío paterno quienes otorgaron el permiso para tomar el camino de la renuncia. Nandivardhana le instó a esperar dos años, hasta que el dolor de la muerte de los progenitores hubiera desaparecido. Se cuenta que en estos dos años Vardhamāṇa comenzó a prepararse: abandonó todo tipo de actividades que pudieran ocasionar destrucción de vida, ya no bebió más licores, se mantuvo completamente célibe, dejó de acicalar su cuerpo, empezó a distribuir sus cuantiosos bienes y posesiones... es decir, tomó los votos de los nirgranthas a nivel laico. El acento se pone en la enorme cantidad de objetos, deseos y apegos a los que se renuncia. Porque cuanto más se tiene, más heroico es renunciar a ello.[16]

Todas las fuentes reconocen que, finalmente, a la edad de treinta años, Vardhamāṇa tomó formalmente la renuncia (*niṣkramaṇa*). El propio Indra, ayudado por sus réplicas y acólitos, lo llevó en palanquín hasta un bosque cercano, bajo un majestuoso árbol *aśoka*. Al grito de "¡victoria, victoria!" los dioses le urgían a dar el paso de la renuncia al mundo, el hito que establecería nuevamente la enseñanza de la senda sagrada (*dharma-tīrtha*) para el beneficio del universo entero. Algunos dioses del séquito, los *laukantikas*, tenían especial interés en el asunto, ya que se dice que están destinados a liberarse como ascetas jainistas en una próxima existencia. Obviamente, no podrían hacerlo hasta que el jainismo no fuera proclamado una vez más por el *tīrthaṅkara*. Vardhamāṇa ayunó durante dos días y medio, se arrancó de cuajo todos los cabellos desde la raíz en cinco tirones, se deshizo de sus últimas posesiones, reverenció a los espíritus liberados y, jurando los votos de los nirgranthas, tomó la iniciación (*dīkṣā*) como monje mendicante. Los dioses se congratularon. El tercer momento auspicioso de la carrera del último *jina* había tenido lugar.

## LA PRÁCTICA ESPIRITUAL (*SĀDHANĀ*)

Desde ese día Vardhamāṇa se dedicó a peregrinar como mendicante (*bhikṣu*) por los bosques y senderos del valle del Ganges. Acababa de sumergirse en la antiquísima tradición ascética, yóguica y shramánica del Norte de la India.

Seguramente, primero vivió como nirgrantha itinerante en la región de Videha/Vṛijjīs. Luego, rompió cualquier conexión con otros nirgranthas. A los trece meses decidió renunciar a las vestimentas; unos ropajes que el mismísimo Indra le había donado el día de la iniciación. Durante el resto de su vida Mahāvīra permaneció desnudo. Esto supuso una primera ruptura con la tradición transmitida por Pārśva –al menos así se desprende de los textos–, y sería un importante tema de disputa en el futuro [véase capítulo 12]. Según la corriente Digambara ningún auténtico nirgrantha, y mucho menos alguien que iba a convertirse en *tīrthaṅkara*, podía estar apegado siquiera a un harapo. Consecuentemente, según los digambaras, Vardhamāṇa se deshizo de sus ropas el día de su iniciación.

Durante más de doce años se dedicó con ahínco al ascetismo (*tapas*) y la meditación (*dhyāna*). Para captar la esencia del jainismo es vital comprender el alcance de estas prácticas, que ya enfocamos en el capítulo anterior.

## EL *TAPAS*

Los textos jainistas insisten una y otra vez en que un verdadero *śramaṇa* tiene que ser insensible al hambre o a la sed, al fuego o al hielo, a la suciedad o al sueño, al apetito sexual o al deseo de unos ropajes. En otras palabras, un *śramaṇa* tiene que independizarse del cuerpo, síntesis de lo contingente, de lo perecedero; del mundo de la acción (*karma*) y la transmigración (*saṃsāra*). Para trascender el cuerpo la tradición hindú insiste en el poder del ardor espiritual (*tapas*), causado por distintas mortificaciones o prácticas físicas. En el caso de Vardhamāṇa la penitencia más usual consistió en el ayuno. El *tapas* jainista no otorga apenas valor a la ordalía –al menos, en teoría–, sino que se aposenta en el principio de *privación*. No es la automortificación o insensibilidad al dolor lo que cuenta, sino la capacidad de resistir la privación –a la falta de alimentos, a los insultos de los demás, a la falta de cariño, etc.–. Vardhamāṇa comenzaba ayunando dos días y gradualmente alargaba los períodos de abstinencia, llegando a realizar ayunos parciales de hasta ocho meses.[17] Todavía hoy, muchísimos jainistas practican diversos tipos de ayunos como expresión de su orientación espiritual, tratando de emular los años de ascetismo que condujeron al Jina a la iluminación.

Como sabemos, en la India el prestigio del *tapas* es antiguo [véase pág. 123]. La literatura hindú está repleta de narraciones de ascetas –y no pocos demonios– que habían acumulado tanto ardor ascético que los mismísimos dioses veían peligrar su posición. Para placar ese poder los dioses suelen enviar a una doncella para que tiente al asceta (*tapasvin, tāpasa*) y confunda sus pensamientos. De lo contrario, con sus poderes milagrosos (*siddhis*) el asceta podría forzar a la divinidad a comparecer ante él y obligarle a concederle una gracia. Por eso, en la India, los hombres santos (*sādhus*) y los yoguis (*yogins*) han sido temidos por los poderes sobrenaturales conseguidos por medio de su ardor y/o como bendición de los dioses. Dentro de la tradición jainista, Gośāla vendrá a ejemplificar el caso del *tapasvin* diestro en los poderes sobrenaturales, pero atrapado por su misma magia. Ése es el gran peligro del *tapas*. Los *siddhis* tientan al monje con la oferta de un vano dominio del mundo.[18] El asceta queda prendado de *su* poder y es incapaz de trascender su condición "divina" y deshacerse del ego. La ascesis como medio de obtener poderes o méritos en otras vidas era incompatible con la visión de Mahāvīra.

En claro contraste con la imagen del mago caído, la tradición jainista ha recogido multitud de historias de ascetas que, apoyados en el ardor ascético (*tapas*) y en letanías mágicas (*mantras*), son capaces de apartar todo obstáculo y –he aquí la diferencia– favorecer el jainismo. Las hagiografías de los *dādāgurus* śvetāmbaras del medioevo [véanse págs. 277-278] y, en verdad, las de casi cualquier maestro reputado, están repletas de referencias a su ardor ascético y sus poderes ocultos derivados del *tapas*. El propio Bāhubali, en su formidable ascesis de un año entero, adquirió tamaños dones sobrenaturales que su poder era capaz de hacer temblar los Tres Mundos del cosmos.[19] La potencia del *tapas* es inimaginable. Lo mismo que los *mantras*. Los textos jainistas no cesan de mencionar fórmulas esotéricas gracias a las cuales el asceta puede exorcizar demonios, vencer enemigos, otorgar fortuna a las mujeres, favorecer la victoria en la batalla y hasta encontrar tesoros ocultos. No obstante, aunque la tradición alaba constantemente los poderes sobrenaturales de sus ascetas, la misión del ascetismo en la soteriología es distinta. Dentro de la senda jainista el *tapas* es el gran *purificador* y protector.

De hecho, el sentido de *tapas* en el jainismo se aleja del de "ardor" y hasta del de "ascesis" para significar algo así como "purificación conseguida por algún esfuerzo". O traducido en lenguaje panindio: *tapas* equivaldría a *yoga*. Con el *tapas* el asceta quema las pasiones y los apegos y con el *tapas* se escuda de ellas, cual coraza que repele las flechas de la pasión y el apego.[20]

La ascesis no es otra cosa que la independencia del cuerpo. Por eso, al principio de privación el *tapas* jainista añade el principio del cuidado (*samiti*) y el control (*gupti*) absolutos. Control y cuidado al caminar, al hablar, al dormir, al excretar, al beber, etc. En todo momento, mirando de no dañar a ningún ser vivo, de no dejar paso al orgullo, la codicia, la ira. La estricta conducta del monje jaina es un acto de *tapas*.

## EL *DHYĀNA*

Como otros yoguis de la antigüedad, Mahāvīra no se contentó con las privaciones del *tapas*. Además del ayuno y el control corporal, su práctica incluía también la reflexión, el voto de silencio o la meditación. Para Mahāvīra, la ascesis sin conexión con la purificación interna vía la meditación (*dhyāna*) era infructuosa.

Lo que el asceta debe hacer es liberarse gradualmente del agente que anhela –el ego–, cultivando la total ecuanimidad (*sāmāyika*), que es el nombre habitual utilizado por el jainismo para referirse a las prácticas meditativas. El asceta, que ya se ha retirado de la sociedad por la iniciación, que ha trascendido el cuerpo y los emociones por el *tapas*, debe superar ahora el entorno psíquico y lingüístico. La meditación consiste en retirar la mente y los sentidos de todo objeto externo y enfocar la atención en un solo punto, de modo que se detenga cualquier identificación con el cuerpo o la mente. Trascendiendo la condición humana el yogui alcanza la ecuanimidad, expresada en forma de indiferencia hacia los estímulos externos y bajo la forma de un desapasionamiento completo.

Aunque Mahāvīra compartía el énfasis del budismo o del Sāṃkhya en la meditación, para él ésta tenía que complementarse con una conducta de total abnegación y control de las pasiones. Su posición es semejante al Yoga clásico de Patañjali. La visión profunda tenía que compaginarse con la conducta austera ejemplar. El *dhyāna* con el *tapas*. Acabar con el espejismo del ego es tarea de la meditación; para poner fin al confinamiento corporal se precisa el ascetismo.

## LOS AÑOS DE ASCESIS Y MEDITACIÓN

Las historias de sus años de peregrinaciones están repletas de anécdotas. Se dice que a los dos años de itinerar como *śramaṇa*, cuando pernoctó en Nālandā, el asceta Gośāla –futuro jefe de los ājīvikas– se le unió. Tras seis años de práctica espiritual compartida, se separaron. La soledad encajaba mejor en el espíritu de la práctica nirgrantha. Los textos muestran siempre a un hombre imperturbable e impasible ante a las inclemencias de la vida. Multitud de dioses celosos, hombres malvados, damiselas perversas, gentes de tribus primitivas, fieros animales o geniecillos de los bosques, lo molestaban y ponían a prueba continuamente, fracasando siempre. Incluso cuando los habitantes de la remota y salvaje región de Lāḍha –identificada con el centro de Bengala– le apedrearon y lincharon, el gran asceta se mantuvo firme, sin desviarse un ápice de sus prácticas:

> «Como el agua que no se adhiere a la copa de metal, o el colirio a la madreperla [de igual forma los deméritos no hallaron lugar en él]; su senda era inquebrantable como la de la vida; como el firmamento no requería soporte alguno; como el viento no conocía obstáculo alguno; su corazón era puro como el agua [de los ríos o los estanques] en otoño.»[21]

Siempre entregado a las más arduas privaciones, practicando la ecuanimidad, Vardhamāṇa conquistó las desazones físicas y morales (*parīṣahas*) que en el futuro todo monje jainista tendrá que dominar [véase pág. 507]. Al caminar concentrado en no dañar a los diminutos seres de la tierra, pues él, al escrutarlos, había comprendido que estaban imbuidos de *vida*.[22]

No pasaba más de una noche en una misma ciudad, ni cinco en una aldea,[23] para evitar todo exceso de hospitalidad por parte de la gente. A veces recalaba en refugios para viajeros, otras en lugares alejados: un crematorio, alguna casa abandonada, bajo un árbol.[24] Se apartaba voluntariamente de los lugares donde se contaban fábulas, donde había combates de lucha o se escenificaban piezas de teatro. Como otros *śramaṇas*, Vardhamāṇa sólo se permitía fijar su estancia durante los meses de la estación de lluvias, cuando las carreteras de la India se tornan impracticables. Con esta norma, que más tarde imitaría el Buddha y que todavía perdura entre los renunciantes jainistas, se pretende evitar causar daño a la infinidad de vidas que aparecen por doquier con la llegada de los monzones regeneradores. Sus precauciones a la hora de tomar la comida que la gente le proporcionaba eran máximas: invariablemente vegetales, nunca alimentos especialmente preparados para él, siempre sobre las palmas de sus manos, etc. Cuando la gente le preguntaba quién era y por qué estaba ahí, el asceta permanecía mudo.

Alguien así no es un hombre.

FIGURA 1: *Imagen del* tīrthaṅkara *Nemi y sus escoltas. Rajasthan, siglo* XI.
*Freer Gallery of Art & Arthur M. Sackler Gallery, Smithsonian Institution, Washington.*

FIGURA 2: *Atrio con los veinticuatro* tīrthaṅkaras *en el templo de Raṇākpur, Rajasthan, siglos* XIV/XV. *(Foto: Thomas Dix.)*

FIGURA 3: *Soberbio bronce de un* jina *digambara en meditación, posiblemente Mahāvīra. Karnataka o Tamil Nadu, siglo* IX. *Los Angeles County Museum of Art, de la Nasli & Alice Heeramaneck Collection. (Foto: Museum Associates/LACMA.)*

FIGURA 4: *El cosmos incorporado en el Ser Cósmico (*Lokapuruṣa*). En la zona de las piernas, el Mundo Inferior. En el centro, el Mundo Intermedio. En el torso, los cielos del Mundo Superior. En la frente, la media Luna o Campo Ligeramente Inclinado donde moran los liberados. Gouache, siglo* XVI*, Gujarat.*

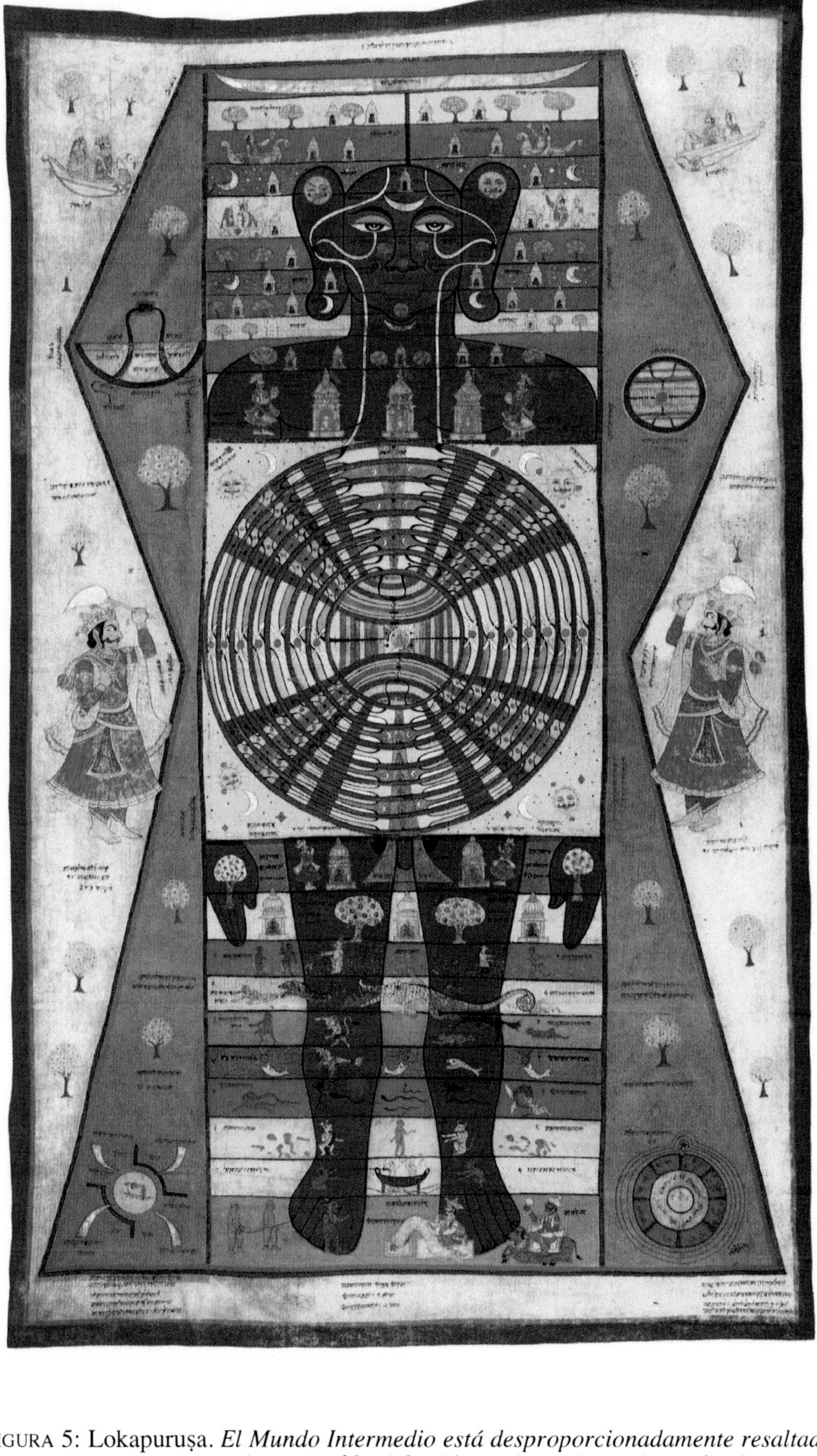

FIGURA 5: Lokapuruṣa. *El Mundo Intermedio está desproporcionadamente resaltado para mostrar sus innumerables islas* (dvīpas) *y océanos* (samudras). *Rajasthan, finales del siglo* XIX. *Linden Museum, Stuttgartt.*

FIGURA 6: *Jambūdvīpa y sus continentes. El segundo anillo es Dhātakīkhaṇḍadvīpa. El tercero, Puṣkaradvīpa. Gouache sobre tela. Noroeste de la India. Colección de Carlos Cruañas. (Por cortesía de Carlos Cruañas.)*

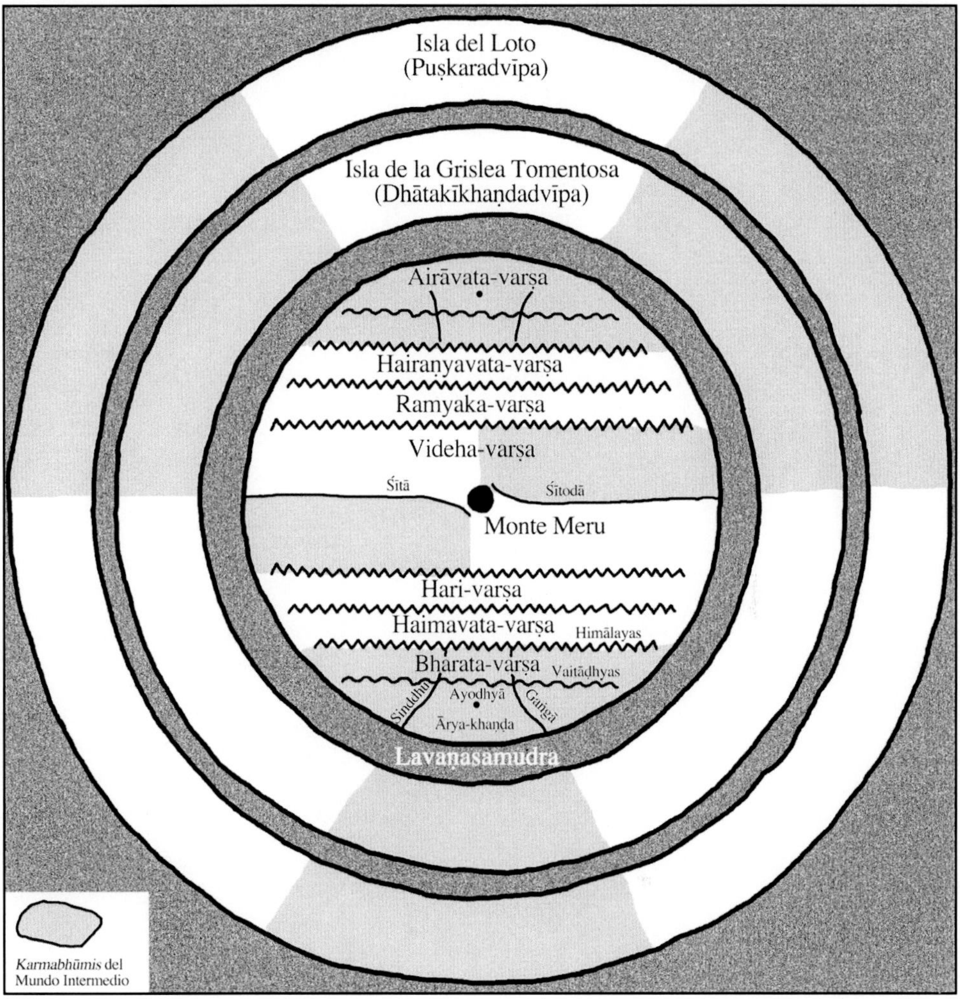


FIGURA 7: *Representación esquemática de Jambūdvīpa con sus continentes y algunos puntos importantes. En gris las zonas del Mundo Intermedio donde la liberación es posible. (Fuente: Agustín Pániker, a partir de la* FIG. *6.)*

FIGURA 8: *El* samavarasaṇa-paṭṭa *o asamblea sagrada en forma de* maṇḍala.
*Pintura de Rajasthan, 1800.*

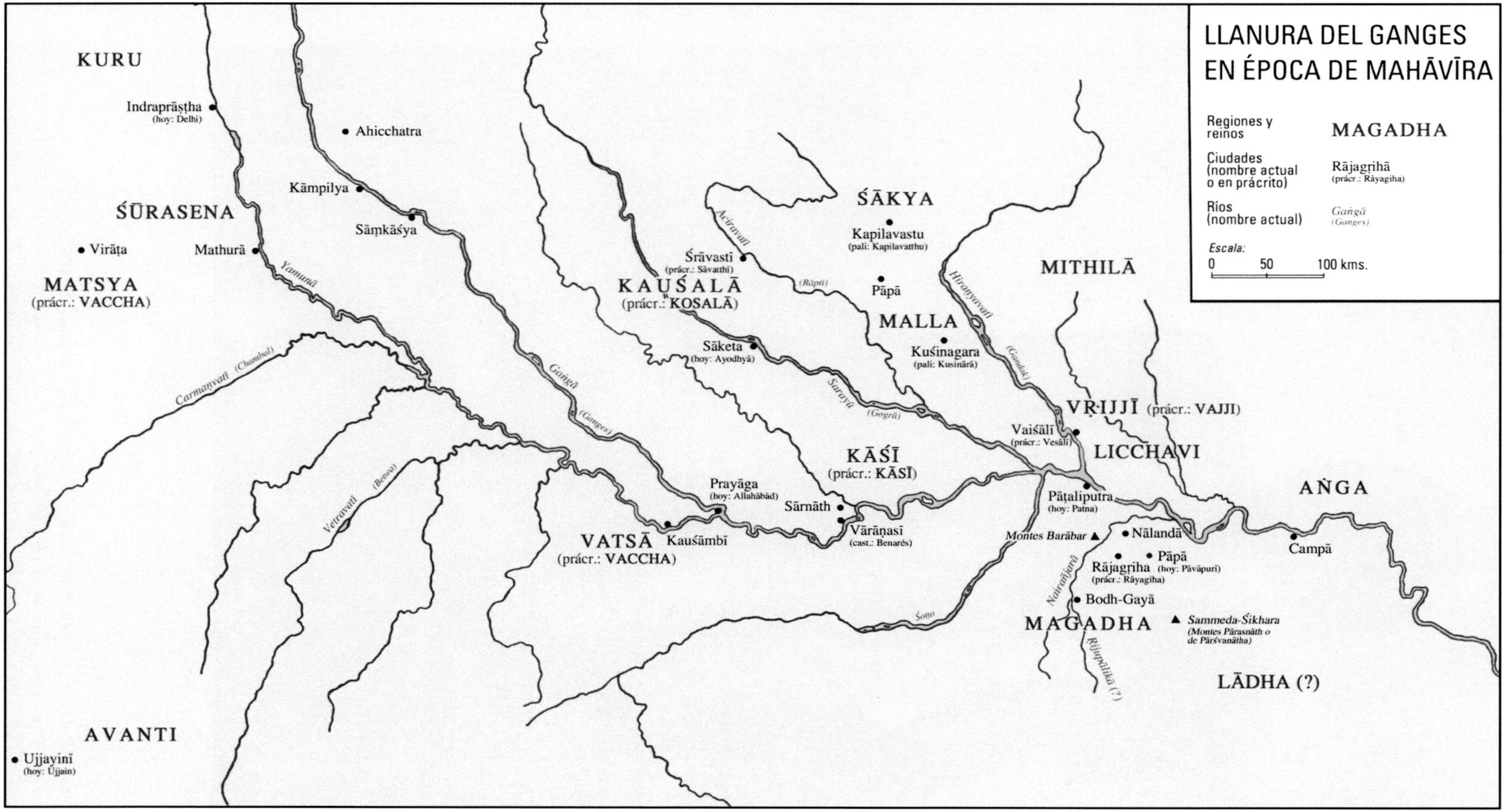


FIGURA 9: *La llanura del Ganges en época de Mahāvīra, con algunas de las ciudades y los reinos más poderosos. (Fuente: Agustín Pániker, a partir de É. Lamotte,* History of Indian Buddhism.)

FIGURA 10: *La imponente estatua de Bāhubali en Śravaṇabeḷgoḷā, Karnataka. Nótense las enredaderas que crecen por sus piernas y brazos. El santo está en la clásica postura de abandono del cuerpo (*kāyotsarga*). (Foto: Jaume Gurgui y Pilar Pichon.)*

FIGURA 11: *La estatua de Bāhubali, también llamado Gomateśvara, en el santuario digambara de Śravaṇabeḷgoḷā, Karnataka, poco después de la Ceremonia de la Unción de 1993. (Foto: Agustín Pániker.)*

FIGURA 12: *Pārśva de pie, protegido por la cobra de mil cabezas y escoltado por Dharaṇ endra y Padmāvatī. Bajorrelieve del templo de Raṇākpur, Rajasthan, siglos* XIV/XV. *(Foto: Agustín Pániker.)*

FIGURA 13: *Mahāvīra como el perfecto liberado entronizado en el Lugar Ligeramente Inclinado. Ilustración de un* Kalpa-sūtra *fechado en el año 1464. (Por cortesía de la editorial Munshiram Manoharlal.)*

FIGURA 14: *Los once* gaṇadharas. *En el centro de la tercera fila el símbolo del* Oṃ. *Ilustración de un manuscrito de un* Kalpa-sūtra, circa *siglo* XVII. *(Por cortesía de la editorial Munshiram Manoharlal.)*

FIGURA 15: *Entrada a la cueva de Lomaśa Ṛṣi en los montes Bārabar, cerca de Gayā, Bihar, siglo -III. Este grupo de cuevas ha sido asignado a los ājīvīkas. (Foto: Archaeological Survey of India. Por cortesía de la British Library, Londres.)*

FIGURA 16: *Un grupo de ascetas śvetāmbaras sthānakavāsīs camino de Pāliṭānā, Gujarat. (Foto: Ann y Bury Peerless.)*

FIGURA 17: *Monjes y monjas digambaras en camino de Śravaṇabeḷgoḷā, Karnataka. (Foto: Christophe Boisvieux.)*

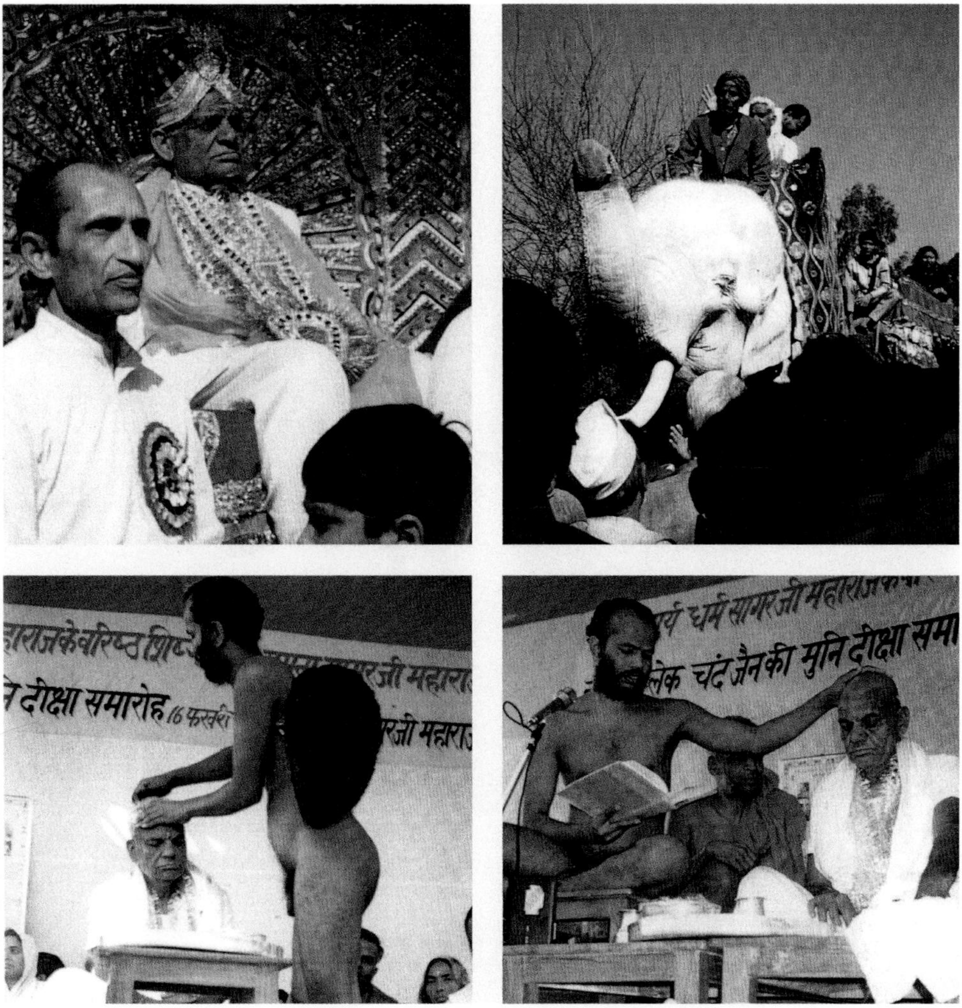


FIGURAS 18-21: *Escenas de una iniciación digambara en Nueva Delhi. La víspera, el candidato –un acaudalado empresario de 60 años–, es llevado en procesión, ataviado como un rey, por las calles del vecindario. El día de la iniciación es llevado a lomos de elefante al lugar concertado, donde más de seis mil miembros de la comunidad atendían el rito. Después de ayudarle a raparse el cabello el maestro realiza el rito utilizando los antiguos textos. (Fotos: Kurt Titze. Por cortesía de la editorial Motilal Banarsidass.)*

FIGURA 22: *Asceta digambara desnudo en camino (*vihāra*). Únicamente lleva su escobilla de plumas de pavo real y un pequeño cántaro con agua. (Foto: Kurt Titze. Por cortesía de la editorial Motilal Banarsidass.)*

FIGURA 23: *Ascetas śvetāmbaras mūrtipūjakas en camino (*vihāra*), con los enseres típicos: las tres piezas de tela, la escobilla, el bastón y el cuenco de limosnas. (Foto: Kurt Titze. Por cortesía de la editorial Motilal Banarsidass.)*

# 9. EL *JINA* MAHĀVĪRA

## ILUMINACIÓN

Vardhamāṇa se mantuvo inquebrantable en sus prácticas ascéticas y en las meditaciones sobre la naturaleza íntima del ser. Purificado por el *tapas* había eliminado todo rastro de apego por este mundo o cualquier otro mundo más allá. Suspendido de la condición humana por el *dhyāna*, su espíritu refulgía libre de todo lastre kármico.

El *Ācārāṅga-sūtra* dice que su vagabundeo de doce años, seis meses y quince días le llevó al Este de Magadha, a una región próxima a Bengala, a orillas del río Ṛijupālikā, en las afueras del pueblo de Jṛimbhikagrāma. No lejos de un templito, bajo un árbol, cuando la Luna estaba en conjunción con la constelación de Uttaraphālguṇi, el segundo mes de verano, sentado en postura del loto [ver FIG. 3], expuesto al tórrido Sol, concentrado en la más honda meditación, Vardhamāṇa alcanzó la iluminación, el conocimiento (*jñāna*) único (*kevala*), la omnisciencia.[1]

Había dejado de ser Vardhamāṇa. Coincidía con el espíritu, limpio de cualquier impureza mental o corporal. Se había convertido en un vencedor (*jina*), un omnisciente (*kevalin*), un despierto (*buddha*), un héroe (*vīra*), un merecedor (*arhat*), un así-venido (*tathāgata*), un excelso (*bhagavat*)... Ahora se le conocería como el Gran (*mahat*) Héroe (*vīra*). Todos estos epítetos eran comunes a los grandes iluminados de la época, como muestra el hecho que también a Gautama el *buddha* se le proclamara *bhagavat* o *tathāgata*, o al ājīvika Gośāla se le llamara *jina*. Con la virtual desaparición de la tradición Ājīvaka y con la asociación inequívoca del título *buddha* para con Gautama, los de *jina* y *mahāvīra* pasaron a ser sinónimos de Vardhamāṇa. Hacia los siglos I/II debió popularizarse el término *jaina* para nombrar a los seguidores del Jina, y, alrededor del IX, está atestiguado que a los jainistas ya no se les llamaba nirgranthas, nombre que quedó exclusivamente reservado para los ascetas renunciantes. Aunque técnicamente *mahāvīra* es un epíteto y no un nombre, la universalización en su aplicación como tal lo ha convertido virtualmente en nombre propio. Él fue el héroe autoiluminado, sin la mediación de dioses o trucos mágicos, que se mantuvo impasible ahí donde el resto de mortales se estremecen: la aniquilación de toda contingencia. La aparición de un ente semejante sobre la faz de la Tierra es un hecho del todo infrecuente; tanto, que sólo unos pocos han merecido el título de *jina* o de *mahāvīra*.

## LA VISIÓN PROFUNDA

¿Qué es la iluminación jainista?, ¿qué vio o aprehendió Mahāvīra tras sus años de ascetismo y meditación?, ¿en qué se basaría su enseñanza? Es muy difícil conjeturar acerca de estas cuestiones. Para dilucidarlas sólo disponemos de los textos jainistas, la mayoría escritos muchos siglos después de la muerte de Mahāvīra. No obstante, si hurgamos en las fuentes más antiguas, las que se encuentran en las primeras secciones del *Ācārāṅga-sūtra* y del *Sūtrakṛitāṅga*, podemos discernir ciertas claves. No se trata de reconstruir un tipo de jainismo "original", tarea imposible, sino de dar con algunas líneas maestras que, plausiblemente, estarían detrás de la iluminación y enseñanza del Jina.

Lo primero que hay que mirar de entender es la naturaleza de la iluminación. En general, el jainismo reconoce cinco tipos de conocimiento válidos: el sensorial, el racional, el sobrenatural, el telepático y la omnisciencia. En otra parte profundizaremos en estas cuestiones epistemológicas. Lo que aquí importa es que, a medida que fue purificando su espíritu, Mahāvīra fue adquiriendo estas formas de conocimiento. Cuanto más límpido era su *jīva*, más elevado el tipo de conocimiento obtenido. En el momento en que ya sólo era coincidencia con el espíritu, Mahāvīra poseyó el conocimiento absoluto (*kevala-jñāna*), que es innato a todo *jīva*, pero ha estado oscurecido desde siempre por la impureza kármica. La referencia más clara acerca de su iluminación declara:

> «Aprehendiendo todos los objetos, conoció todas las condiciones de vida del universo, de los dioses, de los hombres y de los demonios; de dónde provienen, a dónde van.»[2]

La iluminación es la visión total que otorga acceso directo y simultáneo a todas las cosas y todas las relaciones del universo. Es un suceso gnóstico, ¡y no de los pequeños precisamente! Mahāvīra había conseguido detener la condición humana y acceder a un plano, el de la pura cognición, que le permitió aprehender los mecanismos del universo, la situación de atadura en la que se encuentran los seres y, lo que aún es más crucial, le permitió ser plenamente consciente de sí mismo. Los textos budistas lo confirman:

> «Amigo, el Nigaṇṭha Nātaputta [Mahāvīra], que es omnisciente y clarividente, declara saber con pleno conocimiento y visión: "Caminando, de pie,

dormido o despierto, siempre y en todo momento, el conocimiento y la visión están presentes en mí.»[3]

Esta proclama por parte de un ser humano fue única en la India védica. La tradición budista ni siquiera consideró que el iluminado Buddha conociera todos los objetos del universo, en todo momento y con todas sus posibles modificaciones. Al aprehender la naturaleza misma de las cosas Mahāvīra penetró todos los principios que conforman la realidad (*sat*). Vamos allí.

## LOS PRINCIPIOS FUNDAMENTALES

Tradicionalmente, la dogmática jainista suele resumirse en siete verdades o principios fundamentales (*tattvas*). Ciertamente, el jainismo no se reduce a este edificio doctrinal. Además, su formulación es relativamente tardía –siglos I/II–, y su sistematización le debe mucho al filósofo Umāsvāti (siglo III). No obstante, es posible que su contenido se asiente en la experiencia de Mahāvīra. Salvo el quinto principio, el resto es mencionado en el *Ācārāṅga*, bien que de forma desordenada.

Los principios fundamentales que el Jina aprehendió o que, en su defecto, la tradición acabó validando por la experiencia inmediada de Mahāvīra son:

1) la realidad de lo animado (*jīva*);
2) la realidad de lo inanimado (*ajīva*);
3) la fluencia (*āśrava*) de materia kármica;
4) la atadura (*bandha*) del espíritu a la materia kármica;
5) el rechazo (*saṁvara*) de más fluencia kármica;
6) la extinción (*nirjarā*) de la materia kármica;
y 7) la liberación (*mokṣa*) del ciclo de existencias.[4]

Como se observa, la lista es heterogénea, ya que se mezclan categorías ontológicas con otras cosmológicas. Desarrollemos este importantísimo esquema. Más adelante [véase capítulos 24, 25 y 32] profundizaremos debidamente en todos los principios. De momento sirve una pincelada.

Mahāvīra comprendió, igual que otros *śramaṇas*, que el mundo está repleto de espíritus (*jīvas*) o almas (*ātmans*).* Todo ser vivo (*jīva*) no es sino

* Aunque los textos más antiguos del jainismo utilizan la prácrita *āyā*, que es la equivalente exacta de la sánscrita *ātman*, con el tiempo los jainistas prefirieron el término *jīva* para expresar su concepto de mónada espiritual, si bien la utilización de *ātman* de forma sinónima ha sido corriente. *Jīva*, en todo caso, posee una connotación más general, que denota lo animado, el ser encarnado. *Ātman*, por su parte, correspondería más al *potencial* espiritual de todo ser, y más concretamente, de la naturaleza humana. Para nuestro trabajo es aconsejable la utilización de *jīva*, ya que el término es específicamente jainista y está libre de toda connotación monista o no-dualista que el término *ātman* posee en el brahmanismo.

una mónada espiritual (*jīva*), un espíritu asociado de una forma característica con lo no-espiritual (*ajīva*), es decir, el cuerpo material que lo alberga, el espacio y el tiempo. La aprehensión de este dualismo es la esencia de la iluminación: la diferencia radical entre la naturaleza espiritual y su falsa identidad con el cuerpo y la mente. Mientras esta identificación perdure, todas las acciones estarán guiadas por el cuerpo-mente, de modo que serán pasionales y egoicas.

Pero aunque la identidad sea falsa, la asociación es real. El espíritu está atrapado en las emociones, los sentidos, la psique y el lenguaje. Esta asociación es lo que el jainismo denomina atadura (*bandha*) de las mónadas espirituales. ¿Cómo se da esta atadura?, ¿por qué el espíritu está atrapado en la materia? Por la fluencia (*āśrava*). ¿Fluencia de qué? De *karma*. Según la concepción jainista del *karma*, las acciones de cuerpo, mente o habla *atraen* el polvo kármico que pulula libremente por el cosmos y acaban por impregnar al agente, lastrándolo sobre el mundo de las transmigraciones. Las acciones adhieren sus valencias al espíritu en forma de partículas materiales extremadamente sutiles. El *karma* se infiltra en el espacio de la mónada espiritual y construye un cuerpo sutil que le acompañará existencia tras existencia. Esta funesta asociación del *jīva* con el *ajīva* es eterna, como el propio universo. Esta concepción material del *karma* es única del jainismo –posiblemente tomada del materialismo–; no la hallamos ni en el budismo ni en el brahmanismo.

Gracias a sus años de ascetismo y meditación Mahāvīra logró la extinción (*nirjarā*) y el rechazo (*saṁvara*) de este *karma*. ¿Cómo? A través de la comprensión profunda de estas verdades o principios y la conducta consecuente: el respeto por toda forma de vida (*ahiṃsā*) y el desapego (*aparigraha*). La iluminación no es una visión explosiva –más bien es la silenciosa autoconciencia, libre de toda mediación–, sino también la conducta ejemplar. Mahāvīra se esforzó en eliminar y extinguir la fuerza de gravedad del *karma* ya acumulado y rechazó la entrada de nuevo *karma*, y la condición resultante fue la purificación total del espíritu. La práctica espiritual jainista consistirá en liberar el *jīva*, vía la conducta purificada por la ascesis y la meditación, de las ataduras kármicas o materiales. La realización plena del *jīva*, la conciencia pura en su solitud y aislamiento, es la liberación (*mokṣa*), la auténtica *libertad*.

Los antiguos teóricos jainistas –varios siglos posteriores a Mahāvīra, desde luego–, gustaron de colocar estos principios fundamentales en pares opuestos. La primera oposición se daría entre lo espiritual (*jīva*) y lo no-espiritual (*ajīva*). La segunda, entre la atadura (*bandha*) y la liberación (*mokṣa*). La siguiente, entre la virtud (*puṇya*) y el demérito (*pāpa*). Luego, entre la fluencia (*āśrava*) y el rechazo (*saṁvara*). Finalmente, los opuestos de la experiencia kármica (*vedana*) y la extinción kármica (*nirjarā*). Como ha dicho K.K. Dixit, esta esquematización sería una especie de Cinco Nobles Verdades jainistas, diseñadas para contrarrestar la doctrina budista de las Cuatro Nobles Verdades.[5]

# LA PREDICACIÓN

Si una vez iluminado Mahāvīra hubiera permanecido en solitario, a la espera de agotar los últimos resquicios kármicos hasta la extinción final (*nirvāṇa*), habría pasado a formar parte de los infinitos perfectos liberados de distintos eones cósmicos. Pero el Jina optó por permanecer en el mundo para organizar, por enésima vez, una comunidad de ascetas. Por eso no fue ni un perfecto (*siddha*) ni un iluminado solitario (*pratyekabuddha*), sino un fundador de comunidad (*saṃgha, tīrtha*), un *tīrthaṅkara*. Y como todo *tīrthaṅkara*, su noble misión era proclamar la Verdad eterna a todas las criaturas.

## LA ASAMBLEA SAGRADA

Una tradición digambara afirma que después de la iluminación, el Jina ya no comió, habló ni durmió. Siguiendo un voto predicó el silencio con un monótono equivalente a la sílaba *Oṃ*,[6] pues un omnisciente no organiza ni sermonea nada. Tan desapegada es su condición que nada en el mundo le impele a ello. Como el Buddha del *Laṅkāvatāra-sūtra*, la palabra del Jina es una no-palabra, pues cualquier predicación no sería más que un constructo lingüístico-mental. El silencio del Jina es equiparable a su libertad y trascendencia de cualquier condicionamiento. Sin embargo, la tradición dice que un sonido sobrenatural (*divyadhvani*) en la divina lengua sin-sílabas (*an-akṣarī*) emanó de su cuerpo y fue escuchado e interpretado por sus oyentes, que lo traducirían a la lengua local. Así se compondrían los Sermones (*Sūtras*) de Mahāvīra. Más pragmáticamente, el *Ācārāṅga-sūtra II* –el *I* es mudo respecto a su etapa de *tīrthaṅkara*– nos cuenta que por compasión el Jina enseñó abiertamente la doctrina.

Una vez las divinidades se enteraron de que el nuevo *jina* había alcanzado la iluminación, se congregaron para celebrar este cuarto momento auspicioso de la vida del *tīrthaṅkara*. Las versiones de lo que sucedió varían, pero podemos realizar una síntesis.

De inmediato, los dioses construyeron una sala o asamblea sagrada (*samavarasaṇa*), como ya lo habían hecho en veintitrés ocasiones en este ciclo descendente, para que el Jina diera su primer sermón. Esta noción es de la máxima importancia para el arte y la iconografía jainistas. Consiste en un escenario cuadrado –a veces circular–, cerrado por una serie de balaustradas concéntricas conectadas por pasillos, que serán ocupadas por los distintos tipos de audiencias. El conjunto, siempre ricamente decorado, es un diagrama místico (*maṇḍala*), una representación del cosmos centrada en el Jina [ver FIG. 8].

Este primer sermón iba a darse por la noche, en la montaña de Vipulācala, cercana a Rājagṛiha, en presencia de los dioses. Puesto que las divinidades no pueden formar parte de una comunidad espiritual, finalmente Mahāvīra no habló. Pero a la mañana siguiente ya se dirigió a dioses, humanos y animales por igual. Situado en el centro de la sala, sobre un trono con el emblema del león y bajo el árbol insignia, Mahāvīra se encaró al Este. Rápidamente, las consortes de los dioses crearon tres réplicas suyas para que el Jina mirara en las cuatro direcciones y todas las audiencias pudieran escucharle a la perfección. Detrás, apareció el halo divino. Está claro que la descripción de la asamblea equipara la imagen de un gobernante temporal (*cakravartin*), señor de los cuatro puntos cardinales, a la del soberano espiritual (*jina*), señor de los Tres Mundos. Se dice que esta segunda asamblea se situó en un santuario (*caitya*) dedicado al *yakṣa* Pūrnabhadra, en las afueras de Campā.

Padmanabh Jaini dice que todo templo jainista es una réplica de esta asamblea sagrada,[7] que a su vez es el símbolo de la iluminación del *tīrthaṅkara*, el emblema que representa el cuarto momento auspicioso en la vida de todo *jina*. El motivo de la asamblea sagrada es, seguramente, el mejor símbolo de la comunidad jainista. En claro contraste con el modelo sacrificial védico, ahí se congregan todos: los monarcas, los laicos y laicas, las divinidades o los animales para escuchar las excelencias de la no-violencia. El mensaje es verdaderamente universal. Muy pocas religiones poseen una expresión simbólica de su comunidad tan viva y rica como el *samavarasaṇa*. Ken Folkert ha advertido que estructural y simbólicamente lo más parecido es el *stūpa* budista.[8] Desde el punto de vista del arte y el ritual, la imagen es comparable a la de la crucifixión en el mundo católico.[9]

## LOS AÑOS DE PREDICACIÓN

Si previamente a la iluminación Mahāvīra hubiera predicado alguna enseñanza es posible que contuviera errores. Tras la omnisciencia, sus discursos –traducidos, si se quiere, por sus discípulos– serían siempre impecables.

Se dice que los primeros conversos fueron once *brāhmaṇas* de gran reputación que habían acudido a las proximidades de la asamblea sagrada para participar en un gran sacrificio védico. A cada uno de ellos convenció con un sermón excelso sobre la realidad del espíritu (*jīva*), sobre la realidad del *karma*, sobre la realidad de su ligazón al cuerpo (*bandha*), sobre la realidad de la liberación (*mokṣa*)... es decir, sobre los siete principios fundamentales de la doctrina jainista. Los once *brāhmaṇas* tomaron la iniciación y fueron declarados cabezas de escuela (*gaṇadharas*). Cada vez que un maestro de extracción *brāhmaṇa* se convertía a la enseñanza del Jina, aportaba a la comunidad a todos sus pupilos. Se cuenta que tras la conversión de los once *gaṇadharas* la orden pasó a contar con más de cuatro mil miembros. Entre estos *gaṇadharas* destacó Gautama Indrabhūti, su primer discípulo [véanse págs. 174-175]. Gautama traducía al magadhi (*magadhī*), la lengua prácrita de la región, los sonidos ininteligibles del Jina. La utilización de una lengua prácrita, de una lengua del vulgo, en contraste con el refinado sánscrito de los *brāhmaṇas*, ilustra bien su deseo de ser comprendido por todos y el rechazo al elitismo brahmánico.

Durante los siguientes treinta años Mahāvīra y los *gaṇadharas* deambularon por todo el Norte de la India enseñando la doctrina. Se narran las prontas conversiones de los padres que lo concibieron –Ṛiṣabhadatta y Devānandā–, y también de su propia hija Priyadarśanā y su esposo Jamāli. Luego vendrán las de su tía Jayantī, el rey Udāyana o los mercaderes Sumanobhadra, Supratiṣṭha o Ānanda. Los textos cuentan también los debates con renunciantes *brāhmaṇas*, mendicantes sāṃkhyas, monjes budistas, con el ahora líder ājīvika Gośāla o con los seguidores de la orden de nirgranthas de Pārśva.

Al parecer Mahāvīra se dirigió especialmente a los mercaderes y a la aristocracia culta. Al menos, ésos fueron los colectivos más abiertos a escuchar un nuevo mensaje. Entre los comerciantes destacó el rico mercader Upāli, que hizo grandes donaciones a la orden, o el banquero Mṛigāra. Los textos hablan de que también los grandes reyes Śreṇika y Kuṇika de Magadha le apoyaron, aunque los budistas los reclaman igualmente como "suyos" –con los nombres de Bimbisāra y Ajātaśatru–. A decir verdad, lo cierto era que los dignatarios de la época tenían como costumbre reverenciar a los distintos líderes de órdenes y sectas religiosas. Hay que tomar con cierta cautela los relatos jainistas o budistas de reyes "convertidos" a sus credos. No obstante, es probable que Mahāvīra estuviera emparentado con la nobleza del Ganges. El hecho de que se diga que Mahāvīra pasara nada más y nada menos que catorce estaciones de lluvias en Rājagṛiha muestra que debió ejercer alguna influencia sobre los reyes de Magadha. Es muy posible que su tío Ceṭaka, rey-gobernante de Vṛijjīs, su confederación de nacimiento, financiara abiertamente a los nirgranthas e incluso llegara a convertirse. Significativamente, Ceṭaka ni se menciona en el canon budista. Un peso nada despreciable en la aceptación de los movimientos shramánicos vino del lado de las reinas y princesas. Algunas llegaron a arrastrar a príncipes y reyes a la senda ascética. Así, con el respaldo de las aristocracias, la religión jainista comenzó a extenderse por Aṅga y Magadha.[10] Aunque la única región mencionada por el *Ācarāṅga* es la remota Lāḍha, el *Kalpa-sūtra* –más tardío– dice que, entre sus doce años de ascetismo y los treinta de predicación, Mahāvīra visitó las principales ciudades del llano del Ganges [ver FIG. 9];[11] un área que comprendería los actuales estados de Uttar Pradesh, Bihar y Bengala.[12]

## LA ORGANIZACIÓN DE LA COMUNIDAD

El jainismo primitivo debió ser un movimiento bastante marginal y exclusivamente ascético. A pesar de las historias de mercaderes, banqueros y reyes convertidos, no puede hablarse de una comunidad de laicos. Aunque los ascetas interaccionan con los laicos para procurarse alimento o cobijo, a los dadores no puede considerárseles jainistas. Richard Gombrich ha notado que en la antigua India el deber de todo cabeza de familia era alimentar a cualquier mendicante que llamara a su puerta.[13] No conocemos de la existencia de una comunidad laica "jainista" hasta los siglos -II/-I [véase pág. 224], bien que debió de consolidarse algún tiempo antes.

Al igual que el budismo, inicialmente el jainismo gravitó exclusivamente alrededor de los ascetas. Eso no significa que existiera una comunidad de monjes centralizada –y menos una Iglesia jainista–. En los textos más antiguos no se menciona jerarquía monástica alguna. La única figura que aparece es la del instructor (*śāstā*), que debería ser simplemente un asceta que impartía las primeras enseñanzas a los jóvenes *śramaṇas*. De hecho, en los textos más antiguos ni se menciona al cabeza de escuela (*gaṇadhara*), al maestro (*ācārya*) o al preceptor (*upādhyāya*), figuras típicas de la organización posterior. De ahí K.K. Dixit colige que la práctica habitual sería la del asceta solitario, a lo sumo de un pequeño grupo de novicios en compañía de un instructor común.[14]

## LO QUE MAHĀVĪRA ENSEÑÓ

Como tantos místicos Mahāvīra no construyó ningún sistema doctrinal o filosófico, sino que dio recetas prácticas para liberarnos de la acción. No sorprenderá, pues, que los más antiguos textos jainistas no se explayen demasiado en explicar la situación de atadura de los seres, ni de indagar en los principios cosmológicos. De hecho, tan vagas aparecen estas cuestiones que apenas dicen nada sobre el *karma* que no pudiera ser también sostenido por teóricos brahmánicos o budistas.[15] Igualmente, rasgo característico del jainismo antiguo es su nulo interés en las cuestiones mitológicas. Ni se habla de los continentes o islas del Mundo Intermedio, ni de los cielos, ni hay trazo de los sesenta y tres seres excelsos que aparecen en las recensiones clásicas de la Historia Universal. Incluso los relatos eulogísticos de la vida de Mahāvīra son muy austeros. En cambio, las enseñanzas prácticas abundan en el *Ācārāṅga-sūtra I* y el *Sūtrakṛitāṅga I*, las dos porciones más antiguas del canon jainista.

### LA RENUNCIA Y LA DUREZA ASCÉTICA

La vía que Mahāvīra promulgó tenía que ser estrictamente individual. El ideal era el del héroe solitario que se adentra en territorios despoblados, en las junglas o la cima de alguna montaña. El jainismo más antiguo insiste contundentemente en que el auténtico *śramaṇa* debe relacionarse lo mínimo con la laicidad. No puede dar discursos religiosos como "pago" por los alimentos que le proporcionan los hombres-en-el-mundo. Es más, a diferencia del jainismo clásico y contemporáneo, se prohibía al nirgrantha que se aproximara a los que fueron sus parientes antes de su iniciación en la orden.

La práctica cotidiana incluía constantes restricciones, generalmente ayunos, pero también mortificaciones del cuerpo. La vida del asceta, tal y como aparece en los primeros textos, destaca por su dureza (*upasarga, parīṣaha*). Los alimentos y camastros tenían que ser lo más parcos posible. Nada de medicinas. En caso de enfermedades, se recomendaba una dieta reducida; en caso de una afección incurable, un ayuno definitivo que llevara a la muerte. Esta práctica no ha desaparecido por completo.

Esta vía ascética rigurosa puede parecer exagerada, sobre todo si la comparamos con la senda budista. Como algunos sabrán, el Buddha proclamó el Camino Medio (pali: *majjhimā-patipadā*) con el punto de mira puesto explícitamente en los extremos de la autoindulgencia –de los nihilistas– y de la automortificación –de los jainistas–. Para los jainas, empero, el Buddha flaqueó. Abandonó la vía de la purificación interior que combinaba el *tapas* y el *dhyāna* y se contentó con la meditación.

## EL APEGO, LA POSESIÓN Y LA VIOLENCIA

Si existe un concepto que resuma, desde siempre, la esencia del mensaje jainista, ése es la no-violencia (*ahiṃsā*). La excepcional centralidad de la *ahiṃsā* en la ética y la senda jainista seguramente le debe mucho a Mahāvīra.

La noción de *ahiṃsā* está endiabladamente ligada a los conceptos de apego, posesión o violencia. Para Mahāvīra, las dos acciones del ignorante, del atado al mundo, son la posesión (*parigraha*) y la violencia (*ārambha, hiṃsā*). La posesión o el apego por las cosas no es malo en sí mismo; lo es en la medida en que hacer el bien a las posesiones –materiales, emotivas, sociales– implica inevitablemente una actitud de daño y violencia hacia otros seres. No se puede preservar un bien sin dañar a otros. Luego toda actitud violenta está más o menos enraizada en una actitud de apego.[16] La violencia, la posesión y el apego son las causas de toda actividad que nos ata.

Los textos antiguos no cesan de clasificar todos los posibles objetos de apego –bienes materiales, parientes, ideales, etc.– y los objetos de violencia –seres móviles (*trasa*), como los humanos, los animales o los insectos, y los inmóviles (*sthāvara*), como las plantas, cuerpos del agua, del fuego, del aire y de la tierra–. Cada vez que los *Sūtras* se refieren a la violencia se sobreentiende que las posibles víctimas son *todos* estos tipos de *jīvas*.

El desapego y la renuncia al mundo son inevitables si se quiere dejar de violentar a los múltiples seres vivos que habitan el cosmos. La vida de apego y posesión (*parigraha*) queda ineluctablemente asociada a la esfera del cabeza de familia:

> «Sabiendo que [la posesión] conlleva el sufrimiento en este mundo, y grandes dolores en el siguiente, ¿quién osaría llevar una vida doméstica cuando sabe que todo debe perecer?»[17]

En los textos del jainismo más antiguo –escritos por ascetas, para ser memorizados por ascetas–, la posición de los laicos no sale muy bien parada. Si toda actividad ata al espíritu, el hombre en el mundo, el cabeza de familia que no cesa de actuar, es un ser inevitablemente condenado a cometer violencia (*hiṃsā*) y a transmigrar. Es un ser espiritualmente ignorante, y ello se refleja en su comportamiento negligente, descuidado y, en último término, violento. El laico está en un círculo vicioso. Debe vigilar sus posesiones materiales y familiares y para ello debe violentar a todo tipo de seres. Está claro que para el jainismo el apego y la posesión son el equivalente de lo que el budismo denominó "sed" (*tṛiṣṇa*; pali: *taṇhā*). Y lo que caracteriza una vida de semejante ignorancia es la falta de control.

## EL CONTROL Y EL CUIDADO

Por descuido y negligencia los humanos *castigan* el entorno. La actividad, tal y como la concibe el jainismo primitivo –y se corrrobora en los antiguos textos budistas–, se expresa mejor por el término castigo (*daṇḍa*)[18] que por el clásico de acción (*karma*), que es el utilizado por el budismo o el jainismo más tardío. Mahāvīra implica que toda acción física –corporal, mental o verbal– es dañina y castiga al espíritu y los demás espíritus, por buenas que sean las intenciones. Por contra, para el budismo, el carácter negativo del *karma* depende enteramente de la intención. Esta posición será luego adoptada por el jainismo, pero en los antiguos textos se entiende que *toda actividad* conlleva el influjo de partículas kármicas. Ciertamente, el asceta no puede evitar matar *accidentalmente* seres invisibles de la tierra o del aire. Así que esta acción, si se da en el contexto del riguroso cuidado ascético, del *quasi* obsesivo comportamiento de los ascetas para no dañar estos seres, entonces es kármicamente menos significativa que si se da por imprudencia o falta de control. El *Ācārāṅga-sūtra* es claro cuando dice que el asceta virtuoso recogerá los castigos de esa acción en esta vida; pero que si la acción ha sido cometida en desacuerdo con las reglas la gravedad es mucho mayor y las penitencias y arrepentimientos son inexcusables.[19] De ahí la enorme dificultad de la senda jainista y su tendencia a la inacción total, la ataraxia, por lo que el *Ācāraṅga* declara:

> «Una religión muy severa ha sido proclamada.»[20]

De lo que todavía el *Daśavaikālika-sūtra* se hará eco tiempo más tarde:

> «Este tipo de conducta sumamente difícil
> al mundo de los seres humanos
> no ha sido delineado en ningún otro lugar que en la filosofía nirgrantha.
> Para aquellos que anhelan la liberación
> una conducta semejante nunca ha sido prescrita en el pasado
> ni será nunca prescrita en el futuro.»[21]

## LA CENTRALIDAD DE LA *AHIṂSĀ*

Volvamos a la *ahiṃsā*. Por conveniencia el término suele traducirse como no (*a-*) violencia (*-hiṃsā*). Empero, una traducción más exacta, según Madeleine Biardeau, sería ausencia de voluntad de matar.[22] Las accpciones negativas en sánscrito son sumamente ricas. La negación de la violencia no remite a la ausencia de una cualidad, sino que afirma un estado que excluye la cualidad negada. Si *hiṃsā* es simplemente "violencia" –o el mal inherente al deseo de matar–, *ahiṃsā* es el cultivo de cualidades como la amistad, la paz, la compasión y el bienhacer. El término es afirmativo y positivo: es el deseo o la voluntad de no herir, matar ni causar daño a ningún ser vivo ni a uno mismo. En el jainismo, este concepto permea todas las dimensiones de la religión: la ética, la filosofía, la lógica, la dieta, la profesión o el arte.

¿De dónde surge este valor? Según Louis Dumont, aunque la *ahiṃsā* sería canalizada por el jainismo y el budismo, estas escuelas no serían más que los testigos de un desarrollo más vasto: la *ahiṃsā* viene de más lejos.[23] La *ahiṃsā* sería un valor cultural compartido por la antigua India que el jainismo llevó a sus últimas consecuencias o expresó de forma radical. El concepto remite directamente al ritual védico.

El sacrificio védico requería grandes dosis de violencia –en los combates rituales, en los sacrificios animales, en la guerra hacia los innobles y, quizá, en arcaicos sacrificios humanos–. Motivados por una aversión al derramamiento de sangre, paulatinamente los *brāhmaṇas* fueron investigando en sustitutos válidos, en otros objetos cargados de esencia sacrificial (*medha*) apropiados para ser destruidos y consumidos en el sacrificio. A medida que la doctrina del *karma* fue enunciándose, los sustitutos, homólogos y ritos de expiación se hicieron más necesarios. Porque, ¿qué beneficio habría en el sacrificio si la retribución del acto de matar a un ser vivo conduciría a un más allá poco halagüeño? Cierto que los *brāhmaṇas* consideraron que la muerte del animal en el contexto sacrificial no era en verdad un acto violento,[24] pues en la India la violencia no se concibe en términos morales en relación a la víctima, sino en el marco de las consecuencias para quien la ejerce. Pero pronto se vio que el desapego completo en todo acto y la renuncia podían evitar la retribución de los actos y escapar a la transmigración. No es casual que la *ahiṃsā* fuera principalmente un desarrollo de los renunciantes, brahmánicos o shramánicos. En vez de disfrazar los actos de violencia sacrificial el renunciante los canaliza, no hacia el exterior, sino hacia sí mismo. Él es, dice Boris Oguibénine, uno que se sacrifica él mismo, que se sacrifica para sí mismo o en sí mismo.[25] En la *Chāndogya-upaniṣad*, cuando el término *ahiṃsā* aparece por vez primera,[26] la voluntad de no matar está íntimamente ligada a la interiorización del ritual. La no-violencia forma parte de las prácticas de abstención del renunciante, y puesto que es contraria al comportamiento natural –ergo es un valor trascendente, más allá del alcance de la sociedad–, testifica por partida doble la autonomía, independencia y el repliegue en sí mismo de aquel que ha interiorizado el sacrificio.[27] La no-violencia hindú, pues, está focalizada en el sacrificio y no es una reflexión ética sobre el problema de la violencia. En el marco del renunciante, el acento se pone en el desapego y no en la situación de la víctima. *Hiṃsā* pasa a ser el *deseo* de matar, por lo que *ahiṃsā* viene a simbolizar el desapego de quien, conocedor de la impermanencia y retribución de los actos, se esfuerza en alcanzar la autonomía plena.

Luego es importante no confundir la *ahiṃsā* con un tipo de pacifismo o como si de un movimiento en defensa de los derechos de los animales se tratara. No, la *ahiṃsā*, aunque pueda expresarse caritativamente, se enraíza en otros valores y parámetros. Representa la plena autonomía del renunciante.

Ahora bien, en el jainismo la *ahiṃsā* está también íntimamente ligada a una comprensión aguda, casi naturalista, de la realidad y los seres. Y aquí la *ahiṃsā* jainista añade un componente ausente en la concepción brahmánica. Mahāvīra entendió que en el cosmos existe un número infinito de mónadas espirituales. Rasgo característico del jainismo, lo sabemos, es que casi todo cuanto existe posee espíritu: desde un *indra*, un helecho, un relámpago... en fin, todo lo que ellos denominan vida (*jīva*). Dice el *Sūtrakṛitāṅga*:

> «Las vidas de la tierra son seres individuales, lo mismo que las vidas del agua, las del fuego y las del aire; y las yerbas, los árboles, el maíz.
>
> Y las que restan, [esto es], las que se mueven...
>
> El sabio debería estudiarlas con todas las herramientas de la razón filosófica. Todos los seres odian el dolor; por tanto, uno no debiera matarlos.
>
> Ésta es la quintaesencia de la sabiduría: no matar nada. Ésta es la conclusión legítima del principio de la reciprocidad respecto a la *ahiṃsā*.
>
> El sabio debería dejar de violentar a los seres vivos, se muevan o no, en lo alto, lo bajo y en la tierra. Porque esta actitud ha sido llamada *nirvāṇa*, que consiste en la paz.»[28]

Mahāvīra logró integrar categorías y nociones tales como la acción (*karma*), la transmigración (*saṃsāra*) o la liberación (*mokṣa*), todas comunes a otros sabios y *śramaṇas*, en un modo de vida basado en el análisis de la naturaleza del mundo exterior y los distintos tipos de seres vivos. Lo que marcó al jainismo como religión universal desde sus inicios fue, en palabras de Paul Dundas, el autocontrol y la compasión generados por este entendimiento, por la percatación de que todos los seres, en mayor o menor medida, experimentan los mismos tipos de sentimientos que los humanos.[29] El mundo del *saṃsāra* es el permanente flujo de billones y trillones de seres vivos que nacen y perecen constantemente. Aunque la vida de los humanos es más larga que la de los incontables *ekendriyas* del aire, la situación es idéntica. Todos los seres vivos son moral y ontológicamente equivalentes. De ahí que Michael Tobias haya escrito que el *Ācārāṅga-sūtra* es el primer y más profundo psicoanálisis de la violencia que jamás haya sido promulgado.[30] El alcance psicológico, moral, social y ecológico de este mensaje es fabuloso, notablemente más poderoso que el de la *ahiṃsā* brahmánica.

Por ejemplo, la filosofía brahmánica Vedānta –síntesis del mensaje de las *Upaniṣads*– basa la no-violencia en la no-dualidad (*advaita*). La diferencia entre un *jīva* y otro *jīva* es, para el Vedānta Advaita, ilusoria (*māyā*), por lo que en verdad no hay seres distintos de un Único Espíritu. Por su parte, el budismo no acepta la existencia de ese *jīva* o *ātman*, pero puesto que la ignorancia de los seres es tal –hasta el punto de creer en la futilidad de ese espíritu–, por este preciso motivo todos merecen compasión. El jainismo acepta la diferencia entre todos los *jīvas* y su estado de plena solitud ontológica, pero mantiene a la vez que en esencia y potencia los *jīvas* son idénticos. Por consiguiente, considera que toda vida es sagrada, pues todo *jīva* posee el potencial de la liberación. Matar a otra vida es destruir a un igual. Aún más; dice el *Ācārāṅga-sūtra* que dañar a los demás es dañarse a sí-mismo.[31] De hecho, en varios lugares se afirma que la liberación es la no-violencia en sí misma, como repite una y otra vez el *Sūtrakṛitāṅga*.[32] No se trata de salvar vidas o minimizar las muertes. La compasión, en la India, se asienta en el conocimiento, no en una moral univeral; pero en el conocimiento de que toda vida está imbuída de espíritu-conciencia más la necesidad de purificarse de la acción violenta y apegada. La *ahiṃsā* eleva la estatura moral del jaina y, dada la interrelación de todos los seres en el *saṃsāra*, eleva el perfil moral de toda la comunidad, en su sentido biótico más amplio.[33] La típica imputación de que el jainismo lleva la *ahiṃsā* a extremos pueriles me parece desafortunada.

Una de las conclusiones lógicas de la doctrina de la *ahiṃsā* es el vegetarianismo. Tanto los renunciantes jainistas como los budistas aceptaban inicialmente todo tipo de alimentos, siempre en el caso de que un animal no hubiera sido sacrificado especialmente para ellos. Con el paso del tiempo, los budistas se mantuvieron fieles al principio de que el renunciante no podía rechazar la comida ofrecida por los laicos, pero los jainistas radicalizaron su posición de estricto vegetarianismo. Esto ya es palpable en el *Sūtrakṛitāṅga*, donde el príncipe jaina Ārdraka condena la indulgencia budista acerca de la *ahiṃsā*.[34] En cualquier caso, fueron el jainismo y el budismo quienes estimularon al brahmanismo a reconsiderar su postura respecto a las dietas o su actitud hacia los seres vivos. Louis Dumont afirma que los *brāhmaṇas*, en su proceso de reabsorción de las "herejías" budista y jainista, y so pena de ser descalificados como jefes espirituales, tuvieron que adoptar los prestigiosos vegetarianismo y no-violencia de jainas y bauddhas.[35] La *ahiṃsā* fue adoptada progresivamente por los *brāhmaṇas*, y el *Mahābhārata* la alaba como el más alto *dharma*, la mejor austeridad, el mejor don, el mejor autocontrol, el más alto sacrificio, el mejor amigo, la mejor verdad y la mejor enseñanza.[36] Obviamente, los exégetas brahmánicos medievales sostenían que la doctrina de la *ahiṃsā* era védica y no shramánica. Aunque, como se dijo, el origen védico de la noción parece real, es indudable que fue la tradición shramánica, y el jainismo en especial, la que la elevó a modo de vida ejemplar. La primera articulación brahmánica elaborada de la *ahiṃsā* no se da hasta los *Dharmaśāstras*,[37] textos posteriores a las porciones más antiguas de las escrituras jainistas. Y la tradición brahmánica que más eficazmente la incorporó fue la del

Yoga, que siempre ha lindado con los movimientos shramánicos. Para Vyāsa, el gran comentador de Patañjali, todas las abstenciones (*yama*) y disciplinas (*niyama*) del Yoga tienen su origen en *ahiṃsā*.[38] En todo caso, es sumamente interesante que a partir de perspectivas filosóficas distintas, jainistas, budistas e hinduistas se mantengan fieles al principio de la no-violencia como su virtud ética primordial.

## LA REFORMA DE MAHĀVĪRA

Aunque, según la tradición, la enseñanza de Mahāvīra prolongaba la predicada por Pārśva, el Jina había introducido algunas variantes en la práctica y la filosofía de los antiguos nirgranthas.

En primer lugar, Mahāvīra introdujo el desnudismo, quizá bajo influencia de Gośāla. En segundo lugar, institucionalizó la práctica del arrepentimiento y la confesión (*pratikramaṇa*), un punto todavía importante en la práctica religiosa de los jainistas. Como su predecesor, secundó cuatro votos ascéticos: no-violencia, no-posesión, veracidad y no-robar. Pero los *Sūtras* dicen que Mahāvīra añadió un quinto voto,[39] el de la castidad (*brahma*, *brahmacarya*), bien que, dado que la noción de los cinco grandes votos (*mahāvratas*) o votos básicos (*mūlavratas*) no se encuentra en los niveles más antiguos de los textos, no todos los expertos secundan esta tesis.[40]

El mejor relato de la sustitución de la vieja doctrina nirgrantha por los cinco grandes votos de Mahāvīra está expuesto en el *Uttarādhyayana-sūtra*; concretamente en el episodio de la conversación entre Keśī, seguidor de la antigua doctrina de Pārśva, y Gautama Indrabhūti, el discípulo preferido de Mahāvīra.* Ambos eran maestros casi omniscientes. Keśī inquiere a Gautama: ¿por qué, si Parśvā y Mahāvīra representan la misma verdad, uno predicó cuatro votos y el otro cinco?, ¿por qué Mahāvīra instituyó la desnudez?

El hilo conductor de la conversación es que, aunque el *dharma* jainista es unitario, había diferencias acerca de sus implicaciones prácticas. La doctrina expuesta por Pārśva estaba dirigida a seres de épocas más virtuosas. Pero en el tiempo de Mahāvīra, cuando los ascetas eran menos sabios, más lentos en comprender y más negligentes,[41] era necesaria una conducta más rigurosa. De ahí que en épocas antiguas los ascetas pudieran llevar vestidos y hasta ornamentos, y en la de Mahāvīra estuvieran obligados a respetar estrictamente la castidad y la desnudez. Este último rasgo haría de señal distintiva (*liṅga*) de

* Tal vez en estos dos incipientes grupos de nirgranthas se encuentre la semilla de la importante escisión que tendrá el movimiento algunos siglos más tarde [véase capítulo 12]. No obstante, sería erróneo asimilar śvetāmbaras con seguidores de Pārśva y digambaras con seguidores de Mahāvīra.

los renunciantes jainistas y así serían reconocidos por la sociedad.[42] Es más, para los seguidores de Pārśva el celibato era tan evidente –implícito en el voto de no-posesión–, que no había necesidad de darle especial énfasis.

Los textos mencionan que ascetas que seguían los cuatro votos de Pārśva pasaron a aceptar los cinco de Mahāvīra. El *Vyākhyā-prajñāpti* describe cómo Mahāvīra convirtió a monjes de la orden de Pārśva enunciando con diligencia cuestiones cosmológicas que Pārśva ya había proclamado con anterioridad.[43] Se trata de una conexión clara y evidente entre Mahāvīra y su antecesor. Todo parece indicar que en el jainismo histórico habría desembocado un conjunto de creencias cosmológicas y filosóficas de Pārśva con una forma de ortopraxis más rigurosa propuesta por Mahāvīra.[44] Con el tiempo, la relación entre ambos quedaría perfectamente establecida con su conexión en el linaje de *tīrthaṅkaras*.

Aunque tal vez Mahāvīra no marcó su época tanto como el Buddha –algo, en realidad, discutible–,[45] lo que sí demostró, como el tiempo diría, fue una capacidad de organización muy efectiva. Las reglas que ideó para los ascetas han sobrevivido dos mil quinientos años y siguen formando el sostén de la comunidad ascética.

## LIBERACIÓN FINAL

A la edad de setenta y dos años, después de doce de ascetismo y treinta de predicación, el Jina alcanzó el *nirvāṇa*. Se extinguió; abandonó este mundo. El evento sucedió en Pāvāpurī (Pāpā), a pocos kilómetros de Rājagṛiha. Desde entonces, el lugar es meta de peregrinaciones jainistas y el Gran Festival de la Muerte (Mṛityu Mahotsava) conmemora el evento. En el templo principal de Pāvāpurī se veneran sus huellas (*pādukās*) esculpidas en la roca. El emblema de las huellas del santo o la divinidad es otro de los más antiguos de la India; lo hallamos también en el budismo y en el hinduismo. Las huellas no simbolizan la muerte, sino la *partida consciente* de este mundo, el último de los cinco momentos auspiciosos de la vida de todo *tīrthaṅkara*.

Corría el año -527 según las fuentes tradicionales. Muchos jainas cuentan los años partir de esta fecha, llamada "liberación del héroe" (*vīranirvāṇa*). Se trata de la era histórica continuada más larga de la cronología india, algunas decenas de años superior a la budista y varios siglos anterior a las brahmánicas. Una mayoría de los historiadores modernos data el evento hacia el -467, si bien para Kailash Jain la tradicional sigue poseyendo solidez,[46] y aún hay otros que, basándose en las reconsideraciones sobre las fechas del Buddha y Mahāvīra propuestas por Heinz Bechert,[47] la sitúan hacia el -400 o el -370.

Algunas leyendas cuentan que la mayor parte de la comunidad y los gobernantes de todos los reinos habían sido convocados por el rey Hastipāla para escuchar los últimos sermones magistrales del Jina. La séptima noche

Mahāvīra realizó su discurso final. Luego, mientras la audiencia dormía, el Jina, sabiendo que su hora final había llegado, se sentó de piernas cruzadas sobre el trono con el diagrama del león y el símbolo de la rueda de la enseñanza (*dharma-cakra*) y entró en los trances meditativos más profundos. Prácticamente todos sus *karmas* habían sido destruidos y simplemente le quedaba consumir una mínima porción de materia kármica neutra. Primero detuvo toda actividad de habla y pensamiento; luego, la actividad corporal. Con la supresión de la respiración y el latido del corazón, penetró en el trance meditativo más elevado de todos. Con la aurora, alcanzó la extinción final (*nirvāṇa*) y su espíritu salió catapultado hacia el Mundo de los Perfectos. Al amanecer, la gente comprendió que su maestro había muerto.

Los dioses acudieron a celebrar el último acontecimiento auspicioso y se dice que prendieron infinidad de lamparillas para emular la luz recién partida. Los jainistas dicen que la Fiesta de las Luces (Dīpāvalī), un festival celebrado en toda la India [véanse págs. 443-444], tiene su origen en este evento auspicioso.

Él solo, por su propio esfuerzo, había extinguido todo *karma*, condición *sine qua non* para no volver a renacer, y había predicado el camino de la salvación al universo entero. Ni el nacimiento ni la muerte podían ya nada contra su espíritu; la rueda de las transmigraciones se había detenido para él [ver FIG. 13]. Ese mismo día su discípulo Gautama Indrabhūti obtuvo la omnisciencia.

## MAHĀVĪRA Y EL BUDDHA

Como colofón a esta Parte estimo oportuno ahondar en las similitudes y diferencias entre Mahāvīra y el Buddha, el otro gran *śramaṇa* de la época.

Lo primero que salta a la vista es el asombroso paralelismo que existe entre sus biografías. Ninguno de ellos pertenecía a la clase sacerdotal. Ambos eran miembros de la nobleza tribal del Norte de la India. Renunciaron al mundo a los 28 y 30 años. Peregrinaron por los mismos lugares y practicaron el ascetismo (*tapas*) y la meditación (*dhyāna*). Ambos alcanzaron la iluminación (*kevala-jñāna, bodhi*) bajo un árbol. Luego predicaron el *dharma* durante varias décadas y formaron una comunidad de renunciantes (*saṃgha*). Finalmente, alcanzaron pacíficamente el *nirvāṇa*.

Sabemos, además, que el Buddha siguió durante algunos años una serie de prácticas ascéticas. Las propias referencias budistas no dejan lugar a dudas. Gautama siguió una vía virtualmente idéntica a la de los nirgranthas:

> «Así fue mi ascetismo, Sāriputta, que iba todo el día desnudo, rechazando las convenciones... No aceptaba comida que me trajeran o especialmente preparada o por invitación. No recibía nada en un cuenco... No aceptaba pescado o carne, no bebía licor, vino o braceaje fermentado... Sólo tomaba alimento una

vez al día, luego cada dos, cada siete... Vivía de raíces del bosque y... frutas caídas. Era uno de los que se arrancaban el cabello y la barba... Era uno de los que se mantienen de pie y rechazan todo asiento... Ése era mi ascetismo.»[48]

Todavía en el siglo X el maestro jainista Devasena caracterizaba al Buddha como el asceta Buddhakīrti, seguidor de la línea de Pārśva. De opinión similar era Amitagati (siglos X/XI), quien describió al Buddha como estudiante de Pārśva[49] y atribuía el origen del budismo a la mala intención de Maudgalyāyana –uno de los discípulos históricos del Buddha–.[50] Por su parte, el peregrino budista chino Xuanzang (siglo VII) consideraba a los jainistas una escisión herética del budismo.[51]

Vistas las semejanzas de sus vidas y la conexión –cismática, eso sí– que sus propios seguidores les atribuían, no extrañará que a mediados del siglo XIX los estudiosos occidentales se hicieran un buen lío con estos dos personajes. Unos pensaban que Mahāvīra fue el maestro del Buddha; otros que los jainistas no eran sino budistas cismáticos; y hasta había quien pensaba que el Buddha y Mahāvīra eran la misma persona. Sin embargo, como ya demostró y corrigió Hermann Jacobi, ni sus nacimientos, ni las muertes de sus madres, ni su forma de tomar la senda de la renuncia, ni su iluminación, ni sus fallecimientos son iguales.[52] Desde los trabajos de H. Jacobi, A. Guérinot y G. Bühler, a finales del siglo XIX, nadie de la comunidad de expertos ha dudado de la independencia –e incluso la mayor antigüedad– del jainismo.

El *nirvāṇa* de Mahāvīra es anterior al del Buddha, y esto está ratificado por los propios textos budistas,[53] pero nadie ha cuestionado que fueran contemporáneos, algo que parece fuera de toda duda.[54] Lo que resulta en cierta manera sorprendente es que, siendo reputados maestros y predicando en las mismas regiones, no tengamos noticia de ningún encuentro entre ellos. Los textos budistas y jainistas hablan con frecuencia de las discusiones y los encuentros entre sus líderes con distintos *śramaṇas*. Las razones para "esquivarse" mutuamente son misteriosas. El terreno está abonado para todo tipo de especulaciones.[55]

Sus enseñanzas comparten muchos de los rasgos típicos de la corriente shramánica. Tanto budismo como jainismo reaccionaron frente al ritualismo brahmánico, rechazaron el carácter revelado del *Veda*, se opusieron a la ideología de clases socioespirituales, negaron una primera causa inteligente y no persiguieron la prosperidad o la felicidad mundanal, sino lo incondicionado. Los dos colectivos poseen una orden de monjes renunciantes y célibes, adoran a sus santos y maestros y centran su ética en la no-violencia. Ambos sistemas se basan en la perfección alcanzada por sus maestros, nacidos humanos comunes que, tras renunciar a sus reinos y obtener la iluminación, alcanzaron la perfección del *nirvāṇa*. Por eso a ambos se les llamó indistintamente *jina*, *buddha* o *śramaṇa*. Jainismo y budismo encabezaron, en definitiva, sendas *heterodoxias*, una palabra que en la India es preferible a la de *herejía*.

No obstante, aun cuando comparten una posición semejante y sus enseñanzas tienen muchos puntos en común, sus doctrinas también difieren notablemente. Si la vía enseñada por el Buddha fue el Camino Medio, Mahāvīra propugnó un camino mucho más duro y estricto. De hecho, el rechazo del *tapas* por parte del Buddha acabó por erigirse como la principal diferencia entre los *śramaṇas* bauddhas y los *śramaṇas* nirgranthas. La personalidad del Buddha, tal y como aparece en los textos, es la de un hombre afable, casi cándido. El Buddha permitía incluso que se le invitase a comer. Eso era algo impensable para un *tapasvin* como Mahāvīra; una concesión a la vida-en-el-mundo altamente perniciosa. Indudablemente, el Jina fue un hombre menos proclive que el Buddha a sermonear e interactuar con la gente-del-mundo. Los textos budistas suelen ironizar bastante sobre la insistencia de los nirgranthas en el ascetismo.[56] Por su parte, las referencias jainistas no cesaron de criticar el enfoque excesivamente mentalista y hasta ilusionista de los budistas. Un verso famoso satiriza la vida monástica budista en estos términos:

> «Una cama blanda, comida y bebida, apuestas, y al final de todo, la liberación.»[57]

Desde el punto de vista jainista la vía budista es casi la del hedonismo; es decir, la del denostado materialismo (Lokāyata), sinónimo de la ignorancia. Los jainas consideran que el Buddha flaqueó en su empeño y propuso una vía mucho más dulce y fácil, que, con el tiempo, llevaría a una laxitud y relajación de las normas fatal para su orden de monjes.

Además, hablando con propiedad, el budismo se inició con la predicación del Buddha. De ahí que sus discursos estén marcados por un claro rechazo a otras doctrinas. En cambio, Mahāvīra no fue el primero en exponer la doctrina jainista. Él aceptó el *dharma* que había adquirido por tradición familiar o por simpatía. Si el Buddha tuvo que formar una comunidad, Mahāvīra tuvo que reorganizarla. A nivel filosófico hallamos oposiciones notables. Si los budistas sostenían la irrealidad del espíritu –doctrina del *anātman*–, los jainistas mantenían su realidad. Como advirtió el profesor Radhakrishnan, las teorías del espíritu y el conocimiento, tan peculiares del jainismo y tan distintas de las de los budistas, no pudieron surgir la una de la otra.[58]

# *Parte V*

# La formación de la comunidad

La vida de Mahāvīra fue para sus discípulos el arquetipo de aquel que sabe conducir a los demás por la senda de la iluminación. Por este motivo fue declarado vigesimocuarto y último *tīrthaṅkara*. Bajo su liderazgo la antigua orden de nirgranthas se convirtió en una religión plenamente histórica en el sentido convencional de la cosa. Con su desaparición, la dirección de la comunidad de renunciantes recayó en manos de sus discípulos.

Emplearemos los dos primeros capítulos de esta Parte [el 10 y el 11] a las primeras generaciones de seguidores y el fuerte impulso de la comunidad en el período que va de Mahāvīra al siglo I. Luego, abordaremos [en el 12] uno de los episodios más importantes en la larga historia de esta tradición, la escisión del jainismo en dos ramas rivales: el Digambara y el Śvetāmbara.

Dedicaremos íntegramente el último capítulo de la Parte [el 13] a explicar la organización de la comunidad de renunciantes. Los monjes y monjas han sido y siguen siendo el epicentro de la comunidad jainista. Una comprensión clara del jainismo ascético-monástico es imprescindible para captar la esencia de esta tradición. Nos alejaremos momentáneamente del desarrollo histórico y enfocaremos la cuestión desde la óptica actual.

Antes, una escueta matización. A los renunciantes jainistas se les ha llamado indistintamente desligados (*nirgranthas*; fem.: *nrigranthīs*), mendicantes (*bhikṣus*; fem.: *bhikṣuṇīs*) o bondadosos (*sādhus*; fem.: *sādhvīs*); incluso puede llamárseles todavía esforzados (*śramaṇas*; fem.: *śramaṇīs*). Una categoría superior, sólo entre los ascetas varones, es la de maestro (*ācārya*). A los grandes ascetas suele titulárseles silenciosos (*munis, sūris*), y a sus líderes de antaño con el venerado calificativo de ancianos (*sthaviras*). Todos estos términos suelen traducirse por conveniencia como "monje" o "monja", pero debe hacerse alguna aclaración. Los monjes y monjas jainistas no viven en reclusión, como su contrapartida cristiana, sino que pasan ocho meses al año deambulando sin morada fija. Son llamados los sin hogar (*nirāgāra, anagāra*). Sólo se sedentarizan durante los tres o cuatro meses del período monzónico, cuando pasan a residir en algún retiro o albergue –una institución bien distinta de lo que imaginamos por "monasterio"–, en interacción constante con la comunidad de laicos. En este sentido, son personajes públicos muy notorios. Quizá una acepción más atinada sería simplemente la de *asceta*, que es una de las que mayoritariamente utilizamos en este libro. Asimismo, recurriremos a las modernas *sādhu* y *sādhvī,* con las que, además, puede distinguirse el género.

# 10. LOS SUCESORES DE MAHĀVĪRA

## EL ĀJĪVIKA GOŚĀLA

Si tenemos que creer a las tradiciones jainistas el primer discípulo de Mahāvīra con rasgos bien definidos fue el *śramaṇa* Maskarīn Gośāla, que ya conocemos del capítulo 7. La relación no se discute. Ocurre que algunos sostienen que fue Mahāvīra quien tomó a Gośāla como maestro. Lo dejaría años más tarde al fundar su escuela de pensamiento y reorganizar la orden de nirgranthas de Pārśva.[1] Hermann Jacobi mantenía que, tras seis años de ascetismo compartido, Gośāla y Mahāvīra habrían intentado fusionar sus grupos de renunciantes. El experimento no habría fructificado.

Fuera como fuera la cosa, lo cierto es que tras seis años de peregrinaciones conjuntas, la tradición dice que Gośāla adquirió poderes sobrenaturales (*siddhis*) y se autoproclamó vencedor (*jina*). Este hecho habría disgustado profundamente a Mahāvīra. Él, lo mismo que el gran maestro del Yoga Patañjali[2] o el propio Buddha,[3] mantenía que el mayor peligro de un yogui era el apego a los poderes resultantes del *tapas* o del *yoga*.[4] Finalmente, la tradición dice que, tras una falta gravísima, Mahāvīra optó por separarse de él. Según narran los textos jainistas, Gośāla mantenía que:

> «De acuerdo con nuestra ley, un asceta que vive solo y en soltería no comete falta alguna si utiliza agua fresca, se alimenta de semillas, acepta alimentos preparados para él y tiene relaciones sexuales con mujeres.»[5]

La mera idea de tener relaciones sexuales resultaba inaceptable para un auténtico asceta. Quizá fuera entonces cuando Mahāvīra decidiera añadir el quinto voto de castidad a los cuatro de la ley de Pārśva. Tal vez la historia sea un mero recurso para estigmatizar a un personaje molestamente próximo a Mahāvīra –bien que leyendas similares cuentan los budistas–. Y también es posible que el misterioso Gośāla estuviera inmerso en las corrientes proto-tántricas de la antigua India, que siempre han utilizado la fuerza del deseo (*kāma*), digamos que “homeopáticamente”.

Una vez separados, Gośāla se deslizó hacia las posturas deterministas típicas del movimiento Ājīvaka, del que llegó a ser su líder [véanse págs. 127-129]. Las narraciones jainistas cuentan que bastantes años después, el impostor Gośāla llegó a atentar contra Mahāvīra. Indignado porque Mahāvīra no reconocía su rango de *tīrthaṅkara*, Gośāla lo atacó con llamaradas yóguicas. El fuego rebotó en el diamantino cuerpo del genuino *jina* y acabó por retornar, cual boomerang, sobre Gośāla.

Hacia el siglo -III los ājīvikas formaban uno de los grupos más influyentes del Norte de la India, ayudados incluso por los emperadores Maurya. No sólo Aśoka los menciona, sino que su nieto Daśaratha les donó varias cuevas de Magadha para el uso de los ascetas [ver FIG. 15]. Paulatinamente, el Ājīvaka fue perdiendo apoyos. El movimiento desapareció hacia el siglo XIV, y sus últimos partidarios se integraron en grupos vishnuistas seguidores de Nārāyaṇa y en ciertos grupos digambaras jainistas.[6] Entre estos últimos aún hay quien considera que, tras un arrepentimiento sincero de su frustrado intento de homicidio, Gośāla se encuentra en uno de los cielos de los dioses, esperando a renacer como *tīrthaṅkara* en una edad futura.

La relación de Gośāla con Mahāvīra fue anterior a la iluminación del Jina. Por tanto, no puede considerársele como un auténtico discípulo. No obstante, su peculiar relación es ilustrativa. Por un lado, Gośāla aparece claramente como el ejemplo del asceta que sigue una conducta desviada. Gośāla no habría podido superar la condición de mago (*siddha*); no habría resistido a la tentación de la magia.[7] Para el jainismo, se convirtió en el modelo del asceta caído. Por otro lado, su figura sirve para contextualizar la continua interacción/oposición entre el jainismo y los Otros. Los préstamos entre las corrientes shramánicas estaban tan a la orden del día como sus pugnas. Esta ambivalencia queda bien reflejada en la posición encontrada de algunos jainistas que ven en el ājīvika un futuro *tīrthaṅkara*, mientras que otros lo sitúan en el plano de los insignificantes *nigodas*, unos seres que, como sabemos [véase pág. 64], tienen prácticamente barrado el camino de la progresión espiritual.

## LOS DISCÍPULOS DE MAHĀVĪRA

Si Gośāla no puede ser considerado discípulo, en cambio los textos nos hablan claramente de los once cabezas de escuela (*gaṇadharas*) que dirigían las compañías en las que Mahāvīra dividió su comunidad [ver FIG. 14]. Ellos se encargaron de dirigir a los ascetas, pues un *jina*, por definición, no se ocupa de estas cuestiones. Ya sabemos que el Jina simplemente emite un sonido mágico. Empero, este monotono manifiesta el significado (*artha*) de su enseñanza, que será traducido en sermón (*sūtra*) por los *gaṇadharas*. Por tanto, la importancia de estos jefes es crucial a la hora de organizar y estructurar la enseñanza del Jina en una escritura sagrada (*āgama*). El jainismo Śvetāmbara, orientado hacia una concepción más "humana" de Mahāvīra, ha mantenido que el sonido mágico del

Jina es divino en el sentido en que tanto los humanos de todas las regiones como los animales son capaces de entenderlo. En este caso, el *gaṇadhara* no sería un intérprete sino un compilador de enseñanzas y un organizador de la comunidad.

Todos los *gaṇadharas* eran oriundos de Magadha y sus aledaños. Interesantemente, los once provenían de la clase sacerdotal, de conocidos linajes (*gotras*) como los Gautama, los Vāśiṣṭha, los Bhāradvāja o los Kāśyapa. Algo da que pensar que todos fueran *brāhmaṇas* por nacimiento. K.C. Jain infiere que entre los *brāhmaṇas* estaba teniendo lugar una revolución ideológica que les obligaba a abandonar su corriente de pensamiento que abogaba por el ritualismo.[8] Más tarde fue esta *intelligentsia* de origen brahmánico la que contribuyó a extender la doctrina.

A excepción de Gautama Indrabhūti y Sudharman el resto de nueve cabezas obtuvieron el conocimiento supremo tras una docena de años de renuncia. Eran omniscientes (*kevalins*) en su sentido pleno, pero no les rodeaba la serie de fenómenos milagrosos que acompañan siempre a un *tīrthaṅkara*. Desde el momento en que alcanzaron la omnisciencia ya no se dedicaron a la comunidad. Retenían el título de *gaṇadhara* de forma meramente nominal. Los auténticos líderes de la comunidad durante el llamado período de los *kevalins* fueron Gautama Indrabhūti y Sudharman, los únicos que todavía no habían alcanzado la omnisciencia y que sobrevivieron a Mahāvīra.

## GAUTAMA INDRABHŪTI

Indrabhūti era un *brāhmaṇa* del linaje de los Gautama bien versado en el *Veda*. El episodio de su conversión es conocido por todos. Aunque existen varias versiones, la más querida dice que el *brāhmaṇa* había "convocado" a las divinidades durante un solemne sacrificio védico. Para su asombro, los dioses fueron a congregarse alrededor del recién iluminado *jina* para escuchar el primer sermón de Mahāvīra. Gautama acudió a la asamblea sagrada para refutarlo y ponerlo en entredicho. Muy al contrario, la lúcida explicación del Jina acerca de la realidad del espíritu (*jīva*) y sobre las virtudes de la no-violencia (*ahiṃsā*) acabó por convencerle. El buen Gautama perdió toda la arrogancia que los hindúes atribuyen a los *brāhmaṇas*. Se convirtió en seguidor del Jina y estuvo junto a él cuarenta años, aplicado en compilar los sermones, con absoluta entrega y amor por su maestro. Un modelo parecido lo hallamos en la figura de Ānanda, el fiel discípulo y mano derecha del Buddha. Pero tal era el amor que Gautama sentía por su maestro, que ese apego le impedía la desligazón completa. El gran *gaṇadhara* ya se hacía a la idea de una nueva encarnación humana bajo la cual, en ausencia de su querido maestro, pudiera aspirar al Mundo de los Perfectos. Sólo con la muerte de Mahāvīra podría Gautama conquistar el amor. Y la tradición es unánime en afirmar que Gautama alcanzó la omnisciencia el mismísimo día de la muerte de Mahāvīra. Ese día, el sermón del Jina hizo brotar en el fiel seguidor la semilla de la verdadera sabiduría. Según el *Uttarādhyayana-sūtra* la cosa fue más o menos así.

Mahāvīra urge y apremia a Gautama a que dé el paso definitivo que rompa toda ligazón entre sus acciones y el espíritu. Le muestra que todo, absolutamente todo, acaba por morir y transformarse algún día.[9] Una vida es un mero instante en el infinito ciclo del *saṃsāra*; es tan breve como lo que tarda una oruga en subirse a una brizna de yerba. Sólo cuando los avatares de las transmigraciones conducen a un rarísimo renacimiento humano, uno puede por fin liberarse del fruto de acciones pasadas. Pero eso no es todo:

> «Aunque uno pueda nacer humano, es una rara suerte nacer como noble [*ārya*], pues muchos son los esclavos [*dasyus*] y los bárbaros [*mlecchas*].»[10]

Y aun siendo un ario no todo el mundo tiene la posibilidad de escuchar la doctrina jainista, pues las gentes siguen a maestros desviados. Y aun escuchando el verdadero *dharma*, uno podría no tener la fuerza suficiente como para tomar la senda del renunciante y entregarse a la meditación y la ascesis. Ya que Gautama ha escogido ese camino y ha llegado tan lejos, Mahāvīra le urge a cortar todo atisbo de atadura. Es ya viejo y comienza a deteriorarse, pero Gautama sigue apegado:

> «Has cruzado ya el gran océano, Gautama, ¿por qué te detienes tan próximo a la orilla? Apresúrate para alcanzar la otra orilla, Gautama.
>
> Siguiendo las prácticas religiosas de los santos perfectos alcanzarás el mundo de la perfección [*nirvāṇa*], donde hay seguridad y felicidad perfectas.»[11]

El *sūtra* dice que tras escuchar el sermón Gautama rompió con todo resquicio de apego y alcanzó la omnisciencia, de la cual ya nadie puede caer. El *Kalpa-sūtra* sostiene la versión de que no fue hasta horas después, una vez Mahāvīra hubo fallecido, que Gautama alcanzó la sabiduría suprema.[12] Doce años más tarde, a la edad de noventa y dos, alcanzó el *nirvāṇa*.

La figura de Gautama es una de las más queridas del jainismo. Es un carácter benevolente, amoroso y hasta risueño –con una prominente panza que aparentemente no casa bien con el aprecio que tienen los jainas por los ayunos–. Durante el período medieval Gautama fue objeto de devoción (*bhakti*) por parte de algunas corrientes del jainismo Śvetāmbara. Buena parte de la literatura ritual invoca su nombre, un poco al modo del Gaṇeśa hinduista –con quien comparte no pocos rasgos–, como sorteador de obstáculos y dispensador de poderes milagrosos. Gautama recibe un culto especial durante el festival del Dīpāvalī [véanse págs. 443-444].

## SUDHARMAN

La tarea de dirigir la orden tras la muerte de Mahāvīra y la omnisciencia de Gautama quedó en manos del *gaṇadhara* Sudharman, el único de los cabezas de escuela que todavía no había alcanzado la iluminación.

La tradición cuenta que Gautama relató los sermones de Mahāvīra a Sudharman. Por tanto, éste quedó como único custodio de toda la enseñanza jainista. Más tarde, Sudharman transmitió las enseñanzas a su discípulo Jambūsvāmin. De ahí que muchos *Sūtras* comiencen con las palabras que Sudharman dirige a Jambū:

> «Oh, el de larga vida. Así escuché el siguiente discurso del venerable...»[13]

Trece años después de la muerte de Mahāvīra, Sudharman alcanzó la omnisciencia. Se dice que tenía cien años.

### JAMBŪSVĀMIN

Con la muerte de Sudharman desapareció la primera generación de seguidores de Mahāvīra. La dirección de la comunidad pasó a manos de Jambūsvāmin, hijo de un mercader de Rājagṛiha –y no un *brāhmaṇa*–, y se encargó de ella durante veinticuatro años.

Jambū tiene una posición especial en la lista de iluminados jainistas. Se dice que ha sido la última persona de esta Edad Triste y, por ende, del ciclo cósmico descendente, que haya alcanzado la liberación aquí, en esta Tierra.[14] El acontecimiento tuvo lugar sesenta y cuatro años después del *nirvāṇa* de Mahāvīra.

## EL JAINISMO ANTIGUO

Regresemos al estudio textual. Si el *Ācārāṅga-sūtra I* y el *Sūtrakṛitāṅga I* podrían representar la enseñanza de Mahāvīra, cronológicamente, los textos que les siguen seguramente son el *Uttarādhyayana-sūtra* y el *Daśavaikālika-sūtra*. Tal y como han llegado hasta nosotros, ambos textos son antologías de distintos autores anónimos transmitidas a lo largo de diferentes épocas. No obstante, la poesía sigue predominando y todavía se utilizan métricas védicas, rasgos todos que denotan gran antigüedad.

El *Uttarādhyayana* sigue sin preocuparse demasiado del mundo de los laicos. Seguimos moviéndonos en una comunidad de ascetas. Empero, ya encontramos excepciones. Por vez primera se dice que tras la muerte un laico piadoso puede renacer como deidad.[15] La idea de un renacimiento auspicioso –como divinidad o humano afortunado– era desconocida en los textos más antiguos. Para el jainismo primitivo todo lo que no fuera la liberación (*mokṣa, nirvāṇa*), esto es, la mera idea de renacimiento, era considerada un fracaso. En el *Uttarādhyayana* ya se da una bifurcación. O un renacimiento celestial –para el buen *śramaṇa* o el laico ejemplar– o la liberación[16] –para el excelente *śramaṇa*–. La idea de un camino de progresión gradual a través de una serie de renacimientos empieza a insinuarse.

En la antigua India debió darse un intenso debate intelectual acerca de si el cabeza de familia podía llevar una auténtica vida religiosa o no. Los autores brahmánicos optaron por una respuesta afirmativa. Al cabeza de familia que sigue los ritos prescritos en el *Veda* se le ofrece la salvación. Los pensadores shramánicos –budistas y jainistas– optaron por la negativa. Para los textos más remotos del jainismo el cabeza de familia –concepto que engloba a todo laico– es todavía el "servidor" (*upāsaka*), aquel que da alimento a los ascetas. Aún no ha emergido con claridad el concepto "oyente" (*śrāvaka*), que es el que posteriormente se utilizará para designar a los devotos laicos. Aunque el *Uttarādhyayana* muestra una actitud más conciliadora hacia la laicidad, aún no hallamos enseñanzas para los legos. El tono del *sūtra* sigue siendo exclusivamente monástico. Y para los ascetas se insiste en que el modo de vida correcto es el vagabundeo solitario.[17] El asceta debe vivir en soledad, emulando a Mahāvīra. El concepto clásico de veintidós desazones (*parīṣahas*) que el *sādhu* deberá superar –hambre, sed, frío, calor, miedo, suciedad, malos tratos, etc.– queda establecido. No obstante, la noción de peregrinación en compañía de un preceptor ya se menciona, por lo que una mínima organización monástica debió comenzar a surgir. Al grupúsculo de maestro y discípulos el *Uttarādhyayana* lo denomina "familia" (*kula*).[18]

La dureza de la vida ascética, que el *Uttarādhyayana* sólo prolonga del *Ācārāṅga-sūtra I* y del *Sūtrakṛitāṅga I*, tendría que confrontarse en el futuro con prácticas más suaves y en el contexto de una comunidad mejor organizada. A medida que nos alejamos de Mahāvīra y sus discípulos directos aumentaría la sensación de que existían dos tipos de ascetas. Por un lado, los de los tiempos antiguos, que peregrinaban en solitario y soportaban la dureza de la vida ascética igual que los *jinas* –de ahí que se les llamara *jinakalpins*–. Según la tradición, desde la muerte de Gautama, Sudharman y Jambūsvāmin ya nadie más continuó la vía de los *jinas* (*jinakalpa*) de modo perfecto. Por tanto, ya sólo quedaba el otro tipo de asceta, el de los tiempos presentes, que ha de peregrinar en compañía de otros ascetas y necesita del aprendizaje de sus maestros. Este modelo recibió el nombre de vía de los ancianos (*sthavirakalpa*). La cosa está enraizada en la idea de paulatino declive del *dharma*.

En el *Daśavaikālika-sūtra* ya encontramos por doquier una noción clave del jainismo. El asceta debe renunciar a cinco o seis actitudes: la violencia, la posesión, la mentira, el desenfreno sexual, el robo o la alimentación por la noche. Obviamente, estas restricciones representan el estado embrionario de los clásicos cinco grandes votos (*mahāvratas*), que se instaurarían algún tiempo después. Este texto abunda en detalles relevantes para los ascetas: la forma de conducirse ante los preceptores, las maneras correctas de mendigar, las formas de hablar, etc. El texto es el precedente de ulteriores códigos disciplinarios y evidencia ya una cierta organización monástica.

El siguiente estrato textual seguramente es el del *Sūtrakṛitāṅga II*. K.K. Dixit ha notado que la segunda porción de este texto es claramente más tardía que la primera, ya que está compuesta principalmente en prosa, dedica bastante espacio a tocar los deberes del laico piadoso y ya emplea con frecuencia los conceptos técnicos clásicos del jainismo.[19] Es interesante notar que, en relación a la vida espiritual de los laicos, el *Sūtrakṛitāṅga II* ya recomienda la observancia de un ayuno mensual (*pauṣadha*) y la renuncia a las mismas cinco actividades dañinas que se exige a los ascetas. También se aconseja una breve meditación diaria, que llama *sāmāyika*, o el celo en la *ahiṃsā* en espacios geográficos reducidos. Todas estas prácticas, lo veremos íntegramente en el capítulo 31, cristalizarán en un camino de progresión espiritual para los laicos compuesto de once estadios y doce votos religiosos. Como ha notado Dixit, las constantes referencias a las actividades del laico piadoso contrastan fuertemente con los textos más antiguos.[20] Todo ello prueba que en la época de composición del *Sūtrakṛitāṅga II* el jainismo había dejado de ser una religión exclusiva de ascetas: el concepto del lego entregado y comprometido con la senda había emergido.

De forma similar, durante esta época empezaron a codificarse unos textos mucho más elaborados en lo que respecta a la conducta monástica. Los *Cheda-sūtras* del canon śvetāmbara forman un buen ejemplo, similar al *Vinaya* de los budistas. Aunque el ideal del asceta solitario no desapareció, la práctica emergente era la de un maestro reputado dirigiendo una compañía (*gaṇa*) o sub-orden (*gaccha*) de ascetas.

## LA FORMACIÓN DE LA COMUNIDAD

La tradición cuenta que, como sus veintitrés predecesores, Mahāvīra volvió a formar una comunidad compuesta por cuatro pilares: ascetas varones, ascetas femeninos, laicos y laicas. Las crónicas cuentan que a su muerte la comunidad de monjes era de 14.000 individuos, la de monjas de 36.000, la de laicos 159.000 y la de laicas 318.000. Obviamente, una comunidad estructurada sobre estas cifras corresponde a un período posterior. En cualquier caso, lo que nos interesa ahora es repasar estos cuatro colectivos que forman la comunidad jainista (*saṃgha, tīrtha*).

### ASCETAS

El peso de la comunidad lo ha llevado siempre el colectivo de ascetas varones (*sādhus, nirgranthas*). Todos remontan su linaje monástico (*paṭṭāvalī, sthavirāvalī*) a Mahāvīra vía Sudharman.[21] Hablaremos en profundidad de la organización interna de la comunidad monástico-ascética en el capítulo 13.

Un punto que salta a la vista y resulta sorprendente es que, de buen principio, el número de ascetas femeninas (*sādhvīs, āryikās*) casi triplicara al de varones –algo sólo mantenido por los śvetāmbaras–. Vale la pena detenerse en este aspecto.

Aunque pueda dudarse de la veracidad de las cifras –salvo que las esposas de un nuevo renunciante polígamo optaran por la renuncia o se vieran obligadas también a ella– o tengan una explicación meramente sociológica –todavía hoy algunas monjas jainistas son viudas que prefieren la vida ascética a una vida vegetativa de reclusión en el hogar familiar o en la indigencia–, el hecho de que se escogiera esta proporción es en sí mismo revelador. No puede colegirse que todas las ascetas hubieran abrazado la senda monástica motivadas por eventos familiares y sociales. Es de suponer que las mujeres hallaron en esta doctrina un camino de progresión espiritual que tal vez la rigidez védico-brahmánica les negaba. Veamos.

El ideal de progreso espiritual clásico del brahmanismo considera que todo miembro de las clases socioespirituales superiores debería pasar por distintos estadios en la vida (*āśramas*) que culminan en la renuncia (*saṃnyāsa*). Empero, aunque el brahmanismo ha valorado mucho el carácter ascético y renunciatorio, nunca lo ha considerado el único camino para la liberación. En esto, el brahmanismo posee un alcance más amplio que el jainismo o el budismo, para quienes la renuncia es prácticamente condición *sine qua non* para la liberación. Dado su carácter más social –no en vano la sociedad es reflejo del macrocosmos–, el brahmanismo nunca ha aprobado la renuncia y la mendicidad para las mujeres, siquiera para las viudas. El matrimonio es algo virtualmente obligatorio para una mujer hinduista, pues la prolongación del linaje es en sí un deber ritual. No es que no haya habido mujeres renunciantes dentro del brahmanismo, pues tenemos noticia de bastantes en los más diversos contextos;[22] ocurre que, ideológicamente, la tradición brahmánica ha puesto trabas para que aspiren a la liberación. Si bien en tiempos de Mahāvīra la posición de los *brāhmaṇas* pudo ser más suave, tal y como confirman las sabias de las *Upaniṣads*,[23] es un hecho que hacia los primeros siglos de nuestra era la sociedad brahmánica rebajó la edad de matrimonio al período pre-púber, con lo que a la mujer le quedó cerrado el paso al estudio del *Veda* y a la misma noción de liberación (*mokṣa*).

En cambio, en las tradiciones shramánicas y en los incipientes movimientos devocionales hinduistas existe un grado de "igualitarismo" que no hallamos en la ortodoxia védica. La *Bhagavad-gītā*, la piedra angular del hinduismo devocional, compuesta algún tiempo entre los siglos -II/+II, habla de la posibilidad de la liberación de mujeres y de miembros de clases socioespirituales menos elevadas *–vaiśyas, śūdras–*.[24] Desde luego, estamos hablando de igualitarismo soteriológico, es decir, del hecho de conceder la posibilidad de la liberación última (*mokṣa*) a las mujeres, y no de cuestionar el poder de la sociedad patriarcal de la época. En realidad, con su constante insistencia en la renuncia y el peligro de los placeres sensuales, los textos budistas y jainistas pueden y suelen ser más androcéntricos y misóginos que los brahmánicos. De ahí que cuando el Buddha aceptó crear una orden de monjas renunciantes, lo hiciera a regañadientes y hacia el final de su vida. Pero la aceptó, y afirmó con claridad que las mujeres eran tan capaces como los hombres de seguir la senda contemplativa y alcanzar el *nirvāṇa*.[25] En Mahāvīra, por su parte, no se detecta vacilación alguna. Este hecho no tiene paralelo. Al contrario, se dice que al frente de las renunciantes situó a Candanā, prima hermana suya, que se erigió en la madre espiritual de todas las *sādhvīs* jainistas. Según el *Vyākhyā-prajñāpti*, Jayantī, hija del rey de Kauśāmbī, recibió la ordenación como asceta de manos de Mahāvīra. Luego alcanzó la liberación.[26] No todas las corrientes jainistas aceptan este episodio, pero resulta incuestionablemente avanzado que la tradición Śvetāmbara admita que Mahāvīra no tuvo ninguna objeción en ordenar una asceta[27] y, aún más importante, se conceda que, una vez ordenada, Jayantī alcanzara la liberación. Y no sólo ella. Según el *Kalpa-sūtra*, durante la vida del Jina 1.400 mujeres –frente a sólo 700 hombres– alcanzaron la liberación.[28] Pensemos que, desde la óptica brahmánica ortodoxa, también suscrita por los digambaras, toda mujer tendrá que renacer invariablemente como varón para poder alcanzar la meta más elevada.

Ciertamente, el jainismo no ha mantenido siempre una actitud tan "liberal" como la de tiempos de Mahāvīra y los *gaṇadharas*. Lo veremos en seguida [capítulo 12], ya que la cuestión de la liberación de las mujeres ha sido objeto de un prolongado y largo debate dentro del jainismo. Pero también es verdad que durante muchos siglos, una vez desaparecida la orden budista de monjas –hacia los siglos IV/V–, las *sādhvīs* jainistas formaron el único grupo monástico femenino organizado del Sur de Asia.[29] Aunque la actitud medieval refleja los prejuicios misóginos de los monjes –la mujer encarna la tentación para el asceta–, un hecho, por otro lado, común a todas las tradiciones monásticas del mundo, durante toda la historia del jainismo parece haber habido más monjas que monjes. Hoy, su número sigue triplicando al de ascetas varones [véase Cuadro 2].

## LAICOS Y LAICAS

Los dos últimos pilares de la comunidad estaban compuestos por los laicos (*upāsakas, śrāvakas*) y las laicas (*śrāvikas*). Formaban –y siguen formando– la gran masa de cabezas de familia que no optaron por renunciar al mundo pero que sostenía a los *sādhus* y *sādhvīs* con sus donaciones. En vez de tomar los votos de los monjes de forma estricta, los tomaban de forma dulcificada. Por este motivo a los primeros se les llama grandes votos (*mahāvratas*) y a los segundos pequeños votos (*anuvratas*). Se dice que en tiempos de Mahāvīra el responsable de su organización fue Śaṅkha Śataka, lo que obviamente es un añadido. Originalmente no existiría rito o formalidad externa que oficializara que uno fuera jainista. Al igual que en el budismo, uno simplemente tendría que afirmar que lo era, y punto.

Desde sus inicios, la gran mayoría de laicos provenía de las clases de comerciantes y mercaderes. Esta característica sociológica se ha mantenido hasta nuestros días, quizá reforzada por el énfasis jainista en la *ahiṃsā*, lo que obliga a un tipo de ocupaciones no-violentas. El papel de los laicos era el de dar alimento, alojamiento y otras ayudas a los ascetas. Todavía no hallamos, en tiempos antiguos, la noción de que ofrecer generosidad a un asceta (*dāna*) fuera una forma de adquirir mérito religioso, una idea que, como comprobaremos, es hoy fundamental para el mantenimiento de la comunidad ascética.

Está claro, a pesar de lo que pueda desprenderse de la lectura de los textos, que el jainismo pronto dejó de ser una religión exclusiva de ascetas. Me arriesgaría a decir que ni siquiera en sus orígenes, por mucho que el *Ācārāṅga I* y el *Sūtrakṛitāṅga I* insistan en que la única vía es la de los ascetas renunciantes y el rol del cabeza de familia (*gṛihasta*) sea el de mero soporte material.[30] En cualquier caso, con el paso del tiempo la figura del laico se fortaleció. Como hemos visto, gradualmente los textos le fueron dedicando mayor atención. Incluso hallamos un texto clásico, el *Upāsakadaśāḥ*, que, como su nombre indica, instruye en diez capítulos (*daśā*) acerca de los deberes espirituales de los laicos (*upāsakas*). Aunque en ningún texto antiguo se reconoce abiertamente la posibilidad de la liberación para el laico, la meta del cielo comienza a dibujarse con nitidez.

# 11. LA EXPANSIÓN DEL JAINISMO

## EL UNIVERSALISMO DEL JAINISMO

Con Mahāvīra y los *gaṇadharas* lo que habría sido un movimiento shramánico insignificante se convirtió en una tradición bastante estructurada. ¿Qué factores jugaron inicialmente en el éxito del jainismo?, ¿cómo pudo abrirse paso ante la hegemonía brahmánica? Miraremos de responder a estas cuestiones tratando de abarcar, en primer lugar, el alcance social que podría tener el mensaje jainista.

Todas las religiones shramánicas poseen un carácter decididamente no-brahmánico y no-védico. Esto es una constatación. Pero, ¿qué significa exactamente eso? El tema ha sido bastante mal interpretado; juzgado a la luz de valores modernos, como el igualitarismo social. El anti-brahmanismo de los *śramaṇas* tiene que entenderse bien. Como sabemos, para el grueso del brahmanismo el sacrificio (*yajña*) era lo que, en última instancia, permitía el mantenimiento del mundo. Hasta tal punto era vital que la ortodoxia dejó de considerar cualquier principio que no fuera útil para el complejo sacrificial. Negar la potencia sagrada del sacrificio equivalía a negar toda una concepción del universo, la autoridad de los expertos del ritual –los *brāhmaṇas*– y la legitimidad de las escrituras sagradas –el *Veda*– que indagaban en el sacrificio. Eso es exactamente lo que el budismo y el jainismo hicieron: formularon una teoría del universo y la realidad y posición de los seres sin tener en cuenta el sacrificio;[1] al margen del rito y de sus resultados. La interpretación de Mahāvīra ponía en tela de juicio tantos vectores que el jainismo fue considerado por los *brāhmaṇas* como una enseñanza heterodoxa (*nāstika*) y no-védica (*avaidika*). El jainismo ni se crea, ni se perpetúa ni se transforma en relación a la autoridad védica.

Ni su ateísmo radical, ni el abandono de las divinidades supremas, ni su decidido talante experiencial hubieran sido motivo para la imputación de heterodoxia. Al fin y al cabo, otras corrientes brahmánicas –la del Sāṃkhya, por ejemplo, y hasta secciones del Vedānta–, mantenían tesis similares. La heterodoxia jainista tiene que ver con el rechazo del esquematismo ritual védico lo mismo que contra el exceso de "abstracción" de los *brāhmaṇas*.[2] Explícitamente, se dice que el sacrificio es causa de acciones sin mérito alguno:

«Atar a los animales [para llevarlos al altar sacrificial], todos los *Vedas* y sacrificios, siendo causas de demérito, no pueden salvar al pecador; pues sus acciones [*karmas*] son muy poderosas.»[3]

Los jainistas denostaron al *Veda* como escritura del mismo origen humano que cualquier otra literatura. Como dijera Amitagati (siglos X/XI), la violencia del vedismo es como la doctrina de los demonios, y la supuesta naturaleza no-humana y eterna del *Veda* debe ser rechazada al ser contraria a la razón.[4] Igualmente, para el gran pensador jainista Hemacandra (siglo XII), los doctores brahmánicos eran unos monstruos disfrazados de ascetas que, con la pretendida idea de que los animales sacrificados renacerían como seres divinos, distorsionaban gravemente la realidad. Para él, los que llevaran a cabo esos sacrificios irían a los infiernos más viles, y hasta un materialista ateo –un cārvaka– tendría mejor destino que los hipócritas que predican el *dharma* de la crueldad.[5]

Sin embargo, el alejamiento jainista del sacrificio no es pleno. De lo que Mahāvīra se distanció fue del rito exotérico en sí, pero al igual que los maestros de las *Upaniṣads*, retuvo toda la simbología. El fuego del altar sacrificial era insignificante al lado del fuego y el ardor generados por el ascetismo. La violencia hacia los objetos sacrificiales se volcaba hacia el interior, bajo la forma de la no-violencia [véase pág. 161]. El sacrificio se interioriza, como claramente expresa el asceta Harikeśa en el *Uttarādhyayana-sūtra*:

«La ascesis es mi fuego; la vida mi altar donde se prende el fuego; el esfuerzo correcto mi cuchara sacrificial; el cuerpo la boñiga; las acciones mi combustible; el autocontrol, el esfuerzo recto y la serenidad que ofrezco son las oblaciones, alabadas por los sabios.»[6]

En ningún momento Harikeśa condena el sacrificio sino que exhorta a realizar el verdadero sacrificio: la vida renunciante del monje.[7] La misma idea hallamos en el monasticismo budista.[8] Y en la ecléctica *Bhagavad-gītā*.[9] Esto es una constante de la espiritualidad surasiática: nuevas prácticas y doctrinas pueden hacerse inteligibles si se codifican bajo el viejo y conocido vocabulario del sacrificio. Se trata, siempre, de homologarse con los esquemas y valores brahmánicos. Según Jinabhadra Gaṇi (siglo VI), cuando Mahāvīra convirtió a los *gaṇadharas* en ningún momento miró de refutar el *Veda*, sino que recalcó que sus aparentes contradicciones provenían de su incorrecta interpretación.[10] No se trataba de declarar falso el *Veda*, sino de ajustarlo a la verdad jainista. Esta audacia es típica de la India. Sólo de esta manera el jainismo podría abrirse paso entre la *intelligentsia* brahmánica. No extrañará que Kumārila Bhaṭṭa (siglos VII/VIII), el campeón de la ortodoxia brahmánica medieval, considerara a los heréticos como renegados de su origen –védico–, igual que hijos desconsiderados que repudian a sus padres.[11]

Una de las formas más ilustrativas de negar el edificio ritualista era mostrar que el máximo honor era el nacimiento como aristócrata (*kṣatriya*) y no como sacerdote (*brāhmaṇa*), con el plus de *appeal* propagandístico que podía poseer la afirmación. Recuérdese la transferencia del embrión de Mahāvīra o la posición de Ṛiṣabha –el primer rey y ordenador de la civilización– en la Historia Universal. El jainismo utiliza toda la simbología marcial a su alcance para dibujar un modelo muy claro: el verdadero asceta es el guerrero espiritual que conquista las pasiones y el ego. Entendido así, no resulta tan paradójico que la religión de la no-violencia por excelencia fuera propugnada por veinticuatro *kṣatriyas*. Los textos budistas hablan incluso de un general llamado Sīha, contemporáneo del Buddha, que era un laico jainista.[12] Por tanto, la adhesión a los principios de la no-violencia habría sido necesaria sólo en determinados contextos religiosos. No hay que confundir al jainismo con un pacifismo [véanse págs. 257-258]. De esto no hay que inferir que el jainismo representara una revuelta de los círculos *kṣatriyas* frente a los *brāhmaṇas*. Se ha exagerado tal vez en demasía que las aportaciones de las *Upaniṣads* y de los movimientos shramánicos se gestaron en círculos de nobles iluminados que buscaban una vía que les otorgara la supremacía sobre los sacerdotes. Sería fatuo reducir la compleja dinámica interreligiosa de la India a una lucha por el poder. Nótese que los primeros seguidores de Mahāvīra fueron todos *brāhmaṇas* por nacimiento. Aun cuando pueda dudarse de la historicidad de los *gaṇadharas*, la tradición jainista los reconoció como *brāhmaṇas*.

Pero un *brāhmaṇa*, en el contexto jaina, ya no designa a un experto sacrificial y de las escrituras sagradas, sino que remite a una cualidad adquirida por la conducta y no por el nacimiento. Continua el *Uttarādhyayana-sūtra*:

> «Uno no se convierte en *śramaṇa* por la tonsura [del cabello], ni en *brāhmaṇa* por pronunciar la sílaba sagrada *Oṃ*, ni en *muni* por vivir en el bosque, ni en *tāpasa* [asceta] por llevar las vestimentas de hierba *kuśa*.
>
> Uno se convierte en *śramaṇa* por ecuanimidad, en *brāhmaṇa* por castidad [*brahmacarya*], en *muni* por conocimiento y en *tāpasa* por penitencias.»[13]

Por este motivo incluso a Mahāvīra se le llamó *māhaṇa*,[14] la forma prácrita de *brāhmaṇa*. De hecho, el compuesto *brāhmaṇa-śramaṇa* para designar a sus santos es recurrente en la literatura jainista. Y como muestra el *Dhammapada* la posición del budismo es prácticamente idéntica: un *brāhmaṇa* es aquél libre de pasiones y que ha alcanzado el máximo nivel de santidad.[15] El antagonismo entre *brāhmaṇas* y *śramaṇas*, tal y como aparece en el *Mahābhāṣya* del gramático Patañjali (siglo -II), es un desarrollo posterior.[16] Para el filósofo medieval Merutuṅga (siglo XIV) la "brahmanidad" se caracteriza por la veracidad, el *tapas* y el autocontrol. Por tanto, jugando con los dos sentidos del término, dice:

> «Hay intocables [*cāṇḍalas*] en todas las castas [*jātis*];
> hay *brāhmaṇas* en todas las castas;

incluso entre los *brāhmaṇas* hay intocables,
y entre los intocables, *brāhmaṇas*.»[17]

El rechazo a la autoridad de los sacerdotes, de todo origen divino de su rango –respaldado por algunos himnos védicos–, no equivalía a rechazar el sistema de castas (*jātis*) de la India. Menos aún cuando los jainas estaban proponiendo la superioridad del colectivo guerrero. La sociedad de castas es una realidad muy compleja que no sólo se sustenta en la ideología de las clases socioespirituales (*varṇas*) propugnadas por los *brāhmaṇas*, sino en toda una serie de factores sociales y económicos endiabladamente entrelazados entre sí [véase capítulo 20]. Ni el jainismo, ni el budismo, ni mucho más tarde los movimientos devocionales hinduistas, ni siquiera el islamismo o el cristianismo, han querido dinamitar el tejido social hindú. En lo que todos estos colectivos han coincidido es en no reconocer la autoridad de los *brāhmaṇas* y, para algunos, en otorgar calidad de siervos (*śūdras*) a los descastados (*caṇḍālas*). Aunque la noción de intocabilidad estaría sólo gestándose en época de Mahāvīra –bien que Louis Dumont ya advirtió que la impureza del *caṇḍāla* era conceptualmente inseparable de la pureza del *brāhmaṇa*–,[18] sabemos que miembros de colectivos considerados muy bajos –muy impuros– entraron a formar parte de la orden jaina. Tal sería el caso del mencionado Harikeśa, un intocable (*śvapāka*) por nacimiento, de quien los dioses celebraron:

«El valor de la ascesis se ha hecho visible en él, el nacimiento [en una casta u otra] no posee valor alguno.
Fijaos en el santo Harikeśa, el hijo de un *śvapāka*, cuyo poder es tan grande.»[19]

Los budistas poseen una historia muy similar a la de Harikeśa en el *Mātaṅga-jātaka*.[20] Este punto es importante pues muestra que con los movimientos shramánicos el camino de liberación se hizo *universal*. Todo el mundo, más allá de su tipo de nacimiento o sexo, podía aspirar a la liberación tomando la senda jainista. La casta es soteriológicamente irrelevante. En consecuencia, al ingresar en la orden de renunciantes se pierde cualquier rango socioespiritual que se hubiera poseído. Eso contrasta con la ortodoxia brahmánica, que llegaba a prohibir el estudio y la recitación del *Veda* en cualquier aldea donde vivieran intocables.[21] Para el jainismo, la pureza no se hereda –como sostienen los *brāhmaṇas*–, sino que se logra por la renuncia.

Este cariz universalista no debe confundirse con un proselitismo comisario. El celo misionero de los jainistas nunca ha sido fuerte. Lo demuestra el hecho que apenas salió de las fronteras del Sur de Asia [véanse págs. 314-315]. Posiblemente, dentro de lo que se consideran religiones universalistas –islamismo, cristianismo, budismo– la jainista es la que menos vocación de convertir haya tenido. Con su énfasis en la no-intervención y en el esfuerzo personal, su expansión no fue tanto propagandística como estrictamente universalista.

## EL APOYO DE LAS MONARQUÍAS

Este universalismo callado no habría sido suficiente para hacer prosperar el jainismo. En cambio, sabemos que la religión jainista, igual que la budista, se abrió camino con bastante éxito y relativa rapidez. Todo el valle medio del Ganges estaba repleto de comunidades jainistas entre los siglos -III/-II. El segundo aspecto clave para comprender este fenómeno fue el patronazgo que estas dos tradiciones recibieron.

Al ser movimientos estrictamente renunciantes, tanto jainismo como budismo estaban obligados a estrechar lazos con la élite que los patrocinaba. Y qué mejor fuente de seguridad material que las aristocracias y los poderes políticos. De ahí el calculado énfasis que el jainismo puso en la superioridad de la clase principesca (*kṣatriya*). Este hecho no podía pasar inadvertido a los dirigentes de la época, siempre supeditados a la autoridad ritual brahmánica. Aunque los *brāhmaṇas* ni gobiernan ni acumulan las riquezas de los reyes, su consejo en asuntos de Estado –a través de los chapelanes y preceptores de los reyes–, su autoridad ritual –a través de los ritos de entronización–, su legitimización de la dinastía –a través del trabajo de los genealogistas– o su garante de legitimidad –al encarnar ellos mismos la trascendencia e independencia que el monarca precisa a toda costa [véase pág. 99]– los situaban en una posición de fuerza muy ventajosa. Los reyes los liberaban de impuestos, les concedían tierras, financiaban sus instituciones y organizaban los sacrificios solemnes. Aunque este estrechísimo vínculo entre el par *brāhmaṇa-rājā* se mantuvo durante siglos y siglos, está claro que muchos monarcas comprendieron la ventaja de jugar la carta de otros grupos y sostenerse en otros *dharmas*. Budistas y jainistas –que, al fin y al cabo, eran renunciantes y encarnaban igualmente la independencia y trascendencia de lo social– formaron alianzas con determinados reyes y sus instituciones monásticas florecieron. Algunos monarcas actuaron por convicciones religiosas, pero otros indudablemente se aprovecharon de la circunstancia de estos grupos "heréticos" para reforzar su posición ante el poderoso aparato brahmánico. De sobras conocida ha sido la versatilidad y astucia de los monarcas y dirigentes hindúes en cuestiones religiosas. Este aspecto debe subrayarse en su justa medida para comprender el éxito de los movimientos shramánicos.

## LAS DINASTÍAS DEL VALLE DEL GANGES

Es posible que en vida de Mahāvīra su doctrina hubiera cautivado al rey Śreṇika de Magadha, quizá instigado por la reina Celanā. De otra forma, tampoco se explicaría la cantidad de historias y leyendas que el jainismo ha recogido alrededor de este rey. Rājagṛiha, la capital de Magadha, se convirtió en el epicentro del jainismo. Y recordemos que en aquella época Magadha se estaba transformando en el reino más poderoso del continente. El hijo de Śreṇika, el usurpador Kūṇika, favoreció abiertamente al budismo. No obstante, Kūṇika no cerró las puertas ni a otros movimientos shramánicos ni a los *brāhmaṇas*. De hecho, algunos textos jainistas lo reclaman como suyo, bien que se admite generalmente su predilección por el budismo.

Todas las fuentes coinciden en que después de Kūṇika y su sucesor Udāyin –aparentemente también benefactor del jainismo–, se instauró la dinastía Nanda. Según los documentos jainas, sus pontífices supieron aliarse bastante bien con los Nanda y el jainismo siguió prosperando. Con todo, estos mismos reyes son reclamados por los budistas, de modo que, una vez más, hay que hacer un caso relativo de las filiaciones religiosas que jainistas o budistas atribuyen a "sus" reyes.

## EL JAINISMO CON LOS MAURYA

La dinastía Nanda fue breve. Poco tiempo después se instauró el primer gran imperio de la historia india: el Maurya. La dinastía se centró en Paṭnā, antiguamente llamada Pāṭaliputra, el centro neurálgico del por entonces desaparecido reino de Magadha.

Se dice que el primer monarca Maurya, Candragupta (reinó -322/-298), llegó a ser discípulo del maestro jainista Bhadrabāhu [véanse págs. 190-191]. Y no sólo el emperador. El consejero del monarca, el maquiavélico estratega Cāṇakya, inspirador del famoso *Artha-śāstra*, fue convertido en un piadoso jainista en las historias populares recopiladas por Hemacandra.[22] Sean o no ciertas estas filiaciones, lo cierto es que bajo el reinado del nieto de Candragupta, Aśoka (reinó -269/-232), el imperio siguió favoreciendo abiertamente los movimientos de *śramaṇas*. Aunque se asocia al emperador Aśoka con la promoción del budismo, y algunas leyendas budistas cuentan de persecuciones de nirgranthas,[23] lo cierto es que bajo su mandato todas las formas religiosas fueron toleradas e incluso alentadas.

Aśoka realizó generosas donaciones a todas las formaciones religiosas. Lo más probable es que al principio favoreciera el Ājīvaka, emulando a su padre Bindusāra. Luego, efectivamente, patrocinaría el budismo –y seguramente sería su religión preferida–, pero no tanto en calidad de "converso" sino como rey tolerante. Lo que en sus edictos se designa como *dharma* no posee los rasgos típicos del budismo. Es un *dharma* a caballo entre el budismo, el jainismo y el brahmanismo/hinduismo. Es un verdadero *dharma* universal, suprapersonal, que hizo grabar en pilares por todo el territorio.[24] En cierto sentido, cual dirigente político moderno, Aśoka podía prescindir de la autoridad brahmánica, pues el *dharma* que lo legitimaba estaba más allá de cualquier filiación. Su sistema incluía el principio de ley real (*rājadharma*), concebido en términos de Estado paternalista y protector, más el principio budista de "conquista por el *dharma*" por oposición a la conquista por la guerra. El emperador quiso emular el clásico patrón indio del monarca universal (*cakravartin*) en su sentido más alto. De esta forma, durante el reinado de Aśoka el país se benefició de gran cantidad de obras sociales –hospitales, canalizaciones, pozos, etc.–. Su ética inculcaba el respeto a los ancianos, a los *śramaṇas* y *brāhmaṇas*, la caridad con los desafortunados, los principios de la veracidad, la humildad, la pureza y la no-violencia hacia los seres vivos. En verdad, sólo desde su aparición en la historia puede hablarse de "India" como una entidad política.

Gracias al gobierno justo y ecuánime de Aśoka el budismo, el jainismo y el Ājīvaka se extendieron por buena parte del Norte de la India. Sin embargo, los *Cheda-sūtras*, unos textos incluso posteriores a la dinastía Maurya, delimitan un área geográfica que el asceta jaina no debería traspasar, so pena de penetrar en los mundos de los bárbaros (*mlecchas*). El *sūtra* marca como límite la región de Aṅga al Este, la ciudad de Kauśāmbī al Sur, Sthuṇā al Oeste y Kuṇāla al Norte. Eso quiere decir que, más allá de esta zona, el jainismo sería muy marginal. Este área cubre aproximadamente las mismas regiones "visitadas" por Mahāvīra: todo el actual estado de Bihar, buena parte del de Uttar Pradesh más algo de Bengala. Nos mantenemos, pues, en el valle del Ganges.

El hijo de Aśoka era ciego, de modo que el imperio pasó a sus nietos. Si Daśaratha, que gobernó en la porción oriental, tuvo ciertas preferencias por los ājīvikas –a quienes donó las cuevas de Barābar [ver FIG. 15]–, los jainas sostienen que el otro nieto de Aśoka, Samprati, favoreció la expansión de la doctrina jainista por todo el centro y el Sur del continente. Según sus fuentes, Samprati gobernó la porción occidental desde Ujjain (Ujjayinī), hoy en Madhya Pradesh, siempre aconsejado por su tutor Suhastin, uno de los grandes maestros del jainismo antiguo. Bajo su reinado el jainismo se hizo poderoso en Avanti. Se dice que en la capital, Ujjain, existían quinientos retiros para ascetas.[25] Las leyendas dicen que Samprati fue muy liberal con los *śramaṇas*, prohibió el sacrificio de animales, alimentaba a los necesitados, hizo construir numerosos monumentos[26] y, lo mismo que Aśoka para con el budismo, hizo expandir el jainismo por Gujarat (Saurāṣṭra), Cachemira (Kaśmīra), Maharashtra (Mahārāṣṭra), el Deccán (Āndhra) y hasta un total de veintitantos reinos.

## EL JAINISMO EN BENGALA Y ORISSA

El jainismo se implantó también sólidamente en el curso bajo del Ganges. En el siglo VII el peregrino chino Xuanzang informó de que los nirgranthas formaban la secta más numerosa en Puṇḍravarddhana,[27] una región identificada con el Este de Bihar y el Oeste de Bengala. Desde allí el jainismo penetró en Orissa (Kaliṅga, Oṛissā). Una inscripción del rey Khāravela de Kaliṅga, datada hacia el siglo -I, muestra que el jainismo era honrado en la corte, a la par con el budismo y el brahmanismo. El rey hizo cavar numerosos dormitorios en la roca del monte Udayagiri para los ascetas jainistas. Una vez más,

Xuanzang aporta datos elocuentes del siglo VII. Y en esa época, el peregrino budista constató que los nirgranthas eran mayoritarios en Orissa.[28] La presencia del jainismo en Orissa todavía era importante en el siglo XVI.

# 12. LA ESCISIÓN DEL JAINISMO

## LA GRAN SEQUÍA

Los primeros siglos de la historia de la comunidad monástica, en verdad, son misteriosos. Poseemos listas de maestros y conocemos algunos de los hechos asociados a las dinastías, pero nos mantenemos todavía en el terreno de la leyenda y el registro histórico entremezclados.

Como la mayoría de tradiciones hindúes, la jainista se ha articulado por una cadena de maestros, lo que en la India se denomina *paramparā*. La autoridad espiritual no recae en ninguna Iglesia o jerarquía esclesiástica, sino en un linaje que se remonta al *tīrthaṅkara*. La tarea de transmitir oralmente las enseñanzas del Jina siguió una trayectoria que la tradición resume así. De boca de Gautama y Sudharman la enseñanza pasó a Jambūsvāmin. Estos tres son llamados omniscientes (*kevalins*) porque alcanzaron la liberación en vida. De Jambū la enseñanza pasó por cuatro generaciones de maestros hasta llegar a Bhadrabāhu (siglos -IV/-III), séptimo en la línea de sucesión desde Mahāvīra. Los líderes de estas generaciones recibieron el título de "iluminados versados en la enseñanza completa" (*śruta-kevalins*).

Según la corriente Digambara, Bhadrabāhu fue el último *śruta-kevalin*, aquel que poseía la maestría de todas las enseñanzas predicadas por Mahāvīra (*Pūrvas, Aṅgas*). El tema es histórica y dogmáticamente importante, porque bajo su liderazgo la semilla de la escisión hizo su primera aparición.

Hay consenso en que Bhadrabāhu fue el maestro de Candragupta, el primer emperador Maurya. Una persistente tradición digambara cuenta que Candragupta acabó renunciando al trono y se retiró con Bhadrabāhu al santuario de Śravaṇabeḷgoḷā, en el Deccan. La leyenda cuenta que ambos cometieron el sagrado ayuno absoluto (*sallekhanā*).

Es posible, como sostienen las dos fuentes jainistas, que por motivo de una larga sequía y hambruna –quizá, por cierto caos político– la comunidad tuviera que dividirse en dos grandes grupos. Piénsese que los renunciantes vivían de la limosna de los laicos. En casos de penuria serían ellos las primeras víctimas, de modo que es bastante lógico deducir que optaran por minimizar el impacto y un grupo emigrara al Deccan –más o menos Maharashtra, Karnataka y Andhra Pradesh– en busca de nuevos modos de subsistencia. El grupo que emigró al Sur fue liderado por Bhadrabāhu. El que permaneció en el Norte quedó en manos de su discípulo Sthūlabhadra.

En ausencia de Bhadrabāhu, Sthūlabhadra concertó un concilio o asamblea de maestros en Pāṭaliputra, la capital Maurya. Debía correr el -300, si bien los expertos dudan de la historicidad de ese encuentro. El objeto del concilio era el de ordenar las enseñanzas, transmitidas oralmente. Sthūlabhadra reunió todo el material en once Cuerpos (*Aṅgas*), pero faltaba completar un doceavo, el más importante, aquel que habría contenido los catorce Antiguos (*Pūrvas*), las enseñanzas directas de Mahāvīra y Pārśva. Según algunas fuentes, unos emisarios fueron enviados a dónde Bhadrabāhu, pero sólo lograron retener algunos fragmentos. En opinión de Hemacandra, Bhadrabāhu quiso transmitir parte de la enseñanza personalmente a Sthūlabhadra. Una vez le hubo transmitido diez de los catorce *Pūrvas* y viendo que Sthūlabhadra utilizaba sus conocimientos con propósitos mágicos, rechazó enseñarle los cuatro *Pūrvas* restantes.[1] En cualquier caso, está claro que Badrabāhu no estuvo en el concilio. Y sabemos que pocos siglos después, ese doceavo *aṅga* que contenía los diez o catorce *Pūrvas* desapareció para siempre. Se le conocía como *Dṛiṣṭivāda*. Por lo tanto, el jainismo reconoce que su tradición posee, escrituralmente hablando, lagunas de primer orden. Y es que sin *Pūrvas* no hay liberación posible.

## DOS SENSIBILIDADES

A partir de entonces dos corrientes dentro del jainismo fueron desarrollándose en paralelo y enraizándose en las subculturas locales. La corriente sureña, claramente más rigorista, acabaría escandalizándose del relajamiento que se habría apoderado de las compañías del Norte. No sólo no aceptaron la autoridad de los once *Aṅgas* y del incompleto *Dṛiṣṭivāda* del concilio de Pāṭaliputra, sino que renegaron de una práctica que ellos consideraban sumamente impropia: el uso de ropajes por parte de los ascetas.

Es probable que siempre hubiera habido cierta conflictividad respecto a la cuestión de la desnudez. Recordemos que la tradición dice que Pārśva no la exigía a sus seguidores, y Mahāvīra, aun implantándola, posiblemente relajara la norma en el período monzónico. De hecho, ciertos pasajes del *Ācārāṅga-sūtra* presuponen la desnudez,[2] mientras que en varios lugares del *Uttarādhyayana* se implica el uso de ropas.[3] Lo más probable es que la separación se hubiera ido gestando gradualmente. Quizá, la historia de la sequía se interpolara tardíamente para explicar las divergencias, si bien tampoco hay argumentos para dudar de su veracidad –aparece ya en el *Āvaśyaka-cūrṇi*–. En cualquier caso, no conocemos de ninguna ruptura brusca en un momento y lugar precisos, pero sí sabemos de ocho cismas (*nihnavas*) menores.

En efecto, la tradición Śvetāmbara afirma que, a los catorce años de la iluminación, Mahāvīra tuvo que afrontar un primer peligro cismático, dirigido por su yerno Jamāli. La intentona no fructificó. En los siguientes cinco siglos hubieron distintas herejías o desviaciones, corroboradas por la epigrafía, que tampoco llegaron a prosperar. El hecho, no obstante, muestra tensiones dentro de la comunidad.

El cisma *de facto* tardaría tres o cuatro siglos en declararse de forma abierta. De hecho, casi todo el mundo acepta que, regresado del Deccan, Bhadrabāhu –desnudo– lideró la orden entera durante algunos años. Le sucedió Sthūlabhadra –vestido–. El siguiente maestro Mahāgiri optó nuevamente por la desnudez. Con toda probabilidad los ascetas jainistas de este período son los famosos gimnosofistas que las tropas de Alejandro encontraron en su campaña por la India. Si esto es así, la desnudez general estaría confirmada al menos hacia el -320. El siguiente *pontifex* fue Suhastin (siglo -III), preceptor del emperador Samprati. Con él la orden aumentó considerablemente de tamaño, pero los siguientes líderes apenas consiguieron mantener la unidad. A todos estos maestros de "segunda generación", ya sólo parcialmente versados en la enseñanza, se los conoce con el genérico honorífico de "ancianos" (*sthaviras*).

Finalmente, hacia el año +80, sobrevino el gran cisma. La comunidad jainista se dividió en dos grandes corrientes, dos tradiciones o familias espirituales, todo lo que abarca el término sánscrito *saṃpradāya*: el jainismo Śvetāmbara y el jainismo Digambara. Los nombres hacen referencia explícita a su primer y más importante punto de desacuerdo: *ropajes* frente a *desnudez*. Los vestidos de blanco (*śvetāmbaras*) deberían ser mayoritarios en el Norte [ver FIGS. 16 y 23], y los vestidos de aire (*digambaras*), en el Sur [ver FIGS. 17 y 22]. Cada tradición posee su propia explicación del cisma.

## LOS BHOṬIKAS

Según los śvetāmbaras, a mediados del siglo I, el responsable de la comunidad era el respetado maestro Vajrasena. Se dice que, alentado por un nefasto monje autoiniciado llamado Śivabhūti –en realidad, un guerrero arrogante que simplemente tuvo que ir a dormir una noche a un retiro–, Vajrasena formó la secta herética Bhoṭika, con el fin de reinstaurar la –por entonces impracticable– senda de los *jinas* (*jinakalpa*). Con el tiempo los bhoṭikas se convertirían en los desnudistas digambaras.

## LOS ARDHAPHĀLAKAS

Por supuesto, los digambaras tienen una versión distinta del asunto. Una de las explicaciones de cómo llegaron a instucionalizarse las deplorables prácticas śvetāmbaras es narrada por Hariṣena (siglo X). Dice que durante la hambruna de tiempos de Bhadrabāhu ciertos monjes del Noroeste fueron incapaces de subsistir con el método digambara de petición de alimentos –de pie, con las palmas de las manos abiertas, una sola comida al día, en un único hogar–. Sus seguidores laicos les persuadieron para utilizar cuencos de limosna para recoger comida de distintas casas –método śvetāmbara–. Una noche, un monje desnudo en ronda de mendicidad acudió al hogar de una mujer embarazada, pero la espantó de tal manera que precipitó su aborto. Frente a esta tragedia, Hariṣeṇa cuenta que los laicos proclamaron:

> «¡Oh, sabios!, mientras dure esta sequía no podéis practicar correctamente vuestros votos [de desnudez y de comer en las palmas de las manos]. Por tanto, mientras dure este tiempo calamitoso deberíais visitar los hogares por la noche cubriéndoos con una pieza de tela [*ardhaphālaka*] sostenida con la mano izquierda y con un cuenco de limosna con la derecha. Cuando la normalidad regrese, podréis realizar la expiación necesaria.»[4]

El caso es que estos monjes mantuvieron esa costumbre laxa y con el tiempo fueron conocidos como "los que llevan un trozo de tela" (ardhaphālakas), es decir, parcialmente vestidos, parcialmente desnudos. Según los digambaras, estos ardhaphālakas se convertirían en los śvetāmbaras. Mientras tanto, ellos permanecieron en el Deccan, liderados por Viśākha, un discípulo directo de Bhadrabāhu, siguiendo estrictamente la regla de la desnudez.

## LA ESCISIÓN

Lo cierto, empero, es que los susodichos ardhaphālakas ocuparían un punto intermedio entre lo que luego serían las dos grandes corrientes Digambara y Śvetāmbara. Tenemos constancia en Mathurā de imágenes de *jinas* con una pieza de tela en la mano izquierda, tal y como se les suponía a los ardhaphālakas. Seguramente estos ardhaphālakas serían los predecesores de un tercer grupo en discordia, el Yāpanīya [véanse págs. 236-237], que mantenían la desnudez pero que, por motivos desconocidos, utilizaban una tela *à la ardhaphālaka* cuando estaban en público.[5]

La investigación epigráfica, filológica e histórica ha mostrado que ninguna de estas versiones es muy antigua. Según los expertos, la escisión *de facto* aún tardaría bastantes siglos en producirse, por lo menos hasta el concilio de Valabhī (siglo V), un evento ya exclusivamente śvetāmbara. De hecho, ningún texto anterior al siglo III menciona los nombres *digambara* o *śvetāmbara*. La primera estatua de un *tīrthaṅkara* con ropajes, signo inequívoco del jainismo Śvetāmbara, es un Ṛiṣabha de Mathurā que data también del siglo V. Es sólo a partir de esta fecha cuando puede hablarse de un jainismo escindido.

La cosa era normal. A medida que el jainismo fue expandiéndose las vías de comunicación entre sus grupos de renunciantes resultaron más problemáticas. Como nunca ha existido una Iglesia jainista, ni una autoridad central que controlara dogmas o prácticas, posiblemente habría habido cierta flexibilidad respecto a determinadas cuetiones. Las combinaciones de distintas sensibilidades y factores acabaron por cristalizar en una serie de diferencias.

Aunque digambaras y śvetāmbaras se han dado mutuamente la espalda durante siglos –especialmente a nivel monástico, donde los seguidores de ambas corrientes no reconocen a los religiosos rivales como verdaderos ascetas–, sus diferencias dogmáticas, vistas en retrospectiva, no son demasiado grandes. Es más, cuando se trata de refutar puntos de vista rivales sus métodos y argumentos son prácticamente idénticos. El asunto es significativo. En la tradición cristiana todos los cismas, disputas sectarias y bifurcaciones han surgido de discrepancias en la *doctrina*. Pero en la India estas cosas no funcionan necesariamente así. Las cuestiones doctrinales suelen estar subordinadas a las prácticas rituales y ascéticas. En otras palabras, las diferencias entre digambaras y śvetāmbaras se centran tanto o más en cuestiones de práctica que en el dogma propiamente dicho.

## LA CUESTIÓN DE LA DESNUDEZ

Existe unanimidad en una cuestión. Digambaras y śvetāmbaras aceptan que Mahāvīra fue un asceta desnudo (*acelaka śramaṇa*), lo mismo que los *gaṇadharas* y los primeros seguidores hasta Jambū. Por ende, a los monjes de las primeras generaciones se los denominó similares al *jina* (*jinakalpins*). La característica principal de la vía de los *jinas* (*jinakalpa*) era su carácter eremítico. Es decir, se trataba de anacoretas desnudos que podían tener o no discípulos, pero que no estaban obligados a seguir regla monástica ninguna ni a inmiscuirse en asuntos mundanales, tales como predicar la doctrina. Ambas corrientes están de acuerdo en que la vía de los *jinakalpins* murió con Jambū, el último liberado en vida. Desde entonces, la única vía posible para esta humanidad ha sido la vía de los ancianos (*sthavirakalpa*), la aconsejable para un período de declive. El seguimiento de las normas monásticas y la obediencia a los maestros son obligatorios. Uno de los deberes de estos tiempos es propagar la enseñanza e iniciar discípulos. En todo esto hay consenso. A partir de ahí vienen las divergencias.

La primera disensión, a todas luces la más vistosa e importante, tiene que ver con la desnudez en la vida religiosa. Éste es un aspecto con unas repercusiones prácticas enormes.

### LA POSICIÓN DIGAMBARA

Según los digambaras, no hay razón para no seguir el modelo de la desnudez tal y como promulgaron los *jinakalpins*... y los *sthavirakalpins*. Aceptan que nos hallamos en plena Edad Triste y ya no hay omniscientes sobre la Tierra que lleven la vida de anacoretas como aquéllos, pero eso no implica que se abandone la desnudez. Para los digambaras el desnudismo es condición *sine qua non* para la liberación. Por consiguiente, las representaciones de los *tīrthaṅkaras* en templos digambaras no llevan nunca ropas [ver FIGS. 1 y 49].

El trasfondo sería respetar escrupulosamente la no posesión de bienes (*aparigraha*), siquiera unos harapos. A excepción de una escobilla que el asceta utiliza para apartar diminutas vidas de su paso y un cuenco de agua para su aseo personal, el asceta digambara no posee nada. La desnudez se ha convertido en la característica o signo identificativo (*liṅga*) de la vida mendicante de los digambaras. Está claro que los digambaras buscaban seguir al pie de la letra el ejemplo de Mahāvīra. El propio Jina había declarado que la falta de ropajes se ajustaba a la norma jainista.[6] Además, el asceta que vive desnudo es el que muestra permanentemente que está libre de la tentación de las mujeres.

El primer autor en mostrar que existía una controversia al respecto fue el místico digambara Kundakunda (siglo II). Así lo expresaba:

> «En la senda del Jina [en la orden de mendicantes] los requisitos ascéticos aceptables son el emblema que consiste en la forma física en la que uno llegó al mundo, es decir, la desnudez total.»[7]

Para Kundakunda uno se convierte en nirgrantha al renunciar a todo tipo de apego externo e interno. El monje desnudo trasciende cualquier atisbo de orgullo –por las ropas– y vergüenza –por la desnudez–, puesto que retener las ropas implica un residuo de deseo sexual, expresado bajo el concepto de vergüenza (*lajjā*). Obviamente, la desnudez no implica obligatoriamente la superación del deseo, pero sí que la vestimenta remite siempre a la presencia del deseo.

El caso es que los digambaras siempre han vestido de "aire", por lo menos hasta la llegada de los musulmanes a la India, hacia el siglo X. Cuando la desnudez fue proscrita por las autoridades islámicas, los digambaras tuvieron que realizar ciertas excepciones sujetas a expiaciones.

## LA POSICIÓN ŚVETĀMBARA

El primero en contrarrestar los argumentos de Kundakunda fue el maestro śvetāmbara Jinabhadra (siglo VI). En su *Viśeṣāvaśyaka-bhāṣya* realizó una acalorada defensa de las ropas y los cuencos de limosna para los ascetas.

Es bastante factible que Mahāvīra no impusiera obligatoriamente la desnudez a los mendicantes, quizá como deferencia a Pārśva. Sin duda, durante la estación de lluvias la regla se relajaba. Y eso es lo que mantiene la línea más "liberal" de los śvetāmbaras. Aceptan que la vía desnudista de los *jinas* era un modo superior de renuncia, pero totalmente impracticable en estos tiempos. Y para seguir la vía de los *sthavirakalpins* el uso de ropas es necesario. Con esta medida se evitaría, además, cualquier eventual escándalo social. Así, los śvetāmbaras sospechan de la desnudez de los digambaras y la consideran una práctica ilegítima en estos tiempos.

A medida que la comunidad se fue alejando del tiempo de Mahāvīra y los *jinakalpins* y a medida que la sensación de participar de la Edad Triste se apoderaba de sus miembros, siquiera se sintió la necesidad de purgar las referencias escriturales al desnudismo. Esta justificación se asemeja mucho a las prácticas llamadas *kalivarjya* de los textos brahmánicos, es decir, aquellas prácticas que una vez fueron legítimas pero que eran condenables en tiempos de degeneración (*kali-yuga*). Con el paso del tiempo, los śvetāmbaras radicalizaron sus posturas y llegaron a decir que los ropajes constituían una parte integrante de la vida religiosa.

## LA LIBERACIÓN DE LAS MUJERES

El siguiente punto de discordia tiene que ver con la progresión espiritual de las mujeres. El debate se centra en concreto acerca de posibilidad o no de liberación de una mujer (*strīmokṣa*). El tema ha sido un importante punto de desacuerdo entre digambaras y śvetāmbaras a lo largo de siglos y ha producido tratados y comentarios que son únicos en su género.

### LA POSICIÓN DIGAMBARA

Los digambaras sostienen que la liberación en esta vida es imposible para una mujer. Mantienen que nunca ha habido un *tīrthaṅkara* femenino –Malli–, que Mahāvīra jamás estuvo casado y que su embrión nunca fue trasladado a su madre Triśalā.

Comentando acerca de la verdadera naturaleza de la renuncia, Kundakunda advierte de paso:

> «[Una monja] viste una pieza de ropa y se alimenta una sola vez al día. En la enseñanza del Jina uno no alcanza el *mokṣa* si viste ropas… La desnudez es la senda que lleva al *mokṣa*. El resto son sendas erróneas.
>
> Las mujeres no poseen pureza de mente; por naturaleza son volubles. Tienen los períodos menstruales. [Por tanto] no hay meditación en ellas libre de ansiedad.»[8]

Con estas palabras Kundakunda elimina toda posibilidad de liberación a un espíritu encarnado en cuerpo de mujer. La razón es claramente un colofón de la cuestión de la desnudez. Ya que no pueden obviar las ropas, las monjas no pueden tener rango de mendicante pleno y, por ende, no pueden aspirar a la liberación en esa vida. Están al mismo nivel que cualquier śvetāmbara.

Empero, Kundakunda también hace hincapié en el aspecto biológico. Afirma que las mujeres no poseen el cuerpo diamantino ni la capacidad de concentración necesaria para alcanzar los más altos niveles meditativos que conducen a la liberación. Es más, como dice en el *Pravacanasāra*, su cuerpo está habitado por millones de seres microscópicos a los que inevitablemente daña.[9] Aunque no todo el mundo está de acuerdo en atribuir estas ideas a Kundakunda,[10] está claro que ésta ha sido la posición digambara clásica.

Igual que su volubilidad les impide la meta más alta, su debilidad también les impide, a diferencia de los hombres, el séptimo infierno. En efecto, todas las corrientes jainistas aceptan que una mujer nunca podrá renacer en el más bajo de los infiernos. Según el jainismo Digambara se da una cierta correlación entre estos extremos, ya que para alcanzar estos destinos se requiere una misma intensidad de mente y acción. Tal y como existe un *dhyāna* positivo, la concentración pura (*śukladhyāna*, [véanse págs. 513-515]) que conduce a la liberación, existe el *dhyāna* negativo, la denominada concentración cruel (*raudradhyāna*, [véanse págs. 512-513]), que le enviaría a uno automáticamente al séptimo infierno. Por tanto, según Prabhācandra (siglo X), la incapacidad de las mujeres de acceder al séptimo infierno es prueba de su misma incapacidad para alcanzar el Siddha-loka.[11] Este impedimento para desarrollar los estados más extraordinarios es el motivo por el cual, según los digambaras, no existen mujeres *tīrthaṅkaras* o *cakravartins*.

Para reforzar sus posiciones y contrarrestar las críticas de los śvetāmbaras autores como Jayasena (siglo XII) arguyeron en contra de la anatomía femenina en tonos feroces. La misoginia es exagerada cuando se describe el cuerpo femenino, plagado de millones de vidas que perecerán, por ejemplo, con la menstruación o por los incesantes apetitos de las mujeres. Sexualmente hablando, la mujer siempre ha sido considerada en la India como un ser extremadamente voraz. Por su propia condición, es una invitación al deseo y una especie de asesina que sin duda acarreará alguno de los infiernos al infeliz varón que tope con ella. Como ha expresado Padmanabh Jaini, los ciclos menstruales son recordatorios constantes de que es un ser sexualmente deseable. Esta percatación produce la vergüenza y la dependencia de las ropas. Además, la hace sentirse temerosa del acoso sexual.[12] Para el pensador digambara Guṇabhadra (siglo IX), la mujer encarnaba la peor de las provocaciones:

> «Se dice equivocadamente que las cobras envenan con sus miradas, pero es evidente que sólo con media mirada de una mujer el mundo se pone completamente en llamas. Cuando has huido de ellas, te persiguen rabiosas. El único veneno es la mujer. No os acerquéis a ellas.»[13]

Es cierto, por otro lado, que en ningún lugar de las antiguas escrituras digambaras se niega la posibilidad de la liberación a las mujeres. Es más, el más sagrado texto digambara dice claramente que las mujeres pueden alcanzar todos los niveles de progresión espiritual y la liberación.[14] ¿Cómo casa esto con la posición tradicional digambara? La respuesta la da el monje Vīrasena (siglo IX) en su comentario a estos pasajes:

> «La palabra mujer [*maṇusiṇī*] en el *sūtra* significa un hombre caracterizado psicológicamente como femenino.»[15]

Esta cuestión, que puede parecer risible hoy en día, ha producido cientos de páginas de estudio sintáctico y polémica entre digambaras y śvetāmbaras. Lo interesante es que concede que un varón con inclinaciones homosexuales sea capaz de alcanzar la liberación mientras que una mujer no.

En resumen, la posición digambara establece que la mujer es inferior al hombre. Aunque acepta que las mujeres puedan estar dotadas de pureza, moralidad y autocontrol,[16] y por ende puedan ser llamadas nobles (*āryikās*), que es el título que conceden a sus ascetas, para alcanzar el *summum bonum* tendrán que renacer como varones.

## LA POSICIÓN YĀPANĪYA-ŚVETĀMBARA

El primer pensador en contraatacar los argumentos digambaras no fue un śvetāmbara, siquiera Jinabhadra, el acalorado defensor de las vestimentas para los ascetas. Fue Śākaṭāyana (siglo IX), un monje perteneciente a la corriente de los yāpanīyas, a caballo entre digambaras y śvetāmbaras. Śākaṭāyana dedicó una obra entera, el *Strīnirvāṇa-prakaraṇa*, a este tópico. Nada más comenzar su exposición afirma:

> «Hay *nirvāṇa* para las mujeres porque, igual que los hombres, están dotadas con las causas [que acarrean esta condición]. La causa del *nirvāṇa* son las Tres Joyas [véase capítulo 30] y esto no es incompatible con la feminidad.»[17]

Sólo la correcta visión, el correcto conocimiento y la correcta conducta son causa de la liberación, y las Tres Joyas son igual de posibles y perfectibles en hombres como en mujeres. Eso no sólo se ajusta a la máxima del filósofo Umāsvāti –aceptado por digambaras y śvetāmbaras– de que las Tres Joyas forman la senda que conduce a la liberación[18] y a que en ningún lugar de las escrituras sagradas exista mención de la imposibilidad del *mokṣa* para las mujeres,[19] sino que se corresponde con el estado del perfecto (*siddha*) o liberado, que ni es macho ni hembra.[20]

Haciendo suyos los argumentos de los yāpanīyas y aun sin rechazar plenamente los argumentos misóginos de los digambaras, los śvetāmbaras consideran a la mujer capaz de la liberación y del mismo progreso espiritual que los hombres. Quizá sucediera, como ha detectado Josephine Reynell, que los śvetāmbaras fueran lo suficientemente perspicaces como para darse cuenta y reconocer la importancia de las mujeres en la transmisión y el mantenimiento de la religión.[21] Como comprobaremos, el rol de la mujer en la reproducción de la comunidad es fundamental [véanse págs. 332-333]. Empero, ya un texto antiguo como el *Uttarādhyayana-sūtra* admitía la liberación de la mujer:

> «Simultáneamente, diez hermafroditas, veinte mujeres, ciento ocho hombres, cuatro cabezas de familia, diez heterodoxos [no jainistas] y ciento ocho ascetas ortodoxos alcanzan la perfección.»[22]

Además, como ya sabemos, los śvetāmbaras sostienen que el decimonoveno *tīrthaṅkara* fue una mujer, Malli, e incluso piensan que la primera persona de este ciclo cósmico en alcanzar la liberación fue Marudevī, la madre de Ṛiṣabha. Meghavijaya (siglo XVII) exclama: ¿cómo es posible que la noble madre del *jina*, aquélla a quien incluso los dioses vienen a venerar por su pureza y compasión, quien como reina porta la incomparable felicidad de traer al *jina*, cómo es posible que una mujer tan sublime no sea merecedora de la gloria del *mokṣa*?[23]

Para los śvetāmbaras no existe relación alguna entre la imposibilidad de pecar tan intensamente como para renacer en el séptimo infierno y la posibilidad de liberarse. En todo caso, eso mostraría la bondad de las mujeres, quienes, por lo general, son de naturaleza menos violenta que los hombres, como muestra su poca inclinación a las armas. Todavía más; en contra del argumento digambara de que no se encuentran mujeres versadas en los *mantras* y las escrituras, el maestro Guṇaratna (siglos XIV/XV) arguye que eso va contra los omniscientes que prefirieron permanecer en silencio y no predicar, y aun así alcanzaron el *mokṣa*.[24] Igualmente, aunque admiten que el cuerpo femenino está plagado de seres microscópicos, consideran que su muerte es inintencionada, por lo que no constituye obstáculo para la progresión.

Todo esto no quiere decir que exista igualdad en términos prácticos, pues las monjas –digambaras o śvetāmbaras– están subordinadas a un maestro masculino. En el próximo capítulo lo comprobaremos. La posición śvetāmbara en términos doctrinales y prácticos es idéntica a la budista. No hay impedimento para que la mujer alcance el *nirvāṇa*, pero en lo que se refiere a la vida religiosa y la organización eclesiástica su posición es claramente desfavorable. Como ha observado Padmanabh Jaini, ni budistas ni śvetāmbaras vieron contradicción alguna en este nivel, ya que la posición de la mujer dentro de la comunidad simplemente reflejaba su posición en la sociedad.[25]

Puesto que la desnudez no juega ningún papel en su práctica, no ha lugar a cuestionar el tema. Para los śvetāmbaras las ropas son, igual que la escobilla o el cuenco de agua, ayudas para la senda religiosa, y en modo alguno pueden ser consideradas posesiones (*parigraha*).[26] El verdadero desapego ha de ser el interior. La no-posesión no se refiere a las cosas materiales sino al apego mental a ellas. Por tanto, Meghavijaya dictamina:

> «Las mujeres en cuestión [las monjas] son merecedoras de alcanzar *mokṣa* en esa misma vida;
>
> porque son capaces de seguir las ascesis específicas y los votos menores de los laicos.
>
> Quienquiera que sea así [de capaz] es igual al otro, esto es, el ser humano varón, de quien se admite que es capaz de alcanzar el *mokṣa*.»[27]

* * *

Es bastante posible que estas diferencias derivaran de las implicaciones sociales que tendría una orden de mujeres desnudas. De entre todas las estatuas de los *jinas*, sólo se conoce una de Malli con pechos y melena, y ningún templo śvetāmbara la representa así. Por su parte, ya sabemos que los más antiguos textos digambaras afirmaban que tanto las monjas como los monjes podían alcanzar la liberación. Fue seguramente la imposibilidad social de la desnudez femenina lo que hizo radicalizar las posturas. En ningún texto digambara, empero, se prohibe explícitamente a las mujeres tomar el voto de la desnudez. Ni tampoco se especifica por qué no se concedió la posibilidad de una orden de mujeres desnudas. Y la cuestión era vital, pues para los digambaras la desnudez es indispensable para el *nirvāṇa*. ¿Entonces? Seguramente porque la idea de la desnudez femenina en público –salvo para raras *yoginīs* shivaístas– ha sido y es inaceptable para la sociedad hindú. Hoy, es una cuestión de pudor; en tiempos antiguos sería de orden. Según los digambaras, una mujer desnuda incitaría a la pérdida de control y acabaría por ser violada un día u otro, lo que indudablemente prueba su dificultad para la senda ascética. Puesto que no pueden existir dos caminos ascéticos, ergo, las mujeres tendrán que ir vestidas y generar mérito para renacer como varones desnudos que aspiren a liberarse. Incluso las monjas digambaras de hoy, tal y como ha mostrado el soberbio trabajo de N. Shāntā, aceptan que su cuerpo femenino les impide avanzar seriamente en la senda y necesitarán renacer como varones.[28] Para los śvetāmbaras, las únicas mujeres que no pueden entrar en la orden son las embarazadas. Aparte este detalle, nada hay en contra de la plena mendicidad, iluminación y liberación femeninas.

Es preciso señalar, sin embargo, que nos hallamos ante cuestiones eminentemente dogmáticas. Puesto que la tradición es unánime en aceptar que ya nadie desde Jambūsvāmin podrá alcanzar la liberación en esta Tierra en el presente eón, el tema de la liberación de la mujer queda como asunto principalmente teórico. Como ha mostrado Shāntā, deberíamos subrayar que la exclusión digambara de la liberación es sólo temporal,[29] puesto que para todo aquel/lla que lleve la recta vida ascética suyo será el *mokṣa* en una vida futura.

## LA NATURALEZA DEL *JINA*

La tercera diferencia entre ambas corrientes radica en sus concepciones sobre la naturaleza de un *jina*. Ya hemos tenido ocasión de tocar alguna de sus posiciones.

Para los digambaras un ser tal no se implica en asuntos mundanos ni su organismo mantiene las funciones corporales normales. En el momento de alcanzar la omnisciencia el cuerpo del *kevalin* opera un cambio milagroso. El cuerpo burdo se metamorfosea en un cuerpo extremadamente puro. Los fluidos impuros –orina, semen, excrementos, mucosidades, etc.– se transforman en una substancia láctea. El omnisciente ya no habla, no se alimenta, no defeca, no duerme, etc, pues ha trascendido todo instinto básico.[30] Enseña a través de un sonido divino mágico.

Los śvetāmbaras, siempre con una visión más humana del Jina, consideran que estos seres, aún siendo excelsos, siguen las actividades humanas normales.

## OTRAS DIFERENCIAS

Un cuarto punto de disensión tiene que ver con los textos sagrados. Aunque no todos los grupos śvetāmbaras poseen un mismo cuerpo escritural, hay unanimidad en aceptar aquel primer canon compilado en Pāṭaliputra y que habría contenido porciones de la enseñanza original de Mahāvīra. En el concilio de Valabhī (siglo V), cuando se escrituró el material transmitido, la comunidad śvetāmbara cobró clara conciencia de su particularidad. Quizá este hecho tenga que ver más con la escisión final que el asunto de la desnudez. Los digambaras, por su parte, mantienen tenazmente que los antiguos textos sagrados se perdieron totalmente. Dedicaremos íntegramente el capítulo 22 a repasar los textos y escrituras jainistas.

Finalmente, existen algunas diferencias en cuanto a los procedimientos y utensilios de los ascetas. Los digambaras no poseen cuenco para limosnas, reciben los alimentos en la palma de sus manos y sólo comen una vez por día. Aparte de las ropas, los śvetāmbaras llevan un cuenco y pueden tomar dos o tres comidas al día. Tocaremos la etiqueta monástica más detenidamente en otro lugar [véanse págs. 451-454].

Aparte de estos y otros detalles menores, en líneas generales la práctica es la misma.

# 13. LA COMUNIDAD DE RENUNCIANTES

## LA INICIACIÓN

El jainismo es tajante, en especial en su formulación más antigua, en que para aspirar a la emancipación uno debe tomar la senda de los ascetas (*sādhus*) o las ascetas (*sādhvīs*) que han renunciado al mundo. Aunque teóricamente es posible liberarse siendo un cabeza de familia, como el caso del monarca Bharata, o aun siendo un no-jainista,[1] en todos los casos tendrá que haberse exhibido la santidad perfecta de los renunciantes jainistas. En la práctica, sin la iniciación en la orden, el camino se antoja sumamente arduo. Invariablemente, ello significa recibir la iniciación (*dīkṣā*), primero como novicio/a, luego como asceta, y encaminar todos los actos y pensamientos a la meta de la liberación (*nirvāṇa, mokṣa*). Si bien ésta no aguarda necesariamente al final de esta vida, sí pueden ponerse los cimientos para que se alcance en otra futura, tal vez en otra isla del Mundo Intermedio.

Lo primero que debe hacer un aspirante es realizar una petición de iniciación a un maestro (*ācārya*) o una preceptora espiritual (*guruṇī*). El nombre que designa a la iniciación, *dīkṣā*, ya se utilizaba en el contexto del ritual védico. Describía tanto los preliminares purificatorios del sacrificante –ayunos, meditación, continencia–, como su rango de ser puro, listo para ofrecer los sacrificios. Como dijo Jan Gonda, con la *dīkṣā* se obtenía un nuevo nacimiento y un estadio de existencia más elevado.[2] Por tanto, es coherente que las órdenes de renunciantes adoptaran no sólo el nombre, sino algunas de las características de la *dīkṣā* védica. En este capítulo, empero, nos ahorraremos disertaciones históricas y detallaremos el funcionamiento actual de la comunidad de renunciantes.

¿Quién puede iniciarse al jainismo monástico? Las reglas de admisión son muy parecidas para digambaras y śvetāmbaras. Se asemejan también a las del budismo. Los candidatos deben tener más de ocho años de edad, no pueden ser ex-convictos ni gentes de conducta reprochable. Tampoco se admiten incapacitados física o psíquicamente, ni mujeres embarazadas o con niños pequeños. Un maestro o maestra de la comunidad ascética debe aprobar la candidatura, que asimismo debe tener el consentimiento familiar. La comunidad laica local –que financiará la ceremonia– también debe ser consultada. En principio, la orden está abierta a todas las castas, si bien gentes de castas muy bajas difícilmente serían aceptadas entre los digambaras del Deccan.

Las razones para la renuncia e iniciación son variables. Puede tratarse de una intensa llamada espiritual, el ejemplo de algún familiar, el magnetismo de la comunidad monástica, la necesidad de escapar de un entorno económico difícil, el consejo de un maestro, una situación social o familiar insostenible, etcétera. Incluso los textos admiten que haya quien desee iniciarse por odio, enfermedad o falta de respeto. Está claro que los motivos iniciales no son siempre puramente espirituales. No obstante, N. Shāntā menciona una estadística acerca de los motivos por los cuales cien mujeres decidieron tomar la inciación, y las cifras son bastante elocuentes: el 59% lo hicieron por motivos plenamente espirituales; el 11% por un deseo de crecer en conocimiento con una meta espiritual; el 10% por deseo de servir a la comunidad; el 3% para librarse del matrimonio; y el 17% para hallar un refugio en la sociedad.[3] En cualquier caso, Paul Dundas apunta, lo que para la tradición es significativo es lo que se hace *después* de convertirse en asceta.[4]

Sociológicamente hablando, la mayoría de ascetas proviene de familias que ya son jainistas y para quienes los *sādhus* y *sādhvīs* poseen un significado y autoridad especiales. Muchos pertenecen a castas comerciantes o artesanas. Son mayoritarios los ascetas de origen rural, un hecho peculiar si tenemos en cuenta que la comunidad jainista es la más urbana de la India. Un número no despreciable de ascetas, empero, proviene de familias no jainistas.

Técnicamente, la iniciación plena (*mahā-dīkṣā*) debe ir precedida por un período de renuncia o iniciación menor (*bhagavatī-dīkṣā*). Durante el noviciado, que dura entre unas semanas y unos pocos meses, el candidato comparte el modo de vida de los ascetas, salvo en la cuestión de las comidas, que todavía tomará con los laicos. Aquellos que se mantienen en este nivel y no optan por la iniciación plena son, por ejemplo, los *kṣullakas* (fem.: *kṣullikās*) o *ailakas* digambaras, que llevan algunas piezas de vestido y son considerados algo así como medio-ascetas o laicos muy avanzados.

Desde el primer día el novicio queda bajo la tutela de un maestro, quien comenzará a instruirle en alguna de las lenguas prácritas en las que están escritos los textos sagrados, quizá también en sánscrito. En realidad, durante el noviciado estos estudios poseen un carácter más bien probatorio. Lo que se evalúa es la determinación del candidato. Dependiendo de la orden se le enseñará algún *sūtra* importante, normalmente uno breve y claro, del estilo del *Daśavaikālika*. Pasado este tiempo tiene lugar la iniciación plena en la orden. No obstante, la tradición otorga mucha mayor importancia a la primera ceremonia que a la segunda. Vamos, pues, con la iniciación menor.

El rito de admisión puede variar según las distintas corrientes o sub-escuelas. El esquema básico, no obstante, es razonablemente similar a todas.

Algo contradictoriamente con el espíritu de renuncia, la semana previa a la iniciación el candidato o candidata invita personalmente –vestido con su mejor atuendo– a sus familiares. Igualmente, el vecindario convida al novicio o a la novicia a comer. El modelo es idéntico al de los enlaces matrimoniales. El día anterior a la iniciación el candidato suele realizar un ayuno. Por fin llega el día auspicioso, previamente determinado por el astrólogo, y se acude al lugar adecuado consensuado con la comunidad laica local.

En bastantes casos el aspirante es transportado con toda pompa a lomos de caballo o elefante hasta el templo o retiro [ver FIGS. 18 y 19]. El novicio viste sus mejores galas; las novicias llevan la melena suelta, van ataviadas con sus joyas y puede que con el sari que utilizaron en su matrimonio. Mientras el gentío avanza se lanzan dulces y monedas que los pobres que acompañan la procesión se apresurarán a atrapar. Con este gesto se emula el año previo a la iniciación en el que Mahāvīra distribuyó sus riquezas entre los súbditos del reino. Obviamente, el elefante parodia el palanquín en el que fue transportado por el mismísimo Indra. Desde un punto de vista sociológico, la parafernalia y pomposidad de estas iniciaciones sirven para otorgar al grupo un claro sentido de poder e influencia.[5] Para los śvetāmbaras la ceremonia de iniciación de un asceta es un evento de la mayor trascendencia y de formidable costo. En algunos casos se pide al sacerdote de familia o casta –que suele ser un *brāhmaṇa* de rango menor– que pinte al novicio con signos auspiciosos, de forma similar a como son consagradas las imágenes de los *jinas* en los templos. A las novicias suele decorárseles manos y pies con *henna*, una vez más, de forma idéntica a las nupcias.

Las iniciaciones se realizan siempre ante la imagen de un *tīrthaṅkara*, o bien en un templo (*mandira*), o bien en una carpa (*maṇḍapa*) preparada para la singular ocasión.

El ritual en sí es muy simple. El novicio recita algún *sūtra* o *bhakti* –que es el nombre que reciben ciertos himnos entre los digambaras– y realiza la clásica postración ante el maestro. Se dirige al público y pide un perdón general. La ceremonia mantiene la antiquísima costumbre de arrancar dolorosamente los cabellos (*keśa-loca*) en cinco manojos, si bien hoy algunos se rapan la cabellera y dejan sólo cinco mechoncitos para que puedan ser arrancados suavemente [ver FIG. 20]. Esta práctica, idéntica para hombres o mujeres, no se encuentra en ninguna otra tradición de renunciantes de la India –salvo en la antigua orden de los ājīvikas– y seguramente tendría como propósito examinar la resolución y firmeza del aspirante. Si bien los budistas simbolizan igualmente la renuncia rasurándose los cabellos, la práctica de arrancarlos de cuajo ilustra perfectamente el cariz del jainismo monástico en contraste con el budista. El paralelismo con los ritos de paso a la adultez de muchas culturas –que incluyen frecuentemente una ordalía– es claro. Desde ese día el asceta no dejará crecer sus cabellos más que "el pelo de una vaca". Esto significa raparse cada quince días –salvo en los meses de la estación de lluvias– o cada seis meses para las ascetas.

A continuación, el novicio pide permiso a sus familiares para recibir la iniciación. Entre los digambaras, es el maestro quien se dirige a los familiares y demás ascetas con la pregunta: "¿Puede ser admitido para la iniciación?" La muchedumbre asiente. En ese momento el maestro le hace repetir el voto de la ecuanimidad (*sāmāyika*) de por vida [ver FIG. 21]. Acaba de admitirlo en la orden. Las iniciaciones suelen terminar con el *namaskāra-mantra*, la más sagrada de las letanías jainistas [véase más adelante] y cantos devocionales.

La iniciación a la renuncia implica también el abandono del nombre laico y, en consecuencia, de cualquier rango socioespiritual (*varṇa*) o de casta (*jāti*) que previamente se poseyera. Al nombre de asceta seguramente se añadirá el del linaje de su maestro –terminado en *-vijaya, -kīrti, -candra, -nandi*, etc.–, con lo que la continuidad del linaje queda gráficamente establecida. Únicamente en la sub-orden śvetāmbara de los sthānakavāsīs se retiene el nombre laico. Salvo unos pocos enseres, que repasaremos más adelante, a partir de ese día el iniciado no poseerá nada durante el resto de su vida.

## LA ORGANIZACIÓN MONÁSTICA

Como sabemos, al conjunto de la comunidad religiosa jainista se le denomina asamblea (*saṃgha*), un término también utilizado por el budismo. Y al igual que éstos, los jainistas incluyen en su acepción extensa también a la comunidad de laicos, con lo que se acepta expresamente la íntima relación entre ambas secciones del *saṃgha*. Aquí nos mantendremos en la sección ascética.

Aunque el ideal del asceta solitario sigue siendo estimado, por cuestiones de seguridad y orden, desde tiempos muy antiguos la comunidad religiosa se ha subdividido en distintas unidades. En primer grado existen las compañías (*gaṇas*), compuestas normalmente por tres ascetas, que permanecerán unidos en todo momento. A la unidad itinerante se la llama también familia (*parivāra, kula*). La excepción se da entre los digambaras ya que al ser tan pocos [véase Cuadro 2], siquiera pueden formar grupos ascéticos y deben unirse a *kṣullakas, ailakas* o *brahmacārins*, esto es, laicos muy avanzados. A su vez, compañías y familias se afilian en las diferentes sub-órdenes (*gacchas, saṃghas*) del jainismo Śvetāmbara o Digambara. Como sea que se organicen, la vida del asceta jainista es una de permanente contacto con sus congéneres y maestros. Hay poco lugar para la privacidad y la soledad. Los lazos de solidaridad entre los ascetas suelen ser muy pronunciados.

A partir del día de la iniciación el aspirante es llamado bondadoso (*sādhu*; fem.: *sādhvī*) o silencioso (*muni*), que es el equivalente moderno de los viejos nombres *nirgrantha* (fem.: *nirgranthī*) o *śramaṇa* (fem.: *śramaṇī*). Por tradición, al instructor del novicio se le llama *upādhyāya*, un preceptor cuya tarea principal consiste en enseñar los textos de la orden. Hoy en día existen pocos ascetas con este título. Otros rangos en desuso son los de anciano (*sthavira*), lector (*vācaka*) o líder de compañía (*gaṇadhara, gaṇin*). Entre los śvetāmbaras, un título de respeto para con maestros o monjes doctos es el de *sūri*. Sin lugar a dudas, el rango que hoy ocupa el lugar preeminente es el de guía espiritual o maestro (*ācārya*), un título también conocido del hinduismo y del budismo. Él es quien supervisa la admisión y la tutela del novicio. Normalmente, el *ācārya* es uno de los ascetas ancianos de la comunidad y jefe de un linaje espiritual o compañía. Como también es él quien suele explicar el significado profundo de los textos y enseñanzas impartidas por el *upādhyāya*, tiene que ser al mismo tiempo alguien bien versado en la doctrina y de la máxima pureza espiritual. De hecho, el maestro está cualificado para dar su propia interpretación de las escrituras y nombrar a su sucesor. Para los grupos de monjas el *ācārya* masculino designa a una guía espiritual femenina (*guruṇī*) que le representa.

Esta organización centrada alrededor de un maestro favorece la división de la comunidad en linajes diferenciados. Como veremos, cada vez que un *ācārya* o *sūri* ha realizado una reinterpretación de la tradición se ha producido una nueva sub-orden o subdivisión de alguna de las dos grandes corrientes, el Śvetāmbara o el Digambara [véase capítulo 19].

También es el *ācārya* quien escucha las confesiones de los ascetas y recomienda las formas para expiar la mala conducta. Las reglas de deferencia y trato para con cada miembro de la comunidad están bien estipuladas y se cumplen a rajatabla. La postración ante el maestro, en especial durante las confesiones, es obligatoria. Un buen ejemplo de la importancia del *ācārya* lo ofrece un objeto conocido como "maestro de representación" (*sthāpanācārya*), un pequeño atril o trípode de madera de sándalo. Cuando el monje lo sitúa frente a sí al rezar o al estudiar simboliza la presencia de su guía espiritual e, indirectamente, de la tradición de maestros que se remonta hasta el *tīrthaṅkara*. El utensilio es único de los śvetāmbaras.

Toda ocasión en que se elige a un nuevo *ācārya* para un colectivo es un gran acontecimiento celebrado por toda la comunidad, tanto la laica como la ascética. Equivale, a escala monástica, a una sucesión monárquica.

Los ascetas pueden elegir el *ācārya* o la *guruṇī* que desean que les guíe. De hecho, los candidatos realizan la petición expresa para la iniciación a tal o cual maestro/a en particular. Una vez pasado el período probatorio y recibida la iniciación plena, técnicamente pasan a depender de él o ella y no de alguna autoridad central. Debido a su vida itinerante los ascetas pueden tardar bastantes meses en reencontrar al *ācārya*. A pesar de ello, los vínculos con el maestro son muy fuertes.

Aunque el renunciante está siempre supeditado a un maestro, cuando un *sādhu* congrega discípulos alrededor suyo –normalmente cuando tiene una cierta edad y prestigio–, entonces puede viajar con ellos como preceptor (*guru*) y vivir bastante independientemente de su propio *ācārya*.

Como puede comprobarse, el *saṃgha* monástico es muy distinto de una Iglesia. El rasgo es típico de la religiosidad del Sur de Asia, donde en vez de grandes instituciones religiosas hallamos linajes de maestros (*guru-param-*

*parā*) o pequeños retiros espirituales (*āśramas*) donde se da una relación entre maestro y discípulo (*guru-śiṣya*).

## LA ORDEN DE *SĀDHVĪS*

A las ascetas śvetāmbaras suele llamárselas "santas" (*sādhvīs*), a las digambaras "nobles" (*āryikās*), si bien ocasionalmente se utilizan otros nombres.

Las ascetas viven en retiros separados de los de los monjes, bajo el mando de una especie de madre superiora (*pravartinī, gaṇinī*). A su vez, distintos grupos de *sādhvīs* dirigidos por varias superioras de una misma orden dependen de una asceta anciana y respetada (*guruṇī, sādhvī pramukhā*), quien a su vez está bajo el control de un *ācārya* masculino. El rol de maestro espiritual lo detenta siempre el *ācārya*, quien realiza la iniciación formal a las ascetas, las confiesa, resuelve las dudas surgidas en el estudio, dirige sus itinerarios o decide el lugar y tiempo de sedentarización durante la época de lluvias. La relación entre *sādhus* y *sādhvīs* replica el patrón patrilocal indio: la mujer pasa a pertenecer a la familia y linaje del marido. Ahora bien, como el *ācārya* seguirá una ruta distinta en su siguiente desplazamiento, puede pasar mucho tiempo, incluso bastantes años, hasta que el grupo de monjas reencuentre a su *ācārya*. Por tanto, la verdadera relación entre las ascetas se da con su *guruṇī*.

Aunque las ascetas śvetāmbaras son consideradas espiritualmente iguales a los varones, las *sādhvīs* siguen reglas más duras que los *sādhus*, nuevamente como reflejo del carácter patriarcal de la sociedad hindú –y de la mayoría de religiones–. Es virtualmente imposible para una asceta alcanzar el grado de *ācārya*, ya que los textos establecen que sólo podría serlo transcurridos sesenta años desde su inicación –un asceta, sólo después de cinco–,[6] un dato que, además, parece ser pura teoría. En todo esto hallamos paralelismos con el budismo, que asimismo prescribe una serie de normas de conducta más estrictas para las monjas y también las supedita a un preceptor masculino. Entre los digambaras, el talante misógino es mucho más acusado [véanse págs. 196-198]. El ostracismo es particularmente sentido durante los días de menstruación de las ascetas. La mujer en su período –considerado en toda la India muy polucionante– tiene prohibido el estudio de los textos sagrados, no puede entrar en el templo ni toma parte en ninguna de las liturgias. La asceta, especialmente la *āryikā* digambara, permanece en total reclusión y silencio. Según N. Shāntā, *āryikās* y *sādhvīs* por igual deploran este tipo de ostracismo.[7]

Con todo, estas asimetrías en el poder temporal suelen diluirse en la práctica, fundamentalmente por el hecho de que el número de mujeres ascetas sigue triplicando al de varones [véase Cuadro 2], una constante que al parecer se ha mantenido a lo largo de toda la historia del jainismo. Vista desde el interior, la discriminación es menos aguda de lo que parece. Las ascetas están *de facto* organizadas en un sistema paralelo e independiente. Rarísima vez un grupo de monjas topa con uno de monjes. Muchas ascetas śvetāmbaras administran votos a los laicos, los bendicen, dirigen sus cultos y los sermonean. Ya pueden decir los textos lo que quieran, que las *sādhvīs* poseen una autonomía bien merecida. De hecho, el trabajo de Lawrence Babb con el movimiento neo-hinduista Brahmā-Kumarī ha mostrado que la vida de la renunciante india posee un potencial de transformación de las relaciones de género bastante grande. Para Babb el movimiento Brahmā-Kumarī es una forma indígena de feminismo indio.[8] Como tendremos ocasión de ver, además, la práctica del jainismo a nivel laico también está dominada cuantitativa y cualitativamente por las mujeres.

Quizá las monjas que poseen mayor prestigio sean las de la orden śvetāmbara Kharatara-Gaccha, a quienes puede verse predicando y enseñando en público con plena autoridad y naturalidad. Según N. Shāntā, las *sādhvīs* sthānakavāsīs parecen más liberales y progresistas en la manera de enfocar los estudios. Las terāpanthīs, aun siendo esta orden muy rigurosa, poseen hoy un nivel de estudio elevado. Por contra, las ascetas del Tapā-Gaccha [ver FIG. 35], la sub-orden śvetāmbara más importante de todas, viven todavía en un entorno poco favorable a la emancipación de la mujer.[9] Aunque las ascetas digambaras [ver FIG. 36] son consideradas de rango inferior, desde el punto de vista de los laicos son tan respetadas y veneradas como las śvetāmbaras. A buen seguro la posición más liberal de los śvetāmbaras en lo que concierne a la emancipación de la mujer tiene que ver con el desproporcionado número de *sādhvīs* śvetāmbaras, ya que el número de *āryikās* digambaras es incluso menor que el de monjes. Es precisamente entre las digambaras donde hallamos una proporción más alta de mujeres que entraron en la orden tras la viudedad.

**Cuadro 2:** Censo de ascetas jainistas (1990)

| Orden/Suborden | *sādhus* | *sādhvīs* | Total | |
|---|---|---|---|---|
| Śvetāmbara Mūrtipūjaka | 1.373 | 4.789 | 6.162 | 5.472 Tapā-Gaccha<br>231 Añcala-Gaccha<br>214 Kharatara-Gaccha<br>245 Otros |
| Śvetāmbara Sthānakavāsī | 532 | 2.206 | 2.738 | |
| Śvetāmbara Terāpanthī | 157 | 562 | 719 | |
| Digambara | 225 | 130 | 355 | |
| TOTAL | 2.287 | 7.687 | 9.974 | |

# LOS CINCO GRANDES VOTOS

Algún tiempo después de la iniciación menor (*bhagavatī-dīkṣā*) el novicio/a toma la iniciación mayor (*mahā-dīkṣā*). En contraste con la pompa y notoriedad que puede tener la anterior, esta reactualización y confirmación de su rango de renunciante es mucho más sobria. Previamente, el candidato habrá ayunado durante tres días. Si en la iniciación menor se toma el voto de la ecuanimidad de por vida, ahora se realiza el juramento de los cinco grandes votos (*mahāvratas*) asimismo de forma inquebrantable.

El día que toma los cinco grandes votos el novicio saldrá a pedir limosna por primera vez. Por tradición, los śvetāmbaras suelen acudir a la casa paterna. No obstante, los padres pueden legar este preciadísimo derecho a miembros pudientes de la comunidad, que llegan a pagar sumas formidables por poder tener el honor de realizar esta primera donación de alimentos a un asceta recién ordenado. Se considera que el laico que tenga el honor de otorgársela adquiere un fabuloso mérito religioso. El gesto reactualiza simbólicamente la primera ocasión que el renunciante Ṛiṣabha, destinado a ser el primer *jina*, recibió la limosna adecuada para un santo jainista de manos de un laico. Este vínculo entre ambas porciones de la comunidad jainista se renueva a diario cuando los monjes salen a mendigar.

## EL VOTO DE LA NO-VIOLENCIA

Dice el primer gran voto:

> «Renuncio a toda forma de matar seres vivos, sean ínfimos o grandes, móviles o inmóviles. No mataré seres vivos [ni causaré que otros lo hagan, ni lo consentiré]. De por vida, confieso y reprendo, me arrepiento y eximo de estas faltas en la triple forma, mental, verbal y corporal...»[10]

De forma estrictísima, casi obsesiva, los ascetas deben estar especialmente vigilantes en respetar este primer voto, el de la *ahiṃsā*. Todo gira en torno a la manera de evitar causar daño involuntario al mayor número posible de seres vivos. Si los laicos se preocupan de no lastimar a los seres de varios sentidos, los ascetas deben tener en consideración a las innumerables vidas de un solo sentido (*ekendriyas*). El asceta es quien comprende, como Mahāvīra, que estas formas están dotadas de vida, que estos *jīvas* encarnados en formas bajísimas de existencia sufren igual que los demás. Al tomar su voto de forma total el asceta se compromete a caminar descalzo –y no utilizar ningún medio mecánico de locomoción– o a no cavar la tierra, para no destruir cuerpos de la tierra. Y promete no alumbrar ninguna llama o apagar ningún fuego, para proteger a los seres de los fuegos. Beberá el agua filtrada y se abstendrá de tomar baños, nadar o caminar bajo la lluvia, para mostrar su respeto por las vidas del agua. Y se compromete a no abanicarse y –algunos– a ponerse un bozal de tela, por deferencia a los seres del aire. En cuanto a los vegetales, el asceta evitará caminar sobre la yerba o tocar cualquier tipo de planta.

Se comprenderá el esfuerzo que representa todo esto. La atención del asceta está permanentemente enfocada en respetar un patrón de comportamiento diseñado para seguir el voto de la no-violencia. Al cultivar la no-violencia de hecho está cultivando el no-odio, el no-herir, el no-dañar, la no-agresividad, etc.; en otras palabras, se purifica, detiene el influjo de *karma*.

Se ha criticado que el jainismo es contradictorio al poner tanta atención en respetar los más ínfimos seres vivos –olvidando que los jainas regentan numerosísimas instituciones caritativas [véanse págs. 456-457]– y, en cambio, ignora los graves problemas de la sociedad y los demás seres humanos –hambre, enfermedad, guerra–. Los jainistas, empero, insisten en que la solución al problema ha de tener lugar en el interior de cada uno. Sólo con la purificación interna del individuo puede darse la transformación social. Y a este propósito consagran su vida los ascetas. Pero al mismo tiempo, el asceta plasma con su comportamiento su absoluta identificación con todos los seres. El asceta es:

> «Aquel que trata a todos los seres vivos como a sí mismo
> y los contempla con ecuanimidad...
> Conocimiento primero, y entonces compasión.»[11]

Todas las vidas son *intercambiables*. Y el reto más difícil es extender el comportamiento no-violento a los seres ínfimos, algo que sólo puede darse en el marco del ascetismo más riguroso. No se trata de sensibilizarse por la situación de estos seres, sino de considerarlos iguales, con absoluta y radical ecuanimidad. Del conocimiento y la sabiduría brota la compasión (*dayā*) y el respeto. Esta actitud de mente, espíritu y acción, debe ser comunicada, un poco en imitación de los *tīrthaṅkaras*, de modo que el asceta se preocupará de enseñar a los demás la doctrina sagrada y la vía hacia la liberación.

## EL VOTO DE LA VERACIDAD

Dice el segundo gran voto:

> «Renuncio a todos los vicios de falsedad [surgidos] del odio, la codicia, el miedo o la alegría. Nunca diré mentiras, ni causaré que otros las digan, ni consentiré la mentira en otros. De por vida [*ídem* al primer voto]...»[12]

Con el segundo gran voto el asceta se abstiene de toda mentira, a la vez que se compromete a decir siempre la verdad (*satya*). El asceta debe cultivar la moderación, la benevolencia, la dulzura, el respeto y superar la vanidad.

## EL VOTO DE ABSTENERSE DE ROBAR

Dice el tercer gran voto:

> «Renuncio a tomar cualquier cosa que no haya sido dada, sea en una aldea, una ciudad o un bosque, sea poca o mucha, pequeña o grande, viva o inerte. No tomaré lo que no haya sido dado, ni causaré que otros lo tomen, ni consentiré que otros lo tomen. De por vida [*ídem*]...»[13]

El tercer voto, el de la abstención de robar (*asteya*), significa la purificación de la codicia y la avaricia que toda intención de robar conlleva. Por supuesto, también implica cultivar la no-violencia, ya que toda apropiación indebida comporta algún tipo de violencia. En lo más hondo, se está afirmando que uno no posee nada y ningún objeto externo hay que merezca poseerse.

## EL VOTO DE LA CASTIDAD

Dice el cuarto gran voto:

> «Renuncio a los placeres sexuales, sea con dioses, humanos o animales. No dejaré vía a la sensualidad, ni causaré que otros la sigan, ni consentiré que otros la sigan. De por vida [*ídem*]...»[14]

El cuarto voto es el de la castidad. Desde el punto de vista monástico el acto sexual es el paradigma de la pasión y el deseo, y por tanto está estrictamente prohibido. Obviamente, el voto va más allá de la abstención de la cópula (*maithuna-virati*) e incluye renunciar a escuchar obras provocativas, a contemplar los cuerpos de las mujeres –recuérdese que los textos fueron escritos por hombres–, etc. Una consecuencia directa de este voto es que el vestido de los *sādhus* y *sādhvīs* es de la mayor sencillez y modestia. Nadie lleva joyas o perfumes. Para evitar cualquier tentación –o peligro–, las *sādhvīs* siempre van en grupos, incluso cuando van a confesarse ante el *ācārya*.

## EL VOTO DE LA NO-POSESIÓN

Dice el quinto gran voto:

> «Renuncio a todos los apegos, sean pocos o muchos, pequeños o grandes, vivos o inertes. No crearé esos apegos, no causaré que otros los creen, ni consentiré que otros los creen. De por vida [*ídem*]...»[15]

Al cultivar el voto de la no-posesión (*aparigraha*), seguramente el segundo en importancia después del de la no-violencia, el asceta combate la codicia y el egoísmo, que son las primeras causas de violencia en el mundo. Desde el momento en que se inicia en la orden sólo "poseerá" los objetos que se le entregaron el día de la *dīkṣā*. Repasémoslos.

Uno de los poquísimos compañeros de viaje de los ascetas y que simboliza permanentemente la dedicación a la no-violencia es el plumero o escobilla (*rajoharaṇa, piccikā*), uno de los signos distintivos del jainismo. Dependiendo de la orden, la escobilla está hecha de lana o de plumas caídas de pavo real. Está pensada para que nada se adhiera, siquiera la humedad. Los ascetas utilizan este fino plumero constantemente, antes de sentarse, de caminar o tumbarse para dormir. Se trata siempre de remover a todo ser vivo que inadvertidamente pudiera ser pisoteado, aplastado o herido con la actividad del asceta.

Los ascetas de las sub-órdenes śvetāmbaras Sthānakavāsī y Terāpanthī poseen también una tela de algodón (*mukhapattikā, muhpaṭṭi*) que utilizan como bozal –de forma permanente– para no dañar a los seres invisibles del aire. Otras órdenes sólo la utilizan en ocasiones especiales. Bastantes ascetas llevan también un pedazo de tela que utilizan para filtrar el agua que beben. En cuanto a los ropajes (*śvetavastra*), consisten en una simple tela blanca y un chal de lana para el invierno. Las *sādhvīs*, además, visten una falda larga o un sari (*sāḏī*), una blusa y un velo que cubre la cabeza y los hombros.

Otro de los poquísimos objetos que poseen los ascetas es el cuenco que sirve para mendigar (*pātra*, –śvetāmbaras–) o para contener agua (*kamaṇḍalu*, –digambaras, con fines higiénicos–). Los *sādhus* y *sādhvīs* śvetāmbaras de ciertas órdenes suelen llevar un largo bastón de madera (*daṇḍa*). Además de hacer de signo distintivo sirve para apartar algún obstáculo del camino o ahuyentar suavemente algún reptil o insecto peligroso.

A los ascetas les está permitido utilizar gafas graduadas, reloj y no hay inconveniente en que utilicen rosarios (*mālās*) para acompasar las repeticiones y murmuraciones de los *mantras*. También pueden poseer algún libro (*pothī*) con los textos de estudio, que guardan en un bolso de tela. A veces portan imágenes de santos o maestros famosos. Los *ācāryas* śvetāmbaras pueden poseer una mesilla para predicar (*sthāpanācārya*).

Aparte de estos utensilios –la mayoría de los cuales sólo son utilizados por los śvetāmbaras– los ascetas no poseen nada más. Ni siquiera unos zapatos o sandalias. Y en todos los casos, se insiste en que los objetos *no son propiedad* del asceta. Son ayudas para la práctica donadas por los laicos.

Obviamente el voto de la no-posesión está ligado al voto de no robar, pero va más allá de la posesión de objetos materiales. El asceta debe desposeerse literalmente de su idea de "yo", que es el agente capaz de codiciar y poseer. Sólo en un estado de pobreza absoluta, de abandono de toda posesión y desidentificación con el "yo" puede purificarse el espíritu.

* * *

Los grandes votos conforman una práctica de purificación interna. En consecuencia, el asceta cultivará una serie de disposiciones (*bhāvanās, brahmavihāras*) en la vida cotidiana, bien conocidas también del budismo:[16] benevolencia amorosa (*maitrī*) hacia los demás seres; alegría (*pramoda*) por estar al lado de otros seres avanzados en la senda; simpatía y compasión (*karuṇā*) por los que sufren, junto a un deseo de ayudarles; indiferencia y calma (*mādhyastha*) hacia los que insultan el *dharma*.[17] Estas instrucciones sirven para solidificar el correcto entendimiento de cada voto.

## LA VIDA DE LOS ASCETAS

Las reglas que rigen la vida de los ascetas podrían remontarse a Mahāvīra, si bien no están ligadas a episodios de su vida –como sucede con el código monástico budista–. En general se clasifican en bloques del tipo de formas de mendigar, maneras al hablar, formas de entrar en las casas de la gente, lugares donde estudiar, recomendaciones para realizar las necesidades, etc. El *Uttarādhyayana-sūtra* insta a que el asceta dedique el primer cuarto del día al estudio (*svādhyāya*), el segundo a la meditación (*dhyāna*), el tercero a su ronda para mendigar (*bhikṣā*), y el cuarto nuevamente al estudio.[18] En la práctica, no obstante, este esquema ha quedado como mero modelo teórico. No sólo no hace referencia a la vida de vagabundo, sino que apenas toca la interacción con la comunidad laica.

### EL DÍA DE UN ASCETA

Un esquema más realista sería el siguiente: el asceta se levanta muy temprano, al alba. Lo primero que hace es recitar de forma murmurada (*japa*) la fórmula de salutación a los cinco supremos (*pañca-namaskāra-mantra*), compuesta en prácrito:

> «Me inclino ante los merecedores [*ṇamo arahaṃtāṇaṃ*],
> me inclino ante los seres perfectos [*ṇamo siddhāṇaṃ*],
> me inclino ante los líderes de la orden [*ṇamo āyariyāṇaṃ*],
> me inclino ante los preceptores [*ṇamo uvajjhāyāṇaṃ*],
> me inclino ante todos los mendicantes del mundo [*ṇamo loe savvasāhūṇaṃ*].»[19]

Es la letanía más sagrada y conocida del jainismo [véanse págs. 488-489], repetida en cientos de textos, en infinidad de ocasiones. Luego, meditará.

A continuación, realizará una confesión general (*pratikramaṇa*) ante posibles transgresiones al voto de la *ahiṃsā* durante la noche anterior. Después, realizará la inspección (*pratilekhanā*) de sus ropas y utensilios. Esta actividad obligatoria se realiza dos o tres veces por día. Se trata, en todos los casos, de desplazar con sumo cuidado cualquier vida que haya podido situarse entre sus ropas, libros, cuencos, mantas o plumeros. La inspección también tiene lugar cuando el asceta realiza sus necesidades. No sólo se trata de evitar la muerte de algún minúsculo ser vivo, sino de mantenerse en un espíritu vigilante, de concentración en un objeto (*ekāgratā*).

En teoría los ascetas no se lavan los dientes, puesto que estas actividades son consideradas excesivamente mundanales y, además, conllevan la destrucción de vidas. En la práctica, los *sādhus* y *sādhvīs* śvetāmbaras suelen ser bastante pulidos y los cepillan con los dedos después de cada comida. A diferencia de los *sādhus* hinduistas, ningún asceta jainista se cubre el cuerpo con cenizas, no llevan adornos ni se pintan marcas sectarias en la frente.

Las mejores horas para la meditación (*dhyāna*) son al amanecer o antes de dormir. Es habitual que ésta se realice en el templo, adónde los monjes acuden para ver (*darśana*) a los *jinas*. Como comprobaremos, los ascetas no realizan ninguna ofrenda de flores, incienso o arroz, típicas entre los laicos, ni se ponen ropas especiales para el ritual. Simplemente meditan (*bhāva-pūjā*) acerca de las cualidades de los *jinas*, acerca de la situación de atadura al mundo o acerca de los tipos de renacimiento posibles. Los ascetas sthānakavāsīs o terāpanthīs, que no adoran imágenes, realizan el culto interno en el retiro monástico.

Las reglas acerca de la petición de alimentos (*gocarī, āhāra-viddhi*) son muy minuciosas. La cosa es normal, ya que el alimento está directamente ligado a la conexión entre espíritu y cuerpo, es decir, con la atadura a este mundo. De ahí que el ayuno sea una práctica tan habitual entre ascetas y laicos. Normalmente, la ronda para buscar alimentos tiene lugar alrededor de las diez. Al regresar, nuevamente confesará las posibles negligencias cometidas en su ir y venir. Como en la confesión matutina, en verdad se trata más de un arrepentimiento general (*pratikramaṇa*) que de una confesión de pecados particulares. Ampliaremos la cuestión en otro lugar [véanse págs. 464-466]. El asceta digambara se alimenta una sola vez al día; el śvetāmbara dos –la segunda siempre antes de la puesta del Sol–. La ronda está prohibida en caso de lluvia intensa, niebla o fuerte viento, cuando el desplazamiento podría acarrear muertes de múltiples seres de un solo sentido.

Una parte importante del día –especialmente durante la época sedentaria de las lluvias– la pasan estudiando los textos sagrados, las lenguas en que están escritos –prácritas, sánscrito, vernaculares– o las doctrinas de otros sistemas. Se trata de una de las mejores formas de preservar los *Sūtras* a la vez que una práctica de meditación. Normalmente, el instructor no es el *ācārya*, quien hace más bien de supervisor, sino algún *guru* o *guruṇī*, y hasta puede que se tenga la suerte de estudiar con un letrado (*paṇḍita*). Algunas órdenes poseen centros de estudio para los ascetas. Otra actividad usual, también durante las lluvias, es la instrucción de los laicos o la recepción de visitas.

Los ascetas pernoctan en retiros (*upāśrayas*), generalmente adyacentes a templos. Antes de acostarse realizan una nueva confesión general, como la del amanecer. Suelen meditar antes de dormir, normalmente hacia las diez.

## UNA VIDA EN PERPETUA PEREGRINACIÓN

Ajustándose a un modelo seguido por los renunciantes de la India desde hace milenios, los religiosos pasan el tiempo peregrinando, siempre a pie y descalzos [ver FIGS. 16, 17, 22 y 23]. Hoy en día, en un país superpoblado, ruidoso, intransitable y a medio industrializar, la vida de peregrino es más dura que antaño, cuando fueron compuestos los *Sūtras* que regulan las formas de peregrinar. Al trayecto entre dos lugares se le llama *vihāra*, un término que luego el budismo aplicaría para designar a sus monasterios.

La vida de peregrino refleja el propio peregrinar interno. Por supuesto, esta vida intinerante tiene como objeto liberar del apego. Es una actividad de máximo autocontrol. Muchos ascetas utilizan el plumero incluso al caminar, una precaución para no matar involuntariamente a los más diminutos seres en su trayecto. La vida itinerante permite a los ascetas interaccionar con las comunidades laicas –y expander el jainismo–. Los textos antiguos aconsejaban y aprobaban que los ascetas aprendieran las lenguas y dialectos de las regiones que visitaban. Cuando los ascetas se aproximan a una localidad donde existe una comunidad laica importante es frecuente que decenas de laicos salgan a escoltarlos en procesión hasta el retiro donde pernoctarán.

Normalmente, los itinerarios los fijan los maestros o los ascetas ancianos. Siempre tienen destinos del estilo de un centro de peregrinación, una famosa biblioteca, un templo donde los laicos vayan a realizar un ritual importante o, simplemente, una ruta a través de las distintas comunidades locales para estrechar los lazos con los laicos. También pueden dirigirse a la zona donde se encuentra el *ācārya*, con quien podrán profundizar en el significado de los textos y las enseñanzas. No obstante, a los ascetas les está prohibido cruzar el gran "océano negro" (*kālā-pānī*), razón por la cual el jainismo se ha mantenido confinado a la India y, hasta el siglo XX, ningún asceta salió del Sur de Asia. En la práctica, bastantes renunciantes tienden a permanecer en sus áreas favoritas, y a medida que envejecen, reducen sus itinerarios a un espacio comarcal cada vez más pequeño.

## EL PERÍODO SEDENTARIO

La excepción a esta vida de vagabundo tiene lugar durante la estación de lluvias –de mediados de junio hasta principios de octubre–, cuando a los ascetas les está permitido congregarse en aldeas o ciudades con sus preceptores. El retiro durante las lluvias se llama *caturmāsa*. Aunque esta práctica es habitual entre otros grupos de renunciantes de la India, en el jainismo está directamente vinculada a la *ahiṃsā*. Dicen los *Sūtras* que en el momento en que las semillas germinan e infinidad de animalillos colonizan los caminos, sabiendo esta circunstancia, el asceta debería dejar de peregrinar.[20] Durante esta época las rondas de mendicidad se modifican.

El período sedentario de los monzones es tiempo de estabilidad. Favorece el estudio y la interacción con los laicos. Los ascetas pueden visitarse para charlas personales, conferencias, cursos públicos o privados. Durante este tiempo los ayunos son constantes. También es durante esta época cuando los laicos más comprometidos acuden a grabar o recoger los textos de los ascetas que algún día serán publicados. El clímax del *caturmāsa* se da en el importantísimo festival del Paryuṣaṇa –para los śvetāmbaras– o del Daśalakṣaṇa-parvan –para los digambaras–. Hablaremos más extensamente de estos festivales en el capítulo 28.

## EL RETIRO (*UPĀŚRAYA*)

El lugar de abrigo o retiro de los ascetas se denomina *upāśraya*, que literalmente significa "refugio". Los textos antiguos utilizan también el parco término "camastro" (*śayyā*), con lo que el carácter transitorio del refugio queda claro [ver FIG. 32]. Los digambaras ni siquiera poseen retiros, sino que moran en templos o habitaciones de laicos que denominan simplemente "morada" (*vasatikāsthāna*).

El *upāśraya* no se asemeja demasiado a lo que entendemos por monasterio, si bien es una de las traducciones posibles y, ciertamente, durante la época medieval se desarrollaron monasterios (*maṭhas*) donde vivían monjes sedentarios. Pero la situación actual ha cambiado. Siguiendo los modelos de la antigüedad, los ascetas permanecen en estos retiros entre unos pocos días y unas pocas semanas. Únicamente durante el período de lluvias pueden pernoctar en un mismo lugar –aunque no necesariamente en el mismo retiro– durante tres o cuatro meses. Salvo unos camastros, el retiro no posee ni muebles ni decoración. Pueden haber esterillas para sentarse, algunos libros y cuencos de limosna.

El retiro pertenece a la comunidad local y es mantenido por los laicos. Además de las celdas para los ascetas, frecuentemente posee algún salón que los laicos utilizan como sala de ayunos, de meditación o para recibir instrucción religiosa de los ascetas. Por tanto, el retiro es a la vez abrigo para ascetas como casa comunitaria de la asociación laica local, abierta a todo el mundo a cualquier hora del día. Muchos están situados junto a un templo, y, en ocasiones, forman parte de un gran complejo que puede incluir alguna biblioteca, un albergue, una escuela, etc.

Si la localidad en la que han de pernoctar los ascetas no posee ningún retiro, éstos pueden dormir en casa de algún laico, en algún albergue para peregrinos, un *āśrama* hinduista, en el hogar de algún no-jainista –siempre y cuando sea vegetariano y de buena reputación–, en casas abandonadas y hasta puede que a la intemperie.

Aunque los retiros pertenecen a las comunidades laicas locales y, por tanto, están preparados y diseñados para recibir a los ascetas de la orden en particular a la que se adhieren los laicos, los ascetas de otras órdenes suelen ser bien recibidos.

REGLAS

Los textos están repletos de listas de conducta irrespetuosa (*āśātanā*),[21] reglas de expulsión (*sāmācārī*),[22] tipos de monjes con conducta desviada (*śabala*),[23] etc., que regulan la organización monástica. Al ser el *ācārya* la máxima autoridad en las escrituras, y al ser éstas la fuente de autoridad para la comunidad monástica, es él quien la administra y la representa. Normalmente, después de cada cuarto del día se realizan las confesiones (*ālocanā*) relativas al cuarto anterior. La fórmula utilizada siempre apremia a reprobarse a sí mismo y ante el maestro (*pratikramaṇa*). Tras la confesión y el arrepentimiento viene la expiación (*prāyaścitta*). La redención conlleva distintas penitencias –normalmente un ayuno o algún tipo de abstinencia–, bien delimitadas en textos relativos a la conducta ascética, como los *Cheda-sūtras* śvetāmbaras o el *Prayaścitta-grantha* digambara. No todos los textos concuerdan. Está claro que son fruto de teóricos distintos que en ningún momento sintieron la necesidad de que estas cuestiones se armonizaran entre las distintas órdenes. La expiación puede conllevar también el aislamiento temporal, la reducción simbólica de los años de vida ascética y hasta una nueva iniciación. Normalmente, las expulsiones –con o sin posibilidad de readmisión– no son tanto por ofensas cometidas, como por cualidades desviadas –maldad, frivolidad, homosexualidad–.[24]

## INTERACCIÓN CON LOS LAICOS

Se ha dicho insistentemente que la institución de la renuncia es una forma de negar el mundo. Así es, cierto, en el caso de renunciantes que se aíslan en la solitud de las junglas o las montañas. Empero los ascetas jainistas mantienen un fuerte vínculo con la sociedad. Dada su condición de vagabundos, pertenecen a la comunidad local en la que se encuentren durante el trayecto. Aunque el asceta renuncia al mundo, desempeña una función en la sociedad, y su autoridad será proporcional a su conducta y sabiduría ejemplares.

Dado que los religiosos no poseen nada, dependen completamente de la contribución material de los fieles laicos, lo que en términos jainistas se denomina generosidad (*dāna*), y que tocaremos en profundidad en el capítulo 28. Los laicos ofrecen el alimento diario, el cobijo, las ropas, las medicinas, etc. Ellos construyen los templos, los retiros, las salas de ayuno, y mantienen todas estas instituciones con sus donaciones. A cambio, los ascetas ofrecen su aliento espiritual y el no menos importante mérito espiritual (*puṇya*). Para los laicos, los ascetas son aquellos hombres y mujeres que realmente encarnan los principios del jainismo. Su autoridad no deriva de ningún poder temporal, ni de su participación en las liturgias, sino de los principios universales que encarnan: la no-violencia, el desapego, la sinceridad, la ecuanimidad, la serenidad, el estudio, el cuidado, la castidad, el control o el anhelo por la liberación.

Los ascetas supervisan los votos y ayunos de los laicos. Son sus confesores y hasta puede que ejerzan influencia en sus posiciones políticas. Las relaciones entre los religiosos y los laicos suelen ser bastante duraderas. Puesto que los ascetas también representan al linaje de maestros al cual pertenecen, muchos laicos los consideran sus preceptores religiosos (*gurus*). Ellos son los repositorios de los saberes de la tradición y los que han perpetuado los textos.

Es importante resaltar la continuidad que existe entre la vida del laico y la del monje. El código ético –formado por los cinco votos– es el mismo para ambos con la única diferencia de que el primero sólo lo sigue parcialmente, mientras que el asceta lo sigue estrictamente. Un laico avanzado espiritualmente puede llegar a comportarse virtualmente como un monje. Hoy, por ejemplo, es bastante común que los ascetas viajen de un lugar a otro acompañados de seguidores laicos [ver FIG. 67]. De hecho, la llegada de un grupo de renunciantes conocido y carismático es una de las grandes ocasiones para que la población jainista local se sienta unida y se autoperciba más nítidamente como "jainista". La vida del asceta es una prolongación de la vida del atento cabeza de familia laico, con lo que el sentimiento de unidad entre todos los miembros de la comunidad es muy fuerte. Puede darse el caso, más habitual de lo que pudiera parecer si uno lee la literatura jainista, de que la comunidad laica ejerza un cierto control sobre los monjes.[25] Los laicos vigilan permanentemente la actividad de los *sādhus* y las *sādhvīs*. Temen que la menor variación de los cánones comporte una desintegración del *dharma* jainista, así que, como ha dicho N. Shāntā, los de "fuera" a menudo son más conservadores que los de "dentro".[26]

Como se ha mencionado, la proximidad entre ambas comunidades es muy palpable durante los meses de lluvias, cuando los ascetas son invitados por las comunidades locales a permanecer en el retiro. Hay discursos religiosos (*pravacanas*) casi a diario. Algunos son improvisadas charlas con pequeños grupos de laicos que vienen y van. Otros son sermones formales que, en caso de renunciantes reputados, tienen que realizarse en carpas especiales para albergar a gran cantidad de oyentes. Los tópicos habituales son la no-violencia, la renuncia a las malas acciones, la paz interior, la bondad, el desapego, la pureza de intención, la victoria sobre las pasiones o la sencillez.[27] Los discursos suelen ser claros y didácticos, generalmente en la lengua de la región o en hindi. Asimismo, los ascetas instruyen personalmente a todo aquel que acuda a verlos. Normalmente están disponibles al atardecer. En esa época, en especial durante el festival del Paryuṣaṇa, tienen lugar muchos ayunos y ritos de confesión guiados por los ascetas.

# *Parte VI*

# El desarrollo del jainismo

A medida que avanzamos en el tiempo la historia india va haciéndose más inteligible. La arqueología y la epigrafía proporcionan datos preciosos. Pero no demasiados. Si comparamos los documentos que poseemos de la India con los de otras regiones del mundo –China, Europa, Oriente Próximo–, los del Sur de Asia siguen siendo extraordinariamente opacos. Sucede casi lo mismo que en los períodos antiguos.

Ocurre que para estos tiempos tristes las narrativas jainistas acerca de la historia han variado ligeramente. La época de los *tīrthaṅkaras* y los seres excelsos pasó ha mucho tiempo, de modo que la Historia Universal toma un cariz más historiográfico. Desde luego, las narraciones tampoco se preocuparon de los "hechos" –por otro lado, tan evasivos–, sino de ordenar los acontecimientos según el significado y la relevancia que tuvieran para la comunidad: los linajes ascéticos, las escisiones, las migraciones, las biografías de maestros ejemplares, etc. Lo hemos comprobado con la narración de la sequía y la ulterior escisión del jainismo.

Por nuestro lado, en esta Parte intentaremos hacer lo mismo que las narrativas jainistas: hacer el presente más comprensible. Pero enfocaremos la cuestión desde otro ángulo. En vez de respetar los linajes monásticos de las distintas corrientes y sub-escuelas, que sería lo propio, seguiremos los desarrollos geográficos, que es una fórmula más simple y didáctica.

Si hasta ahora nos hemos limitado al Norte de la India, a la gran zona gangética, en esta Parte repasaremos los desarrollos que tuvieron lugar en cuatro grandes bloques geográficos [ver FIGS. 25 y 26]. En primer lugar [capítulo 14], la zona Centro, que comprendería buena parte de los estados de Uttar Pradesh (Uttara Pradeśa) y Madhya Pradesh (Mādhya Pradeśa). Ésta es una zona contigua al curso bajo y medio del Ganges, donde el jainismo hizo su aparición histórica. En segundo lugar [capítulo 15], viajaremos a la meseta del Deccan, compuesta principalmente por el Sur del estado de Maharashtra (Mahārāṣṭra), el estado de Karnataka (Karṇātaka) y la mayor parte del de Andhra Pradesh (Āndhra Pradeśa). En tercer lugar [capítulo 16], estudiaremos el Sur de la India, que comprende los estados de Tamil Nadu (Tamiḻ Nāṭu) y Kerala (Kēraḷa). Finalmente [capítulo 17], tocaremos la importante zona Noroccidental de la India: Rajasthan (Rājasthāna), Gujarat (Gujarāta), Norte de Maharashtra (Mahārāṣṭra) y el Oeste de Madhya Pradesh (Mādhya Pradeśa). Aunque los principados y reinos de la antigüedad no se corresponden con los modernos estados de la India, en favor de la claridad, nuestro periplo histórico-geográfico seguirá aproximadamente la distribución moderna de los estados.

La penetración del jainismo en estas regiones se dio entre los siglos -II y +XI. A partir de los siglos XII/XIII el jainismo comenzó a estancarse. A principios del XVI tenía aproximadamente la misma distribución geográfica y social que en la actualidad [ver FIG. 44]. Por razones históricas el jainismo del Deccan y del Sur fue y sigue siendo básicamente digambara, mientras que el del Centro y del Noroeste posee comunidades de ambos grupos, si bien los śvetāmbaras son mayoritarios.

Siguiendo este guión repasaremos simultáneamente la historia que se asienta en "hechos" y, en menor medida, la manera en cómo la tradición jainista ha percibido su propia historia. Sería absurdo pretender realizar una exposición del jainismo desde una perspectiva meramente cronológica. Prefiero seguir un hilo más o menos histórico para entender su dinámica. Ello nos permitirá ahondar en algunos de los más persistentes estereotipos que se han colgado sobre esta tradición: que el jainismo es un movimiento estático, conservador, sin cambios y poco original. Contrariamente a lo que pueda parecer –incluso a lo que las propias tradiciones intenten reflejar–, ninguna tradición es un ente estático, sino un cúmulo en evolución, que recoge y engloba siempre los elementos de su propia historia, y que permanentemente está tomando préstamos de otras formas de entender el mundo. Este repaso histórico-geográfico nos permitirá descubrir más a fondo la *dinámica* del jainismo y entender el jainismo de hoy.

En realidad, no puede hablarse de una dinámica de la religión separada de una historia político-social o de un desarrollo de la literatura, del arte o de lo que sea. Todas las "historias" forman parte de un único y mismo *proceso o historia de una civilización*. Por este motivo haremos hincapié en la interacción jainista con Otros y, de forma especial, en sus aportaciones en campos como la literatura, el ritual o la política. De esta forma podremos insertar la tradición en un marco más amplio y podremos conocer el verdadero alcance del jainismo en la construcción de la civilización india.

# 14. EL JAINISMO EN EL CENTRO

## EL ALEJAMIENTO DEL GANGES

Por lo menos desde los siglos -III/-II el jainismo comenzó a sobrepasar el valle del Ganges. Pero, lo que en cierto modo es sorprendente, y todavía no muy bien explicado, es que a medida que fue extendiéndose por el continente, la región que lo vio nacer fue desertizándose de elementos jainistas. Quizá tuviera algo que ver la implantación de la dinastía Śuṅga (siglos -II/-I), iniciada por un general *brāhmaṇa* y que puso fin al Imperio Maurya. Los Śuṅga se declararon abiertamente pro-brahmánicos y, aunque no es seguro que hubieran persecuciones, muchos jainistas habrían preferido alejarse de un medio más hostil. A buen seguro otros factores sociales, económicos y políticos también jugaron en este proceso.

Aunque el jainismo nunca desapareció del todo de la región donde Mahāvīra había predicado, en parte gracias a la sacralidad de algunos lugares emblemáticos, es un hecho que hacia el siglo VIII el curso medio y bajo del Ganges se estaba vaciando de elementos jainistas. El budismo, por contra, se hacía hasta tal punto fuerte en Bihar (Bihāra), que el mismísimo nombre del estado deriva de la palabra utilizada por los budistas para designar a sus monasterios (*vihāras*). Hoy, todos los jainistas de Bihar y Bengala proceden de oleadas de emigrantes venidos del Oeste desde el siglo XVIII en adelante.

En cambio, es a partir de este momento cuando el jainismo comienza su verdadera edad de oro. La época que va de los siglos V a XII es la de mayor esplendor de la comunidad. Es entonces cuando el jainismo otorga plenamente las señas de identidad a la comunidad laica.

## EL JAINISMO DE MATHURĀ

Debido a su privilegiada situación como nudo de comunicaciones, a partir de los siglos -IV/-III la ciudad de Mathurā, al Sur de Uttar Pradesh, se desarrolló conspicuamente como centro económico y cultural. Sabemos que no mucho después la ciudad era un importante centro jainista. No en vano Mathurā era ya en la época un lugar de sacralidad remotísima. Existen leyendas budistas y jainistas –no tan míticas como parecen a primera vista– que afirman que el Buddha, Pārśva y Mahāvīra visitaron la ciudad. Seguramente fue allí, desde siempre un núcleo de culto a Kṛṣṇa, donde los jainistas comenzaron a jainizar historias de Kṛṣṇa y ligar sus episodios con los del *tīrthaṅkara* Nemi.

Por algunas inscripciones conocemos que hacia el siglo +II existían en Mathurā "tropecientas (84)" órdenes (*gaṇas*), escuelas (*gacchas*), ramas (*śākhās*) y familias (*kulas*), surgidas de distintos linajes śvetāmbaras. Los documentos hablan de dos tipos de maestros: los ordinarios o lectores (*vācaka*, –lo cual confirma que ya por entonces existían textos escritos del jainismo–) y los cabezas de escuela (*gaṇin*).

El yacimiento de Kaṅkālī Ṭīlā ha desvelado un monumento funerario jainista (*stūpa*) y dos templos de entre los siglos -II/+II. El profesor Umakant Shah remonta el *stūpa* a tiempos de Pārśva,[1] debido a que la epigrafía dice que fue construido por los dioses (*devanirmita*); es decir, era tan antiguo, que en la época de la inscripción ya nadie recordaba el nombre del mecenas. Aunque quizá la antigüedad no sea tal, el caso es que el *stūpa* presupone la existencia de una comunidad de laicos organizada, y en un período notablemente antiguo.* Por sus votos de desapego los ascetas no pueden construir templos, ni retiros, ni monasterios, ni nada. En teoría, no tendrían que consentir que otros lo hicieran, ya que toda construcción conlleva infinidad de muertes de seres vivos.[2] Todos los edificios jainistas anteriores a esta época eran simples cuevas dispuestas para acomodar a ascetas renunciantes [ver FIGS. 15 y 32]. De modo que el *stūpa* y los templos desvelan un culto laico pujante, un culto que necesariamente tendría que estar consentido por la comunidad de ascetas.

## EL JAINISMO DE LOS LAICOS

Este punto abre ciertos interrogantes acerca de la historia del jainismo. Aunque hace muchos años que se probó que el jainismo y el budismo consistían en movimientos religiosos diferenciados, la verdad es que la mayoría de estudiosos ha seguido interpretando el jainismo y su historia bajo el prisma budista. Es decir, se presupone que el jainismo es un movimiento *en paralelo* al budismo y que sigue sus mismos desarrollos y avatares. Hablando sobre el culto devocional al Buddha o al Jina, Hermann Jacobi sostenía que estas expresiones religiosas nada tenían que ver con el budismo o el jainismo *originales*. Se habían gestado entre los laicos cuando la India halló en la devoción (*bhakti*) la vía suprema a la salvación. Influidos por el irresistible desarrollo de esta religiosidad popular el budismo y el jainismo se vieron forzados

* La filiación del *stūpa*, no obstante, no ha sido probada del todo y no puede descartarse que sea budista.

a adoptar esas formas de culto.[3] Puede que esto sea así, pero, si bien es cierto que el budismo y el jainismo constituyeron *primero* sus comunidades monásticas y *luego* aparecieron comunidades laicas organizadas, la integración de ambas comunidades fue bien distinta. Los monjes budistas optaron por tomar el control de los templos y *stūpas* y aún hoy siguen dirigiendo los rituales de los laicos. Esto tenía su justificación doctrinal, ya que el budismo Mahāyāna reconoció la posibilidad de que los laicos alcanzaran la liberación. Pero eso no ocurrió con el jainismo –y en menor medida, tampoco con el budismo Theravāda–. Sólo en el período medieval tardío se aceptó la posibilidad de la liberación para los laicos, y aun en ese caso, sólo para aquellos que, en cierta medida, replicaran la vida monástica en un marco laico. De modo que los ascetas jainistas, aun consintiendo el culto de los laicos, *no* intervinieron ni intervienen en él. La interacción entre ascetas y laicos no se da a través del culto. Este punto es clave para comprender la disparidad entre la vía supramundana de los ascetas jainistas, enfocada exclusivamente a la liberación, y la vía, llamémosle "popular" o enfocada al mérito, de los laicos.

A diferencia del budismo, pues, existía en Mathurā una comunidad de seguidores laicos que había tomado el control de algún tipo de culto devocional a los *jinas*. La epigrafía ha mostrado que esos devotos eran mercaderes, comerciantes, joyeros, bailarinas, recitadores, artesanos y jefes de aldea; es decir, los mismos colectivos más o menos adinerados que aún hoy siguen apoyando esta tradición. ¿De dónde surge este culto?, ¿qué tiene que ver con la búsqueda de la liberación?, ¿qué relación tiene con el culto moderno?

## EL CULTO A LOS *YAKṢAS* Y *CAITYAS*

El culto (*pūjā*) jainista actual [véase capítulo 27] está hoy fuertemente influido por el hinduista, pero, como éste, es posible que arranque de patrones pre-hinduistas y pre-jainistas. Lo más seguro es que se originara en el antiquísimo culto a los seres maravillosos (*yakṣas*). Esta cultura ritual no ha sido nunca patrimonio de ninguna religión particular, sino del pueblo indio. Tanto las tradiciones brahmánicas como las shramánicas tuvieron que asimilarla con mayor o menor conciencia de ello.

Originalmente, el término *yakṣa* era sinónimo de divinidad (*deva, devatā*). Como ha apreciado Ananda Coomaraswamy, toda deidad hindú, e incluso el Buddha, han sido referidos en alguna ocasión como *yakṣas*.[4] Todavía hoy los jainas utilizan indiscriminadamente *yakṣa* o *devatā* para referirse a las divinidades protectoras de los *jinas*.

Ciertos *yakṣas* hacían de divinidades tutelares de la ciudad y eran invocados para protegerla. Otros tenían el don de conceder la fertilidad y curar enfermedades. Por contra, los había más malévolos. Además de un árbol asociado, algunos de estos duendes o genios tenían un pequeño santuario llamado *caitya*. Coomaraswamy nos recuerda que la palabra *caitya*, además del significado clásico de "mojón funerario", muchas veces significa simplemente árbol sagrado con altar.[5] Normalmente, estos *caityas* se situaban en las afueras de la aldea; en una cueva, una colina, junto a un río. Por tanto, los *yakṣas* y demás seres sobrenaturales asociados –*nāgas, gandharvas, devas*–, eran espíritus protectores del territorio, del clan o del poblado. Los viajeros, incluidos *śramaṇas* como el Buddha o Mahāvīra, pernoctaban junto a estos árboles sagrados o en estos pequeños santuarios de *yakṣas*. Ni Mahāvīra ni el Buddha rehusaron "enfrentarse" a estos poderosos seres, y se dice que consiguieron someterlos y convertirlos a sus respectivos movimientos. Textos jainistas como el *Aṇuttaraupapātika-daśāh* describen el afamado santuario del *yakṣa* Pūrṇabhadra, cerca de Campā, el *yakṣa* protector de la ciudad y los clanes de la región. Significativamente, se dice que ahí fue donde Mahāvīra dio su primer sermón. El *sūtra* califica al *caitya* de rico, famoso, antiguo, con parasoles, campanas, banderas, visitado por músicos, contadores de historias, bailarinas y luchadores.[6] El ritual incluía siempre la postración ante una imagen, el canto de himnos, la ofrenda de flores, incienso, ropas o alimentos. En otras palabras, el culto a los *yakṣas* era prácticamente idéntico al que conocemos hoy en la India bajo el genérico de *pūjā*.[7] El desarrollo de este culto, siempre de talante devocional, está bien atestiguado en los primeros siglos antes de la era cristiana tanto en el hinduismo y el budismo como en el jainismo. Se trató de una tendencia general. Obviamente, con la incorporación de estas divinidades populares y bien implantadas, el jainismo pudo hacerse más atractivo a una gran parte de la población. No obstante, la asimilación de *yakṣas* y seres sobrenaturales fue claramente más moderada entre los jainistas que entre hinduistas y budistas. Los textos los mencionan poco y son escasas las antiguas imágenes jainistas que los representan [ver FIG. 28].

Después el *caitya* fue substituido por el *stūpa*, un mojón más complejo que guardaba las reliquias de los santos jainistas (*arhat-caitya*). Sin embargo, a diferencia del budismo, que desarrolló un formidable culto al *stūpa*, los jainistas no lo llevaron demasiado lejos. No conocemos de ningún culto a las reliquias de los *jinas* similar al culto a las reliquias de los *buddhas* y los maestros budistas. Tal vez fuera una forma deliberada de distanciarse de los demás grupos religiosos.

## LA ICONOGRAFÍA ANTIGUA

Por lo que a la iconografía se refiere ya encontramos en Mathurā muchos de los motivos que luego serán normativos del jainismo. En ciertas tablillas el *jina* ocupa una posición central, sea en representación antropomórfica [ver FIG. 27] o figurada, en cuyo caso suele simbolizarlo un *stūpa* en miniatura, una rueda de la ley (*dharma-cakra*) que encarna su enseñanza o unas huellas (*pādukās*) que representan su imagen y caracter liberado. Estos tres símbolos son panindios, ya que también los encontramos en la iconografía budista antigua. Hay imágenes de árboles (*vṛikṣas*), que en el jainismo pasaron a simbolizar los árboles bajo los cuales sus sabios alcanzaron la iluminación. Asimismo, se han hallado columnas (*dhvajas*) o pilares (*mānastambhas*) asociados a los *jinas*, quizá reminiscentes de los altares védicos. También aparecen los llamados ocho símbolos auspiciosos (*aṣṭamaṅgalas*), desde entonces tremendamente populares en esculturas y bordados [ver FIG. 27]. Se trata de símbolos cuyo origen y significado se pierde en la lejanía.

No se sabe a ciencia cierta cuándo comenzó el culto a las imágenes de los *jinas* y los *yakṣas* que los escoltan. Según la tradición Śvetāmbara, ya en época de Mahāvīra se habría tallado una imagen en madera de sándalo del príncipe Vardhamāṇa practicando el ascetismo en palacio, el año antes de tomar la iniciación. El Jina en esta caracterización se conoce como Jīvantasvāmin, un motivo iconográfico que sería frecuente en la época medieval. Se asemeja a la idea budista del *bodhisattva* como "aquel que va a ser un *buddha*", así que, en palabras de Maruti Tiwari, el Jīvantasvāmin sería un *jinasattva*.[8] Empero, todas las referencias a estos Jīvantasvāmins primigenios son tardías, no anteriores al siglo VI, y pocos expertos se atreven a secundar la tradición.

La primera figura aparentemente jainista es un torso hallado en Lohānīpur, en Bihar, probablemente del siglo -III [ver FIG. 29]. Una terracota de Ayodhyā también se ha fechado en el -III. El culto al *tīrthaṅkara* Ṛiṣabha está ya documentado en el siglo -I en las inscripciones del rey Khāravela de Kaliṅga, en Orissa. Puesto que se dice que Khāravela robó la estatua de Ṛiṣabha al rey Nanda, podría sospecharse que el culto a los *tīrthaṅkaras* ya estaba establecido durante la dinastía Nanda (siglos -V/-IV). No obstante, faltan pruebas más concluyentes al respecto.

Durante los siglos siguientes la región de Mathurā estuvo gobernada por las dinastías Śāka y Kuṣāṇa (siglos I/IV), de origen centroasiático. Este hecho favorecería a las tradiciones no-brahmánicas. El brahmanismo ha tendido siempre a homologarse con la indianidad, por lo que las dinastías "extranjeras" han solido apoyar a las corrientes no-brahmánicas. Empero, los imperios Śāka y Kuṣāṇa fueron considerablemente cosmopolitas y el hinduismo también prosperó en la región. De hecho, según el eminente historiador del arte Pratapaditya Pal, podemos considerar a Mathurā el lugar de nacimiento de la iconografía de las tres religiones de la India.[9]

## LA RELIGIÓN DE LOS TEMPLOS

Desde Mathurā, el jainismo y el arte jainista se expandieron por todo el centro del continente. Si el arte Kuṣāṇa representa el verdadero inicio del arte jainista, el Gupta (siglos IV/VI) es el de su consolidación y apogeo, bien que apenas existan hoy rastros de arte Gupta jainista. Con los Gupta los cánones escultóricos y arquitectónicos del arte indio quedaron perfectamente codificados. El lapso que va desde el inicio del Imperio Gupta (siglo IV) hasta las incursiones fuertes del Islam (siglo XII) es conocido como el *período índico* –hinduista-budista-jainista– de la civilización india.[10] Se trató de una renovación importante de las tradiciones indias; una dinámica alimentada por dos procesos: la rivalidad religiosa y el desarrollo de la devoción amorosa (*bhakti*).

## LA RIVALIDAD RELIGIOSA

La amenaza budista y jainista fue una constante en la historia del brahmanismo medieval. Hizo de telón de fondo frente al cual tuvieron lugar un sinfín de cambios y reorientaciones de la tradición hinduista. Frente a la iluminación del Buddha o del Jina los *brāhmaṇas* ortodoxos situaron la infalibilidad del *Veda*. Ante la imagen antropomórfica del Jina o del Buddha se puso la de Dios (*īśvara*). Frente a los monasterios de renunciantes budistas y jainistas Śaṅkara colocó sus centros monásticos (*maṭhas*) y su orden de renunciantes Daśanāmi. El pensamiento budista mādhyamika fue atacado por el Vedānta y el *anekāntavāda* jainista por la Mīmāṃsā. Frente a los *jinas* desapegados del jainismo y a los *bodhisattvas* compasivos del budismo se alzó el devocionalismo shivaísta (śaiva), vishnuista (vaiṣṇava) o shaktista (śākta), y así sucesivamente.

En algunos casos la competición por la hegemonía fue muy saludable. Filosóficamente hablando, por ejemplo, la existencia de rivales imponentes alentó y motivó el discurso filosófico llegando a sus cotas de profundidad y sutileza más elevadas. Lo que emergió fue una síntesis filosófica índica que abarca e incluye tanto al hinduismo, al jainismo como al budismo. En otros aspectos, el reto se saldó con una respuesta más negativa. El efecto del universalismo budista o jainista resultó en un exclusivismo brahmánico más intransigente. Con la más ácida ironía los *brāhmaṇas* esgrimieron el hecho de que entre seres tan inmorales y salvajes como los intocables (*caṇḍālas*) y los bárbaros (*mlecchas*) hubiera tantos conversos al budismo o al jainismo, era la mejor prueba de su falsedad. Los *brāhmaṇas* desecharon toda "otredad", desde la socio-ritual de los *mlecchas* o *caṇḍālas*, hasta la de las filosofías rivales, que pasaron a considerarse algo así como aspectos parciales y aberrantes del hinduismo, generalmente del Vedānta Advaita.

No hay que entender estas reorientaciones simplemente como respuestas brahmánicas, sino como una asimilación –vehiculada por el hinduismo– de elementos brahmánicos, shramánicos –budistas y jainistas–, lo mismo que tradiciones populares y regionales. Buen ejemplo de ello es la formulación del Vedānta Advaita clásico de Gauḍapāda y Śaṅkara, que le debe tanto a las doctrinas de las *Upaniṣads* como a los métodos dialécticos del budismo Mādhyamika. Como ha dicho David Loy, las disputas entre advaitins y mādhyamikas se parecen más a riñas familiares entre hermanos[11] que a confrontaciones entre religiones. La rivalidad religiosa, por tanto, es menos una rivalidad entre "religiones", como una acomodación a la diversidad y una asombrosa interacción entre infinidad de corrientes y niveles de civilización.

## EL DESARROLLO DE LOS TEMPLOS

A partir de los siglos IV/V toda la geografía india empezó a poblarse de templos (*mandiras*) patrocinados por las casas reales y, en el caso del jainismo, también por laicos adinerados. Posiblemente, desde siempre habrían existido pequeños santuarios –como los *caityas* de los *yakṣas*–, del estilo de los que todavía pueblan la India rural por doquier. Lentamente, el viejo *caitya* del *yakṣa* fue transformándose en el templo del *tīrthaṅkara*, del *buddha* o del *īśvara*. En este proceso la iniciativa quizá correspondiera a los budistas, constructores de espléndidos *stūpas* ya antes de la era cristiana. Los jainistas no les irían muy a la zaga, como demuestra el yacimiento de Mathurā del siglo -II. Los jainas tuvieron una especial predilección por las cimas de las montañas, que cubrieron de santuarios, capillas y templos, formando en algunos casos grandes complejos sagrados.

Ninguno de los textos más antiguos menciona el culto a los *tīrthaṅkaras* ni la asamblea sagrada (*samavarasaṇa*), que constituye el modelo para el culto jainista. Pero poco a poco van apareciendo. El *Padma-carita* de Vimala Sūri (siglos III/IV) proporciona descripciones muy buenas del culto de las ocho substancias, aún típico entre los jainistas [véanse págs. 431-434], la consagración de una imagen del Jina, la construcción y restauración de templos, el culto general en todo poblado, ciudad o montaña, y hasta en los hogares de los devotos jainistas.[12] Interesantemente, a medida que los textos avanzan en el tiempo comienzan a aparecer seres divinos que acuden en ayuda de los humanos. Brāhmī (Sarasvatī), la diosa de la sabiduría, se incoporó muy tempranamente al panteón jainista. La mitología de los sesenta y tres seres excelsos se fue formalizando. Igualmente, las descripciones de la asamblea sagrada eran cada vez más excelentes y míticas. En otras palabras, a medida que nos alejamos cronológicamente del último *jina*, sus enseñanzas y su figura poseen un impacto más universal. Una evolución similar se dio con el *stūpa* budista, que de ser un mojón funerario pasó a ser la representación del Buddha, el *dharma* y el cosmos entero. La asamblea sagrada, igualmente, pasó a simbolizar el mundo con el radiante *jina* en el centro, su enseñanza y la comunidad de oyentes alrededor [ver FIG. 8]. De modo que el *tīrthaṅkara* no sólo ejemplifica la trascendencia del mundo, sino que, como dice Ken Folkert, también lo *establece*.[13]

El culto devocional fue ganando preeminencia entre las prácticas religiosas. En el siglo VII el filósofo Jaṭāsiṁhanandi exaltaba el mérito religioso logrado al construir templos, imágenes y realizar el culto. Para Jaṭāsiṁhanandi, el culto a los *jinas* era indispensable para la liberación final de los laicos.[14]

## LA PARTICIPACIÓN DE LAS MONARQUÍAS

Un punto importantísimo en el desarrollo de las tradiciones índicas fue la participación de la realeza en la construcción de estos templos. Desde hacía algún tiempo los reyes habían empezado a descartar los sacrificios védicos como forma de sancionar su autoridad y gobierno. La mayoría de reyes desde Aśoka (siglo -III) hasta Harṣa (siglo VII) tendió a legitimar su gobierno favoreciendo a todos los grupos religiosos y financiando la construcción de templos. Puede decirse que el período Gupta es el nacimiento de la "religión de los templos". Esta forma religiosa acabó por eclipsar a todas las demás.

Construyendo templos a Viṣṇu, a Śiva, a la Devī, al Buddha o al Jina los reyes del medioevo *literalmente* traían a estos dioses supremos o seres perfectos a su territorio. El rey hacía de regente terrenal de las deidades y financiaba el culto. Mantenía su posición de patrón del sacrificio, pero sustituyó el ritual védico por el templo del Señor.

Para los reyes de la época financiar la construcción de un templo y grabar su nombre como benefactor, no sólo indicaba que se era devoto (*bhakta*) del Señor del templo, sino que, en cierta medida, el rey participaba de los atributos de la divinidad y a la vez era protegido por ella. Este punto es importante, porque en cierta medida ponía en desventaja a los *jinas* respecto a los dioses hinduistas. Los *jinas*, lo veremos, son señores ausentes, que moran en el Mundo de los Perfectos y no intervienen en este mundo. Aunque pueden constituir el *centro del cosmos*, su carisma de cara a los monarcas sería menor que el de los siempre participativos dioses y diosas del hinduismo. No me parece descabellado decir que el tándem hinduismo de templo/devocionalismo representa la completa reformulación hinduista ante el reto del budismo y del jainismo. Estas tradiciones nunca aceptaron el sistema de clases socioespirituales por lo que su atractivo entre los grupos ritualmente bajos sería elevado. Sólo un hinduismo más abierto a todo el mundo podría sobrevivir. Ése es precisamente el hinduismo devocional, pues Dios, tal y como vimos con la *Bhagavad-gītā* [véase pág. 179], no hace distinciones de casta o sexo. Los soberanos que construyeran en beneficio de unos dioses notablemente más asequibles y populares serían igualmente más apoyados y venerados tanto por sus súbditos de castas bajas como por los miembros de las castas influyentes. Por tanto, el desarrollo de la religión de los templos resultó especialmente beneficioso para el hinduismo. O mejor –y aquí complicamos la cosa–, para *los dioses de la India*. Porque muchas divinidades indias –que no significa "hinduistas"– comenzaron a ligarse a los *jinas*, normalmente bajo la forma de espíritus guardianes (*yakṣas, yakṣīs, śāsanadevatās*). A partir del siglo V, la noción de una pareja de guardianes asociada a cada uno de los *jinas* quedó perfectamente establecida. Es también en esta época cuando los emblemas característicos (*lāñchanas*) de los *jinas* quedaron fijados. Es decir, el período Gupta es el de la completa codificación de todo el panteón jainista. Los veinticuatro *jinas*, con sus *yakṣīs* y *yakṣas* que los escoltan, más divinidades como Sarasvatī, Lakṣmī, Ambikā [ver FIG. 54], Kṛiṣṇa, Balarāma, Rāma, Bāhubali y demás seres excelsos (*śalākāpuruṣas*), hallaron su completa ubicación en el jainismo de templo de la época Gupta. Gracias a este proceso de reorientación, el jainismo aún podría competir durante siglos con el atractivo hinduismo devocional.

# EL JAINISMO EN MADHYA PRADESH Y MAHARASHTRA

Desde tiempos del emperador Samprati el jainismo se implantó en Mālvā (Avanti), concretamente en Ujjain (Ujjayinī), importante núcleo cultural, ritual y económico de la India Central. Gran cantidad de historias y leyendas jainistas están ligadas a esta región y a esta ciudad. No muy lejos está Vidīśā (Daśārṇa), también conocido centro budista y uno de los primeros lugares donde se veneraron estatuas de los *jinas*.

Como dijimos, las dinastías Śāka y Kuṣāṇa fueron bastante propensas a apoyar al jainismo. Con la gran dinastía Gupta, la religión de los nirgranthas siguió prosperando, especialmente en la zona central de la India. En la aldea de Lalitapura, hoy en la frontera de Madhya Pradesh con Uttar Pradesh, se encuentra una treintena de templos digambaras. El complejo, denominado Deogarh (Devagaḏha), contiene ya multitud de representaciones de *yakṣīs* como Ambikā y Cakreśvarī o de diosas como la regenta de la sabiduría, Sarasvatī. Otro centro artístico y cultual de primer orden es Gwalior (Gvaliyāra), que posee la mayor concentración de imágenes jainistas en toda la India.

Un revés desconsolador para el jainismo tuvo lugar con la llegada de Mihirakula, el rey de los hunos (*hūṇas*, –¿los xiong-nu?–) que acabó con el Imperio Gupta a finales del siglo V. Los jainistas lo tienen como un terrible enemigo de su religión. Cuentan que el rey ordenó que todo aquel laico que donara alimentos a los ascetas jainas sería multado. Lo contrario del gran emperador Harṣa (siglo VII), que consiguió reestablecer un vasto imperio en el Norte del continente. En cierto sentido, Harṣa quiso emular a Aśoka. Por tradición familiar estaba ligado al shivaísmo; su padre había sido seguidor del culto a Sūrya; sus hermanos y hermanas simpatizaban con el budismo Theravāda; él personalmente abrazó el Mahāyāna. Pero en su reino todos los cultos fueron alentados.

Viajemos más al interior. En una zona recóndita del Norte de Madhya Pradesh se encuentra el fabuloso complejo de Khajurāho, construido durante la breve dinastía Candella (siglos X/XI). Una treintena de templos son hinduistas, dedicados principalmente a Śiva y a Viṣṇu. Media docena de templos son jainistas. Destacan los dedicados a Ṛiṣabha, Pārśva y el llamado Ghaṇṭāi, debido a las campanas (*ghaṇṭās*) grabadas en sus pilares. Aparte su hermosura, los templos de Khajurāho son famosos en el mundo entero por las representaciones descaradamente eróticas esculpidas en las fachadas. La arquitectura y escultura de los templos jainistas no es menos fabulosa y erótica que la de los hinduistas. A simple vista, este hecho parece una violación de los principios ascéticos del jainismo, que no concibe ningún dios o diosa jainista en cópula o en intensa actividad amorosa. Obviamente, nos hallamos ante una expresión del tantrismo panindio, una expresión espiritual y artística particularmente poderosa entre los siglos IX/XI. Aunque las figuras eróticas de los templos jainistas son, quizás, algo menos "obscenas" que sus contrapartidas hinduistas, desde la perspectiva tántrica esta contradicción tiene su lógica. Por norma, los templos indios suelen representar en su exterior el mundo de la experiencia sensual. De ahí el barroquismo y el erotismo de algunas obras. En las de Khajurāho aparecen multitud de dioses, diosas, músicos celestiales (*gandharvas*), ninfas (*apsarās*) o hadas (*vidyādharas*) en exuberantes expresiones de vitalidad y sensualidad. Representan el modo de vida del Mundo Superior, el universo gozoso de los dioses. Pero es un estado de felicidad imperfecto e incomparable con la serenidad del *jina* que mora en la capilla central. Si el exterior es sensual, con bastante lógica, el interior suele ser austero, oscuro y hasta frío. Una vez el devoto traspasa los muros del templo y se aproxima a la imagen central, el barroquismo decrece. Se espera que una transición similar opere también en la mente del devoto.

Una perfección semejante se halla en Maharashtra, en el poco visitado templo digambara de Ellora (Elāpura), dedicado a Pārśva. Además, es el único templo de la treintena larga del complejo –budistas e hinduistas en su mayoría– en el que se sigue realizando el culto. Mención tiene que hacerse de la no muy distante montaña de Māngītungī, y la de Muktagiri, la montaña de las perlas [ver FIG. 24].

# 15. EL JAINISMO EN EL DECCAN

## LA MIGRACIÓN AL DECCAN

Una recurrente tradición jainista cuenta que el emperador Maurya Samprati, alentado por el maestro Suhastin, estableció el jainismo en países innobles –no *āryas*– conquistados por él y envió ascetas a propagar al verdadero *dharma*.[1] En otras palabras, el emperador se encargó de "civilizar" el Sur de la India. Paul Dundas piensa que esta tradición tal vez conserve el recuerdo lejano de una infiltración gradual de grupos de mendicantes en el Sur.[2] Estos monjes errantes habrían actuado como transmisores en el Deccan y el Sur de la India, todavía poco arianizados en los primeros siglos antes y después de nuestra era, de la cultura prestigiosa del Norte, de la cual el jainismo formaba parte. Leyendas parecidas se encuentran en el budismo y el brahmanismo.*

Ya en el siglo IV está confirmada la existencia en el corazón del Deccan –Sur de Maharashtra (Mahārāṣṭra) y el territorio del actual estado de Karnataka (Karṇātaka)– de un "linaje del bosque" de ascetas proverbialmente austeros. Posiblemente, las alusiones hagan referencia al Mūla-Saṃgha, que en el futuro sería conocido como jainismo Digambara. Las referencias a este grupo son ya continuas en los siglos V/VI, como también a multitud de subgrupos digambaras, consolidados según patrones geográficos o linajes de maestros reputados. Hoy, la corriente predominante en el Deccan sigue siendo la digambara. Todos los śvetāmbaras que se encuentran en el Sur y el Deccan provienen de desplazamientos recientes.

## LA GAṄGA: LA PRIMERA DINASTÍA JAINISTA

Muy pronto se consolidó en Karnataka una auténtica dinastía jaina: la Gaṅga. El adalid del reino fue el asceta digambara Siṃhanandi. Se dice que

* Por ejemplo, la historia de Mahinda y Saṅghamittā, hijos de Aśoka, enviados a budizar Ceilán o la historia del sabio-vidente (*ṛiṣi*) Agastya, brahmanizador del Sur.

este maestro consiguió entronizar al rey Konguṇivarma a mediados del siglo III, si bien todas las referencias al asceta pertenecen a la fase tardía de los Gaṅga (siglos IX/X). Se cuenta que el rey hizo destruir un pilar –posiblemente de Aśoka– como señal de su abdicación del budismo y conversión al jainismo. La participación de un asceta en un asunto político como el establecimiento de una dinastía es infrecuente en la historia del jainismo. Por los votos religiosos ningún asceta tendría que inmiscuirse en tales cuestiones. Sea o no verídico el caso de Siṃhanandi, lo cierto es que esa actuación nunca fue condenada o reprobada ni por la comunidad laica ni por la ascética.

Está documentado que a finales del siglo IV el rey Gaṅga Mādhava II donó un poblado entero para el uso y disfrute de los ascetas del Mūla-Saṃgha. Los siguientes reyes Gaṅga fueron todos devotos jainas y durante siete siglos hicieron de su capital uno de los centros jainistas más importantes de toda la historia. La dinastía fue sólida hasta el siglo XI y se extendió hasta Belgāum –frontera con Maharashtra–, el país Coorg –frontera con Kerala– y Tanjore –en Tamil Nadu–. Muchos laicos adinerados emularon las donaciones de los monarcas e hicieron construir templos, retiros o albergues por todo el territorio. La participación de los mercaderes en las donaciones está constatada en el siglo X, cuando el comercio en el Deccan y el Sur de la India se incrementó gracias a los nuevos contactos con el mundo árabe y chino.

## LOS ASCETAS SEDENTARIOS

Todo esto muestra la ambivalencia de la tradición ante la necesidad de mecenazgo, por un lado, y frente al voto de la no-posesión (*aparigraha*), por el otro. Pensadores como Kundakunda o Vaṭṭakera, ambos de los primeros siglos de la era cristiana, se oponían claramente a que los ascetas abandonasen su vida itinerante y se establecieran en retiros permanentes o monasterios. Lo propio de un asceta era peregrinar sin cesar –salvo durante los monzones–, pernoctando en cuevas o en hogares de laicos intachables. Pero lo cierto es que a finales del siglo IV comenzamos a ver cada vez más colectivos de ascetas agrupados en retiros permanentes y llevando una vida sedentaria. El modelo de vida del asceta estaba cambiando. El número y peso de los ascetas solitarios fue reduciéndose.

Al igual que los retiros budistas, los pequeños *upāśrayas* jainistas se transformaron en grandes monasterios de carácter casi feudal. El asentamiento de gran cantidad de ascetas y las donaciones reales favorecieron la posesión y explotación de recursos económicos importantes. Los monasterios eran propietarios de tierras de cultivo y se encargaban de la elaboración de productos agrícolas, administrativa y fiscalmente libres de intervención estatal. Los más grandes no sólo eran centros de culto (*mandiras*), de congregación de ascetas (*upāśrayas*) y fuentes de riqueza, sino que se convirtieron en centros de enseñanza y casas de caridad, al incorporar escuelas (*gurukulas*), bibliotecas (*grantha-bhaṇḍāras*) o albergues (*dharma-śālās*). Las casas de caridad (*dāna-śālās*) jainistas fueron pioneras en distribuir alimentos a los pobres y en dar cobijo a los necesitados. Este hecho favoreció también la interrelación entre la comunidad ascética y la laica. La epigrafía ha desvelado que grandes *ācāryas* como Vīradeva, Pūjyapāda, Jinasena o Guṇabhadra se conviriteron en chapelanes de nobles Gaṅga.

## ŚRAVAṆABEḶGOḶĀ

El centro espiritual del jainismo Digambara del Deccan ha sido siempre Śravaṇabeḷgoḷā, no lejos de Mysore (Maīsūr), en Karnataka. La aldea se extiende junto a un estanque y al pie de dos prominencias rocosas: la pequeña montaña (Candragiri, Cikkabeṭṭa) y la gran montaña (Indragiri, Doḍḍabeṭṭa). Toda la zona está repleta de templos, estatuas y pilares de distintas épocas. Cientos de inscripciones relatan la sagrada muerte por ayuno voluntario (*sallekhāna*) en esas dos montañas, emulando el legendario fin del rey Maurya Candragupta y su maestro Bhadrabāhu [véase pág. 190]. Sólo en los siglos VII/VIII sabemos de unos sesenta casos de *sallekhāna*, no sólo entre monjes y monjas, sino también entre piadosos laicos.[3]

En el siglo X, el general Cāmuṇḍarāya, un alto oficial de los Gaṅga, hizo construir la famosa estatua de Bāhubali o Gomateśvara [ver FIG. 10]. La estatua de Śravaṇabeḷgoḷā es una obra maestra tridimensional, sin apoyo en la roca de la que fue moldeada. Se dice que la estatua se inspiró en el venerado maestro Jinasena [véase más adelante]. Desde finales del siglo XIV una espectacular congregación tiene lugar periódicamente en este santuario [véanse págs. 444-445].

El hecho de que un militar como Cāmuṇḍarāya apoyara abiertamente el jainismo, la religión de la no-violencia por antonomasia, tampoco debió parecer incongruente a la comunidad. La cosa tiene su lógica. El jainismo, y en especial el Digambara, alienta un individualismo heroico e ilustra el cultivo de la autoperfección con metáforas bélicas y marciales. No es casual que los círculos caballerescos y aristocráticos del Sur de la India y el Deccan se sintieran atraídos por una tradición tal. Según Burton Stein, el jainismo otorgó a los guerreros y aristócratas del Sur un rango y respetabilidad nobles (*ārya*, –del Norte–), sin necesidad de ligarse a la cultura agrícola de la época, asociada entonces al hinduismo devocional. Por otro lado, ello otorgaría al jainismo un rango no de secta herética, sino de elemento ideológico crucial en una época de grandes cambios en el Sur de la India.[4] Al mismo tiempo, tampoco es extraño que el propio general Cāmuṇḍarāya, autor de un *purāṇa* jainista que lleva su nombre, hiciera construir templos a Viṣṇu o Śiva, dioses siempre poderosos. Siguiendo el ejemplo de la mayoría de gobernantes indios, un jainista convencido como Cāmuṇḍarāya no se olvidó de mantener un sano sincretismo. Es cierto que el jainismo otorgaría respetabilidad a los dirigentes, pero también es verdad que la existencia de una importante comunidad laica –con peso económico considerable– obligaría a la incorporación de elementos jainistas.

Śravaṇabeḷgoḷā ha sido desde entonces el más importante centro ritual del jainismo del Deccan y del Sur. Cāmuṇḍarāya fundó un monasterio en el 982 cuyos sucesivos cabezas (*bhaṭṭārakas*) dicen ser descendientes del *guru* de Cāmuṇḍarāya, el célebre filósofo Nemicandra Siddhāntacakravartin.

Bāhubali, aún sin ser un *tīrthaṅkara*, ha recibido un culto especial en Karnataka. Imitando al santuario de Śravaṇabeḷgoḷā otros monarcas hicieron construir estatuas gigantescas de Bāhubali. A destacar las representaciones de Kārkala (siglo XV) y Veṇūr (siglo XVII).

## LOS YĀPANĪYAS

Debido a diversos factores el jainismo Digambara de Karnataka fue excepcionalmente liberal. Por un lado, hay que insistir en la participación de los ascetas en la construcción de lo político, lo económico y lo social, un hecho que permitiría que la rigidez inicial se relajara un tanto. Esta dulcificación de los ideales ascéticos del Norte favoreció que el *dharma* jainista pudiera cuajar entre la población. Por otro lado, el liberalismo del Deccan tuvo que ver con la implantación de una corriente muy particular: el jainismo Yāpanīya.

Sus orígenes son oscuros. Posiblemente surgieran como un desarrollo de los ardhaphālakas [véanse págs. 192-193], o sea, los parcialmente desnudos y parcialmente vestidos. De ahí que recibieran también el nombre de Gopya-Saṃgha, la comunidad que "espera [tiempos mejores]", cuando la sequía que ocasionó esa práctica hubiera pasado. Luego, estos ardhaphālakas emigrarían hacia el Deccan y, finalmente, descartarían la práctica, haciéndose indistinguibles de los digambaras.

El jainismo Yāpanīya prosperó durante mil años. Hacia los siglos V/VI tenían su centro en Halsi (Palāśika) y luego se extendieron hacia Aihoḷe y Kolhāpur. Por las inscripciones sabemos que fueron muy activos instalando imágenes de *jinas* y construyendo templos en el Norte de Karnataka. Se extendieron por el resto de Karnataka, Andhra Pradesh y hasta Tamil Nadu. La comunidad laica era considerablemente poderosa.

Curiosamente, estos misteriosos yāpanīyas no eran ni del todo digambaras ni del todo śvetāmbaras. Los ascetas iban desnudos, signo inequívoco del jainismo Digambara. También sus imágenes. Pero no reconocían la pérdida de los textos sagrados: sus escrituras eran las śvetāmbaras. Otras posiciones son claramente semejantes a las śvetāmbaras. Consideraban, por ejemplo, que un omnisciente tenía que seguir alimentándose y reconocían la posibilidad de liberación a las mujeres –aunque no consideraban que el *jina* Malli hubiera sido una mujer–. De hecho, el primer autor en contrarrestar los argumentos digambaras en contra de la liberación de las mujeres fue el yāpanīya Śākaṭāyana [véase pág. 198]. Si bien los ascetas iban desnudos, para los yāpanīyas un mínimo de ropajes era permisible. Por ejemplo, en el caso de que un *sādhu* o una *sādhvī* desarrollara una enfermedad que precisara de vendas o ropas. Ahí se diferenciaban de los śvetāmbaras, ya que está claro que esta explicación no justifica un uso permanente de ropas. El caso es que ni digambaras ni śvetāmbaras los tenían como suyos. Aunque su nombre aparece entre los *saṃghas* digambaras éstos los tildaban de pseudo-jainas (*jainābhāsas*). Según Padmanabh Jaini los yāpanīyas representarían a un antiguo movimiento ecuménico que trataría de combinar rasgos de las facciones desnuda (*acelaka*) y vestida (*sacelaka*) del jainismo. Pero como tantas veces ha sucedido en la India, observa Jaini, fue rechazado por ambos y reducido al destino de ser otra secta más.[5]

Entre otras contribuciones, los yāpanīyas se esforzaron mucho en divulgar el culto a las diosas, que en la Karnataka medieval alcanzó cotas muy elevadas [véase a continuación]. Posiblemente ellos fueran también los iniciadores de la institución de los clérigos (*bhaṭṭārakas*), que sería también característica del jainismo del Sur y el Deccan. Hacia los siglos XIV/XV habrían sido asimilados plenamente por los digambaras.

## EL TANTRISMO JAINISTA DE KARNATAKA

En su *Ādi-purāṇa* Jinasena se refiere a la recitación de la letanía más sagrada del jainismo, el *namaskāra-mantra*, en formas condensadas de dieciséis, ocho, seis y cinco letras.[6] Incluso puede comprimirse en la poderosa sílaba (*bīja*) *Oṃ*. Jinasena llega a decir que la recitación murmurada puede proporcionar los más altos beneficios, incluso la liberación. Los textos describen con detalle todas las formas de culto, desde la instalación de una imagen hasta las formas de culto diarias en el hogar o el templo. En todos los casos hallamos recitaciones de letanías (*mantras*), murmuraciones (*japas*), circunvalaciones (*pradakṣiṇās*),[7] gestos simbólicos (*mudrās*), utilización de diagramas místicos (*yantras*), etc. Eso es ritualismo tántrico puro y, como comprobaremos cuando hablemos del culto, estas características son hoy parte fundamental de la *pūjā*. La incorporación de prácticas tántricas cuajó entre todas las formas jainistas, pero seguramente fueron el Yāpanīya-Saṃgha y el Drāviḍa-Saṃgha los grupos que más contribuyeron a su desarrollo.

Entre los jainistas de Karnataka algunas deidades acompañantes de los *jinas* se hicieron particularmente populares. Por ejemplo, las diosas Padmāvatī (Lakṣmī), Kūṣmāṇḍinī (Ambikā) y Jvālāmālinī, todas antiguas *yakṣiṇīs* que no poseían existencia separada de los *tīrthaṅkaras*. Hacia los siglos XI/XII eran adoradas como diosas independientes de los *jinas*. Se las consideraba poderosas en poderes místicos y algunos textos de corte tántrico, como el *Jvālinī-kalpa* de Indranandi, se centraron en las sutilezas de su culto. Siguiendo las directrices generales del esoterismo tántrico, el *Bhairava-Padmāvatī-kalpa* recomienda la utilización de cinco sílabas –*hrāṁ, hrīṁ, hruṁ, hrauṁ* y *hraḥ*– para purificar la cabeza, la cara, el corazón el ombligo y la pierna, respectivamente.[8]

## LOS RĀṢṬRAKŪṬA

Otras dinastías del Deccan también toleraron y protegieron al jainismo. A destacar la Rāṣṭrakūṭa (siglos VIII/XII), centrada inicialmente en Morkhaṇḍ y trasladada luego a Mālkheḍ, cerca de Hyderabad (Haidarābād). El más eminente de todos los monarcas jainistas del Deccan fue el Rāṣṭrakūṭa Amoghavarṣa (815/877). Probablemente Amoghavarṣa fue quien marcó el punto de inflexión y apogeo del jainismo en Karnataka y Maharashtra. Gracias a él se construyeron numerosos templos y santuarios. Se dice que el rey abdicó, se convirtió en asceta y hasta llegó a escribir un tratado jainista.

### LA REALEZA SEGÚN EL *ĀDI-PURĀṆA*

El preceptor espiritual de Amoghavarṣa fue el maestro Jinasena (siglo IX), autor del *Ādi-purāṇa*, la obra digambara más importante de la Historia Universal. La continuación de esta crónica, el *Uttara-purāṇa*, fue compuesta por su pupilo Guṇabhadra (siglo IX), también bajo el patrocinio de otro rey Rāṣṭrakūṭa –y aún fue completada por una tercera mano–. Jinasena se concentró en la vida del primer *jina* Ṛiṣabha y sus hijos Bharata y Bāhubali, mientras que Guṇabhadra se preocupó del resto de seres excelsos característicos de la mitología jainista. Estos dos textos reunidos forman el *Mahāpurāṇa*, no sólo una de las mayores piezas acerca de la mitología jainista, sino una de sus mejores exposiciones doctrinales y un exquisito trabajo de literatura sánscrita.

Indudablemente, el *purāṇa* fue compuesto para ser leído en la corte y posee múltiples claves didácticas. Jinasena era miembro de un grupo monástico posiblemente originario del Norte pero que quedó plenamente ligado con Śravaṇabeḷgoḷā. Según su propio testimonio, ese linaje espiritual se remontaba hasta Ṛiṣabha, que recitó el *Ādi-purāṇa* a su hijo Bharata. El texto fue transmitiéndose durante los siguientes eones hasta llegar al *gaṇadhara* Gautama, quien lo recitó al rey Śreṇika de Magadha. Igual que Ṛiṣabha instruyó a su hijo Bharata, y Gautama lo recitó al rey Śreṇika –el *jina* del futuro, recordémoslo–, Jinasena lo recita a Amoghavarṣa y le instruye sobre el comportamiento de un rey jainista. De hecho, el *Ādi-purāṇa* presenta el primer modelo de realeza *à la jain*, un tema que será posteriormente desarrollado por Somadeva y llevado a la práctica por los śvetāmbaras de Gujarat [véanse págs. 255-257].

Para Jinasena, la institución de la realeza, aun siendo necesaria, es ambigua. A pesar de su grandeza, la conquista de Bharata no deja de ser un asunto intra-samsárico, luego, una victoria infinitamente inferior a la de Ṛiṣabha o la de Bāhubali. Fueron esos omniscientes los que vencieron en la auténtica batalla. Ṛiṣabha es, para Jinasena, el verdadero rey, aquel que ha superado no ya la India, sino los tres Mundos. La inferioridad de Bharata queda bien ilustrada en los capítulos que narran su conflicto con Bāhubali, justo antes de convertirse en el gran *cakravartin*. Si recordamos, Bharata se enfrentó a Bāhubali motivado por la codicia y utilizando trampas en la contienda.

Pero la inferioridad del rey no le resta grandeza, aquí en la Tierra. Cuando es *cakravartin* Bharata alienta a sus vasallos a proteger a la comunidad jainista y a liberar sus condados de la maligna influencia de los *brāhmaṇas*. Ayuna y realiza el culto antes de cada conquista; reduce los impuestos a los súbditos de nuevos territorios conquistados; se mantiene siempre calmo pero con energía; incluso controla a los extranjeros o bárbaros que están allende el *karma* y el *dharma*.

Para Jinasena, los guerreros y aristócratas (*kṣatriyas*) fueron instaurados por Ṛiṣabha para proteger distintas parcelas de la sociedad. En primer lugar, la comunidad religiosa; lo que se traduce en que el rey acumule prosperidad material (*artha*) que redunde en los merecedores sin transgredir el *dharma*. La noción es panindia. En segundo lugar, la realeza debe proteger la doctrina; es decir, el jainismo. En tercer lugar, la realeza debe proteger el *jīva*, lo que significa que en algún momento el monarca tendrá que renunciar y practicar el ascetismo; en acusado contraste con los modelos brahmánicos. En cuarto lugar, la realeza debe proteger a los súbditos; y la mejor forma para hacerlo es rodearse de ministros leales y un ejército fiel. La principal función de la protección de los súbditos significa salvaguardar el reino contra los bárbaros de la escritura (*akṣaramleccha*), esto es, los *brāhmaṇas* que veneran el *Veda* y se jactan con orgullo de un conocimiento escritural.

## LA CONTRIBUCIÓN JAINISTA A LA CULTURA KANNADIGA

Un aspecto positivo del desarrollo del monasticismo jainista consistió en la producción y transmisión de textos, que aumentó notablemente. En vez de pasar el tiempo peregrinando, los ascetas lo aprovechaban para el estudio y la copia de textos. Ram Singh afirma que el surgimiento de la literatura épico-lírica (*kāvya*) y puránica (*purāṇa*), y el desarrollo de las lenguas regionales, tiene que atribuirse a los ascetas y preceptores jainistas que vivían en monasterios.[9]

Todas las primeras obras que conocemos en lengua kannada (*kannaḍa*) son jainas. El primer autor kannadiga, Śivakotyācārya (siglo VIII), autor del *Voddha-ārādhana*, fue un devoto jainista. Los ascetas jainistas monopolizaron la literatura kannada hasta los siglos XI/XII.

No hay que olvidar las aportaciones –en prácrito, sánscrito o kannada– a la filosofía jainista o al saber indio en general. El gramático y comentador Pūjyapāda (siglos V/VI) era nativo de Karnataka y fue preceptor del rey Gaṅga Durvinīta. El aludido yāpanīya Śākaṭāyana (siglo IX), amén de su lúcida defensa de la liberación de las mujeres, es considerado como el mayor gramático jainista. Otro autor memorable fue Yogīndudeva (siglo VI), autor de excelentes tratados místicos. Entre los didácticos destacan el *Varāṅga-carita* de Jaṭāsiṁhanandi (siglo VII) y el *Yaśastilaka-campū* de Somadeva Sūri (siglo X), un texto sánscrito de soberbia calidad literaria, considerado una de las cumbres de la narrativa épica. Las obras didácticas se enriquecieron luego con Amitagati (siglos X/XI) y su enciclopédica *Subhāṣita-ratnasaṁdoha*. No hay que olvidar a dos autores fundamentales para la Historia Universal digambara, los mencionados Jinasena y Guṇabhadra, lo mismo que Raviśena (siglos VII/VIII), que escribió uno de los *Rāmāyaṇas* jainas. Finalmente, tenemos al preceptor del general Cāmuṇḍarāya, el filósofo Nemicandra (siglo X), tan querido por los digambaras, que le apodaron el "emperador de la doctrina" (Siddhāntacakravartin). La aportación tántrica se debe principalmente a Indranandi (siglo X).

La contribución jainista a la hora de formar las señas de identidad culturales, políticas y sociales de Karnataka (Karṇātaka) ha sido ciclópea.

## EL DECLIVE DEL JAINISMO EN EL DECCAN

Con la desaparición de los Rāṣṭrakūṭa el jainismo empezó a declinar en el Deccan. El último monarca de esta dinastía, Indra, intentó resarcir el imperio. Al no lograrlo, se retiró a Śravaṇabeḷgoḷā, donde, como tantos piadosos jainistas, optó por la muerte voluntaria a través de un último y definitivo ayuno.

Empero, el jainismo aún brilló intermitentemente con algunos monarcas de las dinastías Cāḷukya, Kalaṣa y Hoysala. Se cuenta que el origen de esta última (siglos XII/XIV) se remonta a un asceta digambara que tuvo que realizar un acto de violencia en defensa propia. Sea o no así la cosa, sabemos que varios soberanos Hoysala fueron jainistas comprometidos y, hasta la caída de la dinastía, mostraron benevolencia por el jainismo, si bien en los últimos siglos operaron un giro claramente favorable hacia el vishnuismo. Hoy todavía puede contemplarse el bello templo jaina de Haḷebīḍ, antigua capital Hoysala [ver FIG. 49]. Con la caída de la dinastía la región pasó a manos del Imperio de Vijayanagara, de vocación claramente brahmánica.

¿Qué factores explican la decadencia o estancamiento del jainismo Digambara de Karnataka y el Sur de Maharashtra? Tres factores socio-religiosos actuaron concatenadamente.

El primero fue la entrada en escena del movimiento de los "seguidores heroicos de Śiva" (Vīraśaiva), un tipo de shivaísmo devocional muy particular, fundado por Basava (1106/1167). Los vīraśaivas fueron muy activos proselitizando y supieron conectar con la vena devocional de buena parte de la población del área de Karnataka. Desde el siglo XII no han dejado de expandirse y han sabido mantener también su independencia del brahmanismo,*

* En la actualidad, y como no podría ser de otra forma, los vīraśaivas constituyen una casta aparte denominada *liṅgāyata*, centrada básicamente en el area de Mysore (Maīsūr). Es la casta más populosa –alrededor de seis millones– y, en muchos lugares, la dominante. Po-

actitud en la que han venido a suplantar a los jainistas. Sabemos de persecuciones un tanto cruentas de ascetas y propiedades jainistas por parte de fanáticos vīraśaivas. Teológicamente, atacaron astutamente la concepción jainista del *tīrthaṅkara*.

En segundo lugar, a este fervor devocional shivaísta vino a sumarse el vishnuismo plenamente codificado de Rāmānuja (siglos XI/XII): el movimiento y filosofía Śrīvaiṣṇava. Así, el más grande de los reyes Hoysala, Biṭṭideva (reinó 1106/1141), se convirtió al vishnuismo –y cambió su nombre por Viṣṇuvardhana–. El resto de la dinastía siguió su ejemplo, si bien su propia esposa, Śāntidevī, se mantuvo como devota jainista. Este giro en las preferencias dinásticas restó potencia a la comunidad.

Si los vīraśaivas se apoderaron del espacio del jainismo como grupo religioso independiente de los *brāhmaṇas*, el monasticismo jainista fue suplido por el único movimiento monástico dentro del hinduismo: el de los daśanāmis, seguidores del filósofo Śaṅkara (siglos VIII/IX). Este tercer factor guió la vena monástica del Sur hacia el Vedānta y el brahmanismo. Sabemos que el importante monasterio de Śrīṅgeri, en Karnataka, uno de los cuatro "asientos" principales de los shankarianos, y supuestamente fundado por discípulos directos de Śaṅkara, en verdad fue un monasterio jainista hasta el siglo XIV. Tampoco fue despreciable, filosóficamente hablando, la restauración brahmánica, casi védica, propugnada por uno de los mayores filósofos de la India: el mīmāṃsāka Kumārila. Con Śaṅkara y Kumārila los jainistas pasaron a ocupar claramente el lugar de heterodoxos (*nāstikas*).

Progresivamente, la comunidad digambara fue reduciéndose. Muchos de sus miembros se convirtieron al vishnuismo o al Vīraśaiva. Su otrora gran poder económico menguó de forma considerable, un hecho palpable ya en el siglo XIV. Empero, gracias a siglos de apoyo institucional, la comunidad jainista kannadiga y maharashtri pudo afrontar el oscuro futuro con cierta solvencia. Debido a su peso específico los jainistas aún consiguieron retener bastante poder con el Imperio de Vijayanagara. Pero inevitablemente la comunidad fue desarrollado una cierta tendencia al ocultamiento y a la cerrazón. Desde entonces su posición ha estado claramente a la defensiva y su interés en proselitizar ha sido mínimo.

El punto más bajo llegaría en el siglo XIX. La comunidad de ascetas había desaparecido casi por completo. A finales de ese siglo, por ejemplo, tenemos noticia de la existencia de un único asceta digambara en todo el Sur de la India. Se trató de Siddhasāgara (1828/1903), quien tuvo que iniciarse despojándose de sus ropas frente a la imagen de un *tīrthaṅkara*. Caso parecido fue el de Śāntisāgara (1873/1955, [véase pág. 286]). Gracias a los esfuerzos de Śān-

---

seen sacerdotes propios, llamados *jaṅgamas*. Igualmente, tienen su orden de renunciantes, los viraktas, estrictamente célibes.

tisāgara, hoy la comunidad de ascetas digambaras plenamente iniciados supera la centena.

Igualmente, la comunidad laica del Norte de Karnataka y Sur de Maharashtra –actualmente una de las regiones de la India con mayor densidad de jainistas– prácticamente había perdido todas sus señas de identidad. Desde que pasaron sus tiempos esplendorosos, el proceso de absorber ideas y prácticas hinduistas había sido imparable. A finales del siglo XIX, un grupo de notables laicos se organizó y fundó la Asociación jainista del Sur de la India (Dakṣina Bharata Jain Sabhā), una organización reformista que ha tenido notable éxito. Sin la participación activa de esta asociación de laicos comprometidos es más que probable que el jainismo Digambara del Deccan se hubiera diluido dentro del enorme caudal hinduista. El jainismo habría quedado reducido a una simple casta. Gracias a sus esfuerzos se ha recuperado, diríase que se ha creado, una comunidad con fuerte personalidad. Hoy, los jainistas forman una minoría entre los kannadigas y maharashtris, pero una minoría bien respetada.

## ANDHRA PRADESH

Culturalmente hablando, la zona de habla telegu (*telugu*) de Andhra Pradesh (Āndhra Pradeśa) ha estado siempre muy próxima a la cultura kannadiga de Karnataka y la maratha de Maharashtra. Fue una región importante en la transmisión del jainismo desde Orissa.

Durante los primeros siglos de la era cristiana la dinastía Āndhra, con capital en Pratiṣṭhāna, no lejos de la actual Hyderabad (Haidarābād), favoreció abiertamente los movimientos shramánicos. Si bien la mayoría de regentes Āndhra se alineó con el budismo, varios monarcas apoyaron al jainismo. La tradición cuenta que el rey Hāla Śātavāhana llegó a escribir una antología de versos en prácrito.[10] Bajo los poderosos Āndhra se desarrolló el *mahārāṣṭrī-jaina*, un dialecto prácrito típico de los jainistas śvetāmbaras de Maharashtra, predecesor directo del moderno maharashtri.

Hacia el siglo II vivió entre Andhra y el Sur de Karnataka uno de los pensadores más brillantes de la historia del jainismo: Kundakunda [ver FIG. 30]. Su nombre monástico era Padmanandi, mientras que Kundakunda seguramente sería el de su lugar de origen, en Andhra Pradesh. Ha sido autor de algunos de los tratados doctrinales y colecciones de himnos más importantes del jainismo. Tan querido es Kundakunda entre los digambaras que su nombre es invocado a la par con el de Mahāvīra, Gautama y hasta por delante de Bhadrabāhu y Viśākha, los "fundadores" del linaje Digambara. Un discípulo suyo –quizá no directo, pero en su linaje– fue el más grande filósofo que ha dado el jainismo: Umāsvāti.

El jainismo arraigó en Andhra hasta los siglos XIII/XIV, en competencia con el budismo. Las ciudades costeras de Viśākāpatnam y Nellore han desvelado bastantes templos y asentamientos jainistas. Con el transcurso de los siglos estas tradiciones cedieron el paso al hinduismo devocional y al pujante islamismo que hizo de Hyderabad su centro neurálgico del Deccan.

# 16. EL JAINISMO EN EL SUR

## LOS DIGAMBARAS TAMILES

En el extremo Sur del continente, en el país (*nāṭu*) donde se habla tamil (*tamiḻ*), el jainismo Digambara también conoció momentos esplendorosos. Aunque hoy la comunidad jainista de Tamil Nadu (Tamiḻ Nāṭu) y Kerala (Kēraḷa) es pequeña, su peso histórico ha sido memorable.

Sabemos de cuevas y abrigos ocupados por ascetas en épocas muy tempranas (siglos -III/-II, [ver FIG. 32]), en especial en los distritos de Arcot, Trichy (Tirucirāpaḷḷi), Madurai (Maturai) y Tirunelvēli. Seguramente, los *sādhus* pioneros llegaron al país tamil procedentes del corredor costero de Orissa/Andhra. Oleadas sucesivas arribaron por el Deccan. La epigrafía ha mostrado un apoyo popular considerable, especialmente entre los colectivos mercantiles y gobernantes. Posiblemente, la cúspide del esplendor jainista en Tamil Nadu se diera con los Kalabhra (siglos III/VI), una dinastía originaria del Norte y muy proclive a favorecer a los movimientos shramánicos.

Poco a poco el jainismo fue esparciéndose por el Sur, hasta alcanzar el Cabo Camorín (Kanyā-Kumārī) y saltando a la isla de Ceilán. Según la crónica cingalesa del *Mahāvaṁśa* el jainismo habría arribado a Sri Lanka en el siglo -V, algo que parece sorprendente. La evidencia no es descartable ya que Étienne Lamotte habla de un retiro nirgrantha al Norte de Anurādhapura construido en el siglo -IV,[1] un retiro que, una vez demolido, haría de fundamento para el famosísimo monasterio budista de Abhayagirivihāra.[2]

El núcleo del jainismo Digambara del Sur estaba compuesto por el Drāviḍa-Saṃgha, un linaje fundado por Vajranandin (siglos V/VI), discípulo del gran comentador Pūjyapāda. Esta comunidad permitió que algunas prohibiciones dietarias y de alojamiento se suavizaran bastante. Un tono claramente local impregnó todas las formas tamiles del Digambara.

A mediados del siglo VII el peregrino chino Xuanzang ya notó una numerosa presencia de jainistas en los reinos tamiles de Drāviḍa, Cōḻa o Malakūṭa.[3] En las afueras de la sagrada Kanchipuram (Kāñcī), en un suburbio hoy popularmente conocido como el Jina-Kāñcī, se construyeron algunos de los más hermosos templos del jainismo. Los miembros de la comunidad disfrutaban de una posición económica y un papel cultural destacado, y hasta se sospecha que el rey Pallava Mahendravarma<u>n</u> I practicaba el jainismo. A los ojos de las élites tamiles el jainismo, lo mismo que el budismo, representaba a una cultura prestigiosa, noble (*ārya*), respetable, del Norte. Sucedía lo mismo que en Karnataka y Maharashtra.

El punto de inflexión se dio cuando el santo Appar (siglos VI/VII), un ex-asceta jainista, persuadió al rey Mahendravarma<u>n</u> I para que se convirtiera al shivaísmo. Poco a poco, el país tamil pasó de ser tierra eminentemente shramánica a ser el bastión de los grupos devocionales shivaístas y vishnuistas. El proceso fue lento, pero imparable. Muchos de los actuales lugares sagrados vishnuistas y shivaístas se asientan sobre lo que fueron centros monásticos o de culto jainistas y budistas. Aunque ni los reyes Pallava de Kāñcī, los Cō<u>l</u>a de Tanjāvūr (Tañcāvūr) o los Cēral de Vañci –posiblemente Muci<u>r</u>i, en Kerala– persiguieron al jainismo, progresivamente el Sur del continente fue vaciándose de elementos jainistas. A finales del período medieval (siglos XIV/XV) las asambleas Drāviḍa o Mathurā habían desaparecido por completo.

## LA CONSTRUCCIÓN DE LA IDENTIDAD TAMIL

Un pequeño estudio del fenómeno de la desaparición del jainismo en el Sur puede arrojar mucha luz sobre distintos factores de esta religión, su interacción con el hinduismo y su papel en la construcción de la identidad tamil.

Como decía, la causa principal del retroceso del jainismo en el Sur fue el paulatino alzamiento de los grupos devocionales teístas. Por los himnos de los santos shivaístas –los nāya<u>n</u>ārs– y los santos vishnuistas –los ā<u>l</u>vārs– está claro que el adversario del devocionalismo tamil era el tándem budismo/jainismo. Los jainas pasaron a ser considerados como foráneos a la cultura tamil;[4] una cultura que comenzaba a redefinirse al amparo del devocionalismo, claramente insertada en la corriente hinduista-brahmánica y a expensas de los movimientos shramánicos. Los santos Appar (siglos VI/VII) y Campantar (siglos VI/VII), entre los shivaístas, y Tirumaṅkai (siglo VIII), entre los vishnuistas, se mofaban de las prácticas de conducta de los "heréticos" monjes jainas, gente que ni hablaba buen tamil ni buen sánscrito, sino que balbuceaba una lengua prácrita. Esta representación negativa de los jainistas fue parte importante del proceso de definición y consolidación del devocionalismo tamil. Hallamos mil y una narraciones de confrontación que siempre desembocan en la gloriosa victoria del shivaísmo sobre los ascetas y las doctrinas jainistas. Puede decirse que a partir de los siglos IX/X se formó una especie de alianza cultural e ideológica entre el campesinado del Sur (*vellāḷa*) y la élite brahmánica con vistas a desbancar el patronazgo de la nobleza sobre los grupos heréticos y promover la religión del amor (*bhakti*). Una de las estrategias utilizadas por los Pallava, por ejemplo, fue donar terrenos libres de impuestos para *brāhmaṇas* (*brahmadeyas*) de forma que se crearan lazos más estrechos entre la cultura local y la brahmánica y pudiera generarse una homogeneidad cultural. Esta política se incrementó con los Cōḻa, quienes, aun manteniendo una política de tolerancia religiosa general, acabaron por consolidar la hegemonía del hinduismo.

Entre los *brāhmaṇas* tamiles los había de distintas orientaciones. Unos se mantenían fieles a los antiguos sacrificios y estaban versados en el *Veda*. Otros habían desarrollado una liturgia sofisticada explicada en unas nuevas Escrituras (*Āgamas*), y centrada en el ritual dedicado a Śiva o a Viṣṇu. Poco a poco, los templos dedicados a estos dioses comenzaron a salpicar toda la geografía del Sur, y fue este tipo de hinduismo el que mejor expresaría la síntesis sans-crítico-tamil. El culto agámico (*pūjā*) acabaría desplazando al sacrificio védico (*yajña*). Pero se cuidaría mucho de legitimarse con él, de forma que estuviera bien enraizado en la tradición védico-brahmánica. Así se entenderá que los santos shivaístas homologasen los *mantras* védicos con el *mantra* de Śiva (*Oṃ, namaḥ śivāya*), del que Campantar dice que es la esencia de los cuatro *Vedas*.[5]

La religión devocional surgida del país tamil se caracterizó por un esteticismo sumamente sensual, muchas veces erótico, y una exaltación de la experiencia personal y extática de Dios. Algo, a primera vista, lejano de la austera y desapasionada religión de los jainas. Así lo clamaba Campantar:

> «No escuches las palabras de los locos monjes jainas,
> que llevan esteras y se arrancan de cuajo los cabellos,
> y comen de pie.
> Ama y adora al esposo de Umā, la de los pechos rebosantes,
> el Señor [Śiva] que mora en la capilla de Aṇṇāmalai,
> cuyas laderas cobijan manadas de leones.»[6]

Tanto Appar como Campantar reflejan a la perfección la manera como los sureños pasaron a percibir una religión ateísta y ascética. Appar se lamentará de sus años perdidos como asceta jainista y renegará de su antigua fe como el mayor de sus pecados.[7] Se dice que el santo hizo destruir templos jainas en Kuḍḍalor y en su lugar construyó santuarios dedicados a Śiva.

Dicho todo esto, llega el momento de matizar. El gran "pero" de este discurso es que fabrica una dicotomía artificial entre el ascetismo jainista y el devocionalismo hinduista.

La narrativa tópica del hinduismo –favorecida desde tiempos de los santos shivaístas hasta nuestros días– dice que el hinduismo triunfante en el país tamil representó una reacción afirmadora del mundo, alegre, positiva, inclusivista y esencialmente tamil, frente a un pesado lastre jainista –y budista– de puritanismo, conservadurismo, negación del mundo, de valores anti-sociales y renunciatorios, foráneos a la cultura tamil. No obstante, hay suficientes elementos para cuestionar un corte tan radical. Las inscripciones revelan muchas más ósmosis y préstamos de lo que los santos hubieran querido admitir. El proceso de declive del jainismo y de ascendencia del shivaísmo debió ser largo –por lo menos entre seis y siete siglos– y complejo.

Sabemos, por ejemplo, que la aparición de templos shivaístas ligados a complejos monásticos (*maṭhas*), especializados no sólo en el ritual o la educación sino también insertos en la política o la economía local, derivaban del modelo de los monasterios jainistas. Sabemos que la participación de los *sādhus* y *sādhvīs* jainistas como guías espirituales y trabajadores sociales fue muy intensa y les aproximó mucho a la población. Conocemos, igualmente, que el jainismo tamil fue muy proclive a la participación de mujeres como maestras y hasta como objetos de veneración. En modo alguno las *sādhvīs* ocuparon un lugar secundario en la sociedad. No sólo el jainismo tamil fue más abierto que el hinduismo, sino que fue más lejos de lo permitido por un jainismo que tuviera que ajustarse estrictamente a las prescripciones textuales. Las ascetas-maestras (tamil: *kurattiyār*) tenían muchas personas a su cargo: *sādhvīs*, novicias y pupilos laicos. Algunas, ciertamente, eran a su vez discípulas de maestros (*ācāryas, bhaṭṭārakas*), pero otras eran *guruṇīs* por propio derecho que controlaban monasterios-escuelas. Este fenómeno es único del jainismo de Tamil Nadu. Ello apunta a formas de jainismo locales más allá de su pertenencia al Śvetāmbara o al Digambara. Probablemente se adherían nominalmente al Digambara, pero recordemos que existían en el Sur grupos intermedios, como los liberales yāpanīyas. Las filiaciones religiosas no siempre han sido nítidas en la India. Ni tampoco las fronteras interreligiosas. Tenemos noticia de que las jainistas tamiles tenían sus propios linajes, llevaban una vida sedentaria, centrada en el culto a las imágenes y estaban poco vinculadas a las asambleas monásticas. En otras palabras, compartían más rasgos con las mujeres –y los hombres– hinduistas de Tamil Nadu que con las formas ascéticas jainistas panindias.

Algo parecido sucede con el shivaísmo del Sur. El Śaiva-Siddhānta, el tipo de shivaísmo predominante en Tamil Nadu, posee innumerables puntos en común con el jainismo. El culto a Śiva se asemeja mucho al de los *jinas*. Sus ideas soteriológicas son sorprendentemente similares: ambos conciben una pluralidad de mónadas espirituales e inmateriales (*jīva, ātman*), cuya característica predominante es la conciencia (*cetana, caitanya*); mónadas que están atrapadas por la acción (*karma*), concebida de forma material y no sólo como una latencia psicológica. Los shivaístas miran de identificarse con Śiva en la liberación, pero en modo alguno piensan en unión o fusión –como otras escuelas hinduistas–, sino que, al igual que los jainas, hablan de la separación y autonomía (*kaivalya*) del liberado. Quizá fuera la presencia de tantas similitudes entre el jainismo tamil y el shivaísmo lo que obligara a los santos shivaístas a resaltar las diferencias. Las formaciones religiosas indias son muy permeables, con las doctrinas siempre dispuestas a incluir, adoptar o tomar prestado. El devocionalismo tamil bebió tanto del vedismo y de la ortodoxia brahmánica como del jainismo, del budismo, del Yoga de Patañjali, del Sāṃkhya, del Pāñcarātra, del Pāśupata como de tradiciones locales. La síntesis resultante fue una nueva forma religiosa de enorme complejidad y atractivo. Por tanto, los poemas de los santos, más que contrastar dos *ethos*, ilustran magistralmente los argumentos hermenéuticos utilizados por los seguidores de la religión del amor (*bhaktas*) para combatir a los heréticos (*pāṣaṇḍas*).

Finalmente, los Cōḻa (siglos X/XII) ligaron irremisiblemente el culto real con el shivaísmo local, favoreciendo la canonización de los textos, valores y rituales shivaístas. Como ha expresado Indira Viswanathan Peterson, este proceso resultó en la osificación de una retórica religioso-cultural nacionalista que buscó excluir a los jainistas como símbolo de todo aquello que era ajeno a los valores religiosos y sociales tamiles.[8] Desde entonces, los jainistas no han jugado ningún papel significativo en la vida política o pública.

## EL JAINISMO Y LA LITERATURA TAMIL

En toda su larga historia de interacciones con las distintas poblaciones de la India el jainismo ha hecho valiosísimas aportaciones. Quizá el ejemplo más elocuente haya sido su participación en el desarrollo de la lengua tamil (*tamiḻ*). Si bien, políticamente hablando, el jainismo nunca fue poderoso en Tamil Nadu, desde el punto de vista cultural su participación fue estelar. Un repaso a este aspecto ilustrará a la perfección hasta qué punto el jainismo se integró en la cultura tamil.

La primera gramática de esta lengua, el *Tolkāppiyam*, fue redactada por un asceta jainista de Kerala, posiblemente hacia el siglo IV. A decir verdad, el *Tolkāppiyam* es bastante más que una gramática. Es un auténtico trabajo de retórica, con secciones de fonología, morfología o semántica. Ahí ya quedan establecidas las dos categorías fundamentales de la poética tamil (*Caṅkam*): el espacio interior, representado por el amor (*akam*), y el espacio exterior, representado por la guerra (*puṟam*). Muchos siglos después, el asceta jainista Pavaṇanti (siglo XII) compondría el *Naṉṉūl*, la gramática oficial del tamil, y el asceta Amitacākar (siglos X/XI), el *Yāpparuṅkalam*, la obra fundamental de la prosodia tamil.

Igualmente, los más notables textos tamiles sobre ética entre los siglos I y VI fueron casi todos jainistas. El muy venerado *Tirukkuṟaḷ*, adscrito a Tiruvaḷḷuvar (siglo III), si bien no puede etiquetarse como texto propiamente jainista,[9] revela un autor muy influido por la doctrina de la no-violencia. Muy al gusto tamil, no hallamos nada parecido al ascetismo radical del Norte, sino que se valora la vida familiar y las relaciones humanas. Dado que el *Tirukkuṟaḷ* evita cualquier referencia a ningún dogma en particular, no es de extrañar que jainistas, budistas, shivaístas y vishnuistas lo reclamen. Como en tantos casos, más que adherirse a ninguna religión, Tiruvaḷḷuvar expresa el espíritu ecléctico surasiático.

De los cinco poemas largos (*kāppiyam*) de la literatura clásica tamil, tres fueron compuestos por jainistas y dos por budistas.

## EL *CILAPPATIKĀRAM*

El más aclamado de estos poemas nacionales es el *Cilappatikāram*. Fue compuesto por Iḷaṅkō Aṭikaḷ (siglo V), un príncipe de Kerala (Cēral) que, tras renunciar al trono, se convirtió en asceta jainista (*aṭikaḷ*).

Posiblemente, desde hacía siglos circularían historias y cuentos populares recitados por bardos que Iḷaṅkō acabó por reunir y conjuntar. El resultado fue un libro sincrético soberbio. Presenta un fascinante mosaico de historias de la tradición oral, doctrinas jainistas –notablemente acerca del *karma*, la *ahiṃsā* y el *nirvāṇa*–, mitología panindia, retales de migraciones e invasiones y descripciones de la vida cultural y social del país tamil. Todo está narrado en el clásico estilo de la tradición poética tamil (*Caṅkam*), con injerencias de la tradición literaria sánscrita. El poema está dividido en tres libros, que toman el nombre de las capitales de los tres reinos tamiles de Cōḻa, Pāṇṭiya y Cēral. Si el sentimiento que embarga el primer libro es el erótico (*akam*), y el que se expresa en el último es el heroico (*puṟam*), el autor añade una nueva categoría, la mítica (*purāṇam*), que domina el libro central. Las categorías clásicas de la poética tamil quedan así magistralmente entretejidas en la epopeya.

A diferencia de otros poemas épicos –*Mahābhārata, Rāmāyaṇa, La Ilíada, Epopeya de Gilgamesh*, etc.–, el protagonista de la historia no es ningún héroe ni ser divino, sino una mujer: Kaṇṇaki. Ni siquiera el argumento gira en torno a ninguna gran batalla. No, dado el tono jainista del poema, la idea de la no-violencia permea la trama. El argumento va como sigue.

Kaṇṇaki y su esposo, el mercader Kōvalaṉ, viven holgadamente en la maravillosa Pukār, capital del reino Cōḻa, en la costa de Coromandel. Por las referencias se infiere que Kaṇṇaki y Kōvalaṉ son laicos jainistas.[10] Enamorado de una cortesana, Kōvalaṉ comete adulterio y dilapida su fortuna. Sospechando que la cortesana le es infiel Kōvalaṉ regresa con su virtuosa esposa y, juntos, deciden ir a reconstruir su vida a Madurai (Maturai), capital del reino Pāndya (Pāṇṭiya). Lo único que poseen son los brazaletes de tobillo (*cilampus*) de Kaṇṇaki. En su viaje se les une la asceta jainista Kavunti, que les acompaña hasta las puertas de la ciudad. Si hasta entonces la trama transcurría en uno de los "paisajes" clásicos de la literatura tamil, el marítimo, la travesía hasta Madurai representa el espacio salvaje. En Madurai Kōvalaṉ es engañado por el pérfido orfebre del reino y es acusado de haber robado los brazaletes desaparecidos de la reina de Madurai. Kōvalaṉ es ejecutado apresurada e injustamente por el rey. Desconsolada, la recién viuda Kaṇṇaki consigue probar la inocencia de su esposo mostrando su brazalete gemelo. A partir de este momento la hasta ahora dulce y devota esposa –de rol y características similares a la Sītā del *Rāmāyaṇa*– se convierte en un personaje de fortísimo carácter. Su arenga al rey es elocuente; no quiere vengarse, pero sí destronar a un monarca que ha violado el deber principal de todo gobernante: proteger a sus súbditos. El rey reconoce su falta y muere, obviamente como consecuencia de la acción. Poco después, fallecerá la reina. La otrora dócil Kaṇṇaki se convierte en la personificación de la cólera, del lado terrible y caliente de muchas de las diosas de la India. Arrancándose un pecho, Kaṇṇaki incendia la ciudad y la reduce a cenizas. La diosa Maturāpati, guardiana de la ciudad, la consuela con una aleccionadora historia acerca del *karma* de su marido en una vida anterior. En una existencia previa Kōvalan̲ abandonó su voto de la no-violencia y asesinó a un mercader inocente, de ahí su injusta muerte en esta vida. En pocas semanas, le explica la diosa, Kaṇṇaki se reunirá con su marido en los cielos. Kaṇṇaki deja la ciudad y llega al reino de Kerala (Cēral), donde tendrá lugar su fallecimiento. Los habitantes de Kerala la ven ascender a los cielos en las montañas –otro "paisaje" habitual de la literatura tamil– y los bardos recuentan al rey lo sucedido en Madurai. El rey de Kerala es Ceṅkuṭṭuvan̲, supuestamente el hermano del autor. Ceṅkuṭṭuvan̲ decide que Kaṇṇaki tiene que ser adorada como la diosa Pattin̲i y para ello decide realizar una expedición hasta el Himālaya para conseguir la roca en la que se tallará su estatua. En el viaje Ceṅkuṭṭuvan̲ derrota a los ejércitos del Norte y se proclama unificador cultural de los tres reinos tamiles, formando la nación tamil (*Tamil̲akam*). De esta forma el rey participa del poder de la Gran Diosa, institucionaliza su culto y se proclama monarca universal (*cakravartin*) que posee la protección de la diosa y ha quedado establecido por el sacrificio védico del *rājasūya*. Con la apoteosis de Kaṇṇaki como la diosa Pattin̲i, observa el traductor R. Parthasarathy, se confirma el carácter sagrado del *Cilappatikāram*.[11] No se trata de un descenso de la divinidad –como en las epopeyas hinduistas–, sino de un ascenso de lo humano, una característica que encaja mejor con el tinte shramánico de la obra.

Para nuestro trabajo lo más interesante de la epopeya se encuentra en la asceta Kavunti. No es de extrañar que su intervención como guía espiritual tenga lugar en el "paisaje" salvaje. Nada más toparse con la asceta en su cueva, la pareja es aleccionada inteligentemente acerca de las grandezas del *dharma* jainista y acerca de la inexorabilidad del *karma*. De hecho, la noción jainista del *karma* impregna estructuralmente toda la narración. Acompañada únicamente por su cuenco de limosnas y su plumero, y susurrando los *mantras* sagrados, Kavunti se presta a hacerles de guía en la travesía. Tras algunos días de viaje llegan a Śrīraṅkam –hoy sede de uno de los grupos vishnuistas más potentes de toda la India–, donde encuentran a un sabio jainista (*cāraṇa*). El sabio les da un aleccionador discurso acerca de las metas humanas, claramente subordinadas al más alto fin de todos: la iluminación y la liberación. En el transcurso del viaje topan con un *brāhmaṇa* que les arenga sobre las excelencias de la caverna de Viṣṇu y los beneficios de los libros –los

*Vedas*– que lo exaltan, conocidos por el propio Indra. Sorprendentemente, la asceta le replica de inmediato, de forma lúcida y directa:

> «Oh *brāhmaṇa* versado en los cuatro *Vedas*, que estás resuelto a hacernos conocer la Verdad. No tenemos ningún deseo de entrar en la caverna [de Viṣṇu].
>
> El texto compuesto por Indra que vive desde tiempos inmemoriales se encuentra claramente en nuestras escrituras.
>
> ¿Acaso no escrutamos lo que se ha hecho [*karma*] en nacimientos anteriores, en esta vida?
>
> ¿Existe algo maravilloso [la liberación] que no pueda alcanzarse por aquellos que protegen la vida [*ahiṃsā*] en la tierra y son rectos en la veracidad [*satya*]?
>
> Ve, busca refugio a los pies del dios [Viṣṇu] que amas. Por lo que a nosotros concierne, tenemos un camino largo que recorrer.»[12]

La actitud firme y serena de Kavunti refleja a la asceta tamil de la época. Vive de acuerdo al *dharma*, conoce las escrituras jainistas y revela buen conocimiento de las brahmánicas. Su habla es sumamente poética y, aun siendo mujer, no se inhibe en contestar con claridad a un *brāhmaṇa*.

A pesar de un *ethos* marcadamente jainista, Iḷaṅkō ilustra un buen entendimiento entre los distintos grupos shramánicos y brahmánicos. La situación religiosa tamil de la época debió caracterizarse por un fuerte eclecticismo, que Iḷaṅkō supo reflejar. Al hablarnos de los templos de Pukār se mencionan los dedicados a Skandha (Murukaṉ), Indra, Sūrya, templos de los nirgranthas, de la diosa Śāstā (Cāttaṉ), etc.[13] Se celebra, por ejemplo, el honor de Śiva, Viṣṇu, Kṛiṣṇa o Balarāma, lo que evidencia el grado de sanscritización del país tamil, lo mismo que las referencias a sacrificios e ideales védicos. Esto por no hablar de la diosa Kaṇṇaki/Pattiṉi –todavía adorada en Sri Lanka y en Kerala–, que no deja de ser una manifestación de la Gran Diosa hindú. El autor no es, pues, ningún apologista del jainismo. No sólo presenta una buena y verosímil faceta del mundo hinduista sino que incluso se mencionan sin rencor las doctrinas del Buddha y los ājīvikas.

## EL *CĪVAKACINTĀMAṆI*

Otro fascinante ejemplo de inmersión del jainismo dentro de la civilización tamil lo hallamos en el *Cīvakacintāmaṇi*. Es la segunda de las grandes epopeyas en lengua tamil, escrita por el asceta digambara Muni Tiruttakkatēvar (siglos IX/X). A partir de un viejo núcleo oral la obra no ha cesado de reescribirse y transformarse. La epopeya, a caballo entre la picaresca y la mística, narra las vicisitudes del héroe Cīvakaṉ.

Un rasgo peculiar de la epopeya es su tono descaradamente obsceno y unas descripciones eróticas sumamente detalladas. El autor lo justifica de la siguiente manera. Siendo él miembro de la academia poética de Madurai, sus colegas le acusaban de ineptitud en el género de los Tratados del Amor. Como réplica, Tiruttakkatēvar escribió el *Cīvakacintāmaṇi* que narra los ocho matrimonios de Cīvakaṉ. ¿Cómo un *sādhu* de una tradición ultra-ascética como la Digambara pudo escribir un texto semejante?

Para James Ryan esta obra maestra del amor erótico no se escribió para glorificarlo.[14] Cuando los jainistas hablan del mundo fenoménico desde un punto de vista práctico no escatiman detalles acerca de la vida conyugal de los protagonistas laicos. Lo que Tiruttakkatēvar hizo fue utilizar el género tamil de la poesía del amor (*akam*) y lo utilizó para sus propósitos. Si los poetas devocionales hinduistas utilizaban el *akam* para glorificar el amor del devoto por Śiva o Viṣṇu, el asceta jainista utilizó la imaginería del *akam* para volver la sexualidad contra sí misma. En todo momento Tiruttakkatēvar mostraba el peligro de la incontinencia y la sexualidad. A la vez, podía ser glorificado como uno de los grandes poetas de la antigua tradición poética tamil (*Caṅkam*). Oponiendo e interrelacionando el deseo sexual y la repulsa al mundo, la realeza y el ascetismo, el matrimonio y la renuncia, Tiruttakkatēvar consiguió integrar una metafísica y unos valores propios del Norte de la India en la exquisita estética del Sur.

Casos como el *Cīvakacintāmaṇi* muestran hasta qué grado el jainismo ha estado vinculado a la civilización india o a las tierras por donde se extendió. El estereotipo de un jainismo aislado en su austeridad y desconectado de las grandes corrientes de la civilización hindú no puede sostenerse. Precisamente, la introducción de órdenes ascéticas y monásticas como las budistas y jainistas constituyeron una de las vías por las que el dravídico Sur comenzó a arianizarse y mestizarse. En este sentido hay que resaltar el papel jugado por las comunidades de ascetas y laicos jainistas.

# 17. EL JAINISMO EN EL NOROESTE

## LA PENETRACIÓN EN GUJARAT

Los indianistas dicen que el período Gupta (siglos IV/VI), uno de los más gloriosos de la historia hindú, fue el del restablecimiento brahmánico y el del asentamiento definitivo del hinduismo clásico; la época cuando la ideología brahmánica se alió íntimamente con la realeza.[1] Los *Purāṇas* hinduistas, con sus irónicas y burlescas descripciones de los heréticos budistas y jainistas, parecen confirmar el resurgir brahmánico.[2] Y es un hecho que en este período, desde centros como Mathurā o Ujjain, muchos colectivos jainistas fueron emigrando hacia el Oeste. No obstante, no se tiene noticia de persecuciones y el tono despectivo de los *Purāṇas* refleja más los prejuicios clásicos de los *brāhmaṇas* que el de un verdadero sentir de la sociedad. De hecho, durante la época Gupta el jainismo estaba firmemente establecido en el centro de la India. Ocurrió que algunos colectivos respondieron a la nueva situación política y religiosa emigrando hacia el área de Shaurashtra (Śaurāṣṭra), en Gujarat, donde el próspero reino de los Maitraka de Valabhī ofrecía suculentas oportunidades en el comercio. Sabemos que la región de Kathiawar (Kāthiāvāḍ) era desde tiempos antiguos un importante enclave comercial. Hacía ya varios siglos que el emperador Samprati había abierto la región a los ascetas, con lo que la zona habíase declarado noble (*ārya*).

Aunque la comunidad jainista de Gujarat (Gujarāta) estaba compuesta inicialmente por śvetāmbaras y digambaras, es un hecho que hacia los siglos IV/V la corriente Śvetāmbara era mayoritaria. Muchos digambaras siguieron la trayectoria migratoria que los llevó al Deccan y al extremo Sur.

Con rapidez, Shaurashtra se convirtió en el centro neurálgico del jainismo del Norte y del Oeste del continente. Prueba de ello es que a mediados del siglo V tuvo lugar en Valabhī un gran concilio śvetāmbara. De este concilio surge la compilación escritural de las principales órdenes śvetāmbaras, conocida con el nombre de *Siddhānta* [véanse págs. 346-350].

El lapso que va del concilio de Valabhī (siglo V) hasta la dinastía Vāghelā (siglo XIII), puede considerarse la edad de oro del jainismo Śvetāmbara de Gujarat. Valabhī se convirtió en un imponente centro de estudios, repleto de monasterios que emulaban a los grandes complejos budistas. Además de los estudios propiamente jainistas, allí se impartían clases de historia, gramática, matemáticas, medicina, astronomía y hasta filosofía budista y brahmánica –incluido el estudio del *Veda*–.

Gracias a tantos siglos de implantación este estado posee algunos de los más importantes centros de peregrinación del jainismo: los montes Girnār (Girinagara), Śatruñjaya y Tāraṅgā. Igualmente, Gujarat es el estado más vegetariano de toda la India. La región desértica de Kutch (Kaccha), una zona olvidada que bordea el Sindh paquistaní, posee una de las más altas densidades de jainistas del continente [véase Cuadro 4].

La contribución jainista al gujarati (*gujarātī*) ha sido casi tan importante como lo fue para con el kannada o el tamil. Las dos primeras obras en gujarati antiguo, el *Bharateśvara-Bāhubali-ghora* de Vajrasena (siglo XII) y la versión extensa de Śālibhadra (siglo XII), se centran en la mítica batalla entre Bharata y Bāhubali.

## GUJARAT Y LA NOCIÓN JAINISTA DE REALEZA

En general, la comunidad laica jainista ha sido bastante crítica con los ascetas involucrados en política. Es una tendencia que se ha mantenido más o menos constante en los últimos setecientos años, desde que desapareciera el último reino "jainista" de la India. Desde entonces, los jainas han percibido a la mayoría de dirigentes como potencialmente hostiles. Gracias a su posición influyente como comerciantes, industriales o banqueros, la comunidad siempre ha mantenido relaciones con el poder político, pero rara vez se ha metido en política. No obstante, sabemos que en la India pre-islámica los jainistas llegaron a formular nociones de realeza y de dirección política bastante elaboradas. El primer intento, que ya conocemos, se dio con la dinastía Gaṅga del Deccan [véanse págs. 233-235]. Pero el gran ensayo de llevar a la práctica un modelo jainista de realeza tuvo lugar en Gujarat, entre los siglos IX/XII, y bajo distintas dinastías. El clímax se dio con Kumārapāla (siglo XII), a quien unánimemente los textos presentan como un monarca jainista. Aunque la noción jaina de realeza y gobierno comparte muchos puntos con la brahmánica, fue con Kumārapāla cuando también se hicieron evidentes las diferencias. Como el excelente trabajo de John Cort ha mostrado, el camino que conduce hasta Kumārapāla fue gradual. Durante siglos se dio una paulatina aproximación a un reino jainista.[3] Veamos cómo fue la cosa.

El primer rey que presentaba rasgos jainizantes en su modelo de gobierno fue Vanarāja Cāvaḍā (siglo VIII). Se entronizó siguiendo un viejo rito solemne de origen védico. Lo notable es que el preceptor que le insufló la realeza fue un *ācārya* jainista y no un *brāhmaṇa*. Y todavía más: lo hizo con un polvo sagrado llamado *vāskṣepa*, típico de los śvetāmbaras. Estos dos elementos son muy significativos. Resulta que el rey se entronizó con el carisma otorgado por el polvo del asceta jainista y no por el agua, lo típico entre vishnuistas o shivaístas. Se dice que Vanarāja era devoto del maestro jaina Śīlaguṇa Sūri y que financió la construcción de un templo dedicado a Pārśva. Con todo, los textos jainistas lo presentan todavía como un rey eminentemente shivaísta.

## LA DINASTÍA SOLAṄKĪ

A mediados del siglo X el rey Mūlarāja inauguró la dinastía Solaṅkī –también llamada Caulukya– en pleno corazón de Shaurashtra. Estableció la capital en Patan (Aṇahillavāḍa Paṭṭaṇa), considerada en su época una de las ciudades más hermosas de todo el Sur de Asia. Se consagró realizando otro de los clásicos ritos solemnes del vedismo, el *vājapeya*. Aunque shivaísta practicante –no en vano fue el gran promotor de la construcción del importantísimo templo shivaísta de Somnath (Somanātha)–, los textos jainistas lo caracterizan como un rey muy tolerante. Seguramente Mūlarāja no podía prescindir de la importante comunidad jainista, así que apoyó y financió la construcción de templos digambaras y śvetāmbaras. Un perfecto ejemplo del poder de la próspera comunidad de comerciantes jainistas se encuentra en el laico Vimala. Bajo el mandato de Bhīma (reinó 1022/1064), Vimala financió la construcción de alguno de los templos más fascinantes de la India, en el sagrado monte Ābu.

Jayasiṃha Siddharāja (reinó 1094/1143) fue otro rey shivaísta de la dinastía Solaṅkī que apoyó abiertamente al jainismo y financió la construcción de numerosos templos. A diferencia de Mūlarāja, este monarca se involucró estrechamente con ascetas jainistas. Se dice que él organizó el famoso debate de Patan donde el monje śvetāmbara Vādideva Sūri derrotó al asceta digambara Kumudacandra. La victoria de Vādideva establecería la doctrina śvetāmbara como el jainismo "oficial" de Gujarat hasta nuestros días. Este hecho representa una participación muy activa en un asunto interno de la comunidad ascética.

Jayasiṃha Siddharāja murió sin heredero. El trono pasó a manos de un sobrino lejano llamado Kumārapāla (reinó 1143/1175). Llegamos al rey que habrá de construir el reino jainista por excelencia de la India. Pero, antes de abordarlo, hay que tocar la figura de un personaje excepcional.

Junto a Jayasiṃha aparece un sabio crucial para el jainismo gujarati. Se trató del letrado de la corte, el genial Hemacandra (1089/1172, [ver FIG. 31]). De hecho, la primera obra de Hemacandra, una gramática sánscrita y prácrita, se llamó *Siddhahema* ("Compuesta para Siddha[rāja] por Hema[candra]". Fue la primera gramática sánscrita en alejarse de la tradición de los gramáticos brahmánicos. En esta línea compuso también trabajos de poética, prosodia, métrica o lexicología.

La ascensión de Kumārapāla se debió en buena medida a los esfuerzos combinados de Hemacandra y un ministro jainista. En su *Triṣaṣṭiśalākapuruṣa-caritra* Hemacandra narra que Mahāvīra profetizó al rey Śreṇika la estrecha unión entre el rey Kumārapāla y el asceta Hemacandra. Por tanto, la relación entre Mahavīra y el rey de Magadha tenía su réplica mil quinientos años más tarde, sólo que en plena Edad Triste. Se dice que el *ācārya* convirtió al príncipe, quien tomó los votos de los laicos jainistas. A petición del monarca, Hemacandra escribió nuevas obras sobre filosofía, mitología, historia, politología o meditación.

Aunque a Hemacandra quizá le faltó la originalidad de un Haribhadra o la profundidad mística de un Kundakunda, superó a todos en erudición y amplitud de conocimientos. Tal vez debido a su participación en política los trazos de su biografía son bastante conocidos. Hemacandra es, quizá con la excepción de Yaśovijaya (siglo XVII), el último de los gigantes del jainismo. La tradición Śvetāmbara de Gujarat, posiblemente la más potente y segura de sí misma de todas las comunidades jainistas de la India, le debe muchísimo a Hemacandra, a quien fervorosamente llama Omnisciente de la Era de *Kali* (Kalikālasarvajña).

## LA REALEZA SEGÚN HEMACANDRA

El discurso indio tradicional acerca de la realeza se sostiene siempre en el concepto del *cakravartin*, aquel que, entronizado por el carisma de los sacerdotes o los ascetas, y haciendo virtud de su poderío político-militar y sus excelencias morales, conquista los cuatro puntos cardinales y establece la unidad de las seis partes de la India bajo un reino ordenado ética y socialmente. Todas las tradiciones religiosas de la India incorporaron la noción de este gran hombre (*mahāpuruṣa*) que conquistaba la India en el nombre del Señor del Cosmos *–īśvara*, Buddha, Jina–. Aunque los jainistas compartían esta noción, y en su Historia Universal hallamos siempre a doce *cakravartins* por ciclo cósmico, sus teólogos distinguían claramente entre este tipo de conquistador del mundo y el conquistador espiritual, insuperablemente ultramundano. Lo vimos en la historia de Bharata y Bāhubali y con la noción de realeza de Jinasena [véanse págs. 238-239]. Empero, el ideal propuesto por Hemacandra en su *Laghvarhannīti-śāstra* trató de unir ambos conceptos. El ejemplo obvio lo daba la figura de Bharata. De hecho, la madre de Bharata también tuvo catorce sueños auspiciosos, signo inequívoco de que un *cakravartin* es alguien de naturaleza extraordinaria y que, en palabras de John Cort, posee un potencial ontológico similar al de un *jina*.[4] Antes de lanzarse a la conquista de los reinos vecinos, Bharata realizó durante cuatro días el *poṣadhopavāsa-vrata*, el ayuno que temporalmente equipara a todo laico jainista con un asceta. De ahí Cort concluye que para que pudiera conquistar el mundo Bharata debió asumir primero un estado de estilo renunciatorio. Fue el poder derivado de su renuncia el que le permitió conquistar el mundo.[5] Esta inmersión en los valores ascéticos de la tradición distingue al *cakravartin* jaina del brahmánico.

## EL REINO DE KUMĀRAPĀLA

Kumārapāla puso en práctica las ideas de Hemacandra. Hizo construir templos por doquier, prohibió el sacrificio de animales, las apuestas, el consumo de carne y el de alcohol. Los carniceros tuvieron que abandonar su profesión y fueron compensados por ello. Los *brāhmaṇas* tuvieron que reemplazar los sacrificios animales por ofrendas vegetales. Todos estos rasgos jainizantes contrastan muchísimo con la imagen clásica del *rājā* hindú, un personaje que invariablemente es carnívoro, bebedor de licor, cazador, gran guerrero y que posee un harén donde saciar su apetito sexual. Es más, el propio comportamiento de Kumārapāla fue ejemplar.

Este reino, siempre aconsejado por Hemacandra, constituyó el apogeo del jainismo en el Norte. La leyenda cuenta que el rey cometió eutanasia con un último y definitivo ayuno, siguiendo el ejemplo de su maestro, que pocos años antes había ayunado hasta la muerte. Según la noción jainista de la historia, ya no volverá a existir otro reino jainista sobre Bharata-varṣa.

El fervor jainista de Kumārapāla fue siempre amistoso con otras religiones y mantuvo el culto estatal a Śiva. Es más, aunque es indudable que su reino constituyó el primer y único Estado plenamente "jainista" de la historia –con permiso de la dinastía Gaṅga– y su interés personal en el jainismo fue auténtico, siguiendo una tónica clásica de la politología hindú, Kumārapāla apoyó también el shivaísmo. A él debemos, por ejemplo, una de las restauraciones del templo shivaísta de Somnath.

Tras el desconcierto producido por las invasiones musulmanas los shivaístas recobraron el poder. La hostilidad de algunos *brāhmaṇas* shivaístas, especialmente bajo el reinado de Ajayapāla (siglo XII), sobrino de Kumārapāla, marcaron el inicio del declive śvetāmbara en el Noroeste. Luego, los ejércitos musulmanes irían diezmando y erosionando paulatinamente la posición de los jainistas [véase más adelante].

## NO-VIOLENCIA Y PACIFISMO

En suma, Kumārapāla trató de realizar el ideal jainista de la realeza. Lo logró difundiendo el típico valor de la *ahiṃsā*. Empero, ni Kumārapāla ni Hemacandra apostaron por el pacifismo. *Ahiṃsā* no es igual a pacifismo. Reflexionemos sobre este punto, crucial a mi entender.

Como sabemos, la concepción hindú del Estado y de la realeza [véanse págs. 97-99] tiene su exposición clásica en el *Artha-śāstra* de Kauṭilya (siglo I). Este *brāhmaṇa* versado en el arte de la política y del provecho ha sido tradicionalmente identificado con Cāṇakya, el consejero que ayudó a Candragupta Maurya (siglo -IV/-III) a formar el primer gran imperio hindú, y que los jainistas reclaman como suyos. Aunque la identificación es improbable, la noción jaina del Estado, que dice remontarse a los tiempos de Ṛiṣabha y Bharata, está en plena sintonía con el *Artha-śāstra*.

Ahora bien, en ningún lugar del *Artha-śāstra* se dice que la paz sea preferible a la guerra. Para Kauṭilya, la naturaleza y vocación del rey, su razón de ser, es la conquista. Igualmente, a la hora de gobernar, el monarca tiene que defender al reino de sus enemigos –internos o externos– y no ha lugar a niñerías. La politología hindú se ha caracterizado siempre por un pragmatismo y un maquiavelismo de primer orden. En todo esto los jainistas no difieren en absoluto de los expertos brahmánicos. Por tanto, no hay que confundir la *ahiṃsā* con el pacifismo; ni hay que pensar que el jainismo siempre se ha sostenido en clases de mercaderes no-violentos. La literatura jainista no es pacifista en el sentido moderno, y el pacifismo *à la jain* de Gandhi le debe también mucho a Tolstoi y al cristianismo. Tal y como ilustran las protestas y campañas en defensa de la no-violencia –ocasionalmente agresivas–, los jainistas *no son* pacifistas. Si recapitulamos, ni Hemacandra ni Siṃhanandi impidieron el establecimiento de monarquías, ni los generales jainistas fueron nunca condenados. Las metáforas de conquista o heroísmo son continuas. Lo que el jainismo prohibe tajantemente es la guerra agresiva, la violencia intencionada, y la cuestión de la defensa propia tiende a eludirse. Algunos textos llegan a considerar la agresión en defensa propia como una forma de violencia. Los más, siguiendo a Somadeva Sūri, incluyen algún dictamen para permitirla como último recurso.[6] Aunque advierten que quien así actuare está alargando su camino en el *saṃsāra* de forma considerable, está claro que el jainismo sólo ha insistido en la plena no-violencia con los ascetas. De hecho, prácticamente ningún texto jainista se interroga acerca de las implicaciones éticas de la guerra. Para la India, sea brahmánica o jaina, la violencia se acepta si sirve, paradójica pero precisamente, para defender la no-violencia. Si de lo que se trata es de defender a la comunidad –que permite y ejemplifica la salida del *saṃsāra*– la violencia no es considerada *hiṃsā*. Buen ejemplo de esta doble moral son los ascetas-guerreros *nāgās* –shivaístas o vishnuistas– que recurren a la violencia para proteger a los *sādhus* y renunciantes entregados a la no-violencia.[7] El arquetipo clásico de esta dialéctica reside en el rey o el guerrero que protege a los *brāhmaṇas* o a los ascetas no-violentos y mantiene el orden social. Pero, ¿cómo casar coherentemente este ideal con las tareas del rey, que implican la guerra, el castigo o la violencia?

La solución ideal la ofrece la *Bhagavad-gītā*, que apremia a realizar el deber propio (*svadharma*). En el caso de los monarcas, el *dharma* real implica la violencia (*hiṃsā*) o el castigo (*daṇḍa*), siempre y cuando el sujeto esté libre de todo deseo egoísta, desapegado de las consecuencias de su acción. La tarea del rey es defender la prosperidad del reino y sus súbditos, de modo que la guerra, para Somadeva Sūri, es justificable.[8] Ciertamente, Somadeva insiste en que las armas no son tan eficaces como la sabiduría; las armas son falibles, pero útiles y necesarias. Por tanto, Kumārapāla debería guiarse por la *ahiṃsā* en sus cuestiones personales, especialmente en las actividades típicas entre los *kṣatriyas* –caza, combates de animales, bebida, etc.–, pero estaba obligado a ciertas dosis de violencia en tanto que gobernante.

Para los jainistas el rey es algo así como el laico ideal. Ocupa el trono de Indra, el rey de los dioses. Pero en modo alguno es una emanación de lo divino, una percepción a la que tienden los vishnuistas y los shivaístas. El *cakravartin* jainista está en la senda hacia la liberación, y es un ser excelso, pero no divino. Sin duda será un futuro *deva*, pero en su función terrenal actúa básicamente como jefe de la congregación jainista (*saṃgha*). Por este motivo, ante las amenazas y agresiones a la comunidad, los dirigentes jainistas, ya fueran reyes o simples laicos, han tomado medidas para contrarrestar la violencia.

## LA RELACIÓN CON LOS MUSULMANES

La expansión del islamismo ha sido, por su rapidez, uno de los fenómenos más sorprendentes de la historia de las religiones. A mediados del siglo VIII ya se tienen noticias de musulmanes en la región del Sindh, al Sur de Pakistán. A finales de ese siglo, invasores musulmanes centroasiáticos llegaron hasta Valabhī, la capital cultural y política de la India occidental, y la destruyeron. Para los śvetāmbaras, y para la India en general, este punto marcó la entrada en escena del mundo musulmán en el continente.

La verdadera conquista musulmana del Sur de Asia, no obstante, tardó varios siglos en materializarse. Este punto es clave para entender la complejidad del encuentro entre la civilización india y la islámica. Porque, como Gerald Larson ha indicado, no fue la variedad árabe original la que arribó al continente indio, sino la fase de los abásidas, y, concretamente, su facción oriental, la del estado turco-afgano de Ghaznī. Esto quiere decir que, por entonces, la civilización islámica ya era enormemente compleja y cosmopolita.[9] La ley islámica absorbió multitud de elementos del ritualismo, la legislación o las escrituras hebreas. La filosofía griega y neoplatónica, más ideas de la escatología y la teología cristianas, habían pasado a formar parte del misticismo islámico. Se estudiaba la ciencia helénica. El arte, la arquitectura y el ritual bizantino y sasánida fueron asimilados por los omeyas y los abásidas, lo mismo que multitud de ideas políticas y formas administrativas. Componentes culturales centroasiáticos, afganos, egipcios, zoroástricos, maniqueos, etc., habían sido asimilados. Por tanto, cuando Maḥmūd de Ghaznī y Mu'izzudīn Muḥammad de Ghūrī comenzaron sus campañas, no se trataba de otra de las tantas invasiones que el Norte de la India había recibido a lo largo de los siglos, por muy ruda y cruda que fuera. Toda una civilización, tan rica y potente como la hindú, entraba en escena.

En el 997 Maḥmūd arrasó el Punjab (Pañjāb), y sometió sangrientamente Kanauj, Mathurā y Somnath (Somanātha). Un siglo y medio más tarde, el propio reino de Ghaznī cayó en manos de otro general centroasiático, Muḥammad de Ghūrī, que también se interesó por la India. El sultán derrotó a una confederación *rājput* y todo el Norte de la India cayó en manos de los musulmanes. Acababa de formarse el sultanato de Delhi (1206/1526) que, gobernado bajo distintas dinastías y englobando distintos sultanatos menores, controlaría todo el Norte de la India hasta el poderosísimo imperio Mogol.

Las relaciones entre los jainistas y los musulmanes fueron variadas, dependiendo del instinto predador de cada gobernante. A finales del siglo XIII y principios del siglo XIV, por ejemplo, fueron destruidos los emblemáticos templos del monte Śatruñjaya. El siguiente gobernador musulmán de Gujarat se apresuró a restaurarlos y hasta ayudó financieramente a la comunidad. Está claro que muchos dirigentes habían tomado buena nota de la importancia económica de la minoría jainista y prefirieron no mezclar los asuntos religiosos con los intereses políticos y económicos. Por desgracia, no todos los gobernantes resultaron ser tan pragmáticos. Muchísimos templos o lugares sagrados del Norte de la India desaparecieron o se convirtieron en mezquitas. Las atrocidades cometidas por generales mahometanos poco escrupulosos aún se recuerdan en Gujarat, Delhi o Rajasthan. Para los jainistas, este tipo de agresiones esporádicas pasó a aceptarse como el estado natural de las cosas en la Edad Triste.

Ello no fue óbice para que en distintas épocas los jainas construyeran importantes santuarios. En el siglo XIII, los reyes Vāghelā –herederos de los Solaṅkī– apoyaron numerosas empresas jainistas. Entre otras, alentaron construcciones en el monte Ābu [ver FIG. 34], en Girnār y en Śatruñjaya. Detrás, hallamos siempre la determinación y devoción de los hermanos Vastupāla y Tejaḥpāla, ministros de la corte Vāghelā.

Con el establecimiento del imperio Mogol (1526/1707), el mayor que la India había conocido desde Aśoka, las relaciones fueron nuevamente desiguales. Sabemos que distintas escuelas śvetāmbaras gravitaron alrededor de la corte de los poderosos mogoles. El gran emperador Akbar (siglos XVI/XVII), que poseía una biblioteca de manuscritos jainistas, mantuvo estrechos lazos con el cabeza del Tapā-Gaccha, el *ācārya* Hīravijaya Sūri (1527/1595). Junto a varias docenas de ascetas Hīravijaya pasó dos años en la corte para enseñarle los principios del jainismo.* El *ācārya* llegó a persuadirle para que prohibiera la caza, liberara animales enjaulados y aboliera los sacrificios de animales mientras se celebrara el festival jainista del Paryuṣaṇa. Su discípulo Śānticandra le urgió a dulcificar los impuestos a los súbditos no convertidos

* Akbar había trasladado la capital del imperio a Fatehpur Sikrī, próxima a la tumba de un santo *ṣūfī* chistī donde construyó una casa de culto abierta no sólo a musulmanes sunnitas (*sunni*), chiítas (*shī'i*) o sufíes (*ṣūfī*) sino a todo movimiento místico hinduista –vaiṣṇava, śaiva–, jainista, sijista, cristiano –ortodoxo, jesuita–, parsi-zoroástrico, hebreo y hasta materialista. Se dice que instauró una "religión de Dios" (*dīn-i-ilāhi*) en la corte, si bien hay que entender la acepción algo así como un ministerio de diálogo ecuménico más que como una nueva religión sincrética.

al islamismo. Asimismo, el líder del Kharatara-Gaccha Jinacandra Sūri le convenció para que protegiera los templos jainistas de la depredación de ciertos gobernadores poco escrupulosos. Los montes sagrados de los jainistas fueron declarados de interés cultural.

La tolerancia "ashokiana" de Akbar contrasta, no obstante, con la dureza de otros dirigentes. Su propio hijo Jehangīr, guiado por una política religiosa de lo más confusa, mostró por momentos gran animosidad por el Kharatara-Gaccha, por entonces la más influyente sub-escuela del jainismo Śvetāmbara. El que sería el último gran emperador mogol, Aurangzīb, mientras fue gobernador de Gujarat hizo demoler un gran templo dedicado a Pārśva y lo convirtió en una mezquita. Estas continuas muestras de animosidad por parte de las autoridades islámicas –que no por parte de la población conversa– perjudicaron gravemente a la comunidad. Igual que los grupos devocionales hinduistas combatieron al jainismo en el Deccan y en el Sur, en el Norte los musulmanes realizaron su cruzada contra los ateos, infieles e idólatras jainistas.

## EL JAINISMO EN RAJASTHAN

La zona árida del actual estado de Rajasthan (Rājasthāna) ha sido uno de los feudos históricos del jainismo. Tradicionalmente, el jainismo rajasthani ha estado ligado al de la India Central y al de Gujarat. La región ha sido cuna de múltiples desarrollos e insignes personalidades. Una de las mayores luces que ha dado la India fue el filósofo Haribhadra (siglo VIII), que vivió la mayor parte de su vida en Rajasthan y Gujarat. Letrado *brāhmaṇa* por herencia familiar, Haribhadra acabó convirtiéndose al jainismo gracias a la asceta Yākinī Mahattarā. Más adelante Haribhadra la ensalzaría justamente como su madre espiritual.[10] Gracias a su inmensa erudición y a su buen conocimiento de los sistemas filosóficos rivales, Haribhadra hizo del jainismo un sistema suficientemente amplio como para competir con la tradición brahmánica y con la budista. Aunque está claro que el propósito de sus síntesis de otros sistemas era subordinarlos de alguna forma al jainismo, no deja de ser asombrosa su exposición justa y conciliadora, que precede en muchísimos siglos a posiciones típicas del neo-hinduismo del XIX [véanse págs. 369-370].

Fue también en esta región donde, a principios del siglo XIII, Jagaccandra Sūri fundó la que es hoy la escuela más importante dentro del jainismo: la Tapā-Gaccha. Igualmente, ha sido en Rajasthan donde otra importante orden, la Terāpanthī, se ha desarrollado y tiene sus cuarteles generales. El Kharatara-Gaccha también es hegemónico en Rajasthan. No extrañará que hoy Rajasthan sea, en proporción, el estado más "jainista" de la India [véase pág. 315].

Desde las invasiones musulmanas, el Norte de la India ya no ha conocido ningún reino hinduista o jainista de calibre. Ello no impidió que algunos de los pequeños reinos principescos –vasallos de los mogoles primero, y de los británicos más tarde– apoyaran la religión de Mahāvīra. Tal fue el caso de los *rāṇās* de Mewar (Mevāḏa). Esta región sigue siendo uno de los principales focos del jainismo. También gracias a iniciativas de pequeños *mahārājas* pudieron construirse complejos como los de Raṇākpur, en Rajasthan, o Gwalior (Gvaliyāra), en Madhya Pradesh, que siguen destacando por su majestuosidad. El templo de Ādinātha de Raṇākpur, construido entre los siglos XIV/XV, está considerado una de las obras maestras de la arquitectura jainista [ver FIGS. 2 y 12]. El plano del templo es una réplica perfecta de la asamblea sagrada (*samavarasaṇa*).

## MONTE ĀBU

El centro espiritual de Rajasthan es la montaña de Arbuda, más conocida como Ābu, muy cercana a la actual frontera con Gujarat. La montaña también es sagrada para el hinduismo. En un bosquecillo del macizo, conocido como Dilwara (Delavāḏa), se encuentran las que son posiblemente las obras maestras de la arquitectura y escultura jainistas [ver FIG. 71]. Para muchos, estas piezas representan incluso la cumbre del arte indio. Destacan dos templos de una exquisitez magistral. Por un lado, el sensacional templo de Ādinātha (Ṛiṣabha), construido en el siglo XI por donación del ministro jainista Vimala. Por otro lado, el no menos soberbio Lūṇa Vasahī (siglo XIII), dedicado a Nemi, y que se erigió por la generosidad de los gemelos Vastupāla y Tejaḥpāla, oficiales de la dinastía Vāghelā de Gujarat [ver FIG. 34].

# *Parte VII*

# Las órdenes jainistas

A lo largo de su dilatada historia el jainismo se ha mantenido razonablemente fiel a unos principios fundamentales. Si tenemos en cuenta el lapso transcurrido, comprobamos que, dogmáticamente hablando, la tradición ha sido bastante estable; apenas puede apreciarse la división básica entre jainismo Śvetāmbara y Digambara. Pero a este conservadurismo acentuado hay que sobreponer también un espíritu renovador. Como no podía ser de otra forma, el encontronazo con el teísmo hinduista y musulmán, un doble proceso que puso fin al período glorioso del jainismo, contribuyó a alimentar una serie de movimientos de reforma que, a la postre, resultaron ser revulsivos y dinamizadores de la religión jainista.

Generalmente, las "reformas" jainistas consistieron en un intento de reinstaurar las doctrinas originales y eliminar prácticas consideradas desviadas. Se trataba siempre de regresar al "verdadero jainismo" de los tiempos de Mahāvīra rompiendo con linajes ascéticos "desviados"; reafirmando, por ejemplo, la primacía de la no-violencia ante otras consideraciones; eliminando prácticas –como el culto a las imágenes–; incorporando símbolos –como el bozal de tela para los ascetas–; o abriendo el cuerpo de escrituras a los laicos.[1] Por tanto, las reformas estaban inspiradas por un espíritu de corte "fundamentalista", una vocación de regresar al "jainismo original" de los textos antiguos. Está claro, empero, que no existe ningún "verdadero jainismo", siquiera una directriz clara de lo que predicó Mahāvīra. Quizá debido a esta imposibilidad, el espíritu anti-sectario de los reformadores acabó produciendo el efecto contrario: la sucesiva división de las corrientes jainistas en nuevas órdenes y sub-escuelas. Al mismo tiempo que existe una clara sensación de hermandad entre todos los jainistas, es un hecho que el sentido sectario se ha adueñado de muchos grupos jainistas. La cosa viene reforzada por la tendencia a supeditar las cuestiones dogmáticas a las rituales, y por la autoridad de la "transmisión espiritual". Como consecuencia, la tradición está repleta de linajes de maestros (*paṭṭāvalīs*), órdenes (*saṃpradāyas*), compañías (*gaṇas*), escuelas o sub-órdenes (*gacchas, saṃghas*), familias (*kulas*) o ramas (*śākhās*), no siempre bien avenidas. El verdadero marco a través del cual el jainismo se ha expresado ha sido el de estas pequeñas unidades.

Dedicaremos esta Parte al estudio de tales reformas y de las órdenes y personalidades más importantes del jainismo, desde finales del período medieval hasta nuestros días. El capítulo 18 situará el marco en el que se insertaron tales reformas. El 19 consiste en un repaso de las características y microhistorias de dichas órdenes y personalidades emblemáticas. Con estos dos capítulos quedará concluida la sección histórica de la obra.

# 18. EL JAINISMO EN EL MEDIOEVO

## *BHAṬṬĀRAKAS* Y *CAITYAVĀSĪS*

La aparición de los primeros movimientos reformadores está íntimamente relacionada con la compleja situación de la tradición entre los siglos IX y XIII. El telón de fondo no era solamente el avance islámico o hinduista. Era también el distanciamiento del ideal del asceta solitario y vagabundo, contrapuesto a la imparable emergencia de unas instituciones monásticas que se habían convertido en centros de poder y organizaciones sedentarias.

La cosa tenía su razón de ser. Hasta los primeros siglos de la era cristiana, todos los ascetas pasaban la mayor parte del año errando por los polvorientos caminos de la India y sólo en los cuatro meses de lluvias se reunían en abrigos monásticos excavados en la roca. Da lo mismo ahora si los grupos ascéticos estaban formados por individuos solitarios o pequeños grupúsculos. La cuestión es que la comunidad laica siempre fue generosa con los renunciantes. Esta generosidad material (*dāna*) se tradujo en la construcción de infinidad de templos (*caityas, mandiras*) y, desde el siglo V, en retiros para ascetas (*upāśrayas*) y monasterios (*maṭhas*) adyacentes a los templos. Con el paso del tiempo la comunidad de ascetas se acomodó a los modos de los laicos adoptando una forma de vida sedentaria que no diferiría en exceso de la de los cabezas de familia [véanse págs. 234-235]. En resumen, las exigencias de la importante comunidad laica alteraron muchas de las premisas del antiguo jainismo. De esto no hay que desprender que fueran únicamente las necesidades de los laicos las que forzaran la sedentarización. Pienso que los ascetas han sido más propensos al monasticismo de lo que generalmente se ha dicho. En cualquier caso, el asceta sedentario pasaría a ser signo de la decadencia de nuestra Edad Triste, pero sería aceptado como una solución desafortunada para los tiempos corruptos. No obstante, estoy de acuerdo con Kendall Folkert en que más que una "decadencia" el monasticismo podría denominarse "innovación". Gracias al monasticismo los vínculos entre los laicos y los ascetas se estrecharon. Eso favoreció que el ideal del *sādhu* se mantuviera vivo en la comunidad.[1]

## LOS *BHAṬṬĀRAKAS*

En este clima apareció en el seno del jainismo Digambara la institución del erudito (*bhaṭṭāraka*), un título panindio de respeto también empleado para honrar a los *jinas*, a doctos *brāhmaṇas* e incluso para ascetas shivaístas.

Originalmente, el *bhaṭṭāraka* jainista era el preceptor religioso de un grupo de ascetas desnudos que vivía en un monasterio (*maṭha*). La figura debió originarse hacia los siglos VII/VIII. Esta institución incrementó notablemente su peso en los difíciles momentos de la penetración islámica. En esta época, por ejemplo, los gobernantes musulmanes pusieron en jaque cuestiones tan vitales como la desnudez. Algunos *bhaṭṭārakas* proclamaron pragmáticamente que los ascetas podían llevar ropas cuando salieran del recinto monástico. En otras palabras, ante la amenaza real de desaparición de la orden, la comunidad se apoyó en la figura del *bhaṭṭāraka*. El hecho es que a medida que avanzamos en el medioevo, el jainismo Digambara fue disociándose de los ideales de los ascetas desnudos y vagabundos y gravitó alrededor de los *bhaṭṭārakas*. Al no ser un renunciante iniciado, el *bhaṭṭāraka* poseía su asiento de poder (*pīṭha*) donde llevaba una pomposa vida sedentaria, no muy distinta a la de los *Śaṅkarācāryas* y otras cabezas de órdenes monásticas hinduistas,[2] cuya tendencia a la ostentación a veces es notoria.

La función principal del *bhaṭṭāraka* era –y sigue siendo– la administración del monasterio, del templo y de las demás instituciones dependientes: escuelas, bibliotecas, terrenos o albergues [ver FIG. 33]. Su misión era y es religiosa, a la vez que social y política. Tiene potestad para mediar en disputas de propiedad religiosa. Vigila los votos de los laicos y dirige muchas consagraciones domésticas –nacimiento, matrimonio, funerales, etc.–, a la vez que hace de médico, astrólogo, consejero o confesor. Aunque hoy los *bhaṭṭārakas* no poseen ascetas como discípulos, en un pasado no tan lejano, y sin duda debido a la escasez de *ācāryas* digambaras, hacían a la vez de maestros espirituales. También es el encargado de consagrar los templos e imágenes. Frecuentemente arenga a la comunidad y organiza peregrinaciones. Por todo ello quizá la mejor traducción para *bhaṭṭāraka* sería la de "clérigo".

En el Deccan cada casta jainista importante tenía y sigue teniendo su propio *bhaṭṭāraka*, que puede mediar en litigios de casta. Y lo que fue crucial; estos *bhaṭṭārakas* representaban a la comunidad local o a la casta correspondiente ante los *nawābs* musulmanes o los *mahārājas* hindúes. Se dice que en el período medieval existían sesenta y tres "asientos" de *bhaṭṭārakas*. Hoy sólo existen once: seis en Karnataka, tres en Maharashtra, uno en Tamil Nadu y otro en Rajasthan.

## LOS *CAITYAVĀSĪS*

Entre los śvetāmbaras la contrapartida del *bhaṭṭāraka* estaba compuesta por monjes que recibían el título de *caityavāsī* o *yati*. Como su nombre indica, representaban a los ascetas –semi-iniciados– que moran (*vāsa*) en templos (*caityas*). No se rapaban el cabello, utilizaban sandalias y podían viajar en medios de transporte. Como los *bhaṭṭārakas* digambaras actuaban como clérigos en los rituales de los templos y vendían sus servicios como especialistas en medicina o ciencias esotéricas.

La emergencia de los *caityavāsīs* está ligada a los textos relativos a las normas monásticas, los *Cheda-sūtras* y los comentarios añadidos. Esa literatura había previsto una serie de excepciones a las reglas de conducta de los ascetas mendicantes que legitimaban y allanaban el terreno al sedentarismo. Lo mismo que los *bhaṭṭārakas*, hicieron de los templos sus asientos de poder y congregaban buen número de seguidores. Igualmente, controlaban las propiedades del templo/monasterio. Volvemos a encontrar aquí la misma dicotomía entre el ideal de un ascetismo eremítico y un ascetismo con vocación de interaccionar con la sociedad y la comunidad. Si, al igual que con el jainismo Digambara, la imagen del asceta solitario en el bosque se mantuvo como representación del jainismo más genuino, las crónicas muestran que ese modelo se convirtió en algo excepcional.

Ya en el año 1017 se formó en la región de Shaurashtra (Śaurāṣṭra), en Gujarat, un grupo reformador encabezado por ascetas que ponían en tela de juicio el poder de los *caityavāsīs* y su estilo de jainismo monástico. Se autodenominaron "moradores del bosque" (vanavāsins) y, aunque inicialmente no tuvieron demasiado éxito, sembraron la semilla para que otras reformas tuvieran lugar. Más exitosos fueron los llamados "seguidores del método correcto" (viddhimārgīs), que en el 1024 consiguieron vencer a los *caityavāsīs* en un debate organizado en Patan (Aṇahillavāḍa Paṭṭaṇa). Sus seguidores los apodaron los "fieros" (*kharataras*), de donde proviene su nombre actual: Kharatara-Gaccha [véanse págs. 276-277].

Sabemos que durante varios siglos se dieron múltiples debates entre estas dos posiciones. Para los reformadores, los moradores en templos representaban una clara desviación de la vida del mendicante sin posesiones. Además, les acusaban de gastarse el dinero de las donaciones en suntuosos rituales de templo. Por su parte, los *caityavāsīs* argüían que si no hubiera sido por sus instituciones el jainismo habría desaparecido.

Aunque los moradores en los templos fueron atacados por numerosos flancos, mantuvieron parte de su influencia. Igual que los *bhaṭṭārakas* del Deccan, estos *caityavāsīs* fueron piezas clave en las relaciones entre la comunidad con los gobernantes musulmanes o *rājputs*. Hoy, apenas queda una docena de *yatis*, y sus propiedades han pasado a manos de organizaciones laicas, que son las que administran las cuentas de los templos y controlan su capital.

## EL RETO DEL MONASTICISMO

Los lazos entre la comunidad ascética y la comunidad laica habían creado las condiciones para la existencia de esta serie de *quasi*-ascetas no-mendicantes. Y como sostenían *bhaṭṭārakas* y *caityavāsīs* con cierta razón, sin figuras cohesionadoras y estabilizadoras como ellos, es más que probable que el jainismo no hubiera sobrevivido. Aunque pudieran alejarse del rigor tradicional, por lo general los *yatis* y *bhaṭṭārakas* han sido, y siguen siendo, personas sumamente cultas. Gracias a ellos muchas colecciones de manuscritos se han preservado. Es con los *bhaṭṭārakas* y *caityavāsīs* del medioevo con los que verdaderamente puede hablarse de un *monasticismo* jainista, similar al budista, y distinto del *ascetismo* tradicional.

Aunque se ha interpretado la expansión de las reglas monásticas para adecuarse al sedentarismo como una peligrosa desviación de las prácticas antiguas, lo cierto es que el ideal ascético se mantuvo vivo. Los principios básicos del jainismo se conservaron a la vez que se ampliaron las fronteras de las reglas monásticas para ajustarse a las necesidades de distintos tipos de ascetas. En vez de interpretar el mensaje de los *tīrthaṅkaras* de una forma rígida, fija e inmutable, la tradición Śvetāmbara dispuso una serie de áreas y temas básicos a seguir y dejó a la libre elección de sus maestros la evaluación de las reglas.

Empero, también es evidente que este tipo de jainismo podía representar una acomodación laxa y, a veces, corrupta. Se dice que a mediados del siglo XVI el modo de vida itinerante y austero de los ascetas de antaño era un mero recuerdo. Muchos *yatis* y clérigos no sólo habían abandonado la vida de peregrino, sino que dormían en cómodas camas, comían opíparamente, no tenían reparos en aceptar dinero y, ocasionalmente, habían llegado a romper el voto de castidad. Fueron estas figuras y este tipo de jainismo lo que alentó muchísimos de los movimientos reformistas que abordaremos en el próximo capítulo. Visto el número de *bhaṭṭārakas* digambaras y *yatis* śvetāmbaras de la actualidad, el alcance de las reformas fue bastante notorio.

## LAS SUBDIVISIONES DE LA COMUNIDAD

Este tipo de tensiones no eran nuevas. Desde época temprana tanto el jainismo Śvetāmbara como el Digambara habían conocido disensiones. Como toda tradición basada en iniciaciones monásticas y transmisiones de linaje espiritual se da una propensión a la atomización. Normalmente, la bifurcación del linaje tenía lugar cuando el maestro carismático decidía reestablecer el rigor ascético como respuesta a una cierta laxitud en la comunidad. Aunque no tan tumultuosa como la budista, la tradición jainista ha sido bastante zigzagueante. Ya comentamos que en Mathurā se hablaba de tropecientas órdenes [véase pág. 224] y hemos visto que el jainismo de Gujarat, Karnataka o Tamil Nadu gravitó alrededor de distintas *saṃghas* o *gacchas*.

Son estas escuelas –*gacchas* en el jainismo Śvetāmbara y *saṃghas* en el Digambara– las que verdaderamente han articulado la tradición. Aunque el término "compañía" (*gaṇa*) no desapareció, los de *gaccha* o *saṃgha* reemplazaron las antiguas nomenclaturas. Hoy en día, las escuelas se subdividen a su vez al modo de las castas indias, con sub-castas (*samudāyas*), linajes (*gotras*) y familias (*kulas, parivāras*) propias. Más que sentirse pertenecientes al Śvetāmbara o al Digambara los jainistas se sienten espiritualmente ligados a una escuela u orden particular.

## LA IMPORTANCIA DEL *GACCHA*

Originalmente el *gaccha* representaba a un grupo de ascetas bajo el mando de un maestro (*ācārya, sūri*). Paulatinamente pasó a incorporar también a los laicos y laicas que los apoyaban. Por tanto, cuando hablamos de un *gaccha* podemos referirnos tanto a su sentido restringido de sub-escuela de renunciantes como a su sentido amplio de comunidad de laicos que sigue y apoya a una sub-escuela de renunciantes.

Cada *gaccha* o corriente posee sus propios edificios religiosos, sus líderes ascéticos, sus lugares sagrados y festivales propios. La gente se congrega alrededor del *gaccha*, que es una entidad autónoma. Es el *gaccha* el que organiza las peregrinaciones; es con miembros del mismo *gaccha* que se realizan los ayunos; es el *gaccha* quien ofrece la comida que pone fin al ayuno. Es el *gaccha*, en definitiva, quien da las señas de identidad y articula la vida del jainista. Aunque nominalmente los templos, retiros o demás instituciones religiosas se asignan a una tradición de renunciantes en particular, realmente pertenecen a la comunidad laica. El templo, por ejemplo, está controlado por una organización de laicos de distintas familias, normalmente denominada asamblea (*sabhā*) o comunidad local (*saṃgha*), una de cuyas misiones es controlar las finanzas y el mantenimiento del templo. La organización laica decide cuándo hay que renovarlo, a qué funcionarios hay que contratar para el mantenimiento o para la liturgia, cuándo y cómo hay que realizar las colectas de dinero –para sufragar construcciones, festivales, ayunos–, cuándo y cómo invitar a algún asceta para que resida en el poblado durante la estación de lluvias, cuándo hay que consagrar una nueva imagen, cómo organizar una peregrinación, etcétera. Todo el peso y costo de la organización de la orden recae en los laicos. A diferencia del budismo, los renunciantes jainistas nunca han sido propietarios de las instituciones religiosas ni de las tierras adyacentes –recuérdese que *bhaṭṭārakas* y *caityavāsīs* no son ascetas iniciados–.

En una ciudad pueden existir varios templos y retiros para ascetas afiliados a distintas *gacchas*, y dirigidos por distintas asambleas. En los muros del retiro o del templo estará inscrito la región (*kṣetra*), el linaje (*gotra*), la casta (*jāti*) y la sub-orden (*gaccha*) a la que pertenece. El templo hace de centro de la comunidad local. Adyacentes a los templos reputados suelen ubicarse los retiros para ascetas (*upāśrayas*), bibliotecas (*grantha-bhaṇḍāras*), salas de ayuno (*poṣadha-śālās*), salas de reuniones (*dharma-śālās*) para grandes ceremonias y hasta cocinas que los laicos pueden utilizar para bodas u otros eventos seculares. Estas instituciones también dependen de la asamblea laica.

## EL ESPÍRITU SECTARIO

Aunque a nivel de las sub-órdenes existe hoy una relativa buena convivencia, lo cierto es que históricamente el jainismo se ha caracterizado por un fuerte faccionalismo. La rivalidad entre los grupos ha sido acusada y durante los últimos dos mil años no han cesado de magnificar sus diferencias. Para el pensador digambara medieval Śrutasāgara, todo aquel que no perteneciera al Mūla-Saṃgha Digambara simplemente no era un jainista.[3]

En el estrato superior –el de la gran división entre śvetāmbaras y digambaras– la situación es todavía más tensa. Digambaras y śvetāmbaras se han preocupado de que sus festivales caigan en fechas distintas. Las disputas sobre la propiedad de los lugares de peregrinación han sido y siguen siendo cruentas. Quizá el ejemplo prototípico haya sido la apropiación śvetāmbara de la montaña de Girnār (Giringara), otrora un importante santuario digambara. Pero ése no es más que el caso mejor conocido de la centena larga de litigios que existen sobre propiedad de lugares sagrados. En alguna ocasión, como en el conflicto sobre la montaña de Bāhubali en Kolhāpur, a principios de la década de 1980, los enfrentamientos se han teñido de "comunalismo", que es el nombre que los indios dan a los conflictos religiosos cuando son alimentados por facciones políticas, intereses de castas y mafias de diversa índole.

Todas las órdenes poseen sus historias particulares, sus linajes y formas de entender la tradición. Si contamos las subdivisiones menores podemos hablar de más de un centenar de *gacchas*. A estas órdenes vamos a dirigir la atención en el siguiente capítulo. Pero antes, una pequeña reflexión. Volvemos a la historia.

# LA SUPERVIVENCIA DEL JAINISMO

Gradualmente, la penetración islámica fue minando el poder y la fuerza del jainismo del Norte, especialmente durante los convulsivos siglos XII/XIII. En el Sur, el punto de inflexión fue marcado por los reyes Cōḻa, fervorosos shivaístas, o los vishnuistas de finales de la dinastía Hoysala. La acción conjunta de estos dos envites que combatían el "ateísmo", y que en ocasiones tomó tintes intransigentes, fue responsable del prolongado pero constante retroceso de la comunidad jainista. Muchos templos del Norte se transformaron en mezquitas, y otros tantos del Sur en templos hinduistas.

Desde el punto de vista soteriológico, la India fue dando la espalda al talante esforzado y austero del *yoga* jainista. La *Bhagavad-gītā* y su exaltación de la entrega amorosa (*bhakti*) se elevó como una contrapartida fabulosa al ascetismo jainista. En cierto sentido, la *Gītā* fue la respuesta hinduista al reto shramánico. Por esta razón es Kṛiṣṇa, un *avatāra*, quien instruye al *kṣatriya* Arjuna en el *yoga* de la acción (*karma-yoga*), esto es, en un nuevo modo de afrontar la acción en tanto que sacrificio (*yājña*) ofrecido a Kṛiṣṇa. El ritualismo védico ha sido transformado en la acción transpersonal. Una vez más, una nueva práctica es homologada por la tradición brahmánica al haberse convalidado con el lenguaje del sacrificio. Para la *Gītā* el *yoga* no es ni la acción (*pravṛitti*) ni la inacción (*nivṛitti*), sino la pericia en la acción (*karmasu-kauśalam*), la acción con entendimiento. El verdadero yogui es aquel que deja de lado todos sus apegos y facilita que su espíritu *participe* del mundo, porque el mundo es creación del Señor (*īśvara*). De ahí que tantísimos grupos devocionales se sostengan de una manera u otra en las líneas maestras apuntadas en la *Bhagavad-gītā*. Si bien hoy muchos maestros jainistas gustan de comparar favorablemente la *Gītā* y la enseñanza de Mahāvīra, su *ethos* devocional, teísta y participativo en este mundo difiere de la posición jainista tradicional. No olvidemos que la *Gītā* es una síntesis integradora de la *devoción vishnuista*. No obstante, como tantos textos indios, la *Gītā* no se deja encasillar fácilmente. Aunque el teísmo y el devocionalismo son ensalzados, también asimila a las vías ortodoxas y a las vías gnósticas –entre las cuales podemos incluir al jainismo–. Su discurso es sorprendentemente sincrético y ecléctico. La doctrina de la pericia en la acción, por ejemplo, es compartida enteramente por el jainismo. Si la acción se realiza vacía de intenciones, en un estado de desprendimiento por los resultados de la acción (*phala-tṛiṣṇa-vairāgya*), entonces se transforma en no-acción, que es el ideal jainista. Al desmarcarse del viejo ritualismo brahmánico y destacar la relación personal con la divinidad, la *Gītā* comparte el mismo talante experiencial que los movimientos shramánicos. En cierta medida, los grupos devocionales hinduistas son los herederos de la espiritualidad shramánica. No sólo comparten su talante "individualista", sino que prescinden de bastantes de los tabúes brahmánicos acerca de la pureza y las clases socioespirituales. Dicho esto, lo que importa es que históricamente la India se decantó por la solución bháktica, el *amor* y la *entrega* transpersonal a la Divinidad, y el atractivo del jainismo ascético fue decreciendo.

Sin embargo, el jainismo no desapareció, y de todos los viejos movimientos shramánicos ha sido el único que ha perdurado sobre suelo indio. El Ājīvaka no pasó del siglo XIII, el budismo del XIV. Aunque hoy existen comunidades budistas en la India, o bien se trata de colectivos aislados en las periferias trans-himaláyicas –y vinculados geográfica, cultural y lingüísticamente al mundo tibetano–, o bien se trata de grupos de intocables conversos muy recientes que optaron por el budismo como forma de reivindicar un nuevo rango social y político. Cierto que el budismo convirtió la "indianidad" en algo exportable y, como dijo Alan Watts, podría decirse que el budismo es la mayor contribución de la India a la civilización.[4] Si en su país de origen el budismo es testimonial, en China, Japón, Thailandia, Sri Lanka, Corea, Tíbet, Birmania y un largo etcétera de países, se mira a la India como la patria espiritual. Muy al estilo brahmánico, el budismo supo adecuarse a los más diversos contextos. Se sirvió de la notable idea de la pericia en el método (*upāya-kauśalya*), la vaciedad como adaptación infinita a la condición o a la conciencia del creyente, para adaptarse a todo tipo de pueblos y culturas. Los estudiosos se preguntan, así, ¿cómo es que la maleabilidad del Mahāyāna no funcionó en su tierra de origen?,* ¿cómo, en cambio, una comunidad pequeña como la jainista ha podido sobrevivir hasta nuestros días cuando el budismo no lo consiguió? Hemos visto que la religión jainista fue apoyada por algunas monarquías; pero también el budismo. Hemos comentado que el jainismo posee un mensaje universal; pero también el budismo. Por tanto, hay que buscar factores adicionales.

En primer lugar, debe considerarse la posición influyente de la comunidad laica. Un número nada desdeñable de banqueros, prestamistas, comerciantes, industriales, joyeros, políticos o escribas pertenece a la comunidad jainista. Gracias a su peso económico, cultural y social [véanse págs. 316-317] la comunidad tuvo que ser respetada incluso por dirigentes hostiles.

En segundo lugar, hay que reconocer un cierto compromiso con el hinduismo, al menos tras la penetración musulmana del Norte. Al fin y al cabo, y a pesar de rivalidades históricas, a los ojos de muchos hinduistas se trataba de una religión "hermana". Sinclair Stevenson sostenía que el jainismo se habría "refugiado" o camuflado en el hinduismo de forma que a los conquistadores musulmanes les pareció como un grupo indiferenciado del hinduismo.[5] Y lo cierto es que el jainismo adoptó una estrategia de compromiso en áreas rituales –en el culto, la mitología, los sacramentos, la estructura social–, aunque de forma debidamente "jainizada". Se ajustó a las costumbres locales y permitió, en determinados casos, el matrimonio mixto con los hinduistas [véase pág. 310].

En tercer lugar hay que recalcar la consistencia de la comunidad que, en este caso, demostró estar más cohesionada y organizada que la budista. Según Arthur Basham, los ascetas estimaban a los laicos miembros de la orden.[6] Estaba claro que los laicos no fueron considerados como meros amigos y patrones de la orden ascética, como parece haber sido el caso del budismo medieval.**

* O funcionó demasiado bien, hasta el punto de que el budismo acabó por integrarse en el seno del hinduismo. Las similitudes externas –cultos devocionales mahayánicos, ritual tántrico, filosofía no-dualista– bien pudieron haber llevado a los hindúes a acabar por no diferenciar entre ambas religiones. La conocida tendencia del hinduismo a asimilar en vez de a atacar debió actuar concatenadamente. Para el devoto de a pie poco contaría si el budismo hubiera repudiado el *Veda* –virtualmente olvidado por todo el mundo–; lo que importaba era que el budismo conducía a la misma meta emancipatoria que el hinduismo, y bien pudiera ser que el Buddha fuera aquel raro *avatāra* de Viṣṇu como sostenían algunos *brāhmaṇas*.

** En otros países budistas –Thailandia, Birmania, Sri Lanka, por ejemplo–, los lazos entre la comunidad laica y la monástica han sido mucho más sólidos. En el Sudeste Asiático es costumbre que los adolescentes pasen dos o tres meses del período de lluvias en el monasterio local. Se inician temporalmente en la orden, con lo que el vínculo –ya de por sí estrecho, dada la participación de los monjes budistas en los ritos, la educación o la salud médica de la comunidad– es mucho más compacto de por vida. Éste no debió ser el caso en la India medieval, lo que explicaría una cierta distancia entre monjes y laicos.

Aunque los monjes budistas dependían de los laicos para su subsistencia –de forma idéntica a los ascetas jainistas–, la comunidad laica no ejercía control sobre los monasterios budistas. Es significativo que la mayor parte del gigantesco cuerpo escritural budista tenga que ver con asuntos filosóficos. En cambio, los maestros jainistas dedicaron un empeño asombroso a la disciplina de los laicos en una serie de textos llamados *Śrāvakācāras* [véanse págs. 354 y 487]. Mientras que los monjes budistas se concentraban en grandes complejos monásticos –Nālandā, Vikramaśīla, Valabhī u Odantapuri–, alejados de los seglares –y fácilmente identificables por guerreros mahometanos poco escrupulosos–, los ascetas jainistas "regresaron" a los pequeños retiros adyacentes a los templos, siempre en contacto directo con los laicos. Las reformas jainistas que recelaban de los monasterios resultaron ser decisivas. La vida itinerante del asceta, de retiro en retiro, en interacción diaria con los laicos para recoger alimentos, explicaría el formidable lazo entre ambas secciones de la comunidad. Esa compenetración se da en el seno de las pequeñas órdenes. Por tanto, la atomización de la tradición –que *a priori* podría parecer un impedimento–, ha permitido un vínculo mucho más estrecho y compacto entre ambas comunidades. Y ese vínculo resultó vital para que el jainismo pudiera sobrevivir en suelo indio.

# 19. ESCUELAS Y ÓRDENES JAINISTAS

## MŪRTIPŪJAKA

La corriente principal del jainismo Śvetāmbara se llama Mūrtipūjaka. Es la más numerosa de todo el jainismo, tanto en cantidad de ascetas como de seguidores laicos. Como su nombre indica, se distingue por realizar el culto (*pūjā*) a los iconos (*mūrti*) que representan a los *jinas* y deidades del jainismo. También se les conoce como "los de la vía de los templos" (mandirmārgīs). Pero el Mūrtipūjaka no es una orden homogénea. Está formada por distintas sub-escuelas (*gacchas*) que, simplemente, comparten el rasgo de realizar el culto a las imágenes.

Aunque en el pasado existieron muchos *gacchas* mūrtipūjakas, todos jactándose de representar el auténtico jainismo y que remontan sus linajes hasta el gran Sudharman vía Vajrasvāmin (siglo I), solamente una media docena ha llegado hasta nosotros, y únicamente tres poseen ascetas iniciados: el Kharatara-Gaccha, el Tapā-Gaccha y el Añcala-Gaccha. Los dos primeros son dignos de especial atención.

### KHARATARA-GACCHA

El Kharatara-Gaccha surgió en Gujarat al amparo de un asceta de nombre Vardhamāṇa (siglo XI). Algunos dicen que Vardhamāṇa estaba molesto por el poco respeto que su maestro profesaba hacia la doctrina. Otros aseguran que no podía acostumbrarse a la práctica de permanecer en un monasterio como *caityavāsī*. Lo cierto es que este oscuro personaje inició un nuevo linaje monástico, llamado originalmente "Vía del método correcto" (Vidhi-Mārga).

Aparte de este evento fundacional, el suceso principal del *gaccha* fue el debate entre un pupilo de Vardhamāṇa, el acalorado erudito Jineśvara, y el monje *caityavāsī* Sūra. La controversia tuvo lugar en Patan (Aṇahillavāḍa Paṭṭaṇa) en el 1024. Las crónicas que recogen la historia del *gaccha* no escatiman detalles acerca de la gran victoria de Jineśvara.

Jineśvara logró demostrar al monarca que hacía de árbitro que, tal y como indicaban textos como el *Daśavaikālika-sūtra*, los ascetas no podían vivir en lugares específicamente diseñados para su uso,[1] ni podían aceptar alimentos de los reyes,[2] ni utilizar tronos, ni mendigar en grupos numerosos, etc.[3] El rey, que era un hombre justo e imparcial, quedó plenamente convencido por los argumentos de Jineśvara. La mordacidaz y dureza verbal que mostró Jineśvara llevó a todo el mundo a llamar "particularmente feroz" (*kharatara*) a la secta. El antiguo nombre quedó en el olvido.

El *sūri* que sucedió a Jineśvara fue Jinavallabha. Se dice que al leer el *Daśavaikālika-sūtra* se percató de más desviaciones en la interpretación de la doctrina y la práctica ascética. Desde entonces, el *Daśavaikālika* se ha convertido en el *sūtra* más venerado del ascetismo Śvetāmbara y la sub-orden Kharatara ha realizado enormes esfuerzos en codificar un canon de escrituras. En sus listas aparecen invariablemente cuarenta y cinco textos, considerados por muchos expertos –algo erróneamente [véanse págs. 344-346]– como el "canon" del jainismo. El signo distintivo del Kharatara-Gaccha ha sido precisamente el recurso a la autoridad escritural a la hora de ordenar su vida ascética o a la hora de condenar a sus enemigos, los *caityavāsīs*.

La tradición Śvetāmbara se ha recreado profusamente en las hagiografías de sus maestros carismáticos. Estos textos siempre presentan a un hombre sabio, desapegado, erudito, casi omnisciente. Pero más que los logros intelectuales, las hagiografías suelen resaltar los poderes mágicos (*siddhis*) o la maestría en los conjuros y letanías sagradas (*mantras*) con las que el asceta protege a la comunidad y exalta las excelencias del jainismo. Los kharataragacchins han sido particularmente proclives a este tipo de historias, ligadas a cuatro maestros que reciben el título de *dādāguru*, traducible algo así como "maestro-abuelo". Gracias al poder del *tapas*, de la castidad y de los *mantras*, estos maestros eran capaces de vencer a las fuerzas malignas que atormentaban a la gente. Igual que el Jesucristo cristiano los *dādāgurus* llevaron a cabo sus milagros para atraer nuevos seguidores a la senda jainista. Se dice que si estos *dādāgurus* son propiciados correctamente pueden intervenir benéficamente en los asuntos humanos [véanse págs. 439-440].

El primero de ellos fue Jinadatta (1075/1154), sucesor de Jinavallabha y, seguramente, el más querido de todos los *sūris* del Kharatara-Gaccha. Su hagiografía representa el perfecto ejemplo del maestro que instiga la piedad laica, que protege el jainismo en numerosos debates, que ensalza la religión jainista con consagraciones de templos, imágenes e iniciaciones de ascetas, y realiza infinidad de conversiones –un perfil mundano que no hallamos en la autobiografía de Jinadatta–.[4] Gracias a sus milagros y a sus conocimientos mántricos Jinadatta Sūri recibió el título de "lider espiritual de nuestra era" (*yugapradhāna*). Al morir, su mónada encarnó en una divinidad. Se cuenta que cuando finalice su vida en el Mundo Superior renacerá en el continente de Videha, donde alcanzará la liberación junto al *tīrthaṅkara* Sīmaṅdhara, que está predicando allí.

El segundo *dādāguru* fue Jinacandra Sūri (1140/1166), sucesor del anterior y conocido popularmente como Maṇidhārī [ver FIG. 59]. Igual que Jinadatta, Maṇidhārī propagó el jainismo, consagró templos, imágenes y desplegó sus increíbles poderes milagrosos en beneficio del jainismo. El tercer *dādāguru* fue Jinakuśala Sūri (1280/1332). El cuarto y último *dādāguru* fue Jinacandra Sūri II (1537/1612), quien supo granjearse una cierta amistad por parte de las autoridades musulmanas. Por ello que a veces se lo denomina "el influenciador del emperador Akbar" (*akbar pratibodhak*) y así se le distingue del predecesor del mismo nombre. Gracias a la mediación de Akbar muchos centros de peregrinación jainistas fueron protegidos. Aunque no existe demasiada certeza de que Jinacandra Sūri II fuera invitado por el emperador mogol, las hagiografías hablan de los numerosos milagros acaecidos durante su estancia en la corte de Akbar.

La orden se estableció firmemente en Gujarat, Sindh, Madhya Pradesh, Delhi, Bengala y, muy especialmente, en Rajasthan. El peso del Kharatara-Gaccha hoy es mucho menor que antaño y se encuentra en una situación un tanto lánguida [véase Cuadro 2], pero su contribución al jainismo, en especial a formar la idea de un "canon", ha sido decisiva. Dada la creciente popularidad del culto a los *dādāgurus* la orden mantiene su fuerza en Rajasthan.

Igualmente, esta orden es la que ha favorecido un mayor número de mujeres ascetas, siempre muy bien consideradas. Destacan Puṇya Jīvana Jyoti (1858/1920) y Sādhvī Vicakṣaṇa Śrī (1912/1980), una de las más queridas superioras (*pravartinīs*) de la orden. Vicakṣaṇa constituye un caso único, ya que inmediatamente después de su muerte, la comunidad comenzó a "canonizarla", convirtiéndose en la primera *sādhvī* en ser formalmente beatificada. Miles de seguidores la tienen como su *guruṇī* y decenas de miles de jainistas acudieron a la consagración de su imagen en Jaipur (Jayapura).

## TAPĀ-GACCHA

El principal *gaccha* mūrtipūjaka es el Tapā-Gaccha, la sub-orden más numerosa e influyente del jainismo. Fue fundada en 1228, en Rajasthan, cuando Jagaccandra Sūri abandonó otra orden aparentemente permisiva en exceso. El nombre de *tapā* tiene que ver, por supuesto, con *tapas*, una práctica a la que Jagaccandra se entregaba con gran firmeza. Al igual que la figura del fundador del Kharatara-Gaccha, la de Jagaccandra es muy oscura. Como la de aquél, también sirve para establecer un fundamento firme para la escuela.

El personaje clave del Tapā-Gaccha fue el monje Dharmasāgara (siglo XVI), un escritor de tono inusitadamente polémico. En su obra *Pravacanaparīkṣā* ataca con dureza a los digambaras y con especial agresividad al Kharatara-Gaccha. El punto central de la disputa se centraba en la filiación sectaria de Abhayadeva Sūri (siglo XI), autor de célebres comentarios a las escrituras śvetāmbaras, reclamado por ambos *gacchas*. Las disputas entre kharataras y tapā-gacchins continuaron luego por la cuestión de propiedad del sagrado monte Śatruñjaya, en Gujarat.

Uno de sus miembros, Hīravijaya (1526/1595), representó a los jainas en la corte del emperador Akbar [véase pág. 260]. Otro pensador y maestro tapāgacchin notable fue Yaśovijaya (1624/1688), reformador y filósofo muy venerado todavía hoy. Desde Hemacandra no ha habido otro intelectual jainista tan prolífico y que dominara tantas parcelas del saber. Defendía la práctica del culto a las imágenes, un tema que otros grupos jainistas estaban poniendo en entredicho [véase a continuación]. Yaśovijaya fue, asimismo, clave en reencauzar la senda ascética hacia los antiguos parámetros de austeridad. Atacó duramente a *yatis* y *caityavāsīs*.

El gran impulso del Tapā-Gaccha vino tras un período francamente malo (siglos XVIII/XIX), cuando entre todos sus ascetas sólo se contaban veinticinco *sādhus* y ni un *ācārya*. El linaje fue reactivado gracias a la participación de los laicos, que temporalmente se encargaron de designar a sus maestros. El resurgir tuvo fuerza en Gujarat, especialmente en las regiones de Shaurashtra (Śaurāṣṭra) y Kutch (Kaccha). En algo más de un siglo los tapā-gacchins han pasado de una parca docena de ascetas hasta más de cinco mil. Suponen más de la mitad de todos los ascetas jainistas [véase Cuadro 2].

El reformador moderno más importante fue el mendicante Vijayānanda Sūri (1837/1896), más conocido como Ātmārāmjī. Inicialmente, Ātmārāmjī gravitó alrededor del jainismo Sthānakavāsī [véase a continuación], reputado grupo iconoclasta. Pero tras estudiar cuidadosamente los textos llegó a la convicción de que el culto a las imágenes era una vía válida, así que se inició por segunda vez, en esta ocasión en el Tapā-Gaccha. Ātmārāmjī entró en contacto con indianistas europeos, a quienes ayudó de forma considerable. En 1893 fue invitado al famoso World Parliament of Religions de Chicago. Dado su voto de asceta de no utilizar medios de transporte mecánicos y de no cruzar el océano negro, no pudo acudir. En su lugar viajó el laico Vircand Gāndhī, quien tras su éxito en Chicago enseñó el jainismo en los EE.UU. y el Reino Unido [véase pág. 336].

Varios maestros del siglo XX, todos modelos de santidad y erudición, han sido providenciales para la sub-orden: Vijaya Dharma Sūri (1868/1922, [ver FIG. 41]), Buddhisāgara Sūri (1874/1925), Vijaya Vallabha Sūri (1870/1954, [ver FIG. 37]), Ānandasāgara Sūri (1875/1950) y Muni Puṇyavijaya (1895/1971). Entre los *ācāryas* contemporáneos destaca Bhadraṅkar Vijaya (1903/1980), posiblemente el pensador jainista más brillante del siglo XX. Quizá el maestro vivo más aclamado sea Muni Jambūvijaya [ver FIG. 39], autor de numerosas ediciones críticas de los textos jainas a la vez que líder de enorme carisma y reputación.

## STHĀNAKAVĀSĪ

### LOṄKĀ-SAṂPRADĀYA

A mediados del siglo XV apareció un incierto personaje entre los śvetāmbaras de Ahmadābād, por entonces una ciudad fuertemente islamizada, que se opuso ferozmente al culto a las imágenes de los *tīrthaṅkaras*. Se trató del laico Loṅkā Śāha (1420/1475).

Si bien los sthānakavāsīs no trazan su linaje hasta Loṅkā, lo tienen como el inspirador de sus reformas. La tradición dice que Loṅkā era un rico mercader gujarati muy bien situado dentro de la comunidad. Gracias a su maestría en la caligrafía recibió el encargo de copiar todo el canon para un venerado asceta. Al comparar las escrituras con el comportamiento de los ascetas, Loṅkā quedó bastante contrariado por el número de divergencias respecto a las enseñanzas originales. Su principal conclusión fue que los templos, con todas sus riquezas y el culto a las imágenes que en ellos se realizaba, no estaban sancionados por las escrituras. La tradición estaba corrompida; el culto a las imágenes de los *jinas* en los templos era dañino. De todos los textos, Loṅkā aceptó la autoridad de treinta y dos. Se cuenta que recibió algún tipo de iniciación monástica y se convirtió en el líder de un grupo reformista.

En realidad, esta narración de la vida de Loṅkā es fruto de biografías sthānakavāsīs del siglo XIX. Los expertos hoy admiten desconocer los motivos que impulsaron a Loṅkā a aceptar sólo determinados textos y rechazar el culto a las imágenes. Según algunos, Loṅkā no era más que un escriba pobre con pocos conocimientos de las lenguas prácritas. Según Dalsukh Malvania, optó por una actitud iconoclasta no tanto por influencia islámica, como pensaba Shantaram Deo,[5] sino como medida defensiva ante la destrucción de templos por parte de los musulmanes.[6] Casi nadie acepta que se convirtiera en *sādhu*, si bien está claro que dejó la vida de cabeza de familia y se convirtió en alguna suerte de mendicante.

Desde un punto de vista estrictamente escritural Loṅkā tenía suficiente apoyo para rechazar el culto a las imágenes. Ninguno de los textos más antiguos lo menciona y todos insisten en que la construcción de edificios comporta destrucción de vidas. No es necesario invocar la actitud iconoclasta del islamismo o una respuesta pragmática ante dicha actitud para comprender la posición de Loṅkā.[7] Todo parece indicar que el tema del culto a las imágenes ya era polémico desde hacía siglos. Básicamente, lo que Loṅkā hizo fue elevar a la máxima categoría los textos que no mencionan el culto a las imágenes.

El caso es que una vez el laico Bhāna se autoinició en 1467, el grupo de Loṅkā pudo abrirse paso bajo la autoridad de un maestro espiritual. El grupo prosperó gracias al apoyo de un ministro jainista de Gujarat. Las hagiografías de los tapā-gacchins, sus rivales adoradores de imágenes, cuentan que un siglo después de la muerte de Loṅkā, sus seguidores retornaron al culto a las imágenes. Hoy, el Loṅkā-Saṃpradāya –o Lumpāka– forma una sub-orden muy minoritaria y ni siquiera posee ascetas iniciados.

## STHĀNAKAVĀSĪ

A finales del siglo XVII, Lavajī, un laico perteneciente al grupo de Loṅkā e hijo del poderoso magnate Vīrajī de Sūrat, junto a un mercader de nombre Dharmasiṃha, rompieron con el Loṅkā-Gaccha. Seguramente, Lavajī se inició como *yati* aunque hay bastante incertidumbre al respecto. El caso es que estaba descontento con la disciplina de los loṅkā-gacchins y optó por retornar al código estipulado por el *Daśavaikālika-sūtra*. Se les unieron tres ascetas. El pequeño grupo fue a vivir a unas residencias ordinarias (*sthānakas*), de donde recibieron el nombre: "moradores en residencias" (*sthānakavāsīs*), por oposición a los moradores en templos que realizan el culto a las imágenes. Lógicamente, los sthānakavāsīs realizan un culto sin imágenes, estrictamente mental (*bhava-pūjā*). Para ellos no puede venerarse a los *jinas* como si de simples deidades se tratara. Los dioses disfrutan –y más que nadie– de los placeres del Mundo Superior. Por contra, los *tīrthaṅkaras* han cortado toda relación con el mundo. No puede ofrecérseles frutas, flores u objetos por el estilo, ni estas cosas permiten el desapasionamiento y la liberación del *karma*. Para los sthānakavāsīs, la iconolatría es una perniciosa distorsión, promovida por el interés egoísta de sacerdotes y *yatis* que se aprovechan de la buena fe y la piedad de los laicos. Siguiendo a Loṅkā, los textos donde se menciona el culto a las imágenes fueron descartados. Buen número de seguidores del Loṅkā-Gaccha se les unió. La secta se estableció sólidamente en Gujarat y Rajasthan.

Lavajī fue también responsable de la introducción del símbolo distintivo más elocuente de los sthānakavāsīs: el bozal de gasa o tela (*muhpaṭṭi*) con el que los ascetas cubren permanentemente la boca para evitar causar daño a los más ínfimos tipos de vidas [ver FIG. 16]. Es el símbolo de su dedicación a la no-violencia. Se ha hablado mucho acerca del alcance de esta "reforma", pero, en verdad, su introducción no fue novedosa. No podía serlo en un grupo que se jactaba de reinstaurar las formas "originales" del jainismo. El *Uttarādhyayana-sūtra* ya menciona el bozal como parte de los utensilios del asceta;[8] hay referencias a su uso por Haribhadra (siglo VIII), y los viajeros europeos de los siglos XVI/XVII lo mencionan como distintivo de los jainistas. Como bien observaron los viajeros, hasta los ascetas mūrtipūjakas lo portan, si bien sólo cuando rezan y con ocasión de ciertos festivales. Incluso los laicos pueden utilizarlo en determinados ritos. Paul Dundas ha apreciado que lo verdaderamente innovador y polémico del mandato de Lavajī fue que el bozal fuera llevado de forma *permanente* por los ascetas.[9] En todo momento y durante toda su vida, el asceta sthānakavāsī deberá llevar el *muhpaṭṭi*. Otro rasgo de los sthānakavāsīs es que mantienen sus nombres laicos.

El efecto de las reformas sthānakavāsīs en otros grupos, incluso digambaras, fue grande. Su impacto traspasó las barreras del jainismo, ya que el Sthānakavāsī fue precursor de muchos movimientos iconoclastas indios, precediendo al sijismo. El propio movimiento neo-hinduista Ārya-samāj, constituido en 1875, le debe parte de su fuerza a la influencia que la actitud iconoclasta sthānakavāsī ejerció sobre su fundador, Dayānanda Sarasvatī.[10]

El número de ascetas sthānakavāsīs es hoy el segundo después de los tapā-gacchins. Su peso, muy influyente. Su postura estricta y puritana ha servido para reencauzar la conducta de los ascetas a los parámetros austeros tradicionales. La dedicación de los sthānakavāsīs a los ideales de la no-violencia y la compasión es reconocida por todos. Son fuertes en una vasta área del Noroeste: Gujarat, Rajasthan, Punjab, Madhya Pradesh y Maharashtra.

Obviamente, al privar a los laicos del ritual en el templo –siempre un punto clave en el sentido de identidad de los laicos–, los nexos de unión entre ascetas y seglares siguen otras pautas. Por un lado, el culto de los laicos puede tomar la forma de culto a los ascetas [véanse págs. 462-464]. Por otro lado, al insistir en un riguroso ascetismo ha conducido a la comunidad laica a vivir el ideal monástico de forma más intensa que otras órdenes. Aunque técnicamente son śvetāmbaras, su culto no-icónico los distingue quizá más de los śvetāmbaras de lo que éstos difieren de muchos digambaras.

En el panorama contemporáneo, el monje Sushil Kumar Muni (1924/1994) alcanzó bastante notoriedad como líder promotor de un diálogo ecuménico y mediador en disputas comunales. Ha sido considerado uno de los mayores maestros de meditación que ha conocido el jainismo. Llegó a romper el voto de los ascetas para salir del país y predicar la doctrina de la *ahiṃsā*.

## TERĀPANTHĪ

Una escisión del Sthānakavāsī tuvo lugar en el siglo XVIII. En la región semidesértica de Marwar (Māravāḏa) Ācārya Bhikhana (1726/1803), más conocido como Ācārya Bhikṣu, fundó la orden Terāpanthī. Tal vez por su modernidad, las crónicas de esta orden son notablemente exactas y aportan bastantes datos acerca de la vida, el contexto religioso, la enseñanza y las reformas de Ācārya Bhikṣu.

A la edad de veinticinco años Bhikṣu se inició como asceta sthānakavāsī. Pero pronto empezó a cuestionar el comportamiento de sus compañeros, acostumbrados a mendigar siempre con las mismas familias –algo que el código monástico busca evitar a toda costa–, y habituados a una vida muy sedentaria en sus "residencias". En 1759 rompió con la orden y dejó el *sthānaka* junto con otros ascetas. Durante algún tiempo la pequeña comunidad pasó por una situación muy precaria, rodeada de un ambiente hostil. Vivían en cavernas y su práctica incluía largos ayunos y períodos de ascesis. Este rasgo sigue siendo característico de la orden.

Bhikṣu predicó con ahínco por las regiones de Marwar (Māravāḏa) y Mewar (Mevāḏa) durante más de cuarenta años. Poco a poco, lo que había sido un grupúsculo de disidentes se fue transformando en una orden en toda regla. A su muerte existía más de un centenar de *sādhus* y *sādhvīs* terāpanthīs.

Su interpretación del jainismo era original. Para Bhikṣu el trasfondo de la *ahiṃsā* no era la compasión ni la adquisición de mérito, sino la autodisciplina basada en una clara comprensión de la naturaleza espiritual de todas las formas de vida. En su época, por ejemplo, era corriente que los sthānakavāsīs compraran animales vivos en los mataderos para liberarlos después. Para

Bhikṣu, esta práctica –que no ha desaparecido por completo– se limitaba a la esfera de la ética, a la práctica encaminada a obtener mérito religioso. Por encima de este plano ético, Bhikṣu elevó una esfera trascendental, puramente religiosa. Para el asceta no existe forma de comprar el mérito; de ahí el carácter severo del Terāpanthī. El deber del asceta consiste en cultivar la *ahiṃsā* para su propio desarrollo espiritual; el "mérito" no puede comprarse. El movimiento se basó en la doctrina de la no-ayuda total hacia ningún ser vivo, pues ayudar a no morir a un animal le hace a uno responsable de la violencia que pueda cometer ese animal en el futuro. La asistencia, además, nunca puede ser desinteresada, con lo que en última instancia se vuelve en contra del compasivo –pero apegado– asceta o devoto. Igualmente, la máxima jainista de que es un mal menor matar vidas inferiores –árboles, por ejemplo– en favor del progreso de vidas mayores –construcción de edificios para los humanos–, no era justificable. Para Ācārya Bhikṣu todas las vidas eran esencialmente iguales.

Dado su origen sthānakavāsī los terāpanthīs comparten bastantes de los rasgos de los anteriores. Insisten, como ellos, en llevar el bozal de tela de forma permanente. Rechazan con igual firmeza el culto a las imágenes. Veneran prácticamente los mismos textos. Empero, los terāpanthīs no poseen retiros estables y los ascetas se alojan en habitaciones proporcionadas por los laicos.

Bhikṣu organizó a su grupo en una única compañía (*gaṇa*), según un severo código de conducta y un líder único que siempre tomaría el título de *ācārya* y sería nombrado en vida por su predecesor. Su insistencia en la centralidad del maestro, responsable de todas las iniciaciones, de administrar la disciplina o de nombrar a su sucesor, ha cohesionado enormemente la comunidad, si bien también le ha restado movilidad y agilidad. Todavía hoy se conmemora anualmente la promulgación de las últimas reglas por parte de Bhikṣu en el gran festival del Māryādā, cuando la comunidad se reúne para discutir problemas y asuntos internos del grupo. La labor de expandir y redactar el código monástico definitivo recayó en el cuarto *ācārya*, Jaya (siglo XIX). A él debemos la recopilación de la vida de Bhikṣu, un documento que otorgó a los terāpanthīs una clara noción de pasado.

Esta orden se ha mantenido bastante confinada al Rajasthan, con las ciudades de Bikaner (Bikānera), Jodhpur (Jodhapura) y Udaipur (Udayapura) como centros. La mayoría de sus seguidores son de la casta *vīsa-osavāla*, la misma a la que Ācārya Bhikṣu pertenecía.

## AṆUVRATA Y *PREKṢĀ-DHYĀNA*

Entre los desarrollos contemporáneos del Terāpanthī es digno de mencionar el movimiento llamado Pequeño Voto (Aṇuvrata), lanzado en 1949 por su IX° *ācārya*, Tulasi (1914/1997, [ver FIG. 43]), el maestro terāpanthī más importante después de Bhikṣu y Jaya. Se inició a los once años; a los veintidós se convirtió en el más joven *ācārya* que nunca haya conocido el jainismo.

El Aṇuvrata consiste en doce votos religiosos. Van desde el clásico de la *ahiṃsā* hasta prescripciones de tipo medioambiental, pasando por no discriminar a ningún ser humano, practicar la tolerancia religiosa, desarrollar el control sobre los sentidos, llevar una vida libre de adicciones, etc. Todo aṇuvratin pretende universalizar los ideales del autocontrol,[11] el desapego, la paz y la armonía social, de modo que la idea es trascender cualquier límite o frontera religiosa. El ideal del Aṇuvrata posee paralelos con el gandhiano, pero siempre ha estado menos politizado. La meta es alentar a la gente a adaptarse a unas formas de vida que lleven a un mundo menos violento, más frugal, unido, pacífico y desapegado.

Con el Aṇuvrata Tulasi logró retener el espíritu ascético tradicional a la vez que llevar al Terāpanthī a un grado de compromiso social más elevado. Si bien el Aṇuvrata apenas ha tenido efecto en la corrupta vida política india, el propósito es fiel y coherente con el modelo de jainismo ecuménico y universal propuesto por Bhikṣu.

El X° *ācārya* y heredero espiritual de Tulasi es el asceta Mahāprajñā (n. 1920, [ver FIGS. 42 y 43]), gran revitalizador de la meditación jainista. Olvidada durante bastante tiempo por la propia tradición, la meditación propuesta por Mahāprajñā es, de hecho, una síntesis entre antiguas prácticas meditativas jainistas, meditación budista *vipaśyanā* (pali: *vipassanā*) y elementos de la ciencia moderna. Recibe el nombre de *prekṣā-dhyāna*, que, según su formulador, significa "concentración de la percepción profunda y no en el pensamiento".[12] Consiste en una serie de meditaciones en la respiración, en el cuerpo, en los centros psíquicos o en los tintes sutiles del ser. La finalidad es purificar los estados mentales. Es obligatoria para los ascetas y miembros del movimiento Aṇuvrata. No es raro ver ascetas de otras órdenes unirse a sesiones de *prekṣā-dhyāna*.

Otra innovación del Terāpanthī moderno es una dispensación para que sus ascetas viajen a tierras lejanas. Se trata de una clase inferior de ascetas, llamados/as *samans*, a quienes se permite incluso viajar con medios de transporte mecánicos y aceptar alimentos que hayan sido preparados para ellos/as.

En Ladnun (Lāḍanuṁ), cerca del lugar de nacimiento de Tulasi, la orden ha abierto su único centro permanente y estable –donde acuden anualmente todos sus ascetas–: el Jain Viśva Bharati. El centro, inserto en un paraje inusualmente verde en medio del desierto del Rajasthan, posee escuelas, bibliotecas, hospitales ayurvédicos, una imprenta, retiros para meditación y albergues.

Gracias a este tipo de reformulaciones los terāpanthīs han sabido proyectarse internacionalmente bastante bien como movimiento "moderno" y como representantes del jainismo en su totalidad. De hecho, la mitad de las webs de cierto relieve del jainismo, pertenecen al Terāpanthī.

# ESCUELAS DIGAMBARAS

Si la historia śvetāmbara es una de rivalidad entre *gacchas*, la digambara lo ha sido entre *saṃghas*, aunque en general parece haber habido menos faccionalismo que en la śvetāmbara.

La más importante comunidad digambara de la antigüedad fue el Mūla-Saṃgha, el verdadero embrión de todo el jainismo Digambara. Históricamente, empero, existieron otras comunidades de peso. Una de ellas fue el Kāṣṭha-Saṃgha, fundado cerca de Delhi por Loha (siglo -I), líder de un grupo de ascetas que permaneció en el Norte durante la gran hambruna. Se dice que este Loha fue a Agar (Agarohā), convirtió al rey y a los guerreros (*rājputs*), y de esa conversión surgió la casta jainista de los *agaravālas*. Aunque este *saṃgha* posee todavía seguidores laicos no existen ascetas iniciados. Otro colectivo importante fue el Gopya o Yāpanīya-Saṃgha, nacido en el siglo II y desaparecido mil años después. Un tercer *saṃgha* digambara extinto fue el Drāviḍa-Saṃgha, típico de Tamil Nadu. Otro fue el Mathurā-Saṃgha, posiblemente fundado hacia el siglo X. Las diferencias entre esas comunidades tenían que ver con el tipo de escobilla utilizada por el asceta o sobre restricciones alimentarias. Aunque estos puntos pueden parecer hoy insignificantes y risibles, ya sabemos que estas cuestiones han sido importantes en la India. De todas estas comunidades sólo el Mūla-Saṃgha ha sobrevivido. A ella pertenecen, en teoría, las cinco subdivisiones del jainismo Digambara.

## BĪSAPANTHĪ

Los "veinteavos" (bīsapanthīs, viśvapanthīs) consideran a los *bhaṭṭārakas* como sus preceptores espirituales. Remontan su origen al maestro Vasantakīrti (siglos XII/XIII), uno de los *bhaṭṭārakas* que pragmáticamente optaron por utilizar ropas cuando la desnudez fue prohibida por las autoridades musulmanas del Norte de la India. Una de las características del culto bīsapanthī es el meneo de lamparillas (*āratī*) ante la imagen del *jina*, la ofrenda de flores, frutas, leche y dulces (*prasāda*). También rinden culto a los guardianes de los templos (*kṣetrapālas*) y divinidades menores.

El Bīsapanthī forma el grupo mayoritario entre los digambaras del Norte y Centro de la India. Se encuentran en Rajasthan, Gujarat y Maharashtra

## TERAHAPANTHĪ

Los "treceavos" (terahapanthīs), también conocidos como terāpanthīs –sin conexión con los śvetāmbaras del mismo nombre–, en cambio, adoran las imágenes con un rito muy sobrio en el que únicamente se utilizan substancias inertes: especias, cocos, incienso y arroz. Tampoco realizan el *āratī* ni adoran a los guardianes del templo. Surgieron a principios del siglo XVII como oposición al "liberalismo" de los *bhaṭṭārakas* y los bīsapanthīs. Se inspiraron bastante en los trabajos místicos de Banārasīdāsa [véase la página siguiente]. Hoy en día forman el otro grupo mayoritario entre los digambaras y se les encuentra en Rajasthan, Uttar Pradesh, Maharashtra y Madhya Pradesh.

La oposición entre estos dos colectivos digambaras es tan grande que no visitan los templos de los otros.

## TĀRAṆAPANTHĪ

Los tāraṇapanthīs tomaron el nombre de Tāraṇa Svāmī (1448/1495), un maestro de la India Central. Este reformador se opuso al culto a las imágenes. Como substituto, recomendó un ritual centrado en los catorce textos sagrados escritos y recopilados por él mismo. Estos textos se almacenan en sus edificios religiosos, que reciben el nombre de *caityālayas*. Posiblemente Tāraṇa estuviera influido por el Sthānakavāsī, el principal grupo opositor a la iconolatría. Se les encuentra sobre todo en Madhya Pradesh.

## TOTĀPANTHĪ Y GUMĀNAPANTHĪ

Las dos últimas sub-sectas de los digambaras son muy minoritarias. La Totāpanthī posee unos pocos miles de seguidores y la Gumānapanthī, fundada en el siglo XVIII por Gumāna Rāma, tuvo un cierto esplendor a finales del XVIII pero se encuentra hoy francamente decaída.

* * *

Dentro de la tradición ascética digambara el mayor revulsivo moderno ha sido el monje Śāntisāgara (1873/1955), un oriundo de Karnataka. De joven, Śāntisāgara se dedicó a peregrinar por los lugares sagrados y realizar ascesis menores. Tomó el voto del *ailaka*, que es un grado previo a la iniciación como *sādhu* digambara, pero tuvo que hacerlo frente a una imagen del *jina* Nemi, ya que no existía maestro alguno que lo pudiera iniciar. Años después tomó la iniciación plena, plausiblemente a través de un *bhaṭṭāraka*.

Como muchos de los digambaras contemporáneos, Śāntisāgara se interesó por la corriente mística de Kundakunda. Gracias a sus esfuerzos, buena parte del impresionante material de la biblioteca de Mūḍabidrī, en Karnataka, se hizo accesible al gran público. Se le otorgó el título de *ācārya* por aclamación popular. Más que sus conocimientos se valoró su carisma y su sincero ascetismo [ver FIG. 40]. A partir de entonces se dedicó a revitalizar la tradición ascética digambara y devolverle sus señas de identidad. Murió por ayuno voluntario en el monte Kunthalagiri.

Virtualmente todos los ascetas digambaras plenamente iniciados de hoy trazan su linaje a Śāntisāgara. A destacar los monjes Vidyānandaji Mahārāj [ver FIG. 66] y Samantabhadra [ver FIG. 68].

FIGURA 24: *Las cuevas y templos de Muktagiri, Maharashtra. (Foto: Kurt Titze. Por cortesía de la editorial Motilal Banarsidass.)*

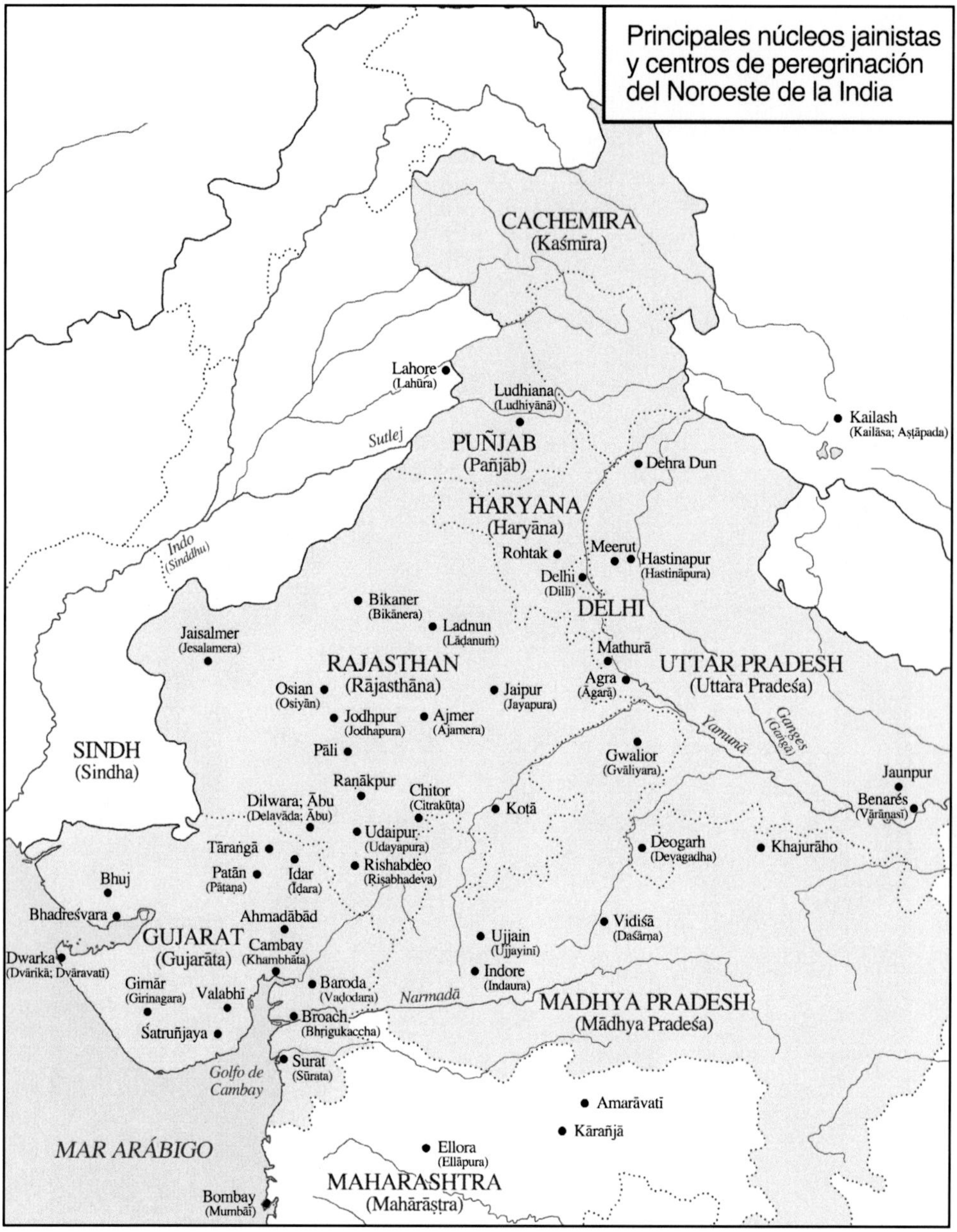


FIGURA 25: *Principales núcleos jainistas del Noroeste de la India. (Fuente: Agustín Pániker.)*

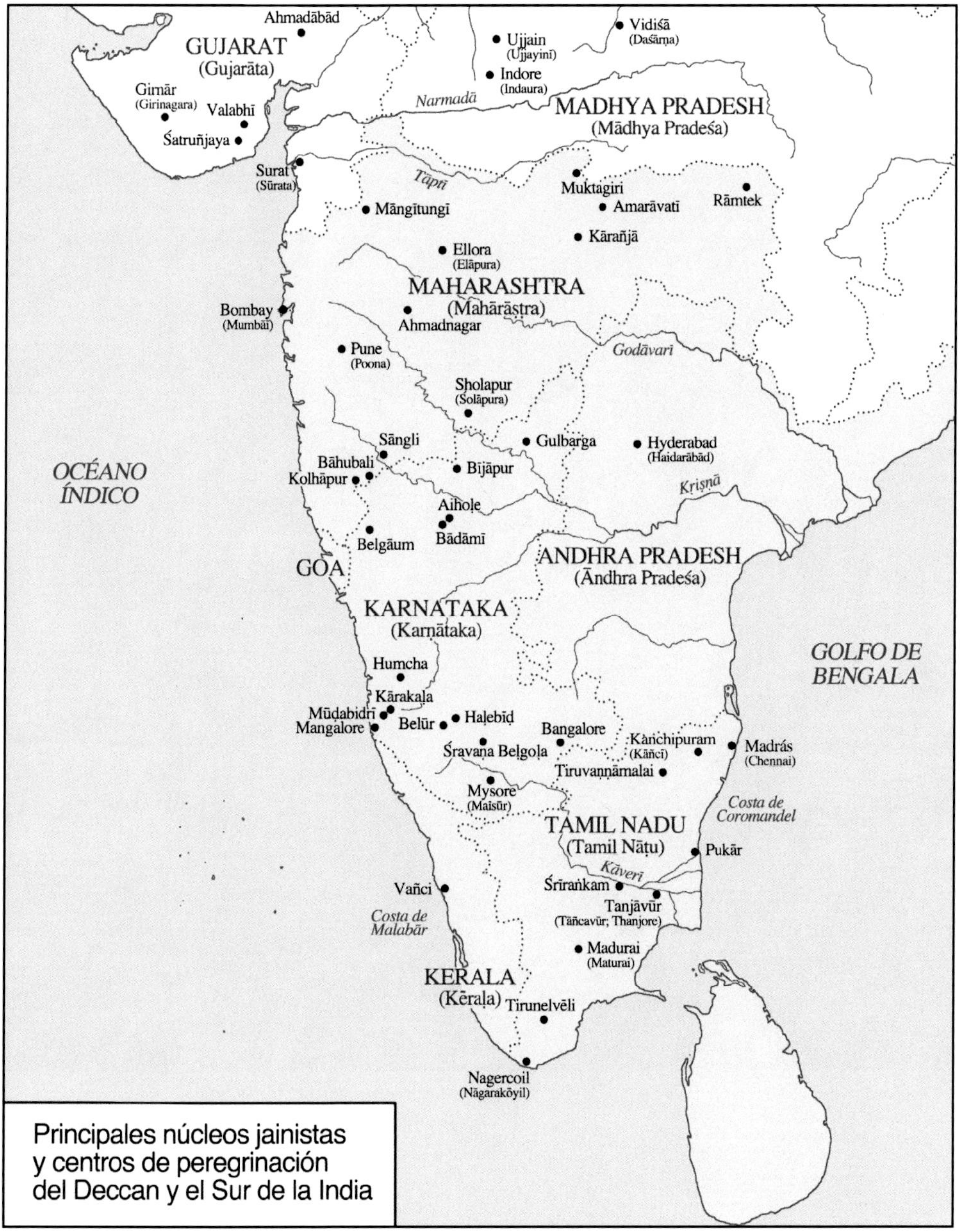


Figura 26: *Principales núcleos jainistas del Deccan y del Sur. (Fuente: Agustín Pániker.)*

FIGURA 27: *El Jina rodeado de los ocho símbolos auspiciosos. Yacimiento de Kaṅkālī Ṭīlā, Mathurā,* circa *siglo* I. *State Museum of Lucknow.*
*(Por cortesía de Abhinav Publications.)*

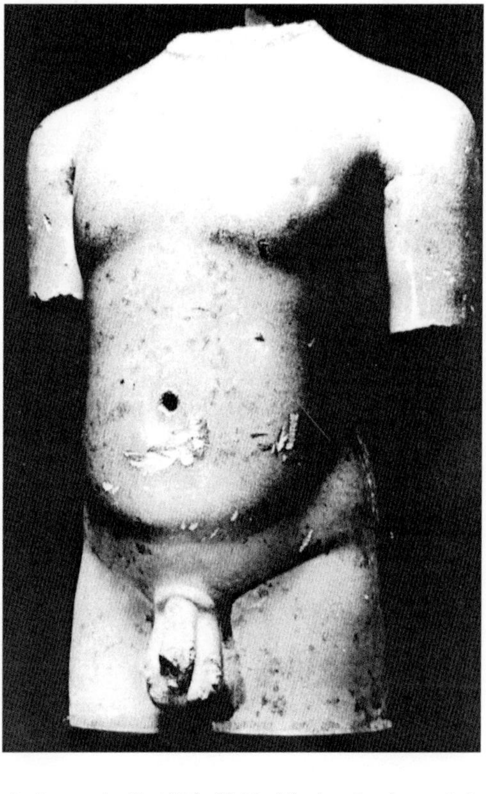

FIGURA 28: Yakṣī *bajo una higuera. Yacimiento de Kaṅkālī Ṭīlā, Mathurā,* circa *siglo II. Nueva Delhi, National Museum. (Por cortesía del National Museum.)*

FIGURA 29: *Torso del* tīrthaṅkara *de Lohānīpur, Bihar. Se trata de una de las primeras representaciones plásticas jainistas. Estilo Maurya, siglo -III. Patna Museum, Archaeological Department, India.*

FIGURA 30: *Ceremonia de veneración a las huellas del* ācārya *Kundakunda (siglo* II*), en la montaña de Poṉur, Tamil Nadu. (Foto: Kurt Titze. Por cortesía de la editorial Motilal Banarsidass.)*

FIGURA 31: *Retrato de Hemacandra en la antesala del instituto que lleva su nombre, Patan, Gujarat. (Foto: Kurt Titze. Por cortesía de la editorial Motilal Banarsidass.)*

FIGURA 32: *"Camas" para ascetas jainistas talladas en la roca (siglo -III). Durante siglos los ascetas moraban en este tipo de abrigos. Cercanías de Gingee, Tamil Nadu. (Foto: Kurt Titze. Por cortesía de la editorial Motilal Banarsidass.)*

FIGURA 33: *Complejo del templo, residencia del* bhaṭṭāraka, *biblioteca y albergue de Humcca, Karnataka. (Foto: Kurt Titze. Por cortesía de la editorial Motilal Banarsidass.)*

FIGURA 34: *Sala de las columnas del templo Lūṇa Vasahī (siglo* XIII*), Monte Ābu, Rajasthan. (Foto: Thomas Dix.)*

FIGURA 35: *Dos ascetas śvetāmbaras de la orden Tapā-Gaccha y su superiora en el retiro del Śrī Ātma Vallabha Saṅskṛiti Mandira, Delhi. Detrás, la foto de Śrī Mṛigavati. (Foto: Agustín Pániker.)*

FIGURA 36: *Monja superiora digambara supervisa el estudio de las novicias. Ramtek, Maharashtra. (Foto: Kurt Titze. Por cortesía de la editorial Motilal Banarsidass.)*

FIGURA 37: *Busto del gran* ācārya *tapā-gacchin Vijaya Vallabha Sūri, en el Śrī Ātma Vallabha Saṅskṛiti Mandira, en las afueras de Delhi. (Foto: Agustín Pániker.)*

FIGURA 38: *Rājacandra Rājīvbhāī.*

FIGURA 39: *Muni Jambūvijaya, renombrado maestro y erudito. (Foto: Kurt Titze. Por cortesía de la editorial Motilal Banarsidass.)*

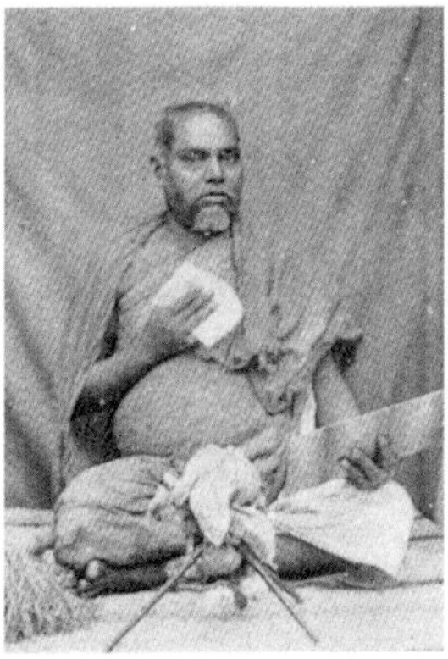

FIGURA 40: *El gran revitalizador de la tradición Digambara, Ācārya Śāntisāgara, en el centro de la fila superior, rodeado de ascetas y* ailakas. *La foto está tomada hacia 1934. (Por cortesía de la editorial Motilal Banarsidass.)*

FIGURA 41: *Vijaya Dharma Sūri. (Por cortesía de la editorial Motilal Banarsidass.)*

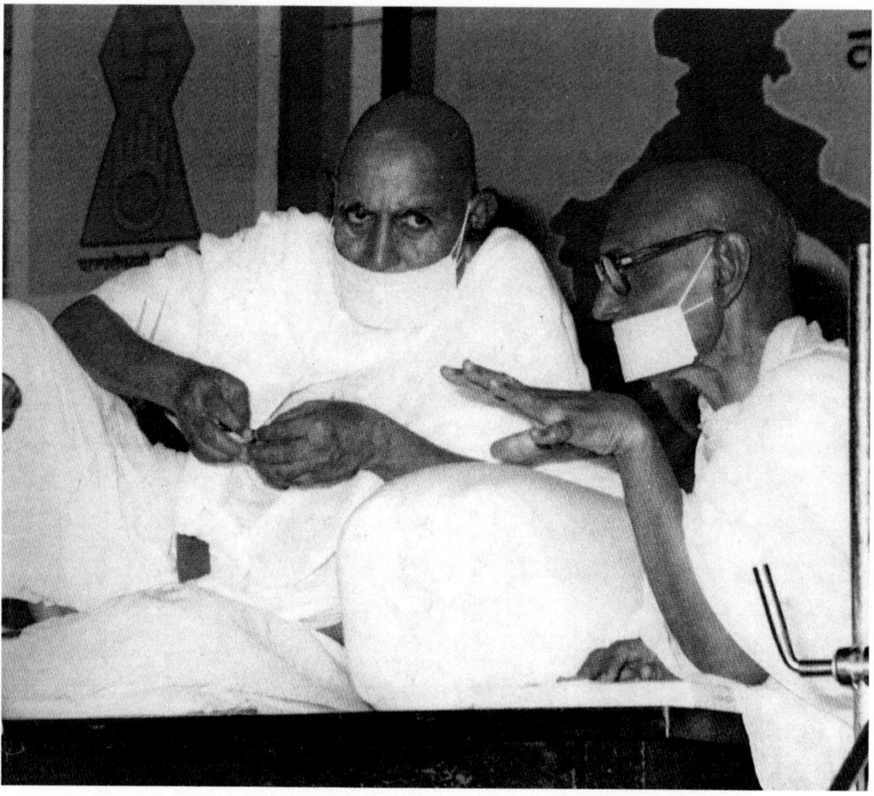

FIGURA 42: *El Xº* ācārya *terāpanthī Yuvācārya Mahāprajñā en Ladnun, 1994. (Foto: Kurt Titze. Por cortesía de la editorial Motilal Banarsidass.)*

FIGURA 43: *El IXº* ācārya *terāpanthī Tulasi y su sucesor, Yuvācārya Mahāprajñā.*

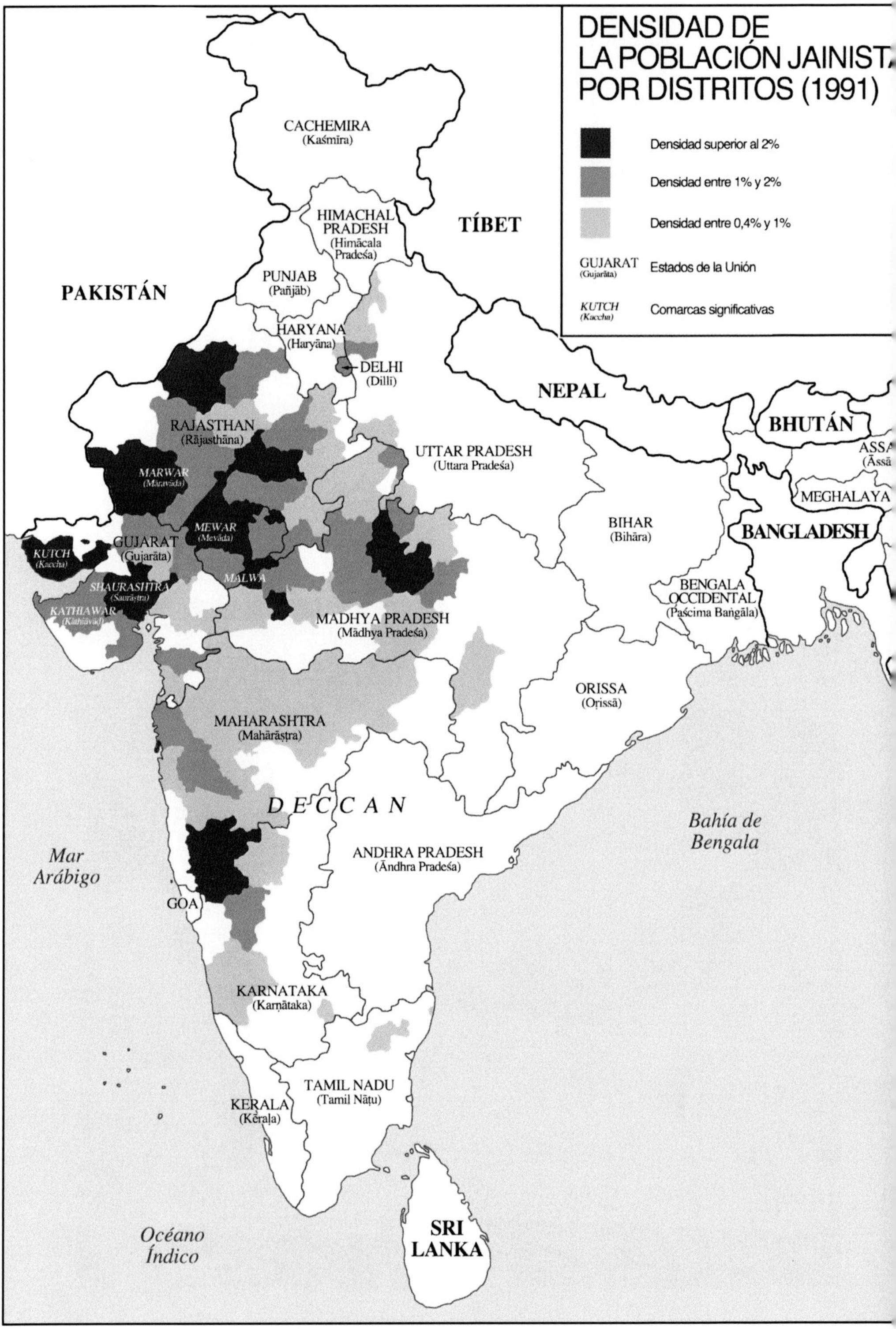


FIGURA 44: *Densidad de la población jainista por distritos. (Fuente: Agustín Pániker.)*

FIGURA 45: *Los seis hombres junto al manzano coloreados con el tinte (*leśyā*) correspondiente a su nivel de pureza espiritual. Gujarat, siglo* XVII.

FIGURA 46: *Un* nirgrantha *digambara recibiendo a un príncipe* rājput. *Pintura del Rajasthan, circa 1640. Los Angeles County Museum of Art. Donación del Sr. y la Sra. Robert L. Cunningham, Jr. (Foto: Museum Associates/LACMA.)*

FIGURA 47: *Página manuscrita de un* Kalpa-sūtra *con un* jina *junto a Indra. Jaunpur, Uttar Pradesh,* circa *1465. National Gallery of Australia, Camberra.*

FIGURA 48: *Página manuscrita de un* Kalpa-sūtra *con Pārśva como espíritu liberado. Jaunpur, Uttar Pradesh,* circa *1465. National Gallery of Australia, Camberra.*

# LÍDERES CARISMÁTICOS

A partir del siglo XIII empezamos a encontrar pensadores, reformadores y líderes que no fueron ascetas, sino laicos, al estilo de Loṅkā Śāha. Este hecho tuvo sus predecesores, por ejemplo, en el filósofo y erudito digambara Āśādhara (siglo XIII). Otros casos de laicos iluminados fueron los de los hermanos Vastupāla y Tejaḥpāla, ministros de los reyes Vāghelā.

## BANĀRASĪDĀSA

Sin duda, el laico más aclamado de todos ha sido el genial poeta Banārasīdāsa (1586/1643), miembro de la importante casta de los *śrīmālīs* de Agra (Āgarā). Por tradición, gravitaría alrededor de algún *gaccha* śvetāmbara, pero lo cierto es que su juventud fue poco "espiritual". De forma inusual para un miembro de una casta comerciante, compaginaba amores y estudio. Con el tiempo Banārasīdāsa comenzó a adoptar las costumbres del laico ideal: culto a los *tīrthaṅkaras*, práctica de la meditación y las restricciones alimenticias clásicas. En 1623 se unió a un grupo de comerciantes neo-digambaras de Agra llamado Adhyātma. Sus miembros estaban interesados en la realización del espíritu interior (*adhyātma*), siguiendo las enseñanzas místicas de Kundakunda. El propio Banārasīdāsa se convirtió en traductor de la obra de Kundakunda al hindi. En este marco Banārasīdāsa sufrió un notable cambio, una verdadera transformación espiritual, que le llevó a una conducta un tanto extravagante. Incluso llegó a romper sus votos y fue denostado por la comunidad mercantil. La principal crítica de Banārasīdāsa iba dirigida a los *bhaṭṭārakas* y al exceso de ritual de templo. Para Banārasīdāsa la auténtica adoración tenía que ser interna. No obstante, la lectura de Nemicandra –y su modelo de progresión espiritual en catorce peldaños [véanse págs. 482-485]– le proporcionó el marco para poder incluir también la religión más "exotérica" y ritualista como parte preliminar del progreso espiritual.

Su obra capital es una especie de autobiografía llamada *Ardhakathānaka*. Además, escribió mucha poesía en hindi. Su poema *Samayasāra-nāṭaka* dramatiza la batalla que el héroe –el *jīva*– tiene que disputar para vencer al villano –el *karma*–. Su principal seguidor fue el *paṇḍita* Ṭoḍarmal de Jaipur. Aunque el grupo Adhyātma no sobrevivió más de un siglo, sus posiciones serían luego adoptadas por la orden digambara Terahapanthī.

Banārasīdāsa ejemplificó a la perfección el ideal del laico que, independizado de la influencia de la comunidad ascética, se permite tomar el rumbo de su propia progresión espiritual.* Por mucho que los textos de los ascetas

* Banārasīdāsa se enmarca en la amplia corriente conocida como la tradición de los santos (*sant-saṃpradāya*). Se trató de una corriente de santos-poetas devocionales de distintas tradiciones religiosas –hinduismo, jainismo, sijismo–, castas –predominantemente bajas–

digan lo contrario, es obvio que siempre ha existido –hoy de forma palpable– una corriente laica que ha trascendido con mucho el rol de mero soporte material de los ascetas. Banārasīdāsa ilustra este modelo en el que los ascetas, de hecho, apenas toman parte.

## RĀJACANDRA

En línea directa de Banārasīdāsa tenemos a quien es, tal vez, el más aclamado laico de los tiempos modernos: Rājacandra Rājīvbhāī (1867/1900), también conocido como Raychand [ver FIG. 38]. Nació en Gujarat, en el seno de una familia sthānakavāsī por el lado materno y vishnuista por el paterno. Emigró a Bombay (Mumbāī) donde fue un joyero reputado. Allí escribió su obra principal, el *Ātmasiddhi*, un breve poema en el que resume su interpretación del jainismo para estos tiempos de la Edad Triste.

Para Rājacandra, el jainismo estaba deteriorado a causa de las rivalidades sectarias y de su excesiva dependencia de los ritos. Se declaró abiertamente en contra de la renuncia institucionalizada o "religión del bozal", como él la llamaba. Aunque condenó la idea de que el culto a los ídolos o los bozales pudieran llevar a la salvación, aceptó que tales prácticas pudieran ayudar en la progresión espiritual. Propuso un modelo universalmente válido, basado en una vida virtuosa y, muy especialmente, en la práctica de la meditación en el espíritu. Siguiendo a Kundakunda, Rājacandra sostenía que el espíritu es eterno y capaz de liberarse. La emancipación se da cuando uno aprehende que lo único que verdaderamente *es*, es el *jīva*.

Hacia el final de su vida llevó un tipo de vida próxima a los ideales monásticos. Murió joven, quizá, como Paul Dundas sospecha, por los efectos de sus continuos ayunos.[13] Un *āśrama* ha sido construido en su honor en Idar (Īḍara), en Gujarat, y a él acuden miles de jainas que lo tienen como el mayor santo de nuestra era. Hay quien dice que alcanzó la omnisciencia –algo imposible según la doctrina tradicional– y hasta quien lo considera el vigesimoquinto *tīrthaṅkara*. Rājacandra es reconocido por su influencia sobre el joven Gandhi, a quien merece que dediquemos un comentario en este apartado.

## GANDHI

La contribución de Mohandās Karaṃcand Gandhi (1869/1948) en la construcción del Estado indio independiente, primero como opositor al colonialismo británico, y luego como ideólogo de la futura nación india, es cono-

---

y regiones –zonas de habla hindi, puñjabí y maharashtri– que vivieron entre los siglos XIII y XVIII. Entre los *sants* marathis tenemos a Jñāneśvar (siglo XIII) o Tukārāma (siglo XVII), seguidores del culto a Viṭhobā. Entre los *sants* hindis y puñjabíes, un grupo más heterogéneo, tenemos a Kabīr (siglos XV/XVI, –con quien Banārasīdāsa comparte estilo–), Nānak (siglos XV/XVI, –primer *guru* del sijismo–) o Dādu (siglo XVI). Lo que les unía era su alabanza a un Absoluto incualificable (*nirguṇa-brahman*) y una actitud bastante anticlerical.

cida de todo el mundo. Su discurso y persona ejemplifican a la perfección uno de los lenguajes políticos clásicos de la India: el idioma de la "santidad". Los hombres que hablan este idioma suelen escoger la ascesis y demás valores renunciatorios, y aunque se sitúan en los "márgenes", han estado muy presentes en la vida pública y en el espíritu de los políticos, como una especie de punto de referencia.[14] Se trata de la transposición política de los valores brahmánicos de la renuncia, la pureza, la no-violencia, la castidad y la ascesis, unos valores que, subrayémoslo, están igual de enraizados en el jainismo. Más allá de sus contradicciones, Gandhi fue el renunciante en política o el político asceta. Y precisamente porque encarnó los valores renunciatorios fue también considerado un líder espiritual, una gran alma (*mahātma*).

Miembro por nacimiento de la gran casta *baniā* [véanse págs. 317-319], Gandhi creció imbuido por los valores y las maneras del devocionalismo de los *baniās* de Kathiawar (Kāthiāvāḍ), en Gujarat, una religiosidad fundamentalmente vishnuista con poderosas influencias jainistas, islámicas y del neohinduismo del siglo XIX. Estudió derecho en Inglaterra y allí conoció la versión teosófica en inglés de la *Bhagavad-gītā*, una lectura que le impresionó profundamente. En Inglaterra se familiarizó también con el cristianismo, el racionalismo ilustrado y el liberalismo del XIX. Trabajó veinte años como abogado en Sudáfrica, donde comenzó a poner en práctica sus ideas.

Políticamente, la no-violencia gandhiana se traduce en la acción de desobediencia civil y no-cooperación. Es un tipo de práctica heroica, como la del *tīrthaṅkara*, que exige un autocontrol insuperable. Pero el gandhismo es algo más hondo que una acción política. Es un pensamiento religioso, enraizado en la propia vida del *mahātma*, con no pocas injerencias jainizantes.

La relación entre Gandhi y Rājacandra comenzó allá por 1884, cuando el abogado todavía no vivía en la India. A su regreso, el joven Gandhi tomó a Rājacandra como su principal maestro. El *mahātma* siempre reconoció su deuda con Rājacandra:

> «He conocido a muchos maestros de religión y personalidades religiosas notables. He procurado conocer a los cabezas de los diversos credos, y puedo afirmar que nadie me ha causado una impresión tan profunda como la que produjo en mí Raychandbhai.»[15]

El mensaje fundamental que recibió de Rājacandra fue que la religión (*dharma*) era el proceso por el cual el espíritu individual (*jīva, ātman*) gradualmente se emancipaba de las ataduras materiales (*karma*) para realizar la liberación (*mokṣa*). Versado en la doctrina jainista de la pluralidad de enfoques filosóficos (*anekāntavāda*, [véanse págs. 368-372]), Rājacandra le proporcionó el utensilio hermenéutico para sostener la "tolerancia" religiosa típica del gandhismo. Para el *mahātma* el hinduismo era una especie de *metarreligión* que incluía las diferentes expresiones teístas de la India –shivaísmo, vishnuismo–, así como el budismo o el jainismo. Este sustrato espiritual panindio tenía que vehicular el Estado-civilización hindú. En muchas ocasiones Gandhi confesó que gracias a la filosofía jainista había establecido la unidad de todas las religiones:

> «Yo soy un *anekāntavādi*. Está implícito en la filosofía Vedānta, mientras que en la filosofía jainista está expresado explícitamente.»[16]

La tolerancia que miró de impartir sería la expresión de los tres pilares en los que ancló su filosofía: no-violencia (*ahiṃsā*), verdad (*satya*) y continencia (*brahmacarya*). Christopher Key Chapple matiza que los fundamentos del movimiento de resistencia gandhiano, esto es, la determinación de alcanzar la verdad (*satyāgraha*) y la no-violencia activa (*ahiṃsā*), brotan directamente de los dos primeros votos de los jainistas.[17] No obstante, Gandhi también basó su noción de no-violencia en una lectura bastante personal de la *Bhagavad-gītā*, a la que añadió bastantes tintes cristianizantes, quizá sin ser del todo consciente. En cualquier caso, Gandhi insufló la política con estos valores renunciatorios, o, dicho de otro modo, de un *dharma* universal basado en los valores de la renuncia. Este ideal renunciatorio fue encarnado por él mismo, y este arquetipo, para la India, es mucho más poderoso y legítimo que cualquier pretendida unidad étnica, lingüística, geográfica o histórica.

Gracias a la universalidad de su mensaje, la no-violencia gandhiana ha sido desarrollada por reconocidos deudores del *mahātma*: Martin Luther King en los EE.UU., Nelson Mandela en Sudáfrica o Aung San Suu Kyi en Birmania. Por tanto, fue gracias a Gandhi como el rasgo distintivo del jainismo en su totalidad, la *ahiṃsā*, traspasó las fronteras de Asia y se dio a conocer –bien que en la particular versión gandhiana– al mundo entero. Indirectamente, Gandhi ha sido el mayor propagador de los valores del jainismo de la época contemporánea.

## KANJISVĀMĪ-PANTH

El grupo digambara que mayor auge y crecimiento ha tenido durante el siglo XX es el Kanjisvāmī-Panth, fundado por el neo-digambara Kanji Svāmī (1889/1980), originario de Gujarat.

Kanji se inició primero como asceta sthānakavāsī. Todo hacía presagiar una carrera prometedora como śvetāmbara hasta que, en 1921, descubrió los escritos místicos de Kundakunda. Luego estudió a otros digambaras como Ṭoḍarmal y Rājacandra, y se convenció de que el auténtico jainismo era el Digambara. Durante algunos años se mantuvo nominalmente como asceta sthānakavāsī. La crisis espiritual se resolvió en 1934, cuando simbólicamente se deshizo del bozal y se proclamó laico digambara.

Kanji nunca escribió. Para él Kundakunda ya había dicho todo lo que podía decirse sobre la mística jainista. Coherentemente, el mensaje de Kanji se centró exclusivamente en el *jīva*, la única entidad eterna e incondicionada. Todos los rituales o prácticas encaminadas a adquirir mérito quedaban relegados a lo mundanal, y por tanto, eran irrelevantes para el progreso espiritual. Aunque Kanji no rechazó el culto a las imágenes de los *jinas*, a medida que el laico avanza espiritualmente debe ir alejándose de este tipo de prácticas y centrarse en la meditación en el *jīva*. Incluso el valor de la *ahiṃsā* quedaba supeditado a la contemplación del espíritu.

Kanji nunca se inició como asceta digambara, bien que se mantuvo célibe durante toda su vida. En 1937 fundó en Songadh, en Gujarat, el Templo Digambara del Estudio (Digambara Svādhyāya Mandir), convertido desde entonces en la sede central y más sagrada del Kanjisvāmī-Panth. Su actitud hacia los ascetas es un tanto ambigua. Aunque formalmente el movimiento se afilia al jainismo Digambara –básicamente porque "reconoce" a los monjes digambaras–, la orden no posee ascetas propios. Siguiendo a Banārasīdāsa, el grupo de Kanji se ha mantenido básicamente como movimiento laico, dirigido por letrados laicos (*paṇḍitas*) que dan sermones y dirigen sesiones de estudio. También posee un rango de *quasi*-monjas llamadas *brahmacārīs*. La actual líder del grupo es Campābahen Matājī (n. 1924).

El Kanjisvāmī-Panth es la secta más proselitista del jainismo y, posiblemente, la que se está abriendo paso más rápidamente. A la hora de diseminar sus enseñanzas, el Kanjisvāmī, lo mismo que otros grupos neo-hinduistas, ha olvidado un tanto los métodos tradicionales de la India y ha optado por las tácticas misioneras de los protestantes. El propio Kanji viajó a Kenya para difundir su enseñanza. Gracias a la gran cantidad de dinero que recibe de sus incondicionales se organizan muchísimas actividades educativas y se publican numerosos libros y folletos. La orden está administrada por un consejo con un presidente que se elige cada cinco años. Su estilo directo, menos ligado al monasticismo, bien que impregnado del misticismo de Kundakunda, lo hacen atractivo para un elevado número de laicos. Además, es igualmente seductor para muchos jainistas de África o Europa, desde siempre más desligados de la interpretación monástica de la tradición [véanse págs. 333-335].

## EL JAINISMO Y LA MODERNIDAD

Los siglos XIX y XX fueron los de la reacción ante la convulsión causada por la intromisión de ideas europeas. El fenómeno es panindio y se dio tanto en el seno del hinduismo como en el del jainismo, el islamismo, el sijismo y hasta el zoroastrismo.

En seguida los hindúes se dieron cuenta de que el encuentro con los europeos no era un nuevo caso de dominación extranjera. Se trataba nada más y nada menos que del choque entre la noción occidental de "modernidad" y la noción hindú de "tradición". Las nuevas corrientes de pensamiento, las nuevas tecnologías, los nuevos valores sociales o la ampliación de la educación –en inglés– pusieron en jaque muchos de los valores, costumbres y prácticas de los indios. Descartadas las soluciones militares –a finales del XVIII y principos del XIX– o reaccionarias –la rebelión de 1857/1858–, las respuestas a este fenómeno pueden inscribirse en tres corrientes: 1) una "aceptación" o adhesión abierta a todo lo nuevo, como por ejemplo, un secularismo *à la occidental* o un liberalismo democrático *à la británica*; 2) una reacción "ortodoxa" o tradicionalismo enrocado, pero con asimilación de determinadas actitudes; y 3) una "solución de síntesis" o reformismo dúctil que se tradujo en el neo-hinduismo o un neo-jainismo. El término "neo-jainismo", ciertamente, es una traslación a la comunidad jainista del fenómeno conocido como "neo-hinduismo": la adaptación de la tradición hinduista a las nuevas corrientes por parte de reformadores o filósofos tan heterogéneos como Rāmmohan Roy, Svāmī Vivekānanda, Śrī Aurobindo, el *mahātma* Gandhi o Sarvepalli Radhakrishnan. No obstante, la etiqueta es útil para nuestro propósito y sirve para mostrar el paralelismo entre las distintas corrientes y comunidades indias a la hora de adaptarse a un nuevo reto.

La distinción entre estos tipos de respuestas no tiene que ver ni con dogmas ni enseñanzas, sino más bien con la forma en cómo se ligan a la tradición y en el grado de receptividad hacia lo nuevo. En modo alguno el neo-jainismo es una ruptura frontal con la tradición y el tradicionalismo es una defensa a ultranza de la misma. No siempre puede dibujarse una barrera nítida entre ambas actitudes, ya que el tradicionalismo asimiló cosas nuevas y adoptó nuevas actitudes y el neo-jainismo o el neo-hinduismo siempre han mirado de anclarse en la tradición. Un buen ejemplo lo proporciona el partido nacionalista hindú, el BJP, que entremezcla una retórica arcaizante y mitologizada, con una clara apuesta por la ciencia o las nuevas tecnologías.

Dentro del jainismo, la actitud que aquí nos interesa principalmente es la del neo-jainismo, que es la que más ha penetrado en la comunidad. Los jainas fueron pioneros en muchas de las reformas operadas en la India de los siglos XIX/XX.

## LIBRE ENTRADA EN LOS TEMPLOS

Uno de los primeros movimientos de reforma se dio entre los digambaras a principios del siglo XX. Se trató del "Movimiento pro derecho al culto" (Dasā Pūjādhikāra Āndolana). Muchas castas jainistas se subdividen en facciones *dasā* y *vīsa*, o sea, entre el subgrupo de una casta que permite las segundas nupcias a las viudas y el que no. El primero, el *dasā*, es considerado inferior al segundo, ya que permite esta práctica considerada "baja" según los criterios de pureza de la sociedad hindú. De las castas jainistas hablaremos en el próximo capítulo. Lo importante aquí es mentar que a los digambaras *dasās* les estaba prohibido el culto en el templo. El movimiento pretendía eliminar esta discriminación. Se detecta ahí un claro sentido "igualitarista" *à la occidental*, pero un sentido de todas formas accesible a la tradición, ya que el jainismo clásico posee, para los cánones indios, un tono abiertamente igualitarista. El caso es que la cuestión llegó a los tribunales, los cuales fallaron en favor de la costumbre, es decir, mantuvieron la exclusividad del culto para los *vīsas*. Como resultado, muchos digambaras se pasaron a la corriente Śvetāmbara. Durante la década de 1920, el Akhil Bhāratiya Jain Pariṣad de Delhi volvió a poner el tema sobre el tapete, esta vez con notable éxito. Desde entonces los *dasās* tienen pleno derecho al culto en los templos digambaras y han llegado a construir algunos.

## LA INICIACIÓN DE NIÑOS

Entre los śvetāmbaras de Bombay (Mumbāī) y Gujarat cuajó un potente movimiento en contra de la iniciación de niños en la orden. La práctica de iniciar niños de siete u ocho años era común, aun cuando fuera contraria a la norma jainista de que quien entra en la orden ha de hacerlo de forma consciente, sabiendo de las implicaciones de adoptar el ascetismo como modo de vida. El tema fue bien defendido por la Jain Yūvak Saṅgha de Bombay y, aunque la práctica no ha desaparecido por completo, Vilas Sangave ha destacado el fuerte impacto de la campaña y la legislación sobre la comunidad.[18]

Importante fue también la participación de los digambaras del Dakṣina Bharata Jain Sabhā en esta misma cuestión. Entre los sthānakavāsīs se ha dispuesto que los candidatos menores de edad deberán pasar por un período de cinco años de estudio en la doctrina jainista.

## LAS PUBLICACIONES JAINISTAS

Un punto de inflexión para el jainismo fue la reacción ante el trabajo de indianistas y sanscritistas occidentales. Los trabajos pioneros de Weber, Jacobi o Bühler no podrían haber visto la luz sin la inestimable ayuda de maestros –como Muni Puṇyavijaya o Vijaya Dharma Sūri– o laicos comprometidos –como Jagmanderlal Jaini–. Muchos manuscritos se guardaban celosamente en sensacionales bibliotecas que estos *sūris*, por vez primera, abrieron al mundo exterior. Una consecuencia inmediata del contacto con la indología fue un renovado interés por la historia, la filosofía y, particularmente, los textos sagrados. A partir de ese impulso la mayor parte del trabajo de recoger, editar y publicar los textos clásicos ha sido vehiculado por los propios jainistas. La segunda consecuencia fue la aparición de diarios, gacetas y revistas dedicadas a indagar en la tradición, amén de promover sus puntos de vista. La mayoría de ediciones se ha realizado en las lenguas vernaculares, aunque una parte nada desdeñable se ha redactado en inglés.

Dentro de la tradición apareció una facción de letrados y expertos contraria a esta corriente modernizadora. Se organizaron bajo el significativo lema

"Movimiento en contra de la impresión de los textos" (Śāstra-mudraṇa Virodhi Āndolana). Mantenían la posición tradicional de que el texto sagrado ha de ser leído en forma manuscrita y, lo que es más importante, ha de ser inaccesible a los no-iniciados o los no-jainistas. No obstante, esta reacción no fue lo suficientemente poderosa como para detener la corriente.

Dentro del mundo estrictamente académico, los jainistas se han convertido en los mejores promotores de la *jainología*. Coherentes con su proverbial amor por los libros se han establecido multitud de centros de investigación y estudio. Entre los eruditos contemporáneos destacan A.N. Upadhye, H.L. Jain, D. Malvania, K.K. Dixit o N. Tatia, muchos de los cuales han gravitado alrededor del emblemático L.D. Institute de Ahmedabad.

## EL PESO DEL RACIONALISMO

Otro reto que el jainismo iba a afrontar era el de ver desgranada su tradición bajo un prisma académico, científico y racionalista, que en ocasiones ponía en tela de juicio muchos de sus puntos de vista o creencias centenarias. No estoy hablando de las críticas de misioneros, evangelizadores o historiadores victorianos –bien contrarrestados por asociaciones como la Bhāratavarṣīya Digambara Jaina Mahāsabhā–, sino del muchas veces caluroso y amistoso enfoque de gente como H. Jacobi o A. Guérinot. Quizá no pueda hablarse de un neo-jainismo de la misma forma que un neo-hinduismo, pero está claro que el jainismo ha realizado una callada pero profunda reestructuración a los tiempos modernos y a los enfoques racional-científicos. De ahí movimientos como el Aṇuvrata, de ahí la recuperación de la mística y la meditación, de ahí fenómenos como el Kanjisvāmī. Como resultado, hoy la élite intelectual jainista dedica ingentes esfuerzos para casar su visión tradicional del cosmos con los postulados de la ciencia moderna. Dado el carácter materialista, mecanicista y ateísta de la tradición existen parcelas de notable similitud. Empero, dada su dependencia de la Historia Universal –ciclos, mundos, biología, seres excelsos, milagros, etc.–, la tarea no siempre es sencilla.

## LA ACTITUD JAINISTA HACIA EL MEDIO AMBIENTE

Muchas de las "reformas" promovidas por asociaciones jainistas tienen que ver con el medio ambiente, la dieta vegetariana y el trato a los animales. La austeridad promovida por el jainismo puede parecer exagerada para la sociedad contemporánea. No obstante, está claro que al minimizar el consumo y la posesión de bienes, el daño causado al medio se rebaja notablemente. No es que los ascetas recomienden que todos los laicos se mantengan con los mínimos de los renunciantes, ni mucho menos; pero es indudable que el ejemplo de la frugalidad, la no-posesión o el desapego de los ascetas ha marcado poderosamente las formas y la percepción de la comunidad laica.

# *Parte VIII*
# Sociología

Las religiones son hechos sociales. Desde luego, no son *únicamente* fenómenos sociales –pensemos en la mística, por ejemplo–, pero ello no invalida el aspecto funcional e integrador de lo religioso. Sociedad y religión conforman un cúmulo indisoluble –más aún en el universo indio–, en perpetua agitación e interfecundación, aunque ninguna de las dos nociones pueda reducirse a la otra. Es principalmente en esta Parte donde el discurso histórico e indológico tiene que contrastarse con el sociológico. Sumergiéndonos en el magma social de la comunidad jainista dentro del Sur de Asia podremos comprender mejor al jainismo contemporáneo y las señas de identidad de esta comunidad. Ahondar en el jainismo obliga a entrar en el fascinante universo de la antropología de la India.

Lo primero que salta a la vista es que los jainistas no forman un grupo social fácilmente identificable, con márgenes bien definidos. La comunidad jainista es porosa y difusa. No representa a un colectivo aislado del resto de la sociedad india que se distinga simplemente por su adhesión a unas prácticas y creencias específicas. Ni siquiera la "comunidad" está muy unida entre sí. Inmersos como han estado durante toda su historia en un océano eminentemente brahmánico/hinduista, los jainistas han ido adoptando señas de identidad típicas de la India hinduista. En realidad, los textos no impiden ninguna adecuación a todo lo que sea secular; a todo lo que no sea soteriológico. Ya lo decía Somadeva Sūri:

> «Todas las normas mundanales [aquellas que no están relacionadas con la salvación] son válidas para los jainistas, mientras no entren en contradicción con la "correcta visión" ni violen los votos religiosos.»[1]

De ahí que muchos rasgos culturales regionales o panindios se encuentren presentes también entre los jainistas. Esta adecuación a las costumbres, normas y expresiones locales contribuyó decisivamente a que el viejo movimiento shramánico jainista llegara hasta nuestros días. Sólidamente enraizado en la cultura local, el jainismo resulta tan indio o hindú como el hinduismo.

Un asunto más problemático, *a priori*, suponía la adecuación al sistema de clases socioespirituales (*varṇas*) y castas (*jātis*) de la India, dada su patente dependencia de los valores brahmánicos. La casta es una realidad muy compleja que es preciso estudiar con cierto detenimiento. Para asimilar la cuestión es prudente realizar primero [capítulo 20] una somera inmersión en la ideología brahmánica. Luego podremos repasar la forma cómo el jainismo se adaptó al patrón predominante. Finalmente, entraremos en las castas propiamente jainistas. En el siguiente capítulo [el 21], abordaremos la situación y posición de la comunidad hoy, su relación con el entorno, así como la forma como se percibe a sí misma. Trataremos, asimismo, el papel y la situación de la mujer dentro de la sociedad jainista, un aspecto clave en la composición y transmisión del jainismo. También dedicaremos un pequeño apartado para estudiar el interesante fenómeno del jainismo de ultramar.

# 20. LAS CASTAS JAINISTAS

## LAS CLASES SOCIOESPIRITUALES (*VARṆAS*)

Como avanzamos, antes de pasar a responder el interrogante con el que abríamos esta Parte –¿cómo se adecua el jainismo a la sociedad india?– es obligatorio repasar, aunque sea brevemente, cuáles son las características de la peculiar sociedad de castas de la India.

Ya sabemos que la antigua ideología védica concebía cuatro –o cinco– grandes clases sociales (*varṇas*), cada una con un rango espiritual preciso. El orden de la jerarquía, de mayor a menor, es el conocido: *brāhmaṇas, kṣatriyas, vaiśyas* y *śūdras*. Se añade, o simplemente se omite, la categoría de unos seres tan impuros que quedan excluidos o descastados, los llamados "intocables".* Son los que están por debajo de la llamada "línea de pureza".

Se decía en un famoso himno del *Veda* que las diferentes clases habían surgido del desmembramiento del Ser Cósmico primigenio, el Puruṣa o Prajāpati.[1] Por tanto, el establecimiento de estas clases, claramente jerarquizadas y con funciones específicas, había sido obra del Creador. Mantener ese orden microcósmico (*dharma*) equivalía a armonizarse con el orden macrocósmico (*dharma, ṛita*). Igual que los sacrificios védicos emulaban y hasta *constituían* el ordenamiento del universo, el respeto del orden social replicaba la cadencia del cosmos. Aun olvidado el concepto del Puruṣa védico, los *brāhmaṇas* del hinduismo clásico y moderno mantuvieron el mismo modelo –con mayor rigidez, si cabe– y simplemente sustituyeron al demiurgo por alguno de los grandes dioses ascendidos a lo más alto: Brahmā, Viṣṇu o Śiva.

Una noción crucial en la ideología brahmánica es que el deber y la ley que rige en la sociedad –el *dharma* en su sentido restringido–, no es universal.

* Los indios educados los agrupan bajo la voz "clases clasificadas" (*scheduled classes*) o "clases atrasadas" (*backward classes*), aunque esta última no designe únicamente a los intocables sino que incluye a gran cantidad de castas tradicionalmente consideras *śūdras*. Siguiendo a un santo gujarati del siglo XVI Gandhi los llamó "hijos de Dios" (*harijans*), aunque hoy muchos de ellos prefieren llamarse a sí mismos los "oprimidos" (*dalits*).

Existe, ciertamente, un *dharma* patronímico, sin duda el de los *brāhmaṇas*, pero la correcta conducta (*dharma*) es algo propio (*sva*) y específico según la clase social (*varṇa*). Para la *Manu-smṛiti*, los *dharmas* particulares para las cuatro grandes divisiones sociales son: la enseñanza y el estudio del *Veda* para los *brāhmaṇas*, la protección de la sociedad para los *kṣatriyas*, la agricultura y el comercio para los *vaiśyas* y el servicio a los demás para los *śūdras*.[2] Eso tiene que casar con el estadio de la vida (*āśrama*) en que se encuentre cada persona: estudiante del *Veda*, cabeza de familia, ermitaño o renunciante. También hay que tener en cuenta la familia (*kula*) o el país (*deśa*). En otras palabras, el *dharma* no es igual para todo el mundo. No existe una moral universal, al menos en la sociedad de la Edad Corrupta (*kali-yuga*). El comportamiento de cada individuo debe ajustarse a su clase socioespiritual, la edad, el sexo, la tradición familiar, la regional, el estadio de la vida y las ordenanzas reales. El conjunto conformará el *dharma* propio (*svadharma*) de cada persona. Y hasta tal punto es importante cumplir el *svadharma* que:

> «Es mejor realizar el deber propio, aun de forma incompleta, que el deber ajeno, aun de forma completa; pues aquel que vive de acuerdo al *dharma* de otra clase queda automáticamente excluido de la suya».[3]

Un hombre debe seguir el *dharma* propio de los hombres y no el de las mujeres. Un *brāhmaṇa* no puede comportarse como un *śūdra*; ni un ciudadano como un campesino... ¿Por qué la gente tendría que guiarse según un patrón universal? La percepción brahmánica de la sociedad es resueltamente no-igualitaria. Las personas son distintas. Eso atañe tanto al cuerpo, a la psique como a la capacidad espiritual. Y uno no nace casualmente en una clase espiritual determinada, sino como consecuencia de la ley del *karma*. Los de alto rango poseen un cuerpo, una mente y un espíritu luminoso (*sattva*), por lo que tienen inclinación a las ocupaciones espirituales. Por nacimiento, el *brāhmaṇa* está cualificado (*adhikāra*) para el estudio del *Veda*, su transmisión o la ejecución de los ritos tradicionales. Ése es su *svadharma*. En cambio, desde el punto de vista brahmánico, el que un intocable entrare en un espacio sagrado o escuchare el *Veda* es contrario al orden de las cosas; es adhármico.

Los Tratados sobre la Ley (*Dharma-śāstras*) no obviaron ni el más mínimo detalle a la hora de describir los deberes, ritos, prohibiciones o recomendaciones para cada una de estas clases, especialmente los concernientes a la de sus autores: los *brāhmaṇas*. Nada se dejó al libre albedrío. Ahí se describen los estudios adecuados, el tipo de dieta, la pareja más conveniente para el matrimonio, las obligaciones rituales, hasta los más ínfimos detalles –cómo enjuagarse la boca tras la comida o en qué dirección mirar al estornudar–. Dice Guy Sorman que la sociedad de clases minuciosamente delimitada y estructurada por los *brāhmaṇas* sería la "solución india" para organizar una sociedad sin Estado.[4] Algo de razón tiene. Empero, Mahāvīra, como la mayoría de *śramaṇas*, no aceptó las explicaciones teológicas de los *brāhmaṇas*. Por lo menos, no les hizo demasiado caso. Ni los *brāhmaṇas*, ni la tradición sagrada en la que se basaban, ni los sacrificios que emulaban el acto creativo del Puruṣa, tenían legitimidad para los jainistas. Cualquier concepción de la sociedad según cualesquiera de estos elementos sería cuestionada por el jainismo.

## LAS CASTAS (*JĀTIS*)

Sin embargo, el jainismo no podía dar la espalda a la realidad social de la India. Y el tejido social indio está compuesto no por cuatro o cinco clases sino por varios miles de unidades endogámicas que los portugueses del siglo XVI llamaron "castas". Ese término probablemente traduzca la voz sánscrita *jāti*, que literalmente significa "nacimiento".[5]

El *jāti* es la primera característica, y la más evidente, de la casta. Uno *nace* en una determinada casta porque es hijo o hija de padre y madre de la misma casta. La casta es de por vida; se hereda. Casta es el nacimiento (*jāti*) en un determinado sub-sector social. Por norma, los miembros de una casta poseen los mismos apellidos y suelen remontar su origen a un mismo ancestro humano o divino. Estos antepasados y protectores de la casta son propiciados regularmente. Por tanto, la regla principal de la casta es la *endogamia* o *isogamia*: el matrimonio entre miembros de la misma casta, aunque en el Norte de la India haya cierta tendencia a la hipergamia [véase más adelante].

El segundo punto a notar es la *ocupación tradicional* de cada casta. Hay castas de carpinteros, de escribas, de ganaderos, de sacerdotes, de barberos, de basureros, de prestamistas, etc. Por tanto, si el primer aspecto separa claramente a los grupúsculos, el segundo tiende a conectarlos, pues en la sociedad todas las profesiones y oficios están obligadas a cooperar. La ocupación tradicional tiende a relajarse en los medios urbanos de hoy, en parte por la aparición de profesiones nuevas –y por tanto, ritualmente neutras–. Pero aunque uno puede ser de la casta de los herreros y dedicarse a la agricultura o a la venta de rickshaws, eso no le eximirá de seguir siendo un "herrero", puesto que nació de padre y madre "herreros".

El tercer punto tiene que ver con toda una serie de *costumbres culturales*. Los miembros de una misma casta adoran a las mismas divinidades, participan en determinados festivales, siguen ritos concretos y según normas específicas, visten de manera característica, suelen tener dietas particulares, a veces apoyan a órdenes religiosas definidas y hasta puede que hablen un dialecto propio.

Quizá el aspecto que delimite mejor las fronteras de casta, aparte las reglas de matrimonio, sea la *comensalidad*. Los miembros de una casta sólo comparten alimentos cocinados y servidos por miembros de su misma casta o ligeramente superior o inferior. Igualmente, la *dieta* es un baremo primordial.

Los tabúes alimenticios –propios de cada casta– y las reglas de "etiqueta" gobiernan poderosamente las relaciones entre castas.

Normalmente, toda casta posee una organización local (*pañcāyata*) que regula y castiga el comportamiento de la comunidad. Pero en realidad todo el mundo "vigila" que se respete el orden, pues todo el mundo sabe el nacimiento de cada cual. La casta no se camufla. El *pañcāyata* de la casta dominante del pueblo –normalmente, la más populosa y la que detenta el poder de la tierra–, tiende a erigirse en árbitro en casos de litigios intracastales. Esta peculiaridad explica la proverbial desconfianza del pueblo hindú hacia sus dirigentes, su predilección por sistemas de gobierno más autárquicos o anarquizantes y su perspicacia a la hora de discenir entre justicia e igualdad –contrariamente a los occidentales, que frecuentemente las confunden–.[6]

En suma, la casta es una unidad homogénea con un fortísimo sentido de "comunidad", de "clan" y hasta de "familia". En verdad, el Estado indio gobierna tanto sobre "ciudadanos" como sobre "comunidades", de las que hay censadas cinco mil. Existen castas de unas centenas de individuos circunscritas a una pequeña comarca, mientras que otras son inmensas, con varias decenas de millones de personas, diseminadas por varios estados. En este último caso, existen subdivisiones de primer, segundo, tercer y hasta cuarto grado. Esas subdivisiones, normalmente llamadas sub-castas, forman las verdaderas unidades endogámicas. En otras palabras, las castas que no están segmentadas forman el *jāti*. En las que sí lo están, la unidad endogámica, el *jāti*, es la sub-casta.

Principalmente, ha sido a través de la casta como la civilización india ha sido capaz de encapsular simultáneamente a las miles de comunidades lingüísticas, culturales y étnicas que la componen. Aquí también entra en juego el carácter ecléctico –más que proselitista– de la espiritualidad hindú y la falta de una teología o ideología unificadora. De ahí que esta civilización sea tan poco monolítica, tan polimorfa y pueda contener todos los niveles culturales, económicos y tecnológicos posibles. Gracias a la cerrazón en sí mismas las distintas comunidades han podido conservar su identidad, a la vez que interactuar con las demás. Sólo en la India uno puede vestir como quiera, comer lo que quiera, rezar a quien quiera sin que nadie le importune. Es importante evaluar el sistema de castas no sólo en términos de injusticia social. La casta ayuda a preservar las identidades, da seguridad y cobijo a sus miembros, y ofrece una cierta impermeabilidad ante influencias foráneas.

En vez de eliminar –solución colonial occidental–, o expulsar –solución sínica–, o convertir –solución islámica–, la India ha tendido a incluir y asimilar bajo la forma de la casta. Pero la casta no se asimila llanamente. El modelo preferido por la India ha sido la jerarquización. Y ahí es donde la ideología brahmánica interfiere e interviene en la estructura social.

## CASTA Y CLASE

En efecto, el *quid* de la cuestión es establecer qué relación hay entre estas miles de castas y las cuatro clases socioespirituales de las que hablan los tratados brahmánicos. Porque según la concepción brahmánica del tema –y recordemos que los *brāhmaṇas* definen, en todos los sentidos, la autoridad–, el *jāti* debe legitimarse por el *varṇa*, que es el orden trascendente prescrito en el *Veda*. Las cuatro clases funcionan a modo de esquema panindio.

La explicación brahmánica tradicional dice que los *jātis* surgieron del matrimonio cruzado entre miembros de distintos *varṇas*.[7] Así, la casta de los carpinteros, la de los tallistas o la de los *caṇḍālas* surgen respectivamente de la unión de un hombre *śūdra* con una mujer *vaiśya*, *kṣatriya* y *brāhmaṇa*. Obviamente, esta respuesta es un ardid para explicar la denostable confusión del orden de clases que impera en estos tiempos del *kali-yuga*. Y sirve para resaltar la absoluta trascendencia del *brāhmaṇa*-renunciante que ha roto con la abominable sociedad del desorden. Pero no nos funciona para homologar casta y clase. Los historiadores rechazan la teoría del matrimonio inter-*varṇa* como explicación al desarrollo de los *jātis*.[8]

Algunos han visto en todo el asunto un matiz racista. Puesto que *varṇa* literalmente significa "color",[9] la sociedad tradicional de *varṇas* sería algo así como un *apartheid* brahmánico, y las castas representarían –al menos en su origen– a colectivos de distintas etnias. Los de complexión clara serían los nobles (*āryas*), los de piel oscura, los esclavos (*dāsas*), y así sucesivamente. Sin embargo, una lectura etnicista del tema parece demasiado reduccionista. No es que la sociedad hindú no tenga en cuenta la raza o la etnia, sino que, como Thomas Trautmann ha dicho, no es ni mucho menos obvio que *varṇa* signifique complexión.[10] El color al que se refieren los tratados brahmánicos es simbólico: remite a la pureza interior, a la cualidad espiritual.

La cosa es mucho más compleja. Según Louis Dumont, la jerarquía de clases y castas tiene como base la pureza/impureza de las personas y sus costumbres.[11] Según McKim Marriott, remite a las relaciones de dependencia y las transacciones que se establecen entre las castas.[12] La realidad parece ser una combinación entrambas. A la hora de jerarquizar la casta –esto es, de homologarse con la jerarquía de los *varṇas*–, entran en juego factores como el poder económico, la posesión de la tierra, la relación de dependencia, amén de los criterios brahmánicos de pureza. De otra forma no podría concebirse que un *rājput*, que es invariablemente carnívoro, guerrero, bebedor y cazador –parámetros todos altamente impuros según el criterio brahmánico– sea considerado un noble *kṣatriya*.

Debido a la necesidad de homologación existe una cierta confusión, incluso en la India, entre casta (*jāti*) y clase (*varṇa*). Muchos indios hablan a menudo de los *jātis* en el lenguaje de los *varṇas*.[13] Y buena parte de los malentendidos occidentales acerca de la sociedad hindú también se debe a que en lenguas europeas suele utilizarse la misma palabra "casta" para traducir indistintamente *varṇa* o *jāti*. Empero, estimo indispensable distinguir las nociones y por ello traduzco *varṇa* por "clase" y *jāti* por "casta" o "sub-casta".*

## LA JERARQUÍA Y LA MOVILIDAD

Debido a la necesidad de asimilarse con las clases socioespirituales, de alguna forma todas las miles de castas están jerarquizadas, de ahí que exista una clara noción de castas *superiores* y castas *inferiores* o castas *centrales* y castas *periféricas*. Por supuesto, un individuo puede tratar de camuflarse en una casta superior a la suya por nacimiento, de forma consciente o inconsciente. La emigración a otro lugar, a una ciudad con nuevas posibilidades de ocupación, por ejemplo, es una de las formas de mejorar el rango –si se tiene éxito–. Pero para quien no emigra es virtualmente imposible cambiar el estatus. Tendría que modificar drásticamente sus hábitos alimenticios, su forma de hablar y expresarse, la ocupación, las divinidades que adora, sus vestimentas, su nombre y apellido... Y lo más importante: su posibilidad de elección matrimonial será prácticamente nula.

Las cosas así, la jerarquía está más o menos clara en lo que respecta a los extremos. Nadie cuestiona en la India que un experto en sánscrito, un letrado (*paṇḍita*), es un *brāhmaṇa* de altísimo rango, por pobre que sea. Ni nadie duda que un curtidor de piel (*chamār*) es un intocable, aunque sea un potentado industrial –bien que, dicha sea la verdad, contados son los intocables que acceden a niveles altos de riqueza–. En cualquier caso, el asunto está menos claro en los vastos niveles intermedios. Las correlaciones aquí son a veces muy forzadas. El hecho es que si un *individuo* no puede mejorar el rango, sí puede hacerlo la *casta* o la *sub-casta* en bloque. La cosa podría ir así.

En un momento dado, un grupo o parte de un grupo renuncia a unas prácticas consideradas degradantes e impuras por el lenguaje brahmánico, homologa sus ritos con los de la tradición sánscrita de los *brāhmaṇas,* se vuelve vegetariano, prohibe las segundas nupcias para sus viudas, adopta nuevos votos y privaciones purificadoras que elevan el rango, comienza a dejar de relacionarse con los considerados muy impuros y hasta puede que modifique el nombre de casta. Posiblemente, el punto de inflexión se dé cuando ya pidan una dote elevada por un novio casadero. El hecho es que, tras algunas generaciones, estarán reclamando un rango superior al que los demás les otorgan. Generalmente, el cambio de rango prospera si simultáneamente ha habido una

* Como puede desprenderse, ni las clases ni las castas tienen que ver con lo que en Occidente se entiende por "clase social", una cuestión que se rige fundamentalmente por criterios económicos y que también existe en la India, como tercero en discordia. La idea de clase alta según la concepción brahmánica tiene que ver principalmente con el rango y con una serie de privilegios y obligaciones *rituales*, y no con el nivel de riqueza.

mejora económica por parte del grupo y una participación política más activa.[14] En otras palabras, el colectivo ascenderá si además de ajustarse a los cánones brahmánicos del lenguaje de la pureza, se ajusta a los cánones socioeconómicos del lenguaje del dominio. Curiosamente, la "bendición" la otorgan los liturgistas *brāhmaṇas*, normalmente cuando ya aceptan oficiar los ritos del grupo en cuestión. A partir de ese momento los miembros de este colectivo pasarán a ser considerados *kṣatriyas*, por ejemplo, en vez de *śūdras*, y sus miembros llevarán el distintivo "cordón sagrado" de los de alta clase. Las otras secciones del grupo que, en el lenguaje del gran sociólogo M.N. Srinivas, no brahmanizaron o sanscritizaron sus costumbres,* serán consideradas ritualmente más bajas. Habrá nacido así una nueva sub-casta o una nueva casta. Como el trabajo de Srinivas ha mostrado, este proceso de fragmentación ha sido una constante de la sociedad india.[15]

El *cliché* de una sociedad estancada, inmóvil y despiadada proviene tanto del modelo ofrecido en los *Dharma-śāstras* brahmánicos –sólo preocupados en justificar la superioridad de los *brāhmaṇas* y de poco fiar como reflejo de la sociedad–, como de la percepción colonial. Y no puede pasar por alto que gracias a ello los europeos pudieron justificar su política imperial y la siempre esgrimida superioridad moral. Lo cierto es que los censos de población que hicieron los británicos lograron una osificación y un efecto faccionalista perniciosos para la sociedad hindú. Es el Estado moderno el que precisa de unas categorías rígidas y delimitables para poder gobernar a distancia, y, en la India, la categoría que era susceptible de ser medida, definida y petrificada, era la casta. Esta estrategia, combinada con el carácter ciertamente estático de las clases hindúes más altas, nos ha legado una visión bastante desenfocada de la sociedad india.

## LA POSICIÓN JAINISTA

### ACEPTACIÓN DE LA CASTA

Lo importante a retener en toda esta explicación sobre las castas y las clases es que el jainismo en modo alguno elimina la casta. O mejor; al igual que los budistas, los jainistas sí niegan –teóricamente– que el "nacimiento" tenga que ver con el rango, que el *jāti* tenga que homologarse a una jerarquía. Pero, en cambio, no negaron que existieran una serie de moléculas sociales –castas– con valor funcional. Es decir, aceptaron la realidad social de los miles de

* El *brāhmaṇa* es la medida de todas las cosas, por lo que representa el modelo que todos intentan imitar. Eso es lo que en términos antropológicos indios se denomina "brahmanización" o "sanscritización": la conformidad a las normas brahmánicas de respetabilidad por parte de los no-*brāhmaṇas*.

castas pero no la explicación teológica de las cuatro clases socioespirituales –la idea de unas "castas universales"–[16] y la pretendida jerarquía según la pureza de las personas y su nacimiento. En muchos lugares de los textos jainistas se desaprueba explícitamente la noción de que la pureza y el nivel espiritual se hereden en el momento de nacer.[17] Pero salvo esta cuestión, todas las castas jainistas comparten las características estructurales de las demás castas hindúes.

Normalmente, esto se justifica diciendo que, inmersos en el océano hinduista, es inevitable que este tipo de cosas sucedan. Muchos jainistas así lo perciben. Y ello es en parte cierto, se mentó, sólo que habría que hablar más de un *océano hindú* y no hinduista, pues todo parece indicar que la estructura social india, aún cuando se viera reforzada y legitimada por la teología brahmánica de los *varṇas*, es una realidad social anterior al hinduismo. Desde Georges Dumézil sabemos que el sistema de los *varṇas* es un viejo trazo indo-europeo de tripartición funcional de la sociedad[18] –lo hallamos también en los celtas, los iranios, los hititas, los latinos o los osetios–[19] que se superpuso a un sistema de *jātis* aborigen de la India, posiblemente originario de la civilización del Indo.[20] Dicho de otra forma, la casta es una estructura anclada en la sociedad hindú más allá de la pertenencia o no al hinduismo. El sistema de castas que hallamos en los jainistas –o entre los cristianos, los sijistas y hasta los musulmanes de la India– es una institución básicamente social.

## INTROMISIÓN DE IDEOLOGÍA BRAHMÁNICA

Sin embargo, el asunto se complica, pues existen claros indicios de teología brahmánica en las castas y los textos jainistas. Aunque es posible que durante las primeras generaciones en el jainismo no se realizaran distinciones de clase o casta, a medida que la población jainista fue extendiéndose –en número, tiempo, espacio y poder– comenzaron a infiltrarse atisbos de la influyente ideología brahmánica.

La tarea de institucionalizar unas clases socioespirituales del estilo de las de los *brāhmaṇas* se debió en gran medida al impresionante trabajo del maestro digambara Jinasena (siglo IX). Como ya sabemos, su *Ādi-purāṇa* cuenta profusamente la historia del primer *tīrthaṅkara* Ṛiṣabha. En cierto sentido, Jinasena hizo de Ṛiṣabha una especie de Puruṣa o dios Brahmā. Explícitamente lo llamó Macho Primigenio,[21] que es el sentido literal del concepto Puruṣa. Aunque el *tīrthaṅkara* no creó el universo –bien que es llamado el ordenador del mundo y señor de lo animado y lo inanimado–[22] sí creó la civilización y la sociedad humanas, lo que para el caso que nos trae entre manos, viene a ser lo mismo. Ṛiṣabha pasó a encarnar atributos idénticos a los dioses brahmánicos. Jinasena llegó a decir que, además de enseñar todas las artes y ciencias, Ṛiṣabha instituyó la división de las castas y clases socioespirituales a partir de distintas partes de su cuerpo.[23] Empero, esta división no era el reflejo del orden cósmico, como para los *brāhmaṇas*, sino una forma de organización política y social. De ahí que la clase sacerdotal no fuera creada en primer lugar. Una vez Ṛiṣabha alcanzó la omnisciencia, fue su hijo Bharata quien estableció definitivamente el orden de las castas y creó la clase de los *brāhmaṇas*.

¿*Brāhmaṇas* jainistas?

Sí. La explicación mítica que da Jinasena es un tanto ingenua, pero vale la pena comentarla. Cuenta que el emperador Bharata planeó una especie de examen sobre la *ahiṃsā* invitando a todo el mundo a palacio. Bharata se dio cuenta de que no todos los laicos eran iguales. Aquellos que entraron descuidadamente por el portal y pisotearon el jardín fueron considerados de rango inferior. Los que rechazaron la entrada hasta que se dispusiera un camino que no implicara la destrucción de vidas fueron considerados "dos veces nacidos" (*dvijas*), que es el término que los *brāhmaṇas* otorgan a los miembros de las tres clases socioespirituales superiores. Jinasena los denominó *deva-brāhmaṇas*. Seguramente, lo único que Jinasena hizo fue dar una justificación a un fenómeno social ya existente. Es posible que estos *brāhmaṇas* jainistas aparecieran como resultado de la conducta virtuosa de algún colectivo de laicos. Así es como Hemacandra (siglo XII) enfoca la cuestión,[24] posiblemente siguiendo al *Āvaśyaka-cūrṇi*. Según este texto, existía un colectivo de gente sencilla y piadosa, los *sāvagas*, quienes cada vez que veían a alguien matar algún ser vivo, lo detenían a la voz "no mates" (*māhaṇa*), por lo que pasaron a ser llamados *māhaṇas*, que es la forma prácrita de la sánscrita *brāhmaṇa*.[25]

Lo más probable, como Padmanabh Jaini sugiere, es que la aparición de una clase de *jaina-brāhmaṇas* esté conectada con la conversión al jainismo de miembros de castas *brāhmaṇas*.[26] Desde los inicios del jainismo multitud de individuos de la clase sacerdotal hinduista han entrado a formar parte de la comunidad jainista –recordemos a los once *gaṇadharas*–. En términos religiosos, que un *brāhmaṇa* se convirtiera al jainismo significaba que renunciaba al ritual védico y al rango que los ritos le pudieran aportar. Pero en términos sociales –y hasta biológicos– el *brāhmaṇa* se mantenía como tal: un ser luminoso y puro. Esta adecuación es compleja, pues vemos que ese jainista, que no puede ser un *brāhmaṇa*, simultáneamente lo es. Y gracias a ello la comunidad jainista puede tener una categoría de laicos superior a la vez que se rechaza la supremacía atribuída a la clase/castas de los *brāhmaṇas*.

Es en el Deccan, en el seno de la comunidad digambara, donde hallamos a esa casta hereditaria de *jaina-brāhmaṇas* o *upādhyāyas*, de características muy similares a su contrapartida hinduista. Mantienen que son ellos los auténticos *brāhmaṇas* descendientes de Bharata y no los renegados *brāhmaṇas* hinduistas, apóstatas caídos de la auténtica senda espiritual. Ellos se encargaron de estudiar y preservar el genuino *Veda* y de organizar las ceremonias religiosas. Con la paulatina decadencia de la virtud, muchos *brāhmaṇas* se desviaron de la enseñanza de los *tīrthaṅkaras*. Lamentablemente, hoy la mayoría de *brāhmaṇas* de Bharata-varṣa sigue prácticas y creencias desviadas –esto es, el vedismo/hinduismo–. Aunque el número de *jaina-brāhmaṇas* es reducido, lo que cuenta es que los jainistas han acabado por poseer una noción de jerarquía idéntica a la de los hinduistas –bien que el *jaina-brāhmaṇa*, al aceptar los alimentos que se ofrecen en el culto, no puede considerarse más puro que un vulgar devoto–. Con todo, existen numerosas historias digambaras que aleccionan acerca de las consecuencias de asociarse con gente de clase baja –*śūdras*, intocables–,[27] y rarísima sería una iniciación de un *śūdra* en la orden ascética digambara.

Recordemos ahora que cuando en los textos antiguos se habla de intocables conversos, como el caso de Harikeśa [véanse págs. 183-185], no se dice que el sistema jerárquico sea injusto o abominable. En lo que se insiste es en que un nacimiento en un rango elevado no presupone un nivel espiritual alto ni vice versa. Recordemos: uno se convierte en *brāhmaṇa* por castidad, en *śramaṇa* por ecuanimidad... La retórica es efectiva, pero en modo alguno constituye un repudio de las clases; no más, como James Laidlaw ilustra con una analogía sobresaliente, que decir que un *gentleman* puede conocerse por sus formas y costumbres más que por su *pedigree*.[28]

Jinasena no fue el único en tocar la cuestión. La explicación que da Somadeva Sūri (siglo X) no es mítica, sino racional. Al abrir esta Parte citábamos que Somadeva concebía que el *dharma* del laico era dual. Por un lado, estaba compuesto por una serie de actividades mundanales (*laukika*), esto es, costumbres sociales, leyes, normas, instituciones, etc. Por el otro, una senda supramundana (*pāralaukika*), que es el verdadero camino que conduce a la liberación. Ambos *dharmas* son aceptables siempre y cuando el primero no interfiera con el segundo:

> «Para el laico [jainista] existen dos *dharmas*, el *laukika* y el *pāralaukika*. La base para el *laukika-dharma* es el mundo [*loka*], el mundo social tal y como es. La base del *pāralaukika-dharma* es el canon jainista.»[29]

Mukund Lath ha destacado la similitud de este razonamiento con las categorías occidentales de "secular" y "religioso".[30] Gracias a este utensilio hermenéutico Somadeva podía justificar la existencia de castas y clases socioespirituales por nacimiento dentro de la comunidad jainista. ¿Qué daño puede hacer al jainista, se preguntaba Somadeva, el ajustarse a las prácticas sociales o jurídicas, mientras no contradigan los votos religiosos o la correcta visión que enseñan los textos sagrados? Y dicho esto, Somadeva pasa a describir el código matrimonial adecuado para los laicos. Y el primer mandato es que el jainista despose dentro de su misma casta.

Esto ha otorgado a muchos jainistas un sentido de identidad doble. Por un lado, pertenecen a tal o cual casta. Por otro lado, poseen una identidad como jainistas. Somadeva entendió que era imposible eliminar el sentido de pertenencia a la casta. Así que, para resaltar la segunda identidad, la jainista, ideó la noción de los dos *dharmas*.

# LAS CASTAS JAINISTAS

Suele decirse que existen 84 castas jainistas –número emblemático–, pero la verdad es que la cifra, además de ser indudablemente mayor, es desconocida.[31] Por un lado, existen castas exclusivamente jainistas. Por otro, tenemos algo así como secciones jainistas de algunas castas panindias. En este caso suele tratarse de castas de comerciantes (*baniās*, *mahājanas*) y simplemente ocurre que algunos de sus miembros son jainistas, y como tales, forman una sub-casta particular. Dentro de la gran casta de los *agaravālas*, por ejemplo, hallamos a hinduistas, sijistas, musulmanes y jainistas.

En general, las castas jainistas toman el nombre del lugar de origen, lo que otorga un claro sentido de "raíces". Los *śrīmālīs* dicen ser originarios de Bhīnmāl (Śrīmāla); los *osavālas* aseguran provenir de Osian (Osiyān); los *agaravālas* de Agar (Agarohā). A medida que algunos grupos se especializaron en distintas ocupaciones, también fueron tomando nombres de sus profesiones.

Muchas castas del Noroeste están subdivididas por una facción de rango más elevado (*vīsa*) y otra menor (*dasā*). A su vez, cada casta puede estar dividida en subcastas o segmentos endogámicos todavía más pequeños, normalmente surgidos de conflictos o emigraciones.

Toda sub-casta que se precie posee sus mitos de origen, su deidad tutelar (*kuladevatā*) y hasta una crónica (*purāṇa*) que relata su historia. Las dietas, las reglas de matrimonio o los hábitos de comensalidad pueden variar entre una sub-casta u otra. En general, los miembros de una unidad endogámica utilizan las mismas ropas, diseños, decoración y hasta los mismos colores. Simplemente, los más pudientes utilizarán telas o muebles de mejor calidad. Cada casta posee su propio concilio (*pañcāyata*) que controla el cumplimiento de las costumbres. Aunque tiene potestad para excomulgar –con el grave ostracismo social que esto supondría–, las expulsiones son rarísimas.

Puesto que gran parte de la comunidad se dedica a algún tipo de negocio o comercio, sociológicamente la inmensa mayoría de castas jainistas se homologan a la categoría de los productores y comerciantes (*vaiśyas*) del brahmanismo. Aunque, teóricamente, los jainistas están allende el *dharma* brahmánico –y serían meros intocables– *realmente* pertenecen a los niveles altos de la sociedad hindú. Con su obsesión por el vegetarianismo, la no-violencia o sus votos de austeridad, las castas jainistas se ajustan magníficamente a los criterios de pureza –ellos se consideran iguales y hasta por encima de los *brāhmaṇas*–. A ello hay que añadir un peso económico decisivo.

## LAS REGLAS DE MATRIMONIO

Puesto que el jainismo apenas ha ofrecido indicaciones acerca de las reglas matrimoniales –rito, divorcio, poligamia, compra-venta de esposa, dote–, estas cuestiones están reguladas por la casta. Y la casta sigue siempre la costumbre local tradicional. Por abrumadora mayoría los enlaces son pactos entre dos familias, conducidos y decididos por los progenitores.

La estructura patriarcal de la sociedad india desaprueba el matrimonio de una mujer de casta superior al varón (*pratiloma*), pero acepta la hipergamia: el de varón de casta superior a la mujer (*anuloma*). Lo más frecuente, empero, es el matrimonio isogámico, si bien el enlace cruzado entre miembros de las castas más importantes *–śrīmālīs* y *osavālas–* es frecuente.* En cambio, el matrimonio entre algún *śrīmālī* u *osavāla* con un miembro de otra casta jainista está fuertemente condenado. Incluso los matrimonios entre las secciones *visā* y *dasā* de una misma casta están mal vistos. La gran excepción se da entre las mencionadas facciones jainista e hinduista de una misma casta, un hecho sorprendente a primera vista. Pero puesto que pertenecen al mismo grupo de castas mercantiles (*baniās*) y existe similaridad en las costumbres, se considera un matrimonio factible. Es realmente curioso que el matrimonio entre un *dasā-śrīmālī* y un *visā-śrīmālī* esté reprobado, mientras que se tolere el de un *dasā-śrīmālī-śrāvaka* –jain– con un *dasā-śrīmālī-meśari* –vaiṣṇava–. Ello muestra que las barreras de casta pueden ser más fuertes que las religiosas. Además, el matrimonio puede fortalecer lazos mercantiles y permitir la entrada de otras fuentes de recursos.[32] Cuando una familia oficializa un enlace ventajoso, su crédito y prestigio se incrementan.

En general, se desaconseja el matrimonio entre miembros de niveles económicos muy dispares. En el Norte, el matrimonio está prohibido con individuos que pertenezcan a los mismos linajes (*gotras*), con lo que se evita cierta consanguineidad. En el Deccan y el Sur se sigue la costumbre dravídica, donde es tradicional el matrimonio entre primos. Algunos *pañcāyatas* han mirado de regular la cuestión de las dotes –sin demasiado éxito– y han tratado de eliminar el uso de brazaletes de marfil –que conlleva violencia– en las ceremonias nupciales.

Los *gacchas* o *saṃghas* juegan un papel mínimo en las reglas de matrimonio. Eso no quiere decir que sean irrelevantes en temas de casta. La pertenencia a un *saṃgha* o *gaccha* determinado otorga una identidad tan vital como la casta. Existe alguna casta, la de los *paravāras* de Madhya Pradesh, por ejemplo, en la que *todos* sus miembros son seguidores de una sub-orden jainista, concretamente la digambara Tāraṇapanthī. Empero, lo normal es que distintas secciones de la casta estén afiliadas a diferentes órdenes religiosas.

* Aunque *śrīmālīs* y *osavālas* poseen templos o retiros propios, gestionados por las respectivas castas, raramente realizan el culto de forma separada y es habitual que visiten los templos respectivos de los otros. Este hecho, reforzado por su situación socioeconómica similar, muestra que existe una cierta homologación entre ambas castas, por lo que el matrimonio cruzado no es condenable.

## CASTAS DEL SUR

Las castas principales en el Sur y el Deccan –Madhya Pradesh, Andhra Pradesh, Maharashtra, Karnataka y Tamil Nadu– serían:

La de los *caturthas*, que se dedica principalmente a la agricultura. La de los *pañcamas*, distribuidos en distintos oficios y comercios. La de los *śetavālas*, muy poderosos en Maharashtra. Lo mismo que los *humbaḍas*. La de los *sādaras*, casta comerciante de Tamil Nadu. La de los *jaina-brāhmaṇas* o *upādhyāyas*, la casta hereditaria de sacerdotes jainistas, sin parangón en el Norte. A veces estos *upādhyāyas* son reclutados entre las castas más populosas, las de los *caturthas* o los *pañcamas*.

La enorme mayoría de castas jainistas del Deccan es digambara y no realiza distinciones entre subgrupos que permiten segundas nupcias a las mujeres (*dasā*) y los que no (*visā*). A diferencia de las castas del Norte, en el Deccan existen comunidades jainistas relativamente pobres. La doctrina de la *ahiṃsā* tampoco ha impedido que algunos jainistas se dediquen a la agricultura, algo muy infrecuente en el Norte. Poseen cabezas religiosas (*svāmīs, bhaṭṭārakas*) con potestad para arbitrar en cuestiones de casta.

## CASTAS DEL NOROESTE

Las principales castas del Norte –Rajasthan, Gujarat, Uttar Pradesh, Madhya Pradesh, Delhi y Bihar– podrían ser:

La de los *osavālas*, de origen *rājput* y mayoritariamente śvetāmbara, aunque posee secciones vishnuistas; bien situada en el comercio y muy fuerte en Rajasthan. La de los *śrīmālīs*, que es básicamente śvetāmbara y muy influyente en Gujarat. La de los *poravāḍas*, repartida entre hinduistas y jainistas. La de los *agaravālas*, fundamentalmente digambara, aunque con secciones vishnuistas. La de los *khaṇḍelavālas*, convertidos en banqueros y magnates comerciales, fuertes en Rajasthan y exclusivamente digambaras. La de los *humbaḍas*, con secciones digambaras y śvetāmbaras, centrados en Rajasthan. La de los *paravāras*, numerosos en Madhya Pradesh y Uttar Pradesh y mayoritariamente digambaras.

# LA SOCIEDAD DE CASTAS HOY

Muchos jainistas dicen que las cuestiones de casta no tendrían que contemplarse. El discurso no es meramente jainista, ya que es común a la mayoría de indios urbanos de clases medias, el segmento representativo del jainismo. Empero, una cosa es la retórica modernizante y otra la realidad.

Aunque la sociedad urbana contemporánea ha puesto en jaque algunas de las características tradicionales de la casta –la comensalidad, el mantenimiento de la ocupación tradicional, la interrelación a través del sistema del patrón (*jajmānī*), los consejos de casta, etc.– no hay que desprender que su peso e incidencia sean menores. A la vez que es una *estructura,* la casta es una *fuerza dinámica* muy adaptativa, de forma que es capaz de acomodarse a un sinfín de contextos. Lleva haciéndolo tres mil años. Pauline Kolenda ha notado que debido a la movilidad y diversificación de ocupaciones, en cierta forma se ha roto la dinámica de cooperación e interdependencia entre las castas, y en cambio se palpa una mayor competencia entre ciertas combinaciones de castas. Dicho en otras palabras, si el principio de jerarquía se ha relajado, el de división y separatividad se ha acentuado. Lo interesante es que al mismo tiempo que se da esta variación, el sentimiento solidario dentro de la casta permanece intacto.[33]

Como han advertido muchos sociólogos, ocurre que la casta se camufla y se substancializa. ¿Qué quiere decir esto? Que se transforma en un grupo en competencia con los demás. En palabras de Louis Dumont, la substancialización es un proceso que marca el paso de un universo donde el acento se pone en la interdependencia, a un universo de bloques impenetrables, autosuficientes, esencialmente idénticos y en competencia; un universo donde la casta aparece como un individuo colectivo, como una substancia.[34] Exteriormente se denuncia la casta, pero la ideología se ha interiorizado. De alguna forma se introduce un componente de "clase" y de "lucha de clases". Surge lo que los indios llaman comunidad (*community*), una matriz de un grupo de interés que se convierte en *lobby*, en grupo de presión. La casta substancializada y comunalizada lleva consigo no sólo la conciencia de clase social o la conciencia de clase espiritual, sino hasta un tono racista. En resumen, contiene todos los elementos necesarios para los conflictos ideológicos modernos.[35] La cosa es compleja, pero tiene su explicación.

El trabajo de Marc Galanter ha mostrado que existen cuatro formas de concebir la casta: 1) una visión sagrada de la casta; esto es, el viejo modelo jerárquico basado en la pureza y el intercambio ritual, todavía poderoso en la India rural; 2) una visión sectaria de la casta; cuando una comunidad religiosa –como el Vīraśaiva de Karnataka [véanse págs. 240-241]– se erige como unidad autocontenida –se convierte en la casta *liṅgayāta*–; 3) una visión asociativa de la casta; donde grandes grupos se asocian por determinados intereses –normalmente económicos y políticos–; y 4) una visión orgánica de la casta;[36] cuando grandes castas bajas se agrupan frente a intereses comunes –como por ejemplo las *Other Backward Classes*, que han logrado una discriminación positiva al estilo de las que poseían intocables y tribales–. Lo interesante es que la propia Constitución India, aun aboliendo la visión sagrada de la casta, reconoce y aprueba las otras concepciones. Se rechaza el modelo jerárquico y mitologizado del brahmanismo tradicional al tiempo que se admite una visión comunal y castista de la sociedad en aras a la secularización y la igualdad. Y es que la mentalidad hindú se desenvuelve bien para armonizar principios incompatibles. Esto es algo que, como Gerald Larson ha visto, no es sino una transposición moderna y desmitologizada de uno de los conceptos clave de la civilización hindú: *dharma*.[37]

A pesar de que la sociedad india posee todas las condiciones para el estallido social –infinidad de pueblos y lenguas, desigualdad social, jerarquía castista, divisiones religiosas, etc.–, los enfrentamientos son raros, mucho más escasos de lo que la prensa –india u occidental– quiere hacernos creer. Sin negar la existencia de choques interreligiosos, violencia doméstica y roces castistas, un balance sincero, dice Guy Sorman, prueba que la sociedad india es la menos violenta de las civilizaciones contemporáneas.[38] Quizá Sorman exagere, pero si a las condiciones anteriores sumamos la situación de pobreza y analfabetización general, y una cifra de más de mil millones de habitantes, el milagro es que los enfrentamientos no sean más frecuentes. Más allá de su evidente carácter abusivo, la sociedad de castas es una solución compleja y sutil para legitimar la diferencia y la diversidad. Y eso es algo a lo que los hindúes se resisten a renunciar.

# 21. EL JAINISMO EN LA SOCIEDAD

## EL PROSELITISMO JAINISTA

La enseñanza, la senda, la verdad, la doctrina jainista, conceptos todos encapsulados en la polivalente palabra *dharma*, representan el primer intento de *universalizar* un camino de progresión espiritual hindú. El texto más antiguo del jainismo dice, con absoluta naturalidad, que uno debería predicar la enseñanza a todos los tipos de criaturas vivientes del cosmos.[1] Adoptar esa identidad simplemente significa adherirse a ciertas creencias, prácticas y estilo de vida jainistas. Puede "oficializarse" con la recitación del *namaskāra-mantra* [véanse págs. 488-489], pero en realidad no es necesario. Aunque a nivel ascético, obviamente, sí existe una iniciación en la orden, un laico no se convierte al jainismo. Lo escoge, o no. Las formalidades de conversión son superfluas. Aunque universalista, la jainista no es una religión proselitista. Su instinto evangelizador ha sido antológicamente suave, pues comparte la sensibilidad hindú de que es innecesario hacer de alguien lo que no es.[2] La civilización india siempre ha detestado el proselitismo. A lo sumo, utilizará la "inclusión", esto es, la integración y apropiación de valores y prácticas de otras religiones. Pero sospecha de la conversión. Prueba de ello es que después de 800 años de penetración islámica y cristiana, las dos religiones más agresivas del mundo en estas empresas, los resultados han sido frustrantes. En 1947, el año de la Partición, el Sur de Asia sólo contaba con un 24% de musulmanes y menos de un 2% de cristianos.

Indudablemente, la actitud jainista es más coherente con un auténtico sentido de "religión universal". Si bien en su primera época se desarrolló una cierta actividad misionera y las crónicas exageran acerca de conversiones espectaculares, la verdad es que el jainismo nunca ha poseído una cifra importante de adeptos. Desde luego, jamás proselitizó en el grado en que lo hizo el budismo y mucho menos en la forma comisaria de los monoteísmos semíticos. Salvo rarísimos casos –todos recientes–, las órdenes jainistas no han formalizado excepciones a sus normas para favorecer una actividad misionera. Y es que, según el *Sūtrakṛitāṅga,* las actividades evangelizadoras no tienen como objeto la conversión de un no-creyente, sino la purificación del asceta.[3]

El resultado es que, hasta el siglo XIX, el jainismo ha estado confinado dentro de las fronteras del Sur de Asia. Salvo el período medieval, cuando el peregrino chino Xuanzang (siglo VII) informa acerca de ascetas desnudos en Kapiśa, Asia Central,[4] y salvo la dudosa leyenda de dos discípulos de Haribhadra asesinados en el Tíbet,[5] el jainismo se ha mantenido sobre suelo indio.

## EL JAINISMO HOY

En la actualidad se calcula el número de jainistas alrededor de cuatro millones, lo que representa aproximadamente un 0,4% de la población de la India según el censo de 1991 [véase Cuadro 3]. De estos cuatro millones casi dos terceras partes serían śvetāmbaras y algo más de un tercio digambara. Los primeros se concentran en el Noroeste. Puesto que el jainismo del Deccan tiende a menguar, hoy la mayor parte de la población digambara se encuentra también en el Noroeste y el Centro de la India.

Es posible que esta cifra sea baja ya que en las estadísticas de población del gobierno indio muchos jainistas podrían haberse declarado "hinduistas". Como en seguida veremos, las fronteras entre ambas tradiciones pueden ser ambiguas. En cualquier caso, el total no arrojaría mucho más de cuatro millones, bien que algunos autores afirmen que la cifra ronda los siete.[6] Estas divergencias muestran la cautela que hay que tener a la hora de hablar de filiaciones religiosas en la India. Estos números sirven simplemente para dar una idea del fenómeno que estamos tocando, pero en modo alguno deben tomarse estadísticamente.

Proporcionalmente, el estado con mayor densidad de jainistas parece ser Rajasthan, con un 1,28%. Por distritos, el primero sería el de Kutch (Kaccha),

**Cuadro 3:** Censo de la población jainista en la India (1991)

| | |
|---|---|
| Maharashtra (Mahārāṣṭra) | 965.840 |
| Rajasthan (Rājasthāna) | 562.806 |
| Gujarat (Gujarāta) | 491.331 |
| Madhya Pradesh (Mādhya Pradeśa) | 490.324 |
| Karnataka (Karṇātaka) | 326.114 |
| Uttar Pradesh (Uttara Pradeśa) | 176.259 |
| Delhi (Dillī) | 94.672 |
| Tamil Nadu (Tamiḻ Nāṭu) | 66.900 |
| Otros estados | 180.776 |
| TOTAL INDIA | 3.355.022 |

**Cuadro 4:** Distritos con alta densidad de jainistas (+ 2,5%)

| | |
|---|---|
| Kutch, Gujarat | 4,58% |
| Kolhapur, Maharashtra | 4,16% |
| Belgaum, Karnataka | 4,11% |
| Mumbai, Maharashtra | 3,56% |
| Sangli, Maharashtra | 3,34% |
| Udaipur, Rajasthan | 3,07% |
| Sagar, Madhya Pradesh | 2,92% |
| Ahmadabad, Gujarat | 2,79% |
| Ratlam, Madhya Pradesh | 2,66% |
| Jalor, Rajasthan | 2,54% |

en Gujarat, con un 4,58% [véase Cuadro 4]. Apenas existen jainistas en Bihar, donde el jainismo nació y donde se encuentran algunos de sus centros de peregrinación más sagrados.

Por estas cifras se desprende que ahí donde exista una comunidad jainista estará en situación de minoría [ver FIG. 44]. Éste es el punto clave que hay que retener. De hecho, la proporción de jainistas dentro de la Unión India sigue decreciendo con relación a otras comunidades.

## LA POSICIÓN DE LOS JAINISTAS EN LA SOCIEDAD INDIA

A pesar de su reducido tamaño la comunidad jainista es desproporcionadamente influyente dentro de la sociedad india. Su peso económico ha sido y sigue siendo enorme. Los jainas están muy bien situados en profesiones urbanas como el comercio, la industria, la joyería, la administración, la banca, el prestamismo, la jurisprudencia o los medios de comunicación. En toda la India Occidental destacan como hábiles intermediarios de todo tipo de bienes agrícolas y manufacturados. Baste decir que el mercado de piedras semipreciosas de Jaipur (Jayapura), cuantitativamente el más grande del mundo, está sustancialmente controlado por jainistas. Desde hace cinco siglos los puertos de Surat (Sūrata) o Bombay (Mumbāī) han servido para que pudieran exportar sus productos hacia el Golfo Pérsico, Europa, China o el Sudeste Asiático. Se calculó –seguramente, con cierta exageración– que a finales del siglo XIX la mitad del volumen mercantil de la India pasaba por manos jainistas.[7] Este comercio se asentó en el sofisticado sistema banquero indígena que se desarrolló a partir del siglo XVI de forma independiente del europeo. En este proceso, los jainistas tuvieron un papel destacado.[8] Luego, la *pax britannica* y la mejora de las comunicaciones no hizo sino fortalecer la posición de las clases comerciantes. No obstante, por obvio que parezca, no está de más decir que ni todos los jainistas son comerciantes ni todos son poderosos y ricos.

Lo interesante es que en ningún lugar de los textos jainistas, ni en ninguno de los sermones de los ascetas, se percibe la idea de que la adquisición de riqueza sea algo negativo en sí. En todo caso lo contrario. Se tiene la idea de que la prosperidad (*artha*) es fruto del buen *karma*. Sólo la pobreza voluntaria –la del renunciante– es considerada virtuosa. Esto es una característica de la religiosidad índica en su totalidad. A diferencia del mundo judeo-cristiano o islámico, el dinero no constituye la raíz del mal. El comerciante indio boyante es considerado un bien social, y su familia, una encarnación del éxito. Lo específicamente denostable es el afán de riqueza o el gozo ignorante de la posesión. De ahí que Max Weber catalogara al jainismo de ascetismo puritano casi de estilo protestante; un puritanismo que podría haber desarrollado una burguesía capitalista endógena de no ser por las prohibiciones rituales –por ejemplo, de viajar– y su inmersión en el tradicionalismo de casta del mundo hinduista.[9] No obstante, la situación es más compleja. En muchísimos aspectos el jainismo es bien distinto del puritanismo que Weber le presupone, y los presuntos tabúes rituales sólo afectan a los ascetas. Desde siempre los comerciantes jainas han viajado. Hoy, buena parte de su discurso consiste en contar las peripecias que tienen que hacer en sus viajes al extranjero para encontrar comida vegetariana. James Laidlaw ha escrito que el jainismo incluye el ascetismo, la austeridad y el desapego a la vez que el interés económico y material de una forma casi pendular, que integra ideales aparentemente contradictorios de una forma únicamente jainista.[10] Lo veremos en el capítulo 28.

*A priori*, el desplazamiento masivo hacia el comercio sería consecuencia de la doctrina de la *ahiṃsā,* que obliga a ocupaciones y profesiones que conlleven la menor violencia posible hacia los seres vivos. Además, las peculiaridades de su ética, que inculca la austeridad, la responsabilidad, la confianza en uno mismo y el esfuerzo personal, han resultado en un excelente marco para la actividad comercial. Sin embargo, hay razones para pensar que otros factores –sociales y económicos– han contribuido mucho a formar esta peculiaridad. Y como resultado, puede darse que un practicante jainista posea un sentimiento mucho más acusado de comerciante (*baniā*) que de jainista (*jaina*). Esta cuestión merece ser atendida un poco más extensamente. Nos ampliará el enrevesado mundo de la sociología india.

## LOS JAINISTAS COMO *MAHĀJANAS*

Como sabemos, la mayoría de castas jainistas se homologan a la clase de los *vaiśyas* del brahmanismo. Empero, en la India pocos hablan en términos de *varṇa*; sólo la gente culta que quiere mostrar su familiaridad con las tradiciones brahmánicas. De modo que a estos comerciantes se les conoce más frecuentemente por el genérico *baniā* o *vāṇiyā*, que literalmente significa "mercader". La *baniā* no es ninguna casta sino un genérico –como *brāhmaṇa* o *harijan*– que se emplea para designar a un buen número de ellas. Al estilo de la palabra "judío" en Europa, no es raro que se emplee el término *baniā* con connotaciones despectivas. Dice un proverbio rajasthani que "el mango, el limón y el *baniā* sólo dan su jugo si se les aprieta fuerte por el cuello".[11] Dado el estereotipo negativo, muchos comerciantes prefieren el apelativo honorífico "gran persona" (*mahājana*) o el alternativo de *seṭh*, que proviene del sánscrito "jefe" (*śreṣṭhi*).

La mitad de los *mahājanas* del Noroeste de la India es hinduista vishnuista –la mayoría puṣṭimārgīs seguidores de Vallabha–. La otra mitad es jainista –principalmente śvetāmbara–. Además, existe una pequeña porción de musulmanes. Bastantes *mahājanas* son originarios de la comarca rajasthani de Marwar (Māravāḏa). Durante la época colonial muchos *mahājanas* marwaris emigraron con notable éxito a las grandes ciudades. Calcuta (Kolikāta), que era la capital de la India Británica, se convirtió en un importante centro para los marwaris. Casi todas las castas comerciantes de Gujarat dicen ser de origen marwari. Y estos gujaratis fueron también los responsables de buena parte del auge de Bombay (Mumbāī) durante los siglos XIX y XX. Como resultado, por toda la India hoy los términos *baniā*, *mahājana* o marwari han pasado a ser prácticamente sinónimos.

La cuestión es que este colectivo comparte similitudes de dieta –vegetariana–, de lengua –marwari–, de costumbres –vestimenta– y de ocupación –comercio–, que pueden dotar a sus individuos de un sentido de identidad y solidaridad mayor que el de su pertenencia al vishnuismo o al jainismo. Antes que seguidores de una u otra religión estas gentes se sientes *mahājanas*.

El marwari, por ejemplo, es un dialecto del rajasthani que posee alfabeto propio. Es el idioma y la escritura que los comerciantes utilizan en sus libros de contabilidad. Gracias a su pericia en la pronunciación, a su vocabulario especializado y a un alfabeto diferenciado, los *mahājanas* pueden hacerse completamente ininteligibles a los demás. Es de todos sabido que los *mahājanas* utilizan secretamente su forma dialectal para las transacciones comerciales. Algunas gentes atribuyen a sus libros de cuentas extraños poderes, no siempre muy benignos.

La mayoría de *mahājanas* viste la clásica indumentaria de camisa (*kurtā*) y falda (*dhotī*) de blanco impoluto. Esa vestimenta, asociada también al movimiento en favor de la Independencia y a la austeridad personal de Gandhi, connota en la India alto rango ritual. Igualmente, en el campo de la dieta, los *mahājanas* se diferencian claramente del resto. Todos los *mahājanas* jainistas y vishnuistas son estrictamente vegetarianos. En días especiales evitan, además, ciertos vegetales –como el ajo, la cebolla o los tomates–. Todos estos tabúes vienen regulados por la doctrina de la *ahiṃsā*, que es común a todos los *mahājanas*.

Por estas razones, un *mahājana* jainista seguramente hallará más afinidades con un *mahājana* vishnuista que, pongamos por caso, con un jainista digambara del Sur. De ahí los matrimonios cruzados entre estas comunidades. Existen incluso asociaciones de castas de *mahājanas* que incluyen a jainistas y a vishnuistas. Muchas de sus actividades religiosas son similares, notablemente la idea de ganar mérito por la práctica de la generosidad (*dāna*) o del servicio público (*sevā*). Christine Cottam Ellis ha mostrado que para los *mahājanas* el negocio es en sí el *dharma*; esto es, su deber religioso a la vez que su fuente de mérito.[12] Si el negocio falla, sin duda se deberá a su falta de fe o a algún demérito, algo que sólo podrá remediarse por la generosidad o por el servicio público, que suele traducirse en la participación en comités y asociaciones de carácter religioso o social. En todos los altares domésticos de los *mahājanas* la diosa Lakṣmī –patrona del comercio– está presente. Las tiendas de los *mahājanas* también poseen imágenes de Gaṇeśa y Lakṣmī –los hinduistas incluirán otra de Viṣṇu, los jainistas, de Mahāvīra–, a las que se ofrece un pequeño culto cada mañana. Ambos colectivos participan en festivales comunes como el Dīpāvalī o el Daṣaharā. Michael Carrithers y Caroline Humphrey han advertido que con la emergencia del gandhismo, inspirado en buena medida por los ideales jainistas y la cultura de los *mahājanas* –él mismo lo era–, este estilo de vida se reforzó y legitimó.[13]

Para los jainistas *mahājanas* de Rajasthan, por ejemplo, sólo los comités del templo son instituciones específicamente jainistas. Por tanto, la etiqueta "jainista" es simplemente una de las que puede adoptar un comerciante de Rajasthan que, casualmente, es jainista. La identidad social puede fluctuar. Una persona puede destacar su pertenencia a la categoría *mahājana*, o a la casta específica en la que ha nacido –por ejemplo, *osavāla*–, o a su linaje, su ocupación hereditaria, su comarca, etc., o puede preferir destacar su sentido jainista y decir que es un *jaina*. Pero en modo alguno necesariamente será jainista a expensas de las otras identidades.

## JAINISTAS Y *RĀJPUTS*

Aunque en el Norte y Oeste de la India todo el mundo identifica a los jainistas como *baniās* o *vaiśyas*, si les preguntamos a ellos acerca de sus orígenes, invariablemente dirán que, aunque hoy son *baniās*, sus antepasados fueron *rājputs*. ¿Quiénes son estos *rājputs*? Los *rājputs* representan a las castas guerreras y aristocráticas del Rajasthan y del Punjab; a los *kṣatriyas* por antonomasia. Son los "hijos (*putras*) de reyes (*rājās*)". ¿Cómo puede ser que unas gentes no-violentas que principalmente se dedican al comercio se jacten de un origen guerrero? La cosa es sumamente interesante.

Buena parte de la identidad jainista la proporciona la norma de la *ahiṃsā*. Por su empeño en la no-violencia los jainistas son los más vegetarianos y los más abstemios del planeta. Sus profesiones y oficios están regulados por la ética de la no-violencia. La caza es impensable para ellos. Por la *ahiṃsā* llegan a financiar dispensarios para aves, vacas o insectos y son capaces de rescatar animales de los mataderos. La identidad *rājput* representa casi lo opuesto. Los *rājputs* son carnívoros. Los licores forman parte esencial de la hospitalidad *rājput*. Como guerreros y aristócratas son reputados cazadores y las artes marciales les son bien conocidas. A pesar de todo esto, los jainistas *khaṇḍelavālas* dicen descender del *rājā* de Khaṇḍelā. Los *śrīmālīs* aseguran descender de los *kṣatriyas* de la ciudad de Bhīnmāl (Śrīmāla). Los *agaravālas* afirman ser de origen *rājput*; lo mismo que los *poravāḍas*. Y los *osavālas* remontan su origen a los clanes *rājputs* de la ciudad de Osian (Osiyān). ¿Cómo se explica esto? Siguiendo el estudio de Lawrence Babb acerca de los *osavālas* trataré de dilucidar este dilema.

Osian (Osiyān) es hoy un lugar adormecido y olvidado en el desierto de Thār. Aunque prácticamente ya no viven *osavālas* en Osian, éstos siguen considerando al templo de Mahāvīra (siglo VIII, –el más antiguo de la India Occidental–) como su "templo matriz". El otro templo emblemático de la ciudad es el de la diosa Saciyā Mātā.

Además de adorar a los *tīrthaṅkaras* y a las deidades que los escoltan, los jainistas también veneran a las diosas que han protegido sus familias y clanes. Este rasgo es panindio. Una o dos veces al año, con ocasión del festival semestral del Navarātrī, las familias jainistas veneran a sus diosas del linaje (*kuladevatās*). Y la diosa tutelar de la mayoría de *jātis osavālas* es Saciyā Mātā. Muchos *osavālas* envían a sus hijos varones al templo de Saciyā Mātā en Osian para que realicen el rito de tonsura y algunos estudian en la escuela jainista que está junto al templo de Mahāvīra. Pero quien nos interesa ahora es la diosa. O mejor, lo que nos incumbe es la "conversión" de la diosa. Porque lo significativo de la cuestión es que Saciyā Mātā fue en un tiempo la diosa de los *rājputs*. Y al convertirse la diosa al jainismo, también lo hicieron los aguerridos *rājputs*.

La leyenda de los *osavālas* cuenta que durante el reinado del *rājā* Upaldeva, había en Osian un templo dedicado a Cāmuṇḍā. Ésta es una de las diosas más feroces de la India, asociada a las formas terribles de Durgā, que es el nombre genérico que suele tomar la Gran Diosa (Mahā Devī) de la India. Durgā en su forma colérica es Cāmuṇḍā; más concretamente, es la "demoledora del demonio-búfalo" (Mahiṣāsuramardinī), que tenía en jaque a todos los dioses. Durante el festival del Navarātrī era costumbre hasta hace muy poco sacrificar a la diosa cabras y búfalos. Por tanto, la naturaleza de Cāmuṇḍā es idéntica a la de los *rājputs*, que son guerreros y carnívoros. Coherentemente, era la diosa tutelar del linaje del rey. Gracias a su poder (*śakti*) la diosa puede proteger a las familias, socorre a los guerreros en el campo de batalla y, a través de la figura del rey –que es su principal devoto–, custodia el reino. El sacrificio público del búfalo durante el Navarātrī viene a legitimar el gobierno del rey.

La leyenda prosigue con un maestro jaina llamado Ratnaprabha Sūri, el artífice que puso fin a los sacrificios sangrientos a la diosa. Como sustituto instituyó las ofrendas de dulces. Obviamente, la colérica Cāmuṇḍā se enfureció ante tamaña ofensa e hizo brotar una enfermedad en el ojo del asceta. Pero Ratnaprabha capeó el dolor y la enfermedad con tanta ecuanimidad y estoicidad que la diosa comenzó a temerlo. Le pidió perdón y aceptó que no se realizaran más sacrificios animales en su templo. Desde entonces se la conocería como Saccī Devī, de donde proviene su nombre actual.

Lawrence Babb cuenta otras versiones de la historia de Saciyā Mātā. En verdad, la leyenda del origen de los *osavālas* no es un único cuento sino un conjunto de historias.[14] Y en todos los casos hallamos a una diosa sangrienta y carnívora que se pacifica, la intervención milagrosa de un asceta jainista y un rey que se convierte al jainismo. Las leyendas del Kharatara-Gaccha ligadas a los clanes *osavālas* no cesan de contar de reyes en apuros por enfermedades incurables, picaduras de serpientes, demonios atacando a la gente, musulmanes destruyendo templos o dificultades en el campo de batalla. En un momento crucial el rey *rājput* es ayudado milagrosamente por un poderoso *ācārya*. La intervención del asceta pone fin a la crisis en cuestión y precipita la conversión del rey y sus súbditos.

El hecho crucial en la conversión de los *rājputs* al jainismo está en la conversión de la diosa, o mejor, en su apaciguamiento. Al hacerse vegetariana pasa a ser protectora del templo de Mahāvīra y protectora de los descendientes del rey, convertidos por el asceta. Y cuando los *rājputs* se convierten en jainistas, el sacrificio a la diosa desaparece. Ahora, dice Babb, Saciyā es una Durgā vegetariana, correcta para los *osavālas*.[15] Este fenómeno también es típico de muchos grupos vishnuistas, que igualmente han amansado diosas sangrientas y las han ajustado a sus valores.[16] Y tras el apaciguamiento viene la conversión de la diosa. Pero, ¿cómo convertir sin traicionar la *ahiṃsā*? Como ha mostrado Catherine Clémentin-Ojha, la conversión se da vía la *integración* de la diosa,* los lugares sagrados y templos asociados a la misma.[17]

Todo ello nos muestra la complejidad de la Gran Diosa. Normalmente, las formas sangrientas y combativas de la diosa se identifican con la divinidad soltera –o donde su matrimonio posee un rol secundario–. Se dice de este tipo de diosas que poseen una "temperatura ritual" caliente. En cambio, las manifestaciones más benevolentes y pacíficas están ligadas a la diosa casada. Se dice que son más frías. El trabajo de Lindsey Harlan ha mostrado que para los *rājputs* la diosa de linaje posee esas dos facetas. Para los hombres, la diosa protege el reino y el clan. Para las mujeres, es la protectora del hogar. La diosa soltera, independiente y guerrera está ligada a la faceta "masculina". La

* Aunque la diosa se ha apaciguado, no pierde su lado terrible y violento, de ahí que su capacidad para proteger la comunidad permanezca intacta. Aunque con la iniciación ha tomado el voto de la *ahiṃsā,* puede recurrir a la violencia si de lo que se trata es de proteger a la comunidad que encarna la trascendencia.

diosa casada, fría y pacífica, lo está a la "femenina". Lo interesante es que en el culto de la diosa del linaje en su manifestación doméstica, que es una actividad que llevan a cabo principalmente las mujeres, el ayuno reemplaza al sacrificio de sangre como motivo ritual central.[18] En cierto sentido, pues, el apaciguamiento "jainista" de la diosa, simplemente significa la supremacía del aspecto doméstico y femenino que la diosa *ya poseía* entre las mujeres *rājputs*. En el Navarātrī los *osavālas* no sólo ya no ofrecen sacrificios animales, sino que el ritual principal es el ayuno.

A partir de su conversión, el rey *rājput* pasa a adorar a su diosa tutelar según los preceptos jainistas, se abstiene de beber alcohol y comer carne, y deja de cazar o emplear las armas. El *rājput* se ha transformado y con él toda la comunidad. Ha nacido un nuevo clan *osavāla* o una nueva casta jainista que un su día fue guerrera. Como ha ilustrado Babb, los *osavālas* o los *śrīmālīs* se ven a sí mismos como aquellos que, bajo la influencia de ascetas jainistas, renunciaron a las formas violentas de los reyes guerreros.[19] Y eso es algo perfectamente congruente con la tradición; ¿acaso no fueron de origen *kṣatriya* los *tīrthaṅkaras*? Todos renunciaron a su carrera monárquica o militar y tomaron la senda de la ascesis y la *ahiṃsā*. En la transformación del *tīrthaṅkara*/*rājput* en asceta/jaina el laico posee un modelo acerca de cómo los grupos podrían llegar a ser jainistas.[20] Empero, el ascetismo no puede llevarse demasiado lejos, ya que, a diferencia del renunciante, el laico jainista debe mantenerse en el mundo y perpetuar la comunidad. Al jainista se le abren dos posibilidades. O toma la senda del ascetismo de por vida –como *sādhu* o *sādhvī*–, o la circunscribe temporalmente a las prácticas ascéticas que permean su vida [véase capítulos 29 y 30]. Ésta es la senda de los laicos. Aunque no pueden formar una comunidad de ascetas, Babb señala que sí pueden ser una comunidad de antiguos guerreros que respetan y veneran a los ascetas [ver FIG. 46]. Así es como la mitología de los orígenes de los *osavālas* representa la identidad *osavāla*.[21]

## INTERACCIÓN CON OTROS

Durante siglos los jainistas han tenido que competir con budistas e hinduistas para ganarse el apoyo de las noblezas. Salvo casos aislados, la pugna entre los distintos grupos religiosos no ha tenido el carácter sangriento de los enfrentamientos comunales entre hinduistas y musulmanes de los últimos tiempos. Con todo, la imagen de una India pre-islámica de absoluta tolerancia y buena convivencia religiosa en contraste con una post-islámica de conflicto y enfrentamiento no es del todo exacta. Los himnos de los poetas tamiles [véase pág. 246] no dejan lugar a dudas acerca de fuertes polémicas con budistas y jainistas, de la destrucción intencionada de imágenes del Buddha o del exilio forzoso de ascetas jainistas. La violencia religiosa no es desconocida a la

India. El *Periya-purāṇam* de Cēkkiḻar (siglo XII), el texto que narra las vidas de Śiva y los sesenta y tres santos nāyaṉārs –nótese la apropiación del número de hombres excelsos del jainismo–, habla hasta de emparedamiento de miles de ascetas en el gran templo de Mīnākṣī (Mīṉāṭci) en Madurai (Maturai) por haber pronunciado el nombre de Śiva en vano,[22] si bien la veracidad del hecho no es ni mucho menos evidente.[23] Quizá no se trate más que de una leyenda que ilustra el triunfo del shivaísmo agámico sobre el ascetismo jainista.

Hecha la matización, lo importante que resaltar, más que la rivalidad, es que la *interacción* entre los distintos grupos religiosos ha sido constante. Y esta interacción ha sido en gran parte posible porque las tradiciones índicas son muy propensas a adaptarse y a incluir elementos vecinos. El jainismo no es un hecho aislado y ajeno al marco indio en el que ha estado inserto.

Está claro que durante siglos la noción más clara de un Otro para la comunidad jainista la constituyó el budismo. Las sátiras acerca de las posiciones del Otro son constantes en una y otra tradición [véase pág. 168]. Quizá con la excepción del jainista Haribhadra, una de las mentes más abiertas y agudas de la filosofía india, y que llegó a conceder que el *bodhisattva* budista era homologable al *tīrthaṅkara*,[24] las comunidades monásticas de ambas tradiciones se dieron la espalda premeditadamente. Empero, como vimos en el capítulo 7, las similitudes entre ambas religiones son enormes, como no podría ser de otra forma dado su común origen shramánico.

A partir del siglo XI, el lugar de los budistas fue ocupado por el de los hinduistas shivaístas, en especial por los pāśupata-śaivas –en Gujarat–, los vīraśaivas –en Karnataka– y los śaiva-siddhāntins –en Tamil Nadu–. Si las formas monásticas del budismo influyeron mucho en el monasticismo jainista de los primeros siglos, está claro que las formas de culto y ritual de los shivaístas también marcaron profundamente al jainismo. Y a la inversa. Muchos festivales shivaístas de Bengala se superpusieron a otros de origen jainista,[25] y muchas imágenes medievales de Śiva como señor de los *yogins* tienen como modelo a las de los *jinas*. Aunque las narrativas de jainistas y shivaístas hablan de rivalidad, también es cierto que ambas comunidades prosperaron simultáneamente, y sabemos de muchos reyes shivaístas que apoyaron a los ascetas jainistas o de reyes jainas que alentaron a los poetas shivaístas. Es más, toda una serie de términos propios del shivaísmo fueron adoptados por el jainismo, posiblemente como forma de hacerlo atractivo a los seguidores de Śiva, pero también gracias a la polivalencia de las expresiones sánscritas. Así, para los jainistas la propia palabra *śiva* significa "liberación"; el *liṅga* deja de ser el símbolo fálico del dios y se convierte en el emblema distintivo de los ascetas –escobilla, cuenco, desnudismo, etc.–; *paśupati*, un epíteto de Śiva, es el Jina; lo mismo que *mahādeva*. Dos de los movimientos shivaístas más compactos, el Śaiva-Siddhānta y el Vīraśaiva, fueron responsables del declive del jainismo, pero no sin haber adoptado antes muchas de sus prácticas y dogmas.

La comunidad jainista también recibió influencias del islamismo e interactuó con la corte Mogol [véanse págs. 260-261]. El concepto de actividades indecentes en los templos (*āśātanās*) tiene más en común con la noción islámica de "sacralidad" del edificio (*barakh*) que con una actitud tradicional jainista.[26] Sabemos que banqueros y magnates jainistas otorgaron préstamos de gran calibre a los mogoles. Con todo, el islamismo representa seguramente la oposición más hostil, el Otro en su sentido de "opuesto". En la micro-historia śvetāmbara de Rajasthan, Gujarat, Uttar Pradesh o del Punjab, los musulmanes han ocupado un lugar destacado como destructores de templos e imágenes de los *jinas*.

Hoy, el puesto del Otro "amistoso" lo ocupan los vishnuistas, en especial los puṣṭimārgīs seguidores de Vallabha, con quienes los jainistas del Norte han mantenido tradicionalmente buenas relaciones y han permitido el matrimonio mixto. Según David Lorenzen, aunque los vishnuistas reemplazaron en popularidad al jainismo, no fue sin adoptar antes algunas de sus prácticas, en especial el vegetarianismo, el rechazo a toda forma de violencia o la repugnancia por el ritualismo de corte extático de algunos shivaístas.[27] No es exagerado decir que los *baniās* o *mahājanas* jainistas han contribuido tanto o más que los *brāhmaṇas* a marcar las señas de identidad de los hinduistas de alta clase.

Seguramente, el reto más importante que hoy tiene que afrontar la comunidad es el de la modernidad y la globalización. El hecho es mucho más palpable en el jainismo, ya que un 70% de la población jainista es urbana –contra un 24% de la hinduista o un 35% de la musulmana–.[28] Sabido es que el impacto de los cambios sociales y culturales siempre se notan más acuciantemente en las ciudades que en el espacio rural. Dada su posición como comerciantes, banqueros e industriales, los jainistas poseen bastantes recursos y experiencia al respecto. Según John Cort, la comunidad fue de las primeras en interactuar con los europeos. Una vez establecido el dominio británico, los jainistas fueron también pioneros en responder a los discursos de los misioneros y de la modernidad.[29]

## JAINISMO E HINDUISMO

Por todas estas interacciones, préstamos y ósmosis, hoy en día el jainismo está bastante próximo al hinduismo. Además, sociológicamente hablando, las diferencias son nulas. Tan entrelazadas están ambas comunidades que algunos hinduistas consideran al jainismo como otra secta de su tradición, e incluso algunos jainistas aceptan la etiqueta de *hindūs* en su sentido más inclusivista. Existen comunidades nominalmente jainistas en Rajasthan o Karnataka cuyo conocimiento del jainismo es bastante limitado y cuyas prácticas religiosas se asemejan más a las hinduistas que a las tradicionales de los jainas. La cosa es común en el Sur de Asia, donde existen bastantes comunidades en estas posiciones liminales. Esto viene reforzado por la ambigüedad de la Constitución India que cuando utiliza el término *hindū* incluye a hinduistas, budistas, sijistas y jainistas. Es un buen ejemplo de la clásica asociación hinduismo = indianidad; hinduista = hindú. En la misma tónica, la legislación india –que no posee un código civil uniforme– ha oscilado intermitentemente entre la inclusión o no del jainismo en la jurisdicción de la ley hinduista, con períodos de cierto reconocimiento de prácticas específicas.

Con la creciente politización de la religión en la India muchos jainistas se han sumado al punto de vista del nacionalismo hindú-(ista) del Bharatiya Janata Party (BJP), sin pensar demasiado, hay que decirlo, en las consecuencias que pueden derivarse de ello. No obstante, sería erróneo considerar que el BJP es un partido "fundamentalista", que es la etiqueta que suele colgársele en los medios de comunicación occidentales. El hecho de que muchos jainistas graviten alrededor de él y sean bien venidos lo demuestra. Además, puesto que no hay dogma hinduista ni los miembros del BJP interpretan la identidad hindú en términos dogmáticos, no puede tildarse de "fundamentalista". Lo correcto sería llamarlo "nacionalista", o "tradicionalista". Y "burgués": el BJP es el partido que representa los intereses de las clases altas más o menos urbanizadas y de la creciente "clase media" india. No extrañará, entonces, que los jainistas respondan a la "amenaza" nacionalista sumergiéndose, por así decirlo, entre los miembros de los mismos grupos que el BJP representa. Dado su estatus de *baniā* –recuérdese la connotación negativa del término– y su heterodoxia, los jainistas son potencialmente unos *outsiders*. Invariablemente, éstos han tendido a la inmersión como forma de autodefensa.

Habitando un medio tan "hinduizado" muchas prácticas jainistas han ido aproximándose más y más a las formas hinduistas. Es relevante que en muchos templos śvetāmbaras se utilicen miembros de castas hinduistas como funcionarios del culto [véase pág. 434]. Es más; los jainistas suelen emplear *brāhmaṇas* para sus ceremonias religiosas domésticas. Como resultado de esta "brahmanización" literal pueden detectarse claros sentimientos de jerarquía castista –secciones *vīsa* y *dasā*, comensalidad, nociones de pureza, etc.–. Asimismo, los jainistas participan en la mayoría de festivales hinduistas, como el Dīpāvalī o el Holī, sus formas de culto son muy parecidas, muchos acuden regularmente a templos vishnuistas, sus ascetas desempeñan papeles similares a los de los renunciantes hinduistas, han adoptado ritos esotéricos tántricos y algunas de las costumbres sociales y patrones de conducta de los hinduistas. Como resume Gerald Larson, cuando uno visita a un indio, a simple vista no puede distinguir si es hinduista o jainista.[30] Consiguientemente, se da una cierta ambivalencia en lo relativo a la identidad jainista. Se entenderá ahora que en los censos de población algunos jainistas se incluyan voluntaria o involuntariamente bajo la denominación *hindū*. Si a ello añadimos los siglos de matrimonios mixtos con los vishnuistas, el panorama puede ser bastante complejo. Y es que uno puede ser jainista sin dejar de ser hindú. He ahí el meollo de la cuestión.

## LA IDENTIDAD JAINISTA

Las comunidades religiosas del Sur de Asia no se dejan encasillar en etiquetas del estilo de las que los monoteísmos de Oriente Próximo gustan de delimitar. Estoy de acuerdo con Paul Dundas en que si escapamos de estas constricciones, tal vez descubramos que categorías como "hinduismo" o "jainismo" se disuelven al final en un *continuum* que sólo puede describirse como "surasiático".[31] Hinduistas o jainistas pertenecerían a una realidad social y religiosa que me atrevería a llamar "indianismo". Pero eso ya es otra cuestión.

Empero, también es cierto que los jainistas se ven a sí mismos como un grupo religioso distinto del hinduista. Y eso es tanto o más importante que lo que nos parezca a los observadores. Es más, las otras comunidades –hinduistas, musulmanes, sijistas, etc.– los perciben en general como una sola colectividad, bien que en muchas ocasiones se deba más a un criterio económico que religioso. Si los jainistas participan en muchos de los festivales de los hinduistas, es significativo que no suceda a la viceversa. Sería un error, pues, llegar a la conclusión de que no existe una noción de "jainismo", ni un modo de vida, una cosmovisión o una cultura jainistas. La cosa es importante, porque si el jainismo se confundiera en el océano circundante, dejaría de existir como entidad diferenciada. Y eso es algo de lo que el jainismo siempre ha sido consciente.

El propio Dundas ha advertido que, si bien el jainismo posee todos los componentes significativos del hinduismo –los *Purāṇas*, los libros de leyes, una ética social, rituales similares, *mantras*, deidades, emblemas ascéticos, reglas dietarias, etc.–, la gran diferencia es que en el jainismo Ṛiṣabha promulgó todos esos elementos de acuerdo con el principio de la no-violencia.[32] Es decir, tanto las prácticas que han tomado prestadas de sus vecinos como las que son comunes a todos los indios poseen un cariz claramente jainista. Los ayunos jainistas, por ejemplo, poseen connotaciones diferentes a los hinduistas. Lo veremos. El cordón sagrado que muchos jainistas llevan a la usanza de los *brāhmaṇas* e hinduistas de alta clase, remite al principio de la no-violencia. Al mismo tiempo que se han dado préstamos entre las distintas tradiciones, el jainismo ha mirado de poner de relieve sus señas oponiéndose al Otro. Esta actitud ha solido expresarse bajo un anti-brahmanismo acusado. La cuestión puede rastrearse hasta los textos más antiguos y fue muy palpable durante el período medieval, aun a pesar de las injerencias hinduizantes en la tradición. Además, la tendencia actual de la comunidad tiende a diferenciarse del hinduismo.

Los jainistas saben que poseen sus templos, salas de meditación, retiros para ascetas, lugares de peregrinación o lugares de cremación espacialmente diferenciados de los hinduistas. Esta matriz formada por ascetas, templos, liturgistas, ritos, textos y los laicos que participan de la forma de vida jainista, ha sabido reproducirse durante más de dos mil años, y ello ha conferido a sus participantes un sentido de pertenencia a una comunidad (*saṃgha*) más allá de las divisiones sectarias o de casta. Doctrinalmente, los jainistas comparten una metafísica y una cosmovisión mucho más compacta y coherente que la asombrosa anarquía dogmática que impera en lo que ha sido llamado hinduismo. Y existe la extendida noción de que el jainismo está caracterizado por el abandono (*tyāga*), es decir, el sacrificio de los placeres mundanales, en contraste con los hinduistas, caracterizados en términos de placer (*bhoga*), esto es, de apego a las cosas de este mundo.

Por mucho que fluctúe y se interpenetre con el mundo que le rodea, existe un modo de vida específicamente jainista, que es independiente y coherente. El jainismo no es un *ghetto* o una entidad cerrada, a la vez que tampoco es un colectivo isomorfo perdido en un océano hinduista.

Todas estas interacciones y oposiciones han acabado por moldear la comunidad jainista y el jainismo como religión. Un ejemplo final ilustrará la enorme complejidad de estas cuestiones y nos sumergirá en otro de los miles de microcosmos que existen dentro de la sociedad india.

## JAINISMO E INDIA TRIBAL

En determinados templos rurales del Noroeste del continente se da una fascinante interacción religiosa entre jainistas y colectivos tribales, especialmente *bhīls*, una tribu de lengua indoeuropea. Un estudio de Caroline Humphrey ha tratado cuatro famosos templos jainistas del Rajasthan y su relación con los *bhīls*.[33] Cada templo organiza anualmente una procesión (*melā*) muy popular entre los campesinos del Rajasthan a la que asisten tanto jainistas como no-jainistas. La cosa es interesante ya que en las urbes normalmente los no-jainistas rara vez visitan los templos de los *jinas*. Pero en el caso de los templos rurales –donde la población jainista no es precisamente muy densa–, los colectivos tribales acuden regularmente a ellos. Significativamente, estos templos son algunos de los más afamados y esplendorosos de la comunidad.

Viajemos a la aldea de Rishabhdeo (Ṛiṣabadeva), situada al Sur de Udaipur (Udayapura). La mitad de la población es jainista, la otra hinduista. El 95% de los jainistas sigue al digambara Bīsapanthī. Sólo un 5% es śvetāmbara. Como en otros casos, las dos comunidades se disputan la propiedad de Kesaria-ji, el famoso templo jainista de Rishabhdeo. Tras un edicto oficial se dictó que los digambaras realizaran el culto por la mañana y los śvetāmbaras por la tarde. Además de la imagen central del *tīrthaṅkara*, el templo contiene imágenes de divinidades hinduistas y deidades de los *bhīls*. Interesantemente, cuando los *bhīls* visitan el templo, ignoran todos los motivos jainistas –a excepción de la imagen central– y se concentran en sus *bhomias*. Los *bhomias* representan a las divinidades protectoras, siempre asociadas a la tierra y al territorio. Muchas están en proceso de "sanscritización", es decir, de asimilación a una gran divinidad panindia. En esta parte de la India las divinidades tribales se asimilan a formas terribles de Śiva, tales como Bhairava, Bhairon o Bharu [ver FIG. 56]. Si bien estas formas de Śiva pueden representarse antropomórficamente, todavía la mayoría de *bhomias* son muy abstractos. Algunos son simples piedras; otros son rocas recubiertas de papel de oro o plata.

¿Por qué este interés de los *bhīls* en los templos jainistas? La explicación desvela relaciones complejas. La mayoría de imágenes de templos de la India posee detrás una larga historia. Una historia que muchas veces explica el poder milagroso del icono. La leyenda de un campesino pobre –en nuestro caso, un *bhīl*– que cava junto a un árbol y halla casualmente una imagen enterrada durante siglos, es una de las clásicas. Aunque luego esa imagen se lleve a un templo, el lugar original permanecerá por siempre sagrado y los descendientes del campesino tendrán ciertos privilegios en los rituales.

Caroline Humphrey ha observado que los *bhīls* creen en la eficacia de la visión (*darśana*) de la imagen milagrosa del *tīrthaṅkara*.[34] Esto contradice claramente la idea jainista de que ningún *jina* pueda y quiera interceder en las peticiones de los devotos. Lo veremos en detalle en el capítulo 27. Sólo las divinidades protectoras de los templos jainistas pueden conceder las peticiones de los devotos. Pero los *bhīls* ignoran esta cuestión. Al fin y al cabo, ellos no son jainistas. Ahora, la pregunta es obvia: ¿cómo es que los jainistas abren sus templos y dejan que sus dioses intervengan en beneficio de otros? Por un lado, existen razones económicas de peso. Precisamente por su localización rural, estos templos hacen de bazar para las poblaciones tribales de la región. Las ferias tienen lugar claramente donde y cuando no hay mercados de importancia. Por tanto, los jainistas tienen intereses económicos en el asunto. Una de las profesiones típicas entre los jainas ha sido la de prestamista (*sahukar*). Todavía en la India rural los prestamistas jainistas son preferidos a muchos bancos, ya que ofrecen la ventaja de estar abiertos la mayor parte del día, dan un servicio muy rápido, que no requiere papeleo ni burocracia, y que es mucho menos inquisitorial que el de los bancos.[35] Los *bhīls* son clientes habituales de los jainistas. Además, en el bazar se aprovisionan de multitud de útiles en las tiendas jainistas. Esta tolerancia "interesada" por parte de los jainistas es, a pesar de cualquier apariencia, claramente no sectaria. Los *bhīls* no sólo se benefician del templo. También de los hospitales, albergues, orfanatos y escuelas que los jainistas abren como parte de su servicio religioso (*sevā*) y donación (*dāna*) a la sociedad.

Pero la relación entre ambas comunidades está repleta de resentimientos y malentendidos. Los *bhīls* son muy hostiles con los *bānias*. El folklore hindú ha pintado siempre al *jaina-bānia* como *foráneo*, *explotador* y *no-hinduista*. Existen movimientos políticos tribales –el fundado por Anūp Dās, por ejemplo– con una ideología particularmente anti-jainista. Los tribales consideran a los jainistas gente miserable y presta a engañarles en el comercio o la usura. Se han dado casos de ascetas apaleados. Para determinados colectivos depauperados los *sādhus* jainistas son "magos" capaces de detener las lluvias gracias a sus poderosos *mantras*. Con la ayuda de sus magos, luego los mercaderes jainistas pueden vender el grano a precios más altos. Por su parte, los jainistas consideran a los *bhīls* gente ruda, dada al robo, incluso al asesinato, bebedores de alcohol y comedores de carne. Con todo, no existe un enfrentamiento del tipo hinduista/musulmán. La dicotomía es más económica que religiosa. Ya que los jainistas disfrutan de una posición económica muy ventajosa, los demás tienden a verlos básicamente como explotadores.

Se puede argumentar que el hecho de que los *bhīls* acudan a venerar al *tīrthaṅkara* en el templo significa que reconocen un cierto poder espiritual a los jainistas. Además, muchos asisten ocasionalmente a los sermones de los ascetas jainistas, puede que se apunten a algunos de los ayunos y dejen el ajo y las cebollas mientras haya renunciantes en la aldea, de forma que puedan ofrecerles sus alimentos "puros". Lo cierto, empero, es que su actitud en el templo no es nada ascética ni modosita. Y durante la feria, las danzas de muchos *bhīls* pueden ser salvajemente extáticas.

Muchos jainas piensan que los *bhīls* deben considerar la estatua de Mahāvīra como uno de sus *bhomias*, ya que la imagen fue desenterrada, surgió de la *tierra*. Y el *bhomia* es el protector de la tierra. Por tanto, los *bhīls* se saltan alegremente cualquier demarcación o frontera religiosa. Como ha observado Caroline Humphrey, lo curioso es que esto que se permite durante las ferias en los templos rurales sería inadmisible en un templo jainista normal. No sólo no hay resentimiento, sino que explícitamente el ritual reconoce el rol de los no-jainistas que hallaron enterrada la imagen.[36] Eso explica que estos templos posean imágenes anicónicas de los *bhomias*. En verdad, estas divinidades territoriales no difieren en demasía de las divinidades protectoras (*kṣetrapālas, śāsana-devatās*) que hay en todo templo jainista y que en su día fueron *yakṣas* o *yakṣīs*. Por tanto, los jainistas no están haciendo otra cosa que abrir su tradición a las creencias y prácticas populares; algo que no han cesado de hacer durante más de dos mil años. Y en este proceso se crea un complejo vínculo.

Para los jainistas existe una clara diferencia entre su culto (*pūjā*) y la visión (*darśana*) de los tribales, o en su procesión pacífica y la extática de los tribales, o entre el magnífico templo y el humilde recodo donde el *bhīl* halló la imagen, o entre el ultramundano *tīrthaṅkara* y el *bhomia* o Bhairava tribal. Gracias a esta asimilación-y-distinción, los jainistas atraen a los tribales a su religión, a la vez que realizan una clara jerarquización. Lo que no está tan claro, como sospecha Caroline Humphrey, es que los no-jainistas reconozcan estas distinciones bajo la misma escala de valores que los jainistas.[37] Este doble proceso de atracción/jerarquización queda reforzado por los lazos económicos y la posición de fuerza espiritual de los propietarios del templo.

Todo esto se vuelve mucho más significativo cuando comparamos el recelo que existe entre digambaras y śvetāmbaras a la hora de afrontar sus disputas. Debido a sus diferencias sectarias, el templo de Kesaria-ji ha de acomodarse cada día a dos tipos de culto. En el matutino, los digambaras veneran las estatuas desnudas; en el vespertino, los śvetāmbaras pueden hacerlo frente a unas imágenes vestidas. Se da una extraña incongruencia. No se acepta que un *jina* pueda ser digambara y śvetāmbara a la vez, y, en cambio, se tolera que otros lo vean como un raro *bhomia*. Es aquí donde los jainistas toman conciencia de su identidad. No se preocupan de que los *bhīls* llamen a Mahāvīra o Ṛiṣabha con los nombres de sus divinidades y piensen de los *jinas* lo que quieran, porque *no son jainistas*. Al no ser jainistas no poseen atributos sectarios, y por tanto, son libres de hacer y creer lo que quieran. Pero una vez se acepta el sentido de "jainista", el mínimo detalle puede llevar a la discordia y el enfrentamiento, como tantas veces ha sucedido entre digambaras y śvetāmbaras.

## LA SITUACIÓN Y EL ROL DE LA MUJER

Una cuestión vital para profundizar en la antropología de la India es el tema de la mujer. En el caso del jainismo el asunto es inexcusable ya que el peso de la mujer en la configuración, reproducción y transmisión del jainismo es muchísimo más importante de lo que podría desprenderse de un mero estudio textual o iconográfico.

En general, la situación de la mujer jainista no difiere demasiado del resto de mujeres de la India. Como norma, la sociedad jainista mantiene el mismo patrón patriarcal que rige en todo el Sur de Asia. El interés de la familia extensa se antepone a cualquier interés individual. Y la familia ideal del Sur de Asia es patrilineal: contempla la herencia y la descendencia sólo a través de los varones. Y es patrifocal: los varones de cada familia permanecen en el hogar paternal y traen a sus esposas a vivir consigo. La autoridad recae en los varones mientras que el honor de la familia reside, en parte, en la pureza de las mujeres. Para controlar la sexualidad femenina la familia tradicional utiliza instituciones como la reclusión de la mujer (*pārda*; anglohindi: *purdah*), típica del Norte de la India, o el matrimonio pactado,[38] normal en todo el continente. Puesto que son las mujeres las que transitan de una familia a otra y son ellas las que traen al mundo a las nuevas generaciones, son las mujeres las que potencialmente pueden romper todo el sistema con una sexualidad no controlada.

La niña india es educada para que sea una mujer obediente, fiel, trabajadora, sacrificada y hogareña. En el Norte es costumbre que a partir de la pubertad la joven se abstenga de aparecer mucho en público y, cuando lo haga, utilice el velo, una noción de claro origen islámico. La sociabilización de la adolescente tiene un punto de mira nítido: que el día de su matrimonio pueda abandonar su familia, su localidad, su hogar de la infancia y juventud, y entre en un nuevo mundo, el de su marido, donde no conoce a nadie y donde tendrá que competir con otras mujeres. Esta transición puede ser bastante traumática, ya que la recién llegada –probablemente una joven de dieciocho o veinte años– entra en la que va a ser su familia por la "puerta trasera" –más aún si la escabrosa dote no ha sido la esperada–. Apenas tiene relación con un marido a quien casi no conoce, hace de "sirvienta" de sus cuñadas y de la suegra; se dedica tanto al cuidado de los hijos e hijas de sus cuñadas como de hacer la comida, limpiar la casa, etc. De hecho, la mayor parte del tiempo la pasa con otras mujeres de la familia extensa y es con ellas con quienes intimará o es susceptible de tener problemas. Quizá todo esto explique la impepinable madurez de la mujer india respecto al varón.

El día en que dé a luz a su primer bebé su posición mejorará considerablemente. En la sociedad patriarcal el concepto de "madre" es mucho más importante que el de "esposa". Es más, durante los primeros años de matrimonio, las relaciones marido/esposa son tenues. No es raro que duerman en habitaciones separadas o que no mencionen el nombre de pila del otro. Como Susan Seymour dice, la intimidad emocional se desarrolla gradualmente y no debería expresarse demasiado abiertamente.[39] Se sospecha del amor romántico –aunque se ensalza en la literatura o en el cine–, porque es excesivamente individualista, demasiado dependiente del apego y la pasión, emociones todas, cuanto menos, dudosas para la espiritualidad surasiática.

Hasta el día de la maternidad ella no es más que una "cuñada" del resto de mujeres de la familia. Cuando ya es "madre" su esfera de responsabilidad e influencia aumenta. Ello no tiene que ver con el trabajo o la emancipación personal. No, en la India tradicional está muy mal visto que una mujer trabaje –excepto en el caso de familias muy pobres–. De hecho, cuanto más alto es el rango de una familia, mayores son los tabúes en este sentido. En el momento en que la mujer india es madre y dirige su hogar se considera a sí misma *realizada* y siente que su labor en el hogar complementa el rol y la responsabilidad del marido –básicamente económica–. Ella es la piedra angular de la felicidad del hogar. Y en la India es la familia y no el individuo el verdadero cimiento de lo social. Una mujer que mantiene un hogar "puro" –es decir, donde se cocinan los alimentos prescritos, que acude frecuentemente al templo y realiza ayunos ocasionales, que vigila su castidad y la de sus hijas, que interactúa poco con individuos "impuros", etc.– es la base del éxito, tanto como fuente de mérito como objeto de reconocimiento social. Desde su propia perspectiva, pues, la mujer india no está tan oprimida como lo parece si la miramos bajo un prisma occidental.

Por supuesto, estamos hablando de la familia tradicional india, la familia extensa (*joint family*), un modelo que en los medios urbanos más modernos ha operado bastantes cambios. Por ejemplo, la institución de la reclusión se ha relajado mucho, lo mismo que la idea de polución de la mujer menstruante o la práctica del matrimonio adolescente. Igualmente se valora más a la mujer con estudios. De hecho, los textos jainistas siempre han estado a favor de la educación de la mujer, y prueba de ello es que el nivel de educación de la mujer jainista sigue siendo proporcionalmente más elevado que el de musulmanas o hinduistas. Puesto que la familia urbana moderna tiende a ser más nuclear, todo el universo de relaciones –con otras mujeres, con los niños educados casi de forma "comunal", con la suegra–, tiende a enfriarse. La mujer india en este contexto se asemeja más a la occidental. Dado que su adolescencia se ha prolongado, la niña india de hoy puede mantener unos vínculos más estrechos con sus hermanos y hermanas. Y puede seguir estudios superiores. Llega al matrimonio como una mujer más madura, más independiente y más culta. La relación con el marido seguramente será más estrecha. En contrapartida, puede que se sienta más sola. Si económicamente la cosa no va bien, añorará la seguridad de la familia extensa –que es un sistema casi "comunitario"–. A pesar de todo, muchos de los rasgos característicos de la familia extensa se mantienen: el modelo sigue siendo patrifocal y patrilocal, el matrimonio es pactado, la idea de pureza del hogar se mantiene viva.

## LA MUJER Y LA RELIGIÓN

Una jainista modélica se levantará al alba y practicará la meditación frente al altar doméstico durante los 48 minutos prescritos. Antes de cada acto religioso –y ello incluye la tarea de cocinar– tomará un baño "purificador". Se trata, siempre, de mantener la pureza del hogar, un poco al modo brahmánico, y en algunos casos, de forma más exagerada que éstos. De hecho, las prácticas purificatorias atraviesan toda barrera religiosa; pertenecen, más que al jainismo o al brahmanismo, a la ideología de las castas elevadas. La mujer piadosa visitará el templo a diario. Durante la estación de lluvias atenderá cada tarde los sermones de los ascetas o las ascetas. Durante el resto del año, toda vez que un asceta pase por el barrio mirará de acudir a escucharle. Muchas mujeres practican el rito de confesión cada día. El resto lo hace invariablemente durante el festival del Paryuṣaṇa. Son las mujeres quienes mayoritariamente siguen los ayunos colectivos [véanse págs. 466-469]. Por si esto fuera poco, la mujer es quien regula y controla el espacio de la cocina, un lugar clave para todas las formas religiosas de la India. Existen multitud de tabúes alimenticios que deberá conocer y tener en cuenta, en especial durante los días de ayuno o durante la estación de lluvias. Por lo general, las mujeres jainistas siguen el mandato de no cenar cuando el Sol se ha puesto [véanse págs. 497-498]. Según sea la dieta –invariablemente vegetariana, pero con mayor o menor énfasis en la *ahiṃsā*–, de forma equivalente será considerado el rango social de la familia y su dedicación a la religión.

Los varones parecen estar más centrados en el negocio o el trabajo que sustenta a la familia y menos en las prácticas religiosas. Su actividad principal consiste en acudir al templo una vez al día –o a la semana–, y normalmente sólo para "ver" al *jina* y no para el culto más elaborado. Muy pocos practican la meditación y la enorme mayoría reserva la confesión al festival del Paryuṣaṇa. Igualmente, son menos estrictos con los tabúes alimenticios –relaciones de negocios obligan– y los ayunos quedan confinados, una vez más, al Paryuṣaṇa. Obviamente, esta participación menos activa no resta un ápice a su sensación de identidad como "jainistas". La única actividad religiosa en la cual los varones destacan es en la práctica de la generosidad [véanse págs. 454-456].

En suma, la mujer jainista es mucho más activa en las cuestiones religiosas que el varón. En eso no se diferencia demasiado de la hinduista, también más participativa y atenta que el varón –salvo el retirado–. Para las mujeres jainistas, la religión se erige como símbolo de su reputación y moralidad. Con su ejemplo, la madre o la esposa del cabeza de familia muestra la pureza moral de sus hijas y de la familia entera. Las mujeres aprovechan los ayunos, confesiones o sermones colectivos para congeniar y charlar con otras mujeres de su misma casta y orden religiosa. Esto es especialmente notorio en regiones de la India donde la práctica de la reclusión limita mucho los movimientos de las mujeres. Es en estas congregaciones religiosas cuando recaban información acerca de posibles novios o novias para sus hijos. Aunque la responsabilidad de iniciar y conducir las negociaciones del matrimonio es asunto de varones, la influencia de las esposas sugiriendo candidatos o candidatas es enorme. Por tanto, las mujeres son directamente responsables no sólo del mantenimiento del linaje y la reputación familiar, sino de la mismísima reproducción del *gaccha* religioso. Esto queda reforzado por la importancia de la madre en la educación religiosa de los hijos. Son las madres quienes llevan a los niños al templo –normalmente a partir de los cuatro o cinco años–, les enseñan los nombres de los *tīrthaṅkaras* y les recitan los *mantras* sagrados. Son ellas quienes les narran los cuentos e historias de la tradición. Desde la pubertad, las niñas aprenden las recitaciones más complejas necesarias para los ayunos y la meditación. En las familias piadosas, toda adolescente casadera realizará ayunos periódicamente con el propósito de asegurarse un buen matrimonio. Con el ayuno, la chica muestra que posee control sobre sus apetitos e impulsos. A medida que crecen, los chicos se van alejando del mundo de la madre para entrar en el del padre y el negocio familiar. Pero no olvidarán que su sentido de identidad como jainistas lo deben inicial y esencialmente al rol de la madre.

## EL JAINISMO DE ULTRAMAR

Saltemos el "océano negro". A los dígitos del Cuadro 3 habría que añadir unos 80.000 o 100.000 jainistas registrados fuera de la India. Las cifras son sólo aproximadas.

Desplazados por necesidades del *British Raj*, durante el siglo XIX y parte del XX, un gran colectivo de gujaratis emigró a África Oriental. Entre esos gujaratis se encontraban no pocos jainas, de ahí que el número de jainistas entre los indios de ultramar sea proporcionalmente bastante alto. Como buenos *baniās*, se situaron hábilmente en el comercio y en la administración. A la hora de reproducir su cultura, empero, los jainistas de la diáspora poseen una desventaja: no tienen ascetas renunciantes. Por tanto, una de las primeras cosas que toda comunidad mirará de hacer será construir un templo donde colocar una imagen que haya sido consagrada en la India por un *ācārya*. El primer templo jainista construido fuera del Sur de Asia se levantó en Nairobi, Kenya, en 1926.

Los jainistas africanos mantuvieron sus señas de identidad básicamente como forma de perpetuar los vínculos con la tierra de origen y las formas de vida tradicionales. Apenas tienen conocimiento de la filosofía o los valores éticos que subyacen a sus festivales y rituales. Aunque el vegetarianismo es habitual en el hogar, una mayoría de jainistas africanos come carne fuera de casa. La distancia y el paso del tiempo se hacen notar.

Como consecuencia de regímenes políticos hostiles, muchos indo-africanos emigraron al Reino Unido durante las décadas de los 1960 y 1970. De entre los 20.000 o 25.000 jainistas que habitan en el Reino Unido, entre un 75% y un 80% provenía de tres países de África Oriental: Uganda, Kenya y Tanzania. La gran mayoría era de origen gujarati, pertenecientes a las grandes castas *śrīmālī* u *osavāla*. Actualmente, la mayor concentración de jainistas en Europa se da en los Midlands y en el área del Gran Londres. Los más son śvetāmbaras simpatizantes del Mūrtipūjaka. En el Reino Unido se les conoce como dehrāvāsīs. Existen también pequeñas comunidades de sthānakavāsīs.

Para muchos jainas de ultramar el jainismo no es más que uno de los aspectos de su identidad social, y quizá no el más importante. Antes que jainistas, muchos se sienten gujaratis, o indios, o de la casta a la que pertenecen, o simplemente inmigrantes. Algunos están bien situados, como la próspera comunidad de comerciantes del diamante en Holanda. Una gran mayoría son pequeños comerciantes, como los tenderos de Leicester.

Por supuesto, la adecuación a otras culturas y contextos ha operado cambios entre las formas jainistas de ultramar. Esto es algo bastante palpable en el jainismo del Reino Unido y de los EE.UU. Ahí es a donde vamos ahora.

La primera gran diferencia del jainismo de estos países respecto a la India es la falta de *sādhus* y *sādhvīs*, que no pueden desplazarse debido a sus votos. Recientemente se ha dispensado a algunos terāpanthīs de este tipo de restricciones. Igualmente, un maestro como Sushil Kumar fundó un *āśrama* sthānakavāsī en Nueva Jersey. Con todo, la escasez o falta total de ascetas se nota. Para suplir su ausencia, los líderes respetados de las asociaciones laicas actúan como figuras de autoridad y desempeñan algunos de los roles que los ascetas tienen en la India.

Como en el caso de otras comunidades de inmigrantes con señas de identidad propias, los jainistas de Europa o América se cuestionan hasta qué punto deben adaptarse a la vida occidental, y qué papel ha de jugar su religión en este proceso. Las posiciones al respecto podrían resumirse en tres tendencias que, siguiendo a Marcus Banks, podríamos denominar "ortodoxia", "heterodoxia" o "neo-ortodoxia",[40] si bien los propios jainistas hablarían tal vez de "anticuada" o "tradicional" para la primera, "simple" o "inculta" para la segunda, y "moderna" o "científica" para la tercera. Aunque estamos hablando del jainismo de ultramar, y concretamente de la adaptación al mundo anglosajón, no hay que olvidar que estas cuestiones tienen un cierto efecto boomerang y, con matices, también pueden aportar claves para entender el jainismo más moderno y occidentalizado de ciertas urbes de la India.

En general, la tendencia "ortodoxa" se considera territorio de los ancianos y las mujeres. La razón se encuentra, posiblemente, en que estos dos colectivos disponen de mayor tiempo para seguir los rituales y son los más impermeables a influencias externas. Puesto que esta posición tiene que ver con el cumplimiento de determinados ritos, la calificación correcta sería "ortopraxia" más que "ortodoxia".[41]

La característica principal de la posición "heterodoxa", posiblemente la mayoritaria, es su creencia en un Dios Supremo. Para muchos jainistas europeos los *tīrthaṅkaras* son manifestaciones de un principio divino y están dotados de la capacidad de intervenir en los asuntos mundanos. Esta noción, claramente heterodoxa según el jainismo tradicional, hace del jainismo occidental otra forma de teísmo. Algunos, más influidos por el Vedānta, hablan de un principio divino allende los *tīrthaṅkaras*, una especie de Absoluto (*brahman*) que controla y crea las deidades y los *jinas*. La creencia en un Dios implica un cambio substancial en el fin de la religión. La meta ya no es la liberación (*mokṣa*), sino complacer a Dios a través de la devoción (*bhakti*). Consecuentemente, los jainistas británicos no tienen inconveniente en utilizar también los templos hinduistas, sijistas o cristianos para su culto. Asimismo, es habitual ver deidades hinduistas en sus hogares y bastantes prácticas hinduistas han pasado a formar parte de su expresión religiosa. Se da, pues, una cierta amalgamación con otras tradiciones espirituales indias.

La "neo-ortodoxia" es una tendencia distinta, quizá más próxima a las corrientes *new age* de la nebulosa espiritual occidental. Desde esta óptica, el jainismo no es tanto un sistema para alcanzar la liberación, sino una "ciencia" para el individuo *aquí y ahora*. Esta neo-ortodoxia ha desenfatizado ciertos aspectos del jainismo –aquéllos que no encajan con una visión racional del mundo– y, al contrario, ha mirado de dar soporte científico a sus ideales de vegetarianismo, no-violencia, meditación y creencia en la autoperfección. Las restricciones dietarias, por ejemplo, se postulan desde una óptica meramente médica; la meditación y las austeridades portan a la pacificación mental, etc. Para los neo-ortodoxos el jainismo monástico es obsoleto y estrecho. Esta tendencia, que es mucho más consciente de su desviación, es también más proselitista. La neo-ortodoxia se inspira en el laico Rājacandra [véase pág. 288] y en el ex-asceta Chitrabhanu [véase a continuación]. Como ha observado Marcus Banks, los que adoptan una posición neo-ortodoxa en la India también citan a Rājacandra y Kanji Svāmī [véanse págs. 290-291] como sus fuentes.[42]

## JAINISMO PARA OCCIDENTALES

A diferencia del budismo o del hinduismo, apenas existe un jainismo *para occidentales*. Recordemos que por mantener sus votos ascéticos Ātmārāmjī no pudo acudir al famoso World Parliament of Religions de Chicago. Pero en su lugar viajó el laico Vircand Gāndhī, quien, tras su éxito en Chicago, enseñó el jainismo en los EE.UU. y en el Reino Unido. Vircand llegó a formar una pequeña comunidad de adeptos, al abrigo de su Gāndhī Philosophical Society. Ha sido el primer jainista reciclado en maestro para occidentales.

Vircand no ha sido el único. Un personaje muy querido por los neo-ortodoxos norteamericanos es Chitrabhanu, un ex-asceta śvetāmbara que abandonó la orden y desposó a una de sus discípulas. Vive a caballo entre la India y los EE.UU., donde ha establecido un Jain Meditation Centre. Sus enseñanzas son bastante eclécticas, quizá más próximas a maestros como Osho –por cierto, crecido en una familia jainista–, si bien no se ha desarrollado ningún culto al *guru* como ocurrió con el rajneeshismo. Como sucede con otros maestros un tanto polémicos, Chitrabhanu no está muy bien visto en la India, donde su deserción como asceta y su matrimonio han sido motivo de reprobación.

# *Parte IX*

# Los textos

El jainismo no dice que sus escrituras sean de origen divino –como la *Biblia* o el *Corán* (*Qur'ān*)– o de no-autoría humana –como el *Veda*–. El jainismo subraya muy claramente que sus textos y, por extensión, la propia religión, son de pleno origen humano. La enseñanza jainista es fruto de la sabiduría de los que alcanzaron la iluminación y de los múltiples maestros que lograron el autocontrol. Los textos jainistas nacen de la experiencia espiritual.

Obviamente, esos textos muestran la verdad (*satya*), y en este sentido son tan eternos, imperecederos o dogmáticos como el resto de literaturas sagradas del mundo. Es más, puesto que relatan las experiencias y enseñanzas de los *jinas*, no puede haber error en ellos. Empero, a diferencia de las literaturas reveladas, para los jainistas esta verdad no se ha manifestado en una palabra abstracta (*logos, vāc*), sino que está enraizada en la gnôsis y la conducta de los omniscientes (*jinas*), los antiguos líderes (*gaṇadharas, sthaviras*) y los maestros (*ācāryas*) de la comunidad. La autoridad no recae tanto en los textos en sí como en los linajes de maestros que transmitieron estas enseñanzas. Cualquiera que se abra a esta misma verdad puede aportar su granito de arena a los textos del jainismo. Las doctrinas y las enseñanzas que contienen son relevantes desde el momento en que incitan a la transformación de la conciencia y el comportamiento.

Sin embargo, un tanto contradictoriamente –y sin duda por influencia de los resquemores brahmánicos acerca de que el *Veda* fuera a parar a manos impuras–, históricamente ha existido bastante recelo a que los textos fueran leídos por gente no cualificada. Hasta finales del siglo XIX los textos jainistas eran desconocidos no sólo del mundo allende la India, sino que eran extraños a los propios indios y, lo que es más sorprendente, a la inmensa mayoría de jainistas. Gracias a la labor de distintas asociaciones laicas o al esfuerzo de maestros comprometidos, el universo de los textos jainistas se ha abierto a todas las capas de la sociedad. Hoy, la mayoría han sido traducidos al hindi, al gujarati, al maharashtri e incluso al inglés.

En esta Parte, compuesta únicamente por el capítulo 22, abriremos el vasto cuerpo de escrituras del jainismo Śvetāmbara y Digambara. La exposición servirá, además, de reflexión acerca de la noción de "canon", un concepto muy arraigado en la mentalidad de Occidente pero que puede llevar a malentendidos cuando hablamos de Oriente.

# 22. LOS TEXTOS DEL JAINISMO

## EL "CANON"

Los iluminados del jainismo y los maestros que les sucedieron han legado un cuerpo de textos colosal. Quizá el hilo conductor sea el tono marcadamente monástico que los insufla. La mayoría son tratados filosóficos, manuales para ascetas, obras didácticas o exposiciones mitológicas. Incluso aquellas piezas que poseen un carácter más mundano –narraciones, fábulas, leyendas, cuentos– están fuertemente imbuídas de los valores ascéticos. Esta literatura se conoce con distintos nombres. Los más utilizados han sido Doctrina (*Siddhānta*), Tradiciones (*Āgamas*) o Exposición (*Anuyoga*).

### LAS LENGUAS

El grueso de estos textos está escrito en distintas variedades prácritas. El sentido de lengua prácrita es el de lengua natural o vulgar (*prākṛita-bhāṣā*) derivada del sánscrito, la lengua refinada o perfectamente construida (*saṁskṛita-bhāṣā*), en la que están redactados los textos sagrados de los hinduistas: el *Veda*, los *Itihāsas*, los *Purāṇas*, etc. La relación entre las lenguas prácritas y el sánscrito se asemeja bastante a la de las lenguas románicas respecto al latín. No obstante, para los jainistas las prácritas no están subordinadas al sánscrito. Forman la auténtica lengua de los sabios y de los dioses; la matriz de la que surgieron todas las lenguas.

Las más antiguas escrituras śvetāmbaras están compuestas en un prácrito llamado semi-magadhi (*ardhamāgadhī*), posiblemente un derivado de un dialecto que se hablaba antiguamente en Magadha. Dicen que era la lengua materna de Mahāvīra, aunque la cosa no está muy clara. En cualquier caso, el semi-magadhi acabó por convertirse en un dialecto específicamente jaina. Hacia los siglos I/II ya sólo era comprensible por los ascetas jainistas. La insistencia śvetāmbara en conservarlo se convirtió en una audaz forma de identificación sectaria. Algo similar sucedió en el budismo Theravāda con la osificación de la antigua prácrita llamada pali (*pāli*). Otros textos śvetāmbaras más tardíos están escritos en una forma dialectal próxima al maharashtri (*mahārāṣṭrī-jaina*), también exclusivamente jainista. De hecho, la mayoría de textos śvetāmbaras utiliza un híbrido más cercano a este maharashtri-jaina que al semi-magadhi, lo que prueba una redacción varios siglos posterior a la época de Mahāvīra. Los de los digambaras recurren frecuentemente a otro prácrito conocido como shuraseni (*śaurasenī-jaina*), típico de la región de Mathurā y también específicamente jaina. El uso de formas como la llamada lengua corrupta (*apabhramśa-bhāṣā* –un intermedio entre las lenguas prácritas y las indias modernas–) o el sánscrito (*saṁskṛita-bhāṣā*) es algo más tardío y fue común en ambas corrientes durante el período medieval. La utilización del sánscrito confirió al jainismo un prestigio mucho mayor entre las élites cultas de la India medieval. Los digambaras fueron pioneros a la hora de utilizarlo. Sólo los textos más modernos están redactados en vernaculares como el gujarati (*gujarātī*), el hindi (*hindī*), el tamil (*tamiḻ*) o el kannada (*kannaḍa*). Como ya sabemos, la contribución del jainismo al desarrollo de estas vernaculares ha sido enorme. Desde el siglo XIX también se utiliza el inglés.

## LA TRANSMISIÓN DE LA ENSEÑANZA

La palabra *āgama* es el equivalente sánscrito más próximo a "escritura". Literalmente significa "lo recibido",[1] lo que ha llegado de un cuerpo de enseñanzas a través de la transmisión de un linaje de maestros. La mejor traducción es, pues, "tradición" y no "canon" o "literatura canónica". Comprobémoslo.

La tradición dice que todo *tīrthaṅkara* ha proclamado y predicado catorce Textos Antiguos (*Pūrvas*). Por tanto, las enseñanzas originales de Pārśva y Mahāvīra estarían contenidas en sus correspondientes catorce *Pūrvas*. Por lo que se desprende de las alusiones, estos *Pūrvas* habrían incluido antiguas especulaciones sobre la naturaleza del cosmos, acerca de las posturas de escuelas rivales y sobre cuestiones fundamentales de nuestra situación de atadura kármica. También contendrían material sobre astronomía y astrología. Tristemente, ningún *pūrva* ha llegado hasta nosotros. ¿Cómo se explica esto?

En época de Mahāvīra, si es que en verdad existía la escritura en la India, posiblemente se destinaría a asuntos seculares. La tradición religiosa india ha prestigiado siempre la tradición oral y ha sospechado de la escrita. De modo que la enseñanza del Jina pasó oralmente a sus seguidores y fue transmitiéndose según los métodos mnemónicos clásicos, de maestro a discípulo. El modelo más habitual de la época, común al budismo o al brahmanismo, era el de reglas cortas o aforismos (*sūtras*). Los aforismos, hilvanados apropiadamente, formaban un sermón (*sūtra*) o una cadena de aforismos (*sūtra*). Parece claro que al componer deliberadamente sus enseñanzas en forma de *Sūtras*, los jainistas y los budistas no sólo imitaban a los ritualistas brahmánicos, sino que pretendían competir con ellos. Los *Sūtras* jainas están repletos de residuos de ese origen oral: repeticiones, florituras o "coros". La idea es facilitar la memorización y hacerlos retóricamente más potentes. Por su parte, los gramáticos brahmánicos optaron por sintetizar los puntos clave en frases muy comprimidas. De ahí la diferencia estilística entre los *Sūtras* brahmánicos, altamente enigmáticos y concisos, y los jainistas, llenos de repeticiones.

A diferencia del brahmanismo, donde la transmisión del *Veda* era y es una obligación ritual para las distintas familias de *brāhmaṇas*, todo el cuerpo escritural jainista se transmitió de renunciante a renunciante en sus retiros y monasterios. Debido a los votos ascéticos de desapego, en tiempos antiguos a los monjes no se les permitía la posesión de "libros". Además, sus técnicas mnemónicas eran menos elaboradas que las brahmánicas. Debido a estos factores las transmisiones jainistas sufrieron más rupturas y altibajos que las védicas.

La tradición dice que Gautama, Sudharman y el resto de *gaṇadharas* se encargaron de sistematizar la enseñanza de Mahāvīra. Este material constituiría los Textos Antiguos (*Pūrvas*) y los importantísimos Miembros (*Aṅgas*). La relación entre *Pūrvas* y *Aṅgas* no está del todo clara, pero en principio los primeros preceden a los segundos y poseen mayor autoridad. De todas formas, como los *Aṅgas* recogerían la enseñanza de Mahāvīra en pesona, tal y como fue escuchada por sus discípulos directos, su autoridad es elevadísima.

Los siguientes líderes de la comunidad continuaron transmitiendo esos *Pūrvas* y *Aṅgas*. Se dice que una primera recensión de un "canon" se ensayó unos 160 o 170 años después de la muerte del Jina, en el concilio de Pāṭaliputra, a caballo entre los siglos -IV/-III, pero del que los eruditos no hacen demasiado caso. La tradición Śvetāmbara afirma con insistencia que, además de los once *Aṅgas* recopilados entonces, existió un doceavo *aṅga*, llamado *Dṛiṣṭivāda*, que contenía parte –o todo– el material de los *Pūrvas*. Se cuenta que Bhadrabāhu (siglos -IV/-III) habría sido el último *pontifex* en conocer los catorce *Pūrvas* de memoria. En el concilio de Pāṭaliputra su discípulo Sthūlabhadra retuvo sólo una porción de estos *Pūrvas* [véanse págs. 190-191]. Esa parte constituyó el famoso *Dṛiṣṭivāda*.

Paulatinamente, las siguientes generaciones fueron perdiendo el conocimiento del *Dṛiṣṭivāda*. Pasados 680 –según los digambaras– o 1.000 años –según los śvetāmbaras– desde el *vīranirvāṇa* ya nadie recordaba los Textos Antiguos. Esto diferencia al jainismo de otras tradiciones, ya que acepta lagunas escriturales de primer orden. La cosa era normal si recordamos la noción jainista de que no mucho después de la muerte de Mahāvīra este continente de Bharata entró en la Edad Triste. La pérdida de los *Pūrvas* es el resultado de la degeneración inevitable de las cosas. Y sin *Pūrvas* no hay liberación posible.

Aunque los śvetāmbaras afirman que los once *Aṅgas* han llegado felizmente hasta nosotros, este punto es rebatido por los digambaras, quienes poseen unas escrituras completamente distintas. Para la tradición Digambara no sólo el *Dṛiṣṭivāda* que contenía los catorce *Pūrvas* se perdió. Considera que los once *Aṅgas* de los śvetāmbaras son falsos. Con todo, la tradición Digambara ha conservado los títulos y sumarios de las secciones de los *Aṅgas* "perdidos". Y si comparamos las listas śvetāmbaras con las digambaras notaremos que son prácticamente idénticas.[2] De modo que la existencia de unas enseñanzas precusoras a cualquier distinción sectaria no debe descartarse. Según Paul Dundas todo apunta a una tradición textual original y compartida que gradualmente se bifurcó.[3]

¿Cómo es que la tradición no logró transmitir unos textos tan fundamentales como los *Pūrvas*? Quizá, su dificultad hiciera perder el interés por esta porción de la enseñanza y los esfuerzos se concentraron en preservar los *Aṅgas*. O puede ser, como pensaba Walther Schubring, que la tradición creyera conveniente no seguir transmitiendo los *Pūrvas* ya que contendrían excesivas referencias a corrientes rivales;* unas alusiones que, como con el *Ṛiṣibhāṣita* [véanse págs. 137-138], en el futuro podrían ser mal interpretadas o desviar a los ascetas.[4] Pero esa pérdida no fue tan trágica como podría parecernos. Todas las corrientes mantienen que el espíritu de los *Pūrvas* no se extinguió. Los *Aṅgas* śvetāmbaras se refieren una y otra vez a estos *Pūrvas* y puede concluirse que están fundamentados en ellos. De hecho, ambos bloques fueron compuestos por las mismas manos: las de los *gaṇadharas*.

Ciñámonos a la tradición Śvetāmbara, la que posee una noción más parecida a lo que clásicamente se denomina "canon". Si sobre los *Aṅgas* hay bastante consenso, no lo hay en lo que al llamado Miembro Subsidiario (*Aṅgabāhya*) se refiere. En efecto, paralelamente a la transmisión de los *Aṅgas* que se supone que se remontan a los *gaṇadharas*, distintos maestros fueron añadiendo textos y enseñanzas. Esto constituye el *Aṅgabāhya*, algo así como un gigantesco apéndice de los *Aṅgas*. Sin embargo, el número de estos textos y hasta sus títulos varían considerablemente según las listas. Dicho de otra forma: aunque se reconoce la autoridad de los textos más importantes, hay desacuerdo sobre los menores, unos textos que, en realidad, pueden reemplazarse los unos por los otros.

Se dice que 830 años después del *nirvāṇa* de Mahāvīra, a mediados del siglo IV, se realizaron dos concilios casi simultáneos en Mathurā –bajo la dirección de Ārya Skandila– y Valabhī –bajo Nāgārjuna Sūri– con el idéntico propósito de establecer las recensiones de los textos. Lamentablemente, Skandila y Nāgārjuna no tuvieron ocasión de contrastar sus compilaciones, de modo que dos versiones distintas se transmitieron en paralelo. Seguramente para evitar más pérdidas y reconciliar las diferentes ediciones, a mediados del siglo V, Devarddhi Kṣamāśramaṇa organizó un nuevo concilio en Valabhī. Fue en este concilio cuando el *Dṛiṣṭivāda* fue declarado "oficialmente" perdido por la tradición Śvetāmbara. En Valabhī todo el cuerpo de enseñanzas quedó escriturado en hojas de palmera. E interesantemente, Devarddhi introdujo variantes como: "según una versión", o "los seguidores de Nāgārjuna piensan". El prudente Devarddhi no quiso omitir ni añadir nada.

A diferencia del primer concilio de Pāṭaliputra, la historicidad de estos

* De hecho, el término indio para denotar a un "oponente filosófico" es *pūrvapakṣa*.

tres es aceptada por todo el mundo. Está claro que la transcripción de los textos corresponde a un momento en que el estudio de las escrituras había ganado prestigio –posiblemente cuando las instituciones monásticas crecieron– y cuando la amenaza de una desaparición total de las enseñanzas se sintió agudamente. En las reglas de conducta para los ascetas se estableció una excepción al voto de no-posesión para permitir la conservación de los textos.

## LA IDEA DE "CANON"

Durante décadas, una de las obsesiones de los eruditos occidentales consistió en dar con los libros sagrados de Oriente, con sus "Biblias" o "cánones". La finalidad era hallar las fuentes de cada religión, algo muy al gusto decimonónico, con su renovado interés por el origen y la evolución de las cosas. Y en su meriotorio empeño nos dibujaron la errónea idea de unas tradiciones fundamentadas en un cuerpo escritural "cerrado", al estilo de la *Biblia* cristiana. En el caso del jainismo fue Georg Bühler quien estableció, a finales del siglo XIX, que su "canon" consistía en cuarenta y cinco textos [véase más adelante]. Durante un siglo nadie cuestionó la lista de Bühler, pues no se ponía en duda, siguiendo a Max Müller, que toda tradición religiosa de envergadura se sostenía en unas escrituras sagradas que en algún momento dado de su historia habían quedado fijadas y cerradas. Pero la verdad es que la fascinación por unas "Biblias" o "escrituras sagradas" es una proyección de la tradición judeo-cristiana. Tal y como ha mostrado Kendall Folkert, ha sido la visión cristiana de la *Biblia*, y particularmente la protestante, el modelo básico que ha construido nuestras representaciones de las escrituras en el estudio comparado de las religiones.[5] Una de las tareas principales de este gran estudioso del jainismo ha sido mostrar cómo la noción de un canon jainista fijo ha sido perniciosa para la comprensión de esta tradición. Opino, con Folkert, que es erróneo intentar trasladar categorías de pensamiento cristianas al ámbito indio. Para el mundo cristiano la *Biblia* es aquella fuente prístina revelada por Dios cuyo valor religioso es irreductible y está cerrada a todo aquello que no le pertenece. Para el occidental, la *Biblia* es escritura canónica en el sentido de que sirve de vector de autoridad religiosa: es un libro independiente, absolutamente cerrado, sin posibilidad de alteración y normativo en todas las cuestiones dogmáticas.

Pero en la India las cosas no funcionan así. El esquema *Pūrvas-Aṅgas-Aṅgabāhyas* muestra una clara progresión decreciente del conocimiento de la palabra de Mahāvīra –*Pūrvas*–, pasando por el directamente derivado de ella –*Aṅgas*–, hasta el que sólo lo es indirectamente –*Aṅgabāhyas*–. Obviamente, volviendo con Folkert, eso no se corresponde con la idea que en Occidente se tiene de "canon".[6] La extendida idea de que el corpus de cuarenta y cinco escrituras quedó *fijado* en Valabhī es inexacta. En dicho concilio Devarddhi Kṣamāśramaṇa realizó la labor de edición del material śvetāmbara transmitido y lo hizo transcribir, pero en modo alguno cerró un canon de cuarenta y cinco escrituras.

Para la India, un texto venerado no cumple obligatoriamente el papel de autoridad dogmática. Es más común que haga de guía ritual. Ni es necesariamente "sagrado" en el sentido esencialista del cristianismo; ni es algo cerrado que no pueda cambiar con el tiempo. En la India las enseñanzas religiosas pueden ser plurales, están siempre abiertas a re-evaluaciones y comentarios y derivan su significado principalmente de los contextos *orales* y *rituales*. El error de muchos indianistas ha sido proyectar la noción de canon como autoridad religioso/dogmática sobre tradiciones que se sostienen mayormente en textos de autoridad ritual.

El *Veda*, por ejemplo, no es un "libro". Adquiere su sentido pleno con la recitación en el ritual. A los ojos de un hinduista, el *Veda* tiene que entonarse para expresar su potencia. Se parece más a un "misal" que a la *Biblia*. Un texto indio no sólo posee un significado específico derivado de su lectura, sino que es algo que debe ser utilizado. Los jainistas no leen sus textos venerados como quien lee un libro. En general, utilizan compendios y colecciones "misales" que reciben el nombre genérico de *Pratikramaṇa-sūtras*. Ahí se mezclan extractos de textos antiguos, cantos e himnos organizados según los rituales. La lengua de estos *Sūtras* suele ser el prácrito, pero transcrito en carácteres gujaratis o hindis de forma que puedan pronunciarse correctamente. Una serie de comentarios en la lengua vernacular explican los contenidos y ofrecen instrucciones. Estos textos, que no aparecen en las listas "canónicas" recopiladas por los expertos, constituyen la forma como una inmensa mayoría de jainistas percibe sus escrituras.

Pongamos un caso clásico. Uno de los textos más venerados entre los śvetāmbaras es el *Kalpa-sūtra*, tradicional pero erróneamente adscrito a Bhadrabāhu. Ha sido el texto más copiado de todos y normalmente viene acompañado de soberbias ilustraciones [ver FIGS. 47 y 48]. Durante el importante festival del Paryuṣaṇa los seglares śvetāmbaras lo recitan colectivamente con enorme devoción [véase pág. 442]. Empero, lo que se recita, o tiene muy poco que ver con el texto prácrito original, o bien se entona el comentario en sánscrito de Vinayavijaya (siglo XVII) o la traducción al gujarati de este comentario. Una parte fundamental que acompaña la recitación consiste en mostrar públicamente las ilustraciones de las páginas manuscritas. Por tanto, tal y como ha apreciado John Cort, dentro de la percepción śvetāmbara de la naturaleza y contenido de este texto, hallamos distintas formas de entenderlo. Puede concebirse como el texto matriz en prácrito –conocido simplemente como *Bārasā-sūtra*–; o como el texto prácrito más el comentario sánscrito y sus traducciones a las vernaculares –el *Kalpa-sūtra*–; y hasta como las historias que aparecen en las ilustraciones,[7] que es una forma nada despreciable de percepción de la tradición por parte de los adeptos. En resumen, el texto es un objeto de devoción en sí mismo y debe insertarse en el contexto devocional y ritual del festival del Paryuṣaṇa. Si no captamos esta ligazón entre lo escrito, lo oral y lo ritual, erraremos en nuestra percepción de los textos jainistas.

Por tanto, la muy extendida idea que nos habla de cuarenta y cinco escrituras jainistas –once *Aṅgas* y treinta y cuatro *Aṅgabāhyas*– que forman *el canon* de los jainistas es del todo inexacta. A lo sumo, representaría la aproximación a un canon según la suborden Kharatara-Gaccha de los śvetāmbaras. Es cierto que la lista de cuarenta y cinco textos ha sido la que ha dominado la visión general de la tradición Śvetāmbara, pero en modo alguno forma la manera como todos los śvetāmbaras entienden su tradición. Algunas listas hablan de cuarenta, otras de cincuenta y hasta de ochenta y cuatro textos. Los sthānakavāsīs y los terāpanthīs poseen sus propias listas de treinta y dos. Por no hablar de los digambaras, quienes, indudablemente como parte de su estrategia de diferenciación de los śvetāmbaras, mantienen que todas las escrituras antiguas se perdieron. A esto hay que añadir las numerosas alteraciones, omisiones y modificaciones que han sufrido. En el siglo XI, el comentador Abhayadeva admitía con franqueza que le era difícil explicar los textos ya que estaban repletos de lagunas e incoherencias, muchas tradiciones se habían perdido y existían diferentes versiones de un mismo texto.[8] La forma típicamente poco sistemática de los textos indios, sus contradicciones y desconexiones, delata que muchas manos han participado en su elaboración. Con todo, eso es algo que no ha molestado mucho a los indios, hasta el punto de que la tradición Śvetāmbara nunca se preocupó en eliminar los pasajes de sus textos que hablaban de reglas para caminar desnudos.

Hechas estas aclaraciones, podemos realizar una aproximación a los textos reverenciados algo más libres de *clichés*. Si podemos sacarle el corsé "canónico" a las escrituras jainistas estaremos en condiciones de apreciarlas y juzgarlas mucho mejor.

## EL *SIDDHĀNTA*

A pesar de las pérdidas, el jainismo Śvetāmbara insiste en que la mayor parte del material recopilado en el primer concilio de Pāṭaliputra consiguió transmitirse correctamente hasta el de Valabhī. Esas grandes porciones constituyen el Miembro Principal (*Aṅga*) y el Miembro Subsidiario (*Aṅgabāhya*), que conforman el cuerpo escritural conocido con el genérico de Doctrina (*Siddhānta*).

### *AṄGAS*

Aunque el *Siddhānta* fuera "editado" casi mil años después de la muerte de Mahāvīra, no hay duda de que contiene porciones muy antiguas, en especial en la sección de los once *Aṅgas*. Colette Caillat menciona un estudio fundado en criterios métricos que ha demostrado que determinadas porciones de los *Aṅgas* serían anteriores a los siglos -IV/-III. Más de un parágrafo podría ser eco directo de las palabras de Mahāvīra.[9] Generaciones y generaciones de ascetas habrían transmitido los *Aṅgas*, habrían incorporado enseñanzas nuevas y habrían adaptado su forma a los cambios lingüísticos habidos en las lenguas prácritas.

El primer *aṅga* es uno de los más reverenciados de todos. Se llama *Ācārāṅga-sūtra* porque tiene que ver con la conducta (*ācāra*) de los ascetas y las ascetas. También contiene la menos mítica de las biografías de Mahāvīra. La primera parte del *sūtra* –que forma el *Ācārāṅga-sūtra I*–, y en especial los pasajes en verso que tienen que ver con la doctrina de la no-violencia, posiblemente constituyan la porción más antigua de todos los textos jainistas.

El segundo *aṅga*, llamado *Sūtrakṛitāṅga*, es también otro de los más antiguos, en especial su primera porción, el *Sūtrakṛitāṅga I*. Además de enseñanzas generales de la doctrina, incluye interesantes descripciones de las posiciones de escuelas rivales. Como en el caso de *Sūtras* budistas de similar contenido, el objeto era instruir a los ascetas acerca de creencias desviadas y saber cómo refutarlas.

El tercer *aṅga* es el *Sthānāṅga-sūtra*, una especie de enciclopedia que trata de mitología, cosmología, práctica y doctrina. El cuarto, el *Samavāya-sūtra*, es similar. Ambos textos siguen una fórmula muy querida de los hindúes de la antigüedad: agrupar las cosas de acuerdo con su número –Tres Joyas, cuatro tipos de nacimientos, siete principios fundamentales, etc.–. Este método –idéntico al *Aṅguttara-nikāya* de los budistas– estaba diseñado para los estudiantes avanzados en la doctrina.

El quinto *aṅga*, el más extenso del *Siddhānta*, es el *Vyākhyā-prajñāpti*, un texto tan venerado que suele recibir el título de Sermón Excelso (*Bhagavatī-sūtra*). Toca toda la gama de intereses del jainismo: filosofía, cosmología, epistemología, historia, anatomía o práctica. Para Moritz Winternitz algunos sermones recogen el tono y el estilo de Mahāvīra.[10] El *sūtra* ofrece también una vívida descripción de su vida y la relación con los *gaṇadharas*.

Buena parte del resto de *Aṅgas* consiste en exposiciones de la doctrina o normas de conducta, algunas de las cuales están claramente destinadas a los laicos, lo que evidencia una redacción y composición más tardía. Están repletos de narraciones de las vidas de los *tīrthaṅkaras*, biografías de santos ejemplares y hasta de materiales que sólo vagamente pueden considerarse jainistas. Muchos capítulos están pensados para gente no versada en las sutilezas de la doctrina, muy al estilo de los *Itihāsas* y *Purāṇas* hinduistas o los *Jātakas* y *Avadānas* budistas. Las historias de la *tīrthaṅkara* Malli, por ejemplo, se encuentran en el sexto *aṅga*, el *Jñātṛidharmakathāḥ*. Algunas biografías de laicos modélicos y de la vida social de la época de Mahāvīra se hallan en el séptimo *aṅga*, el *Upāsaka-daśāḥ*, que traza ya el clásico modelo de los estadios de progresión espiritual y los votos religiosos de los laicos. La mitología de Nemi y Kṛiṣṇa se relata en el octavo, el *Antakṛiddaśāḥ*. El noveno *aṅga*, el *Aṇuttaraupapātika-daśāh*, se explaya en la conducta penitente de los ascetas y en los más elevados renacimientos divinos. El décimo, el *Praśnavyāka-*

*raṇa*, centrado en los grandes votos religiosos y en la forma como el *karma* contamina el espíritu, revela un estilo mucho más tardío. El decimoprimer *aṅga*, el *Vipakaśruta*, narra historias de gentes a la luz de la teoría del *karma*.

## *UPĀṄGAS*

La primera colección de textos del *Aṅgabāhya* recibe el nombre genérico de Relativo a los *Aṅgas* (*Upāṅga*). En principio se trata de una prolongación de los *Aṅgas*, pero la correspondencia es puramente teórica.

Los temas de los doce *Upāṅgas* son variadísimos. Se habla de ontología, astrología, disciplina monástica, ética, mitología o temas más o menos legendarios. Muchos están formados por colecciones de historias muy similares –notablemente el *Nirayāvalikā*, el *Kalpāvataṃsikā* o el *Puṣpacūlā*–. Invariablemente se habla de un hombre que en un momento dado renuncia al mundo, se convierte en monje jainista, estudia los textos sagrados, practica el ascetismo, ayuna hasta la muerte y al final alcanza la liberación o los cielos más elevados. Algunos *Upāṅgas* –el *Vṛiṣṇidaśā* por ejemplo– son interesantes para el historiador y para el estudioso de las religiones, ya que hablan de grupos de renunciantes muy antiguos, brahmánicos y shramánicos, o de vidas de reyes de la antigüedad. Otros, como el *Jīvabhigama*, están formados por largas clasificaciones de los distintos tipos de seres vivos, los lugares del cosmos donde residen, astros y constelaciones, etc. De especial mención es el cuarto *upāṅga*, denominado *Prajñāpanā-sūtra*, que dice contener la esencia del *aṅga* extraviado, el *Dṛiṣṭivāda*. Se trata de uno de los pocos textos del que sabemos la autoría. Fue escrito por el asceta Ārya Śyāma (siglo I), identificado con el santo Kālakācārya. Es uno de los textos del *Siddhānta* que contiene más material filosófico. Para referencias cosmográficas y cosmológicas es valioso el *Jambūdvīpa-prajñāpti*, que también se explaya bastante en la vida de Ṛiṣabha. Literariamente hablando, el segundo *upāṅga*, el *Rājapraśnīya*, es el más interesante.

## *PRAKĪRṆAKA-SŪTRAS*

La colección llamada Miscelánea (*Prakīrṇaka*) contiene diez textos centrados en distintos tópicos: psicología, himnos a los *jinas*, astrología, ritual monástico, formas de renunciación o mitología. El *Taṇḍulavaicārika* toca anatomía y medicina. El *Bhāktaparijñā* se explaya en la muerte voluntaria. Dentro de la categoría de *prakīrṇaka* se fueron incluyendo textos breves de diverso contenido que hubieran alcanzado cierta autoridad.

## *CHEDA-SŪTRAS*

Los seis *Cheda-sūtras* giran en torno a la disciplina de los ascetas. Corresponderían más o menos al *Vinaya* de los budistas. Dos de estos *Cheda-sūtras* se atribuyen al gran Bhadrabāhu. De especial mención es su *Bṛihat-kalpa*, una de las piezas fundamentales sobre la disciplina monástica. Aún más célebre es el *Ācāradaśāḥ*. El octavo capítulo, centrado en la vida monástica durante la estación de lluvias –el *Sāmācāri*–, y al que se han añadido apéndices sobre la vida de Mahāvīra y otros *jinas* –el *Jina-caritra*– y listas de los primeros discípulos –el *Sthavirāvalī*–, conforman el famoso *Kalpa-sūtra*, recitado durante el festival del Paryuṣaṇa o durante las ceremonias de confesión. Por confusión con el *Bṛihatkalpa* a veces se atribuye a Bhadrabāhu. Otros *Cheda-sūtras* son el *Vyavahāra-sūtra*, el *Niśītha* y el *Mahāniśītha*. Hay unanimidad en considerar que el sexto *cheda-sūtra* hace ya muchos siglos que dejó de transmitirse y está extraviado. En su lugar suele incluirse al *Jītakalpa* compuesto tardíamente por el monje Jinabhadra (siglo VII).

### *MŪLA-SŪTRAS*

La siguiente sección del *Aṅgabāhya* es la de los cuatro *Sūtras* Básicos (*Mūla-sūtras*).

Uno de los más relevantes es el *Daśavaikālika*, adscrito a Ārya Śayyambhava –nieto de Jambūsvāmin–. Está estructurado en diez capítulos –basados en los viejos *Pūrvas*– y dos apéndices en forma de una homilía dirigida a un asceta. Toca los temas más importantes de la tradición, en especial sobre las reglas de conducta de los ascetas. Es otro de los textos más antiguos y posee especial valor para escuelas como el Kharatara-Gaccha o la Sthānakavāsī.

Otro *mūla-sūtra* es el *Piṇḍa-niryukti*, misteriosamente atribuido a Bhadrabāhu, y que se centra especialmente en detalles sobre la forma de mendigar y alimentarse del asceta.

El más querido de los *Mūla-sūtras* es el *Uttarādhyayana*, uno de los textos más importantes del *Siddhānta*, y que dice recoger las últimas palabras del Jina. Es una excelente antología del jainismo, obra de distintos autores, partes de la cual poseen considerable antigüedad. Moritz Winternitz lo ha definido como una combinación de aforismos, baladas, diálogos y parábolas del estilo de la poesía ascética de la antigua India.[11] Se asemeja al *Dhammapada* o el *Suttanipāta* de los budistas y al famoso *Śanti-parva* del *Mahābhārata*.

Finalmente, el *Avaśkaya-sūtra*, otro texto de carácter enciclopédico de mucho valor para la comunidad ascética. Trata esencialmente sobre las seis acciones rituales obligatorias (*avaśkayas*) de los retiros monásticos [véanse págs. 507-509]: cultivo de la ecuanimidad, culto de los *tīrthaṅkaras*, veneración y salutación respetuosa a los maestros, arrepentimiento y confesión, olvido del cuerpo y abandono. Además de multitud de cuentos, parábolas, mitos y alegorías sobre los *tīrthaṅkaras*, contiene todas las instrucciones y *mantras* necesarios que deben recitarse en estas liturgias. Se trata de otro de los textos antiguos de las recensiones śvetāmbaras. La literatura añadida que gira en torno a estos deberes obligatorios es enorme [véase más adelante]. De hecho, la clasificación jainista tradicional divide el *Aṅgabāhya* en textos que tienen que ver con los *avaśkayas* y en textos que no están asociados a estas seis prácticas rituales.

## *CŪLIKĀ-SŪTRAS*

La última sub-sección está compuesta por dos textos independientes de carácter hermenéutico: el *Nāndī-sūtra*, atribuido a Devarddhi (siglo V), y el *Anuyogadvāra*, compuesto por un maestro de nombre Ārya Rakṣita (siglo I). Ambos tratan, con un estilo bastante enciclopédico y situados en contexto epistemológico, de todo aquello que un asceta jainista debiera conocer. Los dos proveen interesantes descripciones de doctrinas heréticas. En el *Nāndī* aparece una larga lista de los maestros de la antigüedad.

* * *

Así finaliza el *Siddhānta* o "canon" de los kharatara-gacchins. Los sthānakavāsīs y los terāpanthīs poseen sus propias listas de treinta y dos textos. Aunque aceptan los once *Aṅgas* y los doce *Upāṅgas*, no reconocen la validez de muchas escrituras del *Siddhānta*. Puesto que los textos sagrados no son inamovibles no es necesario que los sthānakavāsīs "rechazaran" un material canónico previo, sino que tendrían una cierta libertad para escoger y limitar un material transmitido.

## COMENTARIOS

Una de las particularidades de la tradición hindú es su propensión a escribir comentarios a los textos relevantes. En bastantes casos, sin la ayuda del comentario el *sūtra* es bastante difícil de captar.

Ya antes de que el *Siddhānta* fuera editado en Valabhī, algunos de los textos más antiguos habían recibido comentarios. Cronológicamente, los primeros son los llamados Explicaciones Concisas (*Niryuktis*). La mayoría están redactados en jaina maharashtri (*mahārāṣṭrī-jaina*). Suele tratarse de versos breves que servían para ayudar a la memorización del *sūtra*. Algunos fueron incluidos en el *Siddhānta*, como el *Piṇḍa-niryukti*. Pero en verdad, los *Niryuktis* pueden ser tan crípticos como los *Sūtras* si luego no son interpretados más extensamente. El siguiente nivel exegético está compuesto por los Comentarios (*Bhāṣyas*), mayoritariamente también en jaina maharashtri. A continuación hallamos un tipo de glosas llamadas Dispersiones (*Cūrṇis*), que utilizan una mezcla de sánscrito y prácrito. Corresponden a la época en la que el sánscrito comenzaba a reemplazar al prácrito, es decir, hacia los siglos VI y VII, si bien alguno puede ser anterior. Finalmente tenemos las Explicaciones (*Vṛittis, Ṭīkās*), compuestas en sánscrito. El iniciador del período de comentarios en sánscrito fue Haribhadra (siglo VIII), de quien se dice que realizó *Ṭīkās* incluso a textos no jainistas. Otros comentadores notables fueron Śīlāṅka (siglo IX), Devendra Sūri (siglo XI), Abhayadeva (siglo XI), Malayagiri (siglo XIII) o Vinayavijaya (siglo XVII).

De entre todos los textos, el *Āvaśyaka-sūtra* es el que ha recibido mayor número de comentarios, glosas o explicaciones. Un vastísimo cuerpo de textos gravitó en torno a esta enseñanza. Los comentadores utilizaron profusamente cuentos y leyendas populares para ilustrar y elucidar los conceptos importantes. Y ha sido gracias a estos comentarios como muchas de las joyas cuentísticas y narrativas de la antigua India han llegado a nosotros. Está claro que estamos a medio camino entre la tradición oral, que otorga mucha mayor libertad al narrador, y la escrita, bastante menos maleable. Tan importante es la literatura añadida al *Āvaśyaka* que el *sūtra* original ha sido totalmente desplazado por el comentario más antiguo, el *Āvaśyaka-niryukti*, fechado alrededor del siglo I. A este texto se han añadido multitud de sub-comentarios y explicaciones, sin las cuales el sentido del texto sería incomprensible y de nula utilidad.[12]

## EL *ANUYOGA*

Como se mencionó, los digambaras no aceptan la autoridad de los textos śvetāmbaras. Aunque comparten la mayoría de enunciados dogmáticos del *Siddhānta*, consideran que la lengua y la forma de estos textos no son auténticos. Afirman que los *Aṅgas* y buena parte del *Aṅgabāhya* son meros sustitutos que llevan los mismos títulos que un material más antiguo, totalmente extraviado. En general, la percepción digambara de la tradición escritural no ha sido tenida muy en cuenta por los expertos y no es raro que se hable de sus textos como de "canon secundario".[13] Sin duda, algo tendrá que ver que su posición respecto a la idea de "canon" sea más enigmática y esté todavía más alejada de los presupuestos occidentales.

Según el digambara Yatiṛiṣabha, después de Mahāvīra sólo Gautama, Sudharman y Jambū tuvieron conocimiento absoluto de las enseñanzas. Los siguientes pontífices hasta Bhadrabāhu todavía dominaban los catorce *Pūrvas*. Las generaciones posteriores ya sólo retuvieron los once *Aṅgas* y diez *Pūrvas*. Luego, ya sólo se recordaban los once *Aṅgas*. A principios de la era cristiana, únicamente el *Ācāraṅga*.[14] Siete siglos después de la muerte del Jina ya nadie podía jactarse de conocer su enseñanza de modo perfecto.

Para algunos, esta visión es un reflejo realista de las pérdidas escriturales ocasionadas a medida que la comunidad ascética se extendía geográficamente. Según otros, consistió en la reacción digambara ante la manipulación śvetāmbara de los textos, una posición que acabó convirtiéndose en una estrategia para distanciarse de los śvetāmbaras. Tal vez no sea más que una transposición de la idea de paulatina degeneración del *dharma*. Y no puede descartarse la opinión de K.K. Dixit. Para este gran estudioso, a principios de la era cristiana ambas tradiciones habían compuesto una serie de textos que harían innecesario el estudio de los viejos *Aṅgas*. Todas las necesidades rituales, doctrinales, históricas o éticas estarían bien recogidas en tratados como el *Anuyogadvāra*, el *Nandīsūtra*, el *Āvaśyaka-niryukti* o el *Tattvārta-sūtra* y sus comentarios –para los śvetāmbaras–, y en el *Saṭkhaṇḍāgama*, el *Kaṣāyaprābhṛita*, el *Mūlācāra* o nuevamente el *Tattvārta-sūtra* y sus comentarios –para los digambaras–. La notable diferencia habría sido que cuando se produjo la escisión la corriente Śvetāmbara sintió necesario conservar el material antiguo, mientras que la Digambara no.[15] Esto explicaría la sorprendente unidad doctrinal, a pesar de la disparidad de textos que veneran.[16]

En consecuencia, los digambaras poseen un corpus escritural propio y reconocen que su material proviene casi en su totalidad de maestros de bastantes generaciones después de Mahāvīra, la mayoría de los cuales fueron originarios del Deccan y del Sur de la India. Esto no resta ninguna sacralidad a sus textos puesto que la visión india de lo que es una escritura (*āgama*) incluye a todo texto de cierta antigüedad que haya sido proclamado por algún maestro ilustre. Si ese texto encarna el conocimiento más elevado, es considerado igualmente sagrado e infalible.

## EL *ĀGAMA* DIGAMBARA

Los digambaras mantienen que el *Dṛiṣṭivāda* no se volatilizó totalmente. Piensan que el segundo y quinto *pūrva* del *Dṛiṣṭivāda*, centrados en la teoría de la transmigración, pudieron transmitirse de maestro a discípulo. Ante la amenaza de que estas enseñanzas se perdieran para siempre, el asceta Dharasena (siglo II) las legó a sus discípulos Puṣpadanta (siglos II/III) y Bhūtabali (siglos II/III) en el monte Girnār. Éstos las transcribieron en hojas de palmera. El resultado fue el *Ṣaṭkhaṇḍāgama*, plausiblemente el primer texto *escrito* de la tradición jainista. Es una obra difícil, compilada de forma aforística, que trata casi exclusivamente de la doctrina del *karma*. Basándose en las mismas fuentes que remitían al *Dṛiṣṭivāda*, otro asceta de nombre Guṇabhadra (siglo III), compiló un tratado llamado *Kaṣāyaprābhṛita*. Estos dos textos, escritos en prácrito shauraseni (*śaurasenī-jaina*), forman lo más parecido, versión digambara, a lo que entendemos por "texto canónico", ya que remiten directamente a la "palabra" Mahāvīra. Es común llamarlos *Āgamas* mayores. Ambos fueron comentados ampliamente por Vīrasena (siglo IX) y Jinasena (siglo IX) e inspiraron los trabajos de los grandes filósofos digambaras. El conjunto de los dos textos y sus comentarios es muy voluminoso.

El resto de escrituras digambaras es, por llamarlo de alguna forma, "postcanónico". Se trata de un enorme bloque de textos que ha recibido varios títulos genéricos, quizá el más utilizado de los cuales haya sido el de Exposición (*Anuyoga*).

Los śvetāmbaras también compilaron su *Anuyoga*, que ampliaba el material más antiguo del *Siddhānta*. Por tanto, si unimos ambos *Anuyogas*, obtendremos un material gigantesco, posiblemente la mayor colección de literatura no-védica que ha existido en la India. Aunque con esta clasificación –que tomo de Padmanabh Jaini–[17] se mezcla material digambara y śvetāmbara, lo cierto es que aparte las diferencias que ya se anotaron en el capítulo 12, el espíritu es muy similar y las enseñanzas prácticamente idénticas. Puesto que los *Anuyogas* se dividen en cuatro grandes categorías, a veces la tradición los ha denominado los "cuatro *Vedas*" de los jainistas.

## *PRATHAMĀNUYOGA*

La primera categoría de textos recibe el nombre de Exposición Primera (*Prathamānuyoga*), esto es, historia. En general se trata de biografías de los *jinas* y otros seres legendarios; o sea, el material que conforma la Historia Universal. Estas biografías han sido muy populares entre los laicos.

Uno de los primeros textos de esta categoría, anterior a la escisión Digambara/Śvetāmbara,[18] es el *Padma-carita* de Vimala Sūri (siglos III/IV). Es el primero de los *Rāmayāṇas* jainistas [véase pág. 81].

Entre los textos propiamente digambaras destaca el *Ādi-purāṇa* de Jinasena (siglo IX) y el *Uttara-purāṇa*, la continuación del anterior, compuesta por su discípulo Guṇabhadra (siglo IX). Ambos *Purāṇas* constituyen el llamado *Mahāpurāṇa*, que ya comentamos en los capítulos 4 y 15. En esta categoría entra el *Padma-purāṇa* de Raviśena (siglos VII/VIII), la más importante recensión digambara del *Rāmāyaṇa*. Otro Jinasena (siglo VIII) escribió el *Harivaṃśa-purāṇa*, una versión digambara del *Mahābhārata*.

Entre los śvetāmbaras, el texto de historia más importante es el conocido *Triṣaṣṭiśalākāpuruṣa-carita* del gran Hemacandra (siglo XII). Este autor escribió también un documento importante acerca de la historia antigua de los śvetāmbaras, el *Sthavirāvalī-caritra*, quizá más conocido como El Apéndice (*Pariśiṣṭa-parvan*), ya que puede considerarse una prolongación del anterior. El texto se basa parcialmente en una biografía de Jambū, el *Jambū-carita* de Guṇapāla (siglos VIII/IX). De todas las biografías śvetāmbaras, posiblemente la más popular sea el *Pārśvanātha-carita* de Bhāvadeva Sūri (siglo XIII).

## *KARAṆĀNUYOGA*

La segunda categoría de tratados recibe el nombre de Exposición sobre Cuestiones Técnicas (*Karaṇānuyoga*), esto es, cosmografía. Consiste fundamentalmente en textos sobre astronomía, astrología y cosmología. A destacar el *Trilokasāra* de Nemicandra (siglos X/XI) y el *Jambūdvīpa-prajñāpti* de Amitagati (siglos X/XI).

## *CARAṆĀNUYOGA*

La tercera categoría responde al nombre de Exposición sobre la Disciplina (*Caraṇānuyoga*), es decir, ética. Parte de estos textos está dirigida a los renunciantes, pero una porción nada despreciable tiene por finalidad a los laicos.

Uno de los textos digambaras más importantes acerca de la disciplina de los renunciantes, por no decir el principal, es el *Mūlācāra* de Vaṭṭakera (siglo II). Bastante estimado también es el *Bhagavatī-ārādhanā* de Śivārya (siglo II). Al notable Kundakunda (siglo II) se atribuyen dos obras básicas sobre la conducta de los renunciantes: el *Pravacanasāra* y el *Niyamasāra*. Sus normas son virtualmente "canónicas" para los digambaras, más incluso que las que se recogen en el venerado *Ṣaṭkhaṇḍāgama*, un texto que, al parecer, muy pronto quedó restringido a una pequeñísima elite de monjes instruidos.

Los manuales que tratan de la disciplina de los laicos son los *Śrāvakācāras*, de los que la tradición Digambara ha conservado bastantes. El más antiguo es el *Ratnakaraṇḍa-śrāvakācāra* de Samantabhadra (siglo V), un agudo pensador tamil. Somadeva Sūri (siglo X) escribió el sensacional *Upāsakādhyayana*, un manual para los laicos inserto en su novela religiosa *Yaśastilaka-campū*. Existe un *śrāvakācāra*, el *Anagāradharmāmṛita*, escrito por el laico Āśādhara (siglo XIII). Entre los *Śrāvakācāras* śvetāmbaras, los más conocidos son el *Śrāvaka-prajñāpti* (siglo V), tradicional pero incorrectamente atribuido a Umāsvāti,[19] el *Dharma-bindu* de Haribhadra (siglo VIII) o el *Yoga-śāstra* de Hemacandra (siglo XII), pensado especialmente para instruir al rey en cómo llevar una vida de laico ejemplar. En este texto Hemacandra toca a fondo los métodos jainas clásicos de contemplación. Aunque los manuales para renunciantes o laicos se centran principalmente en las prácticas ascéticas y litúrgicas, también los ha habido que han tocado el *yoga* y la meditación. Indudablemente, la obra de Kundakunda *Samayasāra* es la más importante en este género. Más práctico es el *Tattvānuśāsana* de Rāmasena (siglo X). Entre los śvetāmbaras, el aludido Haribhadra compiló varios tratados yóguicos –*Yoga-bindu*, *Yogadṛiṣṭi-samuccaya*– e ideó un modelo para entender el *yoga* a la luz del ascetismo jainista [véase pág. 486].

Los *Kathākośas* son antologías de cuentos didácticos que sirven para explicar todo tipo de cuestiones relacionadas con la ética, la práctica monástica, los mecanismos de la transmigración o la mitología. Están a caballo entre la literatura narrativa y la tradición oral. Helmuth von Glasenapp ha notado que los jainistas poseen recensiones de prácticamente todos los cuentos de hadas y fábulas de la India.[20] A diferencia de los textos puramente religiosos, este tipo de literatura más "secular" ha cautivado mucho a los expertos occidentales. Para la tradición ha sido de vital importancia para propagar nociones religiosas tanto entre los ascetas como entre los laicos.

Mención especial debe hacerse del *Ārādhanā*, una colección de 150 cuentos transmitida tanto por śvetāmbaras como por digambaras, lo que muestra la antigüedad del modelo. También del *Bṛihatkathā*, otra fuente de numerosas historias, la mayoría con el rey Śreṇika como protagonista. En el siglo X el digambara Hariṣeṇa las recopiló en su *Bṛihatkathākośa*. Muchas de estas historias aleccionadoras estaban pensadas para ser recitadas en audiencias privadas y en los templos. El *Kālakācārya-kathānaka* suele recitarse en el festival del Paryuṣaṇa.

También las novelas religiosas (*Dharmakathās*) han sido importantes para popularizar el jainismo. Las de Pādalipta Sūri (siglo V), Haribhadra (siglo VIII) o Siddhaṛiṣi (siglo X) son excelentes.

*DRAVYĀNUYOGA*

La última categoría de textos del *Anuyoga* tiene que ver con las substancias (*dravyas*) que componen el cosmos, por eso se la llama Exposición sobre las Substancias (*Dravyānuyoga*), esto es, filosofía.

Incuestionablemente, el texto más importante dentro de esta categoría es el *Tattvārthādhigama-sūtra*, abreviado en *Tattvārtha-sūtra*. La obra fue compilada por Umāsvāti (siglo III), un magistral filósofo del Sur de la India. Volveremos sobre este pensador y el papel de este *sūtra*, reconocido y aceptado tanto por digambaras como por śvetāmbaras, en el próximo capítulo. Los célebres comentarios al *Tattvārtha* de los digambaras Pūjyapāda Devanandi (siglos V/VI), Samantabhadra (siglo V) y Akalaṅka (siglo VIII) forman parte del *Dravyānuyoga*.

Siddhasena Divākara (siglo V), también reclamado por ambas corrientes, fue uno de los padres de la lógica jainista. Sus principales obras fueron el *Sanmati-sūtra*, el *Nyāyāvatāra* y el *Dvatriṃśikā*.

Las obras de Kundakunda mencionadas en el apartado anterior también podrían clasificarse como *Dravyānuyoga* ya que, además de conducta monástica, Kundakunda se centra profusamente en cuestiones filosóficas. Hay que destacar igualmente su *Pañcāstikāyasāra*, el *Sūtraprābhṛita* o el *Darśanaprābhṛita*. Algunos expertos sostienen que las diferencias filosóficas que se perciben en los libros atribuidos a Kundakunda son tan grandes que es difícil pensar que fueran obra de un mismo autor.[21]

Samantabhadra (siglo V), autor del *Aptamīmāṃsā*, más sus comentadores Akalaṅka (siglo VIII) y Vidyānanda (siglo IX), forman parte del *Dravyānuyoga* tradicional. Otro escrito filosófico de importancia es el *Dravya-saṃgraha* del digambara Nemicandra Siddhāntacakravartin (siglo X), considerado el maestro del general Cāmuṇḍarāya. Se trata de uno de los compendios filosóficos más accesibles y sucintos del jainismo. Más técnico y enciclopédico es su *Gommaṭasāra*.

Entre los escritos filosóficos śvetāmbaras destacan los del prolífico Haribhadra (siglo VIII). Dado su conocimiento del brahmanismo Haribhadra fue un mordaz oponente de las doctrinas hinduistas y budistas. Su campo de acción fue colosal. Escribió novelas, sátiras, doxografías, tratados sobre lógica, sobre ritual, ética, estética, manuales para laicos, trabajos de *yoga*, amén de los mencionados comentarios al *Siddhānta*. Además, fue el primer filósofo indio en escribir una doxografía en sánscrito y el único jainista en realizar comentarios a textos no jainistas. R. Williams piensa que para desarrollar tal actividad y llegar a abarcar semejante espectro de conocimientos por lo menos existieron dos autores con ese nombre.[22] Esta tesis no ha hallado ningún eco entre los jainistas indios.

Una literatura que también podría incluirse en esta categoría de escritos es la formada por los Himnos Poéticos (*Stotras*) de alabanza a los *jinas* y sus enseñanzas. Esta himnología, muy utilizada en el culto, ha servido para propagar y difundir conceptos y enseñanzas filosóficas. Algunos de los más estimados son el el *Śobhana-stuti* de Śobhana (siglo X), el *Upasargahara* de Hemacandra, el *Svayambhūstotra* de Samantabhadra o el *Bhaktāmara-stotra* de Mānatuṅga (siglo VI), querido tanto por śvetāmbaras como por digambaras. Entre estos últimos, los himnos de Kundakunda son muy venerados y forman la base de los rituales litúrgicos diarios de los digambaras.

# *Parte X*
# Filosofía

En cuestiones de práctica externa las diferencias sectarias entre digambaras y śvetāmbaras han sido agudas. Da la impresión, además, de que no ha existido demasiada voluntad de reconciliación. En cambio, resulta bastante chocante su uniformidad dogmática. Siquiera las querellas en lo que respecta a los textos han representado un motivo de desunión doctrinal.

Tal vez debido a un acusado sentido de fidelidad a las enseñanzas, quizá por su posición menos masiva que otras religiones de la India, el caso es que las doctrinas principales del jainismo se han mantenido razonablemente similares a lo largo de los siglos.

Buena parte de esta coherencia tiene que ver con el trabajo y el prestigio de Umāsvāti (siglo III). No exageramos si decimos que este agudo pensador fue quien sentó las bases de toda la filosofía jainista clásica. Baste decir que su *Tattvārtha-sūtra* recibió más de veinte comentarios.

Si comparamos el jainismo con la religión "hermana" budista, por ejemplo, no encontramos nada parecido a un Gran Vehículo (Mahāyāna) o a un Budismo Tántrico (Vajrayāna). De haber sido el jainismo una religión mayoritaria en el Sur, por caso, es bastante probable que hubiera surgido un Digambara Mahāyāna, como dice R. Williams.[1] Pero, dado que ése no fue el lance, la filosofía jainista ha permanecido bastante similar tanto para digambaras como śvetāmbaras. Eso no quiere decir que no hayan existido debates filosóficos internos o innovaciones. Al contrario: la filosofía jainista se ha caracterizado por una gran sutileza. Lo comprobaremos.

Un inconveniente a la hora de tratar acerca de la filosofía jainista, o para el caso, de la filosofía hindú en general, radica en el concepto mismo de la palabra "filosofía". El término, tal y como se entiende en Occidente, resulta inapropiado para los pensadores tradicionales hindúes. Al menos por tres motivos.

En primer lugar, las llamadas "filosofías" hindúes consisten más en corrientes de pensamiento que en construcciones elaboradas por un sabio aislado. La filosofía hindú se da siempre en el marco de una tradición de textos, principios e ideas ya establecidos. De ahí el carácter eminentemente exegético de sus obras. Toda escuela filosófica india que se precie comienza con un *sūtra* principal que sintetiza las enseñanzas de la tradición. Los siguientes pensadores realizarán comentarios y explicaciones al *sūtra*. Para el Vedānta, por ejemplo, el *sūtra* principal ha sido el *Brahmā-sūtra* de Bādarāyaṇa. Para el Yoga, el *Yoga-sūtra* de Patañjali. Para el budismo, seguramente el *Abhid-*

*harma-kośa* de Vasubandhu. Para los jainas ese *sūtra* angular fue el *Tattvārtha-sūtra* de Umāsvāti. Como en todo *sūtra* filosófico, los aforismos del *Tattvārtha* son muy concisos y breves, mucho más que los que se encuentran en los *Aṅgas*. Es en estos textos filosóficos donde el término *sūtra* adquiere su verdadero carácter de regla condensada. Razón por la cual la mayoría de tratados filosóficos necesita de los comentarios, subcomentarios, glosas y hasta autocomentarios. Sin esta exégesis es realmente difícil que pueda aprehenderse el sentido del aforismo. Esta vinculación a la tradición difiere notablemente de la norma filosófica occidental. La mayoría de filósofos indios nunca dice innovar –incluso cuando lo hacen–, sino que remite a un saber antiguo, al tiempo de los *ṛiṣis* o los *jinas* de eones más virtuosos que el presente.

En segundo lugar, las filosofías indias no son nunca "pura teoría", en el sentido griego. La perspectiva práctica y liberadora –la soteriología–, no se olvida jamás. Los pensadores indios no tratan de describir únicamente la realidad ni persiguen una verdad abstracta. Son trans-filosóficos en el sentido en que la verdad, si no conduce a una práctica emancipadora, no tiene demasiado valor. El *Uttarādhyayana-sūtra* recela de aquellos que se regodean en las palabras y el intelectualismo pero no actúan ni se comportan de acuerdo a sus principios.[2] De hecho, puede detectarse en la historia de la filosofía hindú un cierto desplazamiento en la concepción de la filosofía como "ciencia de la percepción" (*darśana*) a "ciencia de la liberación" (*mokṣa-vidyā*). El jainismo es tajante al respecto. Si una reflexión metafísica no sirve para explicar el origen y el cese del sufrimiento, entonces no vale la pena profundizar en ella. Filosofía, en el contexto jaina, es aquello que conduce a la correcta visión (*samyak-darśana*) y al correcto conocimiento (*samyak-jñāna*), las bases sobre las que tiene que asentarse la correcta conducta (*samyak-cāritra*) que nos conducirá a la liberación.

Por último, el discurso filosófico indio es distinto del occidental. El filósofo hindú primero define cuáles son los medios de conocimiento que considera válidos (*pramāṇa*). Luego, emplea mucho tiempo y precisión en definir los conceptos filosóficos que utiliza. Suele referirse a las posiciones del oponente (*pūrvapakṣa*) para refutarlas y presentar correctamente las propias. Finalmente, trata de muchos más campos de los que suele ocuparse la filosofía occidental. Su radio de interés es enorme: ontología, epistemología, lógica, metafísica, lingüística, psicología, ética, fisiología, biología, teoría estética, exégesis escritural, meditación y muchos campos más.

Uno se preguntará si, después de considerar estos matices, sigue siendo pertinente hablar de "filosofía" en la India. Dado que los pensadores hindúes están vinculados a tradiciones y linajes religiosos, tal vez "teología" sería una alternativa. Pero tampoco sería acertado, puesto que muchas escuelas son plenamente ateístas y nada tienen que ver con un *theos*. De la docena larga de corrientes filosóficas de la India, al menos la mitad –Cārvaka, Sāṃkhya, budismo, jainismo, Mīmāṃsā y hasta el Vedānta Advaita– son ateístas o transteístas. A falta de términos mejores "filosofía" o "teología" pueden ser válidos siempre que tengamos presente lo dicho. Quizá la solución más práctica consistiría en buscar en la tradición hindú el concepto más ajustado. La tarea es muy compleja porque para subsumir en un sólo término el pensamiento religioso-filosófico hindú Raimon Panikkar ha barajado no menos de una treintena.[3] Puestos a escoger, tal vez el más apropiado sea uno de los más recurrentes en la literatura sánscrita: *darśana*, literalmente "punto de vista", de la raíz *dṛiś-*, "ver", "visión", "contemplar", "aprehender".[4] Éste es, según Wilhelm Halbfass, el término preferido por los jainistas.[5]

A lo largo de los tres capítulos de esta Parte trataremos los puntos básicos de la filosofía jainista. En el 23 hablaremos de epistemología, de la naturaleza de la realidad y de la refinada lógica jainista. En el 24 profundizaremos acerca de las dos realidades fundamentales de la metafísica jainista: lo espiritual (*jīva*) y lo no-espiritual (*ajīva*). El tema viene a complementar las ideas cosmológicas que ya avanzamos en la Parte I. La finalidad de la filosofía india nunca es meramente especulativa, sino práctica. Se trata de alcanzar el conocimiento y la visión que nos permitan entender la situación de contingencia en la que nos encontramos. Por ello, después de repasar la realidad del espíritu y la materia, entraremos en el complejo análisis de la situación de atadura del ser humano, que nos ocupará el capítulo 25. Ahí tocaremos los misteriosos mecanismos del *karma*, un punto clave para entender el sistema filosófico y soteriológico jainista.

# 23. LA NATURALEZA DE LA REALIDAD

## BREVE HISTORIA DE LA FILOSOFÍA JAINISTA

La aportación jainista a la filosofía india ha sido enorme; mucho más importante de lo que pueda parecer a primera vista. Aunque su punto de vista filosófico o *darśana* no ha despertado el interés suscitado por el Vedānta Advaita o el budismo Mādhyamaka, ni hallamos figuras universalmente reconocidas como Śaṅkara o Nāgārjuna, la finura de algunos de sus filósofos no tiene demasiado que envidiar a estos gigantes.

Cuando hablamos de filósofos hay que tener en cuenta, nuevamente, que la separación que se dio en Europa entre filosofía y teología no es trasladable al Sur de Asia. En la India, lo que se denomina maestro (*guru*, *ācārya*) es a la vez un preceptor espiritual y un maestro de filosofía; es santo y es sabio. Como se dijo, en la India la verdad no sólo es comunicable sino que ha de ser realizable. Por tanto, hay que hablar de "filosofos-teólogos", de santos iluminados a la vez que eruditos realizados.

Históricamente hablando, la primera fase de la filosofía jainista corresponde a lo que los expertos denominan el período agámico.[1] Se trata del conjunto de enseñanzas recogidas desde el *Ācārāṅga I* (siglo -IV) hasta la recensión del concilio de Valabhī (siglo V). Los textos más representativos serían el *Sūtrakṛitāṅga*, el *Uttarādhyayana-sūtra*, el *Prajñāpanā-sūtra*, el *Nāndī-sūtra*, el *Anuyogadvāra* y el *Vyākhyā-prajñāpti*. Todos forman parte del *Siddhānta*. En esta categoría podrían incluirse el post-canónico *Āvaśyaka-niryukti* más el *Ṣaṭkhaṇḍāgama* de los digambaras.

Todo este conjunto contiene una enorme cantidad de material filosófico; pero está repleto de inconsistencias y falto de sistematización, como es normal en las transmisiones orales antiguas. La tarea de sistematizar las enseñanzas filosóficas de los jainistas en un sólido punto de vista filosófico (*darśana*) recayó en Umāsvāti –también llamado Umāsvāmin–, considerado uno de los filósofos más grandes que ha dado la India. Él sintetizó esa herencia doctrinal y filosófica de ocho o nueve siglos de antigüedad. Debió vivir hacia el siglo III,[2] aunque hay quien lo sitúa más tarde.[3] Su origen brahmánico le otorgó gran familiaridad con los sistemas filosóficos rivales y con el sánscrito. Su obra principal, el *Tattvārtha-sūtra*, fue el primer libro jainista compuesto en la lengua sagrada. Al compilar el *Tattvārtha* en forma de aforismos en sánscrito Umāsvāti siguió los modelos brahmánicos y sacó a los jainistas de sus estrechos círculos y los hizo competitivos.[4]

Como buen filósofo indio Umāsvāti trató de todo: epistemología, lógica, psicología, cosmografía, ética, ontología y mitología. El *Tattvārtha-sūtra* sigue siendo uno de los mejores manuales sobre la dogmática jainista y es leído todavía hoy en templos y casas jainistas. Curiosamente, Umāsvāti es reconocido tanto por digambaras como por śvetāmbaras –ya que sin duda escribió previamente a la bifurcación sectaria–, así que el *sūtra* recibió comentarios distintos dentro de cada una de las tradiciones. Entre los digambaras, los más importantes son el *Sarvārtha-siddhi* de Pūjyapāda Devanandi (siglos V/VI), el *Tattvārtharāja-vārtika* de Akalaṅka (siglo VIII) y el *Tattvārthaśloka-vārtika* de Vidyānanda (siglo IX). El *sūtra* y estos comentarios forman el grueso de textos que los monjes digambaras leen durante su formación y práctica del estudio. Entre los comentarios śvetāmbaras, el más aclamado es el de Siddhasena Gaṇin (siglo VIII), más el *Sva-bhāṣya*, sospechosamente atribuido al propio Umāsvāti. Dado que la dogmática de Umāsvāti es aceptada por todos, el *Tattvārtha-sūtra* podría representar la esencia de la filosofía jainista.

A partir de Umāsvāti el *darśana* jainista se sofisticó considerablemente. La siguiente fase de desarrollo puede denominarse el período de la lógica.[5] El primer gigante de esta etapa fue Siddhasena Divākara (siglo V), también reconocido por śvetāmbaras y digambaras –¿quizá un yāpanīya?–.[6] Dentro de la corriente Digambara destaca Kundakunda, quien, si bien es cronológicamente anterior a Siddhasena y Umāsvāti, puede considerarse otro de los iniciadores del período de la lógica. Le siguió Samantabhadra (siglo V), con su fenomenal *Aptamīmāṃsā*. Con él se inicia la era dorada de la filosofía digambara, que incluye al agudo Akalaṅka (siglo VIII) o a Vidyānanda (siglo IX), de quien se dice que antagonizó con el vedāntin Śaṅkara y el mīmāṃsāka Kumārila, los dos filósofos más prestigiosos de su tiempo. El profesor K.K. Dixit no duda en calificar sus obras *Tattvārthaśloka-vārtika* –comentario a Umāsvāti– y *Aṣṭasahasrī* –comentario a Akalaṅka– como el mayor logro de la especulación filosófica jainista.[7] Los últimos filósofos digambaras de peso fueron Nemicandra (siglo X) y Prabhācandra (siglo X). Entre los śvetāmbaras, el trabajo filosófico recayó principalmente en Mallavādin (siglos V/VI), autor del *Nayacakra*, y Jinabhadra Gaṇi (siglo VI), que escribió el *Viśeṣāvaśyaka-bhāṣya*. A continuación tenemos al fecundo Haribhadra (siglo VIII). A partir del siglo X la filosofía digambara entró en franca decadencia y fueron los śvetāmbaras, hasta la fecha más bien a remolque, quienes tomaron la iniciativa. En este contexto hay que situar al comentador Abhayadeva (siglo XI), que se alimentó también de la herencia filosófica digambara, y Merutuṅga (siglo XIV).

La filosofía jainista, y la hindú en general, acabó su fase más creativa hacia el siglo XIII, momento del colapso de los reinos hindúes ante la penetración islámica y época de virtual desaparición del budismo sobre suelo indio. La falta de un rival imponente como el budismo y el letargo en el que se sumió la tradición brahmánica, desmotivaron claramente la especulación, agudeza y sofisticación de la filosofía. No obstante, la tradición jainista aún habría de aportar a dos gigantes: el tardío pero excelente Yaśovijaya (siglo XVII), gran comentador de Haribhadra y fino conocedor de las filosofías rivales, y Vinayavijaya (siglo XVII), hijo del ilustre Tejaḥpāla, compilador del enciclopédico *Lokaprakāśa*. En su época las filosofías clásicas como el budismo, el Sāṃkhya o la Mīmāṃsā estaban en retroceso o habían desaparecido por completo. Los rivales a batir eran los vedāntins no-dualistas de la tradición de Śaṅkara o la nueva escuela de lógica llamada Navya-Nyāya.

Esta escueta historia de la filosofía no hace verdadera justicia a la inmensa potencia de la tradición intelectual jainista, que siempre ha gozado de mucho prestigio dentro de la sociedad india. De hecho, la utilización del sánscrito a partir de los siglos III/IV revela un hecho significativo. Con el sánscrito no sólo podían expresarse en la lengua de los *brāhmaṇas* o los maestros mahayánicos y combatirlos. El dato muestra que el jainismo estaba convirtiendo su enseñanza, originalmente pura soteriología, en una verdadera tradición religioso-cultural. Si los jainistas querían ser universales o "civilizacionales" tenían que recurrir a la *lingua franca* del Sur de Asia. Así, el digambara Pūjyapāda Devanandin (siglos V/VI), el yāpanīya Śākaṭāyana (siglo IX) o el śvetāmbara Hemacandra (siglo XII), escribieron sendas gramáticas sánscritas. Los tratados jainistas del medioevo empezaron a tratar, desde una perspectiva indo-jainista, temas como la teoría musical –Pārśvadeva (siglo XII)–, la política –Hemacandra, Somadeva Sūri–, las ciencias naturales –Śānti Sūri (siglo XI)–, las matemáticas –Mahāvīra (siglo IX)–, la medicina –Pūjyapāda–, el esoterismo tántrico, la teoría estética, el *yoga*, la arquitectura, la astrología, etc. Eso por no hablar de la desorbitante producción literaria jainista en géneros como la narración poética, las epopeyas, la poesía, los cuentos o las fábulas.

## EPISTEMOLOGÍA

La pregunta clave del pensamiento hindú es: ¿qué es la realidad (*sat*)?, ¿cuál es la naturaleza de lo existente (*sat*)? Todas las filosofías o *darśanas* han dedicado un considerable esfuerzo en tratar de responder a esta cuestión última. El asunto es vital, debemos insistir, no por amor a la Verdad o a la Razón, sino porque el filósofo persigue el conocimiento metafísico liberador (*jñāna*, *prajñā*, *buddhi*). El sabio busca forzar otro nivel de existencia, trascender la condición humana, y para ello necesita saber perfectamente cuál es su propia condición y la naturaleza de lo que le rodea.

Normalmente, antes de responder directamente a la cuestión, los filósofos indios suelen comentar y evaluar los distintos modos de conocimiento válido (*pramāṇa*) y determinan cuál o cuáles de ellos consideran correctos para el conocimiento liberador. Este punto es doblemente importante en el jainismo pues al tratarse de un sistema no-teísta, el jaina no puede apoyarse en la fe o la gracia divina. Como ha dicho Padmanabh Jaini, el jainista está obligado a depender de su propia iniciativa y esfuerzo, tanto para los requisitos mundanos como para su liberación.[8] Por consiguiente, necesita de un sistema filosófico que no le demande una fe ciega y que a la vez se ajuste a su experiencia cotidiana. Es cierto que, en último término, la autoridad recae en el hecho de que el jainismo fue predicado por una cadena de veinticuatro omniscientes que aprehendieron todas las categorías metafísicas, ontológicas, éticas o cosmológicas, y en ello el jainismo resultaría tan dogmático o inverificable como cualquier teísmo. Erich Frauwallner ya notó que, puesto que el Jina era omnisciente, sus doctrinas no podían ser modificadas. Ello explicaría por qué la especulación filosófica posterior habría conservado tantos arcaísmos.[9] Además, puesto que la tradición consideró que desde Jambūsvāmin nadie más alcanzó el *kevala-jñāna*, el argumento se tornó irrefutable ante la acusación de oponentes brahmánicos o budistas de que nadie hubiera encontrado nunca a un omnisciente por la calle. No obstante, más allá de este tipo de ardides hermenéuticos y dogmáticos, la tradición también ha insistido con asombrosa frecuencia en que sus enseñanzas se ajustan a la realidad, explican la naturaleza de las cosas y son defendibles por la razón.

De modo que, antes de pasar a explicar cuál es la naturaleza de lo existente, es necesario definir cuál es la naturaleza y las características del conocimiento. La pregunta sería: ¿qué tipos de conocimiento son válidos para aprehender lo existente?

El conocimiento (*jñāna*) no es valioso en sí mismo, sino en la medida en que nos permite discernir entre lo que es bueno y lo que es malo, lo que puede ayudarnos en el camino de emancipación y lo que no. En otras palabras: su interés no ha radicado tanto en la manera como percibimos el mundo, sino en cómo el conocimiento puede ayudarnos a crecer espiritualmente. El conocimiento siempre tiene una finalidad soteriológica –de ahí que se aprecie el conocimiento de las realidades metafísicas últimas, que es el que posibilitará la liberación, y, en cambio, no se conceda demasiado valor al conocimiento de los "nombres" y las "formas", que es la manera como los hindúes describen a este mundo fenoménico–. Esta premisa, común a todos los sistemas gnósticos de la India –budismo, Vedānta, Sāṃkhya–, debe tenerse siempre presente.

Lo primero que afirman los filósofos es que el conocimiento revela nuestro propio espíritu como sujeto conocedor, y al mundo como objeto conocido.[10] Su posición, en contraposición a otras escuelas hindúes, es de completo realismo. Existe un sujeto conocedor y un objeto conocido. Obviamente, ese conocimiento puede ser correcto o distorsionado. Pero cuando ha sido limpiado de toda imperfección gracias a la purificación personal o a la enseñanza de un maestro, el conocimiento revela la naturaleza de la realidad. Entonces puede ser, y de hecho es, de la máxima importancia para la realización del *nirvāṇa*. Porque el conocimiento perfecto es autorrevelador –y aquí el jainismo se distingue del Nyāya o la Mīmāṃsā–. Pero eso lo veremos más adelante. De momento, ciñámonos al conocimiento del mundo exterior.

En general, la filosofía jainista reconoce cinco tipos de conocimiento válido (*pramāṇa*):[11] 1) el conocimiento ordinario obtenido por los sentidos, la experiencia y el pensamiento propios (*mati-jñāna*); incluye el recuerdo, la inducción, la analogía, el reconocimiento, etc.; todo lo que se basa en la percepción sensorial o el razonamiento deductivo; 2) el conocimiento derivado de la razón y las palabras (*śruta-jñāna*); que es todo aquel derivado de signos, símbolos y palabras –aquí entra el importante conocimiento adquirido por el estudio de las escrituras o por escuchar el mensaje sagrado–; 3) el conocimiento sobrenatural limitado (*avadhi-jñāna*); como la clarividencia, típico de ascetas muy avanzados y los seres divinos; 4) el conocimiento de los pensamientos de los demás (*mahaḥparyāya-jñāna*); es decir, la telepatía –inalcanzable ya en estos tiempos–; y 5) el conocimiento absoluto u omnisciencia (*kevala-jñāna*); o sea, el conocimiento infinito de todas las substancias con sus cualidades y modificaciones; sólo accesible a los omniscientes –que tampoco se encuentran entre nosotros–.

De los cinco tipos de conocimiento los dos primeros corresponden a lo que los indios llaman "conocimiento mediado", "indirecto" o "adquirido" (*parokṣa*), es decir, conocimiento complementado con la memoria y los sentidos. Estas formas de conocimiento pueden ser válidas (*jñāna*) o erróneas (*ajñāna*). Su validez, desde el punto de vista jainista, consiste en su eficacia práctica. Es válido aquel conocimiento mediado que permite hacer el bien y evitar el mal. Por tanto, hasta que el ser no adquiera el correcto conocimiento –de las verdades jainistas– se mantendrá en la esfera del desconocimiento.

Los tres últimos tipos de conocimiento pertenecen al llamado "conocimiento inmediado", "directo" o "innato" (*pratyakṣa*). Este tipo de conocimiento es una aprehensión directa del objeto, donde el aparato sensorial apenas cumple ninguna función. Ya que el espíritu, por su propia naturaleza, *es conocimiento*, para conocer no necesita ayuda externa. El conocimiento inmediado sería algo así como la intuición pura. Con el conocimiento clarividente (*avadhi-jñāna*) Indra supo del nacimiento del *jina* Mahāvīra en Jambūdvīpa.[12] Por el telepático (*mahaḥparyāya-jñāna*) Mahāvīra captó todos los pensamientos de los seres vivos.[13] El conocimiento inmediado más prístino es el llamado "único" (*kevala-jñāna*). Es el conocimiento perfecto en todos los respectos: completo, único, absoluto y omniabarcante. Quien posee el *kevala-jñāna* es un perfecto (*siddha*), alguien que puede conocer el sí-mismo en su estado puro, un semejante al liberado en vida (*jīvanmukta*) del hinduismo, el santo (*arhat*) del budismo antiguo o el que va ser *buddha* (*bodhisattva*) del budismo Mahāyāna. Sabemos que Jambūsvāmin fue el último humano en poseerlo, aquí, en esta tierra de Bharata.

Con la distinción entre estas dos categorías de conocimiento la filosofía jainista estaba preparada para abrir sus puertas incluso al idealismo. Pero en su esencia, la posición epistemológica jainista se distingue por un marcado *realismo*.

## LA NATURALEZA DE LA REALIDAD

La realidad de aquí dentro y la de ahí fuera existen, son auténticas. Pero volvamos a la pregunta inicial: ¿qué es lo existente (*sat*)?, ¿qué es la realidad? Para el jainismo lo existente está formado por una serie de substancias (*dravyas*). Por "substancia" la metafísica jainista entiende el substrato de todo. Para el jainismo los términos substancia (*dravya*), existencia (*sat*) o realidad (*tattva*), son sinónimos. Umāsvāti los utiliza de forma intercambiable.[14]

Estas substancias o realidades pueden resumirse en dos categorías independientes: la substancia animada o espiritual (*jīva*) y la substancia inanimada o no-espiritual (*ajīva*).[15] Por su lado, lo no-espiritual puede subdividirse en cinco substancias adicionales: la materia, el espacio, el tiempo, el movimiento y el reposo. En el próximo capítulo profundizaremos en ellas; de momento sólo es necesario dar una visión de conjunto. Y la generalidad dice que lo existente se divide entre lo animado (*jīva*) y lo inanimado (*ajīva*).

El jainismo postula que estas dos subtancias de *jīva* y *ajīva* son eternas y existen por su propia naturaleza (*svābhava*). Es decir, la realidad es, en esencia, *permanente*. Pero, simultáneamente, el jainismo postula que estas substancias son el substrato de sus propias cualidades (*guṇas*) y modificaciones (*paryāyas*). Esas cualidades y modos permiten distinguir a una cosa particular de otra. Es decir, la realidad es modalmente *impermanente*. En breve: se postula un fundamento substancial esencial que posee una serie de cualidades que se modifican sin cesar. No hay cualidad sin substancia ni substancia sin cualidad. El universo es eterno pero no estático. Existe lo universal, pero también lo particular. El cosmos se transforma permanentemente debido a la originación (*utpāda*), la destrucción (*vināśa*) y la permanencia (*dhrauvya*) de las cualidades y modificaciones de estas substancias.[16]

En términos de filosofía hindú esta concepción de la realidad, que postula una permanencia e impermanencia simultáneas, se denomina identidad-y-diferencia (*bhedābheda*). Una cosa es parcialmente idéntica a sus cualidades porque cada cualidad o cada modo forma parte de ella, pero no son la cosa. Un átomo es una porción de materia que posee su propia naturaleza increada e indestructible por la fuerza de la permanencia, pero cuyas cualidades de color, olor, sabor y textura, pueden modificarse sin cesar debido a la originación y destrucción. El átomo es materialmente eterno, pero modalmente impermanente.[17] Otro ejemplo típico de la filosofía hindú es el del cántaro y la arcilla. Unos sólo ven la unidad substancial que hay entre ambos objetos. Puesto que el cántaro pre-existe en la arcilla, en verdad, afirman unos, no hay modificación alguna. Otros, al contrario, ven el cántaro como la modificación de un estado anterior. No hay ni arcilla ni cántaro sino una transformación. Para los jainas, los conceptos "unidad" o "transformación" –del cántaro– son sólo una abstracción.

## LA DOCTRINA DEL NO-ABSOLUTISMO

Puesto que cualidades las hay a montones y sus modificaciones pueden ser virtualmente infinitas –originadas en un pasado infinito y prolongándose hacia un futuro también infinito– nadie puede captar completamente lo existente. Se dan demasiadas variables. Sólo podemos escoger un ángulo de visión, y ésta siempre será parcial y relativa. Cualquier juicio que emitamos, debido a la condición de atadura a este mundo, es incompleto. Puede ser válido para la actividad mundanal pero en modo alguno puede abarcar la enorme complejidad de la realidad. En un momento dado o bien se puede percibir la unidad (*ekatva*) de una substancia o bien la multiplicidad (*anekatva*) de sus modificaciones, pero no ambas cosas a la vez. Sólo los omniscientes pueden captar simultáneamente lo permanente y lo impermanente de la realidad.

Esta complejidad de lo que existe, que a la vez es unidad y es multiplicidad, eternidad y cambio, permanecia e impermanencia, es lo que expresa la famosa doctrina jainista del no-absolutismo (*anekāntavāda*). El profesor Kapadia explica su significado como la conjunción de: "no" (*an-*), "uno" (*eka*), "lado, fin" (*ānta*) y "doctrina, exposición" (*vāda*); con lo que llega a "exposición de los múltiples aspectos".[18] Quizá una traducción más simple sea la de filosofía de la relatividad... o de la multilateralidad. Como quiera que la traduzcamos, de lo que existe, el *anekāntavādin* no puede hacer afirmaciones absolutas. Una cosa, dice el *anekāntavāda*, puede caracterizarse simultáneamente por rasgos contradictorios. Las afirmaciones pueden ser ciertas desde un punto de vista, pero sólo bajo ciertas condiciones o limitaciones. Con la doctrina del no-absolutismo el filósofo jainista puede integrar los puntos de vista contradictorios que inevitablemente se dan en las mentes de los atrapados en este mundo.

La cosa viene de lejos. En el *Vyākhyā-prajñāpti* Mahāvīra ya utilizaba un método perspectivista para convertir al *brāhmaṇa* Skhandaka Katyāyāna.[19] Con Kundakuna el método se sofisticó al proponer un modelo de dos niveles de verdad. Umāsvāti lo desarrolló aún más para poder conciliar las sentencias contradictorias de la tradición. El primer filósofo en dar un enfoque sólido a la cuestión fue Samantabhadra, en su famoso *Āptamīmāṃsā*, que sería luego comentado por Akalaṅka y Vidyānanda.

### EXAMEN DE OTROS SISTEMAS

Un colofón claro de la doctrina del no-absolutismo es que la verdad puede alcanzarse a través de diferentes enfoques. Esta apreciación, muy india por cierto, se lleva al límite en el jainismo. Obviamente, los jainistas no reniegan de sus convicciones; todo lo contrario. Gracias al *anekāntavāda* consideran que alcanzan la suficiente imparcialidad como para evaluar otros sistemas y subordinarlos al jainismo. Por tanto, el *anekāntavāda* es una eficaz herramienta para defender las posiciones tradicionales. Es decir, aun con un espíritu dogmáticamente tolerante, la postura jainista no desemboca en un relativismo total.

Como el resto de sistemas filosóficos de la India, los jainistas han dedicado bastante tiempo a estudiar, explorar y criticar las posturas contrarias, las que para ellos son heterodoxas (*nāstikas*). Igual que los demás, su conocimiento de las filosofías rivales es bastante aceptable, si es que no mayor. Ya el *Sūtrakṛitāṅga* exploraba y criticaba muchas doctrinas rivales a la luz del jainismo.[20] Lo mismo realizó Siddhasena Divākara (siglo V) al impugnar puntos de vista rivales cuando eran afirmados de modo absoluto. Para el gran lógico, la filosofía Sāṃkhya era un caso de absolutismo eternalista (*dravyāstikaya-naya*), la filosofía budista, de absolutismo de la impermanencia (*paryāyāstikaya-naya*) y la filosofía Vaiśeṣika, una yuxtaposición mecánica de las anteriores. Al lúcido Mallavādin (siglos V/VI) correspondió la tarea de examinar casi todos los sistemas de pensamiento contemporáneos. Su *Nayacakra* fue la primera de las doxografías de la India. Estudió diecisiete sistemas filosóficos, desde las doctrinas de las *Upaniṣads*, pasando por el Sāṃkhya, el Vaiśeṣika, el gramático Bhartṛihari o el lógico budista Diṅnāga. Igualmente, Jinabhadra Gaṇi (siglo VI) utilizó el episodio de "conversión" de los once *gaṇadharas* para criticar once sistemas rivales. Mahāvīra convence a sus discípulos argumentando contra once posiciones no-jainas y acaba convirtiéndolos a todos. La primera de las doxografías escrita en sánscrito también fue jainista. Se trató del *Ṣaḍdarśana-samuccaya* de Haribhadra (siglo VIII), que estudiaba las doctrinas del budismo, el Nyāya, el Sāṃkhya, el jainismo, el Vaiśeṣika, la Mīmāṃsā y el Lokāyata. De lejos, el compendio de Haribhadra es el más importante y citado de todos. A Haribhadra le sucedieron, entre otros, Śīlāṅka (siglo IX), Malliṣeṇa (siglo XIII), Rājaśekhara (siglo XIV) o Merutuṅga (siglo XIV).

Siguiendo una tónica típicamente hindú, los jainas han tendido bastante al "inclusivismo", es decir, a aceptar una parcela de verdad a los demás sistemas, pero subordinándolos a una posición inferior dentro de su orden de la verdad. Según Haribhadra, por ejemplo, el Otro es correcto, pero sólo parcialmente. No es preciso rechazarlo, sino subordinarlo. El Buddha enseñó la doctrina de la impermanencia para fortalecer el sentido de desapego, pero no desde el punto de vista real.[21] Y el Vedānta propuso el no-dualismo no como representación de la realidad, sino para ayudar al ser humano a alcanzar el estado de ecuanimidad.[22] Esta astucia hermenéutica es, precisamente, muy típica de la filosofía Vedānta.[23] No obstante, si queremos ser justos con el jainismo, hay que subrayar que entre todas las filosofías de la India, la suya es la que ha mostrado una mayor imparcialidad por las demás. Como ha destacado Wilhelm Halbfass, el interés de la doxografía jainista no ha consistido sólo en criticar los puntos de vista rivales, sino también el de intentar poner un orden sistemático a todos ellos[24] y reconocer su existencia. En un tono sumamente conciliador y moderno, Haribhadra dice:

> «No escogí a Mahāvīra como mi amigo
> y [al sabio brahmánico] Kapila, y otros como él, como mi enemigo.
> Solamente escucha y sigue a aquél
> cuyas enseñanzas revelan la verdad genuina.»[25]

Anticipando una posición básica del neo-hinduismo de los siglos XIX/XX, Haribhadra afirma:

> «El *nirvāṇa*, la verdad última que trasciende todos los estados de la existencia ordinaria, es esencial y necesariamente una, aunque pueda ser designada con diferentes nombres.»[26]

Es la percatación de que la extinción (*nirvāṇa*) del budismo, la liberación (*mukti*) del Vedānta, la solitud (*kaivalya*) del Sāṃkhya o la emancipación (*mokṣa*) del jainismo, son términos *quasi* idénticos que simplemente "nombran" la meta última de todas las soteriologías indias. Haribhadra miró de minimizar las diferencias entre las concepciones de Dios (*īśvara*), naturaleza (*prakṛiti*), vacío (*śunya*), no-dualidad (*advaita*), etc. Incluso no veía objeción en considerar a Dios como creador –una posición insostenible para el jainismo– para el beneficio de la devoción.[27] Con todo, esta línea de pensamiento no debiera llevarse demasiado lejos cuando tratamos a pensadores como Haribhadra. Su mordacidad a la hora de criticar otros puntos de vista no podía llevarle a una *philosophia perennis*.

En parte fue gracias a esta labor de comprensión, explicación, inclusión y coordinación de los demás sistemas, como los jainistas desarrollaron su agudo perspectivismo *anekāntavādin*. La culminación de esta labor se dio con el *Syādvāda-mañjari* de Malliṣeṇa (siglo XIII). La conclusión del filósofo es que todo sistema, cuando absolutiza su posición, acaba errando. Las demás filosofías o teologías invariablemente reducen su visión de lo existente (*sat*) a un solo aspecto (*ekānta*).

## ENTRE EL SER Y LA IMPERMANENCIA

Si bien en los primeros siglos del período de la lógica los budistas fueron los rivales a batir –notablemente Dharmakīrti (siglo VII)–, con el paso del tiempo los filósofos jainistas fueron enfrentándose más y más a los vedāntins. Estas dos filosofías están siempre en el punto de mira del astuto *anekāntavādin*.

El Vedānta mantiene que el Ser (*sat*) o lo existente, que ellos denominan

Absoluto (*brahman*), es unitario (*eka*) o no dual (*advaita*). Lo Absoluto es eterno (*nitya*) y no se modifica ni cambia. Cualquier atisbo de multiplicidad es ilusorio (*māyā*); pertenece al reino de lo fenoménico.

Para los jainas el Vedānta representa una visión extrema, la del eternalismo (*nityavāda*). Para el *anekāntavādin*, los vedāntins sólo perciben el aspecto substancial de lo existente y olvidan o niegan su aspecto modal. Pero la substancia es inseparable de la producción, mantenimiento y destrucción. Así lo critica el *Sūtrakṛitāṅga*:

> «[Si sólo hubiera un Espíritu común a todos los seres] no podrían conocerlo, ni podrían experienciar diferentes sujetos...
>
> En tu mente has puesto por igual a aquellos que llevan una vida reprochable y a aquellos que practican la virtud en este mundo.»[28]

Por tanto, los vedāntins no son capaces de enseñar la vía hacia la emancipación, pues no consiguen explicar la naturaleza de nuestra situación de atadura, ni pueden diferenciar entre una conducta virtuosa y otra demeritoria.

El budismo niega la realidad de toda substancia (*dravya*) y sólo acepta lo que son modificaciones. Para el budista la existencia no cesa de cambiar. Dado que no hay substancia y sólo impermanencia (*anitya*), el jaina considera que los budistas no pueden explicar de forma lógicamente sostenible ni la situación de atadura ni la liberación. Así lo dice Haribhadra:

> «Si el que está en el *saṃsāra* no existe
> o de hecho sólo está ahí momentáneamente un instante,
> entonces un liberado no se ha liberado.»[29]

¿Quién disfruta de la dicha de la liberación? se pregunta Merutuṅga.[30] Si nada hay que esté atrapado, nada hay que pueda liberarse. La posición budista representa, desde el punto de vista jainista, al otro extremo, el del aniquilacionismo (*ucchedavāda*).

El jainismo se mantiene entre los extremos vedántico y budista. Ni todo es la permenencia pura, el Ser (*brahman*), como dicen los vedāntins, ni todo es impermanencia, la vaciedad (*śūnyatā*), como sostienen los bauddhas.* Para el jainismo, ambas posturas son erróneas, si bien contienen algo de certeza y, por lo tanto, no tenemos derecho a condenarlas absolutamente. Esto es *anekānta*. Lo contrario es *ekānta*, un juicio absoluto, estrecho y dogmático.

* El Buddha adoptó una postura similar al considerar extremas tanto la posición de que las cosas tengan ser, como de que no lo tengan. No obstante, la postura general del budismo ha sido fundamentalmente no-substancialista (*anātman*), que es en la que los jainistas están pensando cuando critican a los budistas.

IMPLICACIONES DEL *ANEKĀNTAVĀDA*

La posición correcta es la de ni absolutismo ni aniquilacionismo, ni otra variable, sino la de la multiplicidad de métodos de análisis y síntesis. En eso consiste la doctrina del no-absolutismo (*anekāntavāda*). Esta posición, característica del jainismo, posee implicaciones sumamente interesantes. El talante *anekāntavādin* puede resultar en un eficaz antídoto contra dogmatismos de todo tipo a la vez que puede resultar en un soporte hermenéutico valioso para emitir juicios sobre los demás. La flexibilidad dogmática implícita en el *anekāntavāda* puede ser una herramienta sumamente eficaz para el diálogo intercultural. El ejemplo de Haribhadra es elocuente.

Los jainistas gustan de decir que este no-extremismo es una conclusión lógica de la doctrina de la no-violencia. La *ahiṃsā* es la práctica del respeto, el control y la austeridad; por lo que el talante filosófico jainista ha de ser igualmente de respeto, conciliación y apertura. En esta línea, el *anekāntavāda* viene a decir que si uno defiende rígidamente un punto de vista, acaba por ser violento. En el otro extremo, si uno se desentiende de adoptar un punto de vista, peca de despropósito, de falta de identidad y acepta tácitamente que otros lleven a término puntos de vista agresivos. Ambos extremos violan el principio de la *ahiṃsā*. La posición jainista ante las filosofías de los Otros combina la tolerancia con una fidelidad a las posiciones éticas y cosmológicas propias. No deja de ser algo así como una *ahiṃsā* intelectual, tal y como gustaba decir A.B. Dhruva.[31] El respeto por toda forma de vida tiene su contrapartida metafísica: ni la pluralidad ni la unicidad son dislocadas.[32] Quizá esta visión sea algo idealizada, pues vamos a ver en seguida que la lógica jainista sirve para refutar las corrientes rivales más que para explicar la multiplicidad de opiniones. Empero, ésta es la forma como actualmente la tradición se percibe a sí misma. Para los jainistas de hoy el Otro no está en la falsedad, ocurre que su punto de vista es incompleto. Esto ha llevado a muchos jainistas del siglo XX a abogar por un cierto ecumenismo y respeto entre todas las religiones del mundo. Inspirándose en Haribhadra o en el perennialismo del neo-hinduismo, otros han abogado por la noción de que todas las religiones son esencialmente iguales y los distintos caminos apuntan a una misma meta.

## LA LÓGICA JAINISTA

Se ha dicho repetidamente que el concepto de Razón es extraño a la India. Ciertamente, tal y como se entendió la idea en el mundo helénico u occidental, apenas aparece en la historia de la filosofía hindú. Pero de ahí no hay que apresurarse en decir que la mente hindú sea dogmática o irracional. El universo lógico hindú –Nyāya, Vedānta, budismo Mādhyamaka o jainismo– es de una complejidad y sutileza "racional" que, muchas veces, no encuentra parangón en Occidente.

Desde sus inicios, los filósofos jainistas sintieron que apelar a la conducta virtuosa sería inviable a menos que sus doctrinas pudieran ser lógicamente defendidas. Además de las distintas posiciones de los vedāntins o los bauddhas, ante ellos tenían nada más y nada menos que a la máxima ortodoxia brahmánica, la de la tradición filosófica de la Mīmāṃsā, que sostenía hábilmente la autoridad infalible del *Veda*, una composición eterna y de no-autoría humana. Para esta poderosa corriente brahmánica, las afirmaciones de jainistas, budistas, yogins y vedāntins acerca de omniscientes que enseñaban caminos de salvación elevándose por encima del *dharma* y el *Veda*, resultaban falaces. La supuesta experiencia trascendental del yogui era, a los ojos del mīmāṃsāka Kumārila, un sinsentido totalmente subjetivo y sin utilidad alguna.[33]

En este clima de tensión dialéctica e intelectual nacieron algunas de las corrientes filosóficas más brillantes que ha conocido la historia. Las polémicas entre los pensadores no se restringían a la palabra escrita, sino que también tenían lugar públicamente, en debates orales, por lo que la argumentación retórica y lógica se desarrolló fabulosamente. Desde luego, la lógica hindú no es solamente una manera de dar consistencia a los argumentos. Se trata de una forma de eliminar la ignorancia, de adquirir sabiduría sobre lo que es beneficioso –para la liberación– y adoptarlo. Una lógica abstracta, desligada de la experiencia transpersonal es un instrumento inútil y ciego. Y es con esta perspectiva con la que tenemos que entender las aportaciones originales del jainismo a la lógica.

El primer pensador en reclamar con medios lógicos la omnisciencia de los *jinas* fue el "padre" de la lógica jainista, Siddhasena Divākara (siglo V). A destacar también los métodos de Samantabhadra, Akalaṅka, Mallavādin y Hemacandra. Según K.K. Dixit, Siddhasena y los demás lógicos jainistas idearon sus métodos no tanto para explicar la existencia de otros puntos de vista –en el espíritu *anekāntavādin*–, sino para mostrar el reduccionismo de los demás.[34] La lógica jainista interactuó con el sistema filosófico brahmánico Nyāya, nacido del arte de la controversia y el que más audazmente se ha dedicado a ella. Como resultado, la contribución más importante del jainismo a la filosofía india concierne a la lógica.

## EL *NAYAVĀDA*

La primera gran creación jainista en este terreno es la llamada "doctrina de los puntos de vista" (*nayavāda*). Este método, posiblemente obra del gran filósofo śvetāmbara Mallavādin (siglos V/VI), consiste en una sistematización lógica de la doctrina del no-absolutismo, una herramienta analítica para encauzar el conocimiento bajo el prisma del no-absolutismo.

Todos los métodos lógicos jainistas implican que la realidad es múltiple o relativa, debido a la infinidad de cualidades y modificaciones que la caracteriza, por lo que toda aseveración vale de modo no-absoluto. Se aboga por un perspectivismo agudo. Sin embargo, a pesar de que todo pueda tener un aspecto general y otro particular, estos aspectos no existen por separado. Es decir, las aseveraciones de los vedāntins y los budistas son expresiones parciales (*nayas*) de la verdad. El *naya* es el conocimiento de una cosa en sus relaciones, una cosa contextualizada. Así, los vedāntins hablan desde el punto de vista de la substancia (*dravya-naya*), mientras que los budistas hablan desde el punto de vista de las modificaciones (*paryāya-naya*). Pero tanto un punto de vista como otro, un *naya* como otro, son incompletos en tanto que juicios independientes. Ningún predicado sobre una cosa puede ser absolutamente cierto en todo momento y bajo todas las circunstancias.

Resumiendo un ejemplo clásico,[35] podemos afirmar que la substancia que tenemos entre las manos "es un libro", pues nos parece que sus cualidades o características no poseen una existencia separada de la substancia "libro". Pero también podemos percibir sólo esas cualidades y llegar a la conclusión de que, sin las cualidades de forma, color o textura, no existe libro alguno. Las variables de puntos de vista pueden contarse por centenares, dada la impresionante complejidad de lo existente. Optar por el punto de vista de la substancia o por el de los modos no son sino dos de los múltiples *nayas* que pueden escogerse.

La filosofía jainista ha considerado siete *nayas* como los más representativos. La clasificación más standard dice que, para describir la realidad, podemos optar por: 1) el punto de vista del sentido común (*naigama-naya*), por el cual no se realizan distinciones entre las cualidades generales y las específicas de un objeto; o por 2) el punto de vista práctico (*vyavahāra-naya*), por el cual sólo se considera el objeto a la luz de su experiencia práctica o sus cualidades específicas; o por 3) el punto de vista general (*saṃgraha-naya*), por el cual sólo se toman las propiedades generales de un objeto; o por 4) el punto de vista momentáneo (*ṛijusūtra-naya*), por el cual sólo se lo considera bajo su modo presente. O podemos escoger puntos de vista lingüísticos, como: 5) el punto de vista gramatical (*śabda-naya*), por el cual se considera la relación del objeto con la palabra y su significado convencional; o como 6) el del significado de la cosa (*evambhūta-naya*), por el cual sólo se considera la conformidad del lenguaje con la función del objeto; y como 7) el punto de vista etimológico (*samabhirūḍha-naya*).

Cada *naya* representa un posible punto de vista. Cada uno es correcto dentro de su propia esfera. Por tanto, el error de los absolutistas consiste en establecer que un solo *naya* es el verdadero y único posible. Los vaiśeṣikas y nāiyayikas, por ejemplo, sólo se preocupan del punto de vista del sentido común (*naigama-naya*); los materialistas y budistas vijñañavādins, del punto de vista práctico (*vyavahāra-naya*); los vedāntins, del punto de vista general (*saṃgraha-naya*); los budistas theravādins, del punto de vista momentáneo (*ṛijusūtra-naya*), etc. Desde el momento que una aseveración se absolutiza y excluye las otras, es errónea. Esto por no hablar de los *nayas* cuando son incorrectamente utilizados. Un juicio sólo puede ser plenamente válido si interpenetra todas estas perspectivas o puntos de vista y es, de esta forma, múltiple (*anekatva*). Sólo cuando el objeto se considera desde estas siete perspectivas, el punto de vista puede ser válido. Y eso representa la concordancia con la posición del *Āgama*, esto es, del jainismo.

En referencia a los seis sistemas filosóficos del brahmanismo –Sāṃkhya, Yoga, Nyāya, Vaiśeṣika, Vedānta y Mīmāṃsā–, la lógica jainista recurre a la vieja parábola –posiblemente budista– del rey que muestra un elefante a seis ciegos de nacimiento. Cada una de estas filosofías es como el ciego que pone sus manos sobre el animal. Uno dirá que la criatura es como un tubo –la trompa–, otro como un abanico –las orejas–, otro como unas columnas –las patas–, otro como una cuerda –la cola–, etcétera.[36] Cada uno intentará describir el todo desde su apreciación limitada y parcial de la parte, desde su punto de vista (*naya*). Yerran en la visión (*darśana*) cuando elevan lo que es una apreciación parcial, un punto de vista limitado, a una verdad absoluta. Toda verdad se limita a las condiciones y el punto de vista escogidos y, por tanto, es incompleta. El jainismo considera que las escuelas filosóficas hinduistas poseen una parcela de verdad, pero cuando se consideran independientemente y cuando pretenden explicar el todo, pasan a ser doctrinas falsas.

Hay que insistir en que los siete *nayas* son sólo siete abstracciones de un incalculable número de posibles *nayas*, tal y como sostenía Siddhasena Divākara.[37] De forma más genérica, Kundakunda ya había optado por establecer dos *nayas* o puntos de vista fundamentales. La formulación de estos dos puntos de vista es muy antigua, ya que se menciona en el *Vyākhyā-prajñāpti*.[38] Por un lado, tenemos el punto de vista convencional (*vyavahāra-naya*), la forma de ver las cosas según sus diferencias, sus formas, sus modalidades y de acuerdo a que pueda ser objeto de los sentidos y del intelecto. Por otro lado, tenemos el punto de vista absoluto (*niścaya-naya*), la perspectiva superior, que aprehende directamente la esencia de la cosa, en su mismidad, sin diferencias. Kundakunda se refiere frecuentemente al *niścaya-naya* como *paramārtha-naya*, el punto de vista de la realidad superior. Avanzando desde el *vyavahāra*, desde el análisis, progresivamente puede dejar de conceptualizarse, abandonar lo empírico y llegar, como los sabios, a ver las cosas a la luz del *niścaya-naya*. De hecho, Kundakunda se desplazó hacia posiciones semejantes al Vedānta Advaita y el budismo Mādhyamaka, que de forma muy similar postularon estos mismos dos puntos de vista: el de la realidad convencional (*vyavahāra*) y el de la realidad superior (*paramārthika*). Más en la tónica tradicional, Jinabhadra Gaṇi afirmaba que los *nayas* se contradicen entre sí por culpa de falsos dogmatismos, pero la doctrina jainista comprende y abarca todos los *nayas*, por lo que está libre de error.[39] Seguramente, en el desarrollo del *anekāntavāda* y el *nayavāda* también jugó un papel importante la necesidad de preservar las doctrinas y prácticas tradicionales a la vez que permitir una pluralidad de puntos de vista jainistas.

En suma, la realidad se revela a sí misma de diferentes maneras según nuestros estadios de conocimiento y según optemos por considerar determinadas condiciones. Lo que es verdadero desde un punto de vista puede no serlo desde otro. Esta apreciación cardinal del jainismo precede en bastantes siglos la dialéctica de Hegel, que posee ciertos paralelismos con la jainista.[40]

## EL *SYĀDVĀDA*

La doctrina de los puntos de vista (*nayavāda*) es un colofón lógico de la doctrina del no-absolutismo (*anekāntavāda*). En realidad, lo que hace el jaina al decir que sólo puede hablar de la unidad o de la modalidad de lo existente, es reconocer la limitación del lenguaje y del intelecto. Para superarla, utiliza un método lógico que llama "doctrina de las aseveraciones cualificadas" (*syādvāda*), a veces traducida como "doctrina del quizá", ya que proviene de *syāt*, "quizá".

Según esta lógica, una aseveración (*naya*) sólo es correcta cuando se cualifica con las nociones indeclinables "quizá", "en cierto sentido", "en un contexto" (*syāt*) y "de hecho", "ciertamente" (*eva*). Esta cualificación viene a reconocer la limitación de nuestro punto de vista y abre la realidad a una pluralidad de dimensiones. De otra forma caeríamos en la falacia del absolutismo. Veamos cómo va la cosa.

Cuando los vedāntins dicen que "el espíritu es eterno" yerran al no cualificar la aseveración. Aquí es donde entra en acción el "quizá, en cierto sentido" (*syāt*) y el "de hecho" (*eva*). Si en vez de realizar una afirmación tal el vedāntin dijera: "quizá, en cierto sentido (*syāt*) –el de optar por la substancia y no sus modos– el espíritu es, de hecho (*eva*), eterno", entonces estaría en lo válido. Sólo cuando cualificamos la aseveración con estos dos utensilios se hace una afirmación con sentido y, lo que es tan importante, se deja espacio para otras aseveraciones. Es decir, se reconoce que se está mirando a la realidad desde el prisma de un punto de vista (*naya*), el de optar por ver la substancia permanente de las cosas. Por la misma fórmula, acto seguido puede afirmarse que "quizá, en cierto sentido –el de optar por los modos y no la substancia–, de hecho, no es eterna". Indudablemente el *syādvāda* representa un esfuerzo meritorio para incluir o abrazar a otras doctrinas. Para Amṛtacandra incluso las doctrinas falsas pueden llevar a la realidad suprema si se cualifican con el término *syāt*, capaz de destruir el veneno de su absolutismo.[41]

La doctrina del quizá en el espíritu del no-absolutismo conduce a la famosa aplicación séptuple del *syāt*, lo que se conoce como "sistema de los siete paralogismos" (*sapta-bhaṅgi-naya*). Para el lógico jaina la realidad no se reduce a dos silogismos: el ser o el no-ser. Ni a las cuatro variables de los hinduistas o los budistas. El asunto es mucho más complejo.

Los siete silogismos afirman que una cosa, considerada desde un determinado punto de vista –el de su propia existencia, el de su situación en el tiempo, de su localización en el espacio o el de su estado–: 1) "en cierto sentido, de hecho, existe" (*syād asti eva*); pero seguidamente puede decir: 2) "en cierto sentido, de hecho, no existe" (*syād nāsti eva*), porque puede enfocarla desde otro punto de vista. Estos dos primeros silogismos son los fundamentales, los que hacen que el *syādvāda* sea sinónimo de *anekāntavāda*.[42] Combinando *secuencialmente* ambas, tenemos: 3) "en cierto sentido, de hecho, existe, y en otro –futuro, por ejemplo–, no existe" (*syād asti-nāsti eva*). Si se quiere expresar una simultaneidad paradójica, entonces: 4) "en cierto sentido, de hecho, es indescriptible" (*syād avaktavyaḥ eva*).

El jainista puede sostener el punto de vista vedántico –la cosa es–, el budista –la cosa no es–, el holístico –la cosa es, pero no fue o no será–, o el apofático –que sólo puede proponer la indescriptibilidad, pues ¿cómo puede ser que una cosa sea y no sea a la vez?–, sin necesidad de reducirlos a la ultimidad. Es la percatación de que las palabras no expresan toda la realidad. Combinando ahora *simultáneamente* esta indescriptibilidad con la existencia, la no existencia, y la existencia y no-existencia secuencial, obtenemos los tres silogismos que restan: 5) "en cierto sentido, de hecho, existe y es indescriptible" (*syād asti avaktavyaḥ eva*); 6) "en cierto sentido, de hecho, no existe y es indescriptible" (*syād asti avaktavyaḥ eva*); y 7) "en cierto sentido, de hecho, existe y [en otro futuro] no existe, y es indescriptible" (*syād asti-nāsti avaktavyaḥ eva*).

La relación entre el *nayavāda*, que es de carácter analítico, y el *syādvāda*, que es sintético, puede resumirse de la siguiente manera: para cada juicio de acuerdo a cualquier y cada *naya* hay hasta siete alternativas según lo expresa el *syādvāda*. Desde luego, los filósofos jainistas no cualifican con el *syādvāda* todas y cada una de las aseveraciones que realizan. Pero esto no mengua la potencia del método lógico jainista.

Se trata de una forma de expresar la enorme complejidad de la naturaleza de la realidad y la provisionalidad de toda afirmación: cada proposición nos impide afirmar o negar algo de forma absoluta. O, como interpretó Sarvepalli Radhakrishnan, cada proposición es verdadera, pero sólo bajo ciertas condiciones, hipotéticamente.[43] La validez de una afirmación siempre es parcial y provisional.

Esta ductilidad de raciocinio permite al jainista aceptar posiciones aparentemente hostiles. Como ha ilustrado Christopher Key Chapple, el ataque de la ciencia sobre los dogmas creacionistas cristianos, por ejemplo, podría haberse mitigado utilizando una "gramática", como la del *syādvāda*, que permitiera decir: "desde una cierta perspectiva, el mundo parece ser muy antiguo, y haber incluido muchas formas de vida. Pero desde la perspectiva del sufrimiento humano, esta historia puede leerse de forma distinta".[44] Algo parecido efectúan cotidianamente millones de jainistas al compaginar la cosmología tradicional con la científica [véanse págs. 49-50]. La multiplicidad de lo existente permite tomar diferentes caminos hacia la meta más alta. Eso encaja a la perfección en el talante pluralista del jainismo. Todas las vías pueden ser válidas… en cierto sentido (*syāt*).

Este método, sumamente original, también puede rastrearse hasta los textos más antiguos. Hermann Jacobi señaló que la posición del *syādvāda* no está lejos de la doctrina del desconocimiento (*ajñāvāda*) de los escépticos,[45] uno de los grupos de *śramaṇas* de la antigüedad [véanse págs. 126-127]. Para Edward Conze fueron los filósofos desnudos de la India, que él identificaba con los digambaras, quienes dieron a Pirrón de Elea (siglo -IV) múltiples claves para el desarrollo de la filosofía escéptica en Grecia.[46] Y Noble Ross Reat también ha observado su similitud con la cuádruple negación (*catuṣkoṭi*) de los budistas.[47] Ello vendría a confirmar las influencias y préstamos entre los distintos movimientos. Empero, no será hasta el genial Samantabhadra y su *Āptamīmāṃsā* que el método de los siete paralogismos (*sapta-bhaṅgi-naya*) se utilice por vez primera en su formulación clásica.

## EL *ANEKĀNTAVĀDA* CONTRA EL JAINISMO

*Anekāntavāda, nayavāda* y *syādvāda* forman un conglomerado original del pensamiento jainista. Estos métodos debieron esgrimirse mordazmente en los arduos debates filosóficos contra budistas o *brāhmaṇas* del medioevo. Pero, como ya señalaron H. von Glasenapp o M. Hiriyanna, la doctrina del no-absolutismo podría ser utilizada también en su contra:[48] si todo nuestro conocimiento de la realidad es relativo, la visión jainista también debería ser relativa.[49] Ciertamente, las afirmaciones jainistas, aun cuando están perfectamente cualificadas al avanzar el punto de vista (*naya*) sobre el que se sostienen, y aun cuando están perfectamente formuladas gracias al "quizá, en cierto sentido, de hecho" (*syāt*, *eva*), no pueden considerarse absolutas. El jainismo concede esta limitación pero tiene un cuádruple antídoto.

Por un lado, el enfoque del no-absolutismo, los siete puntos de vista y los siete silogismos no se presentan como *otra* visión filosófica, pues no pretenden representar la realidad, sino que únicamente tratan de salvar las limitaciones de nuestro conocimiento inadecuado. De hecho, el propósito del no-absolutismo se asemeja mucho a la deconstrucción radical de la filosofía y del sentido común que hizo el mādhyamika Nāgārjuna. En vez de decir que las cosas son vacías de naturaleza propia (*śūnyatā*), como haría Nāgārjuna, el *anekāntavādin* dice que las cosas son de naturaleza no-absoluta. Como ha visto el profesor Bimal Matilal la posición budista tradicional es de rechazar los extremos –del Ser y el no-Ser, del eternalismo y el aniquilacionismo– para mantenerse en el "camino medio". La jainista, al contrario, opta por aceptar todas las variables con cualificaciones.[50] Al relativizar todas las variables posibles e impedir elevar ninguna de ellas al rango de Verdad, el *anekāntavādin* subraya el carácter insuficiente, insatisfactorio y dualista de la filosofía. Y al apuntar a la totalidad, incluyendo puntos de vista contradictorios, entonces el "punto de vista jaina" deja de ser un punto de vista.

En segundo lugar, si bien es cierto que cada silogismo es una verdad parcial, los siete a la vez se aproximan más a la verdad completa. Y lo hacen no porque representen la realidad tal cual es, sino porque 1) ayudan a salirse del atolladero dialéctico y permiten apuntar hacia lo verdaderamente real: el *nirvāṇa*; y 2) porque la pluralidad es, como dice B.K. Matilal, la naturaleza de la realidad.[51] Consecuentemente, el pluralismo jainista no es sólo metafísico [ver el próximo capítulo] sino verdaderamente intelectual. Gracias a ello, el jaina está mejor preparado que el absolutista –sea monista y hasta no-dualista– para un verdadero diálogo. El segundo tiende inevitablemente a degradar el punto de vista rival como una visión aberrante del único punto de vista posible –el suyo–. Casos típicos son el Vedānta Advaita, el teísmo vishnuista o los monoteísmos islámico y sijista. En cambio, el filósofo pluralista –como el jaina, el sāṃkhya o el yogin– está más receptivo a escuchar, aceptar y hasta explorar los punto de vista de los Otros.[52]

En tercer lugar, el jainista no aboga por un perspectivismo radical –que conduciría a un escepticismo simplón–. El filósofo se mantiene fiel a su ética, su cosmología o su práctica. Posee la certitud y convicción de la verdad del jainismo, lo que no le impide conceder un valor relativo a los demás puntos de vista. Es decir, el jainista combina perspectivismo con un sentido apologético. Evita el fundamentalismo pero posee unas convicciones consensuadas acerca de la conducta apropiada o la cosmología. Eso le lleva a situarse en el verdadero "camino medio": expandiéndose para aceptar e incluir los otros puntos de vista, el *anekāntavādin* puede permanecer en el medio, sin rechazarlos. En realidad, el jainismo anima a la apertura.

La cosa no acaba aquí. Su filosofía siempre implica –bien que no siempre explícitamente–, que el omnisciente jainista es el que es capaz de *ver* el elefante, el que es capaz de abarcar los siete silogismos o los múltiples puntos de vista, sin que la paradoja le explote en la testa. Todas las verdades son parciales porque provienen de un punto de vista, salvo el conocimiento omnisciente. El *kevalin* es aquel que posee la sabiduría infinita que puede simultanear cualquier punto de vista. Por tanto, el perspectivismo radical se desdibuja a la luz de la visión y el entendimiento del *kevala-jñāna*. Sólo el *tīrthaṅkara* jainista puede mostrar la verdadera senda.

# 24. METAFÍSICA

## EL DUALISMO JAINISTA

La pluralidad de enfoques de los jainas no desemboca en el escepticismo o el idealismo, sino en el no-absolutismo. Ocurre que lo real está sujeto a cambios y ello nos obliga a verlo desde distintos ángulos. Pero como sea que queramos enfocarlo existen una serie de substancias (*dravyas*) o principios (*tattvas*) aceptados por la filosofía jainista y que la tradición asegura que fueron aprehendidos por Mahāvīra al alcanzar la plena iluminación [véase pág. 153].

Los dos primeros principios fundamentales postulan la existencia de lo animado (*jīva*) y la existencia de lo inanimado (*ajīva*). Por su distinción entre una substancia espiritual y otra no-espiritual el sistema jainista es, metafísicamente hablando, estrictamente dualista. A su vez, la substancia inanimada puede dividirse en cuatro o cinco entidades "extensas" (*astikāyas*):[1] el espacio, el movimiento, el reposo y la materia. Los digambaras añaden una quinta entidad, la del tiempo. El estudio de todas estas substancias básicas nos ocupará completamente este capítulo.

En contraste con otras filosofías hindúes, con la formulación de estos principios el jainismo vuelve a mostrar su realismo. Sin *jīva* y *ajīva* o el mundo no existiría, o colapsaría en la unicidad, o no podría ser percibido y conocido, posibilidades todas inconsistentes para el jainismo. Es más, sin una comprensión adecuada de estos principios el correcto conocimiento (*samyak-jñāna*) de la senda jainista no puede tener lugar. Y es que ninguna otra civilización ha otorgado tanto valor al conocimiento metafísico como la hindú. La cosa es normal si consideramos que la India, en general, considera que el problema del sufrimiento se debe a la ignorancia, al desconocimiento de la verdadera naturaleza espiritual o no-dual de la realidad. Consecuentemente, el jainismo es una de las tradiciones religiosas que más peso pone en que sus miembros conozcan la naturaleza de las cosas. Y existe unanimidad en que una correcta comprensión del *jīva* y del *ajīva* es, como ha dicho T.U. Mehta, la condición *sine qua non* para todo entendimiento.[2]

# LA REALIDAD DE LO ANIMADO (*JĪVA*)

El primero y más importante de los principios del jainismo postula la realidad del alma o espíritu (*jīva*). Aunque ya hemos tocado este concepto en repetidas ocasiones, ahora es el momento de estudiarlo con precisión.

Como remarcó Hermann Jacobi, es posible que los jainistas llegaran a su concepto de *jīva* vía el estudio de la naturaleza.[3] La palabra *jīva* significa literalmente "ser vivo", "vida",[4] y de ahí abstraen el concepto de "espíritu". Puesto que el espíritu es el portador de la vida, se le llama "vida" (*jīva*), y puesto que es animado, a un ser vivo también se le llama *jīva*.[5] Vida y espíritu son términos sinónimos. El espíritu es un principio activo de vida, es *lo vital*, de ahí que, siguiendo a M. Hiriyanna, sería más correcto traducir *jīva* por lo animado.[6] Es una visión de pleno sentido común y una sensibilidad de tipo animista o hilozoísta. Porque no olvidemos que la concepción jainista de "animado" incluye elementos aparentemente tan inertes como las gotas de agua o las motas de polvo. Con el tiempo, el concepto de *jīva* varió ligeramente y los jainistas ya no lo asociaron tanto a las vidas, con sus implicaciones biológicas y materiales, sino a la conciencia de lo animado, a una esencia inmaterial cuyo rasgo característico es el conocimiento. El sentido implicado de *jīva*, por tanto, es el de alma o espíritu.*

Si decimos que el jainismo es un sistema acusadamente realista y que se adecua al máximo al sentido común, ¿cómo postula la realidad de algo tan intangible como el espíritu?

Cuando Mahāvīra instruye por vez primera a Gautama ya le advierte que el espíritu es difícil de probar por los medios de conocimiento establecidos (*pramāṇas*): por la inferencia, la percepción directa, con la ayuda de la autoridad escritural o por comparación. Pero que sea difícil no quiere decir que sea hipotético. La realidad del espíritu puede probarse por la experiencia de la *conciencia de uno mismo*, pues no puede existir la conciencia desligada de un individuo.[7] Y eso es una percepción directa. La conciencia es la prueba de que existe un agente. Y eso es una inferencia. En un estilo reminiscente de las *Upaniṣads*, una frase muy antigua de las escrituras dice:

> «El espíritu es el conocedor [o experienciador], y el conocedor es el espíritu. Aquello gracias a lo cual uno conoce, es el espíritu.»[8]

Hasta la duda de que exista el espíritu prueba que hay un agente que duda, como dice el celebrado *Gaṇadhara-vāda*.[9] Ese sujeto que está detrás de toda

* Espíritu es preferible a alma dadas las connotaciones cristianas que este último concepto posee en Occidente. Aunque etimológicamente está más próxima a la sánscrita *ātman*, dícese del alma que es capaz de entender, querer y sentir e informar al cuerpo humano, algo que no casa con la noción jainista. El espíritu, en cambio, es a la vez un vigor natural y una esencia inmaterial, una idea más ajustada a la de *jīva*.

actividad del ser, eso es el espíritu o lo animado. Esto es algo que hasta los *Vedas*, más allá de su pluralidad de enseñanzas, no cesaron de repetir. Y eso es autoridad escritural.

El *jīva* es una substancia sutil individual e independiente. No se trata de un Espíritu Supremo (*ātman, brahman*) tal y como sostiene la filosofía Vedānta, sino de una mónada espiritual individual (*jīvātman*), al modo como sostenía el filósofo alemán Leibniz. Todo ser vivo posee su espíritu. El cosmos está lleno de *jīvas*. Aquí el jainismo se aproxima a las filosofías Sāṃkhya o Yoga, que también hablan de una pluralidad de espíritus (*puruṣas*). Para el jainismo hay tantos *jīvas* como seres. Criticando el monismo vedántico, Jinabhadra Gaṇi afirma:

> «En el mundo hay distintos espíritus... basándonos en las diferencias en sus características. Puesto que si sólo existiera un [único espíritu], no habría felicidad, ni miseria, ni atadura, ni liberación.»[10]

Este punto es importante. Subraya la solitud de la existencia y la individualidad de la senda. De ahí no hay que colegir que el jainismo postule un "individualismo" de tipo narcisista. No, este espíritu individual no es ningún ego –aunque haya construido uno–, ni está aquí para dominar el mundo, sino que, inserto en una cosmología y una cosmografía que lo ligan con las demás formas de existencia, ahí está para labrarse individualmente la senda de la purificación. Un camino que, vía la no-violencia y la austeridad, le conducirá a lo incondicionado, a lo que verdaderamente es la trascendencia de la individualidad. Sin esta substancia espiritual, el mundo entero y la búsqueda de la perfección y liberación no tendrían sentido.

*Grosso modo* los *jīvas* pueden clasificarse en dos grandes categorías: los liberados (*mukta*) y los corporeizados (*saṃsārin, bandha*).[11] Obviamente, los liberados moran en los confines del espacio vacío, sin ningún tipo de relación con el mundo material. Llevan una vida de existencia prístina y poseen conocimiento, percepción, energía y dicha infinitas. El espíritu liberado es, simplemente, el *jīva* en su estado perfecto y puro. Otra cosa sucede con los corporeizados o "atados" a este mundo. En el capítulo 3 ya los repasamos, pero ahora hay que aclarar varias cosas respecto a todo *jīva*.

En primer lugar, que todo *jīva*, liberado o no, es *esencialmente* idéntico. No hay diferencia entre el espíritu de un *jina* y el de una oruga. El primero es puro, sin rostro; el segundo está mancillado, pero podrá restaurar su pureza. El *Daśavaikālika-sūtra* afirma que, a pesar de cualquier apariencia, el asceta es el que se da cuenta de que todas las variedades de *jīvas* son esencialmente iguales a uno mismo.[12] Esto es cardinal, pues el éxito de la no-violencia –nos recuerda el *paṇḍit* Sukhalalji– es imposible si no se adquiere una sensibilidad hacia los sufrimientos de los demás como si de los propios se tratara.[13] En segundo lugar, todo *jīva* vivió en el pasado, vive en el presente y vivirá en el futuro. Es decir, el *jīva* es vida eterna, increada e inmortal. Para el jainismo la vida o la muerte no son sino modificaciones del *jīva*. De ahí se deduce que el número de mónadas espirituales es siempre constante. En tercer lugar, el *jīva* es inmaterial. Al no estar compuesto de materia es invisible. En cuarto lugar, el *jīva* posee el *potencial* de la conciencia, el conocimiento, la percepción, la energía y la dicha infinitas. Por último, puede afirmarse que es el único agente responsable de todas sus acciones y, por tanto, transmigra constantemente en el *saṃsāra*. El *jīva* es el originador de sus actos (*kartā*) y es el receptor de los frutos de la acción.[14]

Aquí el jainismo se aleja del Sāṃkhya. Para este sistema la materia (*prakṛiti*) puede modificarse, pero no el espíritu (*puruṣa*). Las filosofías brahmánicas siempre han considerado que lo que es eterno no puede cambiar. Sin embargo, los jainas consideran que toda realidad es eterna –en tanto que substancia (*dravya*)– pero sujeta a cambio –en tanto que modo "*paryāya*)–. Para el jainismo clásico, el espíritu se transforma sin que por ello se resienta su propia naturaleza. La atadura del espíritu no es una ilusión. La relación entre el *jīva* y el cuerpo es compleja, ya que no se explica muy bien por qué el espíritu inmaterial tiene que sufrir los frutos de las acciones realizadas por el cuerpo material [véanse págs. 398-399]. En cualquier caso, el *jīva* actúa y, al hacerlo, queda impregnado por un tipo de materia sutil, la materia kármica, que le prorcionará el cuerpo en el que se aloja –o en el que se alojará en el futuro renacimiento–, el tipo de conocimiento que posee, la duración de su vida corporal presente, etc.

Rasgo curioso del jainismo es que sostiene que el *jīva* tiene unas dimensiones. Cada mónada posee un número incontable de unidades espaciales infinitesimales (*pradeśas*). Se aloja en el cuerpo que lo alberga al modo como una lámpara alumbra una habitación cerrada. Esta adaptación no conlleva ninguna transformación a la naturaleza del espíritu, aunque sí a sus cualidades. Sea que el cuerpo en cuestión sea el de un minúsculo insecto o uno tan grande como el cosmos entero, el número de unidades espaciales permanece intacto. Esta posición es única del jainismo y difiere de la noción sāṃkhya del *puruṣa* que interpenetra todo el universo. Con ello el jainismo subraya la independencia de la conciencia y elude los problemas con los que tropieza el también pluralista Sāṃkhya.[15]

## LAS CUALIDADES DEL ESPÍRITU

Los jainistas hablan de numerosas cualidades del *jīva*. Se dice que posee, por ejemplo, la cualidad de la vida eterna, o la de la conducta moral irreprochable, o la de la total amorfía. Todos los *jīvas* las poseen, bien que unos las tengan tan oscurecidas o "infectadas" que apenas puedan vislumbrarse. Todas las cualidades de naturaleza propia (*svābhava*) del *jīva* podrían resumirse en tres: el espíritu es conciencia (*caitanya*), dicha (*sukha*) y energía (*vīrya*).* Estas tres cualidades son las capacidades que el *siddha* posee en su plenitud.

* Es tentador realizar una homologación con las tres características que los hinduistas otorgan al espíritu (*ātman*). Desde luego, desde el punto vista vedántico el espíritu es incuali-

La conciencia (*caitanya, cetanā*) es la cualidad primordial del espíritu. Es su signo distintivo por excelencia.[16] Gracias a la conciencia el espíritu puede ser el agente, el conocedor. La conciencia está siempre activa y es esa actividad la que revela tanto la naturaleza de los objetos conocidos como la propia naturaleza del espíritu. En otras palabras, al conocer cualquier objeto, por el mero hecho de *conocer*, el espíritu se conoce simultáneamente a sí mismo. Normalmente se habla de dos categorías de conciencia: la percepción (*darśana*), que es la percatación de primera mano, y el conocimiento (*jñāna*), que es la aprehensión de lo que ha sido percibido. En el capítulo anterior ya hablamos de los cinco tipos de conocimiento posibles. En su estado perfecto el *jīva* es puro *jñāna* y puro *darśana*. Precisamente dos de las Tres Joyas o pilares del jainismo hacen referencia explícita a la correcta visión (*samyak-darśana*) y al correcto conocimiento (*samyak-jñāna*). Ocurre que las pasiones y emociones impiden que la conciencia del *jīva* se manifieste libre y plenamente.

La dicha (*sukha*) es otra cualidad del espíritu, aunque normalmente se utiliza descriptivamente, para representar al espíritu liberado. Por naturaleza el espíritu es dicha pura, pues posee la tercera joya de la correcta conducta (*samyak-cāritra*), pero a través de la asociación con las acciones corruptas, genera la materia kármica que la vuelve imperfecta.

Se dice que lo animado posee también una fuerza o energía (*vīrya*) que lo impele a percibir y conocer. Se posee conciencia en la medida en que la infinita energía del espíritu se manifiesta. Al igual que con la dicha, nuestra situación de apego entorpece la energía. Las pasiones causan una vibración energética (*yoga*) que permitirá la funesta asociación de los *karmas* con el espíritu. Lo veremos en el próximo capítulo.

## LO DIVINO INMANENTE

Esta concepción del *jīva* permite al jainismo desmarcarse de las corrientes ateístas de corte materialista. Como el *jīva* en su estado puro es "perfecto" no es descabellado cualificarlo como una "esencia divina", un principio divino presente en todos los seres. Ocurre que esta divinidad carece de teología y rasgos antropomórficos, y sólo toma una guisa semejante cuando el jainista medita en los *jīvas* totalmente liberados: los *jinas*. Hoy, muchos jainistas gustan incluso de llamar "Dios" a la totalidad de estos *jīvas* en su estado puro,[17] o al espíritu completamente liberado,[18] al estilo del *īśvara* de la filosofía Yoga, bien que parece más un recurso a la defensiva para no ser degradados como "ateos" por los teístas. Aunque el jainismo rechaza la existencia de un Dios creador y preservador del cosmos, no niega la absoluta divinidad de todo ser

---

ficable (*nirguṇa*), pero para describirlo de algún modo suele recurrirse a la conocida *saccidānanda*. El espíritu con atributos (*saguṇa-brahman*) es ser (*sat*), conciencia (*citta*) y dicha (*ānanda*).

vivo. Porque, cómo cualificar sino de *divino* al espíritu que es conciencia infinita, dicha infinita y energía infinita. No en vano una de las palabras más utilizadas para describir al espíritu en su estado liberado y puro es alma suprema (*paramātman*). A diferencia de los materialistas, que ven una identidad entre el cuerpo y el espíritu, los jainistas insisten en la absoluta independencia del espíritu, bien que por las acciones esté confinado a la atadura corporal. El jainismo es ateísta sólo en la medida en que niega un creador y toda posibilidad de intervención de un ser supremo en los asuntos humanos. Con un enfoque similar a las posiciones del hinduismo, el jainismo afirma rotundamente que todos poseemos lo divino, lo incondicionado, o como quiera llamárselo, en lo más íntimo. Siguiendo a Geoffrey Parrinder, el misticismo jainista es, como el del Yoga, un misticismo del espíritu y no de Dios.[19] La meta de la auténtica progresión espiritual no está afuera, no es un objeto externo al que haya de unirse o reunirse, sino que está dentro de uno mismo. Es más, el *jīva* es lo único que verdaderamente puede llamarse Sí-mismo. Esta idea le debe mucho a las obras de Kundakunda (siglo II), el mejor exponente de la corriente mística digambara. Para Kundakunda el *jīva* es la única categoría última, la que otorga la medida de todas las cosas. Por eso lo llama supremo (*paramārtha*) y espíritu realizado (*samayasāra*).[20]

Según Kundakunda, todo *jīva* ya está, de hecho, liberado. Ocurre que ha perdido la conciencia de su propia naturaleza, de su *divinidad*. El resto del cosmos, todo el magma del *ajīva*, sólo posee un valor provisional y transaccional. Por eso lo llama mundanal (*vyavahāra*). Con Kundakunda, este modelo de dos niveles de verdad o de realidad, conocido también del budismo Mādhyamaka o del Vedānta Advaita, halló una de sus primeras exposiciones. El interés de Kundakunda era mostrar que la auténtica naturaleza del *jīva* no puede tener ninguna conexión con algo como la materia kármica:

> «Absolutamente puro, siendo visión y conocimiento, siempre incorpóreo, soy, de hecho, uno. Nada, ni siquiera un átomo de materia, está ligado a mí.»[21]

El *jīva* no está, propiamente hablando, atado a la materia, sino que, como dice en el *Samayasāra*, sólo aparenta estarlo a causa de impurezas como el apego.[22] El *jīva* desidentificado de las acciones corporales, mentales y verbales es el omnisciente, el *kevalin*, el conocedor de sí mismo. Eso es el *nirvāṇa*, la absorción y realización plena del espíritu. El resultado es que Kundakunda acaba por abolir el clásico dualismo jainista, que queda limitado a la esfera de lo mundanal. Esta posición próxima al no-dualismo influyó notablemente en Haribhadra. Volveremos sobre ella al final de la obra.

# LA REALIDAD DE LO INANIMADO (*AJĪVA*)

El segundo principio básico del jainismo postula la realidad de lo inanimado (*ajīva*). Para el jainismo, todo aquello que no es el espíritu o la vida, es lo inanimado. Tan real es la substancia espiritual como la no-espiritual. En la filosofía jainista no hay lugar, al menos en teoría, para una doctrina de la ilusión cósmica (*māyā*), que considera que todo lo que no es el espíritu no es más que una superimposición ilusoria sobre éste. Aunque Kundakunda está a un paso de esta conclusión, no se decide a darlo. El jainismo, al contrario, siempre ha aceptado la realidad del mundo material. No obstante, aunque real, el mundo que percibimos no deja de ser una creación de la ignorancia. En cuanto el espíritu sea aprehendido, las infinitas formas del cosmos se desvanecerán, pues serán trascendidas por la omnisciencia del *kevalin*.

Si *jīva* es todo aquello que tiene vida, *ajīva* es todo aquello que no posee vida. Si *jīva* es lo animado y lo espiritual, *ajīva* es lo inanimado y lo material. Si *jīva* está caracterizado por la conciencia, la energía y la dicha, el *ajīva* lo está por la inconsciencia; pero es lo que puede ser tocado, olido, visto o saboreado. El *ajīva* proporciona el medio y los mecanismos para que el *jīva* funcione y actúe. Todo ser, salvo el liberado, está formado por *jīva* y *ajīva*.

El *ajīva* está compuesto por "cinco substancias extendidas" (*pañcāstikāyas*) o simplemente substancias (*dravyas*): el espacio (*ākāśa*), los medios del movimiento (*dharma*) y de reposo (*adharma*), el tiempo (*kāla*) y la materia (*pudgala*).

## EL ESPACIO

El espacio (*ākāśa*) es aquello que está ocupado por las substancias; es decir, el mundo (*loka*), que ya conocemos del capítulo 2. Pero espacio es también aquello que no está ocupado; es decir, el no-mundo (*aloka*). En este último ninguna substancia existe, sólo *ākāśa* es en su totalidad y eternidad, puesto que ni los medios del movimiento (*dharma*) o del reposo (*adharma*) actúan [véase a continuación]. Aunque un espacio es equivalente al mundo manifiesto y el otro es un abismo transcósmico y totalmente vacío, en realidad sólo hay un único espacio infinito. Puesto que es infinito está compuesto por infinitas unidades espaciales (*pradeśas*).

Entre el minísculo *pradeśa* y la gigantesca "cuerda" (*rajju*), se postulan muchísimas medidas espaciales que no es necesario nombrar aquí.

## LOS MEDIOS DE MOVIMIENTO Y DE REPOSO

El espacio en sí mismo no es la condición para que se dé el movimiento de las cosas. O no es la *única*. Si las cosas dependieran solamente del espacio habría movimiento, pero sobrevendría el caos y no el cosmos. Para que exista un *kosmos* y no el sinsentido es necesario que existan unos soportes, unas leyes que rijan el movimiento y el reposo. Éstos son el *dharma* y el *adharma*.

Aquí hay que hacer una pequeña aclaración. El concepto *dharma* es uno de los más polivalentes de la espiritualidad india. La palabra puede significar ley o deber religioso, que es el sentido que suele poseer entre los *brāhmaṇas* ortodoxos, en especial en sus Tratados sobre el Deber (*Dharma-śāstras*). Por extensión, en el hinduismo, *dharma* implica virtud, y *adharma*, demérito. También puede significar "religión", como el conjunto de deberes, prácticas y doctrinas promulgadas por los maestros espirituales. Éste es el sentido que posee cuando se habla del *dharma* jainista –jainismo– o del *dharma* expuesto por el Buddha –budismo–. Pero también posee un sentido más cosmológico que tiene que ver con el *flujo ordenado* del cosmos que los poetas védicos denominaron *ṛita* [véase pág. 34]. Es a esta última noción a la que remiten indirectamente los pensadores jainistas cuando hablan de *dharma* y *adharma* en su sentido técnico filosófico. Quizá estas entidades surgieran como resultado de las elucubraciones de los cosmógrafos acerca de la naturaleza del no-mundo (*aloka*). Si ahí nada puede existir, ni espíritus, ni materia, ni tiempo, eso significa que un orden rige en el *loka* que permite que las cosas existan, se muevan y se detengan.

El *dharma* y el *adharma* son los principios cósmicos que forman el sustrato de todo lo que puede moverse. No ocupan un espacio definido, sino que, como el éter, interpenetran todo el universo. Como dice Nemicandra, actúan sobre los espíritus y la materia, uno a la manera del agua que permite el movimiento del pez, y el otro a la manera de la sombra que invita al viajero al reposo.[23] El *dharma* o el *adharma* no hacen mover o detenerse a nada, pero si algo debe moverse o detenerse no puede hacerlo sin la presencia de estos fulcros y las condiciones del espacio y el tiempo. El *dharma* o el *adharma* se interpenetran con el espacio y el tiempo, y la tríada forma las condiciones que sostienen todas las cosas. Esta acepción del término *dharma* es única del jainismo. No tiene paralelo en ningún otro sistema filosófico hindú.

## EL TIEMPO

El tiempo (*kāla*) es una continuidad eterna. O mejor: es el proceso de persistencia; de ahí que suela representárselo como una rueda (*cakra*). El tiempo es la causa instrumental gracias a la cual los cambios tienen lugar. No genera los cambios sino que, como el espacio, es sólo su causa eficiente, el factor que permite a las substancias existir a la vez que operar sus incesantes transformaciones. Es el flujo eterno que, al asociarse con las substancias, también es afectado por sus modificaciones. Pero el tiempo no actúa sobre todo el cosmos. Existen regiones que carecen de tiempo, como el no-mundo.

La unidad de tiempo más pequeña se denomina "instante" (*samaya*). Cada instante forma el presente. La acepción, a su vez, se refiere a algo así como a unos "puntos" de tiempo[24] concebidos casi de forma material. Gracias a esta formulación, los digambaras consideran al tiempo como substancia (*dravya*), posición que no comparten los śvetāmbaras. Si *kāla* es el tiempo eterno, sin principio ni fin, el *samaya* es una porción discreta.

Incontables *samayas* forman un *nimiśa*, que es el micro-tiempo que una persona tarda en parpadear. De ahí al descomunal *sāgaropama* se postulan cantidad de medidas de tiempo.

## LA MATERIA

Lo inanimado está formado, finalmente, por la materia (*pudgala*), que es el fundamento físico del mundo. Es el componente más importante de lo inanimado, pues es lo único que posee forma y, por ende, lo que explícitamente vemos, saboreamos, olemos o palpamos del mundo. Todo lo que no es el espacio, el tiempo, los medios del reposo o del movimiento y los *jīvas*, está hecho de materia.

La concepción jainista de lo material es atomística. Según N.N. Bhattacharyya seguramente fueron los jainistas los primeros pensadores en la India en formular la teoría atomística.[25] Y esta teoría afirma, en primer lugar, que existen infinitos átomos materiales (*paramāṇus*, *aṇus*) indivisibles. En segundo lugar, dice que la materia es substancia eterna. O mejor, la materia, contemplada desde el punto de vista de la substancia, es, de hecho, eterna. Pero sus cualidades no lo son. O mejor, la materia, contemplada desde el punto de vista de las modalidades, no es, de hecho, eterna. Cada átomo posee las cualidades del color (*varṇa*), el olor (*gandha*), el sabor (*rasa*) y la textura (*sparśa*). Estas cualidades se transforman sin cesar.

Los átomos no poseen extensión. Cada uno ocupa un único espacio infinitesimal (*pradeśa*), así que es imperceptible. Tan irreductible es que en realidad es sin forma (*amūrta*), bien que sea el fundamento de todas las formas. Los sentidos sólo pueden percibir la materia cuando los átomos se unen entre sí, formando agregados (*skandhas*) o moléculas. Las "fusiones" atómicas únicamente se dan entre átomos de naturalezas dispares gracias a su fuerza cohesiva. Las leyes y medios que gobiernan sus asociaciones son las del *dharma*, el *adharma*, el espacio y el tiempo.

No todos los agregados pueden percibirse. Algunos son tan sutiles e intangibles que están más allá del alcance de nuestros sentidos. Sin embargo, los *skandhas* o agregados de átomos pueden unirse entre sí para formar entidades aún mayores. Es entonces cuando podemos percibir la materia. Todo lo que percibimos es o un *skandha* o conjuntos de *skandhas*. Un agregado particular de átomos es lo que produce el efecto del fuego, otro el efecto del aire, etc. Y lo que es más importante, las moléculas de materia atómica proporcionan el cuerpo donde el *jīva* se aloja. Como dice Umāsvāti, *pudgala* es la causa material del cuerpo, el habla, la mente y la respiración.[26] Por tanto, la materia es de enorme importancia, ya que es lo que literalmente se asocia a los *jīvas* y hace modificar su naturaleza. Incluso podríamos preguntarnos, con Wilhelm Halbfass, si existe alguna partícula material que no guarde ninguna relación –directa o indirecta– con un *jīva*.[27]

La unión entre el cuerpo y el espíritu es producto de la acción, del *karma*, como pronto vamos a ver. Pero hay que avanzar aquí que hasta el *karma* es de tipo material (*pudgalika*). Ocurre que es una materia tan sutil, que no podemos percibirla con los sentidos.

## PARALELISMOS

Esta concepción substancialista de lo inanimado más la insistencia en la realidad del cambio, tanto de lo animado como de lo inanimado, hacen del jainismo una filosofía del cambio (*pariṇāmavāda*). Todo lo existente se modifica sin cesar. Su visión atomística de la materia, aunque próxima al Vaiśeṣika, es sorprendentemente parecida a la atomística griega de Leucipo o Demócrito. Este carácter substancialista del jainismo va de la mano de un tono marcadamente "científico", mucho mayor que en otras filosofías/teologías. Esto ha llevado al profesor K.V. Mardia a realizar una interesante comparación entre ciencia moderna y jainismo.[28]

Puesto que los jainistas mantienen que el espíritu existe y es afectado por los actos, su doctrina encaja asimismo en lo que en la India se denomina doctrina de la acción (*kriyāvāda*); esto es, que el espíritu –que existe– se liga a un cuerpo material –que también existe– a través de los actos. Esta posición la mantiene también el Vaiśeṣika. La tesis opuesta, la de que el espíritu no existe –budismo, materialismo–, o no se altera por los actos –Vedānta, Sāṃkhya, Yoga–, se conoce como doctrina de la no-acción (*akriyāvāda*). Muchas de estas escuelas, notablemente el Vedānta y el budismo Yogācāra, promulgan que el mundo fenoménico de la acción es ilusorio (*māyā*), una posición que contrasta con el realismo del jainismo.

De entre todos los sistemas filosóficos de la India seguramente los más próximos al jainismo sean el Sāṃkhya y el Yoga. Es factible que el Sāṃkhya fuera en su origen un movimiento brahmánico periférico –y hasta shramánico– que finalmente acabó integrándose en el gigantesco caudal védico/hinduista. Tanto el Sāṃkhya como el jainismo hablan de una materia infinita –*prakṛiti* para el Sāṃkhya, *ajīva* para el jainismo– opuesta a una infinidad de mónadas –*puruṣas* y *jīvas* respectivamente–. Los dos sistemas consideran que la materia es capaz de cambiar o evolucionar y sus posiciones acerca del *karma* y el *saṃsāra* parecen surgir de una visión del mundo que incorpora elementos del sentido común.[29] Es más que probable que el jainismo se alimentara del antiguo Sāṃkhya para defender su ateísmo. Igualmente, las teorías del conocimiento del Sāṃkhya y del jainismo son muy similares. Según N.N. Bhattacharyya, el concepto jainista de *mokṣa* y el budista de *nirvāṇa* parecen haber derivado principalmente de la idea de liberación (*apavarga, mukti*) del Sāṃkhya.[30] –Aunque también pudo suceder a la inversa–.[31] Para el Sāṃkhya la causa de la atadura y la insatisfacción es la ignorancia. La liberación se obtiene por el correcto conocimiento de la realidad, un conocimiento que se fundamenta en la discriminación (*viveka, sāṃkhya*) entre el espíritu (*puruṣa*) y lo no-espiritual (*prakṛti*). Un esquemita que podría ser suscrito por cualquier jainista. Con todo, dado el énfasis jainista en la autorrealización psicofísica, posiblemente el sistema Yoga de Patañjali –que acepta muchas de las premisas filosóficas del Sāṃkhya– sea, en conjunto, el *darśana* más próximo al jainista.

Aparentemente, el sistema filosófico indio más alejado del jainismo es el Vedānta. Sus cosmologías, sus métodos lógicos, su epistemología y sus vías de cara a la liberación son bastante distintas. El gran vedāntin Śaṅkara (siglos VIII/IX) dedica bastante espacio a criticar los principios fundamentales del jainismo,[32] justo después de atacar las posiciones budistas. No obstante, las diferencias entre Vedānta y jainismo se dulcifican muchísimo si comparamos el trabajo de Kundakunda y el de Śaṅkara. La teoría de los dos niveles de la realidad de Kundakunda se asemeja más a la de Śaṅkara que a la de Nāgārjuna,[33] y sus conclusiones anticipan claramente al concepto de no-dualidad (*advaita*) típico del Vedānta de Gauḍapāda y Śaṅkara. Hay quien dice que Śaṅkara heredó estas nociones de la tradición jaina.[34] Es más, cuando Kundakunda dice que el *jīva* es pura conciencia, sin sabor, sin forma, sin olor, es inmanifiesto, sin sonido, más allá del espectro de cualquier característica y sin configuración descifrable,[35] podría tratarse perfectamente de una descripción del *ātman-brahman* vedántico.[36] Y la meta jainista del aislamiento liberado (*kaivalya*) coincide plenamente con la experiencia no-dual del Vedānta Advaita o del Yoga al separar la conciencia pura de los objetos.

# 25. LA SITUACIÓN DE ATADURA

## LA DOCTRINA DEL *KARMA*

Una y otra vez, desde un tiempo sin comienzo, los *jīvas* vuelven a este mundo. ¿Por qué?, ¿cuál es el motor de la rueda eterna?, ¿cuál es la causa del *saṃsāra*? Todas estas graves preguntas tienen una misma respuesta: por la acción (*karma*). Los *jīvas* se involucran con la materia y retornan a este mundo por causa de los actos que cometen y les afectan. El *karma* es el nexo entre el *jīva* y el *ajīva*; el *karma* es la causa del *saṃsāra*.

### LA LEY DEL *KARMA*

Durante la época védica, los *brāhmaṇas* concebían el *karma* básicamente como el *acto sacrificial* y sus resultados. Se decía que el sacrificio levantaba una potencia (*brahman, apūrva*) que podía fructificar en favor del sacrificante. Al acto del sacrificio y a su consecuencia se le llamó *karma*. Mahāvīra, al igual que otros *śramaṇas*, entendió que *todo acto*, y no sólo el sacrificial, porta sus frutos. Aún más, *karma* era todo acto y *toda intención*. Puesto que tanto a la acción causante como al efecto cristalizado se les llama *karma*, en su sentido amplio, el *karma* es aquella ley de causa-y-efecto responsable de la continuidad. Esta indagación fue tremenda. Establecía la inexorabilidad de una ley impersonal y la urgencia en dominar la acción, pues son los frutos de las acciones los que lastran al espíritu y lo obligan a transmigrar. En cierto sentido, *karma*, la vida condicionada, es igual a *saṃsāra*.

Esto no era del todo nuevo. Los sabios de las *Upaniṣads* lo estaban elaborando. Históricamente, la primera mención del *karma* en su acepción clásica de "cualquier acción" –y no sólo la ritual– que comportará su retribución se dio en la famosa *Bṛihadāraṇyaka-upaniṣad*,[1] una enseñanza védica transmitida algún tiempo entre los siglos -X y -VIII. Eran tiempos de las *Upaniṣads* más antiguas y del origen de los movimientos shramánicos. En verdad, es posible que el germen de esta concepción no fuera exclusivamente védico. Para algunos autores no sería descabellado pensar que fuera un proto-jainismo el "descubridor" de la doctrina india del *karma*, pues debió concebirse como contrapeso a las doctrinas de creación del universo. Según David Kalupahana, la concepción volicional o intencional del *karma* es pre-budista y posiblemente jainista.[2] El hecho es que ningún otro sistema de pensamiento hindú se ha preocupado tanto como el jainismo acerca de los mecanismos de nuestra situación de atadura. Alain Daniélou imputa a los jainistas la idea misma de transmigración.[3] No obstante, lo mismo que el caso de la renuncia [véanse págs. 117-119] o la no-violencia [véase pág. 161], la oposición entre una espiritualidad shramánica y otra védico-brahmánica no debería llevarse demasiado lejos. Como igualmente ha mostrado Herman Tull, la noción clásica de *karma* puede derivarse perfectamente del contexto sacrificial védico.[4] Lo importante no es la paternidad de la intuición sino su explicación e implicación.

El *karma* rige impersonalmente el ciclo de las transmigraciones y los millones de renacimientos posibles. Esta autonomía del *karma* –compartida también por bauddhas, sāṃkhyas y mīmāṃsākas– proporciona al jainismo un sólido argumento en contra de la noción de un Dios Creador. Es más, Jinasena subsume bajo la noción de *karma* varios conceptos fundamentales y últimos de los hinduistas:

> «La ley, el Creador, el dispensador, el destino, los *karmas* anteriores y el Señor son nombres diferentes del *karma*.»[5]

Ningún agente externo puede interferir en esta ley de la retribución. Joseph Campbell decía que, dada la centralidad del *karma*, el jainismo es una religión mecanicista.[6] Para el jainismo, los teísmos antropomórficos son insatisfactorios y denotan una sospechosa arbitrariedad. Como escribió Max Weber, la solución formalmente más perfecta al problema de la teodicea* se la debemos a la doctrina del *karma* de la India.[7] Todo ser vivo es responsable de su situación en el mundo del *saṃsāra*, porque la particularidad de la ley, lo sabemos, es que el *karma* retribuye automática y mecánicamente. El *Sūtrakṛitāṅga* es explícito:

> «La condición dolorosa del espíritu ha sido producida por las acciones propias, y no por otra causa [destino, creador, azar o similares].»[8]

Sólo una buena comprensión acerca de cómo funciona esta mecánica permitirá poner los medios para detener el ciclo infinito del *saṃsāra*. El *nirvāṇa* es, en definitiva, liberarse del *saṃsāra*, liberarse del ciclo de existencias determinado por el *karma*. En otras palabras, el *nirvāṇa* es la liberación del *karma*.

* Para los monoteísmos, si todo es creación del Señor y el mal existe, o bien Dios es malévolo, lo que es insostenible, o debe existir otra causa que lo explique. El cristianismo inventó el "pecado" y el "diablo".

## CARACTERÍSTICAS GENERALES

Como hemos esbozado, la concepción jainista del *karma* se asemeja bastante a la de otros sistemas indios. Para el jainismo, el Vedānta o el Yoga, toda acción (*karma, kriyā*) deja una serie de trazos o latencias (*saṃskāras, vāsanās*) en la fisiología sutil del agente que algún tiempo más tarde madurarán (*phala*) en forma de una nueva vida. Estas latencias son responsables de multitud de aspectos de la nueva existencia.

Esto podría conducir a un determinismo estricto, del tipo ājīvaka, de no ser porque todos los sistemas consideran que buena parte de nuestras actuaciones pueden alterar las predisposiciones kármicas. Se puede *deshacer* lo que se ha hecho. La acción con conocimiento puede ser emancipadora. Se puede purificar, por medio de la ascesis, la meditación o la devoción, el lastre kármico. Los naipes vienen dados, pero el jugador es libre de combinar las cartas como quiera y es libre de descartarse de las que quiera.

Si bien el *karma* es estrictamente individual –ni dioses ni *bodhisattvas* pueden intervenir, como sucede en el hinduismo o en el budismo–, el jainismo contemporáneo acepta un *karma* colectivo, social y hasta nacional. El mejoramiento de la sociedad depende del mejoramiento de sus individuos, dice el Muni Nyāyavijayajī.[9]

Desde luego, el *karma* no es la única explicación a la que recurren los indios para explicar los sucesos y experiencias de los individuos. Además del *karma*, también actúan las conjunciones planetarias –cardinales en articular los importantísimos conceptos de momento auspicioso (*śubha, maṅgala*) y momento inauspicioso (*aśubha*)–, la brujería, la acción de espíritus malignos y hasta el mal de ojo. Algunas de estas explicaciones están en flagrante contradicción entre sí, pero eso no preocupa demasiado a los indios. Por otro lado, los astrólogos kármicos se encargarán de mostrar la armonía entre las horas siderales y el *karma*, llegando incluso a leer el *karma* a partir de las conjunciones y relaciones planetarias. Christopher Fuller ha mostrado que la teoría del *karma* goza de menor reputación entre las tradiciones populares –pues tiende a legitimar a ciertos individuos con una élite sociorreligiosa–,[10] pero, en último término, es la más arraigada, la escrituralmente validada y la que permite reconciliar hipótesis incompatibles y aparentemente incoherentes.

## MÉRITO Y DEMÉRITO

Obviamente, no todas las acciones poseen el mismo valor o alcance. Existen acciones meritorias (*puṅya*) o demeritorias (*pāpa*). Dar agua al sediento es una acción meritoria, lo mismo que hablar con delicadeza, dar alimentos a los ascetas o cobijar a los necesitados. Matar vidas es algo demeritorio, lo mismo que odiar, mentir o robar. El arquetipo de acción meritoria es la no-violencia –compasión, respeto, generosidad, cuidado–; el de la demeritoria es la violencia –odio, avaricia, agresividad–. Los tratados jainistas no cesan de enumerar los tipos de acciones y sus efectos según la ley kármica. Un nacimiento como humano ya es en sí mismo una recompensa al mérito. La belleza, la fortaleza o la felicidad son consecuencias del mérito. La retribución más elevada es el nacimiento como divinidad.

Esto tiene una implicación fortísima para los individuos. Con buenas acciones uno se está labrando un cómputo general meritorio que llevará a renacimientos elevados, mientras que las acciones malignas condicionarán renacimientos bajos. De ahí el componente altamente ético del jainismo o las religiones índicas. Para el laico es el mérito o el demérito lo que cuenta, porque con ello se está labrando la futura existencia. A aquel laico que tenga confianza en el jainismo, conocimiento de sus principios fundamentales, sea caritativo con *fuentes de mérito* –como los ascetas–, que se guíe por las Tres Joyas, etcétera, se le promete que tras disfrutar de los cielos de Indra durante varios eones, y tras renacer nuevamente como humano dotado de todo tipo de virtudes, conquistará la liberación en ocho nacimientos humanos.[11]

La formulación de un tipo de acción meritoria y otra demeritoria –formulación desconocida para el jainismo más antiguo–, sólo tiene sentido cuando una gran masa de laicos ha entrado a formar parte de la comunidad. El hecho va inevitable y coherentemente ligado a toda una mitología y cosmología repleta de cielos e infiernos. En el jainismo, la labor de introducir estos conceptos la debemos también a Umāsvāti, que con ello hacía igualmente compatible la actividad de los laicos con una senda de progreso espiritual. Para muchos laicos su religión es fundamentalmente una cuestión de generar "buen *karma*" y asegurarse un buen renacimiento. Los paralelismos con el budismo y el hinduismo son claros.

De hecho, hay que decir que para la mayoría de indios el valor de la ley del *karma* no reside tanto en su explicación racional de la diversidad, como en este valor ético y, en menor medida, soteriológico. Es más, a casi nadie le importa indagar demasiado en los mecanismos y las implicaciones de la cuestión. Es un axioma apriorístico. Es uno de los puntos de referencia fundamentales de la tradición en su totalidad –no una mera especulación de los filósofos–. No se mira de probar si la "ley" es empíricamente demostrable o no. Se da por sentado.

El *karma* no pretende, pues, explicar únicamente nuestra situación, ni el *karma* es meramente una solución a la teodicea. El recurso a otros agentes –brujería, conjunciones planetarias, etc.– demuestra que, a los ojos de la gente, el *karma* no es únicamente una explicación racional, sino una forma de referirse –y la más aceptada y aprobada por los maestros– a un "orden" moral y cósmico superior. De lo que se trata, desde el punto de vista del laico, no es de saber el por qué estamos atrapados, sino en delimitar cómo actuar, cómo realizar el bien. No se trata de catalogar las vidas pasadas, tal y como algunas prácticas espirituales *new age* de hoy abogan; eso sería considerado una distracción, una pérdida de tiempo y energía preciosos.[12] El *karma* apremia a actuar meritoriamente, a purificar el espíritu del mal y del apego. Cultivando la conducta apropiada los efectos de acciones pasadas pueden mitigarse y, eventualmente, eliminarse. Por este motivo algunos tratados incluyeron formalmente la acción meritoria (*puṅya*) y la acción demeritoria (*pāpa*) como dos más de los principios fundamentales del jainismo (*tattvas*).[13]

Una vez ha quedado claro el impacto ético de la doctrina sobre las personas, lo que nos interesa destacar en este capítulo es el mecanismo del *karma* según los teóricos jainistas: su explicación a la situación de atadura.

Y lo primero que se desprende es que, sea el cómputo elevado o bajo, meritorio o demeritorio, toda acción lleva a un renacimiento. El mérito no conduce a la liberación, sino a un renacimiento mejor. Así lo dice Kundakunda:

> «Un grillete hecho de oro ata a una persona tan bien como otro hecho de acero. De forma similar, las acciones [*karmas*], sean buenas o malas, [ambas] atan al *jīva*.»[14]

Aunque con la acción meritoria el futuro se presenta más halagüeño, la simple conducta virtuosa nunca podría conducir a la liberación. Insisto en que no interesa recalar ahora en las implicaciones morales de la acción, sino en su aspecto metafísico. Y aquí el jainismo es tajante en afirmar que toda acción intencionada portará su fruto que nos devolverá al *saṃsāra*. Está claro que la doctrina del *karma*, más que explicar la situación de las personas y más que ofrecer un patrón de comportamiento, fue formulada para deconstruir el mundo. La formulación de una ley de dependencia causal no tiene sentido sin la proclama de una salida del enjambre de causas-efectos, sin la proclamación de la posibilidad de *realización* de lo incondicionado (*nirvāṇa*, *mokṣa*). No extrañará, pues, que la idea surgiera de los círculos de renunciantes, brahmánicos o shramánicos, cuyo objetivo era escapar de la contingencia, la causalidad y la temporalidad. Ni es por azar que la primera mención del *karma* tomara la forma de una doctrina secreta que el sabio Yājñavalkya revela a su pupilo en el corazón del bosque.

## EL INFLUJO DEL *KARMA*

Estas ideas son compartidas por otras soteriologías hindúes. Pero si los hinduistas consideran al *karma* como un poder trascendente e invisible, que acompaña los niveles burdos y sutiles del agente a modo de un substrato moral, los jainistas son los únicos en afirmar que este poder es *material* en su sentido literal. Para el hinduismo o el budismo el *karma* es informe (*amūrta*). Para el jainismo el *karma* tiene una forma específica. Por ello se le llama materia kármica (*kārmaṇa-pudgala*). Al estar compuesto por átomos materiales, el *karma* es uno más de los componentes del *ajīva*, de lo no-espiritual. Todo eso no ha de interpretarse metafóricamente. La cosa va como sigue.

Para el jainismo la materia kármica pulula libremente por todo el universo, como si de polvo interestelar se tratara. Este polvillo es indiferenciado y sólo se convierte en un tipo de *karma* preciso cuando interactúa con una mónada espiritual. Cuando el espíritu actúa, las partículas kármicas que lo rodean se infiltran en él automáticamente. Eso es lo que se llama influjo (*āśrava*).

El *karma*, pues, no sólo posee una dimensión moral, sino una implicación física. *Karma* es la acción cometida y *karma* es la materia que se adhiere al agente. Los dos sentidos de la palabra son inseparables. Lo que antes era polvo kármico se convierte ahora en *karma*, substancia física, adherida al espíritu.

Se dice que cuando la materia kármica indiferenciada se liga al espíritu produce una vibración (*yoga*) en la cualidad energética del espíritu. Este *yoga* permite el influjo del *karma*. Umāsvāti resume la posición clásica:

> «La operación del cuerpo, el habla y la mente es acción [*yoga*].
> La triple acción es la causa del influjo [*āśrava*] de *karma*.»[15]

El concepto de influjo o *āśrava* es uno de los más importantes del jainismo. Forma, nada más y nada menos, que el tercer principio fundamental (*tattva*), después de la realidad de los *jīvas* y del *ajīva*. El influjo es como un agujero a través del cual el líquido o polvo kármico penetra; como un imán para la materia kármica pululante. O como gustan de decir los maestros jainistas, el *jīva* es como un barco a la zozobra que posee innumerables brechas (*āśravas*) de agua kármica que tendrán que ser cerradas por la práctica espiritual correcta. Al penetrar en el espíritu, la materia sutil resultante de la acción se convierte en un tipo de *karma* preciso –según la naturaleza de la acción–. Una vez adherido al espíritu, el *karma* se separa en determinado número de partículas (*karma-prakṛitis*), cada una con efectos distintos sobre el *jīva*. Lo veremos.

## LA ACCIÓN ININTENCIONADA

Resaltemos que tales vibraciones de la energía del espíritu corresponden a las actividades realizadas por el individuo a través del cuerpo, el habla y el pensamiento. Esto es fundamental. La acción no sólo puede ser física; también dialéctica o mental. En último término: volicional.

Si de la acción no sólo cuenta el acto en sí, sino también el pensamiento y la intención –hasta el punto que son las intenciones las que se consideran *karmas*–, la cuestión plantea un problema: ¿qué sucede con las acciones causadas por error, sin intención? La respuesta de Mahāvīra y de todo el jainismo antiguo es que aún siendo inintencionadas, las acciones demeritorias no dejan de serlo.[16] Ninguna acción escapa a la ley del *karma*. La ausencia de mala intención no absuelve. Todavía un texto como el *Daśavaikālika-sūtra* insiste en que la acción descuidada, sea intencionada o no, comporta la atadura del espíritu.[17] Quizá la intensidad del *karma* y su duración sean menores pero no por ello deja de "infectar" al espíritu. No obstante, esta posición tenía que modificarse si el jainismo quería prosperar, no ya entre laicos, sino incluso entre renunciantes. De modo que los filósofos posteriores fueron más suaves. El *Vyākhyā-prajñāpti* comenta que las acciones demeritorias involuntarias de los ascetas en sus labores espirituales se liberan en un período de tiempo mínimo y, por tanto, ya no tienen efecto.[18] Finalmente, con Kundakunda nos acercamos a la posición clásica:

> «Un minúsculo organismo puede morir pisoteado bajo los pies de un asceta de movimientos controlados. Sin embargo, según las Escrituras, puesto que no ha habido apego ni odio, no se crea ningún tipo de atadura.»[19]

El énfasis se pone en el estado (*bhāva*) en el que se actúa, no en la acción física en sí. Por tanto, aquel asceta que mantenga su pureza interna, reflejada externamente en la adhesión a las reglas monásticas, está libre de toda violencia y de sus efectos.

En los siglos que van de Mahāvīra a Kundakunda el jainismo ha realizado un cambio en la misma dirección que el budismo –posiblemente en vanguardia–: la cualidad kármica de un acto se decide por la intención y el estado interno que acompaña al acto, y no por éste en sí mismo. La cosa era lógica. El jainismo antiguo está próximo al ideal de un asceta sobrehumano, absolutamente desligado del mundo y concentrado en el cuidado y el control permanente de sus actos. Pero un modelo tal no podría ser muy popular y dependería siempre de factores, circunstancias y accidentes ajenos al control del asceta. Kundakunda es quien da el paso definitivo al afirmar que, una vez el asceta *realiza* su propia naturaleza espiritual, ya no puede estar sujeto a la atadura, puesto que sólo es conocimiento (*jñāna*), todo es conocimiento.[20] Como veremos más adelante, las implicaciones de las posiciones de Kundakunda son más profundas de lo que parecen a primera vista.

## LAS FUENTES DEL *KARMA*

¿Cuáles son las fuentes de estos *karmas*?, ¿todas las acciones?, ¿alguna en particular? Hablando con propiedad el polvo se infiltra por toda actividad (*yoga*), cualquiera que sea. No obstante, en el *Tattvārtha-sūtra* Umāsvāti diferencia entre la actividad acompañada de pasiones (*kaṣayās*), que produce influjo kármico, y la actividad libre de pasiones, que, si bien produce influjo, el *karma* resultante no tiene efecto en el ciclo de transmigraciones. Esto es una innovación de Umāsvāti.

El filósofo menciona cinco tipos de actividades, cinco "puertas" que favorecen la entrada de materia kármica en el espíritu.[21] La primera es la falsa creencia (*mithyātva*), que viene a significar la creencia en doctrinas erróneas. La segunda es la falta de autodisciplina (*avirati*), que ha de interpretarse como el apego a las cosas de este mundo: a los manjares, los placeres sexuales, las joyas y otros objetos materiales. Cuanto más indulgente se es con estos objetos más materia kármica se infiltra y adosa al *jīva*. La tercera es la laxitud (*pramāda*), que es la debilidad moral y la falta de atención. La acción violenta es realmente aquélla cometida por negligencia y descuido. De ahí la meticulosidad de los ascetas cuando caminan, hablan, hacen sus necesidades, etc. La cuarta, e indudablemente la que tiene mayor peso, está formada por las actividades pasionales en sí (*kaṣāyas*). Para Umāsvāti es la *pasión* la clave de la atadura. El término *kaṣāya* significa literalmente "ligazón" –lo que *liga* al *jīva* a este mundo–, con el sentido implícito de pasión. –Equivale a los *kleśas* del budismo o del hinduismo.– Por pasiones los jainas entienden todo tipo de deseo (*rāga*) u odio (*dveṣa*), normalmente expresados bajo la forma de cuatro actividades pasionales muy fuertes: rabia (*krodha*), orgullo (*māna*), engaño (*māyā*) y codicia (*lobha*).[22] La actividad pasional no es sino la expresión de la sensación de ser un "yo", un ego, un agente que desea, que precisa de las cosas, la raíz misma de la ignorancia. De ahí la importancia en dominarla. Hasta tal punto las pasiones son cardinales que Umāsvāti redefine la violencia (*hiṃsā*) como la destrucción de vida a causa de la pasión.[23] La quinta actividad a través de la cual se infiltra la materia kármica es la mencionada actividad (*yoga*) o unión mental, corporal o verbal con las cosas mundanales. Si el *yoga* es la verdadera "puerta", las pasiones, las falsas creencias, la indisciplina y la laxitud son las actitudes que permiten que ese polvo se adhiera y ate al espíritu. Un espíritu caracterizado por estas actividades es como un cuerpo viscoso al que la materia kármica correspondiente va a adherirse. Sólo el ardor del ascetismo podrá quemarla y podrá secar la viscosidad.

La tarea sistematizadora de Umāsvāti ha operado un cambio en la noción *karma*. Todo el énfasis del jainismo antiguo en la acción física, en la acción externa, se desvía e interioriza. Con Umāsvāti es la carga volicional de la pasión lo que nos ata. Esto es novedoso, porque, si bien la acción desapasionada, la acción no-violenta, es la acción de los ascetas por antonomasia, si lo que verdaderamente cuenta es el estado de ánimo, la intención y la desapasión, la condición del laico resulta menos problemática. La doctrina se ajusta mejor a las necesidades de los laicos, quienes pueden proseguir con sus actividades sin que éstas necesariamente conlleven violencia y pasión. Para William Johnson la importancia de la doctrina del *kaṣayā* de Umāsvāti radica en que proporciona un marco adecuado para la conducta laica cotidiana.[24] O dicho de otra forma: consolida un marco racional para que la vía ascética y la vía laica puedan justificarse sin anularse mutuamente.

Sin embargo, la concepción materialista del *karma* plantea un problema de difícil solución. Kundakunda se pregunta: ¿cómo algo inmaterial como el *jīva* puede interactuar con algo material como el *karma*?[25] Un problema similar aparece en la filosofía Sāṃkhya. La única respuesta es que tal asociación puede inferirse por la experiencia real de atadura en la que nos encontramos,[26] y porque cientos de omniscientes así lo han proclamado. No obstante, Kundakunda lo enfoca desde otro ángulo. Y llega a la conclusión de que existe un *karma* material externo (*dravya-karma*) y un *karma* inmaterial interior (*bhāva-karma*), una modificación en la conciencia del *jīva*. A través de ciertas actitudes (*bhāvas*) el *jīva* "invita" a infiltrarse a la materia kármica. Es el estado interno del *jīva* la clave de la atadura. Es el *jīva* quien, en último término, crea el *saṃsāra* a través de sus estados de conciencia (*bhāvas, upayoga*) impuros, negativos. Según el punto de vista convencional (*vyavahāra-naya*), el *jīva* es la causa que produce y modifica la materia kármica; mientras que desde el punto de vista superior (*niścaya-naya*), el *jīva* es el agente que produce modificaciones y transformaciones en su propia conciencia.[27] Desde el plano superior no hay contacto entre el *jīva* y el *karma,* sino que el *karma* simplemente se infiltra en el mismo lugar ocupado por el *jīva*. En suma: siendo pura conciencia, el *jīva* no puede transformar la materia, pero se concede que el *jīva* empírico e impuro sea capaz de modificar su conciencia bajo la influencia de la materia kármica. Como tendremos ocasión de ver, esta aseveración tiene implicaciones importantes en la soteriología [véanse págs. 519-523].

## LA ATADURA DEL ESPÍRITU

Una vez las actividades pasionales –o los estados mentales pertinentes, si seguimos a Kundakunda– han producido el influjo kármico (*āśrava*), atan (*bandha*) al *jīva* irremisiblemente, como el lastre que impide subir al globo. El estado de atadura, servidumbre y sujeción del *jīva* es *bandha*. Por su naturaleza ultra-ligera, siguiendo la ley de su propia ingravidez, el *jīva* tiene tendencia a elevarse. Por desgracia, toda la pureza del espíritu queda literalmente contaminada por la materia kármica a la que se ha adherido, debido a la ignorancia y al desconocimiento que nos impele a actuar egoica y pasionalmente. El resultado es una porción de eternidad, el *jīva*, aprisionada en la red de la materia. La meta del jainista será cortar con esas limitaciones causadas por lo material de forma que el *jīva* coincida con su naturaleza omnisciente potencial. Mientras no sea liberado, el espíritu está inevitablemente sujeto a las leyes del nacimiento y la muerte, el placer y el dolor. La atadura (*bandha*) del espíritu a la materia constituye el cuarto principio fundamental (*tattva*) promulgado por el jainismo. Como se desprende, *āśrava* y *bandha*, el influjo y la atadura, están inextricablemente ligados entre sí.

Una vez ha madurado, cual fruto, el *karma* se extingue (*nirjarā*) y regresa al magma de polvo indiferenciado hasta que las acciones pasionales de otro ser lo coagulen de nuevo y lo asocien a otra mónada. Proclama el *Sarvārthasiddhi*, el más importante comentario del *Tattvārtha-sūtra*:

> «El espíritu ha tomado y se ha librado sucesivamente de cada partícula de materia [kármica] del universo.»[28]

Se entenderá que todo el edificio soteriológico jainista tenga que ver con la manera cómo impedir que más *karma* se infiltre en la mónada o cómo rechazar el ya acumulado. Pero de la salida del atolladero hablaremos más tarde [véase capítulo 32]. De momento, ciñámonos a los mecanismos del *karma*.

# LA FISIOLOGÍA SUTIL

¿Cómo se adhiere el *karma* al espíritu?, ¿cómo puede producir su efecto en vidas posteriores?, ¿dónde se aloja esta materia extremadamente fina? Para contestar a estas cuestiones hay que atacar la fisiología sutil de los seres. He aquí la verdadera conexión entre el espíritu y la materia.

Los jainistas piensan que todo ser vivo está compuesto por diferentes cuerpos superpuestos. Generalmente se habla de cinco.

Por un lado, tenemos el cuerpo físico ordinario (*audārika-śarīra*), determinado por un tipo particular de *karmas* que regulan la constitución, el tamaño, el sexo, etc.

Luego, tenemos el llamado cuerpo de transformación (*vaikriyā-śarīra*) o cuerpo metamórfico. Este cuerpo, compuesto de materia muy fina, puede ir cambiando de dimensiones y explica el carácter "milagroso" de ciertos seres. Es un cuerpo que sólo existe en las divinidades, los seres infernales, determinados animales y entre ciertos humanos muy elevados espiritualmente.

El siguiente cuerpo es el llamado de transferencia (*āhāraka-śarīra*). Permite al espíritu obrar "a distancia" del cuerpo físico. Es un cuerpo sutil creado sólo durante unos instantes por los ascetas más avanzados y que les permite, por ejemplo, ir a consultar astralmente a los omniscientes sobre puntos difíciles de la enseñanza, mientras su cuerpo material permanece en el lugar original.

El cuarto cuerpo posible es el cuerpo energético (*taijasa-śarīra*), compuesto de materia ígnea. Es responsable de la temperatura vital del ser. Entre otras cosas, también sirve para digerir los alimentos.

Finalmente, tenemos al cuerpo sutil fundamental para entender el mecanismo de la transmigración: el cuerpo kármico (*kārmaṇa-śarīra*), constituido por el total de materia kármica asociada al espíritu atado. Este cuerpo que almacena el *karma* es el vehículo que acompañará al espíritu en sus transmigraciones. Está transformándose constantemente debido a que con toda acción más *karma* viene a modificarlo.

Cada uno de estos cinco cuerpos es más sutil que el precedente pero a la vez más denso –compuesto por más partículas–. Todos los espíritus no liberados poseen el cuarto y quinto cuerpos, con los que han estado asociados desde tiempos inmemoriales.[29] Además, pueden poseer uno o dos de los otros cuerpos.

La idea de un cuerpo material que envuelve otros energéticos y sutiles, aunque formulada de otro modo, existe también en la filosofía Vedānta. Se trata de la famosa teoría de las cinco envolturas (*kośas*), mencionada ya en un texto tan antiguo como la *Taittirīya-upaniṣad*.[30]

## LAS SOMBRAS

Otra forma muy gráfica de ilustrar el influjo de materia kármica en la "habitación" ocupada e iluminada por la "llama" del espíritu, es la teoría de las sombras (*leśyās*) o coloración espiritual del *jīva*.

Para los jainistas, los actos colorean la materia y el espíritu como si de un tinte se tratara. Es decir, el *karma* que se infiltra viene teñido por el color correspondiente a la naturaleza del acto y teñirá de ese color el espíritu. Por tanto, el color del espíritu puede indicarnos su nivel de atadura al mundo, su nivel de pureza espiritual. El *Uttarādhyayana-sūtra* habla de seis colores.[31] Los espíritus que transitan en existencias infernales son negros, azules o grises. Los de los animales menores pueden poseer también el color amarillo. Los de los seres divinos son amarillos, rosa o blancos. Los de los humanos pueden poseer cualquiera de estos seis tintes o sombras.[32] La teoría es parecida a la de las auras o los halos y es casi idéntica a la teoría de las clases de humanos (*abhijātis*) de los ājīvikas [véanse págs. 128-129]. Posiblemente nos encontremos frente al precedente de la sofisticada teoría sāṃkhya de las cualidades (*guṇas*) de lo existente: claridad (*tattva*), energía (*rajas*) y oscuridad (*tamas*).

Una bella parábola dice que seis hombres se aproximaron a un manzano repleto de frutas. Los seis querían comer los frutos, pero encaramarse al árbol podría ser dañino para las múltiples vidas que lo habitaban. Uno –de tinte negro–, propuso talar el árbol. El segundo –de tinte índigo– planeó cortar las ramas más gruesas. El tercero –de tinte gris–, sólo las ramas pequeñas. El cuarto –de tinte naranja– pensó en las ramitas. El quinto –de tinte rosa–, ya sólo en los frutos. El sexto –de tinte blanco–, únicamente en aquellas manzanas maduras que hubieran caído al suelo. La parábola anticipa el ecologismo moderno en muchos siglos, a la luz de la teoría jainista de la *ahiṃsā*. Cada hombre representa un estado de espíritu particular, del más bajo al más elevado. En consecuencia, cada uno está teñido de la *leśyā* pertinente [ver FIG. 45]. El omnisciente (*kevalin*), quien por cierto puede captar las auras de los demás, posee la *leśyā* blanca; pero el liberado (*siddha*) ya no posee tinte alguno.

## LAS VARIEDADES DE *KARMA*

Desde Umāsvāti, Kundakunda o Nemicandra, un gran número de sabios jainistas se ha preocupado por explicar los mecanismos y las variedades de *karma*. Más tarde, una serie de tratados muy técnicos y que conforman una rama de pensamiento autónoma, los *Karmagranthas*, se han dedicado a clasificar y exponer con meticulosidad las distintas variedades de acciones y sus inevitables consecuencias. Forman, a su vez, una característica distintiva de la filosofía jainista. Gracias a ellos, la teoría del *karma* de los jainistas está muchísimo más elaborada y sistematizada que las equivalentes hinduista o budista. Entre los śvetāmbaras, el *Pañca-saṃgraha* de Candra Ṛiṣi y el *Karmagrantha* de Devendra Sūri (siglos XIII/XIV) son los más importantes. Entre los digambaras, la mayor parte de enseñanzas acerca del *karma* se encuentra en sus venerados *Saṭkhaṇḍāgama* y *Kaṣāyaprābhṛita*.

Las clasificaciones de *karmas* son importantes para el jaina porque ahí se explica qué acto genera y acarrea qué consecuencia. No obstante, no hay que tomar las listas al pie de la letra en exceso, so pena de caer en un determinismo del que el jainismo siempre ha abominado. Un determinismo estricto eliminaría de un plumazo todo el edificio soteriológico jainista. Según el jainismo, el *karma* establece las condiciones y posibilidades de la vida de un individuo pero no es responsable de cada evento y derrotero que pueda cometer o le pueda suceder a dicho individuo.

Normalmente, los *Karmagranthas* tienen en consideración cuatro aspectos de los *karmas*, o cuatro formas de considerar la atadura –siempre de la existencia humana, que es la soteriológicamente relevante–. Por un lado, puede considerarse según la intensidad (*anubhava*) con que la materia kármica se ata al espíritu. En segundo lugar, según el número de partículas (*pradeśas*) que se adhieran. Obviamente, el grado de materia kármica que se infiltra dependerá del grado de intensidad de la acción y, cosa importante, también dependerá del estado mental en el momento de la asimilación. Cuanto más intensa sea la acción o la pasión, más compacta será la materia kármica infiltrada. En tercer lugar, consideran la duración (*sthiti*) que este lastre necesita para afectar a la mónada y la duración de los efectos. Determinadas partículas kármicas pueden producir sus frutos en seguida, al cabo de 48 minutos, y durar sólo unas fracciones de segundo, mientras que otras pueden mantenerse latentes durante períodos de tiempo larguísimos, hasta casi todo un ciclo cósmico, pero a su debido momento, aportarán su consecuencia. Finalmente, los teóricos consideran la naturaleza (*prakṛiti*) del *karma*. No entraremos aquí en consideraciones acerca de los tres primeros aspectos y sólo vamos a centrarnos en las distintas naturalezas de *karma*, que es lo más significativo para comprender la cuestión.

Cuando la materia kármica entra en contacto o asociación con el espíritu se transforma en dos categorías de *karmas*. Por un lado, tenemos los *karmas* destructivos (*ghātiyās*) o que tienen un efecto negativo sobre las cualidades del espíritu. Por el otro, tenemos los *karmas* neutros (*aghātiyās*), responsables de determinadas condiciones en la transmigración. Estas dos categorías de *karmas* se subdividen en cuatro clases cada una.

Dentro de los destructivos, tenemos a: 1) los *karmas* que oscurecen la percepción (*darśanāvaraṇīya*); 2) los que oscurecen el conocimiento (*jñānāvaraṇīya*); 3) los que oscurecen la energía (*vīryāntarāya*); y 4) los que contaminan la dicha (*mohanīya*). Dentro de los neutros, tenemos a: 5) los que determinan los tipos de cuerpos (*nāma*); 6) los que determinan la situación social-familiar (*gotra*); 7) los que tienen que ver con el placer y el dolor de la experiencia mundana (*vedanīya*); y 8) los que determinan la longevidad (*āyus*).

De forma muy meticulosa y un tanto tediosa los *Karmagranthas* ofrecen todo tipo de explicaciones técnicas acerca de los detalles en la absorción de *karma*. Cuando una partícula de *karma* es absorbida por el *jīva* y alojada en su cuerpo kármico se divide automáticamente, y en proporciones concretas, en cada una de las ocho variedades de *karma*. Según la aritmética kármica, la mayor parte del *karma* irá a parar a los que tienen que ver con el placer y el dolor de la experiencia mundana (*vedanīya*), y la menor a los que otorgan la longevidad (*āyus*). El *karma* todavía se divide en 148 subvariedades de cada uno de estos ocho tipos de *karmas*. La contabilidad kármica puede ser muy confusa si nos referimos en exceso a las 148 subvariedades de *karma*, por lo que aquí seremos más concisos y tocaremos los ocho *karmas* principales.

## *KARMAS* DESTRUCTIVOS

El primer tipo de *karmas* oscurece la capacidad de percepción o visión del espíritu (*darśanāvaraṇīya*). Concretamente actúan sobre los tipos de percepción sensorial y empírica (*mati-jñāna*) y sobre la percepción articulada (*śruta-jñāna*).

La segunda variedad de *karmas* (*jñānāvaraṇīya*) viene a complementar a la anterior, oscureciendo las otras tres formas de conocimiento y conciencia aceptadas por los jainistas. Actúan sobre el conocimiento sobrenatural limitado (*avadhi-jñāna*), sobre la telepatía (*manaḥparyaya-jñāna*) y sobre el conocimiento último y superior (*kevala-jñāna*).

Estas dos variedades de *karmas* destructivos tienen que ver con la forma de comprender el mundo. Una persona afectada por estos dos tipos de *karmas* –y todos lo estamos, en mayor o menor medida– tiene la percepción y el conocimiento completamente ofuscados. Se encuentra en la absoluta heterodoxia o difícilmente podrá tener confianza en el jainismo. Será necesario un arduo trabajo de introspección, que el jainismo denomina correcta visión (*samyak-darśana*), para poder abrir los ojos y destruir estas variedades kármicas.

El tercer tipo de *karmas* se llama ilustrativamente obstáculo (*antarāya*) de la energía (*vīrya*) del espíritu. Lo debilitan. La alteración de la cualidad energética del espíritu produce una vibración (*yoga*) que, a su vez, atraerá más materia kármica. En general, estos *karmas* suelen tomar la forma de un freno a donar, una incapacidad para obtener o disfrutar de las cosas, y hacerlo repetidamente.

El cuarto tipo de *karmas* negativos es el más importante y difícil de conquistar. Estos *karmas* contaminan de tal modo la dicha del espíritu, que éste se ve alterado por la máxima confusión y las pasiones más hondas. Toda la estructura de la atadura kármica se fundamenta en estos *karmas* "engañosos" (*mohanīya*), ya que su destrucción permite la eliminación del resto de variedades de *karma*.

Dentro de esta categoría tenemos *karmas*, parecidos a los *darśanāvaraṇīya*, que impiden el conocimiento de la verdad religiosa que es inherente a todo *jīva* por disposición natural.[33] Un espíritu infectado por este tipo de *karmas* tiene la particularidad de ver las cosas de forma diferente de como son.[34] Los eternalistas o aniquilacionistas son buen ejemplo. También los escépticos y los nihilistas; y los estúpidos que creen en los sacrificios de animales o los que piensan que existe un Dios que otorga y castiga.

Otro tipo de *karmas* que entran en esta categoría, posiblemente los más importantes de todos, son los que entorpecen la conducta. Estos *karmas* generan las pasiones y deseos del ser humano –y son producidos naturalmente por las acciones pasionales y apegadas–. Se habla de dieciséis pasiones (*kaṣāyas*) como las ya mencionadas del odio, el orgullo, el engaño o la codicia. Otras pasiones menores que entran en esta categoría son el placer de los sentidos, el no-placer por los sentidos, la risa, la tristeza, el miedo, el apetito sexual, etc. Estos *karmas* influyen muy directamente en el tipo de nacimiento futuro [véase más adelante].

Aun cuando alguien consiguiera dominar estos *karmas*, todavía existen otros, dentro de esta categoría, que oscurecerían sus tendencias positivas hacia la renuncia y la austeridad. Las formas pasionales más sutiles inducen a estadios de apatía y desidia, que no son sino otra forma de apego. Los *karmas* que los provocan son algunos de los más difíciles de superar. De hecho, ninguna de las otras influencias kármicas puede llegar a eliminarse mientras estos *karmas* que oscurecen la dicha permanezcan activos.

## *KARMAS* NEUTROS

Pasamos ya a la primera variedad de *karmas* neutros. Los llamados *nāma-karmas* son responsables de muchos aspectos del cuerpo de la nueva encarnación. Obviamente, su función dependerá de la presencia y la cantidad de los *karmas* negativos, de modo que actúan de forma más "mecánica" para construir el nuevo destino. Influidos, pues, por los anteriores, los *nāma-karmas* determinarán: el destino (*gati*) del espíritu –como divinidad, humano, animal o ser infernal–; su nacimiento dentro de uno de estos destinos –como un elefante, un músico celestial, un musgo, etc.–; con un cuerpo físico con características específicas de tamaño, forma, sexo, constitución, etc., además de características de los otros cuerpos sutiles. Los *Karmagranthas* hablan de 93 subdivisiones de este *karma*, algunas tan curiosas como el *karma* que produce que el torso por encima del ombligo sea bello, o el *karma* que otorga el honor y la gloria, o el que hace que alguien sea poco simpático, o aquel que causa que el *jīva*, una vez muere, vaya al lugar correcto de su nueva encarnación. La más importante subvariedad es el *karma* que formará un cuerpo de *tīrthaṅkara*, un tipo de *nāma-karma* extremadamente raro y que está ligado a multitud de circunstancias excepcionales de vidas anteriores.

El sexto tipo de *karma* determinará la predisposición al nacimiento en una familia de linaje (*gotra*) noble o innoble, así como la fortaleza física, el esplendor, la santidad o la erudición –lo mismo que sus opuestos–.

Los *vedanīya-karmas* son los responsables de los sentimientos de felicidad o infelicidad o los sentimientos de placer y dolor ante las circunstancias de la vida. En los animales y criaturas de los infiernos predominan los sentimientos desagradables; en los dioses –y en menor medida, en los humanos– dominan los agradables.

Finalmente, el *āyus-karma* determinará la duración de la vida del *jīva* en su próxima encarnación. Hablando con propiedad, determinará cierta cantidad de vida,[35] pues estamos hablando de partículas materiales, y no de un lapso temporal. Lo bueno que se dice del *āyus-karma* es que, a diferencia de los demás, se "pega" al espíritu en el último tercio de la vida de una persona y nunca se arrastra de otras existencias.[36] La implicación es clara. Por la buena conducta, un jainista puede determinar, en parte, y al final de su vida, el *karma* de la longevidad de la próxima vida. No obstante, la doctrina es un tanto fatalista, pues implica que la cantidad de vida de esta existencia viene determinada por las últimas fases de la anterior. Como otras religiones índicas, el jainismo considera que el estado mental y espiritual en el momento de la muerte es particularmente importante [véase pág. 500].

## LA ENCARNACIÓN

En el momento de la muerte física, los *karmas* adosados al espíritu habrán determinado en buena medida las condiciones de la futura encarnación. Nadie puede predecir de qué tipo será, pues la aritmética kármica es indescifrable e imprevisible. Pero sí conocemos los mecanismos. Y el cómputo de calidad, cantidad, duración e intesidad de los ocho –o 148– tipos de *karmas*, se inscribe perfectamente en el cuerpo kármico y el cuerpo energético, como si de un código genético se tratara. Durante el momento infinitesimal en que el espíritu deja el cuerpo físico sólo está ligado a estos dos cuerpos sutiles. Se dice que al extinguirse la última porción de cantidad de vida (*āyus*) el ingrávido *jīva* vuela a increíble rapidez hasta que el lastre, la densidad y la gravedad de los millones de *karmas* lo sitúan, vía el cuerpo kármico, en la nueva encarnación. Y, como resume Walther Schubring, entra en la nueva vida como un todo, real, independiente, por su propia responsabilidad y a través de su propio *karma*, por la fuerza de las acciones meritorias, las demeritorias y las mixtas.[37] Esta instantaneidad –no más de cuatro *samayas*– entre una existencia y otra ha permitido a los jainistas obviar toda suerte de especulaciones, habituales entre hinduistas y budistas, acerca de lo que sucede a la entidad que transmigra en el estadio intermedio entre una encarnación y otra. Igualmente, ningún tipo de ritual mortuorio, del estilo del funeral (*antyeṣṭi*) y las ofrendas a los fallecidos (*śrāddhas*) de los hinduistas, es necesario para facilitar la transición. El *Sūtrakṛitāṅga* dice que el *jīva* se sitúa en el útero preciso y, nutriéndose del semen paterno y la sangre menstrual materna, comienza a construir su nuevo cuerpo en el útero materno.[38] Aquí el jainismo se distingue nuevamente del hinduismo o del budismo. Para estos sistemas el problema de la transmigración –nuestra atadura terrenal– es fundamentalmente de carácter epistemológico. El problema es la ignorancia (*avidyā*) de nuestra verdadera realidad o esencia. Para el jainismo clásico el apego al mundo es, *además*, de carácter ontológico. El *karma* es un lastre físico adherido al espíritu, una prisión corporal. Los *jīvas* son seres vivos con cuerpos porque han actuado, hablado, deseado o pensado. Se han cargado de materia y, según hayan sido sus actos, su renacimiento será de un tipo u otro. Un organismo no es más que la manifestación externa, formada por varios cuerpos materiales y sutiles superpuestos, de toda una serie de deseos, apegos, emociones, intenciones o pensamientos de vidas anteriores.

# *Parte XI*

# La práctica

En Occidente, las palabras "creencia" o "fe" suelen ser sinónimos de "religión". A uno le preguntan: ¿cree en Dios? Según la respuesta, le catalogarán de creyente, de ateo o de inefable agnóstico. En la India, estas cosas funcionan de forma algo distinta. Pocas personas se adhieren sólo *nominalmente* a una tradición religiosa. Un jainista no sólo es aquel hijo de padre y madre de casta jainista y/o aquel que cree en las verdades del jainismo. Ante todo, un jainista es alguien que sigue unas pautas y recomendaciones que lo distinguen; es alguien que *practica* el jainismo. Las creencias y filiaciones van a remolque de las prácticas. Como la mayoría de tradiciones hindúes, la jainista consiste más en una ortopraxis que en una ortodoxia.[1] Hablando del hinduismo y la religiosidad índica en general, Frits Staal ha puesto un ejemplo muy gráfico: un hindú puede ser un teísta, un panteísta, un ateísta, un comunista y creer lo que le venga en gana, pero lo que le convierte en hindú son las prácticas rituales que lleva a cabo y las reglas a las que se adhiere; en breve, lo que *hace*.[2] Lo que los jainistas hacen, la ortopraxia jaina, constituye el contenido de esta Parte. Teniendo en consideración lo dicho, puedo afirmar que ésta es la sección más importante de todo el libro.

Aunque existen diferencias entre digambaras y śvetāmbaras en lo que respecta a las recomendaciones rituales y sus formas de ejecución, conceptualmente puede definirse con claridad un conjunto de pautas. Aquél que las siga, puede ser considerado un jainista *de hecho*, aunque, hay que insistir, este tipo de consideraciones no tienen demasiada importancia en el Sur de Asia. Las he agrupado en las diez siguientes:

1) Culto a los *tīrthaṅkaras* (*deva-pūja*).
2) Festivales y celebración de días sagrados (*utsava*).
3) Peregrinaciones (*yātrā*).
4) Generosidad (*dāna*).
5) Consagraciones y ritos de paso (*saṁskāras*).
6) Veneración a los maestros (*guru-upāsti, vandana*).
7) Confesiones (*pratikramaṇa*).
8) Ayunos (*pratyākhyāna, tapas*).
9) Estudio (*svādhyāya*).
10) Meditación (*sāmāyika*).

Muchas de estas recomendaciones, ampliamente seguidas por la mayoría de jainistas, están claramente interconectadas y suelen llevarse a cabo simultáneamente. Por ejemplo, cuando un laico acude a venerar a un maestro, también puede realizar su ritual de confesión; o a la inversa, cuando practica la meditación o se embarca en un ayuno, el ritual requiere una veneración al maestro.

Los ascetas siguen muchas de estas prácticas –ayunos, meditación, confesiones, etc.–, para ellos consideradas obligatorias (*āvaśyakas*), pero dado que su enfoque es algo distinto, y puesto que varias de ellas les son completamente ajenas –generosidad, consagraciones, festivales, etc.–, vamos a centrarnos fundamentalmente en la práctica religiosa de los laicos. No obstante, no perderemos nunca de vista el ideal ascético, ya que varias de estas prácticas establecen el nexo primordial del jainismo: la interrelación e intercambio entre laicos y ascetas.

¿Qué pretende el laico jainista siguiendo estas prácticas? Básicamente, aspira a adquirir mérito religioso (*puṇya*). Con un buen cómputo kármico se está labrando una futura existencia en un cielo (*deva-loka*) o en una Tierra de Gozo (*bhoga-bhūmi*), bien que ello contradiga el ideal ascético que propugna la destrucción de todo *karma*, que es el único medio de alcanzar la liberación. Parece como si el ideal de los laicos se alejara de la meta supramundana de la liberación (*mokṣa*), como si fueran incapaces de asimilarlo en su vida cotidiana. ¿Existen dos jainismos? nos preguntábamos en la Introducción.

Llegados aquí es conveniente realizar alguna reflexión. Se tiende a considerar el jainismo ascético de los monjes como la verdadera ortopraxia y el jainismo de los laicos como una forma menor y popular de jainismo; un jainismo de la "pequeña tradición" que dirían los antropólogos.[3] Esta percepción –por cierto, idéntica a la que se tiene del budismo–,[4] se debe, en parte, a que los expertos nunca entendieron cómo una vía ascética, cómo un camino puramente soteriológico, pudo convertirse en una "religión" en su sentido más amplio y convencional. Sólo una especie de concesión al espiritualismo popular, a lo que habría que sumar también las influencias de la cultura circundante –fundamentalmente hinduista–, podía explicar un hecho semejante. Ello resolvería, además, la aparente discordancia entre las prácticas y metas monásticas de las de los laicos.

Incuestionablemente, se han dado influencias del medio hinduista y han existido concesiones a las necesidades populares. De hecho, la total exclusión de los ascetas de la mayoría de rituales laicos cotidianos –culto a los *jinas*, ritos de paso, etc.– ha facilitado grandemente la acomodación de las prácticas con las del entorno. Empero, una explicación *únicamente* en estos términos parece coja. La divisoria entre unas prácticas monásticas y otras laicas no es tan clara como aparenta a simple vista. Las prácticas de los seglares no son concesiones a la plebe. Un estudio minucioso de las actividades religiosas de los laicos puede mostrar que los modelos ascéticos han penetrado sus prácticas. No se trata, ciertamente, de prácticas preparatorias para la renuncia, como a los ascetas les gustaría decir,* sino de prácticas acomodadas al medio indio del cual también forman parte y que están permanentemente alimentadas por los valores ascéticos propios del jainismo.

El modelo de progresión espiritual que tocaremos en la última Parte [véase capítulo 31] entiende que existe toda suerte de continuidad entre la práctica laica y la monástica. Y los tratados centrados en la disciplina de los laicos, los *Śrāvakācāras*, enseñan una senda de progresión para los laicos idéntica, bien que dulcificada, a la de los ascetas. Desde luego, no está del todo claro hasta qué punto las recomendaciones de estos tratados –escritos casi todos por ascetas medievales– han sido y son seguidas por los laicos, pero es indudable su influencia sobre el talante de la comunidad y sobre muchas de sus prácticas.

Igualmente, la acomodación al entorno no se hizo de forma indiscriminada. Recordemos al maestro Somadeva, aquel que postulaba un *dharma* dual para los laicos: primero, las prácticas mundanales (*laukika*); por encima, la senda ultramundana (*pāralaukika*) que conduce a la liberación. Aunque Somadeva aceptara las leyes o costumbres locales, condenó muchísimas de las prácticas del hinduismo: el culto al Sol, el ritual védico de conjunción (*saṃdhyā*), la veneración por la vaca, el culto a los árboles, las ofrendas funerarias (*śrāddhas*), la práctica de bañarse en ríos para ganar mérito, etc. Y, como veremos, Somadeva y otros maestros combatieron tenazmente la posición y la naturaleza de ciertas divinidades hinduistas.

Gracias a estos esfuerzos, el "jainismo popular" de los laicos se ha mantenido razonablemente ligado al "jainismo supramundano" de los ascetas. Además, durante los cuatro meses de la estación de lluvias, cuando los ascetas se sedentarizan temporalmente, los lazos entre ambas comunidades se estrechan fuertemente. Esta conexión sirve de contrapeso a la, por otro lado, completa exclusión de los ascetas de los rituales religiosos de los laicos. Y sirve tanto para preservar la tradición monástica como para imbuir de valores ascéticos las prácticas de los laicos. Por tanto, sería reduccionista alzar una divisoria entre un auténtico jainismo de los ascetas y un jainismo *light* para los laicos. Como gráficamente ha expresado Padmanabh Jaini, los laicos llevan un tipo de vida anfibia, con un pie en la senda mundanal de ganar dinero y mérito, y el otro, un tanto dubitativo, en la senda del *nirvāṇa*.[5]

Estoy de acuerdo con Kendall Folkert en que lo justo sería clasificar las prácticas del jainismo en dos tipos esenciales. En primer lugar, aquellas prácticas –monásticas y laicas– básicamente modeladas por el ideal ascético. Y en

* Como tampoco lo es el esquema brahmánico de los estadios de la vida (*āśramas*) y metas del hombre (*puruṣārthas*) que desembocan en la renuncia (*saṃnyāsa*) y la búsqueda de la liberación (*mokṣa*). Está claro que los indios no sienten sus prácticas de forma tan ideal como sus líderes religiosos pretenderían.

segundo lugar, aquellas prácticas –mayoritariamente laicas– que están menos y más indirectamente ligadas al ascetismo.[6] Muchas de estas prácticas, en especial las primeras –ayunos, meditaciones, confesiones–, no sólo producen mérito religioso (*puṇya*), sino que suponen la extinción (*nirjarā*) de materia kármica, una cuestión que, como veremos en la última Parte, es crucial en la progresión hacia la liberación. Por tanto, las prácticas de los laicos, siempre y cuando hayan sido realizadas en un estado de austeridad y sinceridad, poseen un plus soteriológico importante. Gracias a ellas, los valores ascéticos del jainismo pueden integrarse en la vida-en-este-mundo de los laicos. Cuando un laico se entrega a la meditación, al ayuno o cuando realiza su confesión, se ve a sí mismo como un esforzado (*śramaṇa*), un desligado (*nirgrantha*), que está quemando *karma* con su ardor espiritual (*tapas*). Para muchos jainistas, si el cielo o el *nirvāṇa* aguardan tras una vida ejemplar, no es lo relevante.

La práctica religiosa externa más extendida y visible del jainismo es el culto a los *jinas*. Aunque el jainismo ha permanecido algo más ajeno que el hinduismo a la clásica vía del corazón (*bhakti-mārga*), sería un error fatal considerarlo como una religión exclusiva de superhombres en pos de la iluminación. Los *sādhus* y *sādhvīs* son un pilar fundamental de la comunidad y expresan a la perfección el ideal jainista, pero son una minoría. Y para una mayoría de laicos y laicas el culto devocional es esencial. Se trata de una parcela religiosa fundamentalmente manejada por ellos, de modo que queda fuera del control monástico y está menos impregnada de los valores ascéticos. Quizá esta práctica no sea la más relevante de todas, pero es la más visible y, además, es ampliamente seguida por millones de jainistas. Asimismo, es una de las prácticas que ha otorgado a la comunidad laica un sentido de identidad más pronunciado, ya que posee una riqueza simbólica envidiable.

Puesto que el culto está íntimamente ligado a las instituciones, el arte, la mitología, la iconografía y hasta la ontología, vamos a introducir estos temas en el siguiente capítulo [26]. Con un breve estudio iconográfico observaremos que, a pesar de su fidelidad a unos principios filosóficos firmes, el jainismo también ha operado múltiples y complejos cambios en lo que respecta al ritual, el panteón o la simbología. Luego pasaremos al culto propiamente dicho [capítulo 27].

En el siguiente capítulo [el 28], tocaremos otras prácticas habituales de los laicos; prácticas que, como el culto a los *jinas*, están menos ancladas en los ideales monásticos. Ahí tenemos actividades tan importantes como las peregrinaciones, la participación en festivales o la práctica de la generosidad. Aun así, gracias a estas actividades los lazos entre laicos y ascetas se estrechan muchísimo. Puede que los ideales ascéticos sean menos evidentes, pero está claro que a través de éstas la interacción entre todos los miembros de la comunidad se intensifica armoniosamente.

Finalmente [capítulo 29] tocaremos la praxis más ascética. Para los jainistas, quizá, la actividad religiosa más significativa es el ayuno. Como éste tiende a ser privado o, cuando es comunitario, suele realizarse en lugares especiales, es difícil que el visitante casual pueda reparar en ello. Pero el ayuno constituye uno de los distintivos más claros del jainismo. Junto a las confesiones es una de las actividades laicas más imbuidas de valores ascéticos. Pero no la única. La veneración a los maestros, la meditación o el estudio están igualmente integrados en el patrón ascético. Aquéllos más atentos a estas prácticas son los que, además de ganar mérito religioso, se aproximan a los ideales ascéticos de extinción de *karma* y más directamente apuntan hacia el *nirvāṇa*.

# 26. ICONOGRAFÍA JAINISTA

## BREVE REPASO DEL ARTE JAINISTA

La devoción a los *jinas* es un asunto con múltiples ramificaciones en el arte, en la mitología, en el comportamiento social y hasta en la filosofía de los jainas. Antes de repasar el culto en sí, hay que entrar en estos campos.

En primer lugar, debemos captar que el "arte" jainista no es ni ha sido nunca Arte, en el sentido como se concibió la creación en Occidente a partir del siglo XVIII. Tanto en escultura, literatura, danza, música, pintura, teatro o poesía, lo que pretende el artista indio es crear un estado (*bhāva*) o emoción estética (*rasa*) en el lector, el devoto, el espectador o el auditorio, de forma que la sensación estética los eleve a ambos y permita trascender cualquier emoción mundana o egocentrada. Por eso el artista hindú (*śilpin, kavi*) siempre es anónimo. No está interesado en innovar o ser original, siquiera persigue un ideal de belleza propio. La belleza consiste en respetar los cánones (*śāstras*), en ajustarse a la iconografía y en hacer brotar la expresión adecuada (*bhāva, rasa*) en el conocedor.* No es el genio aislado de la tradición romántica occidental. En ningún momento se menciona que el artista posea una sensibilidad o talento especiales. El artista hindú es, en todo caso, el genio centrado en emular el acto creativo original, es un agente de liberación, por lo que no es raro que lo llamen adepto (*sādhaka*) o yogui (*yogin*). En palabras de Chantal Maillard, el arte hindú es un *yoga*, una vía para desarrollar la autoconciencia.[1] Por ello, la expresión creativa jainista es inseparable de la Historia Universal, del ritual, de la práctica de la generosidad o de los ideales de la tradición. En este capítulo trataremos de hilvanar todo esto.

En la medida de lo posible, la devoción por el *jina* y por el jainismo se tra-

* La teoría estética clásica habla de nueve sabores o aromas (*rasas*): sentimiento erótico (*śṛiṅgāra*), sentimiento cómico (*hāsya*), sentimiento patético (*karuṇā*), sentimiento furioso (*krodha*), sentimiento repugnante (*bibhatsā*), sentimiento heroico (*vīrya*), sentimiento terrible (*bhayanakā*), sentimiento maravilloso (*adbhuta*), y, finalmente, sentimiento de tranquilidad y paz (*śānta*).

duce en generosidad material (*dāna*) para ayudar a la construcción y restauración de templos e imágenes o para que las consagraciones de estatuas sean honrosas. El número desproporcionadamente alto de templos e imágenes jainistas que hay por toda la India se debe al prestigio, el mérito y la nobleza que se asocia a quien financia y hace construir una imagen de un *jina* o un templo.

## LA IMAGEN DEL *JINA*

El epicentro del culto jainista lo constituye la imagen, icono o ídolo (*mūrti*) del *tīrthaṅkara*. Estilísticamente hablando, la escultura jainista sigue prácticamente los mismos cánones estéticos que el arte hinduista o el arte budista de la India. Las reglas de simetrías, proporciones de los miembros del cuerpo o los símbolos –cabello rizado, orejas largas, nariz como el pico del pájaro Garuḍa, *svastika*, Luna, Sol y concha sobre las manos...– están perfectamente detalladas en los tratados. Las imágenes comparten muchas de las marcas distintivas (*lāñchanas*) y posiciones de las manos (*mudrās*) de la escultura india. De hecho, algunas estatuas del Buddha en la clásica postura del loto siguen confundiéndose por imágenes de los *jinas*, y vice versa. El motivo del Buddha protegido por la serpiente Mucalinda es prácticamente indistinguible del de Pārśva.

La iconografía preferida es la del *jina* en meditación [ver FIGS. 3, 50 y 71], sentado en postura del loto (*padmāsana*), rodeado de signos auspiciosos. La escena puede representar la asamblea sagrada (*samavarasaṇa*) del *jina* predicando su primer sermón ante los dioses, los humanos y los animales; quizá el último antes del *nirvāṇa*. También hay bastantes imágenes que muestran al *tīrthaṅkara* en la posición de abandono del cuerpo (*kāyotsarga*), esto es, de pie e inmóvil [ver FIGS. 1, 12, 49, 51 y 52]. Se trata de una de las posiciones clásicas para practicar el ascetismo (*tapas*) y un signo distintivo de la iconografía jainista. Estas dos posturas iconográficas son las *únicas* posibles. Obviamente, en los murales y bajorrelieves abundan las representaciones de los cinco momentos auspiciosos de la vida de todo *jina*, o en historias de la tradición, como la batalla de Bāhubali y Bharata, existencias anteriores de Pārśva, Mahāvīra o Śāntinātha, la "boda" de Nemi, etc. Pero incluso en esos casos –lo mismo en los folletos, cómics o ilustraciones de manuscritos–, desde el momento en que el *jina* ha alcanzado la omnisciencia, sólo el *kāyotsarga* o el *padmāsana* son posibles. Los sucesos ocurren alrededor suyo, pero él se mantiene impávido, sentado o de pie. Como ha precisado James Laidlaw, existe gran reluctancia a pensar que el *jina* haga algo.[2]

Una vez la imagen ha sido esculpida por el artista, debe consagrarse (*pratiṣṭhā*) por un maestro o *guru* en un momento astrológicamente favorable. Como sabemos, algunas imágenes también son famosas por su sacralidad atribuída a un origen sobrenatural [véase pág. 328].

Debido al énfasis en la no-violencia, el sabor estético (*rasa*) más valorado por los jainistas es el de la tranquilidad y paz (*śānta*). Y según el filósofo cachemir Abhinavagupta (siglo XI), al provenir de la calma mental el *śānta-rasa* resulta ser el estado de paz del que todos los *rasas* proceden. Es aquel plano de conciencia en el que todos los estados emocionales aparecen en su verdadera naturaleza: transitorios.[3] En todo el refinado arte jainista no hallamos nada que se asemeje a la explosión de fuerza y movimiento del arte hinduista. La vitalidad –las múltiples cabezas o brazos, símbolo de la divinidad y la energía–, típica de las imágenes hinduistas, se ignora deliberadamente. La inactividad y quietud de los *jinas* refleja mejor el ideal de esta tradición. El desapego del *jina* es tal, que ni actúa ni acude en beneficio de nadie. Con el tiempo, al Buddha se lo representó en otras variables iconográficas *–abhaya-mudrā, varada-mudrā*, etc.– que mostraban su preocupación e infinita compasión por las gentes de este mundo. Eso es impensable para un *jina*.

El cuerpo del *tīrthaṅkara* es una mina de simbologías y paralelismos. Como sabemos, todo cuerpo es consecuencia de los *karmas* de existencias anteriores. De ahí se desprende que el *tīrthaṅkara* reside en una anatomía perfecta de pureza insuperable. El *jina* posee un cuerpo siempre joven, infinitamente robusto –pero sin rastro de musculatura–, con huesos diamantinos y una piel imposible de resquebrajar [ver FIGS. 51 y 52]. Nunca se ensucia, ni suda, ni crecen sus uñas o cabellos. Esta noción es importante para captar el alcance del ascetismo jaina. La mortificación del cuerpo –al estilo de ciertos ascetas shivaístas– no está bien vista en el jainismo. El *tapas* jainista, lo vimos, se fundamenta en el principio de privación y no en el de la mortificación. Para liberar el espíritu el *jina* no destruye su cuerpo. Hasta tal punto es importante la idea de que el cuerpo del *tīrthaṅkara* es perfecto, que bastantes de los debates y enfrentamientos entre digambaras y śvetāmbaras han tenido que ver con las necesidades corporales del *jina*. Como sabemos, el cuerpo del *tīrthaṅkara* tiene las marcas auspiciosas de todo ser excelso y, a medida que avanza en pos de la omnisciencia, otras marcas vienen a sumarse a las anteriores. El cuerpo, en definitiva, es un espejo del espíritu, y como tal se representa iconográficamente. La imagen del *jina* encierra una verdadera ontología.

Las efigies de los *tīrthaṅkaras* pueden variar según el grupo religioso, la orden o la región donde se encuentre la estatua. Las de los śvetāmbaras poseen unos prominentes ojos de cristal de mirada fija, un tanto gélida [ver FIGS. 50 y 53]. La idea es que el devoto debe *ver* al *jina* predicando en la asamblea sagrada y debe ver que el *jina* los *observa* a todos. Sus estatuas también suelen adornarse con joyas y vestimentas [ver FIGS. 12 y 50]. Los ojos de los *jinas* digambaras están siempre vueltos hacia el interior. El *tīrthaṅkara* no devuelve la mirada a los devotos.[4] En todo el arte hindú únicamente los jainistas digambaras representan a sus santos totalmente desnudos [ver FIGS. 1, 49 y 51]. De ahí la preferencia digambara en representar al *jina* de pie, la única forma en que puede contemplarse su desnudez. En los casos de *jinas* sedentes, cuando los genitales no pueden detectarse, no es raro que existan conflictos entre śvetāmbaras y digambaras acerca de la filiación de la estatua. Como percibió Heinrich Zimmer, esta desnudez es de una aridez sublime. El arte jainista refleja el anonimato total de quien devino liberado.[5] La desnudez expresa la carencia total de vínculos; la pureza de quien ha limado toda imperfección.

Puesto que todos los espíritus liberados son cualitativamente idénticos no hay ninguna marca externa que pueda diferenciar a una imagen de un *jina* de otro. Las excepciones son Pārśva y Supārśva, quienes están siempre protegidos por un ofidio (*nāga*) de siete, nueve o mil testas, que se abre por encima del *jina*. En algunos casos, Ṛiṣabha es representado con cabello largo. Salvo una dudosa estatua de una *yoginī* desnuda que algunos han identificado con Malli, siquiera los śvetāmbaras representan a la *tīrthaṅkara* Malli con cuerpo de mujer. Indudablemente, esto tiene que ver con el énfasis que se pone en que todo *tīrthaṅkara* es, de alguna forma, idéntico, replicante, sustituible. En un nivel más profundo, remite a la noción de que todo omnisciente ha perdido cualquier atributo sexual. Es cierto que los *jinas* se representan con cuerpo de género masculino –sólo digambaras–, pero aun así los genitales son casi infantiles y jamás se representa al *jina* itifálico. La India ha valorado siempre la androginia que está más allá de toda caracterización.

Aparte estas excepciones, al resto de *jinas* sólo puede identificárseles o bien por sus emblemas (*lāñchanas*, [véase Cuadro 1]) esculpidos en el pedestal, o bien por el nombre que puede aparecer en el muro de atrás. El hecho refleja a la perfección la naturaleza idénticamente prístina de todos los espíritus liberados. Y ello vuelve a diferenciar la iconografía jainista de la hinduista.

Aunque los *jinas* no están adornados –digambaras– o apenas poseen adornos –śvetāmbaras–, es común insertar en la imagen los ocho acompañantes divinos que siempre están junto a todo *tīrthaṅkara*: un halo, un trono, tres parasoles, un árbol *aśoka*, unas flores, un tambor, música celestial y un abanico. Se dice que estos objetos fueron creados por los dioses para mostrar su veneración por los *jinas*. Otra serie de símbolos auspiciosos (*maṅgalikas*), normalmente también ocho, y que forman parte de una riquísima simbología muy antigua, suelen estar grabados en los dinteles, en la propia imagen o en capillitas portátiles [ver FIG. 27]: la *svastika*, un símbolo floral (*śrīvatsa*) sobre el pecho [ver FIG. 52], un jarro (*kalaśa*), el trono sobre el que está sentado el *jina* (*bhadrāsana*), el símbolo *nadyāvarta*, una polvera (*vardhamāna*), un par de peces (*matsya-yugma*) y un espejo (*darpaṇa*). Estos símbolos están presentes en todos los templos y en la mayoría de casas jainistas. La lista digambara sustituye alguno de éstos por el parasol, el abanico, el cántaro o el espantamoscas.

Otros motivos iconográficos de importancia son la rueda de los liberados (*siddha-cakra*), las huellas del *jina* liberado (*pādukās*), un atril que representa simbólicamente al maestro (*sthāpanācārya*) y ciertos diagramas místicos (*yantras*), que incluyen sílabas de poder como el *Oṃ* o el *Hrīṁ*.

Además de los *tīrthaṅkaras*, los templos jainistas poseen imágenes de divinidades o santos de la comunidad. Entre éstos, los once *gaṇadharas*, con

Gautama en primer lugar. A diferencia de los *jinas*, no obstante, los santos y *gaṇadharas* se representan frecuentemente con el bozal de gasa y la escobilla de los renunciantes, símbolos de la *ahiṃsā*, pero símbolos también de la tradición de renunciantes. Con ello se destaca su carácter de transmisores más que de líderes o fundadores de vados. En determinadas figuras, Gautama aparece representado con la mano alzada, en el gesto "no temas" (*abhaya-mudrā*), típico del budismo. El carácter compasivo y benevolente de Gautama, bien perceptible en festivales como el Dīpāvalī, su calidad de iluminado (*buddha*) y hasta su propio nombre, poseen inquietantes similitudes con Gautama Siddhārtha, el Buddha. Algunos jainistas del Rajasthan no vacilan en referirse a Gautama simplemente como Buddha.[6]

Otras figuras populares son los santos del linaje al que pertenece el templo. Tal es el caso de los *dādāgurus* del Kharatara-Gaccha [ver FIG. 59]. Además de sostener la escobilla y el bozal, los santos y maestros de órdenes suelen llevar también un libro sagrado. Dado que los *gaṇadharas* escucharon la doctrina del Jina no necesitan de ayuda textual. Pero los maestros tardíos ya tuvieron que apoyarse en los textos sagrados.

## LA PINTURA

Mención especial debe hacerse de la pintura jainista, notablemente las ilustraciones de manuscritos del Oeste de la India, un arte que alcanzó su apogeo entre los siglos XIV y XVIII. Las ilustraciones de las vidas de los *jinas* van siempre acompañadas de escenas míticas y una simbología muy elaborada. El tono es simple, casi *naïf*, colorido, atractivo [ver FIGS. 46, 47 y 48], pero nunca seductor. Su misión es ayudar a la concentración del lector o a explicar gráficamente los acontecimientos fundamentales de las vidas de los *jinas* a aquellos que no supieran leer.

Los frescos de algunas cuevas y templos son igualmente notables. A destacar los de Pudukoṭṭai, en Tamil Nadu, que datan del siglo VII, y los de algunas cuevas de Orissa, que son incluso anteriores.

## EL TEMPLO

De todas las instituciones jainistas la más importante es la de los templos (*mandiras, caityas*). Como ya avanzamos, la comunidad laica ha destinado buena parte de sus riquezas a la construcción y manutención de templos. Salvo poquísimas excepciones, toda comunidad local (*saṃgha*), por pequeña que sea, posee uno o más templos en las cercanías. Junto a los templos suelen situarse los retiros para ascetas (*upāśrayas*)* y demás edificios religiosos.

* Puesto que grupos como el Sthānakavāsī o el Terāpanthī no tienen templos, acuden a los retiros para realizar sus ritos religiosos. El también iconoclasta Tāraṇapanthī digambara utiliza unos lugares denominados *caityālayas* donde veneran los libros de Tāraṇa Svāmī.

Históricamente, la aparición de templos debió surgir hacia los siglos -II/-I, cuando está atestiguado un templo en Mathurā [véase pág. 224]. Todas las construcciones religiosas jainistas anteriores a esas fechas son simples retiros para ascetas.

Arquitectónicamente, los templos jainistas también siguen los patrones clásicos de la India. Generalmente consisten en un espacio abierto (*maṇḍapa*) en el que se encuentra un salón cerrado (*sabhā-maṇḍapa*) que contiene la capilla (*garbhagṛiha*) que alberga la imagen principal (*mūlanāyaka*). Estos espacios suelen estar rodeados de balaustradas que contienen imágenes de los demás *tīrthaṅkaras*, divinidades y santos de la comunidad. Normalmente, toda la estructura está cubierta por una serie de bóvedas. Al conjunto arquitectónico y escultórico de todo templo jaina puede considerársele una réplica de la asamblea sagrada (*samavarasaṇa* [ver FIG. 8]), de ahí que la ornamentación de muchos de ellos sea increíblemente elaborada y refinada [ver FIG. 34]. Algunos están basados en un plano que la replica.

Hoy, los templos jainistas siguen destacando por su belleza y perfecto estado de conservación. No hay templos en la India más pulidos que los jainas. Los esfuerzos de la comunidad en renovarlos y restaurarlos son de sobras conocidos en toda la India. De hecho, la mayoría de imágenes de *jinas* en los templos fue destrozada por la depredación musulmana. Puesto que los jainistas no permiten una estatua mutilada dentro de la capilla, constantemente las han ido restaurando o sustituyendo. Prácticamente ninguno de los grandes templos jainistas contiene hoy su imagen original.

En Gujarat los complejos más notables son los de las montañas sagradas de Śatruñjaya y Girnār (Girinagara) o los de la ciudad de Ahmadābād. En Rajasthan sobresalen los complejos de Dilwara (Delavāḏa, Ābu), el templo de Osian (Osiyān), los de Raṇākpur y Jaisalmer (Jesalamera). En el centro de la India son soberbios los complejos de de Khajurāho y Gwalior (Gvaliyāra), ambos en Madhya Pradesh. En el Deccan destacan los de Śravaṇabeḷgoḷā, Mūḏabidrī o Belgāum, todos en Karnataka, y el de Muktagiri [ver FIG. 24], en Maharashtra.

## LA "DIVINIDAD" DE LOS *JINAS*

Enfoquemos hacia el culto (*pūjā*). Cualquiera que haya contemplado o participado en un ritual de templo jainista habrá notado la similitud con el culto hinduista. Puede que los más entendidos hayan detectado rasgos distintivos, pero a simple vista, el trato, veneración y devoción que se dispensa a los *jinas* no difiere demasiado del que otorgan los hinduistas a sus dioses. Pero los *jinas* no son dioses. No lo son, pero ¿tal vez el devoto los toma como si lo fueran?, ¿se da algún tipo de contradicción entre el ateísmo filosófico jainista y el sentir y la expresión del culto laico? Exploremos la cuestión, vital para entender el jainismo vivo que se practica en la India.

Desde la perspectiva seglar, los *tīrthaṅkaras*, ciertamente, poseen algunas similitudes con los dioses del panteón hinduista. Para los laicos los *jinas* son como auténticas deidades (*devas*), y es por ello por lo que al ritual devocional a los *jinas* se lo denomina "culto a las divinidad" (*deva-pūjā*). Es frecuente llamar al *jina* Señor Supremo (*parameśvara*) o Señor (*bhagavān*), títulos que también se conceden a las deidades del hinduismo. Pero estos *jina-devas* no son dioses. Para Hemacandra, el término *deva* denota a un ser omnisciente que ha descrito las cosas tal cual son, ha conquistado las pasiones y es venerado por el universo entero.[7] Eso es un verdadero *deva*. Es más, los dioses del hinduismo, adictos a las armas, las guerras, las mujeres, la música, la danza, los rosarios y demás signos sectarios, no pueden considerarse, desde el punto de vista jainista, verdaderas divinidades. La literatura jainista no escatimó críticas, algunas muy satíricas, contra muchos de los supuestos Señores del Universo del hinduismo. Śiva fue un blanco habitual, a veces presentado como un asceta jainista caído en desgracia, si es que no en términos más duros. La actitud hacia Viṣṇu fue más ambivalente, indudablemente debido a las relaciones estrechas con los vishnuistas.

El dios (*deva*) jainista es del todo diferente del Señor (*īśvara*) del hinduismo. Los jainistas jamás confudirían a sus *tīrthaṅkaras* con una divinidad semejante. ¿Entonces?

Los jainistas veneran básicamente a ascetas. Ésta es una premisa fundamental de esta religión. Cuanto más ascético es el ser venerado, más digno de veneración es. Pero, paradójicamente, cuanto más ascético es, más inaccesible se vuelve, pues más alejado está de este mundo. Y cuanto más venerado es, menos responde. El *tīrthaṅkara*, aquel que ejemplifica el ascetismo llevado a su conclusión última, resulta que *es inaccesible* al culto. Esto es capital.

A pesar de su vínculo afectivo con los *jinas*, el jaina sabe –al menos en teoría– que el *tīrthaṅkara* no sólo no tiene ninguna misión en la creación y preservación del mundo, sino que al haber alcanzado la liberación, es un ser que mora en los confines del no-mundo y ya no interviene en los asuntos del cosmos. Es un ser que no puede escuchar sus peticiones; no puede ayudarle. O mejor, sí es consciente de los devotos –pues posee la sabiduría de la clarividencia y la omnisciencia– pero no puede responderles, pues ha llevado la renuncia a su conclusión lógica: ha roto todo lazo con los mundos del cosmos. Su ayuda no es otra que el mensaje que legó al universo. Puede que se le llame dios, o puede que, siguiendo a maestros mūrtipūjakas modernos como Ātmārāmjī, se considere que la totalidad de los espíritus que residen en la cúspide del cosmos sean Dios,[8] pero será siempre un "dios" ausente, un "señor" absolutamente transpersonal. Como ha precisado Padmanabh Jaini, a los *tīrthaṅkaras* se los venera como determinado modo del espíritu,[9] como el ideal que el devoto aspira alcanzar. El icono se utiliza como ayuda a la visualización, como soporte meditativo que potencia la correcta visión. Esta lógica subyacente al culto es típicamente india. Para los hindúes, alguien que meditativamente funde su pensamiento con un objeto –sea un *guru*, un punto del cuerpo, un *tīrthaṅkara*, un dios, etc.– experimenta un profundo cambio en su naturaleza, hasta el punto de que puede acabar por identificarse con el objeto meditado. El *deva* es, simplemente, la realización del *jīva* en el ser humano. Es la "divinidad" o la omnisciencia dentro de uno lo que el *tīrthaṅkara* simboliza.

Si bien el *jina* viene a ocupar el lugar central de los dioses del hinduismo y es el origen de multitud de fervorosos himnos, nunca posee el carácter de la divinidad escogida (*iṣṭadevatā*) del hinduismo, aquélla con la cual el devoto puede establecer una relación íntima y personal. Por ejemplo, la meta de ciertos vishnuistas del Norte, los puṣṭimārgīs –con quienes los jainistas mantienen vínculos estrechos–, es entrar en una relación personal de dependencia con Kṛiṣṇa. Se dice que Kṛiṣṇa está presente en la imagen que lo simboliza. En su relación con Kṛiṣṇa el puṣṭimārgī puede tomar diversas actitudes emocionales (*bhāvas*). La más valorada es la maternal (*vātsalya*).[10] El devoto se identifica con Yaśodā, la madre adoptiva de Kṛiṣṇa. Con espíritu maternal ofrece alimentos –altamente valorados entre los puṣṭimārgīs, pero muy mal vistos por los jainistas–, que llaman "dicha" (*bhoga*). A través de la dicha que le producen, Kṛiṣṇa los transforma y los convierte en "gracia" (*prasāda*). El alimento, amorosamente dado por el creyente, es divinamente transformado por Kṛiṣṇa, quien a su vez alimenta al devoto en forma de gracia divina. El seguidor de Kṛiṣṇa lo come ahí mismo, en el templo. Nada de esto es factible en el jainismo pues la deidad, el *jina*, no posee este componente transaccional de Kṛiṣṇa o Viṣṇu. El *jina* es una entidad absolutamente autónoma y que no responde a las peticiones. John Cort ha definido al *jina* como el Otro ejemplar, como una alteridad sin presencia.[11] En este sentido, el culto jainista se distingue del hinduista y se aproxima algo más al budista. Igual que el *jina*, el Buddha alcanzó el *nirvāṇa* y ya no está presente en este mundo. Las ofrendas que se hacen al Buddha, al menos en el Sur de Asia –Sri Lanka, India–, simplemente expresan reverencia por el Buddha y su enseñanza. Como en el jainismo, no existe transacción entre el Buddha y el seguidor theravādin.

Ahora bien, esta "ausencia" no debería llevarse demasiado lejos o interpretarse equivocadamente. Por un lado, la ausencia puede ser tan rica y estimulante para el devoto como la presencia. Por otro lado, en el lenguaje espiritual indio, el laico jainista considera al *tīrthaṅkara* algo así como el gran antepasado, aquel que enseñó la senda en tiempos antiguos. Se dice que el *tīrthaṅkara* dejó tras de sí un tipo de eco metafísico de la bondad generada por su presencia que continúa reverberando en el cosmos y que puede ser movilizado a través de los rituales pertinentes.[12]

Si bien la intención del culto jainista difiere de la que encontramos mayoritariamente dentro del hinduismo, tal y como ha estudiado Lawrence Babb, comparte similitudes estructurales con el culto de los śaiva-siddhāntins, los shivaístas del Sur de la India.[13] Ya enfocamos el tema en el capítulo 16. Sin ánimo de ser reiterativo, recordemos algo del asunto. Para los shivaístas del Sur, de lo que se trata no es de unirse a Śiva, que permanece como una entidad autónoma, sino de convertirse en *un śiva*, con sus mismos poderes y cualidades. Igual que el *jina*, Śiva es un asceta –un *yogin*–, desligado de este mundo y, por tanto, no establece transacción con el devoto. Es cierto que, como el Kṛiṣṇa de los puṣṭimārgīs, se piensa que Śiva desciende y penetra el *liṅga*, que hace de soporte físico de su presencia. Pero la deidad apenas transacciona con su seguidor. De lo que se trata es de purificar el alma (*ātmaśuddhi*) de modo que el devoto adquiera la condición shivaítica de forma permanente. Eso es algo muy parecido al culto jainista, que consiste en emular al *tīrthaṅkara*, no unirse a él o interaccionar con él. En muchos aspectos, parece como si esta cultura ritual shivaísta fuera un jainismo disfrazado de "hinduismo".[14] Como en el jainismo, los alimentos que se ofrecen a Śiva no son consumidos por los devotos. Se ofrecen a una deidad feroz llamada Caṇḍa, que hace de guardián del templo. Estas consideraciones han llevado a Babb a replantearse las divisiones rituales en la India no en términos de hinduistas y no-hinduistas, sino entre tradiciones que enfatizan la transacción y aquellas que no lo hacen, o sólo de forma mínima.[15] Si bien dogmática o soteriológicamente el jainismo puede ser bastante distinto de las variopintas formas de hinduismo, ritualmente hablando, sus diferencias con formas como el Śaiva-Siddhānta son mucho menores. Las fronteras rituales en la India son también difusas.

## EL PANTEÓN JAINISTA

Las peticiones y plegarias de la gente no pueden dirigirse a los *jinas*. Pero los hombres y mujeres de todo el mundo siempre han rezado pidiendo prosperidad, salud, descendencia, liberación. Y los jainistas no son una excepción. ¿Quién puede responder al devoto jainista? No hay deidad que responda en los *jinas*, pero sí la hay en los escoltas de los *jinas* (*sāmānikas*), las divinidades protectoras (*śāsanadevatās*), los guardianes de las puertas del templo (*dvarapālas*) o del territorio del templo (*kṣetrapālas*). Dado que estas deidades y seres semidivinos moran en los cielos y no en el Mundo de los Perfectos, sí pueden escuchar a los devotos [ver FIG. 53].

Aunque muchos de estos seres sobrenaturales son de origen no-jainista, y a pesar de que muchos maestros recelaran de su presencia [véase más adelante], hacia los siglos IX/X se decidió legitimar su culto. La mejor solución fue asociarlos a los *jinas*. La importancia de estos dioses, diosas y espíritus en la religión de la gente no debe ser desestimada. De hecho, el *tīrthaṅkara* más querido de todos y el que posee mayor número de templos, Pārśva, le debe gran parte de su popularidad a la asociación con sus deidades protectoras, el *nāga* Dharaṇendra y la *yakṣī* Padmāvatī.[16] La representación del *nāga* protegiendo a Pārśva sedente y Padmāvatī cubriéndole con un parasol –pues al ser hembra no podía tocar a un asceta–, aparece ya en algunas cuevas de Ajaṇṭā del siglo IX. Como antiguos *yakṣas* y *nāgas*, su calidad de protectores se ha mantenido. Al proteger a los *jinas* en momentos de dificultad o calamidad, es bastante natural que se les invocase en el culto como intercesores.

Estas divinidades son todas benevolentes y capaces de recibir y conceder las peticiones de los fieles. Se dice que las divinidades escuchan la llamada del devoto (*bhakta*) y, llenas de compasión, acuden en su ayuda porque reconocen su espíritu de devoción (*bhakti*), no ya hacia ellas, sino hacia los *tīrthaṅkaras*. En cualquier caso, no cumplen ninguna función soteriológica. Dentro del arte y la concepción jainista de las cosas, vienen a desempeñar el mismo papel que los "que van a ser un *buddha*", los "de mente pura" (*bodhisattvas*) del budismo, si bien su culto está siempre subordinado al de los *tīrthaṅkaras* y rara vez es independiente. En la elaboración de este panteón e iconografía de dioses y diosas escoltas se evidencia influencia shivaísta. Representa una infusión de valores mundanales y, siguiendo una reflexión de Paul Dundas, en su incorporación y asociación a los *jinas* se aprecia un deseo por parte del jainismo de hacer algunas concesiones a las aspiraciones mundanas de los laicos.[17]

## LAS DIOSAS

Muchísimas de estas divinidades son diosas, comunes al panteón hinduista. De hecho, son las diosas, y no los dioses, las que verdaderamente se cuidan de los devotos. En el contexto jainista es habitual que se las denomine *yakṣīs* o *yakṣiṇīs*, es decir, manifestaciones angélicas o numinosas. A diferencia de muchas diosas hinduistas, las jainistas son todas vegetarianas, solteras, benevolentes y abanderan los valores de la no-violencia y la contención. Muchas hacen de diosas protectoras de la estirpe y el linaje familiar (*kuladevatā*) de las castas jainistas.

Una de las más importantes es Cakreśvarī. Ella es la *yakṣī* que protege a Ṛiṣabha. Se dice que puede otorgar prosperidad y hasta la liberación –?– de la prisión terrenal. Ambikā –o Rudrānī– es la protectora o *śāsanadevatā* de Nemi [ver FIG. 54]. Es especialmente popular entre los śvetāmbaras de Gujarat. De hecho, la montaña de Girnār, de siempre asociada al *jina* Nemi, era y es venerada por los shaktistas (śaktas) como un lugar sagrado de la diosa Ambājī. Aunque no existe en la mitología nada que ligue a Ambikā con Nemi, los jainistas no tuvieron dificultad alguna en convertirla en guardiana del *jina*. Seguramente, la más venerada de todas las diosas jainistas ha sido y sigue siendo la mencionada Padmāvatī. También se la conoce como Lakṣmī o Śrī –consorte de Viṣṇu en el hinduismo–. Es la patrona del comercio, la fortuna y la belleza. La diosa es objeto de muchísima veneración [véase pág. 444] pues protege unas parcelas de la actividad humana vitales para los comerciantes jainistas.

Algunas de estas diosas alcanzaron tal aceptación, que llegaron a suplantar al *jina*. Tal fue el caso del culto medieval a Jvālāmālinī o a Padmāvatī, un culto enérgicamente condenado por los maestros.

Otra diosa venerada es Brahmī, patrona de la sabiduría, conocida en la India brahmánico/hinduista como Sarasvatī. Otras diosas protectoras de la sabiduría son las dieciséis *vidyādevatās*. Al igual que las mujeres hinduistas, las jainistas acuden a diosas "calientes" –Śītalā, Māriyammāṉ, Manasā, Ṣaṣṭhī, etc.– en caso de enfermedad o cuando azotan las epidemias. No es raro que para el propósito se alquilen los servicios de un *brāhmaṇa*, pero lo normal es que las mujeres realicen votos especiales (*vratas*) para aplacar/complacer a las diosas. Igualmente, existe toda una mitología y culto popular a las "madrecitas" (*mātṛikās*), renombradas por sus poderes mágicos, por su control de los flujos de la naturaleza, por su fuerza física y su horrible apariencia, pero en quienes el instinto maternal es muy profundo. Cuando se alude a sus poderes procreativos, frecuentemente se las enumera en grupos de siete. Se trata, posiblemente, del nivel de religiosidad más elemental a la vez que universal. Ninguna orden o grupo religioso indio las ha podido monopolizar, así que están más allá del hinduismo –vishnuismo, shivaísmo, shaktismo–, el jainismo o cualquier *ismo*.

## LOS DIOSES

Aparte el *nāga* Dharaṇendra, pocos escoltas o espíritus guardianes masculinos poseen la importancia de las diosas. Los dioses masculinos no parecen más que una "sombra" de las diosas, en palabras de Walther Schubring.[18] Pero existen otros intercesores poderosos. Los jainistas poseen asimismo la contrapartida de la divinidad de aldea (*gramadevatā*) típica de los hinduistas y que protege el poblado o el templo de calamidades, en cuyo caso, recibe el nombre de *kṣetrapāla*. Precisamente, los "dioses" más populares son casi todos protectores o guardianes locales. Puesto que el *jina* se ha retirado en sí mismo no posee función protectora. Esta misión queda reservada a fieros guardianes que necesitan ser especialmente propiciados. Algunos de ellos están ligados a colectivos tribales, no necesariamente jainistas, pero cuyo poder ha quedado plenamente ligado a la imagen de algún *jina*. Tal es el caso de ciertas divinidades de la tierra (*bhomias*), *bhairus* o *bhairavas* [ver FIG. 56]. Famoso es el Bhairava de Nākoṛā, en Rajasthan, considerado extremadamente poderoso. Muchos jainistas que acuden en peregrinación a Nākoṛā ofrecen cuantiosas sumas de dinero para tener el privilegio de realizar los ritos para Bhairava. Las cantidades son mucho mayores que las que se ofrecen por participar en los cultos de Pārśva, que es el *tīrthaṅkara* al que está dedicado el templo. Otra divinidad poderosa de Rajasthan es Ghaṇṭā Karṇa Mahāvīra –no confundir con el Jina–, parecida al hinduista Hanumān.

Tampoco es raro ver a jainistas adorando alguna deidad que, en principio, sería exclusivamente hinduista –Skanda, Hanumān o Śiva–. A partir del siglo IX encontramos incluso una cierta asimilación del dios Gaṇeśa con Gautama, el discípulo preferido de Mahāvīra. Ambos son protagonistas de dos de los festivales más queridos del jainismo [véanse págs. 443-444]. El panteón védico, al contrario, está prácticamente ausente en el jainismo. Agni, Vāyu, Soma o Varuṇa poseen algún rol en el culto y la mitología, pero claramente secundario. La única excepción es el gran Indra (Śakra) y el culto a los sesenta y cuatro –śvetāmbaras– o cien *indras* –digambaras–.

El culto a las constelaciones y planetas, fortalecido por el importante papel que los indios conceden a la astrología/astronomía, se halla presente también entre los jainistas. Si el poder de los planetas está textualmente aprobado, la creencia y las prácticas de culto a semidivinidades del tipo de los espíritus malignos (*bhūtas*) o fantasmas de mujeres muertas, típico de la India popular, encuentra menor eco entre los ascetas. Toda una serie de prácticas –que los propios jainistas reconocen como menores– están ligadas a aplacar a estos agentes potencialmente malévolos. La utilización de *mantras*, amuletos y diagramas místicos es necesaria. De hecho, los jainas tienen reputación en la India de ser particularmente fuertes en la magia negra[19] y en la interpretación de sueños, tema éste claramente enraizado en la Historia Universal jainista. En cualquier caso, refiriéndose al protagonismo de diosas, dioses, espíritus y genios menores, Somadeva, nuevamente, es claro:

> «Quienquiera que trate a estos semidioses de los mundos inferiores igual que al Jina, señor de los tres Mundos, y los adore de la misma forma, sin duda se está labrando el camino de descenso [al purgatorio]. Estas divinidades fueron concebidas en los textos sagrados puramente como guardianes de la enseñanza del Jina. Por tanto, los jainistas de correcta visión no deberían honrar a estos semidioses más allá de lo establecido en las oblaciones.»[20]

Desde luego, a Somadeva no le hicieron demasiado caso.

## LA DEVOCIÓN AMOROSA (*BHAKTI*)

Está claro que en la incorporación de estas divinidades y seres semidivinos jugó un papel importante el desarrollo de la devoción amorosa (*bhakti*) de inspiración hinduista. La necesidad de adaptar las epopeyas e historias populares fue igualmente decisiva. Tanto el *Mahābhārata*, el *Rāmāyaṇa*, como los más antiguos *Purāṇas* hinduistas, son claramente anteriores a los *Purāṇas* y *Caritas* jainistas, y se nota su influencia. Pero de ahí no hay que desprender una cierta subordinación del jainismo, o una mera estrategia para sobrevivir en un medio esencialmente hinduista. Los artilugios "jainizantes" no son nunca gratuitos. Como ha mostrado Richard Davis, la incorporación de deidades hinduistas también puede contemplarse como una representación de una escala de valores específicamente jainista.[21] En esta visión jainista del cosmos, por ejemplo, las divinidades hinduistas simplemente actúan como protectores, un rango netamente inferior al de un *tīrthaṅkara*. Más que ante una hinduización, pues, nos hallamos ante una apropiación jerarquizante, algo bastante clásico en la religiosidad india. Por este motivo los maestros jainistas medievales se entregaron a combatir las deidades védicas y puránicas con bastante dureza. Somadeva critica a las tres grandes divinidades del hinduismo con sorna:

> «Brahmā tiene la mente obsesionada con Tilottamā, la ninfa,
> y Hari [Viṣṇu], el señor de Lakṣmī, está apegado a ella;
> Śambhu [Śiva] es medio hombre y medio mujer,
> ¡mirad a esas autoridades en la liberación!
> Vasudeva es su padre, y Devakī su madre,
> él mismo [Kṛiṣṇa] está ocupado en deberes reales;
> ¡y aun así a Hari [Viṣṇu/Kṛiṣṇa] le llaman dios!
> Baila desnudo y mata *brāhmaṇas* a su antojo,
> la destrucción de los tres mundos ¡es su juego [*līlā*]!
> ¡y aun así se dice que Śiva es un dios!
> Uno cuya conducta no es mejor que la de un cabeza de familia,
> cuya conducta es inferior incluso a la de un mendicante ordinario,
> si uno así es un dios,
> a buen seguro, entonces, ¡no habrá escasez de dioses!»[22]

A pesar de la enorme presión social y emocional que los movimientos devocionales hinduistas debieron ejercer, no existe culto a Śiva o a Viṣṇu en el jainismo. Ambos aparecen en la mitología, es cierto, pero no poseen ningún rol ni ninguna capacidad para ayudar al devoto a alcanzar la liberación. La noción de gracia divina (*prasāda*), cardinal en los grupos devocionales hinduistas, brilla por su ausencia en el jainismo. Coincido con Padmanabh Jaini en que la incorporación de divinidades protectoras precisamente debió ayudar a prevenir influencias de la *bhakti* vishnuista o shivaísta entre los laicos jainistas.[23] En cualquier caso, con el culto devocional no nos hallamos frente a ninguna degeneración o desviación de un "auténtico" jainismo, o de un jainismo "original", pues estas cosas no tienen demasiada cabida en el Sur de Asia. Al fin y al cabo, Mahāvīra nunca habría nacido correctamente, ni habría tomado la senda de la renuncia sin la intervención de Indra y los demás dioses.

El culto devocional jainista no es una injerencia hinduizante en la religión jainista. Más apropiado parece pensar que, aparte determinados préstamos intencionados, el jainismo ha bebido del mismo sustrato común y de la misma forma que lo ha hecho el hinduismo. Como éste, el jainismo ha reflejado los cambios habidos en la expresión religiosa de la India, y no conviene caer en el frecuente error de equiparar "cultura india" con "hinduismo", por mucho que los *brāhmaṇas* lo hayan fomentado. Todas las tradiciones religiosas indias –hinduismo, budismo, jainismo, sijismo y hasta las "importadas" como el islamismo, el cristianismo o el zoroastrismo– comparten una cultura religiosa india donde las figuras divinas, las prácticas religiosas o los rituales pueden ser incorporados, reformulados o resituados en cualesquiera de las tradiciones.

La religión de la devoción (*bhakti*) aparece *simultáneamente* en el hinduismo, el budismo y el jainismo, alrededor de los siglos -II/-I, quizás algo antes. Y hay bastantes razones para pensar que el budismo y el jainismo, con su reverencia por unos hombres espiritualmente realizados, ejercieron clara influencia en los primeros grupos devocionales hinduistas –Bhāgavata, Pāśupata, Pāñcarātra–.[24] El culto a las divinidades entre los jainistas está atestiguado en Mathurā en el siglo -I. Balarāma –uno de los seres excelsos de la mitología jainista– ya era una deidad popular entre los jainistas de Mathurā pocos siglos después, esto es, antes de que adquiriera su enorme popularidad entre los hinduistas a través de las hazañas de Kṛṣṇa. Lo mismo puede decirse de las dieciséis *mahāvidyās*, diosas tántricas jainistas que se corresponden a las diez homónimas del hinduismo.[25] No nos precipitemos, pues, en desprender que el jainismo importó llanamente toda esa mitología del panteón hinduista.

Con todo, la *bhakti* nunca ha alcanzado en el jainismo las cotas de fervor y éxtasis que ha adquirido en ciertas formas de hinduismo. El jainismo no es ni tan frío y austero como lo pintan, pero a la vez tampoco ha olvidado su fidelidad a unas doctrinas bien enraizadas en la tradición.

## LA OLEADA TÁNTRICA

De forma similar, a partir del siglo VI, el jainismo se vio afectado por la oleada tántrica que barrió todo el Sur de Asia. El tantrismo es un fenómeno muy complejo que no podemos tocar aquí. Simplemente, digamos que consistió en una sensibilidad mística que cuajó en todas las religiones indias por igual. Los intercambios y ósmosis entre todas las escuelas y religiones fueron constantes. Recordemos que algunos de sus rasgos característicos comenzaron a aparecer en el jainismo de la época Gupta [véase pág. 226] o en la dinastía Gaṅga [véase pág. 237]. Las formas tántricas de culto incluían la repetición de letanías, las circunvalaciones, las visualizaciones de las divinidades en distintas partes del cuerpo, los diagramas místicos en el suelo o las ofrendas de alimentos. Una serie de ascetas se preocupó de idear nuevos ritos, nuevas fórmulas y letanías con el resultado de la aparición de un tipo de clérigos, los *yatis* y *bhaṭṭārakas*, de rango similar al de los abades (*mahants*) de las instituciones hinduistas. La *pūjā* actual, la jainista igual que la hinduista, hunde sus raíces en esta época y esta expresión religiosa. El desarrollo de una ciencia de los *mantras* o las especulaciones acerca del sonido sagrado de estilo esotérico-tántrico, aun sin llegar a los extremos de los gramáticos brahmánicos o los shivaístas de Cachemira, ha sido notable en el jainismo. Lo mismo puede decirse de la ciencia de los diagramas místicos. En determinadas celebraciones se sigue empleando el *siddhacakra-yantra*, un complejo *maṇḍala* de altísimo valor para los jainas [véase pág. 445]. En todos sus aspectos, el jainismo ha contribuido estelarmente al desarrollo del arte, la iconografía y de determinadas prácticas tántricas.

Obviamente, el comportamiento transgresor y trans-social del tantrismo, lo mismo que sus prácticas rituales "de la izquierda" –sexualidad sagrada, bebidas embriagantes, etc.– no tuvieron eco en el jainismo. Normalmente, estas prácticas se insertan en una visión no-dualista –budismo Vajrayāna, shivaísmo Trika, shivaísmo Kula, etc.– pero nunca en una visión pluralista como la jainista. Al faltar ese ingrediente fundamental –la fusión de lo mundano y lo supramundano– tampoco ha prosperado en el jainismo ningún *yoga* del estilo del *haṭha-yoga* o del *kuṇḍalinī-yoga*. Padmanabh Jaini piensa que la actitud jainista de desdén hacia formas más esotéricas de *yoga* o ritual quizá se fundamente en la recurrente tradición de que Gośāla intentó pulverizar a Mahāvīra con su ardor esotérico-espiritual.[26]

Asimismo, la popularidad de la Diosa (Devī), que adquirió proporciones gigantescas en toda la India, cuajó en el jainismo con el culto a diosas o *yakṣiṇīs* como las mencionadas Padmāvatī, Cakreśvarī o Ambikā. Muchos autores han visto en ello un retorno a la antiquísima "religión de la Madre", que siempre ha sido una de las principales formas de devoción de numerosas poblaciones autóctonas de la India.[27] Y en este proceso se dieron transformaciones interesantes; como el de la diosa local de Osian (Osiyān), en Rajasthan, que conocemos de su episodio de conversión al jainismo [véanse págs. 320-322]. Interesantemente, todavía hoy en el templo de la Diosa de Osian los hinduistas la veneran como Durgā y los jainistas como Saciyā. La "Madre", la diosa local, pues, puede identificarse con cualesquiera de los colectivos que la veneran. Es realmente admirable que una diosa tan sangrienta como Durgā pueda "convertirse" en una abanderada de la no-violencia como Saciyā y en la deidad familiar (*kuladevatā*) de una de las más importantes castas jainistas. Pero estas cosas son frecuentes en la India. La diosa puede servir para un ritual que no es ni hinduista ni jainista, sino simplemente indio o surasiático.

FIGURA 49: Tīrthaṅkara *en la posición de abandono del cuerpo* (kāyotsarga). *Templo de Halebīd, Karnataka, siglos* XII/XIII. *(Foto: Agustín Pániker.)*

FIGURA 50: *El primer* tīrthaṅkara *Ṛiṣabha en la posición del loto* (padmāsana). *Templo de Mahāvīra, Osian (Osiyān), Rajasthan, siglo* VIII. *(Foto: Agustín Pániker.)*

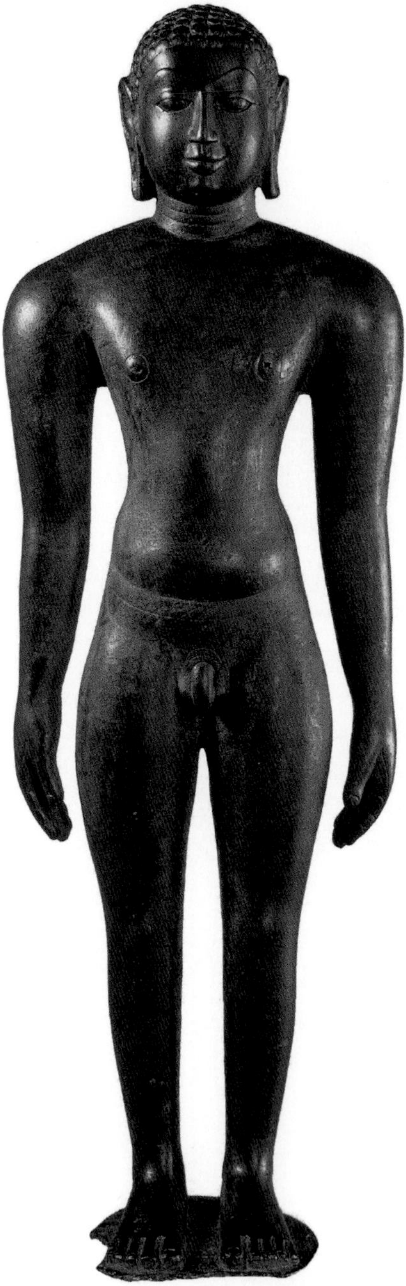

FIGURA 51: *Bronce digambara de un* jina *desnudo sin identificar en postura de pie. Karnataka, siglos* XI/XII. *British Museum, Londres.*

FIGURA 52: *Imagen śvetāmbara del* tīrthaṅkara *Nemi. Rajasthan, siglo* XII. *National Museum, Nueva Delhi. (Por cortesía del National Museum.)*

FIGURA 53: *Escoltas de los* jinas. *Jaisalmer, Rajasthan.*
*(Foto: Marcelo Di Pietro y Agustín Pániker.)*

FIGURA 54: *Soberbia imagen de la diosa Ambikā. Bihar, distrito de Shahabad, siglo* VI. *Los Angeles County Museum of Art. Adquirida por gentileza de Robert Ellsworth en honor a Pratapaditya Pal. (Foto: Museum Associates/LACMA.)*

FIGURA 55: *Un grupo de devotos realiza el baño ritual (*abhiṣeka*) a una réplica en miniatura de la estatua del* jina *que se encuentra en el altar al fondo de la imagen. Les acompaña, en primer término, un sacerdote (*pūjaka*). Templo de Śāntinātha, Delhi, 1999. (Foto: Agustín Pániker.)*

FIGURA 56: *Culto a la divinidad de aldea (*grāmadevatā*) o guardián del territorio (kṣetrapāla) Bharu, en Āmber, Rajasthan. (Foto: Agustín Pániker.)*

FIGURA 57: *Unas mujeres rezan al* jina *tras haber formado con granos de arroz las* svastikas, *los tres puntos que simbolizan las Tres Joyas y la media Luna y el espíritu liberado. Templo de Śāntinātha, Delhi, 1999. (Foto: Agustín Pániker.)*

FIGURA 58: *Un laico, ataviado en el rol de Indra, baña la estatua del* jina *en un clásico* snātra-pūjā. *(Foto: Caroline Humphrey. Por cortesía de Caroline Humphrey.)*

FIGURA 59: *Imagen del* dādāguru *Jinacandra Sūri Maṇidhārī en un templo en Jaipur, Rajasthan. (Foto: Lawrence Babb. Por cortesía de Lawrence Babb.)*

FIGURA 60: *Un* pūjarī *efectúa el rito de re-consagración anual de las imágenes de los* jinas *en el templo śvetāmbara de Mirpur, Rajasthan. (Foto: Kurt Titze. Por cortesía de la editorial Motilal Banarsidass.)*

FIGURA 61: *Un grupo de mujeres y un* pūjāri *realizando un culto en el templo de Raṇākpur, Rajasthan. (Foto: Thomas Dix.)*

FIGURA 62: *Una de las cimas de Sameṭa Śikhara, en Bihar, lugar de peregrinación predilecto de muchos jainistas. Veinte* tīrthaṅkaras *alcanzaron el* nirvāṇa *aquí. (Foto: Kurt Titze. Por cortesía de la editorial Motilal Banarsidass.)*

FIGURA 63: *Vista del complejo de templos dedicados a Nemi (siglo* XV*), en la montaña sagrada de Girnār, Gujarat. (Foto: Agustín Pániker.)*

FIGURA 64: *Representación simbólica de la montaña sagrada de Śatruñjaya en el templo de Raṇākpur, en Rajasthan. Con estas réplicas los devotos pueden "peregrinar" a los lugares sagrados y beneficiarse del mérito de la peregrinación sin necesidad de desplazarse físicamente. (Foto: Thomas Dix.)*

FIGURA 65: *Un asceta digambara en ronda de mendicidad. Realiza el gesto para pedir limosna que los fieles conocen bien. (Foto: Kurt Titze. Por cortesía de la editorial Motilal Banarsidass.)*

FIGURA 66: *El asceta digambara Vidyānandaji Mahārāj arengando a la audiencia en Kolhāpur, Maharashtra. (Foto: Michael Carrithers. Por cortesía de la Cambridge University Press.)*

FIGURA 67: *El asceta digambara Vidyānandaji Mahārāj en camino* (vihāra)*, acompañado de devotos laicos, en Bāhubali, cerca de Kolhāpur, Maharashtra. (Foto: Michael Carrithers. Por cortesía de la Cambridge University Press.)*

FIGURA 68: *En agosto de 1988 la multitud lleva el cadáver del* ācārya *Samanthabhadra – en postura yóguica– al campo de cremación. (Foto: Sanmati Publication. Por cortesía de la editorial Motilal Banarsidass.)*

FIGURA 69: *Un asceta digambara es venerado por una devota en Śravaṇabeḷgoḷā, Karnataka. (Foto: Gurmeet Thrukral.)*

FIGURA 70: *Devoto śvetāmbara. Lleva un plumero para barrer el suelo o su asiento que simboliza su dedicación a la no-violencia. Śatruñjaya, Gujarat. (Foto: Christophe Boisvieux.)*

FIGURA 71: *Mármol de Neminātha, el 22º* tīrthaṅkara *del jainismo. Monte Ābu, Rajasthan, siglo* XII*. Freer Gallery of Art & Arthur M. Sackler Gallery, Smithsonian Institution, Washington.*

FIGURA 72: Siddhapratimā-yantra. *Imagen del* jina *como espíritu liberado. Metal. Rajasthan, siglo* XIX.

# 27. EL CULTO (*PŪJĀ*)

## LAS FORMAS DE CULTO

En la India, la palabra clave para definir al culto religioso es *pūjā*. Se trata de una expresión ritual que impregna todas las religiones índicas. Resumidamente, la esencia de la *pūjā* consiste en *honrar* a la deidad o al ser omnisciente representado por el icono con actos de hospitalidad simbólica. Pero este patrón puede adoptar múltiples variantes y significados.

El jainista puede realizar el culto donde le plazca: en el hogar, en el templo o en la montaña. Y cuando le plazca: a diario, semanal u ocasionalmente. La *pūjā* es un asunto estrictamente personal. Ninguna escritura ni nadie obliga a hacerlo, si bien ciertos textos lo recomiendan puntualmente.*

Aunque es frecuente acudir al templo temprano, la *pūjā* matutina también suele realizarse en el hogar, frente a un pequeño altar doméstico donde se coloca la representación material –estatua, ilustración, fotografía, etc.– de uno o más *jinas*. Sea en el templo o en el hogar, cada uno hace lo que quiere. No existe una única forma de culto jainista. Éste puede variar según la orden religiosa, según la localidad, según si coincide o no con algún festival o conmemoración especial y/o según la hora del día. En última instancia, según lo quiera el devoto, pues el culto es una cuestión eminentemente individual –bien que puede realizarse comunalmente– y cada devoto le dará el significado que prefiera. En los templos mayores lo normal es acudir a las horas ya establecidas y bien conocidas por todo el mundo. En ese caso, y dependiendo del templo y la sub-orden, puede necesitarse la presencia de algún especialista sacerdotal. Pero incluso entonces, las variables de culto son ilimitadas. Por estos motivos, durante buena parte del día parece que en el templo jainista no suceda nada. Ahora entra una persona, luego otra; rezan, cantan, actúan; al-

* Como ya sabemos, a partir de los siglos XIII/XIV algunos grupos jainistas prescindieron del culto a las imágenes. La idea era purgar el jainismo de estas prácticas de templo y reorientar la práctica hacia la meditación. Como sustituto recitan letanías sagradas y meditan en su hogar o bien en el retiro. Sin embargo, sthānakavāsīs y terāpanthīs no dejan de ser minoritarios, así que para una gran mayoría de jainistas, el culto a las imágenes sigue siendo una de las actividades religiosas primordiales.

guno se está cinco minutos, otros tres horas. Aunque hay *pūjās* bastante estandarizadas, muy a menudo da la impresión de que se improvisa o hay espacio para la espontaneidad.

El culto siempre está dirigido a alguno de los cinco supremos: seres perfectos completamente omniscientes (*siddhas*), omniscientes que mostraron el camino (*tīrthaṅkaras*) o los tres grados de ascetas (*ācāryas, upādhyāyas, sādhus*). También pueden venerarse las deidades asociadas a los *tīrthaṅkaras*, objetos simbólicos y hasta lugares sagrados. Naturalmente, el *tīrthaṅkara* es el merecedor por excelencia, pues él reveló el sendero en beneficio del mundo entero. Por tanto, la adoración al *jina* es la forma más extendida de culto y es la que dominará este capítulo. El culto puede realizarse indistintamente a cualquiera de los veinticuatro *tīrthaṅkaras* o a los veinticuatro a la vez. Los más populares son, por orden: Pārśva, Ṛiṣabha, Nemi, Mahāvīra y Śantināthha. Entre algunos colectivos no es raro adorar a *tīrthaṅkaras* que pertenecen a otros continentes, como Sīmaṅdhara, que predica actualmente en Videha. Entre los omniscientes que no fueron *tīrthaṅkaras* suele venerarse a Bāhubali, a Gautama o al resto de *gaṇadharas*.

La mayoría de escuelas jainistas distingue dos niveles superpuestos de culto: 1) la adoración a objetos externos (*dravya*), sean las imágenes de los *jinas* o los santos y maestros de la comunidad; y 2) la adoración interna (*bhāva*), que tiene que ver con el estado de espíritu del devoto. En realidad la cosa es más compleja, pero no es necesario entrar aquí en mayores sutilezas. Si la forma de culto con objetos físicos es la realizada por los laicos, a los renunciantes sólo les está permitido el culto mental. Aunque su culto interior es sereno y casi mudo, no por ello es menos fervoroso. La mayoría de ascetas recita un tipo de himnología altamente devocional. En modo alguno consideran el culto con objetos físicos de los laicos como una forma menor o corrupta del culto –como algunos textos medievales parecen sugerir–. Por otro lado, a los laicos se les recomienda que acompañen el culto a las imágenes con el culto mental. Para que la devoción externa sea eficaz es primordial un estado de paz mental y devoción a las virtudes del *jina*; no en vano la mayoría de comentadores consideran la *pūjā* como una forma de meditación (*sāmāyika*). Todos los laicos reconocen la importancia de la disposición espiritual interior. La recitación murmurada del nombre del objeto de culto (*nāma-japa*) es una buena forma para practicar el culto interno, puesto que el nombre del *jina* evoca el ideal del espíritu liberado. Existen, además, distintos *mantras* muy recitados por todos. Por lo general se trata de variaciones del *pañca-namaskāra*. Otra expresión de devoción interna habitual es la postración ante la imagen del *jina*.

La forma de culto más sencilla es la llamada "visión" (*darśana*) de la imagen. Es el más común de los cultos de templo y puede realizarse en cualquier momento del día. El devoto entra, reza, "ve" la imagen y se va.

Una variante ligeramente más compleja es la que se denomina "veneración de templo" (*caityavandana*). Además de la visión y del rezo, el devoto circunvala la imagen tres veces y realiza una serie de gestos precisos. No hay ofrendas ni contacto directo con la imagen. Por estos motivos el *caityavandana* es, a la vez, el tipo de *pūjā* que realizan los ascetas. En consecuencia, este tipo de culto es el que se considera "obligatorio" en los textos rituales.

Si bien el *darśana* y el *caityavandana* son las formas de culto más sencillas y practicadas, existen otras, mucho más elaboradas y ricas en simbología, que merecen un estudio más detallado.

## EL CULTO DE LAS OCHO SUBSTANCIAS

Una de las *pūjās* patronímicas, posiblemente la más institucionalizada y hasta practicada de todas, es la denominada "culto de las ocho substancias" (*aṣṭaprakārī-pūjā*). Es típica entre todos los śvetāmbaras mūrtipūjākas y similar a la de muchos digambaras. Toma el nombre de los ocho tipos de ofrendas que se realizan. El propio laico las trae de su casa o las compra en el templo. El rito es individual, pero no es raro que grupos de devotos se congreguen periódicamente para realizarlo colectivamente. No se recita ni se sigue ningún texto, si bien algunos individuos pueden cantar himnos. Algunas personas realizan este culto a diario de forma íntegra; otras, sólo parcialmente.

Es costumbre realizar esta *pūjā* por la mañana. El varón vestirá su falda (*dhotī*) de mejor calidad y la mujer su sari (*sāṟī*) nupcial. El baño ritual previo es indispensable, ya que los devotos tienen que estar en el máximo estado de pureza para poder tocar las imágenes. Por el mismo motivo no se permite vestir prendas de cuero, consideradas no sólo impuras y contrarias a la *ahiṃsā*, sino excesivamente mundanales. Interesantemente, dado que el baño le está prohibido al asceta en virtud de su voto de la *ahiṃsā*, en cierto sentido está en una condición de impureza que le impide tocar las imágenes. Obviamente, nadie se atreve a decir o criticar la paradójica impureza de los renunciantes. Ésta sólo atañe a la substancia (*dravya*) y no a su estado mental (*bhāva*), pero como James Laidlaw ha detectado, quizá sea éste el motivo último por el cual los ascetas no puedan realizar el culto a la imagen material.[1]

Al penetrar en el recinto sagrado algunos devotos pueden colocarse el clásico bozal de tela para mostrar su dedicación a la no-violencia y no escupir involuntariamente alguna impureza sobre la imagen. Otros pronunciarán simplemente la palabra "abandono" (*nisahī, nisīhiyā*), que denota el paso del mundo profano al mundo sagrado o, por poner un ejemplo más jainista, el paso de cabeza de familia a renunciante temporal.

El culto suele comenzar con la visión (*darśana*) del icono. Como mencionamos, es frecuente realizar una postración ante la imagen principal del *jina* y recitar el *namaskāra-mantra*. Se consideran símbolos de humildad y reverencia ante los ideales que la imagen encarna. Luego, es habitual circunvalar la estatua tres veces, como en el *caityavandana*. Por tanto, la *pūjā* de las ocho substancias contiene dentro de sí a las dos más sencillas. Este rasgo es típico de la cultura ritual hindú. Los ritos pueden abreviarse, solaparse o incluirse en rituales mayores.[2]

A continuación, el devoto entra en la capilla central. A partir de aquí comienzan a utilizarse los ocho componentes clásicos de este culto.

El primero es la aspersión o adoración con agua (*snāpana*, *abhiṣeka*). El devoto baña simbólicamente al *jina* vertiendo un poco de agua sobre la imagen principal o, en el caso de que ésta no sea móvil, sobre una pequeña réplica que existe afuera del *sancta sanctorum* [ver FIG. 55]. Mientras ejecuta la operación, el creyente trata de visualizarse a sí mismo como Indra (Śakra) cuando realizó el primer baño ritual al Jina recién nacido en la cima del monte Meru. Esto es típico también de otras *pūjās* que estudiaremos a continuación.

Una vez la imagen ha sido secada, el devoto o el sacerdote encargado de dirigir el rito untará unos puntos precisos de la estatua con un poco de pasta de sándalo. Esta parte, la segunda, se denomina adoración con sándalo (*kesar-pūjā*).

Después se invoca el nombre del *tīrthaṅkara* al cual se está dirigiendo y se le ofrecen flores (*puṣpā-pūjā*). Las flores han de ser hermosas y frescas. En este punto se da una pequeña incoherencia con la doctrina de la *ahiṃsā*, de ahí que algunos intérpretes de la tradición lo justifiquen un tanto forzadamente: las flores las compra el devoto al jardinero del templo –quien, como veremos, suele ser el sacerdote– sabiendo que, si no lo hiciera, irían a parar a sangrientos sacrificios y *pūjās* hinduistas.

Estas tres partes del culto tienen lugar en la capilla central. En los tres casos hay contacto físico con la imagen o su réplica. Este punto diferencia la *pūjā* jainista de la hinduista, ya que en los templos de Viṣṇu, Śiva y demás divinidades hinduistas el devoto nunca puede aproximarse demasiado a la imagen y toda la operación es ejecutada por los sacerdotes. En los templos jainistas incluso los extranjeros pueden entrar en el *sancta sanctorum*.

A continuación, el devoto se sitúa en la sala principal, de frente a la imagen. Ya que las partes del rito que siguen no requieren el contacto físico –ergo, tampoco el estado de pureza de las tres primeras–, muchos jainistas realizan sólo esta porción del culto.

El cuarto componente de la *pūjā* es la adoración con incienso (*dhūp-pūjā*), que el devoto realiza con barritas de incienso en dirección a la imagen. La quinta parte consiste en la adoración con la lamparilla de alcanfor (*dīpak-pūjā*), una operación similar a la anterior que suele realizarse en el centro de la sala. Acto seguido, el devoto se sienta sobre una esterilla frente a una tablilla o mesita. Ahí llevará a cabo la sexta, séptima y octava partes del culto.

El sexto componente es la adoración con arroz (*akṣat-pūjā*). Sobre la tablilla, el devoto forma el signo de la *svastika* con granos de arroz, a la vez emblema auspicioso y símbolo del *saṃsāra*. Justo encima dibuja, siempre con puñaditos de arroz, tres círculos, símbolo de las Tres Joyas del jainismo, la senda que permitirá detener el flujo de renacimientos. En la parte superior forma una media Luna con un círculo encima. Obviamente, simbolizan el Mundo de los Perfectos y el espíritu liberado [ver FIGS. 57 y 61]. Todo este acto es muy ilustrativo de que el propósito del culto no es obtener beneficio ni gracia alguna del *jina*. Muestra que el fin último que se persigue es la emancipación. Todos estos símbolos forman parte del emblema oficial del jainismo [ver FIG. C] adoptado hace pocas décadas. Indudablemente, esta parte es la porción más distintiva de la *pūjā* jainista, sin paralelo en la hinduista.

El séptimo componente es la ofrenda de alimentos (*naivedya-pūjā*). El devoto sitúa algunos dulces sobre la *svastika* que ha creado con el arroz. Puede que ponga también alguna moneda. En la octava parte, el seguidor coloca también algo de fruta junto a los granos que representan los espíritus liberados. Es la adoración con fruta (*phal-pūjā*).

Una vez terminada esta última porción, suele recitarse los nombres de los veinticuatro *tīrthaṅkaras* o cantar el Himno de los Veinticuatro *Jinas* (*caturviṃśatistava*). Luego, se vuelve a murmurar la palabra "abandono" (*nisīhiyā*) y, calladamente, se realiza una adoración mental, una contemplación interna (*bhāva-pūjā*) del *tīrthaṅkara*.

Los materiales utilizados en el culto de las ocho substancias se dejan ahí, y los funcionarios del templo los recogerán más tarde.

## SIGNIFICADO DE LAS SUBSTANCIAS

Cada una de las ofrendas del culto de las ocho substancias posee su significado, si bien no todo el mundo lo interpreta de igual forma. Para el filósofo Haribhadra, por ejemplo, las ocho substancias ofrecidas se corresponden con los cinco votos, más la devoción al maestro, el conocimiento y la austeridad. Para otros, el sándalo puede simbolizar el apaciguamiento de las pasiones, el incienso sirve para eliminar el "mal olor" del apego a este mundo y "refrescar" al devoto, la lamparilla de alcanfor tal vez para iluminar o erradicar la ignorancia, etc. No existe interpretación "oficial".

Particularmente interesante es la lógica subyacente a la ofrenda de alimentos. A diferencia de la *pūjā* hinduista, la comida que se ofrece no se da con la esperanza de recibir algo a cambio, ni es distribuida luego entre los devotos. Más bien se *abandona* ahí, como símbolo externo de renuncia. Un informante de Lawrence Babb lo expresaba dirigiéndose en el rezo al *tīrthaṅkara*: «Oh Señor, tengo estas cosas, pero realmente no las deseo, quiero dejarlas».[3] Los alimentos forman la base de la existencia corporal y, por tanto, son un ingrediente vital de la atadura. De modo que la "ofrenda" de alimentos puede interpretarse como una renuncia ritual. Algo bastante distinto de la mayoría de *pūjās* hinduistas, donde se trata de alimentar a la divinidad, quien, a su vez, nutrirá al devoto con su gracia (*prasāda*), simbolizada por los alimentos que los *brāhmaṇas* devuelven a los fieles. En el jainismo no hay *prasāda*, no hay reciprocidad entre el devoto y el objeto de devoción. Como resume John Cort, en el jainismo las ofrendas no son para el *jina* sino para las virtudes de la iluminación, la liberación y el desapasionamiento simbolizadas por la imagen.[4]

## LOS FUNCIONARIOS DEL TEMPLO

Dado el carácter inaccesible de los *jinas* no hay necesidad de sacerdote o intermediario para el culto. No obstante, los templos importantes suelen tener funcionarios a su cargo (*pūjakas*; hindi: *pūjāris*), bien que tales personas no son depositarias de ninguna autoridad sagrada. Además de conducir algunos de los ritos más complejos, el *pūjāri* cuida del templo, baña diariamente las imágenes y las hace consagrar periódicamente [ver FIG. 60].

En los templos digambaras del Deccan el *pūjāri* es siempre jainista, de la casta que ya conocemos de los *jaina-brāhmaṇas* [véanse págs. 306-308], también llamados *upādhyāyas*. Dirigen las *pūjās* diarias, las especiales con ocasión de festivales, consagran imágenes nuevas y realizan ritos domésticos varios. La razón técnica por la cual se precisa de estos sacerdotes es que, en consonancia con el medio hinduista circundante, el laico no puede tocar la imagen del *jina*. Para las ceremonias donde hay que decorarla, lustrarla y bañarla, la presencia de un ritualista es obligada. En los templos digambaras del Norte, empero, los laicos pueden realizar todo el ritual.

En los recintos śvetāmbaras el funcionario es casi siempre hinduista, normalmente miembro de alguna casta que se ha especializado en la cuestión, como la de los bardos (*bārotas*) o jardineros (*mālīs*), aunque no es infrecuente hallar también a funcionarios que dicen ser de la clase sacerdotal hinduista (*brāhmaṇa*) o de castas agrícolas (*kuṇabis*). En cualquier caso, estos "sacerdotes" poseen un rol básicamente laboral y no espiritual. Son representantes del *saṃgha* local y son remunerados por su trabajo. Como pago extra a sus servicios pueden quedarse con todas las ofrendas abandonadas por los devotos. Éste es uno de los motivos por los cuales los funcionarios no son nunca jainistas. Otro motivo es que, en la India, y a diferencia de lo que podría pensarse, el rango de sacerdote es bastante bajo –ya que debe subsistir de los "pagos" de los fieles–, de modo que pocos jainistas se dignarían realizar estas tareas poco prestigiosas.

La presencia de *brāhmaṇas*, sean del tipo que sean, seguramente está íntimamente ligada a la de los espíritus y deidades guardianes. Y es que para que las plegarias lleguen a estos seres benevolentes, bien conocidos de los hinduistas, sí puede precisarse el conocimiento litúrgico y mántrico de los *brāhmaṇas*. Aparte estos "funcionarios", son los propios fieles quienes se encargan del culto, aun cuando existan *jaina-brāhmaṇas* en el templo. Ellos son sus propios sacerdotes.

Igualmente destacable en las *pūjās* importantes son los cantos devocionales de sorprendente vivacidad. Coincido con Kurt Titze en que al jainismo hay que "verlo" además de leerlo,[5] y al acudir a sus templos o festivales, uno podrá también "escuchar" al jainismo, un aspecto sumamente importante en un pueblo, como el indio, que es esencialmente sónico.

## *SNĀTRA-PŪJĀ* Y *PAÑCA-KALYĀṆA*

Otro de los ritos devocionales más significativos es el denominado "culto de los cinco eventos auspiciosos" (*pañca-kalyāṇa-pūjā*) del *tīrthaṅkara*. Recordémoslos: concepción, nacimiento, renuncia, iluminación y liberación. Cada *pañca-kalyāṇa-pūjā* celebra los cinco eventos de un *tīrthaṅkara* en particular. Los más frecuentes son Pārśva y Mahāvīra.

Este culto tiene lugar casi siempre que una nueva imagen de un *jina* es instalada en algún templo o cuando se precisa reactualizar la consagración de algunas de las ya emplazadas. Sin esta consagración la imagen sería una estatua inerte. Tras el ritual es un objeto sagrado. Lawrence Babb ha detectado que esto sugiere que los *kalyāṇas* de los *tīrthaṅkaras* han dejado en el cosmos un residuo auspicioso que puede focalizarse en las imágenes y movilizarse en los rituales al servicio de los devotos.[6] El rito completo puede prolongarse durante varios días.

La parte del ritual que conmemora la concepción, el nacimiento más el primer baño ritual de todo *jina*, suele celebrarse con bastante frecuencia en los templos śvetāmbaras y no sólo con ocasión del *pañca-kalyāṇa*. Cuando esta porción del culto se lleva a cabo independientemente no celebra los acontecimientos de ningún *jina* en particular, sino de todos los *tīrthaṅkaras*. Recibe entonces el nombre de *snātra-pūjā*, y suele concluir con una variante del "culto de las ocho substancias" o con una apoteosis con lamparillas de alcanfor (*ārātrika*; hindi: *āratī*). Cuando va inserto dentro del *pañca-kalyāṇa,* simplemente es el preliminar.

Todo el evento, en especial la parte de la *snātra-pūjā,* toma el cariz de una escenificación teatral. La persona que financia el ritual interpreta el papel del rey de dioses, Indra (Śakra), y su esposa, el de Indrāṇī, su consorte. No es raro que estos devotos lleven coronas que simbolizan su identidad divina [ver FIG. 58]. Algunos miembros de la familia representarán el papel de padres del niño. Los demás hacen de coro y público a la vez. Pero se trata de una audiencia muy activa, que sigue un guión bien conocido por todos. Los himnos y cánticos están impresos en manuales y misales rituales. Es el texto el que sitúa el ritual en una narrativa precisa, sea la de Ṛiṣabha, Śāntinātha, Pārśva o Mahāvīra. Para la ocasión suele utilizarse una réplica en metal del *tīrthaṅkara*.

### *SNĀTRA-PŪJĀ*

El primer acontecimiento auspicioso, el de la concepción, viene precedido por el relato de vidas anteriores del *jina* en cuestión. La encarnación clave es la antepenúltima, cuando el *jīva* que va a ser *tīrthaṅkara* adquiere el precioso *tīrthaṅkara-nāma-karma*. Tras la recitación de los textos, el director del culto lustra la imagen del *jina* con agua y pasta de sándalo. Los participantes dibujan *svastikas* con granos de arroz en las tablillas. Acto seguido se escenifica el primer acontecimiento auspicioso. Gracias a su conocimiento clarividente (*avadhi-jñāna*) Indra sabe que un gran nacimiento va a tener lugar. En este momento los participantes circunvalan la imagen del *jina* y recitan el himno que cantó Indra en el momento de la concepción del *jina*. La mujer que interpreta el papel de madre tiene los catorce sueños pertinentes. Se representa a las semidiosas *dikkumārīs* que abanicaron a la madre y limpiaron de impureza el lugar del parto. Se realizan ofrendas de arroz tintado de azafrán y flores. Tras el "parto" Indra toma al "niño" en brazos y lo sitúa en lo alto de un pedestal, símbolo del monte Meru, donde han tenido lugar los baños rituales (*abhiṣekas*) de todos los *tīrthaṅkaras*. Los participantes bailan. Emulando a Indra, lavan los pies del *jina* con agua, igual que en el culto de las ocho substancias. Luego bañan la imagen con leche y aún una última vez con agua [ver FIG. 58]. El gozo de los dioses fue inmenso al realizar la aspersión de quien volverá a predicar la senda de la salvación. Los devotos, como ellos, gritan *¡jay!* ("victoria") y realizan una donación de monedas de oro. Indra devuelve el infante al regazo de su madre y parte hacia Nandīśvara, la isla inaccesible a los humanos donde los dioses acuden a venerar las imágenes eternas de los *jinas*. Lawrence Babb ha señalado que la historia del nacimiento y primer baño de todo *tīrthaṅkara* es la más contada del jainismo; posee una importancia equivalente a la de la natividad de Jesús para los cristianos.[7] Aquí finaliza la *snātra-pūjā*.

## RESTO DE *KALYĀṆAS*

El culto puede proseguir celebrando el resto de momentos auspiciosos de la vida del *jina*. En la siguiente fase del *pañca-kalyāṇa* se adorna la imagen con todo tipo de joyas. Se teatraliza el momento previo a la renuncia, cuando el joven príncipe es avisado por las deidades –representadas por jóvenes familiares o del vecindario– de que ha llegado el momento de renunciar al mundo. Se lleva la imagen a fuera del pueblo y se retiran los adornos. Entonces tiene lugar la consagración de la imagen, de modo equivalente al voto de renuncia o iniciación (*dīkṣā*) del *jina*.

Cuando llega el momento de la omnisciencia, el festival llega a su clímax. Se instala formalmente la imagen en su lugar permanente: el *jina* sentado en meditación en el centro del templo, rodeado de los personajes emblemáticos de la comunidad. La escena, por supuesto, representa la última audiencia sagrada. Justo después se celebra el acto final, el del *nirvāṇa*. Probablemente, el último momento auspicioso es el que menor interés despierta, si bien algunos colectivos lo celebran durante el festival del Dīpāvalī. Situada definitivamente sobre el pedestal, la imagen obtiene el estatus de un *tīrthaṅkara*.

Por financiar la instalación de la imagen el patrono y mecenas del ritual pasa a ser denominado "lider de la comunidad" (*saṃghapāti*), y será respetado por todo el mundo.

### DIOSES Y DEVOTOS

Resaltemos algunos aspectos de esta *pūjā*. Como se observa, la primera parte *–snātra-pūjā–* conmemora la llegada del *tīrthaṅkara*, aquel que establecerá la senda que conduce a la liberación. La segunda parte formaliza claramente una relación entre el *tīrthaṅkara* y aquellos que lo adoran. Y el asunto crucial es que son los dioses los adoradores de los *tīrthaṅkaras*, un aspecto que sólo ha sido debidamente resaltado por Lawrence Babb.[8] Y Babb ha remarcado que, en esta ecuación, se muestra la importancia que poseen las divinidades en el jainismo. Los dioses del panteón jainista no son meros adornos marginales o simples dispensadores de milagros, sino que representan el *modelo de los devotos* jainistas.[9] De ahí que divinidades protectoras como Bhairava o Padmāvatī acudan en ayuda de sus compañeros humanos que expresan su fidelidad y devoción a los *jinas*. El rol de las divinidades no es el de objeto de adoración –como en el hinduismo–, sino el de modelo arquetípico de devoto. *Los dioses son jainistas laicos*, subraya Babb.[10] Esta identificación entre el adorador y la deidad no es exclusiva del jainismo, ya que también puede encontrarse en el ritual védico. Brian Smith ha mostrado como, gracias a los ritos preliminares, en el ritualismo védico el sacrificante se transformaba en entidad divina. Gracias a ello alcanzaba el cielo en aquella misma vida.[11]

En el jainismo las deidades representan claramente un modo de acción ritual. No es la más elevada, que es la del ascetismo, pero, aun siendo no-ascéticas, las deidades pueden *admirar* y *mantener* a los ascetas, además de escuchar sus enseñanzas.[12] Empero, no puede ocurrir a la inversa. Los ascetas no pueden ni venerar a los dioses ni realizar ofrendas –que no sean mentales– a los *jinas*. La clave es que son los humanos quienes asumen el rol de los dioses y adoran a los *jinas* y los ascetas. Igual que ellos, si se mantienen vigilantes, si perseveran en la fe y la confianza, algún día ellos también podrán renacer como divinidades. O lo que es aún mejor: algún día podrán llegar a practicar el ascetismo y convertirse en *sādhus* o *sādhvīs* jainistas.

## LA INTENCIÓN DE LA *PŪJĀ*

Estrictamente hablando, la *pūjā* es meditacional. El *jina* no interviene, pero con la devoción se levanta en el espíritu del devoto un sentimiento kármico auspicioso. Con humildad canta al *jina* en forma de agradecimiento por haber enseñado el camino. Este sentimiento de gratitud es capaz de destruir *karmas* negativos y generar a la vez un mérito kármico (*puṇya*) que conllevará a renacimientos mejores. O, como ha expuesto John Cort, al venerar las cualidades superiores de un ser que está más avanzado en la senda de la liberación, uno absorbe para sí algunas de estas cualidades, y así tanto erradica *karma* ya acumulado como evita la fijación de más *karma*.[13] El *jina* no responde, pero en su presencia se produce la purificación interior del devoto. No es el *tīrthaṅkara* quien otorga mérito religioso. Es el adorador quien adquiere, a través de la contemplación, los gestos y las creencias, un sentido de identidad extramundana, la sensación de estar en el recto camino que lleva a la liberación. Ahí reside la "gracia divina" de los *jinas*. Contemplando la forma del desapasionado Señor en un templo, dicen los textos, la mente se llena automáticamente con un sentimiento de renuncia. La *pūjā*, si es realizada en el estado mental adecuado, en el espíritu de la devoción y amor sincero por el Señor, es un agente purificante de primer orden.

Por tanto, el culto posee un valor renunciatorio y ascético elevado. Adorar al prototipo del asceta, al *tīrthaṅkara*, es un acto ascético. Si el culto también aporta mérito (*puṇya*) o demérito (*pāpa*), eso, desde el punto de vista del devoto entregado, tendría que ser secundario. Siquiera el culto a Pārśva, del que se dice que es capaz de intervenir en beneficio de los devotos, contradice la intención de la *pūjā*. Un examen del culto a este popular *jina* muestra que los agentes que intervienen son sus espíritus guardianes. Así lo reconoce Jinaprabha Sūri (siglo XIV) cuando advierte que la famosa imagen de Pārśva de Śaṅkhapura, capaz de apartar los obstáculos y otorgar abundancia, lo es gracias a la proximidad de Dharaṇendra y Padmāvatī.[14] Eso no es pura teoría, sino algo bien entendido por los laicos. Ningún devoto piensa que el mérito proviene del *tīrthaṅkara*, sino del extraordinario poder de deidades como Padmāvatī, Cakreśvarī, Bhairava o Dharaṇendra.

A pesar de todo esto, está claro que muchos jainistas se dirigen a los *jinas* y deidades que los atienden en busca de beneficios precisos y acumulación de *karma* positivo. Esto es algo que reconocen abiertamente los jainistas, aunque con un cierto sentimiento de culpa. Ciertamente, no le pedirán prosperidad en el negocio al *tīrthaṅkara* pero sí al Bhairava de Nākoṛā, ni rezarán a ningún *jina* pidiendo felicidad matrimonial, pero sí a la diosa Lakṣmī. Eso pone en entredicho la interpretación ascética del culto. Además, los milagros que estos seres son capaces de producir contradicen el axioma básico de que todo depende del *karma*. Empero el milagro se asocia al *karma* al ligarse indefectiblemente al bien. Las divinidades, los ascetas con poderes sobrenaturales o los escoltas de los *jinas* realizaron milagros y pueden volver a hacerlos escuchando el rezo de los devotos, porque se hicieron por una *buena causa*. Por tanto, la incongruencia con la ley kármica es, a los ojos del devoto, inexistente. El problema que tiene el devoto es de otro orden. Como perfectamente ha ilustrado James Laidlaw, su religión les exige renunciar a muchos aspectos que, de acuerdo con la cultura en la que viven, son a la vez necesarios y deseables. Deberían renunciar a sus familias, sus hogares, sus negocios, su casta o fuentes de ayuda mundanal como a las plegarias a deidades poderosas.[15] El problema que tiene el devoto es que la intervención divina y/o milagrosa no se ve con buenos ojos.

Esta contradicción ha llevado a una cierta devaluación del culto con substancias (*dravya-pūjā*) en comparación al culto interno (*bhāva-pūjā*). Pero nadie puede trazar una divisoria clara. Nadie puede decir si las prácticas de los ascetas, encaminadas íntegramente a destruir *karmas* y no a generar *karma* meritorio, producirán el resultado deseado. Lo más probable al realizar una donación es ganar mérito, pero cuando ésta se ha realizado con espíritu de desapego también puede actuar como purificador del espíritu. Lo mismo puede decirse de la no-violencia, de los ayunos, de las confesiones... y de la *pūjā*. Sólo los eventos en un futuro lejano revelarán si se ha conseguido destruir *karma* o se ha conseguido ganar mérito.[16] Babb ha destacado con claridad la ambivalencia que se da entre el tono ascético favorecido por la tradición, que aboga por la erradicación del *karma*, y la necesidad vital de la gente. Aunque los jainistas reconocen que uno no debe acudir al culto con intereses mundanales, la tradición misma les otorga legitimidad.[17]

## EL CULTO A LOS *DĀDĀGURUS* COMO SUBCULTURA RITUAL

Un buen ejemplo de la legitimación de las aspiraciones y deseos mundanales de los laicos lo ofrece el culto a los *dādāgurus* o *gurudevas*. Si recordamos, los cuatro *dādāgurus* –Jinadatta Sūri, Jinacandra Sūri Maṇidhārī, Jinakuśala Sūri y Jinacandra Sūri II– fueron maestros dotados de poderes milagrosos que utilizaron en defensa del jainismo y la comunidad [véanse págs. 277-278]. Se dice que estos maestros pueden acudir en favor de los que necesitan ayuda, ya que su poder es accesible gracias a un tipo de ritual bien institucionalizado. Entre los kharatara-gacchins su culto puede llegar a ser ritualmente más prominente que el de los *tīrthaṅkaras* y, como ha notado Lawrence Babb, el hecho de que muchos jóvenes participen indica que es una actividad ritual floreciente.[18] Se trata de una subcultura ritual focalizada regionalmente –en Rajasthan– y sectariamente –Kharatara-Gaccha–.[19] Constantemente aparecen nuevos templos y se reportan nuevos milagros.

Los santuarios dedicados específicamente a estos *dādāgurus* se conocen como "jardines de los *dādās*" (*dādābāṛīs*). Normalmente, los maestros están representados por sus huellas (*pādukās*), aunque la imágenes antropomórficas son cada vez más comunes [ver FIG. 59]. Igualmente, muchos templos importantes poseen imágenes de alguno de ellos o de los cuatro. Es posible que el culto a los *dādāgurus* surgiera del culto a Gautama, reconocido sorteador de obstáculos por ciertos śvetāmbaras medievales y todavía muy popular. Pero, a diferencia de los *dādāgurus*, Gautama es un espíritu liberado, por lo que su participación en asuntos mundanales es teóricamente imposible. Gautama no es transaccional. En cambio, los cuatro *dādāgurus*, todos ascetas y maestros que glorificaron el jainismo, no se liberaron. Por esta razón el devoto puede mirar de activar la compasión del *dādāguru*.

Aunque los jainistas prefieren decir que toda *pūjā* está destinada a pacificar la mente y purificar el espíritu, todos reconocen que gracias a sus poderes sobrenaturales los *dādāgurus* pueden ayudar materialmente a los devotos. La soteriología cede ante la consecución milagrosa de beneficios materiales. No es raro que se les compare a los árboles que colman los deseos (*kalpavṛikṣas*) de tiempos antediluvianos. Su ascetismo ha sido desligado de la senda que conduce a la liberación y se asocia al poder milagroso. Hasta tal punto, que no es raro escuchar historias de ascetas y laicos que encontraron "en persona" o tuvieron visiones de los *dādāgurus*. Como bien ha apreciado Paul Dundas, la similitud con los santos o las vírgenes del catolicismo es clara.[20]

El culto en sí puede consistir en la mera visión (*darśana*) de la imagen del *dādāguru*. Eso sí, siempre precedida de un gesto de honra a los *tīrthaṅkaras*. Cultos más elaborados requieren el canto de ciertos textos, la ofrenda de incienso, la veneración de las huellas (*pādukās*) que representan al santo y hasta puede que una versión del "culto de las ocho substancias". En ese caso, cuando se forman los símbolos con arroz no debe dibujarse ni la media Luna ni el punto que representa al espíritu liberado. En determinadas ocasiones, el ritual puede ser congregacional.

Como Babb ha resumido, los *dādāgurus* ofrecen la posibilidad de perseguir intereses mundanales a través de un modo de culto que, puesto que está centrado en ellos como ascetas, es coherente con el empeño de la tradición en la idea de que el ascetismo constituye el corazón de lo merecedor de culto.[21] En modo alguno hay que interpretar esta subcultura ritual como una forma de hinduismo entrometida en el jainismo. Dicho de otro modo: cuando los jainistas adoran a los *tīrthaṅkaras* entran en contacto con la eternidad. Tanto lo que realizan en su culto como lo que celebran ha existido y existirá por siempre. El devoto imita al objeto de culto, el *tīrthaṅkara*, y, al hacerlo, enfoca hacia la meta más elevada de la liberación. Pero al mismo tiempo puede adoptar una identidad real, la de Indra o Indrāṇī, los dioses cuyo objeto es admirar a los *tīrthaṅkaras*. Gracias a ello adquirirá mérito religioso. Aunque sin duda está en la senda de la liberación, es alguien que toma un camino más largo, que pasa por la felicidad en este mundo. Puesto que la tradición tiende a prestigiar la imagen del devoto como renunciante, se da una cierta tensión entre ambas identidades. El conflicto se resuelve con el culto a los *dādāgurus*. Cuando los jainistas adoran a los *dādāgurus* traen la eternidad al mundo en el que viven. Siguiendo a Lawrence Babb, aquellos que adoran a los *dādāgurus* son los hijos e hijas de aquellos reyes –los *rājputs*– que se hicieron jainistas cuando poderosos ascetas vinieron en su ayuda[22] [véanse págs. 319-322]. El devoto es un buscador de la salvación pero que precisa de ayuda mundanal o material. El culto queda perfectamente legitimado al ser los *dādāgurus* miembros de un linaje espiritual que los liga con los *tīrthaṅkaras*.

# 28. LA PRÁCTICA AUSPICIOSA

## FESTIVALES Y DÍAS SAGRADOS

Los festivales (*utsavas*) y días sagrados del calendario religioso forman un tipo de expresión devocional íntimamente ligada al culto y a la Historia Universal. El calendario sagrado proporciona la ocasión de reunir a los *saṃghas* locales, de ganar mérito religioso a los devotos y de manifestar las señas de identidad del jainismo.

### PARYUṢAṆA

El festival más emblemático de los jainistas es el Paryuṣaṇa, el "período de permanecer en un lugar". El festival retiene su nombre y carácter original: los cuatro meses (*caturmāsa*) de la estación de lluvias cuando los ascetas se sedentarizan. Hoy, el Paryuṣaṇa ha pasado de ser una práctica exclusiva de ascetas a una experiencia comunal de ocho días, en la que los laicos pueden vivir en su propia piel el ideal ascético. Es principalmente a través del Paryuṣaṇa como ascetas y laicos refuerzan sus lazos. Además, conmemora el inicio del calendario jainista, el Año Nuevo jainista, por poner un símil universal. Para los śvetāmbaras el festival tiene lugar en los meses de agosto/septiembre.

Toda familia jainista, más allá de su grado de participación religiosa habitual, intensifica las observancias religiosas durante el Paryuṣaṇa. Las *pūjās* son más frecuentes y elaboradas. Los templos están repletos. Algunos laicos pasan los ocho días ayunando, aunque la mayoría simplemente restringe las tres comidas normales a una sola. Los más, observan únicamente el último día de ayuno total. Durante esa jornada, llamada *saṃvatsarī*, el laico se convierte temporalmente en asceta. Acude al retiro más próximo y se enclaustra con los ascetas para ayunar, confesarse y meditar.

El Paryuṣaṇa es considerado tan sagrado que la comunidad jainista pide que durante los ocho días las autoridades prohiban toda actividad en los mataderos. Si es necesario, los magnates pagan por ello. Muchos jainistas regresan a su pueblo o ciudad durante estas fechas para poder acudir al ayuno colectivo, a la ceremonia de confesión y para la adoración de textos como el *Kalpa-sūtra*.

En efecto, una parte integral del Paryuṣaṇa śvetāmbara consiste en la audición de discursos religiosos (*vyākhyānas*), preferentemente del *Kalpa-sūtra*. Al tercer día del festival es costumbre sacar en procesión una copia de este *sūtra*, desde el retiro ascético hasta la casa del laico que financia y dirige el rito. Los días siguientes están marcados por las recitaciones públicas del *sūtra*, normalmente en la lengua vernacular. Como se dijo [véase pág. 345], la recitación del texto forma parte de un ceremonial muy amplio que incluye también el culto a las imágenes que ilustran momentos fundamentales de la vida del Jina. Durante la recitación del episodio del nacimiento de Mahāvīra, por ejemplo, catorce imágenes de plata que representan los catorce sueños de Triśalā se bajan del techo del retiro y se sitúan sobre una mesa. Allí son veneradas mientras se recitan los pasajes correspondientes del *sūtra*. Todo el mundo lanza arroz y rompe cocos –símbolo de lo auspicioso– en un ambiente mucho más festivo y carnavalesco de lo que podría pensarse tratándose de una práctica ascética. El último día, el *saṃvatsarī*, los ascetas sólo recitan el texto en prácrito –el *Bārasā-sūtra*–, tan rápido como pueden. Durante las tres horas que dura la recitación –y que nadie es capaz de comprender–, se hacen pasar páginas del *sūtra* entre la multitud, que realiza una *pūjā* a las hojas del manuscrito, con postraciones, reverencias y espolvoreando pasta de sándalo. Como ha remarcado James Laidlaw, en toda la escena no hay nada que pueda describirse como una audiencia de un texto.[1] Al atardecer, laicos y ascetas se reúnen en el retiro para el rito anual de confesión (*pratikramaṇa*). Esta práctica religiosa es parte integrante del festival. La confesión se realiza tanto a los ascetas como a los familiares, amigos y hasta los enemigos –a través de cartas de arrepentimiento–. Para una gran mayoría de jainistas, el rito de confesión se restringe al *saṃvatsarī*.

Aunque el carácter ascético del festival es indudable, también lo es el tono festivo. Las mujeres llevan sus mejores joyas y saris, por lo que existe asimismo un componente de exhibicionismo social. De hecho, el *saṃvatsarī* coincide con un festival hinduista muy colorido: el Gaṇeśa-Catūrthi. Esta "coincidencia" no deja de ser un hábil recurso de inmersión en el mundo circundante. El dios Gaṇeśa no está conectado a las vidas de los *tīrthaṅkaras*, ni se le conoce como protector del jainismo. Pero el dios-elefante está presente en la entrada de todo hogar y todo comercio jainista. Los jainas lo invocan en muchos de sus ritos de paso y, significativamente, para muchas de aquellas cosas que el jainismo fomenta renunciar: matrimonio, nacimiento de hijos, nuevo negocio, nueva casa, etc.[2] Por tanto, después de haber pasado unos días en la austeridad de los retiros y salas de ayuno, los jainistas se unen a los hinduistas para celebrar con jolgorio el día del benevolente Gaṇeśa.

El equivalente digambara del Paryuṣaṇa es el Daśalakṣaṇa-parvan, que dura diez días y comienza justo cuando finaliza el Paryuṣaṇa. No se recita el *Kalpa-sūtra* sino el *Tattvārtha-sūtra*. El último día es también el más sagrado y suele reservarse para un ayuno total y una *pūjā* especial.

## ANIVERSARIOS DE MAHĀVĪRA

Por supuesto, muchos festivales están íntimamente ligados a la Historia Universal. Los momentos auspiciosos de la vida de Mahāvīra son muy celebrados [véanse págs. 435-437]. Entre los meses de marzo y abril se conmemora con especial fervor –y por ambas comunidades a la vez– el Mahāvīra-Jayantī o aniversario de su nacimiento. Se trata de uno de los poquísimos eventos por el que los jainistas han tomado partido en bloque, más allá de sus divisiones sectarias. Gracias a los esfuerzos de toda la comunidad el día es fiesta nacional en la India. Es la única festividad nacional de exclusivo significado jainista.

También es popular el Vīra-nirvāṇa o aniversario de su muerte [véase a continuación]. Una ocasión excepcional para mostrar la unión de los jainistas tuvo lugar precisamente con el 2.500 aniversario del *nirvāṇa* de Mahāvīra, celebrado en 1975. Los digambaras también celebran el Vīraśāsana-Jayantī, el aniversario de su primer sermón.

## DĪPĀVALĪ

Como tantos festivales indios la Fiesta de las Luces (Dīvālī, Dīpāvalī) es un pequeño conglomerado de fiestas, que dura varios días. Suele celebrarse a finales de octubre o principios de noviembre, marcando el final de la época de lluvias y el inicio del Año Nuevo tradicional hindú. A partir del Dīpāvalī comienza el semestre auspicioso del calendario, aquél en el que tienen lugar los matrimonios o las iniciaciones de ascetas.

Sin duda, es uno de los festivales panindios más enraizados en la población. Las razones para su celebración, empero, varían de una comunidad a otra. Para los seguidores de Rāma representa el regreso del dios Rāma del exilio; para los krishnaístas el alzamiento del monte Govardhana por parte de Kṛṣṇa; para el jainismo –Śvetāmbara– conmemora el *nirvāṇa* de Mahāvīra y el *kevala-jñāna* de Gautama. Según el *Kalpa-sūtra*, en ese día Mahāvīra alcanzó la liberación final. Puesto que el espíritu que iluminaba al mundo había partido, los seres celestiales y los gobernantes decidieron celebrar la triste ocasión con lamparillas que emulasen la luz del Jina recién partido.[3]

Normalmente la *pūjā* a Mahāvīra –el Vīra-nirvāṇa– es un acto público en el que se congrega la comunidad y se cantan himnos devocionales. Una peregrinación a Pāvā –lugar del *vīranirvāṇa*– durante el Dīpāvalī es sumamente benéfica. Acto seguido, suele conmemorarse el *kevala-jñāna* de Gautama.

El festival celebra los valores supramundanos y ascéticos de sus omniscientes del pasado, pero a la vez posee un carácter más afirmador de los valores e intereses de este mundo, perfectamente reflejado en el culto a Lakṣmī, realizado tanto por jainistas como por hinduistas. Porque resulta que el Dīpāvalī posee especial significado para los comerciantes (*mahājanas*, *baniās*), que, como sabemos, comprende al grueso de la comunidad jainista. Es interesante notar que jainistas terāpanthīs o sthānakavāsīs, que por norma no realizan el culto a los *tīrthaṅkaras*, se apuntan al culto a la diosa de la prosperidad.

Una serie de símbolos auspiciosos y propiciatorios –lámparas, flores, hojas de betel, diseños geométricos, incienso, alcánfor, pasta de bermellón– se sitúan por la casa y se ofrecen a las estatuillas de Lakṣmī y de Gaṇeśa. Parte esencial del ritual consiste en bendecir los libros de contabilidad del negocio. Los cuadernos se colocan entre las ofrendas, junto a alguna moneda de plata, más ciertos utensilios del comercio –lápices, balanzas, etc.–. Interesantemente, junto a las imágenes de Lakṣmī y Gaṇeśa se colocan las de Mahāvīra y Gautama. Toda la operación parece bastante sincrética, ya que se mezclan elementos jainistas e hinduistas y propósitos bien distintos. El cabeza de familia pinta signos auspiciosos en los libros y marca con bermellón los objetos simbólicos del negocio. Algunas familias dibujan también a Gautama, que en muchos aspectos es el equivalente de Gaṇeśa. Igual que él es panzudo –lo que implica que es el estado de espíritu y no los ayunos lo que verdaderamente importa– y benevolente. De hecho, el Dīpāvalī es una de las escasas fiestas en la que a los jainistas no se les alienta a ayunar,[4] bien que ya se alzan voces para que así lo hagan.[5] Al contrario, existe gran variedad de platos típicos del Dīpāvalī y se considera de muy mal augurio comer poco o mal este día. Como muestra el lugar central que ocupa el grueso Gautama, el mensaje es claro: la vida confortable en este mundo y el provecho en el negocio y los asuntos mundanos no son incompatibles con el progreso de cara a la liberación. Expresando a la perfección este mensaje, las mujeres sacan brillo a sus joyas en honor a Lakṣmī. La *Lakṣmī-pūjā* consiste en un sencillo meneo de la lámpara de alcanfor frente a la estatua.

Todo esto podría dar que pensar que el culto a Lakṣmī y Gautama en el Dīpāvalī es engorrosamente materialista. Empero, para el *mahājana*, los libros de contabilidad constituyen iconos de la continuidad y el honor de la familia.[6] Algunas los guardan desde hace casi veinte generaciones. Ahí están reflejadas todas las transacciones y avatares de la familia. Los libros encapsulan unas verdades que son inmensamente privadas.[7] No extrañará que movimientos políticos anti-jainas [véanse págs. 328-329] no sólo recelaran de los poderes mágicos de los *sādhus* jainistas, sino de los libros de contabilidad de los *baniās*.

## VENERACIÓN DE LOS LIBROS

Los digambaras aprovechan la Śruta-Pañcamī para venerar sus textos sagrados –siempre en forma de manuscrito– y limpiarlos de polvo o insectos. Se dice que conmemora el momento en que Kundakunda comenzó a escribir los textos digambaras. Los śvetāmbaras hacen exactamente lo mismo durante la Jñāna-Pañcamī.

## MAHĀMASTAKĀBHIṢEKA

Para la comunidad digambara la ceremonia de la Unción de la Cabeza (Mahāmastakābhiṣeka) es probablemente la festividad más impresionante. Se celebra en Śravaṇabeḷgoḷā, en Karnataka, únicamente cada doce o quince años, dependiendo de factores astrológicos. Puede llegar a atraer alrededor de medio millón de personas –como la de 1981, que celebraba el milenario de la consagración de la estatua– y levanta un éxtasis devocional colectivo afín a las expresiones de *bhakti* hinduista. Durante la ceremonia, los miembros más pudientes y respetados de la comunidad laica vierten leche, mantequilla clarificada, almendras, semillas de amapola, azafrán licuado y monedas en 1.008 grandes jarrones sobre la cabeza de la colosal estatua del santo Bāhubali [ver FIG. 11]. Como otras figuras de seres de pretéritos períodos maravillosos, la estatua es de dimensiones colosales –17 metros de altura–. Para los digambaras Bāhubali fue el primer hombre en alcanzar el *nirvāṇa* en este ciclo cósmico, antes incluso que su padre. Aunque los śvetāmbaras no comparten esta idea, también acuden al gran festival. Incluso el *mahārāja* de Mysore ha estado tradicionalmente vinculado a este gran evento.

## SIDDHA-CAKRA

El Siddha-cakra es un festival que dura nueve días y se celebra dos veces al año. Se realizan *pūjās* diarias y se venera un diagrama místico, llamado *siddha-cakra*, que representa a los cinco supremos y a los agentes de liberación. Tan popular es que muchos jainas lo llevan encima como capilla portátil.

## OTROS DÍAS SAGRADOS

Bastantes días sagrados del calendario se corresponden con ayunos bien establecidos por la tradición, de los que hablaremos en el próximo capítulo. La comunidad también participa en otros festivales panindios, como el Śītalāsātama, el Holī, el Rakṣā-bandhana o el Daṣaharā, un poco como parte de su vida social. No obstante, se procura evitar muchos de los aspectos extáticos o carnavalescos de la expresión hinduista y en ocasiones se trata de jainizar el motivo. Así, igual que el Gaṇeśa-Catūrthi se liga a Gautama, el Daṣaharā, un festival tradicionalmente ligado a la realeza, se asocia a Bharata. La Akṣayatṛitīyā es el momento de venerar a Ṛiṣabha. Conmemora tanto su iniciación, como la primera vez que un laico dio de comer al primer mendicante –el futuro *jina* Ṛiṣabha– en el actual ciclo cósmico. A otro nivel, celebra el mérito y la virtud que la comunidad laica consigue gracias a la donación gratuita y desinteresada a los mendicantes. El Holī, en cambio, es prácticamente imposible de jainizar. Muy al estilo de los carnavales occidentales, es el día en que los indios trastocan la estructura social cotidiana. Se rompen los tabúes sexuales o de comportamiento; las barreras de casta se dislocan momentáneamente. Todo el mundo participa de una jarana y espíritu de rebelión muy poco jainista; de modo que los jainas que participan en el festival no lo hacen tanto en calidad de *jainistas* como de *indios*.

# PEREGRINACIONES

Las peregrinaciones (*yātrās*) constituyen una práctica común a todas las religiones de la India. Parecen haber formado parte de la expresión religiosa hindú desde la Prehistoria, pero nunca han sido tan multitudinarias como en la época moderna. El factor clave en su popularización ha sido la mejora en las comunicaciones.

En la India un lugar sagrado se conoce con el nombre de vado (*tīrtha*), una palabra que en el jainismo está íntimamente ligada a la de *tīrthaṅkara*. Si él fue aquel que nos enseñó a cruzar el vado que lleva de lo mundanal a lo espiritual, el *tīrtha* es, en palabras de Vilas Sangave, el lugar que muestra el camino para cruzar el océano del *saṃsāra*.[8] A diferencia de los hinduistas, muchos de cuyos *tīrthas* están situados efectivamente en orillas de ríos, los jainistas no confieren sacralidad especial a la proximidad del agua. Su predilección está claramente en las cimas de las montañas.

Todos los *tīrthas* jainistas están conectados con las vidas de los *tīrthaṅkaras* o los santos y preceptores de la comunidad. El origen del *tīrtha* suele inscribirse en alguna leyenda que cuenta cómo, por ejemplo, fue hallada milagrosamente una imagen enterrada y olvidada durante siglos. Por tanto, los lugares sagrados jainistas tampoco están ligados, como los de los budistas, a las reliquias del Buddha y otros santos del budismo.

En general el voto de peregrinar sirve para ganar mérito religioso, purificarse, expiar mal *karma*, tener una visión del *jina* y, especialmente, para reforzar la correcta visión en el jainismo y no perder el objetivo de la vida espiritual. La idea es que el peregrino es un renunciante temporal, por lo que las formas austeras son las recomendables [ver FIG. 70]. Antes de partir deberá purificarse con ayunos y meditaciones. En ruta, comerá una sola vez al día, dormirá en el suelo, permanecerá casto todo el tiempo y, a ser posible, no realizará el trayecto en vehículo de motor. Empero, la peregrinación puede realizarse en familia, en grupo y hasta con una gran compañía de devotos. En estos casos la sensación de ascesis/renuncia cede a la de devoción/participación. Por supuesto, la peregrinación es mucho más poderosa si coincide con los días astrológicamente propicios o con algunos de los festivales mencionados.

En muchas ocasiones las grandes peregrinaciones a lugares lejanos están financiadas por algún miembro pudiente de la comunidad. Él se encarga de reclutar a los peregrinos –en otros tiempos, de pedir autorización a las autoridades–, de pagar los gastos de hospedaje, de transporte, de los rituales que se organizan, etc. Puede aprovecharse el evento para erigir alguna imagen. El mecenas adquiere enorme mérito y prestigio dentro de la comunidad y se le otorga el título de *saṃghapāti*. Es una de las formas más claras de adquirir prestigio y practicar la generosidad [véanse págs. 454-456].

Las peregrinaciones estructuran, al mismo tiempo, buena parte de la forma de vida y los itinerarios de los renunciantes, que se pasan la mayor parte del tiempo viajando de un lugar a otro, según las necesidades de los laicos y siguiendo las rutas de peregrinación. No es raro que los ascetas realicen parte de su viaje acompañados por grupos de laicos [ver FIG. 67] y tampoco es infrecuente que se unan a las grandes peregrinaciones, siempre que éstas se realicen a pie. Puesto que los ascetas sthānakavāsīs y terāpanthīs no poseen lugares de peregrinación, se considera que los *sādhus* y *sādhvīs* son ellos mismos espacios sagrados, y los devotos realizan verdaderas peregrinaciones para verlos. Igualmente, para aquellos que no pueden peregrinar a lugares lejanos, muchos templos de aldea poseen réplicas sustitutorias de los grandes centros de peregrinación [ver FIG. 64].

Históricamente, las rutas de peregrinaciones ayudaron mucho a que el jainismo se extendiera por todo el Sur de Asia y las comunidades más alejadas mantuvieran vínculos con los grandes centros jainistas. Han contribuido, asimismo, a reforzar la arraigada noción de "India" como geografía sagrada.

La lista de *tīrthas* jainistas es abrumadora [ver FIGS. 9, 25 y 26]. Algunos son propios del jainismo, pero muchos están también vinculados al hinduismo panindio o al hinduismo local. Por supuesto, los *tīrthas* son los lugares que congregan la mayor porción de templos e imágenes del jainismo. En general, los lugares sagrados de Gujarat y Rajasthan son hoy propiedad de los śvetāmbaras, mientras que los de Karnataka y Maharashtra lo son de los digambaras. No obstante, algunos sitios no han estado faltos de disputas entre ambos *saṃpradāyas* [véase más adelante].

## *NIRVĀṆA-BHŪMIS*

Todos los lugares donde los veinticuatro *tīrthaṅkaras* alcanzaron el *nirvāṇa* (*nirvāṇa-bhūmīs*) se encuentran en cimas de montañas. Obviamente, la comunidad pobló todos estos picos con capillas y templitos.

El más sagrado *nirvāṇa-bhūmī* es Sameṭa Śikhara, en Bihar [ver FIG. 62], situado en los montes Pārasnāth (Pārśvanātha). A excepción de Ṛiṣabha, Vāsupūjya, Nemi y Mahāvīra, los restantes veinte *tīrthaṅkaras* alcanzaron la emancipación final en las crestas de este macizo. Digambaras y śvetāmbaras poseen jurisdicción compartida sobre el *tīrtha*.

Ṛiṣabha y sus noventa y nueve hijos, incluido Bāhubali, alcanzaron la liberación en el monte Aṣṭāpada, más conocido como Kailash (Kailāsa), situado hoy en el Tíbet. Vāsupūjya lo hizo en Campā, en Bihar; Nemi en Girnār, en Gujarat. Mahāvīra en Pāvā (Pāvāpurī), en las proximidades de Paṭnā, hoy capital del estado de Bihar. En el lugar del *nirvāṇa* en Pāvā se encuentra un estanque cuya isla central alberga el templo del agua (Jālamandir). Se dice que las huellas grabadas en la roca muestran el lugar exacto donde Mahāvīra alcanzó el *nirvāṇa*. Normalmente, la peregrinación a Pāvā incluye también la visita de la ciudad de Rājgīr, levantada sobre la antigua Rājagṛiha.

Si bien Pāvā está gestionado por ambos *saṃpradāyas*, otros lugares sagrados han sido más polémicos. Tal es el caso del macizo de Girnār (Girinagara), considerado uno de los cinco montes sagrados del jainismo Śvetāmbara, y del que los digambaras se quejan de haber sido expulsados. El monte es también sacro para los seguidores de Śiva y de la Devī.

### *TĪRTHA-KṢETRAS*

Los lugares donde los *arhats* y los grandes ascetas de la comunidad se iluminaron (*tīrtha-kṣetras*) son altamente sagrados. Ejemplos son Māngītungī, en Maharashtra, Tarāṅgā, en Gujarat, o Gommaṭagiri, en Karnataka.

Entre los śvetāmbaras, las montañas de Śatruñjaya, a las afueras del pueblo de Pāliṭānā, en Gujarat, son especialmente queridas. Según sus leyendas, allí alcanzaron la liberación Puṇḍarīka –hijo de Bharata y primer *gaṇadhara* del jainismo–, los héroes Rāma, Sītā, más los cinco hermanos Pāṇḍava, amén de varios cientos de millones de *sādhus*. La Historia Universal dice que Ṛiṣabha, Bharata y Bāhubali llegaron a visitar el monte. Y se cuenta que Indra todavía frecuenta el lugar.[9] Jinaprabha Sūri (siglo XIV) describe cómo el *tīrtha* fue saqueado por los musulmanes. Ello no impidió, narra el peregrino, que incluso los animales salvajes dejaran su vida feroz y carnívora y se entregaran al ayuno y al *tapas* bajo la influencia de la atmósfera de no-violencia del lugar.[10] En cambio, nunca se vieron pájaros de mal agüero en Śatruñjaya. A finales del siglo XVI el líder tapā-gacchin Hīravijaya Sūri realizó una peregrinación masiva y consagró un templo a Ṛiṣabha financiado por un rico mercader. Desde entonces Śatruñjaya no ha cesado de poblarse de templos y santuarios.

También hay *tīrthas* ligados simplemente a complejos monásticos o templos relevantes. En esta clase tenemos a Dilwara (Delavāḏa), en el macizo de Ābu (Arbuda), en Rajasthan. El complejo de Ābu es digno de mención por la perfección y belleza de sus templos, construidos entre los siglos XI y XIII.

### *ATIŚAYA-KṢETRAS*

También se consideran *tīrthas* aquellos espacios donde los *tīrthaṅkaras* predicaron o practicaron grandes austeridades (*atiśaya-kṣetras*), como Allāhābād (Prayāga), en Uttar Pradesh, asociada al *tapas* de Ṛiṣabha. También son venerados lugares ligados a la vida de Mahāvīra, como Bhāgalpur (Campā), o Rājgīr (Rājagṛiha), ambos en Bihar. El lugar de peregrinación más importante en esta categoría, quizá sea nuevamente Girnār (Girinagara), donde el *tīrthaṅkara* Nemi practicó sus penitencias, enseñó la doctrina y alcanzó la liberación [ver FIG. 63]. Para los digambaras, este honor recae en Śravaṇabeḷgoḷā, en Karnataka, donde el *pontifex* Bhadrabāhu cometió eutanasia y donde se encuentra la gran estatua de Bāhubali [ver FIG. 10]. Aparte la participación en el gran festival que tiene lugar cada doce años, los peregrinos acuden constantemente a honrar los pequeños templitos que conmemoran los cientos de ascetas que relizaron el ayuno absoluto en este lugar.

## OTROS *TĪRTHAS*

Una última categoría de *tīrthas* tiene que ver con los lugares donde acaecieron algunos de los momentos auspiciosos de la vida de los *jinas*. Por ejemplo, ciudades como Benarés (Vārāṇasī), en Uttar Pradesh, donde nacieron Pārśva y Supārśva; o Besarh (Kuṇḍalapura), en Bihar, donde nació Mahāvīra; o Ayodhyā, cuna de los dos primeros *tīrthaṅkaras* y capital del imperio de Bharata. También son *tīrthas* relevantes aquellos espacios donde los *jinas* renunciaron al mundo. No obstante, todo parece indicar que ni Benarés ni Ayodhyā han sido *tīrthas* jainistas desde tiempos muy antiguos. Se trata más bien de apropiaciones de lugares sagrados panindios y lo cierto es que son de poca relevancia para el jainista. A la inversa, tenemos algunos *tīrthas* hinduistas que son reclamados por los jainistas. Es el caso del importante santuario de Paṇḍharpur, en Maharashtra, dedicado al dios Viṭhobā (Kṛiṣṇa), y que según los jainistas estaba dedicado a Nemi antes de ser reconvertido por los *brāhmaṇas*. O el de Mallikārjuna de Śrīśailam, en Andhra Pradesh, que dicen que estaba dedicado a Malli.[11]

Finalmente, existen *tīrthas* inaccesibles a los humanos, como la isla de Nandīśvara, una Tierra de Gozo a la que las divinidades acuden para venerar a los *jinas*.

# GENEROSIDAD

Una actividad religiosa extremadamente valorada entre los jainistas es la práctica de "dar" (*dāna*). Se trata, además, de uno de los principales canales de interconexión entre la comunidad laica y la ascética, y uno de los rasgos distintivos de la sociedad jainista.

La generosidad puede tomar distintas formas. Una de ellas es la donación de la religión jainista, llamada "donación que elimina el temor" (*abhaya-dāna*), pues el jainismo es tan grande que elimina cualquier miedo o temor. La forma más elevada de este tipo de donación fue el regalo que los *tīrthaṅkaras* donaron a la humanidad predicando el jainismo. La variante actual es la llamada donación de conocimiento (*jñāna-dāna*), esto es, los sermones que los ascetas imparten a los laicos.

La segunda es la donación a la religión (*supātra-dāna*). La *pūjā* a los *tīrthaṅkaras* se considera una forma de donación a la religión, pero es especialmente la donación de alimentos, ropas y cuencos de limosna para los renunciantes –en menor medida también el mecenazgo para la construcción de templos, imágenes, peregrinaciones, iniciaciones, rituales, etc.– lo que la mayoría entiende por donación a la religión. Si la primera corresponde a lo que los ascetas *dan* a los laicos, la segunda consiste en lo que los laicos *donan* a los ascetas. Nos encontramos, pues, en el corazón mismo de la religión jainista: el intercambio entre laicos y renunciantes.

Una tercera es la caridad, destinada a cualquier tipo de ser vivo, una práctica más parecida al concepto universal de compasión. Aún existe la donación convencional –a familiares, en el negocio, la de una hija en matrimonio, etc.– y hasta una donación interesada y bien publicitada, que casi todo el mundo condena. Cada una de estas formas se considera menor que la anterior.

## LA GENEROSIDAD RITUAL CON LOS ALIMENTOS

De todas estas formas de generosidad la que nos interesa principalmente es la donación a la religión (*supātra-dāna*) que realizan los laicos, es decir, la de alimentos a los ascetas. Sin este apoyo los ascetas no podrían subsistir y la doctrina no podría transmitirse. No extrañará que en los textos se ensalce al máximo. El asunto tiene su miga.

En la India las transacciones alimenticias poseen una carga social y moral sin parangón en otros lugares del globo. La dieta refleja un rango ritual determinado. En cualquier aldea india, observando quién acepta según qué comida y de quién, puede establecerse una jerarquía socio-ritual. Según la ideología dominante, la constitución física, psíquica y espiritual de cada individuo –en otras palabras, su rango de pureza– es susceptible de desajustarse a través de distintos canales. Uno de ellos, y seguramente el principal, es el de los alimentos cocinados. Las vestimentas, los fluidos sexuales y hasta los regalos recibidos son también canales peligrosos. Un *brāhmaṇa* ortodoxo, por ejemplo, estará atento en comer sólo comida vegetariana, que haya sido preparada por otro *brāhmaṇa*, en vestir las prendas de algodón tradicionales, en respetar estrictamente la fidelidad conyugal y en no aceptar donaciones –aun cuando muchos de ellos tienen que vivir de los degradantes "pagos" realizados por sus clientes–. Aceptar comida de alguien indica siempre que se le considera como un igual, ya que se acepta su substancia moral encapsulada en su comida. La mayoría de castas comerciantes, con los jainistas a la cabeza, son bastante escrupulosas al respecto. Un jaina difícilmente aceptará comida de alguien que no sea jainista o *brāhmaṇa*. Los más estrictos siquiera van a restaurantes y rara vez aceptan invitaciones. Las familias pías nunca compran comida preparada. Si bien son muy conservadores al respecto, con miedo terrible a ser polucionados, cuando se trata de compartir alimentos con iguales, los jainistas pueden ser tremendamente hospitalarios. Se comprenderá, pues, que dar alimento a un asceta sea un asunto mucho más complejo e interesante de lo que a primera vista pudiera pensarse.

Primero, hay que distinguir entre la generosidad para con un mendigo y la generosidad para con un asceta mendicante. Son cosas muy distintas. Dar limosna a un indigente es un acto de caridad. Empero, el dador no se beneficia directamente de su buena acción. Se considera que las gentes del mundo no son receptores valiosos, pues el dador no adquiere mérito espiritual de ningún tipo. En cambio, con renunciantes (*saṃnyāsins, śramaṇas*) y estudiantes del *Veda* (*brahmacārins*) sucede lo contrario. De hecho, el verbo que designa a un asceta –śvetāmbara– en ronda es *gocarī*, algo así como "pastar como una vaca", y en modo alguno se entiende como "pedir limosna" o "mendigar". En la India dar alimento a un santo (*sādhu*) constituye una de las formas más poderosas de adquirir mérito religioso (*puṇya*). Dar a un asceta le lleva a uno más cerca de la emancipación. El donante debe ser consciente de que es el asceta en ronda (*atithi*) quien confiere y no quien recibe el favor. Por tanto, es el dador quien "pide" al asceta que le deje "dar" –alimento, ropas, medicinas, etc.–. El fruto de esa acción con una fuente de mérito como un asceta es altamente positivo, muy susceptible de generar un buen renacimiento. Repitamos que para el laico un renacimiento elevado es tan importante como la destrucción de *karma* para el asceta.[12] Jinasena glorificaba la práctica de "dar" como la actividad religiosa más apropiada para estos tiempos y la consideraba la forma más adecuada de gastar la fortuna.[13] Cada una de las diez historias de laicos ejemplares del *Upāsaka-daśāḥ* termina mencionando el cielo que espera al futuro *deva* gracias a su conducta ejemplar y su esforzada generosidad para con los ascetas. Por tanto, cuando los laicos hinduistas o jainistas comparten sus alimentos con los renunciantes son los primeros quienes expresan su gratitud. El dador, consciente de este intercambio benéfico para ambos, como afirma Pūjyapāda,[14] dará sus alimentos con profunda devoción, alegría, confianza y desinterés. Obviamente, el *dāna* no produce mérito alguno si el donante es un ser agresivo, amoral o interesado. Lo importante es el espíritu (*bhāva*) con el que se realiza la transacción.

La práctica de la generosidad debe ajustarse a una etiqueta especial; esto es, a unas pautas ritualizadas bastante restrictivas, en especial en lo que concierne a la posición del asceta. El *śramaṇa* iluminado, dice el *Daśavaikālika-sūtra*, ha de comportarse como una abeja, que toma dulcemente la miel de los capullos, sin dañarlos.[15] O como la vaca, que sólo se alimenta de las briznas de yerba y deja que la planta crezca. Esta prescripción se traduce en que el asceta evitará ir a pedir a una casa –ya sea hinduista o jainista– donde los alimentos no sean apropiados (*kalpanīya*), o sea, estrictamente vegetarianos y según unas normas precisas. De lo que se trata es de aislar al asceta de la violencia que inevitablemente conlleva la preparación y cocinado de alimentos. Pero hay más. En todo el Sur de Asia la cualidad de los alimentos depende en gran medida de la persona que los cocina. Eso quiere decir que el asceta estará particularmente atento a los niveles de religiosidad de las mujeres del hogar, que son quienes cocinan los alimentos. Acudirá sólo a aquellos hogares donde tenga certeza de que las mujeres ayunan con cierta regularidad, asisten a los sermones religiosos, eluden determinados vegetales, donde al menos una persona no come pasado el crepúsculo –como los propios ascetas–, etc. Aunque el asceta no posee rango social, en cierto sentido se equipara provisionalmente al estatus de pureza del hogar en cuestión, por lo que éste debe asemejarse lo más posible a sus niveles de pureza. Los textos abundan en las formas de mendigar o en los motivos por los cuales el asceta puede rechazar la comida.[16] Tanto durante la ronda como durante la comida, lo importante es mantener una actitud calma, la mente imperturbable.[17] Durante toda su vida de renunciantes los ascetas no probarán ni una sola comida de su elección, ningún plato caliente o agua que no haya sido filtrada. Se recomienda mantener discreción, respetar las costumbres locales, no distinguir entre hogares ricos o pobres, evitar las habitaciones e ir directamente a la cocina. Tampoco puede aceptar comida que haya sido preparada especialmente para él o ella, ni siquiera para invitados, para *brāhmaṇas* o mendigos, como dice el *Ācārāṅga-sūtra*.[18] Los alimentos que los laicos donan, aunque tengan que ajustarse a los rigores de pureza de los ascetas, tienen que ser los que han preparado para su consumo propio. En cierta forma, el asceta se presenta por sorpresa, y sólo aceptará las sobras de la comida de aquel hogar. Al menos así lo prescriben los textos. En la práctica, los ascetas son menos escrupulosos, ya que no pueden inspeccionar de antemano el tipo de alimento y bebida que se les ofrece, y normalmente son los fieles los que van a su encuentro. No obstante, los laicos se preocupan de que todo esté en orden. Cuando el grupo de renunciantes es avistado en el barrio, las cocinas de los hogares apropiados registran una actividad tumultuosa. Los utensilios y el suelo de la cocina son secados –pues un asceta nunca aceptaría alimentos de una casa que alberga *jīvas* por los suelos–. Como ha observado James Laidlaw, el que un renunciante acepte alimento de un hogar significa que reconoce que se sigue un régimen correcto, un régimen similar al de los propios renunciantes,[19] con lo que el prestigio, honor y nivel de progresión de la familia queda perfectamente reflejado.

Los ascetas śvetāmbaras, que normalmente realizan su ronda en pares o tríos, son recibidos en el portal, se les reverencia con respeto y se les invita a pasar al interior. Toda la operación tiene lugar en la cocina, que ha sido debidamente preparada en el último minuto. El asceta inspecciona que no existan alimentos prohibidos –patatas, cebollas, ajos, etc.– e interroga a la señora de la casa acerca de si tal o cual plato es aceptable o no. Permanentemente la apremia a que acabe de servirle, a lo cual invariablemente ella responde cuán poco ha tomado. Cuando los ascetas deciden que ya tienen suficiente, guardarán la comida en sus cuencos de limosna. Realizarán la misma operación en tres o cuatro hogares más y, con los cuencos repletos, regresarán al retiro o a la residencia donde temporalmente se encuentren para comer junto con el resto de ascetas. Una noción subyacente a la etiqueta śvetāmbara es que el asceta no come ni bebe en público. En sus retiros, donde puede que haya laicos de visita, siempre comen en una sala especial, al margen de toda mirada o cotilleo de los laicos. Entre los terāpanthīs, siquiera los renunciantes pueden ver comer al *ācārya*.[20] Los ascetas śvetāmbaras comen dos veces por día, sentados y en compañía. Todo el proceso es muy similar al de los monjes budistas.

El solitario asceta digambara, por su parte, sólo realiza una visita por día y no lleva cuenco de limosna. Al ritual se le llama significativamente liturgia de la comida (*āhāra-vidhi*) y es una de las más puras expresiones del empeño en la no-violencia (*ahiṃsā*), la no-posesión (*aparigraha*) y el ascetismo (*tapas*). Dado que hay muy pocos ascetas de esta corriente, normalmente el vecindario sabe bien de antemano si hay alguno en la cercanía y conoce perfectamente la hora en que comienza su ronda. El cabeza del hogar o su esposa sale a su encuentro en el portal de la casa y le pide que se detenga y acepte su comida. Lo encontrará invariablemente de pie, en silencio, con los dedos de la mano derecha sobre el hombro, un gesto que indica su intención de recibir *dāna* [ver FIG. 65]. Empero, igual que el śvetāmbara, el mendicante digambara puede rechazar la donación, pues se aconseja no visitar las mismas casas demasiado frecuentemente, especialmente las que se encuentran en las proximidades del retiro. El asceta no olvida a la abeja, que revolotea de una flor a otra. No sólo se privaría a otras familias de ganar mérito espiritual, sino que podría establecerse una relación excesivamente estrecha con determinadas familias. Y eso sería fatal para el asceta. Por tanto, el asceta digambara realmente no realiza petición alguna, sino que responde a una invitación. Cuando finalmente el *sādhu* o la *āryikā* acepta, el cabeza de familia lo circunvala y le lava los pies en señal de respeto; le declara su pureza de espíritu y la de los alimentos de su hogar. Tras recitarle el *namaskāra-mantra* realizará un nuevo gesto de reverencia. A los *kṣullakas*, *ailakas* y *āryikās* –que técnicamente no son ascetas– se les permite sentarse, pero un *sādhu* digambara siempre deberá permanecer de pie y recibirá los alimentos en las palmas de sus manos abiertas. Por esta razón suele llamárselo también *pāṇipātra*, "aquel que utiliza sus manos como cuenco". El asceta comerá sin paladear el sabor de los alimentos como dice Vaṭṭakera.[21] Se alimenta únicamente para prolongar su vida y dedicarla a la autopurificación, al estudio y a la transmisión de la enseñanza. Hasta que no termina de comer el hombre permanece en silencio. A lo sumo murmurará para sí la promesa de abstenerse de comer o beber hasta el día siguiente. Luego puede dar un pequeño sermón a la familia. Como se observa, la fórmula digambara es, en determinados aspectos, el reverso de la śvetāmbara. El asceta viene solo, come en la casa del laico y una sola vez por día.

Toda esta operación encapsula multitud de elementos de la espiritualidad jaina. El asceta digambara es circunvalado como si de una imagen de un *tīrthaṅkara* se tratara. De hecho, entre los laicos digambaras es costumbre realizar una *pūjā* en toda regla, idéntica a la que se realiza en el templo. Su actitud es la del silencioso (*muni*), la del desligado (*nirgrantha*) de las ataduras de este mundo. La lógica que se esconde bajo esta práctica debidamente ritualizada es la de intercambio de alimento por mérito y sermón, acto en el que el asceta vuelve a homologarse con los *tīrthaṅkaras* que mostraron la senda. En esto hallamos nuevamente parecidos con la donación a los monjes budistas de Thailandia o Sri Lanka, quienes después de recibir las donaciones realizan sus tareas rituales. En cualquier caso, un jainista nunca dice que "da" nada a un renunciante. Si el renunciante recibiera algo, poseería algo, con lo que rompería su voto de no-posesión. De hecho, los śvetāmbaras mezclan todos los alimentos de su colecta de modo que no sólo la comida es menos sabrosa, sino que cualquier rastro de donación individual se diluye. Desde el momento en que se sitúa en el cuenco, la comida es llamada *gocarī*, el mismo nombre que recibe el acto de recibir alimentos. La donación de alimentos forma parte de una variedad de expresión religiosa y ritual típica del Sur de Asia. La hallamos también en el hinduismo. Empero, Lawrence Babb ha advertido una diferencia importante entre hinduismo y jainismo. Si los renunciantes hinduistas –igual que las divinidades hinduistas– reciben alimento y, *a cambio*, devuelven a los laicos los restos en forma de gracia divina (*prasāda*), ni los restos de los alimentos de los ascetas jainistas –ni de las ofrendas a los *tīrthaṅkaras* en los templos– se devuelven.[22] La transacción sólo va en un sentido: del devoto al asceta. O como dice Laidlaw: el dador ofrece su generosa donación a un recipiente que para nada desea recibirla. El renunciante, por su lado, obtiene su alimento sin que en realidad nadie le haya "dado" nada.[23] Volvemos a hallar la máxima jainista de que aquel que más merecedor es de la donación –o del culto– es aquel que menos la desea, que más desapegado está. Cuanto más sopresivamente llegue el asceta, cuanto menos pida como alimento, cuanto más apremie a la señora de la casa a que se detenga en la cantidad, cuanto menos placer demuestre, cuanta menos gratitud exprese, etc., esto es, cuanto más afirma su cualidad de desapego y renuncia, más está confirmando la generosidad –y por ende, el mérito– del donante que ofrece su generosidad.

## LA CARIDAD RITUAL, EL PRESTIGIO Y LA COLECTA

Además del sentido restringido a los alimentos, la práctica de la generosidad de cara a la religión (*supātra-dāna*) puede y suele implicar también la donación de alojamiento, medicamentos, manuscritos y, en el caso de los śvetāmbaras, ropas. Asimismo, una porción nada desdeñable de la práctica de "dar" en su sentido más amplio es la ayuda a las instituciones religiosas. Esto incluye, por ejemplo, la construcción de imágenes o salas de ayuno, hacer copiar las escrituras, financiar peregrinaciones, etc. La cosa también tiene miga.

El ideal de práctica espiritual para la gran mayoría de jainistas laicos lo ha proporcionado el ejemplo de una serie de insignes líderes de la comunidad (*saṃghapātis*). Arranca de la tradición de los monarcas de hacer construir templos y realizar donaciones de terreno. A medida que las comunidades mercantiles fueron progresando, tomaron este modelo y lo acoplaron a su situación seglar. En lugar de reyes y ministros, a partir de los siglos XVI/XVII encontramos a magnates piadosos como Śāntidās Jhāverī (siglo XVII) o Vīrajī de Surat (siglo XVII). Ambos vivieron cuando los europeos operaban en puertos y ciudades como Surat (Sūrata) o Ahmadābād. Sin la participación y ayuda financiera del banquero Śāntidās, por ejemplo, los británicos nunca habrían podido comerciar en la costa occidental del continente. En su época, Śāntidās estaba considerado uno de los hombres más ricos del mundo. Él logró que el emperador Śāhjahān le donara terrenos para construir salas de ayuno y templos. Prestó cuantiosas sumas de dinero al rebelde Murād Bakhsh que sirvieron para financiar su revuelta contra los mogoles. El príncipe Murād le donó la aldea de Pālitāṇā, al pie del sagrado macizo de Śatruñjaya, para el uso de los peregrinos jainistas.[24] Aplacada la revuelta, el emperador Aurangzīb se apresuró en pagar la deuda de Murād por si acaso él mismo tuviera que pedir préstamos a Śāntidās en el futuro. La autoridad dentro de la comunidad de Śāntidās o Vīrajī, ambos pertenecientes a *gacchas* śvetāmbaras, eran casi las de un *ācārya*. El mecanismo a través del cual estos magnates irradiaron su modelo es típico de los comerciantes (*mahājanas*) de la India, sean jainistas o hinduistas. Se trata de ganar reputación, prestigio (*pratiṣṭhā*).

En primer lugar, para ganar la reputación tiene que mostrarse públicamente un comportamiento ejemplar. En el caso de los *mahājanas* la piedad ética consiste en seguir una dieta estrictamente vegetariana, mantener siempre un tono temperado y equilibrado, no hacer ostentación indebidamente, no incurrir en escándalos, evitar inmiscurise abiertamente en política, regular las alianzas matrimoniales con cuidado y manejar los negocios con cautela. Por otro lado, parte de la fortuna tiene que transformarse en donación religiosa (*dāna*), por ejemplo, para consagrar una imagen, financiar una peregrinación colectiva, una *pūjā* especial, un festival, costear iniciaciones de ascetas u obras de carácter filantrópico y caritativo en general. La cosa va como sigue.

Tal y como recomiendan los votos para los laicos [véanse págs. 495-496], no es raro que muchos seguidores fijen un límite a sus ganancias y pertenencias. Si sucede que superan esa barrera de posesiones autoimpuesta, invariablemente las destinarán al *dāna*. Ciertamente, esto es la teoría, pero no es desestimable la cantidad de dinero que los jainistas han desviado a sus instituciones religiosas, motivados por la austeridad y, esto es importante, por ganar reputación y prestigio (*pratiṣṭhā*). Si, como veremos, el ayuno es la principal actividad religiosa de las mujeres, la generosidad es la práctica por excelencia de los hombres. La cosa es tan importante para ellos que, en realidad, no hace falta tomar ningún voto para destinar parte de las ganancias a la donación.

En principio, la donación debería ser secreta, pero lo cierto es que es un acto público bastante notorio. Normalmente, las donaciones se requieren durante algún festival –como el Paryuṣaṇa– o durante algún sermón dominical. Prácticamente no existe ceremonia religiosa de importancia donde no se efectúe una llamada a las donaciones. Un par de miembros del comité organizador alienta, micrófono en mano, a la donación. Las colectas para financiar consagraciones de nuevas imágenes o para tener el honor de dar alimento por vez primera a un asceta recién iniciado pueden llegar a convertirse en verdaderas subastas entre los notables de la comunidad, alcanzándose cifras exorbitantes. Aunque sólo unos pocos pujan, toda la comunidad se reúne. Los espectadores ironizan y bromean acerca de quién va a pujar y por qué derecho.

Todo el mundo se conoce y sabe cómo va el negocio de cada cual. Todo comerciante que se precie debe ganar al menos una de las colectas, so pena de que su prestigio se vea resentido. Los nombres de los donantes quedan claramente registrados –antiguamente en las losas de los templos o en una placa en el exterior del edificio religioso– y su prestigio perfectamente establecido. Gracias a este exhibicionismo generoso, los benefactores de la comunidad podrán sacar tajada de créditos, darán sensación de poderío, elevarán su rango social e incluso mirarán de aprovechar la ocasión para realizar alianzas matrimoniales ventajosas. El benefactor será considerado un patrono religioso, un líder de la comunidad, alguien equiparable a Indra –el devoto de los *tīrthaṅkaras*– o a Śreyāṁsa –el primer laico que dio alimento a Ṛiṣabha–. Obviamente, no sólo el dinero puede otorgar este estatus. Insisto en que el dador tiene que mostrar un comportamiento ejemplar, su casa debe ser modelo de corrección –dietaria–, visitada frecuentemente por ascetas. Y para persuadir a los ascetas de que la casa de uno es apropiada se requiere participación en los eventos religiosos. Tampoco es raro que el rico líder de la comunidad que ha ganado, por ejemplo, el derecho de dar el primer alimento a un asceta recién iniciado –acto que se piensa reporta cuantioso mérito kármico–, revierta el derecho a la familia del novicio. Este acto de renuncia, después de haber pagado bastantes docenas de miles de rupias, es considerado extremadamente auspicioso.

Si bien desde un punto de vista religioso, la práctica de la generosidad sirve para unir a la gente y otorgar un fuerte sentido de identidad a la comunidad, desde un punto de vista social es bastante divisiva, pues tiende a resaltar el poder y el prestigio de los triunfadores.

## CARIDAD Y COMPASIÓN

Gracias a esta curiosa forma de entender el desapego (*aparigraha*) y al valor del prestigio social (*pratiṣṭhā*), la comunidad laica también mantiene con el tercer tipo de donación –la caridad– una serie de instituciones de ayuda a los necesitados. Estas donaciones están dirigidas tanto a jainistas como a no-jainistas y, en algunos casos, a plantas y animales.

Por un lado, los magnates y asambleas financian escuelas para niños, niñas e incluso para mujeres adultas. Aparte la enseñanza secular normal, desde muy pronto se inculca en los niños el amor por todo ser vivo. Michael Tobias recoge un ejemplo muy ilustrativo en una escuela de Bombay (Mumbāī). Durante la clase de meditación diaria, el profesor urgía a los niños a visualizar sus animales favoritos e imaginar las formas en que podían hacerlos felices.[25] En silencio, cada niño comenzaba el día concentrado durante 48 minutos en esta bella forma de hacer que todo ser vivo fuera más feliz.

Por otro lado, tenemos a las casas de caridad (*dāna-śālās*), disponibles para todo tipo de personas que necesiten ayuda o cobijo. Puesto que el concepto jainista de ser vivo (*jīva*) no distingue entre humanos y animales, la comunidad también mantiene una serie de asilos u hospitales veterinarios (*pāñjarāpoḷas*) para animales ancianos o enfermos. Los asilos para terneros ciegos o vacas viejas –abandonadas a su suerte cuando ya no dan leche– son bastante numerosos –no hay ciudad importante en Gujarat sin uno–. Asimismo los hay para búfalos, camellos, cabras, monos, ratas, gallinas, loros, palomas y otros pájaros. Estos hospitales veterinarios también reciben donaciones de *mahājanas* vishnuistas. Incluso existen asilos con celdas especiales para insectos. Para los jainistas los animales poseen sentimientos. Tal y como enseñan las fábulas, poseen el potencial de mejorar. Ofrecer protección a todo ser viviente es el equivalente social de ofrecer protección –alojamiento– a un monje. Por supuesto, la comunidad también financia muchos dispensarios y hospitales gratuitos para beneficio de toda la sociedad. No pocos fueron abiertos por monjes o monjas en zonas deprimidas y se mantienen gracias a las donaciones de laicos que viven a cientos de kilómetros de distancia. En todos estos puntos los jainistas van incluso por delante de los siempre caritativos cristianos, si bien algunas de estas instituciones no han sido suficientemente modernizadas. Como ha señalado Vilas Sangave, no existe causa humanitaria que no reciba la ayuda de los jainas.[26] Durante la sequía de Gujarat de 1988 se calculó que el 60% de las organizaciones voluntarias del estado estaban controladas por jainistas –un 2% de la población del area afectada–.[27] Y tras el devastador terremoto que azotó Kutch en el 2001, nuevamente fueron los *mahājanas* los que llevaron la iniciativa. El camino individual y esforzado del jainismo en modo alguno deslegitima la donación compasiva (*karuṇa-dāna, aṇukampā*) a los necesitados.* Todo lo contrario, el concepto de *dāna* ha asumido dentro del jainismo una dimensión mucho más intensa que entre los hinduistas. Aunque realmente no es necesaria la aprobación textual, el propio Umāsvāti no pudo ser más claro:

> «Las almas ofrecen servicio las unas a las otras.»[28]

Aunque las almas son mónadas espirituales individuales, el jainismo concibe el mundo como una red de seres en absoluta interconexión. Todas las formas de vida son parte de un mismo *continuum*. Las mónadas individuales no viven independientemente las unas de las otras. La situación de los demás es también responsabilidad de cada ser, pues todos los *jīvas* somos responsables en la construcción del entorno en el que vivimos. De ahí que el Muni Nyāyavijayajī declare que el servicio (*sevā*) es la mejor forma de donación.[29] La clá-

* Ello muestra que el *cliché* de que la India no desarrolló un concepto de caridad al estilo cristiano es falaz. Téngase en cuenta, además, que las actividades caritativas de la Iglesia cristiana, llevadas a cabo con el dinero de los "contribuyentes" europeos en forma de impuesto, han sido indisociables del proselitismo y la cruzada misionera.

sica crítica de que el ideal de la liberación individual es, en último término, egoísta resulta francamente injusta. Como ha visto Wilhelm Halbfass, se requiere una cierta arrogancia eurocéntrica para privar al jainismo –y al pensamiento indio en general– del concepto de ética. Si el objetivo último es, ciertamente, la liberación, en el camino que se ha de recorrer para alcanzarla se despliega una dinámica innegable de lo moral.[30]

## LOS SACRAMENTOS

Dada su inmersión en el universo social y ritual hinduista, con el paso de los siglos los jainistas fueron absorbiendo rasgos y prácticas religiosas típicos entre los hinduistas y que brillaban por su ausencia en el jainismo antiguo. La historia del jainismo ha sido un constante tira y afloja entre la perpetuación de una ortodoxia clásica y la interacción con la sociedad hindú. Hasta la aparición del *Ādi-purāṇa* de Jinasena todos los textos jainistas enfocados a los laicos tenían que ver con un camino de purificación interior claramente moldeado por el ideal ascético. A partir del *Ādi-purāṇa*, en cambio, comienzan a mencionarse sacramentos (*saṁskāras*) o ritos de paso que marcan los momentos importantes de la peregrinación terrenal y que poco tienen que ver con la progresión espiritual. Todos estos ritos fueron tomados directamente de la tradición védico/hinduista y el idioma es claramente brahmánico. En el contexto jainista es costumbre llamarlos simplemente "acciones" (*kriyās*). Recordemos que el *Ādi-purāṇa* es la crónica que "legitimó" una clase de *jaina-brāhmaṇas*, de modo que no sería de extrañar que la aparición de estas ceremonias estuviera directamente relacionada con la ascendencia de los *jaina-brāhmaṇas*.

Adoptar los ritos de los hinduistas debió parecer ventajoso a una comunidad pequeña como la jainista, en especial a sus miembros influyentes. Así, exteriormente, su vida no diferiría mucho de la de los hinduistas. Y aún más; evitarían la crítica de los *brāhmaṇas* que, si bien nunca se han molestado demasiado por cuestiones dogmáticas, han sido tradicionalmente hostiles a formas de comportamiento "desviadas", lo que en el contexto brahmánico quiere decir ajenas al ritual brahmánico. Como ha resumido Padmanabh Jaini, el trabajo de Jinasena puede comprenderse mejor como un utensilio por el cual los jainistas aparentemente se conformarían con las prácticas hinduistas a la vez que podrían permanecer como jainistas.[31]

El carácter de estos sacramentos y ritos es estrictamente laico, ya que los ascetas ni participan en ellos ni los siguen. Toda la práctica ascética jainista está dirigida a la liberación, por lo que este tipo de cuestiones no tienen cabida. Pero los laicos aspiran a una vida próspera, auspiciosa, feliz, por lo que cualquier ritual que pueda aportar estos fines es bienvenido por la laicidad. Se dice que estos sacramentos generan mérito religioso, ahuyentan a los malos espíritus, protegen a los individuos, purifican y ayudan a formar el carácter y la personalidad. Con los sacramentos se trata de sacralizar la vida del individuo, desde la concepción hasta su muerte. En otras palabras, la persona, hasta que no ha sido ritualmente construída (*saṃskāra*), no es un verdadero agente social, una noción muy al gusto brahmánico. Con la incorporación de estos sacramentos el jainismo desenfatizó un tanto la idea de progresión espiritual (*mārga, yoga*) y fortaleció la idea de "religión" en el sentido más amplio y funcional que este término posee. Para muchos de estos ritos se alquilan los servicios de *brāhmaṇas* o *jaina-brāhmaṇas*.

Los digambaras adoptaron los dieciséis sacramentos típicos de los hinduistas y a la lista añadieron unos cuantos más, hasta un total de cincuenta y tres ceremonias. Este proceso de hinduización iniciado por Jinasena se amplió con las aportaciones de Cāmuṇḍarāya y Āśādhara. Para los śvetāmbaras, el laico debe pasar por las clásicas dieciséis, descritas en su *Ācāra-dinakara*, algo más tardío que el *Ādi-purāṇa*. La ampliación de este espectro de prácticas religiosas culminó con Hemacandra.

## CONSAGRACIONES PRENATALES Y DE LA INFANCIA

Seguramente, la primera consagración en la "vida" del jaina es la llamada "instalación del embrión" (*garbhādhāna*), un rito que se celebra previamente al momento de la concepción. La finalidad principal del rito es concebir un hijo varón. Dado el carácter patrilineal y patrilocal de la sociedad india, el varón es el heredero de las propiedades y recursos de la familia.

Durante los meses de embarazo se celebran distintos rituales –hoy en desuso– con el propósito de proteger a la madre y al feto.

La ceremonia del nacimiento (*jātakarman*, *priyodbhava*) es, naturalmente, un sacramento primordial, todavía muy celebrado. Normalmente, el nacimiento tiene lugar en casa de los padres de la madre. El *guru* invoca al Jina y también a la diosa Ambikā para que proteja al recién nacido, que recibe un primer baño ritual junto a la madre. La presencia del astrólogo es casi obligada. Al tercer día, se realiza una adoración al Jina en la que el bebé está presente por vez primera. En los hogares más "populares" el culto a las "madrecitas" (*mātṛikās*) y a la diosa Ṣaṣṭhī es necesario para aplacar su ira y proteger a la criatura de enfermedades. En los más "sanscritizados" se incluye una salutación al Sol. Los textos legales jainistas describen también los procedimientos de adopción para parejas que no puedan tener descendencia biológica. Las negociaciones y rituales finalizan con una ceremonia de nacimiento (*jātakarman*) que oficializará la adopción.[32]

La infancia del niño está repleta de consagraciones del estilo de la primera salida del hogar (*bahiryāna*), la primera alimentación sólida (*annaprāśana*), el primer corte de cabello (*caula, cūḍākarma*), la perforación de las orejas (*karṇavedha*) o el rito de aprender el alfabeto (*lipisaṅkhāyana*), que suele celebrarse a los cinco años de edad. Muchos de estos ritos han quedado obsoletos.

Las dos consagraciones más relevantes de la infancia son la imposición del nombre (*nāmakarma, nāmakaraṇa*) y la iniciación (*upanīti*). Ambas se encuentran también en el hinduismo. El *nāmakarma* tiene lugar a los doce días del parto. Tradicionalmente, se escoge el nombre del niño al azar entre uno de los 1.008 epítetos de los *jinas* o las diosas, aunque es bastante corriente un acuerdo entre el astrólogo, el *guru* de la familia y los miembros del hogar, con la participación estelar de la tía paterna más anciana. El *upanīti* –*upanayama* en el hinduismo– sólo atañe a los miembros de las clases sociales más altas y solía realizarse cuando el niño varón tenía entre siete y doce años. Hoy es costumbre realizarlo el día previo al matrimonio. Ese día, el preceptor realiza un culto al Jina enfrente de la casa del iniciado, canta determinados himnos y le susurra tres veces al oído el *pañca-namaskāra-mantra*. Igualmente, el iniciado acepta las restricciones alimenticias básicas (*mūlaguṇas*), que lo sitúan directamente en el primer estadio (*pratimā*) de progresión espiritual [véanse págs. 488-491]. Ahora ya es "oficialmente" un iniciado, un jainista, un adulto, un nacido-dos-veces (*dvija*) y podrá ceñirse el cordón sagrado de los de su condición. Hay que matizar que esta iniciación, de claro carácter hinduista, es habitual en el Sur, pero poco corriente en el Norte. Antiguamente era costumbre que el chico saliera a mendigar ese día y durante algunos años estudiara los saberes básicos con su preceptor. El modelo es, por supuesto, el del estudiante célibe (*brahmacārin*) del brahmanismo.

## MATRIMONIO

La siguiente consagración será la de matrimonio (*vaivāhikī, –vivāha* en el hinduismo–), seguramente la más importante de todas, en especial para las mujeres. Las ocho fórmulas de matrimonio tradicionales de la India son reconocidas,[33] pero sólo se alienta los matrimonios llamados *brāhma* y *prājāpatya*. Como en el resto de la India, el matrimonio jainista es un pacto entre dos familias acordado por los progenitores –matrimonio estilo *brāhma*–, si bien el enlace por amor o elección propia es tolerado –normalmente en medios urbanos y modernos–. La elección debe ajustarse a las normas de cada casta, que suele ser la isogamia o la hipergamia, si bien ciertos enlaces mixtos con vishnuistas son plausibles [véase pág. 310]. Desde finales del siglo XIX los reformadores jainistas estuvieron muy activos intentando abolir prácticas como las del matrimonio infantil o la compra-venta de la novia. En parte gracias a los esfuerzos del Dakṣina Mahāraṣṭra Jain Sabhā, este tipo de costumbres han desaparecido de la comunidad jainista y han menguado mucho entre otras comunidades de la India. Aunque en la literatura jainista ha habido mucha propaganda en contra de las dotes, lo cierto es que esta lacra existe dentro de la comunidad –y de forma exagerada, pues el fenómeno es más rocambolesco cuanto más elevado es el nivel de vida–, muy a pesar de las campañas en su contra dirigidas por los movimientos reformistas. El divorcio es aceptado en determinadas circunstancias y las eventuales segundas nupcias para las viudas deben ajustarse a la costumbre local o de casta –sólo para la sección *dasā*–.

Los astrólogos fijarán la fecha de la boda y mirarán de que no exista ninguna incompatibilidad planetaria entre los pretendientes. Los preparativos están jalonados de rituales, la mayoría de los cuales no son estrictamente jainistas. Es muy habitual, por ejemplo, realizar un culto al dios Gaṇeśa –el sorteador de obstáculos, invocado siempre que se comienza una empresa–, tres días antes de la boda.

La ceremonia en sí suele comenzar con un culto a la imagen de un omnisciente. El sacerdote encargado de oficiar la ceremonia –que suele ser un *brāhmaṇa*– prende los tres fuegos clásicos que los novios circunvalan tres veces. Cuando el novio toma a la novia de la mano, el matrimonio queda ritualmente establecido.

## OTROS RITOS

Desde el punto de vista religioso, la ceremonia de tomar votos (*vratāropa*) es relevante. Se trata de uno de los pocos sacramentos que no aparecen en el vedismo/hinduismo. Está claro que con su inclusión se buscaba integrar los ritos "seculares" en un contexto de progresión espiritual individual. Sobre estos votos hablaremos en la siguiente Parte [véase capítulo 31].

El rito funerario es el "último sacramento" (*antyasaṃskāra*) en la vida del laico. El cadáver es bañado y acicalado cuidadosamente y se lleva al lugar de cremación. Tres días después de la incineración suelen arrojarse las cenizas al río. Normalmente se acude entonces al retiro donde pernoctan los renunciantes para recibir algún sermón acerca de la naturaleza transitoria de este mundo. El período de luto suele ser de nueve meses, durante los cuales la viuda llevará ropas negras, no acudirá al templo y seguirá una dieta muy simple. Es probable que a partir de ese día, la viuda se dedique afanosamente a la vida contemplativa y ascética. Ya no vestirá más los saris de colores, ni llevará joyas, ni el *bindu* en la frente. Los retirados y viudos también se involucran más en las actividades religiosas.

No hallamos nada parecido al binomio hinduista de funerales (*antyeṣṭi*) y ofrendas a los fallecidos (*śrāddha*), ni hay participación de *brāhmaṇas*. Estos dos rituales son vitales para los hinduistas. Con ellos se pretende nada más y nada menos que construir un "cuerpo fantasmal" (*preta*) al difunto –gracias a las ofrendas de arroz de los familiares y a la intervención de los *brāhmaṇas*– que le permitirá acceder al Mundo de los Antepasados (Pitṛi-loka). Obviamente, un rito así no sólo contradice la cosmología jainista, sino que pone en tela de juicio la máxima jainista de que cada uno se labra su propio destino y renacimiento. La omisión de este rito –salvo por parte de determinadas familias del Deccan fuertemente hinduizadas– es una clara muestra de que, a pesar de su asimilación a patrones hinduistas, la ortodoxia jainista se mantiene. Con todo, el tono general de los ritos de paso jainistas es de clara similitud a los *saṁskāras* hinduistas.

# 29. LA PRÁCTICA ASCÉTICA

## VENERACIÓN A LOS MAESTROS

Todo lo que son peregrinaciones (*yātrās*), culto en el templo (*pūjā*) y festivales (*utsavas*) puede considerarse el grueso de la práctica devocional de cara a los *jinas*. Pero aún existe una cuarta expresión devocional: la veneración a los maestros (*guru-upāsti*). A diferencia de las anteriores, ésta es una acción religiosa válida tanto para laicos como para ascetas, una de las consideradas obligatorias (*āvaśyakas*) para los últimos. Por tanto, su finalidad no es tanto la adquisición de buen *karma* –al menos, en teoría–, como la eliminación de *karma*. Con ella comenzamos este capítulo, dedicado a las prácticas que están más enraizadas en el ideal ascético. Obviamente, no debe trazarse ninguna divisoria estricta entre las prácticas tratadas en los dos capítulos anteriores y las que vamos a considerar a partir de aquí. El culto a los *jinas*, las peregrinaciones o los festivales pueden estar más imbuidos de valores ascéticos que la veneración a los maestros, los ayunos o la práctica de la meditación. Todo depende de la disposición mental (*bhāva*). Pero si las primeras son prácticas susceptibles de ser enfocadas exclusivamente a la adquisición de buen *karma*, las segundas encajan con más dificultad en esta finalidad. Éste ha sido el criterio subjetivo para separar unas prácticas auspiciosas de otras ascéticas. Vamos, ya, con la veneración a los maestros.

Con el paso del tiempo la comunidad laica añadió al culto a los *jinas* la veneración a los ascetas que vivían el ideal del desapego, la no-violencia y la pureza de conducta. La cosa era normal. La *pūjā* habitual se dirige a los ascetas por excelencia, los *tīrthaṅkaras*. Por tanto, los ascetas vivos, que participan de la sacralidad del *tīrthaṅkara*, son seres igualmente merecedores del culto de los laicos. El renunciante simboliza, aun de forma atenuada, el espíritu perfecto.

Dado que los ascetas son escasos, la comunidad local puede estar meses sin ver a ninguno, y hasta años sin ver a un *ācārya* de renombre. En el caso de los contados ascetas digambaras, la función de preceptor (*guru*) puede recaer en laicos avanzados, los llamados *kṣullakas* y *ailakas*, o entre las *āryikās*. Todos reciben el mismo tratamiento de respeto que se otorga a los monjes desnudos [ver FIG. 69]. Para los grupos que no realizan culto de templo –sthānakavāsīs, terāpanthīs– el culto al *guru* es de la máxima importancia.

La práctica de la veneración en sí consiste, una vez más, en ver (*darśana*) y venerar a los renunciantes. Poca diferencia hay con la sencilla *pūjā* del *caityavandana* [véanse págs. 430-431]. El ritual siempre conlleva una postración ante el maestro y la petición de que lo consagre con un *mantra*. Puede variar según el rango del asceta en cuestión y dependiendo de la ocasión. En su modalidad completa sirve para que el laico realice sus confesiones. El ritual de veneración śvetāmbara incluye la transacción de un polvo sagrado llamado *vāskṣepa*. Se trata de una mezcla de sándalo, azafrán y otras substancias que el laico ofrece al asceta. Éste lo espolvorea sobre la nuca y la cabeza del devoto. Acto seguido, el laico le tocará los pies –sólo si el asceta es del mismo sexo– y volverá a ser bendecido con el *vāskṣepa*. El acto significa la asimilación de la enseñanza. Desde el punto de vista laico, no obstante, el *vāskṣepa* posee connotaciones más milagrosas.

Como ya hemos comentado, el jainismo ha sabido crear un lazo estrecho entre la gran comunidad de seglares y la pequeña comunidad de renunciantes. Los ascetas han sido siempre los maestros espirituales (*gurus*) de los laicos y laicas. Todo jainista comprometido se siente un pupilo (*śiṣya*) de un asceta. La principal "obligación" de los renunciantes para con la laicidad es la instrucción en la doctrina sagrada [ver FIG. 66]. Recordemos que los sermones que los ascetas imparten a los laicos son considerados la más alta forma de donación religiosa: la donación de conocimiento (*jñāna-dāna*). Por eso, el concepto de *upāsti* no sólo implica la veneración al maestro, sino la escucha de los sermones de los ascetas. De esta forma el laico es el genuino oyente (*upāsaka, śrāvaka*). En muchas ocasiones, las charlas se graban. Una vez en casa, no es raro que los devotos realicen una circunvalación al magnetofón como si el asceta estuviera presente. Para la comunidad laica, la presencia física o figurada de los ascetas es el mejor símbolo de identidad que poseen.

Esta interconexión ha favorecido mucho los niveles de seriedad de los renunciantes. Los laicos conocen bien cómo debe comportarse un asceta y qué se espera de él o ella. La comunidad "vigila" que nadie se desvíe del camino recto. Otro factor importante de cohesión entre ambos colectivos es que los ascetas nunca se han involucrado demasiado en los asuntos de este mundo. No ha existido una Iglesia jainista. Ningún asceta interroga acerca del comportamiento ético y social de los laicos. Como bien ha advertido Padmanabh Jaini, la relación entre estos dos grupos nunca ha estado teñida con los sentimientos de miedo o culpa.[1]

El vocabulario religioso de la India concede al *guru* otro posible compañero, amén del discípulo (*śiṣya*): el devoto (*bhakta*).[2] Lo que importa al *bhakta* no es tanto la ortodoxia doctrinal de la enseñanza sino la relación personal que se establece. El *guru* es una manifestación directa de lo divino o, en el caso jainista, de la luz de la verdad. Es la cualidad personal del renunciante lo que importa y no tanto la enseñanza. Es en este sentido como hay que interpretar las múltiples historias de poderes milagrosos de reputados ascetas o la popularidad del benevolente Gautama. Por este motivo muchos jainistas pueden realizar peregrinaciones de cientos de kilómetros –justo antes de aventurarse en un nuevo negocio o en el momento de arreglar un matrimonio– para "ver" al renunciante que han tomado como *guru*. Lo curioso es que el asceta es siempre inconsciente de la devoción que suscita. Y, paradójica pero lógicamente, cuanto más carismático es –cuanto más austero, más desapegado, cuanto más se asemeja a los *jinas*–, más devoción suscitará y menos calurosa y más lejana será la relación con los devotos. Ciertamente, como James Laidlaw ha remarcado, la devoción religiosa puede verse, desde otra perspectiva, como positivamente irreligiosa.[3]

## CONFESIONES

La práctica de la confesión (*pratikramaṇa*) es uno de los ritos en donde los valores ascéticos se notan más claramente. Además, es una de las prácticas más ritualizadas, con poco espacio para la improvisación.

El rito de confesión suele ser un acto colectivo que se realiza en el retiro ascético. No es necesaria, empero, la participación de un asceta. Normalmente se realiza frente a su representación simbólica (*sthāpanācārya*), una mesilla que lleva grabados signos auspiciosos –sólo entre śvetāmbaras–. Pero cuando existe algún *sādhu* en el retiro, entonces siempre interviene, de modo que la veneración a los maestros suele incluir el rito de confesión.

La tradición estipula cinco períodos y formas de confesión: cada mañana, cada tarde, cada noche, cada cuatro meses y cada año. Los ascetas los cumplen a rajatabla, pues forman parte de sus seis obligaciones rituales. Los laicos son menos estrictos y suelen restringirlas a la anual, con ocasión del festival del Paryuṣaṇa o Daśalakṣaṇa-parvan. En esta ocasión es costumbre escribir cartas de reconciliación (*vijñaptis*) o realizar visitas a conocidos con el propósito de pedir perdón. No obstante, no es nada despreciable el número de jainistas –especialmente de mujeres– que se confiesan en grupo diaria o semanalmente. Además, aprovechan la ocasión para conversar o intercambiar información acerca de peticiones de mano, matrimonios o fallecimientos. Bastantes mujeres realizan a diario el rito de confesión en el hogar, acompasado con la práctica de la meditación. El rito incluye tomar el voto de ayunar hasta una hora después de la salida del Sol del día siguiente. Por tanto, se imbrica también con la práctica del ayuno –nocturno–.

El rito en sí conlleva tres acciones que se repiten una y otra vez: la inspección del cuerpo (*pratilekhanā*), la veneración al maestro (*guru-upāsti, vandana*) y el abandono del cuerpo (*kāyotsarga*). El patrón es claramente ascético. La primera acción consiste en apartar suavemente con un pañuelo cualquier insecto o criatura que esté presente sobre el cojín en el que va a sentarse o en su propio cuerpo. La segunda estriba en una serie de postraciones ante el maestro o su representación simbólica. La tercera consiste en permanecer inmóvil, de pie, cual *tīrthaṅkara* o asceta en meditación. Las tres acciones se realizan consecutivamente en distintos momentos del rito. Mientras se ejecutan, se leen o recitan los textos prescritos. La estética de la *ahiṃsā* permea todo el ritual. Pero la cosa es más honda.

El corazón del ritual consiste en la recitación de unas extrañas listas de pecados y transgresiones. Para James Laidlaw se trata de un buen sumario de la psicología moral jainista y una ilustración del tono característico del dicurso ético-religioso jainista.[4] La primera lista consiste en enumerar todas las formas posibles de violencia (*hiṃsā*). Para ello se declara que existen 8.400.000 formas de vida en el mundo, y que no se tiene idea de a cuántas se ha causado daño. Así, en esta primera confesión, el jaina enumera los trece tipos de nacimientos posibles –700.000 *ekendriyas* de la tierra, 700.000 *ekendriyas* del agua... 200.000 tipos de animales de cuatro sentidos... 400.000 tipos de dioses... hasta 1.400.000 tipos de humanos–. La segunda lista consiste en enumerar dieciocho tipos de pecados graves –violencia, mentira, robo, codicia, rabia, etc.–, es decir, los males que se combaten con los cinco votos (*mahāvratas*) y las formas pasionales (*kaṣāyas*) que nos atan a este mundo. La tercera lista es una enumeración, aún más larga, de posibles transgresiones a los doce votos que algunos laicos piadosos deciden tomar de por vida [véanse págs. 491-492].

Como vemos, el rito de confesión difiere notablemente de los homónimos cristianos. Los jainistas conocen también la confesión particular (*ālocana*), donde los pecados concretos son confesados a un asceta y éste aconsejará las expiaciones (*prāyaścittas*) pertinentes. Pero el *pratikramaṇa* es una expresión de perdón en general, no por un acto o fechoría en concreto. No se trata de confesar los pecados que uno sabe conscientemente que ha cometido. Como dice Laidlaw, la ética de la vergüenza y la culpa son soslayadas, ya que la enumeración está enfocada a todos los posibles pecados que existen. Los digambaras suelen pedir este perdón con una antigua y hermosa declaración, muy representativa del jainismo:

> «Pido perdón a todos los seres vivientes y rezo para que todos me perdonen. Soy amigo de todos los seres vivientes y no guardo rencor a ninguno».[5]

Una cita idéntica, incluída en el *Āvaśyaka-sūtra*, es utilizada también por los śvetāmbaras en ocasión del Paryuṣaṇa. La tradición Śvetāmbara recoge asimismo una fórmula incluso más antigua, pues se establece un diálogo entre el laico y el asceta –que recitan de memoria– en prácrito antiguo. El intercambio es muy ilustrativo del tipo de relación que se da entre ambos colectivos, pues incluye la veneración al maestro. Dicen:

«—Deseo venerarle a usted, *kṣamāśramaṇa*, con intensa concentración.
—Así sea.
—Habrá estado todo el día sin molestias, afortunadamente.
—Sí.
—Está avanzando espiritualmente.
—Sí, y también usted.
—Permanece imperturbable en sus sentidos, ¿no?
—Sí.
—Pido perdón, *kṣamāśramaṇa*, por mis transgresiones diarias.
—Yo también pido perdón.
—Tengo que confesarme a usted, *kṣamāśramaṇa*, por toda falta de respeto cotidiana... por todo el mal realizado con la mente, el habla o el cuerpo, con odio, orgullo, engaño o codicia, con mal comportamiento y negligencia respecto a la doctrina sagrada. Cualquier ofensa que haya cometido, asceta indulgente, la confieso, la reprendo, me arrepiento de ella y desecho mi espíritu pasado.»[6]

Estas confesiones siempre incluyen el estribillo "de mente, de habla y de cuerpo" o sobre los pecados que "uno haya hecho, haya causado que otros hagan o permitido y aprobado que otros hagan", consciente o inconscientemente. De esta forma se trasciende la noción de individuo que ha cometido tal o cual pecado. Con la confesión, el jainista refuerza su idea de que su espíritu es potencialmente igual al de los demás seres. Por no haber, siquiera es necesario el confesor. Esté presente el *sādhu* o su representación simbólica, el "confesor" no es más que la imagen de un linaje que lleva directamente a los *tīrthaṅkaras*. Y ellos no pueden absolver a nadie. El rito es, pues, una forma de ascesis y concentración, una forma de eliminar *karma*. Aquí no se pretenden los cielos, y por ello el ritual requiere de la práctica de abandono del cuerpo y que le suceda un ayuno. En cierto sentido, volviendo a Laidlaw, el *pratikramaṇa* no es tanto una confesión, tal y como la concibe la tradición cristiana, como una reparación.[7]

## AYUNOS

Si, como decíamos páginas atrás, para el observador casual el culto a los *jinas* es la práctica religiosa más vistosa del jainismo, posiblemente para los jainistas el seguimiento de determinadas restricciones (*pratyākhyāna*) y penitencias (*tapas*) constituye la forma de práctica externa más significativa de todas. Invariablemente, estas restricciones toman la forma de un ayuno (*poṣadhopavāsa, uposatha, anaśana*). Nuevamente, esta actividad es común a laicos y ascetas, para quienes es otra de las obligaciones rituales. Para los primeros es una de las actividades en las que se sienten verdaderos *śramaṇas*, cuyo objetivo es quemar el *karma* –y no adquirir buen *karma*–. Tanto es así que la mayoría de jainistas consideran el ayuno como una forma superior de práctica espiritual, por encima del culto en el templo. Por el mismo motivo, el término que más se utiliza para ayuno es *tapas*. La costumbre jainista de ayunar está atestiguada incluso en los textos budistas más antiguos.[8]

Dado que los alimentos forman parte esencial de la prisión kármica, ya que son responables de la construcción de nuestro cuerpo, es bastante lógico que el jainismo haya tendido hacia una cierta atenuación de la alimentación como una de sus prácticas ascéticas más habituales. Además, no deja de ser otra forma de distanciarse del *ethos* brahmánico –para el que el alimento y la alimentación son cuestiones sagradas–. La comida, en cambio, tiene una reputación bastante mala dentro del jainismo. Lawrence Babb menciona a un informante en Ahmadābād que decía, sin pizca de ironía, que uno debería comer con lágrimas en los ojos por las criaturas que tienen que morir cuando uno se alimenta.[9] Los alimentos son peligrosos –y la búsqueda de alimento la raíz de toda violencia en el *saṃsāra*–; constituyen el mundo de la atadura de forma concentrada. La atenuación puede llegar incluso al cese total, con el ayuno final. Pero de eso hablaremos en el capítulo 31.

El voto del ayuno puede tomar múltiples formas. Puede tratarse simplemente de no comer o beber hasta pasados 48 minutos desde que el Sol se haya levantado, como cuando se realiza el rito de confesión. O puede tomar la forma de un ayuno de varios días que se repetirá anualmente durante siete, diez o quince años. La tradición recoge hasta una cuarentena de ayunos. El devoto escoge. Es muy frecuente tomar el voto de ayunar parcial o completamente con motivo de los días llamados *parvan* –días considerados muy auspiciosos, cuando la Luna cambia de fase–, durante determinados festivales o con propósitos particulares. Los ayunos son más frecuentes durante los meses del monzón, cuando los ascetas se sedentarizan y se da más interconexión con la comunidad laica. Es frecuente, entonces, que el laico o la laica tome el voto de ayunar en presencia de un asceta. En verdad, igual que con la confesión, la bendición y consejo del asceta no son obligatorios. Uno puede tomar el voto de forma privada –frente a una imagen del *jina* o una representación del asceta–, o unirse a un grupo con el mismo propósito. Lo que importa es que se realice el voto (*vrata*) con la declaración de intenciones. De lo contrario el ayuno sería infructuoso. En los ayunos colectivos se precisa de un mecenas de la comunidad que financie el ritual.

Muchos de estos ayunos son parciales. James Laidlaw ha escrito que en el jainismo el ayuno es frecuentemente una forma de alimentarse.[10] En estos casos suele tratarse de una comida al día, normalmente muy frugal. Lo importante, en cualquiera de los casos, es que la alimentación se convierte en actividad religiosa. Y puesto que se trata de una no-alimentación, es también una no-acción. Y la inacción es, en el lenguaje jainista, la forma más elevada y segura de eliminar *karma*. El ayuno puede aportar mérito religioso (*puṇya*), sin duda; pero lo que la comunidad valora es la posibilidad de quemar *karma*, esto es, su valor soteriológico. Y para que así sea, es imprescindible la actitud mental (*bhāva*) de desapego, ecuanimidad y pureza.

El ayuno es, asimismo, la forma externa que más distingue a los jainas de sus vecinos. Aunque en el hinduismo los ayunos forman parte de la práctica religiosa, y de hecho el término sánscrito *uposatha* ya denotaba el ayuno que realizaban los antiguos védicos antes de un sacrificio, en modo alguno esta práctica está tan extendida, es tan fecuente y hasta prolongada como entre los jainistas. Tampoco posee las mismas connotaciones. El ayuno jaina conmemora, por ejemplo, el que tuvo que realizar Ṛiṣabha cuando se convirtió en el primer renunciante de este ciclo cósmico. La gente no sabía cómo donar alimento a un asceta y le ofrecía joyas, tesoros y ricos manjares. Ṛiṣabha tuvo que ayunar durante seis meses hasta que un laico, que milagrosamente soñó haber visto monjes jainistas en una vida pasada –sin duda en un ciclo cósmico anterior–, le ofreció los alimentos correctos de la forma apropiada. Ṛiṣabha pudo romper su ayuno. Emulando este gesto, uno de los ayunos más comunes del jainismo se prolonga un año entero y combina un día de ayuno total con otro de ayuno parcial. El ayuno finaliza con la festividad de la Akṣayatṛitīyā. De esta forma se participa en el tipo de ascetismo de eras más virtuosas, replicando el esfuerzo sobrehumano de los grandes héroes del pasado. La meta de la liberación preside la mayoría de ayunos jainistas. Los laicos son muy conscientes de que sus ayunos son la expresión más fiel y profunda del valor del *tapas*.

Un ayuno normal podría ir más o menos así. Tras el desayuno, debidamente purificado, el laico o la laica se llegará hasta una sala de ayuno de la comunidad (*poṣadha-śālā*), que suele hallarse en el retiro. Permanece allí un día y medio o dos, que es un lapso típico de muchos ayunos. Dormirá poco, murmurará los *mantras* sagrados y leerá las escrituras. Aunque suele ser congregacional, el ayuno conlleva el silencio y la meditación. Se mira de emular la conducta de los ascetas. Este aspecto está perfectamente reflejado en la utilización del plumero, uno de los poquísimos utensilios que portan los ascetas, símbolo de su dedicación a la *ahiṃsā*, y que el devoto utilizará para desempolvar cuidadosamente el tapete donde va a sentarse. Es frecuente que se acompañe el ayuno con rezos colectivos en el templo (*pūjā*), confesiones a los ascetas (*pratikramaṇa*) y se escuchen discursos religiosos de los monjes (*pravacanas*). Luego regresará a casa, realizará el culto al *jina*, donará alimento a algún asceta y romperá el ayuno. Esta participación de los laicos en el ideal monástico ha fortalecido mucho los lazos entre ambas comunidades.

Esta práctica es seguida con particular ahinco por las mujeres. El ayuno es la mejor expresión de la pureza, moralidad y castidad de la mujer jainista. Como ha dicho Josephine Reynell, el álbum de fotos de los ayunos viene a continuación del de la boda. Los ayunos sirven para mostrar que la dama es controlada y ha mantenido la honra sexual después del matrimonio.[11] Los ayunos durante la *purnimā* o Luna Llena son tan habituales que para muchas jainistas son casi "obligatorios". Lo mismo puede decirse de ciertos ayunos durante festivales. Para bastantes mujeres el ayuno llamado *Rohinī-tapas* –tres días al mes de ayuno total–, que se prolonga durante siete años y siete meses, es la actividad religiosa por antonomasia. Es prácticamente imposible hallar a una o un jainista que no tenga una cierta experiencia en ayunar. En el caso de las mujeres, el acto cobra mayor significado cuando es ella quien, sin haber probado bocado ni bebido una gota de agua, cocina, prepara y sirve los alimentos a los demás miembros de la familia que no siguen el ayuno. Como resume Paul Dundas, el ayuno no es una cuestión privada ni una imposición como forma de penitencia para expiar la mala conducta. Más bien el tomar un voto que implica algún tipo de ayuno es la más significativa de toda una serie de prácticas religiosas que gustosamente adoptan las mujeres. Frecuentemente, el voto ha sido sugerido por una asceta, quien confirmará la seriedad de su empeño y, por extensión, de sus familiares, de cara a la religión jainista.[12]

## LA CRUZADA CONTRA EL CUERPO

Desde el punto de vista jainista, el cuerpo encarna la situación de atadura del ser humano. Los textos no cesan de recordárnoslo. Todas las prácticas ascéticas jainistas tienen que ver, en mayor o menor grado, con la privación corporal. Pero si uno hurga en la práctica ascética, verá que el principio de privación, más que agredir al cuerpo, lo utiliza como aliado. El asceta o el laico que ayuna se sirve del cuerpo para controlar algo mucho más evasivo: la mente. El cuerpo no es el enemigo, sino los apegos o los pensamientos. El ayuno jaina, aunque espectacular, no lleva a la autodestrucción. Incluso el jainismo más ascético de los renunciantes sigue esta misma línea. Es cierto que para algunos el sufrimiento y el dolor –de la enfermedad, por ejemplo– son bien venidos. Tal fue el caso de la santa kharatara-gacchin Vicakṣaṇa Śrī, que soportó con estoicidad impecable un cáncer terminal, sin ayuda de medicamentos. Empero, Vicakṣaṇa no miraba de agredir su cuerpo, sino que redefinió el dolor como ascetismo voluntario.

Pero en el jainismo existe otra forma de aplicar la práctica ascética: el sometimiento del cuerpo. Normalmente, los que toman esta vía radical son estrictamente dualistas: cuerpo y espíritu son principios antitéticos y sólo con una cruzada contra el cuerpo puede el espíritu tomar conciencia de sí mismo. Aunque esta posición radical es minoritaria, posee un alcance incuestionable en la imaginería jainista. Rājacandra ejemplifica a la perfección el modelo del santo jaina que utiliza el ascetismo para doblegar el cuerpo. Otra figura notable al respecto fue el santo contemporáneo –tampoco iniciado– Amarcānda Nahar, quien siguió un voto de silencio durante veinte años, durante diez se alimentó sin sal y durante muchos más mantuvo un ayuno intermitente. Al final, ayunó hasta la muerte. Para ellos el cuerpo no era un instrumento de acción religiosa, sino el problema, el lastre que había que eliminar o trascender. Se han subrayado los paralelos con el ascetismo medieval cristiano, notablemente el de ciertas santas y monjas, tildadas controvertidamente de "santas anoréxicas". No obstante, James Laidlaw ha resaltado también las diferencias –la primera de género, ya que los jainas que han seguido esta senda han sido hombres y laicos–, de modo que las comparaciones no deberían llevarse demasiado lejos.[13] Como sugiere el estudio de la iconografía de los *jinas*, el cuerpo puede ser el reflejo de las cualidades del espíritu [véase pág. 416]. Ésta es la percepción que suscribe la enorme mayoría de jainistas, laicos y renunciantes por igual, con lo que la pretendida dicotomía entre cuerpo y espíritu queda bastante atenuada. El polo opuesto de los dualistas anoréxicos, concluye Laidlaw, queda representado por las figuras benevolentes del barrigudo Gautama y los *dādāgurus*.[14]

## ESTUDIO

El estudio meditativo de los textos (*svādhyāya*) es otra de las prácticas habituales entre los laicos. Aunque muy pocos conocen el semi-magadhi, el sánscrito o el jaina-maharashtri, los textos más importantes del jainismo están traducidos a las lenguas vernaculares.

Los jainistas tienen en altísima estima sus manuscritos. Son un símbolo de las verdades que encapsulan y representan la gloriosa ligazón con los maestros de la tradición. En la construcción y manutención de bibliotecas (*grantha-bhaṇḍāras*) tuvo un peso decisivo la actitud de los clérigos (*bhaṭṭārakas, yatis*). Fueron ellos quienes, en tanto que responsables de las instituciones religiosas, erigieron bibliotecas donde se han guardado los manuscritos donados por los laicos. Las bibliotecas de Kārañjā, en Maharashtra, Mūḍabidrī, en Karnataka, las de Bikaner (Bikānera) y Jaisalmer (Jesalamera), en Rajasthan, o las de Patan (Pāṭaṇa), Cambay (Khambhāt) o Pāliṭaṇa, en Gujarat, son formidables. La más importante, la de Jaisalmer, fue fundada por el monje Jinabhadra a mediados del siglo XVI para salvaguardar los manuscritos que estaban entonces amenazados por el celo musulmán. No obstante, la mayor parte de la tarea de encomendar copiar los textos, ha recaído en los laicos, quienes consideran el trabajo altamente meritorio. Hoy, casi todas las bibliotecas corren a cargo de asociaciones laicas. El proverbial cuidado de los textos sagrados, reforzado con ocasión de la Śruta-Pañcamī o la Jñāna-Pañcamī, cuando se lustran y limpian los manuscritos y, si es necesario, se hacen copias nuevas, ha permitido que gran parte de su literatura sagrada haya llegado hasta nosotros, y en muy buen estado de conservación. De hecho, los más antiguos manuscritos indios que se conservan son textos jainistas de los siglos X y XI. Su valor para la comunidad y para toda la civilización hindú es incalculable. Muchos de ellos vienen impecablemente ilustrados [ver FIGS. 13, 14, 47 y 48]. Gracias a distintos movimientos reformadores y a la labor de maestros como Muni Puṇyavijaya muchos manuscritos pudieron ver la luz y fueron traducidos a las lenguas vernaculares e impresos en papel.

LAS ESCUELAS

La comunidad posee numerosas asociaciones de distinta índole que se dedican al estudio. Muchas son escuelas de enseñanza primaria y secundaria (*gurukulas*), como la inspirada por por la asceta Mahāsatī Mohanadevī en Delhi o la construida Muni Samanthabhadra cerca de Kolhāpur, en Maharashtra. No pocas escuelas gratuitas –fruto del *dāna*– están destinadas a sacar a la mujer india del analfabetismo. A destacar el *āśrama* fundado por Sumatibai Shah –una mujer que se inspiró en los ideales de Śāntisāgara y Gandhi– en Sholapur (Śolapura), en Maharashtra.

Otras escuelas (*pāṭha-śālās*), típicas entre los tapā-gacchins, son de uso restringido a los ascetas o a los laicos que expresen su deseo de profundizar en los conocimientos de su religión. Los sthānakavāsīs poseen instituciones similares denominadas "asientos de saber" (*vidyāpīṭhas*). Los terāpanthīs, que no poseen retiros para ascetas, tienen en su gran complejo de Ladnun (Lāḍanūṁ) un imponente centro de estudios llamado Śrī Pāramārthika Śikṣaṇa Saṁsthā. El curso completo dura siete años.

## MEDITACIÓN

La tradición meditativa en el jainismo no ha sido ni mucho menos tan poderosa como en la corriente Yoga o en el budismo. Aunque todo el mundo reconoce la importancia de la práctica de la concentración (*dhyāna*), la tradición se ha decantado históricamente por el ascetismo (*tapas*). Salvo en grupos como el Terāpanthī o el Kanjisvāmī-Panth, la práctica de un *yoga* meditativo jainista ha sido leve. De hecho, muchos jainistas acuden hoy a centros de *rāja-yoga* o meditación budista *vipaśyanā* para rellenar esa laguna. Y aun así, la práctica de la meditación es una de las más valoradas y prestigiadas de la tradición.

Padmanabh Jaini ha resumido la práctica de la meditación (*sāmāyika*) como la forma de integrar las prácticas religiosas de los laicos dentro de los métodos yóguicos de la senda ascética.[15] Durante el período de meditación, el laico se homologa a un asceta –quien, por su parte, se halla de por vida bajo el voto del *sāmāyika*–. Eso ya lo advirtió el gran Vaṭṭakera:

> «Dado que a través de la práctica de la ecuanimidad [*sāmāyika*] el laico se convierte en asceta, por esta razón debería ser practicada con frecuencia.»[16]

Para la mayoría esto se traduce en una serie de concentraciones de carácter más o menos meditativo/devocional. La práctica suele realizarse a diario, durante una hora india –48 minutos–. Es bastante común que los laicos se organicen en grupos y asociaciones para realizarla colectivamente. En el hogar, las mujeres suelen realizarla al amanecer.

## *XI. La práctica*

La práctica propiamente dicha consiste en diversas recitaciones o himnos de honor y reverencia a los *jinas*. Algunos leen el *Sāmāyika-sūtra*, otros lo recitan de memoria, los más se limitan a murmurar el *namaskāra-mantra*. La práctica incluye el voto de abstenerse de hacer daño, por lo que está íntimamente ligada al voto de la *ahiṃsā* o al rito de confesión. Estas recitaciones deben realizarse con espíritu de sobrecogimiento, normalmente en la postura del loto, de lo contrario el *sāmāyika* no tendría poder ascético. Se dice que quien persevera en las restricciones y concentraciones tiene un atisbo de la dicha y la paz (*samyak-darśana*) de quien ha superado los *karmas* y pasiones que oscurecen tomar la senda de la renuncia. Hablaremos más profundamente de la meditación cuando toquemos la senda ascética que conduce al *nirvāṇa* [véanse págs. 511-515].

# *Parte XII*

# Soteriología

Con frecuencia el jainismo ha sido tildado de filosofía y religión ultra-pesimista.[1] Para muchos, su visión de este mundo es la de una pesadilla sin comienzo ni fin. En verdad, esta imputación se ha extendido a la mayoría de filosofías y modos de vida indios. Puesto que todas las antiguas religiones índicas coinciden en que la existencia es sufrimiento, dolor y contingencia (*duḥkha*), características insalvables dado el mecanicismo kármico, todas persiguen una abstracta meta ultraterrenal: la liberación de este mundo (*mokṣa, nirvāṇa*). Algo de cierto hay en ello. No obstante, una crítica semejante me parece una interpretación un tanto perversa de la escala de valores hindú. Indaguemos.

La meta última del jainista es restaurar el espíritu en su pureza inherente de forma que pueda obtener la omnisciencia, que es su condición esencial. Ahora bien, sabemos que la omnisciencia es inalcanzable en estos tiempos poco virtuosos. Ya nadie después de Jambūsvāmin ha podido iluminarse –liberarse– en esta Edad Triste y en esta tierra de Bharata. ¿Siempre se pensó así? No. La literatura más antigua describía una senda que, si era seguida con perfección y de acuerdo con las prescripciones establecidas por Mahāvīra, conducía directamente a la liberación en esa misma existencia. Gradualmente, esta concepción fue matizándose. Vaṭṭakera (siglo II) establecía tres existencias humanas como requisito para la liberación.[2] A medida que la comunidad ascética fue distanciándose del tiempo de Mahāvīra y sus discípulos, la sensación de imposibilidad de la liberación se hizo más aguda. Finalmente se llegó a la clásica noción de que la iluminación era inalcanzable en esta Edad Triste. Pero esta formulación no impedía la progresión espiritual. Al quedar imposibilitada la meta tradicional, la práctica religiosa pasó a dirigirse no sólo a extinguir el *karma*, sino a adquirir suficiente mérito religioso como para asegurar la continuidad de una existencia halagüeña. Con una conducta esforzada y ejemplar el asceta podrá renacer nuevamente como humano en otro continente, quizá en el gigantesco Videha, donde existe algún *jina* predicando en la actualidad. Ahí, con la proximidad del *tīrthaṅkara*, a buen seguro alcanzará la iluminación. O también puede ocurrir que el asceta o el laico modélico renazca como divinidad, cuya longevidad se cuenta por eones, y, en pocas existencias, encarne nuevamente en Bharata-varṣa cuando algún *jina* futuro esté presente. En cualquier caso, la India tiene la *certeza* de que se puede poner fin a la insatisfacción (*duḥkha*) que caracteriza la existencia en el *saṃsāra*. El jainismo contemporáneo apremia a que la semilla que conducirá a la liberación se siembre en esta existencia. De lo que se trata es de despertar a la correcta visión (*samyak-darśana, samyaktva*), al estado del iluminado, y eso sí es factible. En verdad, la falta de la recompensa directa de la liberación hace que la senda jainista se torne verdaderamente trascendente. ¿No es acaso aquel que se sitúa en la senda que lleva más allá del ego y lo condicionado –a sabiendas de que no hay liberación en esta vida– un auténtico *nirgrantha*? La actividad sin atadura a una meta prevista es realmente aquella que escapa al *karma*, pues no hay intención ni apego, simplemente el acto. Y esta acción emancipadora es factible *aquí y ahora*.

Afortunadamente, pues, el jainismo no postula ni un determinismo kármico total ni un pesimismo insalvable. En vez de actuar lo que las latencias kármicas nos impelen a hacer, el individuo de entendimiento y pureza actúa precisamente para liberarse de cualquier nexo con el pasado kármico. La senda jainista consiste en *deshacer* lo que se ha hecho. La acción, según la entiende el jainismo, puede ser liberadora. Con una conducta virtuosa y un entendimiento claro, el jainista comienza a ascender en la peregrinación que conducirá a la paz última. Como otros sistemas indios, los jainistas también han delineado un mapa –una escalera de catorce peldaños– que traza esta progresión espiritual (*yoga*). Ello es el contenido del capítulo 30, con el que abrimos esta Parte final, dedicada a la soteriología.

Si de los textos más antiguos se desprende que sólo los ascetas podían liberarse –y ésta parece ser la posición digambara, idéntica a la del budismo Theravāda–, poco a poco se dejó entrever que lo que importa es la conducta y el esfuerzo purificador. Por tanto, la práctica liberadora está al alcance de todo el mundo que haya sembrado la semilla de la correcta visión, al menos en teoría. De hecho, según el jainismo Śvetāmbara, la primera persona liberada en este ciclo cósmico, Marudevī, madre del primer *tīrthaṅkara*, no fue ninguna asceta. Es más, desde el punto de vista tradicional, existe la posibilidad de que los no-jainistas alcancen la misma meta. Un texto bastante antiguo como el *Uttarādhyayana* no deja lugar a dudas:

> «Los espíritus perfectos [*siddhas*] son [o pueden ser] los de las mujeres, los hombres, los hermafroditas, los ortodoxos [jainistas], los heterodoxos [no-jainistas] y los cabezas de familia [laicos].»[3]

Y el *Sambodhaśaptati*:

> «Sea un śvetāmbara, un digambara, un budista o cualquier otro, se alcanza la liberación si se es ecuánime y desapasionado.»[4]

No obstante, sería incorrecto decir que el laico jainista persigue la liberación. La emancipación del ciclo de transmigraciones es, quizá, la meta final de la condición humana, pero no la finalidad de *esta vida*. De hecho, Lawrence Babb comenta que el tópico de la liberación apenas se menciona en los hogares jainistas.[5] No sólo es algo imposible ahora en este mundo, sino una meta demasiado remota. Un fin que, a los ojos del seglar, pasa invariablemente por la renuncia. Aunque hay buen conocimiento del tema, la liberación no condiciona la vida religiosa de los laicos. A lo que aspira el laico, aparte de la integración social, es a ganar el suficiente mérito religioso (*puṇya*) como para tener un buen tipo de renacimiento, a ser posible como divinidad (*deva*). En el Mundo Superior le aguardarán hermosas damiselas (*apsarās*), músicos celestiales (*gandharvas*) y toda suerte de lujos y excelencias. Los encantos del cielo le son mucho más atractivos que la abstracta felicidad eterna del *nirvāṇa*. En esto, los laicos jainistas no se diferencian demasiado de hinduistas, budistas o, para el caso, del resto de mortales. Y eso es algo que, como K.R. Norman puntualiza, tanto el Buddha como Mahāvīra "autorizaron" claramente.[6]

Pero, al mismo tiempo, sería un error pensar que los laicos olvidan la meta de la liberación. Puede que muchos laicos sean teológicamente poco instruidos –incluso muchos ascetas también lo son–, y es cierto que la idea de la liberación se les antoja extraña en su vida presente. Pero es una meta que preside sus vidas de forma callada. Los ayunos de las mujeres, las donaciones de los varones, las confesiones y veneración a los ascetas, las múltiples formas de culto y peregrinaciones, etc., todo ello también tiene como propósito último la liberación. Está claro, como se ha repetido en varias ocasiones, que alzar una divisoria entre un jainismo monástico y otro laico o entre unas prácticas meritorias y otras liberadoras es, cuanto menos, forzado.

Para muchos laicos una práctica emancipadora en pos del *nirvāṇa* es la que otorga pleno sentido a sus vidas. Y para ellos existe un camino claramente delineado y bien descrito en unos textos llamados *Śrāvakācāras*. Ahí se presenta un modelo de comportamiento compuesto por doce estadios de progresión espiritual (*pratimās*), en plena consonancia con el patrón ascético. Ésa es la conducta (*cāritra*) apropiada para aquel que ya posee fe y conocimiento correcto –del jainismo–, para aquel que ha sembrado la semilla de la correcta visión (*samyak-darśana*). Este camino de los laicos nos ocupará íntegramente el capítulo 31.

Finalmente [capítulo 32], abordaremos la senda supramundana de los ascetas; el camino de la purificación interior que todo jainista aspira a recorrer, si no en esta vida –como los ascetas–, sin duda en alguna remota vida futura. Porque este es el camino que conduce a la beatitud del *nirvāṇa*. Ésta es la senda que Mahāvīra y los *tīrthaṅkaras* legaron a esta humanidad, y ésta es la vía místico-ascética que detiene la rueda de la prisión kármica.

# 30. EL *YOGA* JAINISTA

## LAS TRES JOYAS

Como toda tradición india, la jainista es un camino de progresión espiritual (*yoga, mārga*). Ningún jaina olvida que la existencia humana es una ocasión única y casi irrepetible para avanzar espiritualmente. ¿Cómo se practica el *yoga* jainista?, ¿qué debe hacer el jaina para ir ascendiendo por la ladera que eventualmente le conducirá a la liberación?

Resumidamente, el jainismo postula tres grandes bloques, tres grandes áreas de cultivo que han de articular la senda de progresión espiritual. Tan fundamentales son que la tradición los ha llamado las Tres Joyas (*tri-ratna, ratna-traya*), que ya mencionamos en la Introducción:

1) correcta visión (*samyak-darśana*),
2) correcto conocimiento (*samyak-jñāna*),
3) correcta conducta (*samyak-cāritra*).

Umāsvāti abre el *Tattvārtha-sūtra* con el siguiente aforismo:

> «La correcta visión, el correcto conocimiento y la correcta conducta constituyen la senda que lleva a la liberación.»[1]

El asunto es, por lo tanto, de la máxima importancia.

La formulación de las Tres Joyas no es muy antigua, posiblemente se insinuaría poco antes de Umāsvāti. Corresponde a un tiempo en el que los filósofos sāṃkhyas y naiyāyikas argüían que sólo el conocimiento conducía a la liberación. Los budistas añadían, además, el cese del deseo. Así que los jainas vinieron a decir que no sólo el conocimiento (*jñāna*) y la conducta (*cāritra*) eran necesarios, sino también la visión (*darśana*). Por tanto, las Tres Joyas del jainismo poseen un carácter distinto de las Tres Joyas del budismo –el Buddha (*Buddha*), la Enseñanza (*Dharma*) y la Comunidad (*Saṃgha*)–. Las Tres Joyas de los jainas deben armonizarse entre sí, combinarse, complementarse y simultanearse en todo momento. Dice el *Uttarādhyayana-sūtra*:

«El [correcto] conocimiento es imposible sin la visión [correcta], y sin conocimiento [correcto] la conducta virtuosa no es posible, mientras que sin virtudes la liberación es inalcanzable, y sin la emancipación no hay perfección.»[2]

De modo que las Tres Joyas no pueden separarse. Forman un único camino que conducirá a laicos y ascetas por igual hacia la liberación. Simplemente, ocurrirá que en un momento determinado el laico renunciará a la vida de seglar y se convertirá en asceta itinerante para poder dedicarse en exclusiva a la liberación. Aunque los laicos pospongan esta meta para futuras encarnaciones, todo el jainismo se sostiene sobre la forma de alcanzar la liberación –más pronto o más tarde, en este o en otro continente–. Y ello pasa por cultivar las Tres Joyas aquí y ahora.

## LA CORRECTA VISIÓN

Por supuesto, para embarcarse en la senda, uno debe comenzar por alguna de las joyas. Y hay bastante unanimidad en aceptar que sin correcta visión (*samyak-darśana, samyag-dṛiṣṭi, samyaktva*) no hay posibilidad de progreso.[3] No es que la visión correcta sea más importante que las otras gemas; ocurre que sin ella es de lo más improbable que prosperen las demás. El énfasis en que primero debe acontecer la visión correcta se enraiza en la noción, típicamente india, de que el problema que nos incumbe es esencialmente uno de ignorancia. Todas las escuelas brahmánicas, budistas o jainistas coinciden en que el estado de insatisfacción y sufrimiento en el que se encuentra el ser humano se debe a su ignorancia espiritual (*avidyā, aviveka, mithyātva*), al desconocimiento de la verdadera naturaleza del ser. Eliminar la ignorancia, que es lo que se pretende con la correcta visión, es la llave que abrirá la senda del progreso espiritual.

*Darśana* significa "ver". Ver en el sentido de penetrar hasta lo más íntimo lo que se contempla. No extrañará, pues, que al culto de la imagen del *tīrthaṅkara* se lo denomine igualmente visión (*darśana*). Ni tampoco extrañará su sentido restringido de punto de vista (*darśana*) o filosofía. En el contexto de las Tres Joyas, la correcta visión generalmente se entiende como la gnôsis (*prajñā*) o la fe (*śrāddhā*). En realidad, estas calificaciones aparentemente dispares están interrelacionadas. Por un lado, consiste en la forma correcta de ver las cosas, en captar la naturaleza verdadera del espíritu y el resto de existentes (*tattvas*). Normalmente, esto se traduce por la convicción firme de que el espíritu es distinto del cuerpo, posee cualidades especiales y, por medio de la disciplina espiritual, puede realizar su naturaleza esencial –liberarse–. Por otro lado, como dijo Cāmuṇḍarāya, esta convicción toma la forma de una actitud devocional de fe o de refugio en los *jinas,* el preceptor, las escrituras y la doctrina.[4]

En otras palabras, la correcta visión es la firme convicción en el jainismo. Por tanto, implica la instrucción, el estudio, la devoción y la confianza. Es cierto que muchos ascetas aprenden los *Sūtras* simplemente porque la tradición lo exige y son bastante incapaces de hacer una evaluación crítica. No obstante, es igual de cierto que sin la creencia y convicción en las verdades expuestas por el jainismo, difícilmente se embarcará uno en la senda que conduce a la liberación. Aquel que cree en los siete –o nueve– principios fundamentales (*tattvas*) es un jainista dotado de la correcta visión.

Con la correcta visión se pone en funcionamiento una cualidad extraordinaria del espíritu: la capacidad de liberarse (*bhavyatva*). Esta cualidad está agazapada en el *jīva*, incontaminada, a la espera de ser activada. Cierto; no todos los seres la poseen [véase pág. 68], pues existen *jīvas* discapacitados para la liberación (*abhavya*). Pero para una mayoría, normalmente cuando se hallan en un estado relativamente poco apegado, y gracias a una experiencia de encuentro profundo con el *dharma* –vía la meditación, por instrucción de algún maestro, por encuentro con un *jina* o su imagen, por recuerdo de vidas pasadas, por comprensión en los textos, o de forma natural, como resultado de la debilidad de los *darśanamohanīya-karmas*–, la capacidad de liberarse puede ponerse en marcha.

Como quiera que se produzca, la correcta visión es como un *flash* iluminador. Puede durar un mero instante (*pradeśa*) o una hora india (*muhūrta*), pero una vez se ha producido, una enorme cantidad de lastres kármicos –naturalmente, aquellos que obstruyen la visión– se despegan del cuerpo. El yogui tiene un atisbo de la percepción sin construcción mental (*nirvikalpa*), la experiencia no-dual donde no hay distinción entre la conciencia y el objeto de conocimiento. Quien posee la correcta visión alcanza el cuarto peldaño de progresión espiritual [véase más adelante]. La verdadera progresión ha comenzado. Nunca más caerá a los mismos niveles de ignorancia espiritual. Se dice que con esta visión iluminadora el espíritu obtiene ciertas adquisiciones (*labdhis*). Se tiene el sentimiento de una paz infinita, una energía sin precedentes que suprime momentáneamente gran cantidad de *darśanāvaraṇīya-karmas*, o una infinita compasión por todos los seres. A partir de ese instante uno cambiará su modo de vida y lo enfocará a la práctica del jainismo supramundano. Aceptará las enseñanzas jainistas sin reservas, abandonará creencias supersticiosas, cultivará un afecto desinteresado por los demás, plasmado en servicio (*sevā*) a la comunidad ascética. La atención se centrará ahora en la naturaleza de uno mismo (*svabhāva*), de modo que estados psíquico-emotivos como el odio, la escasa autoestima o el orgullo dejan de identificarse con el espíritu. Se ha captado que uno no es el agente que haga nada, sino el agente que conoce, que se *ve* a sí mismo; *el testigo*. Es sólo a partir de este momento cuando la vida guiada por la *ahiṃsā* cobra su sentido pleno y profundo. La identificación del testigo con el resto de seres vivos es total. Su compasión está desligada de sentimientos como la caridad o la lástima, sino que se basa en la correcta visión de la substancia espiritual de cada ser. Aquellos que sintieron tan poderosamente la llamada a sacar al resto de seres atormentados de la prisión del *saṃsāra* generaron un *karma* tal que, tras algunas encarnaciones, resultó en el rango de *tīrthaṅkara*.

## EL CORRECTO CONOCIMIENTO

Quien cree sinceramente en el jainismo estará en condiciones de entender las siete o nueve verdades fundamentales (*tattvas*) de la filosofía jainista: la realidad del espíritu, de la materia inanimada, el influjo de materia kármica, la atadura de este *karma*, la detención de esta fluencia, el rechazo del *karma* y la liberación de toda atadura. Según Nemicandra esto es el correcto conocimiento (*samyak-jñāna*).[5] En pocas palabras, mientras la correcta visión habla de creer y de intuir, el correcto conocimiento habla de conocer y aprehender la realidad, los factores que juegan en nuestra atadura a este mundo y en la liberación de la misma. En último término, el conocimiento correcto puede resumirse en discriminar o discernir entre lo animado (*jīva*) y lo inanimado (*ajīva*). El conocimiento al que se alude es, por tanto, el de la naturaleza de las cosas y de uno mismo. Por supuesto, el conocimiento correcto implica las cinco formas de conocimiento reconocidas por el jainismo [véase pág. 366]. Particularmente importante aquí es el conocimiento escritural (*śruta-jñāna*), pues como dice Kundakunda:

> «El *śramaṇa* que desconoce los *Āgamas* ni conoce el espíritu [*ātman*] ni las otras [categorías, *tattvas*]; y sin conocimiento de las categorías, ¿cómo puede destruir el *karma*?»[6]

De esto se desprende que un conocimiento profundo de la filosofía y doctrina jainistas es imprescindible para progresar espiritualmente.

## LA CORRECTA CONDUCTA

Ahora bien, como admiten todos los maestros, el estudio escritural o el mero conocimiento filosófico no es suficiente para progresar espiritualmente. La correcta conducta (*samyak-cāritra*) consiste en vivir y actuar de acuerdo a la luz ganada por las dos joyas anteriores.[7] La correcta conducta –la práctica del jainismo ascético– es el camino que nos conducirá a una vida espiritual digna y, eventualmente, a la liberación. ¿Cómo calificar esta conducta?, ¿de qué conducta se nos habla? De aquella que ha sido generada desapasionadamente, guiada por la no-violencia, por la pureza de mente y corazón que brota de la ascesis y la meditación. Más allá de la inacción del jainismo primitivo, la correcta conducta apela a la acción transpersonal, a la acción libre de toda intención, pues el yogui ha ido más allá de cualquier "yo" que pueda albergar deseos o intenciones. Es la acción de la no-acción, como el *wei-wuwei* taoísta o la acción libre de sus resultados de la *Bhagavad-gītā*. Ésa es la única conducta que escapa a las consecuencias kármicas.

# LA ESCALERA DE CATORCE PELDAÑOS

Como otros sistemas indios, el jainismo ha descrito con minuciosidad el mapa de crecimiento espiritual gradual que conduce al *nirvāṇa*. Los textos hablan de catorce niveles de progreso espiritual o estadios de virtud (*guṇasthānas*), desde la herejía o completa servidumbre, hasta la omnisciencia o completa independencia. Salvo el *Samavāya-sūtra*,[8] los antiguos *Āgamas* apenas hablan de estos niveles de progreso. Las primeras menciones aparecen en el *Ṣaṭkhaṇḍāgama* digambara (siglo II) y la doctrina tiene ya un lugar destacado en los *Karmagranthas*.

Este mapa sirve de marco teórico para todos aquellos ascetas o laicos que quieran ir más allá de las prácticas repetidas mecánicamente por tradición o costumbre. Llegado a un determinado nivel, el laico optará, tal vez, por la senda de la renuncia para dedicarse íntegramente al cultivo de la perfección. El modelo es un claro ejemplo de que no existe discontinuidad entre las prácticas de los laicos y las de los ascetas. Por supuesto, los niveles son ideales y, como ha notado Helmuth von Glasenapp, su orden es meramente *lógico* y no cronológico. Los peldaños están ordenados según el principio de pureza ascendente.[9]

1) El peldaño más bajo de la progresión corresponde a los seres que se hallan en la esfera de las falsas creencias (*mithyātva, mithyādṛiṣṭi*): la heterodoxia total. Remite a aquellos que se encuentran bajo el efecto de los potentes *karmas* que oscurecen la visión (*darśanāvaraṇīya-karmas*). Su visión de la realidad está turbada. El resultado: una completa ignorancia de nuestra verdadera naturaleza. Es interesante notar, no obstante, que el peldaño de la falsedad sea considerado un estado de virtud (*guṇa*). La respuesta jainista es bastante alentadora. Es un estadio de virtud porque en cada *jīva* existe un mínimo de conocimiento, moral y visión certeras. Si no poseyera potencialmente estas cualidades un *jīva* ya no sería un *jīva*. Puede ocurrir, empero, que la persona que se encuentre en este nivel sea uno de esos espíritus incapaces de apuntar hacia la liberación, con lo que podría permanecer en este peldaño indefinidamente. En cambio, aquellos que poseen un espíritu capacitado (*bhavya*) residen en este nivel sólo un período de tiempo limitado. Con el atisbo de la correcta visión (*samyak-darśana*), gracias a la cual el *jīva* percibe por vez primera su propia naturaleza, la ignorancia comenzará a desvanecerse. Con esta formulación el jainismo muestra su intención de abrazar y trascender simultáneamente otras sendas espirituales y filosóficas.

2) Se pasa luego a distinguir entre lo falso y lo verdadero. El espíritu posee una leve intuición de la visión certera (*sāsvādana-samyak-dṛiṣṭi*), pero todavía vacila. Normalmente este peldaño es de corta duración.

3) Sobreviene la duda ante la verdad. El poder de los *karmas* que oscurecen la visión (*darśanāvaraṇīya-karmas*) es mucho más leve, pero todavía muy persistente. El aspirante tiene destellos de la naturaleza de las cosas, pero vacila. Se da una mezcla entre certidumbre y falsedad (*samyak-mithyātva*). En muchas ocasiones se pasa por este peldaño provisionalmente, como consecuencia de una caída del cuarto hasta el primero.

4) El cuarto peldaño es crucial. Aquí la visión es correcta –posibilitada por la enseñanza de un *guru* o como resultado de un buen *karma* pasado– y el poder de los *darśanāvaraṇīya-karmas* es muy tenue. Es el primer peldaño de la ascensión propiamente dicha. El espíritu puede discernir entre lo verdadero y lo falso pero a causa de su falta de autocontrol todavía no puede desprenderse de conductas impropias. Éste es el nivel alcanzado por alguien que ha puesto en marcha su capacidad para liberarse, alguien que ha tenido el *flash* de la correcta visión (*samyak-darśana*). Es cierto que los *darśanāvaraṇīya-karmas* eliminados por la visión –de la verdadera naturaleza del espíritu– vuelven a aparecer y a obstruirla, pero han sido debilitados de tal modo que la visión, la penetración de la realidad, es ahora mucho más fácil y constante. Se dice que aquel que posee la correcta visión, además de las transformaciones de conciencia y conducta que ya se han descrito, puede identificarse por una serie de señales: ya no duda –acerca de la verdad del jainismo–, no abraza ningún deseo futuro, está libre de falsas creencias –abandona el culto a las deidades, a maestros de otras tradiciones, a supersticiones–, tiende a ocultarse de la vida pública, trabaja para hacer que los demás se sientan más seguros de sus convicciones, lleva la vida del laico ideal –realizando peregrinaciones, haciendo construir templos e imágenes, respetando los días sagrados, haciendo donaciones– y cultiva un amor desinteresado por la liberación –que se traduce en ayudar a los ascetas que la persiguen–. Los seres divinos –¡y los infernales!– pueden alcanzar únicamente este nivel.

5) El nivel del mérito. A la correcta visión se suma la autodisciplina parcial. Este paso es importante, pues como ha señalado Sinclair Stenvenson, hasta ahora la fe o visión correcta ha sido el eje, pero ahora el yogui se da cuenta de la importancia de la conducta y puede seguir los doce votos[10] típicos de la conducta de los laicos [véanse págs. 491-499]. El espíritu de la renuncia crece en el *jīva*. El laico o laica que se conduce moralmente y ha tomado la restricción parcial (*deśa-virati*) de los once estadios [véase el próximo capítulo] entra en esta categoría. Éste es también el nivel de las ascetas digambaras (*āryikās*) y el máximo al que puede aspirar un animal.

6) El nivel de la primera etapa ascética. Este peldaño ya sólo es posible para aquellos que controlan hasta las más ínfimas pasiones, es decir, para los ascetas, los que ya han tomado la senda de la renuncia total (*sarva-virati*). Es

el estadio del autocontrol pleno con alguna negligencia, si bien el motor que lo propulsa todavía es una inercia. No obstante, el peldaño es tan elevado que si alguien falleciera en este nivel verosímilmente encarnaría en un humano con una clarísima tendencia a situarse en el nivel anterior, el quinto. La duración de este estadio es muy breve.

7) El peldaño del control pleno sobre las pasiones sin negligencia (*apramatta-virata*). Aquí el yogui puede suprimir las pasiones o puede erradicarlas por completo. De hecho, la alternativa de la represión o la erradicación constituye una disyuntiva. El aspirante puede seguir progresando por ambas sendas, pero sólo a través de la segunda podrá alcanzar la liberación. Se da una frecuente oscilación, por ejemplo, entre el sexto y el séptimo nivel.

8) Tan elevado es este peldaño que lo llaman el de la automoderación completa o progresión espiritual sin precedentes (*apūrva-karaṇa*). Es el primer contacto con la dicha, una vez el yogui ha sido capaz de transformar la cualidad de la materia kármica. Los trances meditativos son intensos y el asceta permanece a ráfagas absorto en su *jīva*. A partir de aquí el único tinte (*leśyā*) del espíritu es el blanco. Corresponde al nivel alcanzado por los maestros espirituales que dominan las Tres Joyas, si bien algunos piensan que en estos tiempos ningún asceta es capaz siquiera de avanzar más allá del sexto peldaño. Ello muestra que el esquema de los catorce niveles de progresión gradual es más una herramienta teórica que otra cosa.

9) Se abole ya el engaño del orgullo. La densidad kármica del individuo sigue decreciendo. Su *jīva* es cada vez más puro y ligero. El asceta pasa a ser asexuado, pues también ha eliminado la libido, bien que aún le asaltan recuerdos del pasado egoico. El asceta todavía no ha eliminado completamente residuos de avaricia o codicia, es decir, de ciertos *karmas* que contaminan la dicha (*mohanīya-karmas*). De ahí que a este peldaño se le denomine el de la automoderación completa con volición suave (*anivṛitti-sāmparāya*).

10) Eliminación completa de la codicia (*sūkṣma-sāmparāya*). Es interesante observar que el asceta liquida primero la pasión sexual, el odio y los impulsos agresivos. El orgullo y la avaricia son los últimos residuos egoicos en desaparecer. Debe tenerse en cuenta, tal vez, que la mayoría de jainistas proviene de castas de comerciantes. Hasta el más mínimo deseo –por alcanzar la liberación, por ejemplo– debe reprimirse o erradicarse.

11) El punto crítico. Aquí el asceta debe mantenerse firme ante la codicia. Para aquellos que optaron por la *represión* de las pasiones, este es el estadio más elevado, pues en última instancia lo reprimido puede volver a brotar. De ahí que se lo denomine el peldaño de la automoderación completa con codi-

cia reprimida (*upaśānta-kaṣāya*). En verdad, la vía de la represión comporta una caída inevitable a niveles inferiores. Quien, al contrario, optó por la *erradicación total* de las pasiones, puede ascender al siguiente escalón. Quien siguió esta vía se encuentra en el primer estadio de contemplación pura.

12) Sobreviene la automoderación completa con codicia erradicada (*kṣīṇa-moha*). Eso es la liberación de todo tipo de *karma*. Todos los *karmas* que contaminan la dicha (*mohanīya-karmas*) han sido aniquilados. El yogui extingue toda relación con el mundo; su luz y energía reposan impertérritas ya en el interior de la mónada. La disociación de todos los *karmas* negativos es completa, de manera que no hay caída posible de este nivel. El *jīva* es el testigo omnisciente (*kevalin*).

13) Este nivel es la identificación de sí mismo en el *yoga* (*sayoga-kevalī*), también llamado trascendencia activa. El *jīva* se convierte en un merecedor (*arhat*), un espíritu perfecto (*siddha*) en cuerpo humano. Si quien ha alcanzado este punto funda una comunidad (*tīrtha*) para mostrar la senda, pasará a ser un *tīrthaṅkara*. El *jīva* alcanza todos los rincones del universo. Lo conoce todo y puede hacerlo todo, aunque permanece en el cuerpo. El cuerpo, empero, no es su residencia sino una mera conexión con el mundo, fruto de *karmas* neutros que no provocarán renacimiento alguno. Eso es la emancipación (*nirvāṇa*), pues el yogui se ha liberado de toda materia kármica negativa, la causa de su atadura a este mundo. Cuando conoce que su hora está a punto de llegar, el *siddha* entra en trance profundo y, gradualmente, deja de actuar. Aquieta primero la actividad de la mente, luego del habla, finalmente del cuerpo. Desaparece cualquier tinte (*leśyā*) y entra en el último orden de virtud.

14) Una vez liberado de la última partícula kármica y realizada la perfección absoluta en la más honda meditación, el *arhat* alcanza el decimocuarto nivel. Esto supone la identificación de sí mismo fuera del *yoga* (*ayoga-kevalī*) o trascendencia inactiva. Es la omnisciencia sin cualidades, el aislamiento (*kaivalya*) del que también habla el Yoga clásico[11] o el Sāṃkhya.[12] Aquí ya nadie puede seguir vivo. El último orden de virtud es de brevísima duración, pues el *jīva* asciende como una flecha hacia lo alto del cosmos.

## EL *YOGA* JAINISTA Y EL *YOGA* INDIO

Como se dijo, este esquema de catorce niveles de progreso espiritual (*guṇasthānas*) representa un auténtico *yoga* de corte jainista. Volveré sobre él en el último capítulo de este libro. Lo que toca comentar ahora es la relación entre este *yoga* y los otros *yogas* hindúes.

El primer pensador indio en tratar de sintetizar de forma racional y sistemática todas las interpretaciones indias acerca del *yoga* fue el gran filósofo śvetāmbara Haribhadra (siglo VIII). En sus obras *Yoga-bindu* y *Yogadṛiṣṭi-samuccaya* Haribhadra realizó un estudio comparativo entre el *yoga* jainista, el *yoga* clásico de Patañjali (Yoga), el *yoga* tántrico (Kula), el *yoga* budista (Sarvāstivāda), el *yoga* shaktista (Śākta) y hasta el *yoga* vedántico (Advaita). Gracias a este análisis abrió el interés jainista por otros sistemas y desenfatizó la especificidad del *yoga* jainista.

A pesar de su enfoque liberal, al yuxtaponer diversos enfoques Haribhadra dejó muy claro que algunas sendas eran mejores que otras.[13] Aun reconociendo, por ejemplo, el enfoque emancipador de los *yogas* tántricos, Haribhadra los condenó duramente, en especial en lo que concernía a sus recomendaciones de comportamiento. Con todo, en un tono sumamente conciliador, Haribhadra admitía que, en último término, existían diferentes sendas y enseñanzas para alcanzar un mismo fin. En palabras de S.M. Desai, para Haribhadra los practicantes son muchos y de variopintos niveles de conciencia que poseen distintos vehículos, aunque algunos sólo sean aparentemente yóguicos.[14] Por ello, Haribhadra llegó a homologar los famosos ocho miembros del Yoga clásico de Patañjali (*aṣṭaṅga-yoga*) con los catorce niveles de progreso espiritual del jainismo (*guṇasthānas*), que él subsumió con el nombre de ocho diosas u ocho tipos de entendimiento (*dṛiṣṭis*). Para Haribhadra la práctica de un *yoga* universal tendría que incluir la repetición murmurada (*japa*), la reflexión (*bhāvanā*), el ascetismo (*tapas*) y la meditación (*dhyāna*). Con la práctica de este *yoga*, común a todos los sistemas, se genera la sabiduría trascendental (*prajñā*) que conduce a –o mejor, que *es*– la liberación.

# 31. EL CAMINO DE LOS LAICOS

## LA SENDA DE LOS VOTOS

La disciplina espiritual de la enorme mayoría de laicos jainistas está regulada por las prácticas apuntadas en la Parte XI. Pero la vía jainista no se detiene ahí. Existe unanimidad en que el verdadero jaina es aquel que, apoyado en la correcta visión (*samyaktva*), se embarca en la senda de los once estadios de los laicos (*śrāvaka-pratimās*), que es otra forma fundamental como el ideal ascético moldea la práctica de los laicos.

Ya un texto prácrito como el *Upāsaka-daśāḥ* ofrecía los detalles de estos estadios, con sus votos religiosos (*vratas*) e infracciones (*aticāras*). Pero, sobre todo, es un cuerpo de textos, los *Śrāvakācāras*, de los que sólo en sánscrito conocemos una cuarentena, los que más y mejor se han encargado de diseñar la conducta ideal de los laicos, aquella que los situará indefectiblemente en el camino que lleva al *nirvāṇa*. Durante la edad media la literatura de los *Śrāvakācāras* se desarrolló colosalmente, hasta el punto de que llegó a rivalizar en complejidad y sutilezas con los *Dharma-śāstras* brahmánicos. Entre los śvetāmbaras, quizá el más emblemático sea el *Yoga-śāstra* de Hemacandra (siglo XII); entre los digambaras, posiblemente el *Upāsakādhyayana* de Somadeva Sūri (siglo X). Estos textos están fuertemente imbuidos de los ideales ascéticos pero vienen a reconocer el peso y las particularidades de la comunidad laica. La sustitución gradual del término "servidor" (*upāsaka*) por el de "oyente" (*śrāvaka*) para referirse a los laicos es ilustrativa del cambio de actitud de los ascetas de cara a éstos. Si en la primera acepción se resalta la relación de manutención de los ascetas –el laico es quien *sirve* la comida y *da* el alojamiento–, con el término "oyente" se subraya un vínculo menos material. El *śrāvaka* no sólo es el que *escucha* los sermones de los ascetas, sino que también es oyente por su participación en el culto en el templo. Bajo este prisma, el laico participa plenamente en la asamblea sagrada (*samavarasaṇa*) que el culto en el templo replica.

Básicamente, la vía preconizada en los *Śrāvakācāras* consiste en una serie de restricciones que toman la forma de votos (*vratas*) cada vez más severos, que estructuran once estadios (*pratimās*) de progresión espiritual. Estas recomendaciones morales y de conducta están enfocadas a los seglares que ya comprenden la enseñanza jainista y están firmemente anclados en la correcta visión (*samyak-darśana*) y el correcto conocimiento (*samyak-jñāna*). La vía de los once estadios no es otra cosa que la aplicación de la correcta conducta (*samyak-cāritra*) en la esfera laica, y quien la lleve a término habrá alcanzado el quinto nivel de virtud (*guṇasthāna*) de la escalera que conduce al *nirvāṇa*.

El laico que emprende la senda de los once estadios se adhiere a una forma menor de renuncia, llamada restricción parcial (*deśa-virati*), en contraste con la restricción total (*sarva-virati*) de los ascetas. Siguiendo estos once pasos estará ya preparado para su eventual renuncia al mundo. Toda la ética jainista, tal y como se desprende de los textos, está diseñada para que los individuos puedan apuntar hacia la liberación, lo que implica que en un momento u otro se tomará la senda de la renuncia total, que es el verdadero marco desde el cual uno puede aspirar a la liberación. No obstante, esta vía de los laicos no difiere en demasía de la de los ascetas renunciantes. En la práctica, aquel laico que haya seguido estos once estadios se habrá convertido en un asceta no-iniciado. Los estadios de crecimiento no son otra cosa que una versión laica de la carrera monástica. Hay que decir, con Padmanabh Jaini, que los maestros jainistas fueron lo bastante realistas como para entender que su institución religiosa no podría vivir sin la participación activa de la comunidad laica que la sustenta, de modo que el carácter "inferior" de estos once estadios de los laicos –respecto a los votos de los ascetas– nunca se ha subrayado en demasía.[1] Y como se podrá comprobar, este *yoga* para laicos es incluso bastante más estricto que la práctica de muchos monjes o monjas de otras religiones del mundo. Dicho esto, hay que recalcar que muy pocos laicos toman estos votos como preámbulo a la renuncia. Para la inmensa mayoría, las prácticas votivas de los once estadios se interpenetran con las que hemos estudiado en la Parte anterior: ayunos, culto, meditación, estudio, generosidad, peregrinaciones, confesiones, etc.

## *DARŚANA-PRATIMĀ*

El primer paso en este camino de progresión es el estadio de la visión (*darśana-pratimā*). Comprende dos observancias religiosas destinadas a iluminar y fortalecer la correcta visión (*samyaktva*).

### EL *PAÑCA-NAMASKĀRA-MANTRA*

La primera es de tipo devocional. Consiste en aceptar al Jina como la divinidad última, a los *Āgamas* como las escrituras válidas, y a los ascetas mendicantes como únicos maestros. Esta afirmación de fe suele plasmarse con la recitación de la letanía más sagrada del jainismo, el *pañca-namaskāra-mantra*, también llamada *pañca-parameṣṭhī-mantra*. Recordémosla:

«Me inclino ante los merecedores,
me inclino ante los seres perfectos,
me inclino ante los líderes de la orden,
me inclino ante los preceptores,
me inclino ante todos los mendicantes del mundo.»[2]

Los cinco (*pañca*) a los que se refiere son los supremos (*parameṣṭhins*), los cinco seres dignos de recibir culto: 1) los que expusieron el jainismo (*jinas*, *arhats*); 2) los perfectos o espíritus liberados (*siddhas*); 3) los líderes mendicantes (*ācāryas, bhikṣus*); 4) los preceptores (*ācāryas, upādhyāyas*); y 5) los ascetas y santos (*sādhus*). No se menciona un solo nombre propio. Como ha escrito Padmanabh Jaini, la devoción jainista no se dirige a una persona o unas deidades escogidas, sino a un ideal: la omnisciencia (*kevala-jñāna*).[3] Y quien mejor lo representa es el liberado en vida que mostró el camino, el *jina* o *arhat*. Por este motivo se le cita en primer lugar. Si los dos primeros supremos representan la omnisciencia, los cinco representan el ideal del ascetismo y la renuncia. En tiempos como el nuestro, cuando ya no existen *tīrthaṅkaras,* los tres últimos supremos son fundamentales para señalar y propagar la religión jainista.

Seguramente el *pañca-namaskāra-mantra* sería en su origen una letanía auspiciosa que fue transformándose gradualmente en una forma de bendición y expresión del poder del jainismo. Este *mantra* es recitado oral o mentalmente en todos los ritos importantes, ya sea en el culto en el templo, los ayunos o en la iniciación a la renuncia. Su recitación equivale a declararse jainista y con esta letanía se levantan muchos devotos cada mañana. Pero el carácter auspicioso y su poder inherente no han sido olvidados. Todo lo contrario. Los jainistas comparten con hinduistas y budistas la creencia de que todo *mantra* poderoso, si es recitado y manipulado de la forma apropiada y en el contexto adecuado, puede ser beneficioso para la persona que lo recita. El *namaskāra* puede expanderse o comprimirse desde sesenta y cuatro sílabas hasta su expresión más concentrada en la sílaba *Oṃ*. *Mantras* igualmente poderosos son el *catuḥ-śaraṇa* o la letanía que recita los veinticuatro nombres de los *jinas* (*caturviṁśatistava*).

## LAS RESTRICCIONES BÁSICAS (*MŪLAGUṆAS*)

La segunda observancia religiosa del *darśana-pratimā* no es de tipo devocional sino de corte ascético-renunciatorio. Es uno de los canales a través de los cuales el ideal ascético penetra más visiblemente en los hogares jainistas. Se trata de las restricciones básicas (*mūlaguṇas*). Para los digambaras son obligatorias. Para los śvetāmbaras no se requieren obligatoriamente pero prácticamente todos los miembros de la comunidad las contemplan.

Las restricciones son todas de carácter alimenticio y están ligadas al concepto ético y religioso fundamental del jainismo: la no-violencia (*ahiṃsā*). Se prohibe comer carne, miel, cinco tipos de higos y beber alcohol. Los motivos para no comer carne parecen obvios por la doctrina de la *ahiṃsā*. Comer carne es una grave ofensa a la compasión. Y lo mismo puede decirse de comprarla, venderla o cocinarla. Como dicen los maestros jainistas, comer carne sería como reconocer a los buitres, los lobos o los tigres como *gurus*. Y lo cierto es que ninguna otra comunidad del mundo pone tanta presión sobre sus miembros hacia la dieta vegetariana como la jainista. Ha sido en gran medida gracias al jainismo por lo que el vegetarianismo se practica por toda la India [véase pág. 163] y que los sacrificios animales han sido ilegalizados en muchos de sus estados. Profundicemos en la cuestión.

Desde el punto de vista jainista, matar a un animal no sólo implica el sufrimiento de otro ser vivo, sino que conlleva una fuerte carga pasional (*kaṣayā*) por parte de quien mata. La intención de causar daño o de matar surge del odio y las pasiones. Pasiones que, ineluctablemente, nos atan al mundo del *saṃsāra*. Por tanto, la violencia se realiza, en último término, contra uno mismo, aun cuando no haya habido herida o muerte física. *Hiṃsā* existe allí donde la pasión y el odio se den, aun cuando ningún ser perezca. La *ahiṃsā* no significa únicamente abstenerse de matar o cultivar la no-violencia, sino que implica un estado de ánimo de desapego. De ahí el trasfondo emancipador de la dieta vegetariana. No estamos ante una consideración dietética, sino ante la primera y más significativa de las formas de purificación internas. Quien, por conocimiento y compasión, respeta otras formas de vida, muestra un grado de progresión espiritual –de pureza, en lenguaje hindú–, más elevado que quien las lleva diariamente a su plato. Obviamente, cualquier forma de alimentación constituye en mayor o menor medida un acto de *hiṃsā*, así que con un punto de vista pragmático los jainistas regularon una especie de gradación a la hora de afrontar la violencia. La gradación ya viene dada por las categorías de los renacimientos posibles. Matar a una planta, un ser estático de dos sentidos, es un acto menos grave que matar a un animal, un ser móvil de tres, cuatro y hasta cinco sentidos; y matar a un animal es menos grave que matar a un humano. Por consiguiente, la dieta vegetariana es preferible a la carnívora, y entre la vegetariana es aconsejable evitar ciertos tipos de frutas y vegetales, y así sucesivamente. El principio que guía todo esto podría ser la clara observación de Jagmanderlal Jaini: no destruyas vida a menos que sea absolutamente necesario para el mantenimiento de una forma más elevada de vida.[4]

Esta aclaración puede no ser del todo convincente, por ejemplo, para explicar el por qué los jainas no comen cinco tipos de higos, la miel y el alcohol. La cosa va como sigue.

El tipo de ser vivo más insignificante del universo es el extraño *nigoda* [véase pág. 64]. Se piensa que estas criaturas microscópicas pululan ahí donde hay fermentación y productos dulces. Inevitablemente, el proceso de fermentación del alcohol conlleva violencia contra esos seres. De ahí la prohibición de beber alcohol, una sustancia que, para mayor inri, nutre perniciosamente las pasiones y atonta la mente. Y de ahí la prohibición de la dulce miel, que, además, no deja de ser producto del laborioso trabajo de miles de abejas. Con calculada exageración, Hemacandra llegó a decir que aquellos que se alimentan con miel son peores que los parias.[5] Las plantas dulces y con vulva prominente también son el nicho de colonias de *nigodas*. De ahí la prohibición de los higos. Una restricción, además, que casa bien con la veneración que todos los indios profesan por los árboles del género *ficus*. Estas restricciones vienen a simbolizar el respeto escrupuloso del jainista hasta por el menor tipo de *jīvas* y su intención de eliminar todo acto violento y pasional. La cosa no queda aquí. Los higos, el alcohol, la carne y la miel son todos componentes de las ofrendas que los hinduistas realizan a los espíritus de sus antepasados. La prohibición tiene, pues, un trasfondo de reprobación del sacramento del *śrāddha*, con lo que se añade un valor de diferenciación útil y sin duda necesario durante los siglos de expansión y proselitismo jainista.

* * *

Quien se haya iniciado con los *mantras* –muchos niños jainistas lo hacen en la consagración del *upanīti* [véanse págs. 459-460]– y respete las restricciones de los *mūlaguṇas*, puede considerarse un jainista en su sentido más amplio. Es cierto que este estadio es seguido por una mayoría de la población jainista más por el peso de las convenciones sociales que por auténtica llamada espiritual –un poco al modo como se realizan bautizos y comuniones en el mundo católico–. La práctica jainista, insisto, se centra fundamentalmente en el culto cotidiano y diversas ceremonias calendáricas. Empero, con el seguimiento de esta primera *pratimā* los diez estadios siguientes quedan claramente en el punto de mira del jaina. Como sucinta y ajustadamente ha dicho James Laidlaw, el ascetismo laico no es tanto un código de reglas y prohibiciones como un proyecto: *el desarrollo de personas imbuidas de valores ascéticos*.[6]

## *VRATA-PRATIMĀ*

El segundo estadio de progresión del laico consiste en una serie de votos religiosos (*vratas*). Es por esto por lo que a este nivel se le llama el estadio de los votos (*vrata-pratimā*). Es el estadio más importante de todos y sintetiza a la perfección el comportamiento ascético del laico ejemplar. Los *Śrāvakācāras* ensalzan hasta el paroxismo al laico que ha tomado la resolución de seguir estos votos. Emulando la vía ascética, con los votos se trata de limitar al máximo el influjo de materia kármica o, dicho de otro modo, que los inevitables apegos de una vida-en-el-mundo se sitúen dentro de límites ascéticos tolerables.

Sólo aquellos que han tomado refugio en los cinco supremos y se mantienen firmes en la restricción de los ocho alimentos pueden pasar a este estadio. Aquí ya sólo se adentra una pequeña porción de la comunidad, aquella que siente más poderosamente la llamada espiritual pero no opta por la renuncia. En su mayoría se trata de personas de cierta edad y, una vez más, la proporción de mujeres es bastante más elevada que la de varones. La toma de votos constituye una forma de retiro en la vida laica, en palabras de James Laidlaw;[7] pero, a diferencia de lo propugnado en los textos, la verdad es que casi nunca constituyen una preparación para la renuncia. Es más, Laidlaw ha notado que aquellos que siguen este patrón ascienden en respetabilidad dentro de la comunidad y suelen ser muy activos en la vida pública religiosa.[8]

Idealmente, la toma de los votos (*vratāropa*) es considerada el sacramento posterior al de matrimonio [véase pág. 461]. El ritual sólo puede realizarlo un asceta y, a diferencia de muchos *saṃskāras*, el lenguaje es claramente ascético –y la utilización del prácrito substituye al sánscrito–. Es muy común realizar la toma de votos de forma colectiva durante una semana de retiro espiritual. En estas sesiones, llamadas *upadhānas*, los laicos viven de forma idéntica a los ascetas –salvo en lo que a petición de limosnas se refiere–. Se pasan el día rezando en el templo, meditando, realizando confesiones, escuchando discursos impartidos por los ascetas, ayunando, etc. Asimismo, es bastante frecuente tomar los doce votos simultáneamente. Después de susurrar los *mantras* apropiados el asceta le instruirá sobre las infracciones que deberá evitar y, en caso de que ocurrieran, las formas adecuadas para expiarlas. Puesto que los votos son irreversibles, de por vida, las faltas serán confesadas privadamente en los periódicos ritos de confesión general (*pratikramaṇa*) o de confesión particular (*ālocanā*).

## 1) EL VOTO DE LA NO-VIOLENCIA

Todos los textos y maestros coinciden en que el primer voto de un jaina consiste en no dañar (*ahiṃsā*) a ningún ser vivo. Como hemos ido viendo a lo largo de la obra, la *ahiṃsā* constituye el eje de la conducta y la ética jainista, el valor que encapsula de forma resumida toda la religión jainista. La *ahiṃsā* no es solamente la virtud más alta de todas, sino que, en cierto sentido, es *la única* virtud. Como dice Hemacandra, si no se abandona la violencia, cualquier actividad religiosa, no importa lo meritoria que sea, es infructuosa.[9] Su práctica está tan extendida que realmente ni siquiera hace falta tomar el voto para seguir muchas de las recomendaciones inherentes al voto de la *ahiṃsā*. No obstante, todo aquel que desee progresar espiritualmente y encauzar su vida según el *yoga* jaina acudirá a un asceta para que le bendiga formalmente el voto de no causar daño a ningún ser vivo de dos o más sentidos. A partir de ese momento deberá tener sumo cuidado en no matar intencionadamente a ningún *ser vivo móvil* y, como aconseja Hemacandra, intentará evitar todo daño innecesario a los seres inmóviles.[10] Dice explícitamente uno de los aforismos más conocidos y repetidos del jainismo:

«Todo ser viviente quiere vivir
y ninguno desea morir;
sabiendo lo terrible de matar,
un *nirgrantha* evita la violencia».[11]

Así que apremia:

«Desiste de toda forma de violencia
causada a los seres vivos.
Sean minúsculos o grandes,
móviles o sin movimiento,
a todo lo que vive
no voy a dañar
ni haré que otros lo hagan,
ni aprobaré que nadie lo haga.»[12]

Aunque este mensaje no es exclusivo del jainismo, esta tradición lo ha convertido en su corazón. Ésta es la virtud que más ha moldeado y definido la cultura laica y monástica de la comunidad jainista [ver FIG. 70]. Ello implica que los jainistas que hayan tomado este voto –y repito que virtualmente todos lo siguen, hayan sido bendecidos por un asceta o no–, tendrán que buscar profesiones que no conlleven la *violencia intencional* hacia otros seres vivos. Ni la caza ni la pesca son toleradas. Aunque la agricultura puede propiciar destrucción de vida se considera que el daño que pueda causarse no es intencionado,[13] de modo que es tolerado dentro de unos límites. Hay que entender claramente que a los laicos se les exige evitar la violencia intencional, pero no la accidental, la ocupacional o la protectiva. Aquí se observa seguramente una actitud realista por parte de los ascetas, quizá una injerencia laica, ya que los ideales ultra-ascéticos de los renunciantes no siempre han coincidido con los de la laicidad. El énfasis se pone en la pureza de intención, por lo que el labriego deja de ser violento si su espíritu es puro, si su intención no es maligna. En general se recomiendan formas de vida "respetables" como la artesanía, el gobierno, la escritura o las ciencias. Como sabemos, la parcela más alentada y que tradicionalmente ha sido ocupada por una parte influyente de la comunidad ha sido el comercio. Pero incluso en el comercio deben respetarse ciertos límites. Nada de transacciones con pieles de animales, alcoholes, armas, etc.

El voto de la *ahiṃsā* implica también la renuncia a utilizar animales para favorecer la ciencia. Asimismo, al jainista le está prohibido vestir con tejidos que impliquen la tortura de animales –cueros, pieles, etc.–. Esto se extiende también a la decoración de sus hogares.

Se ha insistido mucho en el carácter *negativo* de las formulaciones jainistas. Sin embargo, todo voto debe leerse también a la inversa, en su sentido positivo. La *ahiṃsā* positiva, se dijo [véanse págs. 160-161], es la compasión activa (*karuṇa-dāna, abhaya-dāna*) hacia todo ser viviente. Aunque es imposible vivir sin causar daño a otros seres vivos, los jainistas procuran de limitar al máximo la violencia para con otros *jīvas*. Ninguna otra tradición religiosa del mundo –vale la pena repetirlo– ha puesto tanto énfasis en este punto como el jainismo. Hay que recordar que si bien los otros votos –no mentir, no robar, etc.– pueden ser comunes a muchas religiones del planeta, el voto de la *ahiṃsā* es único de la India y de los países budistas de Asia.

Para los ascetas este voto se lleva al límite [véanse págs. 209-210]. A diferencia de los laicos que evitan la muerte de vidas de dos sentidos o más, el asceta se esforzará en no causar violencia incluso a los seres de un solo sentido.

### 2) EL VOTO DE LA SINCERIDAD

El segundo voto es el de la sinceridad (*satya*), o, como suele plantearse: abstenerse de mentir (*asatya*). Pero, ¿qué es mentir? Negar lo que es, o afirmar lo que no es, o presentar algo bajo una forma distinta a lo que es. El trasfondo es el mismo: toda mentira es volicional y está cargada de elementos pasionales. Sólo quienes hayan conquistado la rabia, los celos, la frivolidad, la codicia, etc., pueden mantenerse firmes en la veracidad. Quien adopta este voto debe ser honrado en su profesión o en las transacciones mercantiles. De hecho, las listas de transgresiones están pensadas muy especialmente para miembros de las clases comerciales.

*Satya* implica también evitar el uso indebido del lenguaje –insultante, agresivo o que pueda incitar a la violencia–. Puesto que el voto de la *ahiṃsā* es el primordial, el jaina puede eludir decir la verdad si ello pudiera ocasionar la destrucción de vidas. Un caso típico de doble vínculo es el del cazador que inquiere al jaina en medio del bosque: "¿A dónde fue la presa?" Si el jaina responde con la verdad, está causando violencia intencional. Si miente, rompe su voto de veracidad. Los textos recomiendan el silencio, pero también la primacía de la *ahiṃsā*, por lo que la mentira piadosa –nunca mejor dicho– sería concebible.

### 3) EL VOTO DE LA HONRADEZ

No robar (*asteya*) es el tercer voto. Con más propiedad, *asteya* significa abstenerse de lo que no ha sido dado (*adattādana*), y por "dado" hay que entender lo que ha sido legítimamente conseguido –por transacción legal o herencia–. Quien sigue este voto no puede siquiera tomar objetos perdidos ni inducir a que otros roben o adulteren los productos. Como siempre, se trata de evitar el exceso pasional, en este caso, de la codicia y la avaricia.

### 4) EL VOTO DE LA CASTIDAD

Por el cuarto voto, el de la castidad (*brahma-vrata*), el jaina se abstiene de toda actividad sexual reprochable. El voto posee implícitamente una formulación positiva: máxima fidelidad al cónyuge; y otra negativa: no cometer adulterio. El voto puede ampliarse a reducir la actividad sexual a determinadas horas del día o abstenerse durante los días *parvan* del mes, siempre de común acuerdo entre los cónyuges. Téngase en cuenta que en la India la castidad (*brahmacarya*) es algo más que abstinencia sexual; la castidad representa poder y potencia sagrados. Los ayunos de las mujeres están íntimamente ligados a la cuestión. Gracias a ellos la mujer "enfría" y neutraliza su deseo sexual y lo convierte en fuerza asexual benigna. Aunque las ideas de castidad o retención de semen son comunes a la Europa cristiana o la China taoísta, en pocos lugares del mundo se ha dado tanta atención al tema como en la India. Con todo, el tema de la sexualidad nunca ha sido en el jainismo el "pecado capital" que representa en el cristianismo. Si existe un pecado tal en el jainismo, sin duda es la violencia (*hiṃsā*).

El voto contrasta con las prácticas hinduistas, que recomiendan precisamente lo contrario: el acto sexual durante los días *parvan*, pues la concepción de un hijo durante un día tan auspicioso es casi un deber religioso.

## 5) EL VOTO DEL DESAPEGO

El quinto voto es el del desapego ante la posesión y adquisición de bienes (*aparigraha*). Fundamentalmente se refiere a moderarse, disminuir y limitar voluntariamente las posesiones de tierras, de grano o ganado, de joyas, de mansiones, de servicio doméstico, de vestidos lujosos, en fin, de todo el aparato innecesario que la sociedad puede ofrecer. El apego a los objetos materiales no hace sino reforzar la ligazón kármica y es lo que nos ata al mundo de las transmigraciones. Una vida guiada por la no-posesión de bienes es, además, infinitamente más benevolente con el medio y el entorno que la vorágine consumista de nuestros tiempos.

Empero, el voto no funciona como antídoto contra el elevado nivel de vida de buena parte de la comunidad jainista. La cosa tiene su explicación. En el *Upāsaka-daśāḥ* el laico que toma este voto en realidad lo que hace es no incrementar sus beneficios y su patrimonio. Y así es como lo interpreta la mayor parte de la comunidad. No se trata tanto de desprenderse de lo que se tiene, como de limitar voluntariamente las propiedades (*parigraha-parimāṇa*). Así no es raro que un comerciante jainista se autoimponga no sobrepasar una cifra determinada de ahorros y pase muchos años haciendo donaciones de modo que no rompa su voto de desapego. En cierto sentido, el voto del *aparigraha* se entiende como una semiobligación a realizar donaciones religiosas y caritativas.

Como sabemos, los ascetas abandonan toda posesión desde el día de su renuncia. Se da, pues, una cierta divergencia de interpretación entre ascetas y laicos acerca del sentido de este voto, cosa que no sucede con los cuatro anteriores. Es más, existe un sorprendente contraste entre la meta de la no-posesión y la clara ostentación y forma de vida de muchos jainistas, en especial durante los festivales. La explicación es tan sencilla como lógica. Si los laicos hubieran renunciado a sus posesiones, la comunidad ascética no tendría con qué subsistir. Sin la donación (*dāna*) no habría jainismo, y para que pueda haber donación tiene que haber posesión. De ahí que ciertos textos no escatimen elogios a los donantes y elogien hasta el paroxismo las recompensas de la donación. Además, no hay que olvidarlo, la donación –y por ende, la ostentación–, no sólo es una forma de ganar mérito religioso, sino también de ganar prestigio social y peso dentro de la comunidad.

Estos cinco primeros votos se corresponden exactamente con los cinco de los ascetas. Los votos de los laicos se llaman votos parciales (*anuvratas*), por contraste con los grandes votos (*mahāvratas*) de los religiosos [véanse págs. 209-212]. Pero en verdad, los votos de los laicos son sólo versiones dulcificadas de los *mahāvratas*. La única diferencia es de grado.

Los tres votos siguientes poseen el nombre génerico de *guṇavratas*. Se trata de ampliaciones e intensificaciones de los cinco votos básicos.

### 6) EL VOTO DE LA LIMITACIÓN DE MOVIMIENTOS

El sexto voto consiste en limitar los movimientos (*dig-vrata*). Uno delimita voluntariamente un espacio geográfico –una pequeña comarca, por ejemplo– y se mantiene siempre en este radio de acción. La idea es no contribuir a la propagación de la violencia, inherente a toda actividad, fuera de ese territorio. Cuanto más se restrinja el espacio y los desplazamientos, menos vidas serán susceptibles de perecer. El voto es, por tanto, una extensión del de la *ahiṃsā*.

### 7) EL VOTO DE LA LIMITACIÓN DE ACTIVIDADES

El siguiente voto consiste en limitar el uso y el número de determinadas cosas y de ciertas profesiones (*bhogopabhoga-parimāṇa-vrata*).

Quien toma este voto rechaza explícitamente ejercer profesiones indeseables. Por ejemplo, aquellas que obliguen a destruir plantas, la minería, el transporte, la excavación de pozos, trabajos que comporten el uso de fuego, el comercio con animales –o con marfil, conchas u otros materiales obtenidos por la muerte de algún ser vivo– o el esclavismo. Significativamente, muchas de estas actividades y profesiones también les están prohibidas a los *brāhmaṇas* en sus libros de leyes.[14]

Las limitaciones de determinadas cosas tienen que ver con la dieta, un tema de enorme carga religiosa para los indios: la carne, el alcohol, la miel y los cinco tipos de higos ya requeridos por los *mūlaguṇas*, a los que habrá que añadir la mantequilla, el hielo –que conlleva la destrucción de vidas de agua–, el veneno –¡que mataría organismos en el estómago!– o la afrodisíaca berenjena –que provoca una tendencia a dormir en exceso–. Un tipo especial de vegetales que evitar es el de plantas habitadas no por un *jīva* sino por múltiples.

La mayoría son plantas bulbosas que crecen bajo tierra: el gengibre, el cardamomo, el ajo, el bambú, la zanahoria, el rábano, la cúrcuma, la alcaparra, el tamarindo, la granada, la patata o la cebolla. Muchos hinduistas estrictos tampoco comen puerros, ajo, setas o cebolla, ya que crecen sobre suelos "impuros".[15]

La mayoría de amas de casa jainistas son muy escrupulosas con estas cuestiones. En la India la alimentación es un acto religioso y en el jainismo viene gobernado por la *ahiṃsā*. A pesar de que no todas las familias jainistas son tan estrictas –aunque siempre vegetarianas–, es normal que durante los meses del monzón, cuando los ascetas interaccionan fuertemente con los laicos, muchas mujeres se abstengan de ajo, cebollas, patatas, zanahorias o rábanos a la hora de cocinar. Estos tabúes también se incrementan los días *parvan*. Con ello, homologan su dieta con la de los renunciantes,[16] por lo menos durante algunos días o meses al año. Estas restricciones dietéticas confieren a los jainas una clarísima identidad social. Es a través de estas prácticas dietéticas como los niños aprenden de la *ahiṃsā* y se percatan de su peculiaridad como jainistas. Y es a través de las restricciones dietéticas –que no son sino un acto de *tapas* vía la *ahiṃsā*– como el laico jainista trae los valores ascéticos a su vida cotidiana.

Aun sin tomar el voto del *bhogopabhoga-parimāṇa-vrata* muchos jainistas piadosos toman votos personales de descartar ciertos alimentos en determinados días. Pueden renunciar a la sal, a las berenjenas o a las comidas cocinadas con *ghī*. Más que seguir un código de reglas estricto, de lo que se trata es de apuntar hacia virtudes elevadas, y las restricciones dietéticas denotan un altísimo grado de compromiso con la doctrina de la *ahiṃsā*. Normalmente, estas cuestiones se acentúan con la edad. James Laidlaw pone un ejemplo: un hombre joven no será censurado si incluye patatas en su dieta; pero más adelante en su vida, este mismo gesto levantará comentarios mucho más críticos.[17] La mayoría de comerciantes jainistas comerá cebollas fuera de casa, pero nunca durante un día *parvan* o nunca el día que vayan a acudir al templo o en presencia de un renunciante.

El voto incluye no beber agua que no haya sido filtrada. Este punto se ha extendido de tal forma entre la comunidad que siquiera hace falta tomar el voto para seguirlo. Aunque pocos jainistas hierven el agua –que es lo que técnicamente se recomienda–, en todos los hogares jainistas se filtra. Uno protestará, con razón, de qué sirve hervir o filtrar el agua si los diminutos seres que la habitan van a morir igualmente. Lo que importa, empero, no es el destino del microcóspico ser del agua –que de una forma u otra fenecerá–, sino de evitar ser el causante directo de su muerte. Se trata de una sensibilidad estética que urge a evitar el contacto violento con todas las formas de vida. De esta forma el jainista puede beber el agua que está libre de toda vida.

El voto obliga a no cocinar ni comer después del crepúsculo (*rātri-bhojana*), práctica en la que –una vez más– las mujeres son más escrupulosas que los hombres. Con la escasez de luz uno puede tragar inadvertidamente diminutos *jīvas*; y si prende una lámpara, inevitablemente atraerá a multitud de vidas que perecerán al calor de la lumbre o la bombilla. Algunos autores justifican el *rātri-bhojana* con argumentos dietéticos: la digestión nocturna es perniciosa;[18] o ayurvédicos: la noche es momento de calamidad, cuando se alimentan seres semidemónicos como los *daityas*.[19] El jainista modélico debería comer una vez al día; uno menos virtuoso, dos veces; el necio, el que no entiende nada, comerá día y noche y se comportará, como dice sardónicamente Hemacandra, como un rumiante aunque sin cuernos ni rabo.[20] Como se observa, este voto no deja de ser una intensificación de la primera *pratimā*.

### 8) EL VOTO DE LIMITAR EL DAÑO

El siguiente voto consiste en no desear mal a nadie ni poner en peligro ninguna vida (*anarthadaṇḍa-vrata*). Se solapa con el voto de la no-violencia y el anterior. El voto es un mandato contra cinco actividades malignas: desear el mal ajeno, conducta sin propósito –juegos de azar, peleas de gallos, talar árboles, etc.–, facilitar la destrucción –distribuir armas, etc.–, dar mal consejo –que abogue por la violencia–, y escuchar sin propósito –pornografía, doctrinas falsas, etc.–.

El telón de fondo siempre es el mismo: las acciones violentas o innecesariamente pasionales deben evitarse, pues favorecen la entrada de *karma*. Pero aquí debe realizarse una matización. Casi todos los maestros reconocen que ciertas actividades dañinas, si se realizan para el bien del jainismo –como construir un templo–, o para el bien del organismo –como comer o medicarse–, o para la manutención de la familia –como producir alimentos–, son actividades legítimas y provechosas (*artha*). Esas mismas acciones, si se realizan con otros propósitos, entonces son infructuosas (*anartha*).

Entramos ya en los cuatro últimos votos, los llamados *śikṣāvratas*. Su frecuencia puede ser diaria, semanal o mensual, pero, una vez se toma el voto, la firmeza debe imperar.

### 9) EL VOTO DE ESTRECHAR EL RADIO DE ACCIÓN

El primero de estos votos, el noveno en nuestra lista, consiste en limitar todavía más el radio de acción (*deśāvakāśika-vrata*). Es una intensificación del sexto voto, aun cuando sólo pueda mantenerse por unos días. Normalmente el voto conlleva también una intensificación del séptimo, por el cual se apremia a cortar con el máximo de actividades mundanales.

### 10) EL VOTO DE LA MEDITACIÓN

El décimo voto es el de la ecuanimidad (*sāmāyika-vrata*). Por ecuanimidad hay que entender el proceso de centrarse en el sí-mismo; o sea, la meditación [véanse págs. 471-472]. Normalmente, el *sāmāyika* consiste en meditar diariamente durante una hora india (*muhūrta*): 48 minutos. La meditación suele consistir en recitaciones de himnos a los *jinas* o a las virtudes de la senda jainista. Suele estar asociada al culto (*pūjā*). Cual asceta, el meditador se concentrará al caminar, al hablar, al mover las cosas... controlando siempre la actividad física, mental o verbal. Los textos no cesan de advertirnos que la identidad del laico y la del asceta se aproximan muchísimo con la meditación.[21]

## 11) EL VOTO DE AYUNAR

El decimoprimer voto es el del ayuno (*poṣadhopavāsa-vrata*). Consiste en dedicar los cuatro días *parvan* de cada mes –hacia el 8°, 14°, 22° y 30°, los días de cambio lunar– al ayuno y la meditación. El voto también ha entrado a formar parte de la vida normal de toda familia jainista.

Como sabemos, un ayuno puede ser parcial –una comida, lo más insípida posible– o total. Pero existen más esferas de aplicación. Por ejemplo, en lo que respecta al cuidado del cuerpo –también parcial o total–, a la actividad sexual –ídem– y a las ocupaciones y trabajos cotidianos –ídem–. Los digambaras sólo admiten la posibilidad de que el voto sea parcial en la privación de la alimentación. Este voto es otro de los que más ha favorecido la conexión entre la comunidad laica y la comunidad de renunciantes.[22] Durante las horas o días del ayuno el laico es virtualmente un asceta.

## 12) EL VOTO DE LA GENEROSIDAD

Finalmente, el voto de la generosidad (*dāna-vrata*). Consiste principalmente en donar alimentos a los mendicantes, ayudar a los necesitados y a los templos, retiros y monasterios con donativos. El voto también es fundamental para cohesionar el *saṃgha*, si bien la práctica de la generosidad es tan corriente [véanse págs. 449-457] que es innecesario tomar el voto para llevarla a cabo.

El estadio de los votos termina aquí. Si los cinco primeros votos resultan bastante generales –no mentir, no robar, ser generoso, etc.–, los siguientes son mucho más precisos. Puesto que, además, son exclusivamente jainistas, son los que acaban por dar un sentido de identidad más sólido. Recuérdese que los votos son de por vida y tienen que ir reforzados por confesiones, prácticas meditativas, culto en el templo, participación en sermones religiosos, etc. Con la senda de los doce votos el ascetismo monástico entra decididamente en el patrón de vida para los laicos.

## 13) EL VOTO DE LA MUERTE ILUMINADA

Aunque el estadio de los votos consiste en los doce relatados, en algunos lugares se recomienda la inclusión de un decimotercer voto suplementario o último rito (*anta-kriyā*): la muerte voluntaria o decisión de cometer eutanasia por ayuno absoluto (*sallekhanā-vrata*, *saṁlekhanā* o *samādhi-maraṇa*). Es el más sagrado de todos los votos.

Para los indios, los últimos momentos de la vida constituyen un tránsito crucial para determinar aspectos importantes de la siguiente encarnación. Un *sūtra* jainista dice sucintamente que tal como esté la mente en el momento de la muerte igual será el futuro renacimiento.[23] De ahí se desprende que una muerte en meditación o en un estado de trascendencia del ego es susceptible de generar mucho mérito kármico. Con mayor o menor aceptación, la tradición hindú ha reconocido diferentes formas de muerte voluntaria, de gran viaje (*mahāprasthāna*), como suele denominarse. Una de las clásicas es arrojarse a un río sagrado y dejarse ahogar (*jalasamādhi*), o quemarse vivo (*agnipraveśa*), o el autosacrificio en guerra (*jahuar*) para evitar la captura, o la inmolación de la viuda virtuosa (*satī*) en la pira funeraria del marido. Todas estas formas de muerte son consideradas un ritual religioso extremadamente sagrado. Si imperan otros motivos que no sean espirituales las tradiciones índicas las condenan severamente.

Empero, el jainismo considera esas formas de muerte voluntaria como variantes de suicidio y las evalúa como otras formas de violencia y una buena manera de prolongar la existencia en el *saṃsāra*.[24] De lo que se trata con la muerte voluntaria jainista es de llegar al momento de la muerte con la conciencia clara, sin que la senilidad o la enfermedad, por ejemplo, hayan llevado a romper involuntaria y fatalmente niguno de los votos anteriores o de las obligaciones rituales de los ascetas. Por esto el *Sūtrakṛitāṅga* recomienda el *sallekhanā* cuando uno está ya incurablemente enfermo o en extrema vejez, cuando –como dice el texto– conoce que el lapso de su vida llega a su fin.[25] Toda una existencia de observancias religiosas y meditación podrían ser vanas si con la enfermedad, la debilidad, la senilidad o la necesidad, se acabara violando el *dharma*. La autopurificación pierde su significado con la decrepitud. En cambio, si los momentos finales son de meditación serena, incluso faltas serias podrían ser erradicadas y aniquiladas. Puesto que nadie fuerza al devoto y éste lo hace con dedicación y entrega, Pūjyapāda considera que al acto no puede llamárselo suicidio.[26] Gracias a una muerte en estas condiciones el entregado devoto se asegura indudablemente un etéreo renacimiento.

El rito debe ajustarse a unas recomendaciones bien prescritas. Se aconseja llevar a cabo el acto en un templo, un *tīrtha* sagrado o, en su defecto, en el hogar. Con el consentimiento familiar y la supervisión de un asceta –quien tendrá que aprobar que el aspirante está suficientemente cualificado para llevar a cabo el rito–, el devoto comienza un ayuno gradual, siempre ayudado por la meditación. Excepto el ayuno, todo otro método de eutanasia está prohibido.[27] Primero se abstiene de alimentos sólidos, luego subsiste sólo con líquidos, siempre en meditación y con determinación firme, susurrando el *namaskāra-mantra* o escuchando cómo lo recitan sus acompañantes. Ningún deseo de alcanzar los cielos superiores, de ganar mérito religioso o de tener una muerte rápida debe enturbiar el rito, pues eso no sería sino otra forma de apego y, por ende, de suicidio. Realizará las confesiones de sus faltas y un *prati-*

*kramaṇa* general. A continuación, la práctica del ayuno se lleva a su conclusión lógica y dejará de alimentarse completamente. Finalmente llegará la hora de la muerte en meditación (*samādhi-maraṇa*), que es como se prefiere llamar al acto en los textos. Posiblemente, las últimas palabras que escuche el moribundo sean las de su *guru* que le susurrará al oído:

> «...por ti mismo ve a ti mismo dentro de ti mismo [*ātmānam ātmanātmani paśya*].»[28]

Aunque la epigrafía ha revelado gran cantidad de laicos y laicas –entre los que figuran no pocos monarcas– que cometieron *sallekhanā*, es costumbre entre los laicos tomar el voto informalmente, posponiéndolo para un futuro. Mientras se mantienen firmes en los otros doce, se van preparando emocionalmente para su eventual eutanasia voluntaria. En cualquier caso, es bastante frecuente que los laicos, viendo aproximarse el momento final, pidan tomar los grandes votos (*mahāvratas*) de los renunciantes, convirtiéndose técnicamente en ascetas en las últimas horas de su vida.

El *sallekhanā*, en cambio, es un voto muy recomendado para los ascetas. De hecho, muchísimos ascetas moribundos optan por tomarlo en sus últimos momentos. Pero por la epigrafía y los mausoleos erigidos por los fieles sabemos de miles de ayunos absolutos de ascetas que estaban en perfectas condiciones. La práctica ha sido más común entre los digambaras. La historia registrada de este siglo nos ha brindado elocuentes casos de ascetas que optaron por este voto heroico. No hace todavía mucho, el Muni Samanthabhadra (1891/1988), fundador del *gurukula* de Kolhāpur, puso fin a su larga vida de esta forma pacífica y controlada [ver FIG. 68].

El rito puede sonar fuerte, más a alguien crecido en la cultura occidental, que tradicionalmente no ha aceptado la muerte voluntaria –pues nadie, salvo Dios, tiene derecho a dar o quitar la vida– y que posee un verdadero terror por la finitud. Para los occidentales, la muerte es la extinción de nuestra individualidad, la muerte es la terrorífica puerta de *la nada*. Por tanto, la cultura occidental, alimentada por la escatología judeocristiana, ha optado por la vía opuesta, por prolongar a toda costa y con los medios que sean necesarios la vida de los enfermos terminales. Pero en la India, y en la comunidad jainista en particular, el hecho de morir posee otras connotaciones y su actitud es diferente. Por un lado, Dios no interviene en este asunto. Por sus concepciones del *karma* y la naturaleza del *jīva* el jainismo considera que la persona es responsable de su destino. Su posición ante cuestiones como la de la prolongación artificial de la vida es claramente de no interferencia. No es que los orientales se muestren impasibles ante la muerte. La muerte desencadena siempre una angustia *emocional*; sin embargo la angustia *existencial* está ausente. La pérdida del ego no deja de ser a lo que aspira el jainista. El jaina convencido de la inevitabilidad del *karma* no tiene miedo a la muerte. Por otro lado, la India siempre ha considerado la muerte como la entrada a otro plano, de modo que no efectúa la asimilación muerte = nada. Y eso no es todo. Debemos tener en cuenta que la práctica del ayuno es muy común entre los jainistas. Quien ha optado por este final glorioso previamente habrá realizado cientos y hasta miles de ayunos. No sólo estará preparado física y psicológicamente sino que lo estará anímica y espiritualmente, pues, como ha escrito Padmanabh Jaini, toda la vida espiritual del laico y, mucho más palpablemente, la del asceta, consisten en una preparación para esta muerte sagrada.[29] Estamos ante un pacífico acto de purificación espiritual, de *tapas*. Y es lógico que una tradición que ha concedido tanto valor al poder salvífico del *tapas* considere que en momentos cruciales –y cuál más que la muerte inminente–, el *tapas* combinado con el *dhyāna*, ejerzan una purificación extrema. La muerte se presenta entonces como una oportunidad para eliminar los residuos de acciones pasadas. Para el asceta será sin duda el Mundo Superior y habrá acortado cientos de encarnaciones en el *saṃsāra*. En pocas existencias podrá vivir en presencia de un *jina*, quien le ayudará a completar la senda tan arduamente labrada.

* * *

Como puede apreciarse, estos doce –o trece– votos del segundo estadio son mucho más que meras observancias o prohibiciones. Conforman pautas de vida completas. Su seguimiento no es cosa teórica, sino que es corriente, bien que por sus características sólo una pequeña parte de la comunidad pueda practicarlos de forma completa. El ideal trazado por los doce votos y los once estadios ha permeado indefectiblemente las formas y el espíritu de esta comunidad. Como hemos comprobado, muchos contenidos de los votos han entrado a formar parte de las actividades cotidianas de los laicos. Aunque muchos laicos sólo conocen los rasgos generales de los votos –y quizá siquiera sepan enumerarlos– el voto de la *ahiṃsā*, un voto enormemente seguido por la mayor parte de la comunidad, viene a englobar a todos los demás. Desde la infancia los niños jainistas son educados para respetar toda vida y actuar con sumo cuidado. Con la adultez, quizá no puedan tomar la senda de los votos de forma tan estricta como sugieren los *Śrāvakācāras*, pero invariablemente mirarán de ser escrupulosos con los alimentos, moderarse en las pertenencias, ser honrados en los negocios, ayudar a la comunidad en los festivales, en la construcción de templos, ayunar regularmente o evitar ciertas profesiones.

## LAS SIGUIENTES *PRATIMĀS*

Los dos primeros estadios o *pratimās* conforman el corazón del camino ideal de los laicos. La senda prosigue con otras nueve órdenes de virtud de una manera u otra ligadas a los dos primeros estadios. Básicamente, se trata de aumentar el rigor de los votos ya tomados por la segunda *pratimā* y, como se verá, muchos de los siguientes estadios no son sino repeticiones de votos anteriores. Aunque los tratados medievales presuponen una progresión gradual, estadio a estadio, en la práctica la secuencia parece más bien un modelo teórico.

El tercer estadio postula aumentar progresivamente los períodos de meditación diarios (*sāmāyika-pratimā*) ya tomados por el *sāmāyika-vrata*. Con esta dedicación más intensa a la meditación, el laico se equipara al mínimo de meditación requerido a los ascetas y progresa en su purificación interna. La tradición Digambara apremia en este estadio a realizar el culto a diario.

El cuarto estadio insta a aumentar progresivamente los períodos de ayuno (*poṣadha-pratimā*) durante un mayor número de días y, a ser posible, de forma total. Se requiere también el abandono de todo tipo de actividad laboral, social o doméstica durante esos días.

El quinto estadio es el de la virtud de no dañar a las plantas o de la pureza de alimentación (*sacittatyāga-pratimā*). Incluye detalles como no arrancar fruta de los árboles o no comerla si otra persona no ha retirado antes el hueso. También se restringe la comida de ensaladas, frutas y tubérculos. La dieta básica será principalmente de lentejas, legumbres o frutos secos. Se evitarán líquidos que contengan sal.

El sexto estadio consiste en limitar todavía más la actividad sexual (*rātribhakta-pratimā*). El estadio es una intensificación del voto de castidad, y básicamente implica limitar la actividad sexual a la noche, de forma moderada, y nunca en los días de ayuno. Para algunos digambaras también incluye abstenerse de comer por la noche.

El séptimo estadio es el de la absoluta continencia (*brahmacarya-pratimā*). Habrá que evitar al cónyuge y, progresivamente, también a los dioses, seres humanos o animales de sexo contrario, incluso en pensamientos. Nada de fantasear o conversar con personas de sexo opuesto. En su acepción más amplia este estadio representa la renuncia casi total a la actividad doméstica. Ya no se vestirán prendas manufacturadas ni se adornará el cuerpo con ninguna joya o ungüento que sirva para realzar la belleza. Aquel que ha alcanzado este estadio es denominado *brahmacārin* o *svāmī*, títulos de máximo respeto en la comunidad.

El octavo estadio es el de la renuncia a toda actividad laboral (*ārambhatyāga-pratimā*). El devoto todavía permite que sus actividades se realicen indirectamente a través de siervos o empleados, pero pasará a depender enteramente de su familia, entregado al estudio de los textos y a la meditación.

El noveno es el abandono formal de todas las posesiones (*parigrahatyāga-pratimā*). Se trata de rechazar el mínimo resquicio de ambición. Se prescindirá de los sirvientes y de sus trabajos indirectos. Todo el peso de la actividad pasará a hijos o hermanos.

El décimo estadio es el del abandono total de la actividad doméstica (*anumatityāga-pratimā*). El laico, aun viviendo en el hogar familiar, se desentiende absolutamente de la actividad mundanal. Acudirá al templo a estudiar y rezar.

Finalmente, llegamos al decimoprimer estadio, el de la renuncia a todo alimento que haya sido preparado especialmente para él o ella (*uddiṣṭatyāga-pratimā*). No comerá sino los restos de las comidas de los otros. Puede que, emulando a los ascetas, se rasure el cabello y use el cuenco de limosnas y la escobilla.

## UN RENUNCIANTE NO-INICIADO

Posiblemente, en este momento el devoto renunciará definitivamente al mundo y pedirá el ingreso en una agrupación de renunciantes. Quizá sea ya anciano y opte por la sagrada muerte en meditación. Tal vez no haga nada de ello y se mantenga como laico piadoso. Hasta que no tome los grandes votos (*mahāvratas*) de los renunciantes técnicamente será considerado todavía un laico, pero en la práctica quien ha alcanzado el último estadio lleva una vida idéntica a los ascetas. Paso a paso ha ido limando las pasiones, neutralizando sus acciones y se aproxima a la coincidencia con sí-mismo.

En la tradición Śvetāmbara a quien ha progresado hasta la decimoprimera *pratimā* se le llama honoríficamente *śramaṇabhūta*. Los digambaras dividen este último nivel entre *kṣullakas* –que visten tres prendas de vestimenta y han llegado hasta el décimo estadio– y *ailakas* –sólo una y han llegado al decimoprimero–. Los *kṣullakas* toman sus alimentos en el cuenco o en las manos, sentados, y se cortan el cabello o la barba con tijeras. Además, pueden utilizar sandalias. Los segundos son ascetas virtuales. Aunque no se han iniciado y no van desnudos, comen en las palmas de las manos, se arrancan de cuajo el cabello en mechones y llevan la misma escobilla de plumas de pavo real que los ascetas. Únicamente les diferencian algunas prohibiciones: el estudio de ciertos textos sagrados, la forma de mendicidad clásica de los ascetas, el ascetismo bajo el Sol o la meditación inmóvil de pie durante un día entero. Durante siglos los *kṣullakas* y *ailakas* que progresaron hasta las últimas *pratimās* han ocupado la posición y el lugar de los escasísimos ascetas digambaras.

# 32. EL CAMINO QUE CONDUCE AL *NIRVĀṆA*

## EL PROBLEMA

Dice el jainismo que la atadura del espíritu (*bandha*) es sin comienzo (*anādi*), pero no necesariamente sin fin (*anant*). El jainismo, como soteriología, consiste en poner punto final al estado de atadura. De lo que se trata es de purificar literalmente el *jīva* de todo *karma*, de la contingencia, todo lo que es *ajīva*. Volvamos, pues, al meollo de la cuestión: el *karma*.

Hemos visto cómo los tratados jainistas se detienen en describir meticulosamente todas las formas por las que el *karma* se infiltra en el ser (*āśrava*) y las consecuencias de la materialización de la acción. Y sabemos que el *karma* penetra a través de la actividad de los sentidos, las emociones y la mente. Ahora bien, los propios textos advierten que no es posible desviar los sentidos de los objetos y erradicar las experiencias de placer y dolor. El problema no es percibir, pensar o sentir, sino:

> «Las cosas placenteras [en sí mismas] no causan ni indiferencia ni emociones [como el odio, etc.]; es por el apego o la repulsa a las emociones por lo que un hombre se transforma a través del engaño.»[1]

Ése es el problema. ¿Cómo detener el apego?, ¿cómo trascender las pasiones (*kaṣāyas*) que producen la funesta vibración gracias a la cual el *karma* se infiltra y adhiere al espíritu? La solución al problema y la respuesta a estas preguntas es la *senda ascética* (*tapas-mārga*) que conduce a lo Último.

## EL RECHAZO DEL *KARMA*

Lo que pretende el yogui jaina es detener, rechazar (*saṁvara*) la fluencia de *karma*. Éste es el quinto principio fundamental (*tattva*) del jainismo. El rechazo no se realiza por la inacción –aunque esa posibilidad nunca ha sido olvidada en el jainismo–, sino por la desapasión completa en un marco de estricto control y vigilancia.

Según Umāsvāti, los medios para rechazar el *karma* son seis: el control (*gupti*), el cuidado (*samiti*), la observancia de la virtud (*dharma*), las reflexiones (*anuprekṣās*), la conquista de las desazones (*parīṣahas*) y la conducta (*cāritra*).[2] Representan a la perfección el camino ascético de los renunciantes, la tercera joya de la conducta correcta (*samyak-cāritra*) tal y como la entienden los ascetas. Esto es lo que un *sādhu* o una *sādhvī* entiende como *yoga* en su sentido estricto de "esfuerzo" –poner bajo el *yugo*– y "unificación" –del espíritu–.

## EL CONTROL

En primer lugar, el control (*gupti*) de la actividad mental, verbal y corporal. Hay que controlar toda actividad de forma que no exista un agente –un ego– que dirija la acción, sino únicamente un hablar, un pensar y un actuar. Sólo así la acción será desapegada y, por tanto, kármicamente inocua. Progresivamente, el asceta va deteniendo sus actividades; permanece mucho tiempo quieto, concentrado en un solo punto y observa largos períodos de silencio.

## EL CUIDADO

En segundo lugar, el cuidado vigilante (*samiti*) en cinco actividades cotidianas: 1) al caminar; siempre despacio, sin correr ni saltar; 2) al hablar; sólo cuando sea necesario; 3) al aceptar las donaciones; vigilante de recibir los alimentos adecuados y sin búsqueda de satisfacción; 4) al mover las cosas; cuidando de no causar daño a pequeños *jīvas*; y 5) al hacer las necesidades; siempre en un lugar donde no haya seres vivos.[3]

Por cumplir con estos cuidados un asceta puede llegar a hacer una circunvalación de muchos kilómetros para evitar caminar por una plantación –repleta de vidas–; o puede permanecer días de lluvia en su celda sin comer ya que las rondas para mendigar están prohibidas bajo la lluvia y ningún laico puede llevársela al retiro monástico. Cuando el asceta camina, no alza más de dos metros la vista para no perder la atención sobre lo que pisa. Con frecuencia barrerá suavemente el suelo delante de sí para evitar la muerte fortuita de algún insecto o vida de un solo sentido. Antes de sentarse, escrutará cuidadosamente que no haya ningún ser vivo en el lugar donde vaya a hacerlo.

Los tres controles (*guptis*) y los cinco cuidados (*samitis*) son tan importantes para trascender el apego, o lo que es lo mismo, para el rechazo del *karma*, que el *Uttarādhyayana-sūtra* no duda en afirmar que forman la esencia de la doctrina.[4] Y Hemacandra los equipara a la joya de la correcta conducta.[5]

## LA OBSERVANCIA DEL *DHARMA*

El tercer medio de impedir la fluencia de *karma* es la observancia (*dharma*) de diez virtudes morales (*dharma*): 1) la observancia de la paciencia (*kṣamā*); 2) el cultivo de la dulzura y la humildad (*mārdava*); 3) el cultivo de la simplicidad (*ārjava*); 4) la observancia estricta de la veracidad (*satya*); 5) el autocontrol (*saṁyama*) del habla, la mente y los actos; 6) el cultivo de la rectitud y la ascesis (*tapas*); 7) el cultivo de la pureza (*śauca*) o ausencia de codicia; 8) el seguimiento de la pobreza voluntaria (*tyāga, nirlobhatā*); 9) la actitud de renuncia total y obediencia espiritual (*akiṁcinatva, ākiñcanya*); y 10) la observancia de la continencia (*brahmacārya*), según reza uno de los grandes votos.

## LAS REFLEXIONES

Estas prácticas deben simultanearse con una serie de reflexiones (*anuprekṣās, bhāvanās*) destinadas a combatir las ataduras pasionales y diseñadas para fortalecer el espíritu de desapego y renuncia. Normalmente se habla de doce reflexiones: 1) sobre la impermanencia (*anitya*) del mundo; 2) acerca de la desprotección (*aśaraṇa*) del *jīva* y la inevitabilidad de la muerte; 3) sobre el ciclo de transmigraciones (*saṃsāra*); 4) sobre la total solitud (*ekatva*) de cualquier ser vivo; 5) sobre la diferencia y separación (*anyatva*) entre espíritu y cuerpo; 6) sobre la impureza y debilidad (*aśucitva*) del cuerpo material; 7) sobre el influjo (*āśrava*) del *karma*; 8) acerca de cómo rechazar (*saṁvara*) este influjo; 9) acerca de cómo extinguir (*nirjarā*) la materia kármica ya adherida al espíritu; 10) sobre las verdades acerca del universo (*loka*); 11) sobre la rareza de la concienciación plena (*bodhidurlabhatva*) y el gran número de criaturas que no se han dado cuenta de su situación; y 12) sobre el inmenso beneficio del *dharma* jainista (*dharmasvākhyātva*). Meditando en estas verdades [véase más adelante], el yogui logra aprehenderlas en toda su amplitud.

## LA CONQUISTA DE LAS DESAZONES

El siguiente medio para rechazar la fluencia de *karma* consiste en la conquista de veintidós desazones físicas y morales (*parīṣahas*). Por ejemplo: indiferencia al calor, insensibilidad al frío, control de la sed, preparación para el hambre, indiferencia a la suciedad, impasibilidad ante la picadura de insectos, desapasión ante la mirada de las mujeres, victoria sobre la dureza de la mendicidad, sobre la falta de confort, sobre los problemas causados por la desnudez –sólo para digambaras–, acerca de la enfermedad, ante el insulto ajeno, sobre el miedo de meditar en lugares tétricos, etc.[6] Y debe eliminarse la mínima pizca de orgullo ocasionado por el dominio de estas desazones.

## LAS PRÁCTICAS LITÚRGICAS

Finalmente, los textos destacan el cumplimiento de seis reglas de conducta (*āvaśyakas*) específicas para ascetas –aunque pueden y suelen ser observadas por muchos laicos y laicas–. La palabra *āvaśyaka* significa "necesario", "obligatorio". Si para los ascetas estas prácticas son imperativas, caso de que las siga un laico serán un indicativo de su dedicación a la religión.

Seguramente, esta conducta quedó ritualizada bastante pronto dentro de la tradición ascética, de modo que hoy nos hallamos ante una serie de prácticas fundamentalmente litúrgicas. El conjunto de estas normas puede considerarse el epicentro de la cultura ritual monástica del jainismo. Tiene su mejor expresión en el *Āvaśyaka-sūtra* y sus múltiples comentarios –śvetāmbaras–, y en los textos himnológicos llamados *Bhaktis* –digambaras–. Estas obligaciones no sólo permean la vida de los ascetas, sino que se reactualizan dos veces por día –al amanecer y al anochecer– en un rito comunitario –el *āvaśyaka-kriyā*– que el *paṇḍit* Sukhalalji compara a la plegaria de los cristianos o el rito de conjunción (*saṃdhyā*) de la sociedad védica.[7]

La primera acción ritual o *āvaśyaka* es el cultivo de la ecuanimidad (*sāmāyika*) a diario. De hecho, el acto principal de la iniciación "menor" en la orden, consiste en tomar el voto de la ecuanimidad de por vida [véase pág. 205]. Se trata de alcanzar una disposición mental y emocional básicamente contemplativa. Como dice Vaṭṭakera:

> «*Sāmāyika* es aquel estado en el cual el asceta es el mismo hacia sí-mismo o hacia otros, hacia su madre o hacia todas las mujeres, hacia las cosas placenteras o las desagradables y al honor o a la falta de respeto.»[8]

De hecho, la vida ascética entera no deja de ser el cultivo de esta ecuanimidad, la forma de impermeabilizar el espíritu frente al *karma*. Normalmente, los ascetas practican la ecuanimidad al amanecer y al atardecer con himnos y concentraciones en los *tīrthaṅkaras*.

La segunda práctica es el culto a los *tīrthaṅkaras* (*deva-pūjā*). Se trata del componente devocional de la vida ascética de los monjes, que en su caso toma la forma de un culto interno (*bhāva-pūjā*). Normalmente, se expresa con el himno a los veinticuatro *jinas*, que se repite varias veces al día. Entre los digambaras y los śvetāmbaras mūrtipūjakas esta práctica suele efectuarse en el templo, enfrente de la imagen del Jina. Entre los sthanākavāsīs y terāpanthīs, en el retiro. Cada himno va acompañado de distintos gestos (*mudrās*) y posturas (*āsanas*).

La tercera práctica es la veneración y salutación respetuosa a los maestros (*vandana*). Una vez el asceta ha recibido el permiso de acercarse a su maestro o maestra le toca el pie derecho con la frente y las manos y le pregunta si ha pasado bien el día –o la noche–, si su peregrinación interior sigue adelante, con los sentidos bajo control y el espíritu libre. Los diálogos que se utilizan son los mismos que emplean los laicos [véanse págs. 465-467].

Igual que para los laicos, esta actividad suele estar ligada a la siguiente, la cuarta, que es la del arrepentimiento y confesión (*pratikramaṇa*), una práctica que posiblemente se remonte a los primeros tiempos del jainismo. Según el *Āvaśyaka-sūtra* el arrepentimiento debe realizarse en presencia del maestro dos veces al día, a la par que toda vez que se regresa del mundo exterior. También se realizan confesiones calendáricas –cada cuatro meses, cada año y antes de la muerte en meditación–. Se considera una práctica de purificación interna muy poderosa. Normalmente se realiza comunitariamente, en el transcurso del *āvaśyaka-kriyā*. La confesión personal y privada recibe el nombre de *ālocanā*.

La quinta práctica es el olvido del cuerpo (*kāyotsarga*), o la maestría del mismo. Se trata de una forma de *tapas* muy eficaz. Básicamente, consiste en emular una de las dos posiciones iconográficas principales: el asceta sentado inmóvil (*padmāsana*); o de pie (*kāyotsarga, jinamudrā*), con los brazos colgando pero sin tocar el cuerpo. Parte esencial de la ascesis es el silencio (*mauna*), una forma particularmente potente de purificación. Ahora bien, aun cuando la tradición monástica ha ensalzado constantemente la ascesis, la mera mortificación del cuerpo es considerada fútil y existen muchas historias en la literatura del *Āvaśyaka* que enseñan que no cuidar el cuerpo es una práctica desviada e incorrecta.[9] De lo que se trata es de rechazar la entrada de *karma* mediante la superación del cuerpo. Así, la postura corporal inmóvil debe ir acompañada de recitaciones murmuradas. La práctica es obligatoria, por ejemplo, después de la ronda de mendicidad o después de un trayecto a pie.

La última práctica se llama abandono (*pratyākhyāna*). Principalmente, consiste en evitar una serie de acciones, bebidas y, sobre todo, alimentos. Además de ayunos variados, la promesa de no alimentarse ni beber desde poco antes del anocher hasta después del amanecer es obligada.

Gracias a estas prácticas la vida ascético-monástica de los *sādhus* y *sādhvīs* quedó bien cohesionada. Y lo que es tan importante, todas estas actividades entraron a formar parte de la vida religiosa de los laicos [véanse capítulos 27 y 29]. Incluso es posible que muchas de estas prácticas se apoderaran de la liturgia monástica por influencia de la comunidad laica. Con todo, para los laicos nunca han tenido el carácter obligatorio que tienen para los ascetas.

* * *

Con la práctica del control, del cuidado, las reflexiones, la observancia del *dharma*, la conquista de las desazones y los *āvaśyakas*, se alcanza una modalidad del ser básicamente contemplativa. Las diferentes variedades de *karmas* ya no pueden infiltrarse. A medida que se avanza en la maestría espiritual, el asceta se escuda frente a los *karmas* más sutiles hasta que, finalmente, ninguna partícula kármica se adherirá a su espíritu. Quien domina estas prácticas es un auténtico nirgrantha, un virtuoso jainista.

## LA EXTINCIÓN DEL *KARMA*

El asceta no sólo debe rechazar la entrada de *karma*, sino que simultáneamente deberá destruir el *karma* del pasado que tiene acumulado, pues éste sigue oscureciendo la luminosidad del *jīva*. A este paso se le llama extinción (*nirjarā*), desintegración, eliminación o aniquilación de *karma*. Éste es el sexto principio fundamental del jainismo. La extinción puede ser voluntaria, activada por el ascetismo; o involuntaria, cuando, por ejemplo, un ser vivo soporta privaciones y calamidades. Gracias a la extinción involuntaria, muchos seres ínfimos pueden "evolucionar" en formas superiores en siguientes existencias. La acción es comparada a un fruto que puede madurar natural o artificialmente.[10] Lo interesente del ascetismo jainista es que la maduración (*vipāka*) del acto puede ser consciente y prematuramente precipitada por el monje. Es posible, dice el jainismo, extinguir las valencias kármicas y, en un marco teórico, liberarse en vida. La vía fundamental en la extinción del *karma* es la práctica voluntaria del *tapas*.

Es aquí donde el ascetismo toma una posición central en la práctica, pues, como dice Umāsvāti, el *tapas* no sólo sirve para rechazar el *karma* sino para extinguirlo.[11] Sólo con el *tapas*, emulando nuevamente el ejemplo de Mahāvīra y los cientos de historias ascéticas que ha guardado la tradición, es posible extinguir el lastre kármico. Se habla de dos tipos de ascesis: las externas (*bāhya-tapas*) y las internas (*ābhyantara-tapas*).

## ASCESIS EXTERNAS

Las ascesis externas incluyen: 1) la práctica del ayuno (*anaśana*, –la quintaesencia del *tapas*–); 2) el voto de reducción del número de las comidas (*avamaudarya*); 3) la limitación voluntaria del número de hogares a visitar en la salida para pedir limosnas (*vṛittiparisaṅkhyāna*); 4) el de reducción de determinados alimentos sabrosos (*rasaparityāga*); 5) el alejamiento del resto del mundo y retiro a lugares deshabitados (*viviktaśayyāsana*); y 6) la práctica de mortificaciones del cuerpo (*kāyakleśa*),[12] tales como mantenerse en posturas difíciles o inmóvil de pie bajo el Sol, durante largos períodos de tiempo.

Fundamentalmente, se trata de controlar actividades corporales y pasionales para conseguir la indiferencia total frente a los sentidos. Por supuesto, la ascesis no posee valor purificador si no expresa una actitud interior ecuánime. Recordemos que las prácticas ascéticas del jainismo no se conciben como agresiones al cuerpo. El cuerpo se utiliza para vencer las pasiones y la mente, enemigos mucho más sutiles y difíciles de controlar. Sería completamente erróneo, dice James Laidlaw, ver el jainismo en términos de un dualismo antagónico entre cuerpo y espíritu.[13] Sólo con un cuerpo humano –y siquiera con uno divino– puede ejercitarse la disciplina que conduce a la liberación.

## ASCESIS INTERNAS

Por este motivo las ascesis externas deben complementarse con otras, llamadas internas. Éstas incluyen: 1) la buena conducta religiosa (*vinaya*) en pensamiento, habla y acción; 2) la confesión de debilidades, transgresiones y las penitencias adecuadas para redimirlas (*prāyaścittas*); 3) el sentido de deber y servicio a otros miembros de la orden (*vaiyāvṛitya*), especialmente a los ancianos y enfermos; 4) el estudio de los textos (*svādhyāya*), sea la memorización, la sesión de preguntas y respuestas con el maestro o la reflexión en el texto; 5) la renuncia a toda forma de posesión (*vyutsarga*); y 6) la concentración o meditación (*dhyāna*), la práctica que, debidamente perfeccionada [véase a continuación], catapultará al asceta hasta la meta más elevada.

Con estas ascesis internas se trata de controlar la indómita actividad mental. El asceta, que domina el cuerpo y los sentidos gracias a las ascesis externas, ataca ahora la mente, vía las internas. No sólo se ejercita en el desapego sino que la ascesis jainista se caracteriza por el conocimiento. Un asceta que no cultive simultáneamente el amor por todos los seres vivos, que no haya comprendido la auténtica soledad –y a la vez interacción– del espíritu, sería un mero faquir. Al concebir el ascetismo como una práctica enraizada en el conocimiento correcto de la ética y las doctrinas, los jainistas han podido criticar las prácticas ascéticas de determinados shivaístas, a veces notablemente ostentosas.

## LA MEDITACIÓN JAINISTA

De todas las formas de ascesis externas o internas, la última, la práctica de la meditación y concentración (*dhyāna*), es la que unánimemente los filósofos y comentadores consideran clave. Dice Hemacandra:

> «La liberación se alcanza por la extinción de *karmas*. Los *karmas* se destruyen por la autorrealización. La realización del espíritu se logra con la meditación.»[14]

A pesar de la importancia que le otorgan los maestros, los textos dan poca información acerca de la meditación jainista. Las recomendaciones básicas no difieren de la práctica de la ecuanimidad (*sāmāyika*) sugeridas a los laicos o de forma obligatoria a los ascetas. Los consejos son bastante generales. Está claro que el jainismo no desarrolló una tradición meditativa tan estructurada y profunda como la budista o la yóguica. La razón, tal y como sugiere Paul Dundas, se encuentra en que las enseñanzas jainistas han estado más preocupadas por el cese de la actividad mental y física que por su transformación.[15] Durante el período medieval la cultura contemplativa jainista virtualmente desapareció. Todo el énfasis se puso en las ascesis externas. El propio Hemacandra, cuyo esquema de meditación sería normativo para el jainismo Śvetāmbara, reconocía que enseñaba los niveles superiores simplemente porque habían llegado hasta él por tradición y ésta no debería terminarse.[16] A pesar de ello, desde finales del siglo XIX el interés en la meditación jainista ha ido ganando muchos enteros, en especial entre los terāpanthīs. La descripción digambara tradicional se halla en *Tattvānuśāsana* de Rāmasena (siglo X) o el

*Jñānārṇava* de Śubhacandra (siglo XI); la śvetāmbara en el *Dhyāna-śāstra* de Jinabhadra Gaṇi (siglo VI) o el *Yoga-śāstra* de Hemacandra (siglo XII).

El jainismo define la meditación (*dhyāna*) como la retención del pensamiento y la concentración en un solo objeto (*ekāgratā*). Esta máxima es idéntica al Yoga clásico de Patañjali. Las prácticas posturales (*āsanas*), de control de la respiración (*prāṇayāma*), de retirar la mente de los órganos de los sentidos (*pratyāhāra*) y de la concentración (*dhāraṇā*), virtualmente "copian" las recomendaciones del método de Patañjali.[17]

Normalmente, el punto de concentración es la fuente o fundamento del ser: el *jīva* o *ātman* –aunque, como en seguida veremos, el yogui puede visualizar distintos puntos antes de fijarse en el *jīva*–. El efecto inmediato de la *ekāgratā* es la supresión de todas las distracciones y automatismos mentales que dominan y conforman nuestro estado de conciencia ordinario. Gracias a la concentración en un punto se controlan las dos causas generadoras de la fluidez mental: la actividad sensorial y la actividad subconsciente.[18] Para practicar la concentración se recomiendan algunas posturas (*āsanas*), como las clásicas del loto, del héroe, de pie, etc., lo que requiere una buena constitución física. Siguiendo a Patañjali, Hemacandra aconseja que el yogui escoja la postura que le permita estabilidad mental y física.[19] Ante todo, debe desaparecer la tensión, de modo que el cuerpo no perturbe la conciencia. Como dice Mircea Eliade, el *āsana* es una *ekāgratā*; el cuerpo está "firme", "concentrado" en una sola posición.[20] Con el *prāṇayāma* se trata de acompasar y ralentizar la respiración, de forma que el yogui pueda avanzar lúcidamente en otros estados de conciencia. Ello facilita la liberación de la actividad sensorial del influjo de objetos exteriores (*pratyāhāra*) y la concentración (*dhāraṇā*). Para facilitar la meditación el yogui se ayuda de la repetición murmurada del *namaskāra-mantra* con intervalos de silencio. Lo que imita el yogui es –por falta de gestos– la forma de ser del espíritu puro.[21] En todo ello el jainismo resulta poco innovador, ya que se ha apropiado de las técnicas del Yoga de Patañjali. Es en el método estrictamente meditativo donde el jainismo presenta alguna novedad. Y, según la norma tradicional, el jainismo clasifica sus prácticas meditativas (*dhyānas*) en cuatro tipos.

### MEDITACIÓN INDESEABLE

El primer tipo de meditación se centra en imágenes desagradables (*ārtadhyāna*), del tipo de la envidia, la enemistad, las armas, los venenos, la separación de los seres queridos, la asociación con indeseables, la ansiedad de superar el dolor o la enfermedad, o la de librarse de estas imágenes. Esta meditación es propia de ascetas negligentes.

### MEDITACIÓN CRUEL

El segundo tipo corresponde a la meditación llamada "cruel" (*raudradhyāna*). En teoría, el yogui debe concentrarse en toda forma de *hiṃsā*, en especial en el perverso placer de causar daño a otros, mentir, robar o la manera de asegurarse placeres. Es decir, el asceta se concentra en el reverso exacto de los cinco grandes votos.

Al fundamentarse en emociones muy negativas estos dos primeros tipos –en especial el segundo– son inauspiciosos y plenamente desechables. No sólo impiden la autorrealización sino que acarrearían renacimientos en el Mundo Inferior, incluido el espantoso séptimo infierno. Vista la cosa, no se entiende muy bien por qué fueron considerados estados meditativos. El propio Śubhacandra admitía que sólo los dos últimos tipos de meditación [véase a continuación] tienen que ver con la progresión espiritual que conduce a la liberación.[22] Quizá, los teóricos jainistas simplemente siguieron a Patañjali, quien para erradicar la duda recomendaba el ejercicio de la discriminación sobre las acciones perversas.[23]

## MEDITACIÓN VIRTUOSA

El tercer tipo de concentración es la llamada meditación virtuosa (*dharmadhyāna*). Aquí es donde la meditación jaina, indudablemente influida por otras tradiciones yóguicas de la India, verdaderamente comienza. El *dhyāna* consiste en la contemplación de diferentes objetos, normalmente los doce temas de las reflexiones (*anuprekṣās*). Por ejemplo, el yogui se concentra en los principios (*tattvas*) enseñandos por el Jina; o en la miseria que sufre el resto de seres vivos; o en cómo otros han caído del camino adecuado; o en los misteriosos mecanismos del influjo kármico; o en la estructura y devenir del universo. Con la conciencia fija en los dogmas y verdades del jainismo, el yogui los "penetra" y "aprehende" directamente, sin mediación del intelecto. Aunque el meditador no ha conseguido todavía el autocontrol absoluto ni ha dominado todas las pasiones (*kaṣāyas*), se dice que durante la práctica de estas concentraciones el asceta alcanza por momentos el séptimo peldaño (*guṇasthāna*) de la escalera que conduce a la liberación. La práctica constante de estas concentraciones conduce al siguiente tipo de trances.

## MEDITACIÓN PURA

El cuarto y último tipo es la concentración pura (*śukladhyāna*), el único tipo de meditación situado en un contexto verdaderamente soteriológico. Se dice que para adentrarse en estos niveles extraordinarios de concentración es imprescindible el conocimiento de los *Pūrvas*,[24] razón por la cual la liberación no es posible en estas épocas. Dentro de las concentraciones puras Hemacandra habla de cuatro formas básicas.

La primera es la concentración sobre objetos imaginarios (*piṇḍasthadhyāna*). Consiste en visualizar distintos paisajes con los cuatro elementos –tierra, agua, aire y fuego– más una visión del espíritu separado del cuerpo. En las cuatro primeras visualizaciones el yogui debe "entrar" en su paisaje mental y permanecer sentado en su trono, presto a eliminar todos los *karmas*.

Con la quinta visualización se trata de aprehender la naturaleza trascendente del espíritu y purificarlo meditativamente.

La segunda concentración pura se basa en ciertas letanías sagradas (*padasthadhyāna*). Sentado en su trono, el asceta imagina una flor de loto que brota de su ombligo y se concentra en reordenar las sílabas del *namaskāra-mantra* para formar distintas fórmulas místicas. Cuanto más condensado sea el *mantra*, mejor. Alternativamente, los nombres de los supremos pueden servir. La forma de concentración preferida es la repetición murmurada (*japa*). Llegado a este nivel, para conocer, el yogui ya no utiliza la actividad sensorial sino que puede conocerlo todo gracias a la contemplación. El intelecto (*citta*) simplemente hace de espejo de los objetos sin intervención –ni interposición– de los sentidos. Gracias a ello, el yogui puede contemplar directamente la esencia de todos los objetos y desarrollar las facultades supranormales como la clarividencia o la telepatía. De hecho, tan luminoso es el yogui en estos estados meditativos, que puede comparársele a una divinidad. Aun cuando el jainismo se ha mantenido aparentemente alejado de las prácticas tántricas se observa aquí una clara injerencia de los *yogas* esotéricos, en especial los de la influyente tradición shivaísta de Cachemira. Los *mantras* se convierten en vehículos de concentración de una eficacia incomparable. Porque, según el jainismo tántrico, el sonido místico *es* el objeto que representa. El *mantra* es la simiente del ser supremo y, al repetir la fórmula mística según las reglas adecuadas, el yogui se apodera de su esencia ontológica, asimila de forma concreta e inmediata el ser supremo o el estado de santidad que el *mantra* representa. Los comentadores de Umāsvāti, al tratar el último aforismo, dicen que estas concentraciones producen extraordinarios poderes (*siddhis*) en el yogui.[25] Ahora bien, como señaló Walther Schubring, el comentario más bien parece un intento de incorporar los poderes milagrosos tan frecuentemente mencionados en las escrituras en un contexto soteriológico; ocurre que se han insertado quizás en un lugar inapropiado, ya que aquel que ha alcanzado este grado de contemplación pura tiene que haberse situado por encima de estos trucos mágicos.[26] Los *siddhis* nada tienen que ver con la senda que conduce a la liberación. De cualquier forma, quien vence la tentación de los *siddhis* –una nueva forma de renuncia y ascesis–, aún puede progresar más en la purificación interior.

Suspendido de la condición humana gracias al control del cuerpo y la respiración, ligero e ingrávido gracias a las ascesis, detenido el influjo de *karma* vía el desapego, el yogui avanza hacia la tercera concentración, la que tiene por objeto la forma del Jina (*rūpasthadhyāna*) sentado en la asamblea sagrada. Aquí el *yoga*, la ciencia de los *mantras* y la iconografía van de la mano. La imagen es ahora el soporte de la meditación. Con la conciencia enfocada en el *jina*, la respiración acompasada, el yogui se integra en la modalidad de ser del omnisciente. Con el *rūpasthadhyāna* el meditador toma conciencia de su propio potencial omnisciente. Aunque en verdad el *jīva* iluminado siempre ha estado allí, gracias al *dhyāna* el meditador despierta a una nueva toma de conciencia de esa verdad ontológica:

> «Por la práctica de la meditación en la forma material, el meditador, que se identifica con el omnisciente, descubre que él es un omnisciente.»[27]

El yogui se ha identificado hasta tal punto con el objeto de meditación, que toda distinción entre sujeto y objeto desaparece. Eso es lo que Patañjali y la tradición yóguica denominó énstasis (*samādhi*).[28] Ahí tiene lugar la ruptura de nivel, el tránsito paradójico del *ser* al *conocer*.[29] Inmóvil, sin rastro de apetitos, pasiones o emociones, más allá del ego, absolutamente identificado con el *jina* [ver FIGS. 3 y 71], la conciencia se autorrevela como el espíritu (*ātman, jīva*) único (*kaivalya, kevala*). Eso es la iluminación plena, la visión correcta en toda su amplitud, la sabiduría iluminada (*prajñā*).

La última concentración pura es la que trasciende la forma (*rūpātītadhyāna*), es decir, la concentración en cualidades abstractas como la omnisciencia, la dicha pura o la energía infinita que caracterizan al liberado. Este tipo de meditación pertenece, propiamente hablando, al estado del omnisciente.

A través de estas formas de meditación el yogui ha ido aniquilando una enorme cantidad de *karmas* destructivos y ha ascendido en la escalera desde el octavo hasta el decimosegundo peldaño. En el décimo peldaño le asaltarán las pasiones más sutiles que necesariamente habrá atajado por la vía de la erradicación total. De lo contrario, de haber optado por la mera represión, tras un atisbo del decimoprimer peldaño, el yogui caerá a niveles más bajos. La erradicación total sólo es posible a través de la maestría de las técnicas yóguicas de unificación de la conciencia. Con la eliminación total de las pasiones a través del ascetismo y de la meditación pura ascenderá hasta el decimosegundo. Ahí ya no hay caída posible.

Śubhacandra y otros autores ofrecen variantes,[30] pero en todos los casos el asceta destruye imaginariamente su cuerpo material y se concentra en el chorro de conciencia que produce en las visualizaciones. Toda la práctica soteriológica jainista consiste en purificarse de lastres corporales, pasionales y mentales. El yogui no obtiene, ni agrega, ni alcanza nada; únicamente elimina el velo de la ignorancia y descubre el *jīva* que es conciencia infinita. Esa *realización* es la coincidencia con sí-mismo.

## EL OMNISCIENTE

Quien ha alcanzado el decimosegundo peldaño ha conseguido extinguir todos los *karmas* negativos, incluidos los *mohanīyas*, que ataban el espíritu desde hacía millones de eones. Al destruir las pasiones, simultáneamente se eliminan los *karmas* que obstruyen la visión, el conocimiento y la energía,[31] pues todas las variedades de materia kármica habían existido en un estado de completa interdependencia.[32] Todos los *karmas* destructivos han sido rechazados y eliminados.

Ya no ha lugar a más esfuerzos. Los pensamientos brotan, las acciones se dan, las sensaciones ocurren, pero no hay "nadie" que se aferre a ello, porque sólo existe una conciencia de sí misma. No es que la mente se alcance a sí misma –cosa imposible–, sino que, una vez trascendida la mente –lenguaje, razonamiento– y el cuerpo –sensaciones, emociones–, la fuente que queda es la conciencia única, el testigo transpersonal.

De forma espontánea el yogui asciende al decimotercer *guṇasthāna*, el del omnisciente vivo, todavía con cuerpo material. El *sayoga-kevalī* es el nivel más alto al que puede aspirar ninguna criatura viviente del universo. Ni los dioses pueden compararsele. De hecho, ha acaecido una ruptura de nivel a escala cósmica: el *jīva* posee ya el conocimiento, la percepción, la dicha y energía infinitas que caracterizan a los liberados. Imperturbable, cual *bodhisattva* del budismo Mahāyāna o *jīvanmukta* del hinduismo, el omnisciente permanece suspendido en una modalidad de existencia y conocimiento caracterizada –si es que en verdad puede caracterizarse– por la absoluta ecuanimidad. Ello coincide plenamente con la definición de *jñāna-yoga* que ofrece la *Bhagavad-gītā*.[33] Ahora puede llamársele aquel que es merecedor de culto (*arhat*) u omnisciente (*kevalin*), pues ningún *karma* destructivo permanece adosado al *jīva*.

La cualidad que mejor caracteriza esta modalidad de existencia y experiencia es la omnisciencia (*kevala-jñāna*), el conocimiento sin interferencia de ningún *karma*. Todo lo que existe (*sat*), las substancias (*dravyas*), así como sus cualidades (*guṇas*) y modos (*paryāyas*), se refleja simultánea y espontáneamente en el conocimiento absoluto, ya que todo polvo kármico ha desaparecido gracias al rechazo (*saṁvara*) y la extinción (*nirjarā*). No hay intención de conocer, ni actividad mental, sólo pura percepción. El *Kalpa-sūtra* describe la omnisciencia de Mahāvīra en estos términos:

> «Cuando el venerable asceta Mahāvīra se convirtió en *jina* y *arhat*, fue un *kevalin*, un omnisciente que aprehendió todos los objetos. Conoció y vio todas las condiciones del mundo, de los dioses, los hombres y los demonios; de dónde vienen, a dónde van, si nacen como hombres o animales o se convierten en dioses o seres infernales; las ideas, los pensamientos de sus mentes, los alimentos, las acciones, los deseos o secretos de todos los seres vivientes de todo el mundo. Él, el *arhat*, para quien no hay secreto, conoció y vio todas las condiciones de todos los seres vivientes en el mundo, lo que pensaban, hablaban o hacían en todo momento.»[34]

Un conocimiento tal podría ser tildado de divino. No en vano las escuelas teístas describen a su Dios con un tipo de conocimiento todopoderoso de este estilo. Empero, la tradición jainista no se ha preocupado demasiado de que el *arhat* o el *jina* puedan conocerlo todo. Podría ser como el ojo del Ser Cósmico, que interpenetra y aprehende cada átomo del universo, pero este aspecto no ha sido demasiado subrayado. Se insiste, al contrario, en que el omnisciente nunca se identifica con los objetos que conoce, no es su Espíritu –el *brahman*–.[35] El acento siempre se pone en que el espíritu omnisciente fundamental y esencialmente *se conoce a sí mismo*. O mejor: el *kevalin* no conoce al *jīva*, sino que ese conocimiento no-dual *es* el mismo *jīva*. No existe diferencia entre conocedor, conocimiento y conocido. Los paralelismos con la sabiduría de la *prajñā-pāramitā* del budismo Mahāyāna son patentes.[36]

Hasta el momento de la muerte el *arhat* permanecerá en el decimotercer peldaño. Según los digambaras, los omniscientes residen en la gloria del aislamiento total (*kaivalya*). Según los śvetāmbaras, estos excelsos continúan con sus quehaceres normales, bien que ninguno de sus movimientos genera influjo kármico ni está mediado por los sentidos. Los valores quedan anulados. No se experimenta dicha o dolor, alegría o tristeza, ni nada por el estilo, porque esta actividad no es *suya*. Y es que, en palabras de Mircea Eliade, en el momento en que comprendemos que el espíritu es libre, eterno e inactivo, todo lo que nos sucede: dolores, sentimientos, voliciones, pensamientos, etc., *ya no nos pertenece*.[37] El *jīva* simplemente es el espectador pasivo (*sākṣin*), el testigo que lo aprehende todo directa y espontáneamente. Ni siquiera posee experiencia de la liberación, de ahí la indiferencia absoluta del *tīrthaṅkara*.

## EL ESTALLIDO

Como sólo los *karmas* neutros lo mantienen con vida, se dice que el *kevalin* es activo (*sayoga*). Al ser de igual duración, los *karmas* que tienen que ver con su constitución, parentesco y longevidad desaparecerán en el último momento de vida del *kevalin*. Sólo los *karmas* que tienen que ver con el placer y el dolor (*vedanīya*) podrían ser susceptibles de acarrearle una o más encarnaciones. De modo que la última práctica del *kevalin*, la meditación o *dhyāna* propia del *kevalin* por así decirlo –imposible para alguien que no es omnisciente–, consiste en alinear estos *karmas* con los otros tres, de forma que se consuman también en el mismo momento de la muerte. Este fenomenal proceso de ecualización se denomina "estallido" (*samudghāta*). A través de su control yóguico el *jīva* se expande en milésimas de segundo hasta el límite del universo y vuelve a contraerse hasta su tamaño normal.[38] Con esta operación el *kevalin* proyecta los últimos átomos kármicos en el momento de alcanzar la paz. La doctrina del estallido yóguico, única del jainismo, muestra claramente la concepción materialista del *karma*. Una vez el omnisciente ha expulsado esas últimas partículas kármicas, su peregrinación en el océano del *saṃsāra* ha finalizado.

Antes de la muerte el *kevalin* entra en los últimos trances puros. Detiene toda actividad mental, verbal o física. Sólo resta la palpitación o la respiración. Con una meditación final detiene el pulso del corazón y la respiración. Ha alcanzado el decimocuarto peldaño, el de la omnisciencia sin actividad (*ayoga-kevalī*). Este peldaño sólo dura un momento infinitesimal pues cuando se desvanecen los *karmas* que lo mantenían con vida, todos debidamente ecualizados, el *jīva* abandona todos los cuerpos sutiles y se proyecta como un misil hasta la cima del universo.

## EL *NIRVĀṆA*

En un mero instante de tiempo el *jīva* asciende en línea recta a través de los niveles celestiales hasta el lugar Ligeramente Inclinado (*iṣatprāgbhāra*) o Mundo de los Perfectos. Ahí residirá, totalmente libre, por la eternidad [ver FIG. 13]. El asceta Keśī le pregunta a Gautama, y éste contesta:

> «Existe, en la cima del universo, un lugar eterno, difícil de alcanzar, donde no existe ni la vejez, ni la muerte, ni la enfermedad.»[39]

Y Keśī inquiere: «¿Cómo se llama este lugar?» A lo que Gautama responde:

> «Es lo que ha sido llamado *nirvāṇa*, la liberación del dolor.»[40]

El *nirvāṇa* es la liberación (*mukti*), la emancipación (*mokṣa*), el aislamiento (*kaivalya*) de la mónada espiritual en su pureza innata. Es la santidad sin fin, donde hasta el peligro de una vida celestial ha sido superado, pues ya ningún *karma* existe que pueda madurar en forma de una nueva existencia. Umāsvāti definió la liberación espiritual como la eliminación de todo tipo de *karmas*.[41] El *nirvāṇa* es la desconexión total con la materia. Por ese motivo a ese estado inmaterial sólo puede representárselo iconográficamente por el *Siddhapratimā-yantra* [ver FIG. 72].

Pero la liberación no es la extinción de la existencia. Se dice que los infinitos *jīvas* que moran en el Siddha-kṣetra poseen un tamaño de dos tercios del que tenían en su última encarnación, sólo que ahora el *jīva* ocupa todo el "espacio corporal". Esta expresión, tomada hoy generalmente de forma simbólica, sirve para ilustrar que, si bien todos los espíritus son de idéntica naturaleza, la individualidad persiste incluso en el estado liberado. Además, la imagen destaca que el liberado fue anteriormente un ser humano.

La verdad, empero, es que la tradición jainista se ha preocupado poco de especular acerca del *nirvāṇa*. Y es que, ¿cómo describir con palabras –se pregunta Amṛitacandra– el estado del omnisciente?[42] El *nirvāṇa* no tiene, en verdad, causa alguna. No es el fruto de ninguna acción, pues por buena que ésta sea, la acción es *karma*, y el *karma* no puede eliminar el *karma*. La liberación no tiene causa ni origen; es simplemente lo que queda cuando el *jīva* ha dejado de ser obstruido por los *karmas*. El *mokṣa* o *nirvāṇa* es el espíritu en su estado prístino natural: únicamente conciencia (*caitanya*), como dice Haribhadra.[43] De ahí que pueda y suela llamárselo espíritu pleno, espíritu supremo (*paramātman*). Esta terminología no debe engañarnos. No se da ninguna absorción en *brahman* o unión con lo Divino. Dentro del jainismo la individualidad es eterna. Sólo existe una vida (*jīva*) indiferente a los sucesos mundanos, incualificable, transpersonal. Kundakunda define al *nirvāṇa* como el estado de felicidad trascendental, conocimiento puro y percepción infinita.[44]

## NO-DUALISMO JAINISTA

Kundakunda es, precisamente, el mayor exponente de la corriente mística del jainismo. Sus trabajos, especialmente el *Pravacanasāra* y el *Pañcāstikāyasāra*, encarrilaron filosóficamente el edifico digambara. Pero Kundakunda merece una mención especial por la línea mística que abrió en el *Samayasāra*, una obra que tuvo unas repercusiones inmensas en laicos iluminados como Banārasīdāsa, Rājacandra, en movimientos claramente enfocados a la laicidad, como el Kanjisvāmī-Panth, y hasta en maestros śvetāmbaras. Está claro que la obra de Kundakunda no es el mero trabajo de un autor inquieto y un tanto heterodoxo, sino el resultado de una línea de pensamiento digambara probablemente muy antigua. El hecho de que sus comentadores prolongaran esta aproximación mística sin vacilar, notablemente Amṛitacandra (siglos IX/X), muestra que, aunque minoritario dentro del jainismo, existe un camino místico –paralelo al ascético– bien delimitado –capaz de difuminar la tendencia al dualismo característica del jainismo–. Por ello quiero finalizar esta obra con la exposición de la mística jaina, según la concibieron Kundakunda y Amṛitacandra, y según la suscriben un número de jainistas cada vez mayor.

En bastantes pasajes de sus libros Kundakunda llega a decir que la liberación no se alcanza por la destrucción del *karma*, sino por la destrucción de la ilusión (*moha*) y el desconocimiento (*avidyā*).[45] La gnôsis elimina la ilusión. Esta declaración es altamente subversiva.

Para Kundakunda, la atadura deja de ser un asunto físico para convertirse, como en el Vedānta, en una cuestión de nesciencia. El *karma* no es materia (*pudgala*) sino una modificación de los estados de conciencia (*bhāvas*) del espíritu. Es cierto que la posición ortodoxa del jainismo dice que la asociación del espíritu con la materia es, por decirlo de alguna manera, accidental. De ahí que la cualificación del espíritu sea estrictamente no-material –conciencia, dicha y energía–. Pero Kundakunda fue más lejos y afirmó que el espíritu y la materia no se afectan mutuamente. La posición de Kundakunda y Amṛitacandra es fácilmente equiparable al no-dualismo del Vedānta Advaita o al eternalismo del Sāṃkhya. De forma similar a los sabios upanishádicos,

Kundakunda considera que el verdadero estado del liberado es *conocer*. Una vez se ha discernido entre el espíritu (*jīva*) y lo que no es el espíritu (*ajīva*), y que es totalmente ajeno a él, sólo queda el hecho de *conocer*. Una vez el desconocimiento –de que el *jīva* tiene relación con el *ajīva*– es aniquilado con la meditación, ya no puede haber atadura ni renacimiento. El meditador se percata de que el cuerpo, la mente y el habla son substancias ajenas al espíritu. Si esta percatación se convierte en *realización* gracias a la meditación, entonces ni el habla, ni la mente, ni el cuerpo pueden hacer nada ya por frenar el ascenso hacia la liberación. Kundakunda lo resume apofáticamente:

> «No soy ni el cuerpo, ni la mente, ni el habla, ni la causa de éstos, [no soy] ni el agente, ni el instigador, ni el que aprueba a los hacedores/actores.»[46]

Kundakunda está a un paso de concluir –como el Vedānta o el budismo Yogācāra– de que la atadura, en verdad, es una ilusión (*māyā*). Si el *jīva* no tiene ninguna conexión con la materia, entonces, ¿qué tiene que ver la ascesis en esta realización? La senda mística y la senda ascética quedan entrelazadas por Amṛitacandra, cuando alaba al *jina* en estos términos:

> «Aunque [ya] estabas dotado del control interno, que es independiente [de formalidades externas, tales como iniciarse como monje, etc.], aun así primero te estableciste en la senda del control externo. Así no invalidaste la importancia de la interdependencia absoluta del control interno y el control externo.»[47]

En otras palabras, Amṛitacandra no elimina la necesidad de aniquilar las pasiones (*kaṣāyas*) a través de la ascesis (*tapas*). Para Kundakunda y Amṛitacandra, las ascesis internas pasan a ser casi una demostración pública, el símbolo (*liṅga*) de que se está en la senda correcta. Empero, la ascesis externa queda claramente supeditada a la interna, especialmente a la meditación (*dhyāna*), pues éste es el único medio para aniquilar la ignorancia (*mithyātva*). Para Kundakunda, la raíz de la atadura es, como en el budismo, la ignorancia y la ilusión (*moha*), que nos impelen a actuar pasional y apegadamente. La atadura externa se refleja en el apego a las cosas de este mundo. La atadura interna se refleja en las pasiones. Ya no se trata de eliminar el *karma* que se genera al matar a un ser vivo, por ejemplo, sino de eliminar la modificación mental que crea un acto tal. En cierto sentido, Kundakunda pretende interiorizar la correcta conducta. No persigue la inactividad física, sino la inactividad pasional; reflejar la conciencia pura. La conducta ideal es una actitud de calma y ausencia de pasión, y no el ascetismo o la catalepsia.

Aunque las ascesis externas se hacen innecesarias, coincido con Will Johnson en la importancia de la expresión pública y social de toda religión.[48] Éste es un aspecto que nunca tendría que ser desestimado o devaluado. Si el jainismo renunciara al *tapas*, a la *ahiṃsā* o a su insistencia en la renuncia,

¿podría mantener su identidad al costado del polimorfo hinduismo? Indudablemente, la respuesta es no. Por este motivo, Kundakunda es capaz de abogar por posiciones que filosóficamente son contradictorias con sus propios postulados. En cualquier caso, con su idea de interiorizar la correcta conducta para Kundakunda no haría falta –al menos *lógicamente*– convertirse en asceta. Will Johnson ha remarcado la actitud más positiva hacia los laicos en este tipo de pasajes, algo que seguramente implica unas condiciones sociales diferentes y hasta otra audiencia en mente.[49] No sorprenderá ahora que laicos como Banārasīdāsa, Rājacandra o Kanji Svāmī elogiaran esta vía mística menos anclada en el monasticismo.

Empero, en el *Samayasāra*, Kundakunda va más lejos y ya no hace concesiones. Dice que el punto de vista convencional (*vyavahāra*), que entiende que el espíritu interactúa con lo no-espiritual –y crea, así, el *saṃsāra*– es irreal. En verdad, le da lo mismo la realidad o irrealidad del *ajīva*, pues es irrelevante de cara a la liberación. En cierto sentido, Kundakunda acaba por rechazar el pluralismo filosófico (*anekāntavāda*) en favor de un sólo punto de vista (*naya*) de la realidad: el absoluto (*niścaya*). Como dice William Johnson, Kundakunda acaba por parecerse a un *ekāntavādin*,[50] muy al estilo del vedāntin Śaṅkara. Parece como si Kundakunda sostuviera dos posiciones distintas acerca de las dos realidades. En la clásica, el punto de vista convencional considera que el espíritu actúa y experimenta los frutos de la acción, mientras que el punto de vista superior mantiene que ni actúa ni experimenta. Ambos puntos de vista se armonizan bajo el prisma del *anekāntavāda*. El primero se contempla desde el punto de vista modal (*paryāya-naya*); el segundo bajo la perspectiva substancial (*dravya-naya*). Pero en su segunda posición, Kundakunda varía. Aquí, el punto de vista convencional es básicamente erróneo e ilusorio. El punto de vista superior, en cambio, no es otro punto de vista, sino *el* punto de vista, algo incompatible con la doctrina del *anekāntavāda*. Y éste afirma que el *jīva* nunca ha estado conectado a la materia. Entonces: ¿cómo puede explicarse la situación de atadura (*bandha*)? Para Kundakunda el *jīva* causa modificaciones en su estado psíquico (*bhāva*) a través de su propia agencia [véanse págs. 398-399]. Y estas modificaciones causan que la materia se modifique en sus distintos estados y procesos, lo que a su vez produce que el *jīva* transforme sus estados mentales. Dicho llanamente, Kundakunda sustituye las pasiones (*kaṣāyas*) por estados mentales (*bhāvas*) para explicar la atadura. Pero:

> «Cuando el conocimiento discriminativo, libre de error, se levanta en el espíritu, entonces la naturaleza del espíritu se manifiesta en la forma de pura conciencia, y ya no produce ningún tipo de estado psíquico [*bhāva*] impuro.»[51]

La verdadera causa de la atadura es la ignorancia. El espíritu no tiene nada que ver con la atadura. Ésta es una cadena de espejismos entre estados mentales de ignorancia y *karmas* que producen más ignorancia. El mecanismo exacto del baile circular, empero, no se explica. Esto es muy parecido a la filosofía Sāṃkhya, que siempre sostuvo que el espíritu (*puruṣa*) y la naturaleza (*prakṛiti*) nunca estuvieron encadenados. En vez de proclamar la irrealidad de uno de los dos –del *ajīva*, por ejemplo, como haría el Vedānta–, se enfatiza la naturaleza ilusoria de la *relación*. El dualismo metafísico no se elimina, pero queda muy devaluado. La atadura es, en suma, una cuestión de ignorancia. Consiste en creer que el espíritu y la materia interactúan. Por contra, Kundakunda propone aquí el punto de vista superior (*niścaya-naya*), no como una descripción del espíritu liberado, sino como el medio a través del cual el espíritu alcanza la liberación. No es uno más entre los distintos puntos de vista, puesto que, a menos que uno crea que es *el* punto de vista correcto, no puede alcanzarse la liberación.[52] Una vez se contempla la atadura como una ilusión, la materia kármica deja de causar efecto alguno. De lo que se trata, finalmente, es de aprehender el punto de vista superior, pero que en verdad está más allá de cualquier pensamiento conceptual. Eso es la liberación.

Esto es doblemente subversivo pues elimina el problema de la pérdida de los *Pūrvas*. Uno puede liberarse en vida, realizando el *ātman*. Con la práctica de la discriminación –para lo cual Kundakunda utiliza el término característicamente budista de sabiduría (*prajñā*)–,[53] con la ayuda del punto de vista superior, uno puede *darse cuenta* de que el espíritu nunca ha estado –ni nunca podría haber estado– atado; una tremenda conclusión que Kundakunda sólo se atreve a formular implícitamente. Esta posición equivale a decir que el espíritu ha sido, es y será siempre un *kevalin*, algo fascinantemente parecido a la noción budista de que todo ser ya posee o *es* la naturaleza de Buddha, la teoría del *tathāgata-garbha*. Desde luego, Kundakunda no da el paso de homologar el *saṃsāra* y el *nirvāṇa*, pero se aleja totalmente de la idea jainista de quemar *karma* a través del *tapas* y se adhiere a la posición de –su posible contemporáneo– Nāgārjuna, de que la sabiduría discriminativa es el medio para aprehender la verdad superior (*paramārtha-satya*). Es más, igual que el budismo Mādhyamaka, Kundakunda entiende la sabiduría no sólo como el medio intelectual y analítico para realizar la discriminación, sino como la realización de la liberación.[54] La *prajñā* es la experiencia no-dual. Por tanto, la única vía para experienciar el espíritu es la gnóstico-meditativa, algo que Kundakunda repite una y otra vez:

> «Meditando en el espíritu, que es visión y sabiduría plenas, y no centrando la atención en lo no-espiritual, [tal] espíritu, libre de todo *karma*, rápidamente aprehende el espíritu en sí mismo.»[55]

A medida que el místico va avanzando en su camino hacia la coincidencia con sí-mismo, irá desarrollando una actitud de indiferencia hacia todo lo que no es el espíritu. En lugar de la correcta conducta se postula la meditación en el espíritu (*ātmabhāvanā*), en vez de renunciar a las cosas externas se postula la renuncia a los estados mentales (*bhāvas*). La desposesión y la renuncia se interiorizan. Incluso las marcas sectarias (*liṅga*), como el ascetismo o la no-violencia, deben abandonarse según la posición radical del *Samayasāra*. Porque ¿cómo iban a aprehender el espíritu aquellos que siguen apegados a signos externos? Claramente, el impacto social de estas doctrinas debió ser tremendo. Ahora bien, Kundakunda insiste en que no es el signo externo en sí lo que debe abandonarse, sino el apego al *liṅga*. La práctica monástica es válida. Pero para aquel que está próximo al *kevala-jñāna,* las confesiones, las concentraciones, las purificaciones, la búsqueda del bien y rechazo del mal, todo ello, no es más que veneno.[56] Estas consideraciones son sumamente radicales. William Johnson las equipara a los *kôans* del budismo Chan;[57] parecen pensadas para producir un *shock* en los ascetas avanzados y alejarlos del apego a la cotidianeidad de las prácticas religiosas, a la excesiva ritualización de la senda jainista. Por lo demás, Kundakunda y Amṛitacandra se mantienen fieles a la noción de que los ascetas deben seguir sus prácticas ascéticas como símbolo externo, pero sólo, y eso es lo novedoso, porque reflejan el grado de pureza y sabiduría interior alcanzado.

La coincidencia con el *jīva* se concibe de forma idéntica a lo que la tradición yóguica de la India llamó absorción, énstasis (*samādhi*), el estado en el que se aprehende directamente el objeto de meditación –el *jīva*– y donde hay identificación y coincidencia real entre el conocimiento y el objeto de conocimiento. El *kevalin* no conoce lo existente por su relación con ello, sino que por su aislamiento, indiferencia, no-posesión, por su estricta separación, ganada gracias a la meditación, el *kevalin* conoce. El espíritu (*jīva*) y la gnôsis (*jñāna*) son idénticos. Y el *kevalin* no ha de hacer nada para conocer, pues:

> «Desde el punto de vista convencional el Señor omnisciente lo conoce y percibe todo. Desde [el punto de vista] absoluto el omnisciente conoce y percibe [sólo] el espíritu.»[58]

Aunque la metafísica no se disloca, diríase que estamos ante la misma experiencia epistémica no-dual del Vedānta Advaita, del Sāṃkhya, del Yoga, del budismo Theravāda, del Mahāyāna, del Zen, del Vajrayāna. Amṛitacandra dice explícitamente que el conocimiento perfecto es no-dual (*advaita*).[59] Ocurre que a la hora de explicar la experiencia de la no-dualidad, el jainista se mantiene en el no-absolutismo filosófico y opta por no sobrevalorar ninguno de los polos –el *ātman,* la impermanencia, etc.–. O puede optar, como Kundakunda, por una posición virtualmente vedántica, y afirmar que lo único que ha existido, existe y existirá es el *jīva* iluminado. Pero, en definitiva, cualquier *explicación* que pretendamos ofrecer, será siempre un constructo lingüístico dualista, por lo tanto una limitación incapaz de describir la experiencia no-dual que está más allá de todo lenguaje.

El aislamiento del *jīva* del resto de *jīvas* y del *ajīva* refleja a la perfección el aislamiento (*kaivalya*) del *jīva* que ha alcanzado el *kevala-jñāna* en la cúspide del universo.[60] Junto a las demás mónadas perfectas, todas inmóviles, sin cambios, las límpidas gotas de vida realizan la plenitud del ser. La palabra de Mahāvīra, en uno de los pasajes más antiguos del jainismo, lo describe de forma apofática:

> «Todos los sonidos retroceden de allí, donde la especulación no tiene cabida ni la mente puede penetrar.
>
> [El liberado] ya no es alto ni bajo o redondo o triangular; no es negro, ni azul, ni rojo, ni verde, ni blanco... es sin cuerpo, sin contacto [con la materia], no es femenino ni masculino ni neutro; percibe, conoce, pero no hay analogía [por la que conocer la naturaleza del espíritu liberado]; su esencia es sin forma; no se da condición de lo incondicionado.»[61]

Ninguna forma posee el *jīva*, ningún tinte colorea el espíritu, ningún sexo lo cualifica, ningún pensamiento ni ninguna plegaria pueden alterarle. Ésta es la verdadera naturaleza del espíritu. Y es por esta *realización* de su propia naturaleza por la que se alcanza la beatitud de la liberación y la perfección, o sea, el *nirvāṇa*, el *mokṣa*, la solitud que se llama *kaivalya*.

# NOTAS

## INTRODUCCIÓN

1. G.W.F. Hegel, *Lecciones sobre la filosofía de la historia universal,* pág. 272.
2. W. Halbfass, *India and Europe*, pág. 435.
3. H. von Glasenapp, *Jainism*, pág. 4.
4. J. Drew, *India and the Romantic Imagination*, pág. 147.
5. W. Halbfass, *India and Europe*, pág. 3.
6. M. Monier-Williams, *A Sanskṛit-English Dictionary*, pág. 421.
7. H. von Glasenapp, *Jainism*, págs. 163-165.
8. J. Cort, "Introduction: Contested Jain Identities of Self and Other", pág. 3.
9. E.W. Hopkins, *The Religions of India*, pág. 296.
10. J. Cort, "Mūrtipūja in Śvetāmbar Jain Temples", pág. 213.
11. E. Said, *Orientalismo*, págs. 122-123.
12. C. Key Chapple, *Nonviolence to Animals, Earth and Self in Asian Traditions*, pág. 93.
13. F. Staal, *Ritual and Mantras. Rules Without Meaning*, pág. 390.
14. M. Monier-Williams, *A Sanskṛit-English Dictionary*, pág. 557.
15. W. Cantwell Smith, *The Meaning and End of Religion*, pág. 48.
16. G.J. Larson, *India's Agony Over Religion*, págs. 279-280.
17. R. Panikkar, *El silencio del Buddha*, pág. 175.
18. J. Cort, "Introduction: Contested Jain Identities of Self and Other", pág. 13.
19. H. von Stietencron, "Hinduism: On the Proper Use of a Deceptive Term", págs. 32-53.
20. J. Cort, "Introduction: Contested Jain Identities of Self and Other", pág. 13.

## PARTE I: COSMOLOGÍA

1. al-Bīrūnī, *Kitāb al-Hind*, XLIX, 208 (E. Sachau: vol. II, 10).
2. M. Monier-Williams, *A Sanskṛit-English Dictionary*, pág. 165.
3. K. Klostermaier, *A Short History of Hinduism*, pág. 3.
4. G.W.F. Hegel, *Lecciones sobre la filosofía de la historia universal,* pág. 281.
5. M. Lewis y K. Wigen, *The Myth of Continents*, págs. 63-64.
6. W. Halbfass, *India and Europe*, pág. 2.
7. E. Said, *Orientalismo*, págs. 61-63.
8. D. Kinsley, *Hinduism. A Cultural Perspective*, pág. 26.
9. E.C. Dimock, "Religious Biography in India. The 'Nectar of the Acts' of Caitanya'", pág. 109. Citado por D. Kinsley, *Hinduism. A Cultural Perspective*, pág. 26.
10. G.C.C. Chang, *The Buddhist Teaching of Totality. The Philosophy of Hwa Yen Buddhism*, pág. xiv.

## CAPÍTULO 1: COSMOLOGÍA

1. *Ṛig-veda*, I, 168, 2 (R.T.H. Griffith: 109).
2. *Śvetāśvatara-upaniṣad*, I, 2 (A. Angud y F. Rubio: 175).
3. Umāsvāti, *Tattvārtha-sūtra*, V, 29 (N. Tatia: 135).
4. *Sūtrakṛitāṅga*, I, 1, 3, 9 (H. Jacobi: 245).
5. S. Dasgupta, *A History of Indian Philosophy*, vol. I, pág. 204.

6. Kumārila Bhaṭṭa, *Śloka-vārtika*, XVI, 68 (G. Jha: 359).
7. Malliṣeṇa, *Syādvāda-mañjarī*, VI, 69. Citado por H. von Glasenapp, *Jainism*, pág. 246.
8. P.C. Nahar y K.C. Ghosh, *An Encyclopaedia of Jainism*, págs. 237-238.
9. H. Zimmer, *Philosophies of India*, pág. 182.
10. M. Monier-Williams, *A Sanskṛit-English Dictionary*, pág. 495.
11. A. Coomaraswamy, *La transformación de la naturaleza en arte*, pág. 9.
12. I. Couliano y M. Eliade, *Diccionario de las religiones*, pág. 205.
13. G. Parrinder, *Avatar and Incarnation*, pág. 181.
14. B.C. Jain, *Jainism in Buddhist Literature*, págs. 22-23.
15. D.C. Sircar, *Studies in the Religious Life of Ancient and Medieval India*, pág. 37.
16. P.S. Jaini, *Laghutattvasphoṭa*, pág.15.
17. Hemacandra, *Triṣaṣṭiśalākapuruṣa-caritra*, I, 344. Citado por R.C.C. Fynes, *Hemacandra. The Lives of the Jain Elders*, pág. xxv.
18. R. Thapar, *Ancient Indian Social History*, pág. 253.
19. *Vyākhyā-prajñāpti*, XX, 8 792a (J. Deleu: 257).
20. *Viṣṇu-purāṇa*, IV, 24 (H.H. Wilson: vol. II, 662-663).
21. Īśvarakṛiṣṇa, *Sāṃkhya-kārikā*, 57 (G.J. Larson: 273).

## CAPÍTULO 2: COSMOGRAFÍA

1. *Vyākhyā-prajñāpti*, I, 6 78b (J. Deleu: 80).
2. *Vyākhyā-prajñāpti*, XI, 10 521b (J. Deleu: 176).
3. C. Caillat y R. Kumar, *La cosmologie jaïna*, pág. 20.
4. C. Laughlin, "On the Relationship Between Science and the Life-World", pág. 259.
5. A.N. Whitehead, *Science and the Modern World*, pág. 13.
6. C. Caillat y R. Kumar, *La cosmologie jaïna*, pág. 32.
7. S. Pániker, *Ensayos retroprogresivos*, pág. 39.
8. Umāsvāti, *Tattvārtha-sūtra*, III, 4 (N. Tatia: 72).
9. *Sūtrakṛitāṅga*, I, 5, 1, 9-12 (H. Jacobi: 280).
10. *Uttarādhyayana-sūtra*, XIX, 53-55 (H. Jacobi: 94).
11. Umāsvāti, *Tattvārtha-sūtra*, III, 28 (N. Tatia: 82).
12. C. Caillat y R. Kumar, *La cosmologie jaïna*, pág. 34.
13. *Viṣṇu-purāṇa*, II, 3, 24-26 (H.H. Wilson: vol. I, 264).
14. *Vyākhyā-prajñāpti*, XX, 8 791b (J. Deleu: 256).
15. A.K. Coomaraswamy, *Jaina Art*, pág. 4.
16. A.K. Coomaraswamy, *Jaina Art*, pág. 4.
17. *Uttarādhyayana-sūtra*, XXXVI, 56-57 (H. Jacobi: 211).

## CAPÍTULO 3: BIOLOGÍA

1. M. Monier-Williams, *A Sanskṛit-English Dictionary*, pág. 1119.
2. *Vyākhyā-prajñāpti*, XII, 7 580a (J. Deleu: 189).
3. P.S. Jaini, *The Jaina Path of Purification*, pág. 116.
4. *Vyākhyā-prajñāpti*, XII, 7 581a (J. Deleu: 189).
5. Hemacandra, *Yoga-śāstra*, IV, 65-67 (A.S. Gopani: 112).
6. R. Panikkar, *El silencio del Buddha,* pág. 320.
7. *Sūtrakṛitāṅga*, I, 2, 1, 5 (H. Jacobi: 250).
8. J. Campbell, *Las máscaras de Dios,* vol. 2, págs. 262-263.
9. Umāsvāti, *Tattvārtha-sūtra*, IV, 28 (N. Tatia: 111).
10. *Vyākhyā-prajñāpti*, XIX, 3 765b (J. Deleu: 250).
11. W. Schubring, *The Doctrine of the Jainas*, pág. 203.
12. A.L. Basham, *The Origins and Development of Classical Hinduism*, pág. 61.
13. *Vyākhyā-prajñāpti*, XIV, 8 652b (J. Deleu: 211).
14. *Vyākhyā-prajñāpti*, XVII, 1 720a (J. Deleu: 230).
15. *Āvaśyaka-niryukti*, 847 (N. Balbir, "Stories from the Āvaśyaka Commentaries", pág. 20).
16. P.S. Jaini, *Collected Papers on Jaina Studies*, pág. 126.
17. *Sūtrakṛitāṅga*, I, 11, 11 (H. Jacobi: 311).
18. *Ācārāṅga-sūtra*, I, 3, 3, 2 (H. Jacobi: 32).
19. *Vyākhyā-prajñāpti*, XVIII, 3 739b (J. Deleu: 236).

20. *Uttarādhyayana-sūtra*, III, 5 (H. Jacobi: 15).
21. P.S. Jaini, *Collected Papers on Jaina Studies*, págs. 102-105.
22. Hemacandra, *Triṣaṣṭiśalākapuruṣa-caritra*, IV, 3, 211. Citado por H. von Glasenapp, *Jainism*, pág. 269.
23. N. Shāntā, *The Unknown Pilgrims. The Voice of the Sādhvīs*, pág. 290.

## PARTE II: MITOLOGÍA

1. H-G. Gadamer, *Verdad y método*, vol. I, pág. 367.

### CAPÍTULO 4: LA HISTORIA UNIVERSAL

1. T.U. Mehta, *The Path of Arhat*, pág. 10.
2. Jinasena, *Ādi-purāṇa*, XXXIV (R. Strohl, "The Story of Bharata and Bāhubali", pág. 219.)
3. Jinasena, *Ādi-purāṇa*, XXXV (R. Strohl, "The Story of Bharata and Bāhubali", pág. 227).
4. Jinasena, *Ādi-purāṇa*, XXXVI (R. Strohl, "The Story of Bharata and Bāhubali", pág. 241).
5. Hemacandra, *Triṣaṣṭiśalākapuruṣa-caritra*, I, 376-378. Citado por J. Laidlaw, *Riches and Renunciation*, pág. 37.
6. H. von Glasenapp, *Jainism*, pág. 296.
7. *Āvaśyaka-cūrṇi*, II, 212, 3-9 (N. Balbir, "Stories from the Āvaśyaka Commentaries", pág. 66).
8. *Jñātādharmakathāḥ*, VIII, pág. 303. Citado por N. Shāntā, *The Unknown Pilgrims*, pág. 102.
9. M. Winternitz, *History of Indian Literature*, vol. I, págs. 480-494.
10. V.M. Kulkarni, *The Story of Rāma in Jain Literature*, pág. 78.
11. *Uttarādhyayana-sūtra*, XXII, 5 (H. Jacobi: 112).
12. *Kalpa-sūtra*, *Jina-caritra*, 149. (H. Jacobi: 271).
13. H. Zimmer, *Philosophies of India*, págs. 185-186.
14. H. Zimmer, *Philosophies of India*, págs. 198.
15. A.K. Coomarawasmy, *Jaina Art*, pág. 15.
16. H. Zimmer, *The Art of Indian Asia*, vol. 1, págs. 56-60.
17. J. Jain, *Life in Ancient India as Depicted in Jaina Canon and Commentaries*, págs. 10-11.

## PARTE III: EL CONTEXTO SOCIAL Y RELIGIOSO

1. R. Thapar, *Time as a Metaphor of History. Early India*, pág. 9.
2. R. Thapar, *Ancient Indian Social History*, pág. 198.
3. R.M. Smith, *Dates and Dynasties in Earliest India*, pág. 1.

### CAPÍTULO 5: EL MARCO SOCIO-HISTÓRICO

1. G.C. Pande, *Foundations of Indian Culture*, vol. 1, pág. 62.
2. *Uttarādhyayana-sūtra*, XIX, 15 (H. Jacobi: 90).
3. *Gautama-dharma-sūtra*, XVI, 45 (G. Bühler: 264).
4. R. Gombrich, *Theravāda Buddhism*, pág. 56.
5. *Vāyu-purāṇa*, VIII, 160-161 (G.V. Tagare: vol. II, 72).
6. *Dīgha-nikāya*, III, 93 -PTS- (T.W. Rhys Davids: 88).
7. E. de la Peña, *Kautilya o el Estado como mandala*, págs. 74-76.
8. Kauṭilya, *Artha-śāstra*, VI, 1, 1 (R.P. Kangle: vol. II, 314).
9. *Vyavahāra-bhāṣya*, II, 327. Citado por J. Jain, *Life in Ancient India as Depicted in Jaina Canon and Commentaries*, pág. 65.
10. *Nārada-bṛihaspati*, XVIII, 20 (J. Jolly: 217).
11. *Manu-smṛiti*, IV, 86 (G. Bühler: 142).
12. R. Lingat, *Les Sources du droit dans le système traditionel de l'Inde*, pág. 256.
13. J. Heesterman, *The Inner Conflict of Tradition*, pág. 115.
14. R. Lingat, *Les Sources du droit dans le système traditionel de l'Inde*, pág. 235.
15. L. Dumont, *Homo Hierarchicus*, págs. 355-357.
16. *Aṅguttara-nikāya*, III, 7 -PTS: I, 212- (F.L. Woodward: vol. I, 192).
17. *Vyākhyā-prajñāpti*, XV, C8 680a (J. Deleu: 218-219).
18. *Atharva-veda*, V, 22, 14 (R.T.H. Griffith: vol. I, 184).

19. *Vyākhyā-prajñāpti*, VII, 9 -315b- (J. Deleu: 140-141).
20. *Atharva-veda*, III, 4, 2 (R.T.H. Griffith: 69).
21. D.D. Kosambi, *The Culture and Civilisation of Ancient India in Historical Outline*, pág. 91.
22. N.N. Bhattacharyya, *Jain Philosophy*, págs. 84-85.
23. J. Heesterman, *The Inner Conflict of Tradition*, pág. 147.
24. D.D. Kosambi, *The Culture and Civilisation of Ancient India in Historical Outline*, pág. 91.

## CAPÍTULO 6: LA TRADICIÓN BRAHMÁNICA

1. K. Klostermaier, *Hinduism. A Short History*, pág. 42.
2. H. von Stietencron, "Hinduism: On the Proper Use of a Deceptive Term", pág. 48.
3. Y. Tardan-Masquelier, *L'Hindouisme*, pág. 71.
4. B.K. Smith, *Reflections on Resemblance, Ritual and Religion*, pág. 29.
5. K. Klostermaier, *Hinduism. A Short History*, pág. 9.
6. *Manu-smṛiti*, XII, 95 (G. Bühler: 505).
7. N.N. Bhattacharyya, *Ancient Indian Rituals and their Social Contents*, pág. 35.
8. *Ṛig-veda*, X, 90 (R.T.H. Griffith: 602-603).
9. *Taittirīya-saṃhitā*, VI, 3, 10, 2 (A.B. Keith: vol. II, 525).
10. *Śatapatha-brāhmaṇa*, VII, 1, 2, 2 (J. Eggeling: vol. III, 312).
11. *Śatapatha-brāhmaṇa*, II, 3, 1, 5 (J. Eggeling: vol. I, 328).
12. M. Biardeau y C. Malamoud, *Le sacrifice dans l'Inde ancienne*, pág. 13.
13. *Manu-smṛiti*, III, 151 (G. Bühler: 103).
14. J. Heesterman, *The Inner Conflict of Tradition*, pág. 28.
15. *Pañcaviṃśa-brāhmaṇa*, XIII, 3, 12 (W. Caland: 313-314).
16. B.K. Smith, *Reflections on Resemblance, Ritual, and Religion*, págs. 40-44.
17. *Jaiminīya-brāhmaṇa*, II, 69-70. Citado por J. Heesterman, *The Inner Conflict of Tradition*, pág. 91.
18. J. Heesterman, *The Inner Conflict of Tradition*, pág. 91.
19. J. Heesterman, *The Inner Conflict of Tradition*, pág. 35.
20. *Taittirīya-saṃhitā*, VI, 3, 10, 5 (A.B. Keith: vol. II, 526).
21. B.K. Smith, *Reflections on Resemblance, Ritual, and Religion*, pág. 28.
22. *Kauṣītaki-brāhmaṇa-upaniṣad*, II, 5 (A. Angud y F. Rubio: 74).
23. *Baudhāyana-dharma-sūtra*, II, 10, 18, 8-9 (G. Bühler: 280).
24. T. Stcherbatsky, *Dharma. El concepto central del budismo*, págs. 116-118.
25. *Ṛig-veda*, X, 136 (R.T.H. Griffith: 636-637).
26. *Atharva-veda*, XV, 1-18 (R.T.H. Griffith: vol. II, 149-162).
27. B.K. Smith, *Reflections on Resemblance, Ritual and Religion*, pág. 193.
28. J. Jain, *Life in Ancient India as Depicted in the Jaina Canon and Commentaries*, pág. 301.

## CAPÍTULO 7: LA TRADICIÓN SHRAMÁNICA

1. J. McCrindle, *Ancient India as described by Megasthenês and Arrian*, págs. 97-103.
2. R. Panikkar, "Presentation. A Treatise of Spirituality", pág. 11.
3. *Uttarādhyayana-sūtra*, XXIX, 37 (H. Jacobi: 167).
4. *Uttarādhyayana-sūtra*, XIV, 12 (H. Jacobi: 63).
5. H. Jacobi, *Gaina Sûtras*, Part I, pág. xxxii.
6. S.B. Deo, *History of Jaina Monachism*, págs. 44-56.
7. B.C. Jain, *Jainism in Buddhist Literature*, pág. 21.
8. B. Sergent, *Genèse de l'Inde*, págs. 403-404.
9. A.N. Upadhye, *Pravacanasāra*, pág. 90. Citado por N. Shāntā, *The Unknown Pilgrims. The Voice of the Sādhvīs*, pág. 94.
10. P. Olivelle, *The Āśrama System*, pág. 98.
11. S.B. Deo, *History of Jaina Monachism*, pág. 56.
12. A. Chakravarti, *Samayasāra*, págs. 27-28.
13. J. Heesterman, *The Inner Conflict of Tradition*, págs. 39-41.
14. L. Dumont, *Homo Hierarchicus*, pág. 362.
15. R. Thapar, "Syndicated Hinduism", pág. 69.
16. P. Dundas, *The Jains*, pág. 15.
17. *Uttarādhyayana-sūtra*, IX, 20-22 (H. Jacobi: 37-38).
18. *Ṛig-veda*, I, 32, 4 (R.T.H. Griffith: 20).

19. L. Dumont, *Homo Hierarchicus*, pág. 236.
20. *Sūtrakṛitāṅga*, II, 1, 41 (H. Jacobi: 349).
21. *Sūtrakṛitāṅga*, I, 10, 12 (H. Jacobi: 308).
22. *Chāndogya-upaniṣad*, VI, 8, 7 (D. de Palma: 93).
23. *Ācārāṅga-sūtra*, I, 6, 2, 2 (H. Jacobi: 56).
24. *Uttarādhyayana-sūtra*, XXXV, 4-5 (H. Jacobi: 204).
25. J. Heesterman, *The Inner Conflict of Tradition*, pág. 42.
26. Patañjali, *Yoga-sūtra*, II, 30 (B.K.S. Iyengar: 135).
27. *Dīgha-nikāya*, III, 182 -PTS- (TW. Rhys Davids: 174).
28. K. Jain, *The Concept of Pañcaśila in Indian Thought*, pág. 240.
29. *Chāndogya-upaniṣad*, III, 17, 4 (D. de Palma: 63).
30. M. Eliade, *El Yoga. Inmortalidad y libertad*, pág. 233.
31. *Aitareya-brāhmaṇa*, V, 32 (A.B. Keith: 256).
32. *Ṛig-veda*, X, 167, 1 (R.T.H. Griffith: 646).
33. *Taittirīya-upaniṣad*, III, 5, 1 (F. Ilárraz: 299).
34. G.C. Pande, *Foundations of Indian Culture*, vol. 1, pág. 70.
35. K. Jain, *The Concept of Pañcaśīla in Indian Thought*, pág. 240.
36. R.H. Davis, "Introduction", pág. 15.
37. *Dīgha-nikāya*, I, 47-48 -PTS- (T.W. Rhys Davids: 66).
38. B.C. Jain, *Jainism in Buddhist Literature*, pág. 44.
39. K.C. Jain, *Lord Mahāvīra and His Times*, pág. 159.
40. *Dīgha-nikāya*, I, 55 -PTS- (T.W. Rhys Davids: 73-74).
41. *Dīgha-nikāya*, I, 58 -PTS- (TW. Rhys Davids: 75).
42. H. von Glasenapp, *La filosofía de los hindúes*, pág. 147.
43. H. Zimmer, *Philosophies of India*, pág. 267.
44. *Dīgha-nikāya*, I, 53-54 (T.W. Rhys Davids: 71-73)
45. *Aṅguttara-nikāya*, I, 32 -PTS- (F.L. Woodward: vol. I, 29).
46. P. Dundas, *The Jains*, pág. 26.
47. H. Jacobi, *Gaina Sûtras*, Part II, pág. xxix-xxx.
48. A.L. Basham, *History and Doctrines of the Ājīvikas*, pág. 127.
49. M. Biardeau, *Hinduism. The Anthropology of a Civilization*, pág. 9.
50. M. Shendge, *The Civilized Demons: The Harappans in the Ṛgveda*, pág. 8.
51. J. Campbell, *Las máscaras de Dios*, vol. 2, pág. 251.
52. N.N. Bhattacharyya, *Jain Philosophy*, págs. 51-56.
53. J.P. Jain, *Jainism. The Oldest Living Religion*, págs. 41-57.
54. M. Tobias, *Life Force. The World of Jainism*, pág. 5.
55. M. Eliade, *El yoga. Inmortalidad y libertad*, pág. 258.
56. H. Zimmer, *Philosophies of India*, págs. 217-221.
57. U.P. Shah, *Studies in Jain Art*, pág. 3.
58. A. Parpola, *Deciphering the Indus Script*, págs. 248-250.
59. *Ṛig-veda*, III, 13 y 14 (R.T.H. Griffith: 168).
60. G. Feuerstein, *Yoga. The Technology of Ecstasy*, pág. 327.
61. *Viṣṇu-purāṇa*, II, 1, 27-32 (H.H. Wilson: vol. I, 245-246).
62. *Bhāgavata-purāṇa*, V, 3-6 (G.V. Tagare: vol. II, 647-665).
63. P. Dundas, *The Jains*, pág. 35.
64. P. Dundas, *The Jains*, pág. 35.
65. J.P. Jain, *Jainism. The Oldest Living Religion*, págs. 22-23.
66. *Chāndogya-upaniṣad*, III, 17, 6 (D. de Palma: 64).
67. M. Hiriyanna, *Essentials of Indian Philosophy*, pág. 35.
68. S. Radhakrishnan, *Indian Philosophy*, vol. 1, pág. 331.
69. H. von Glasenapp, *La filosofía de los hindúes*, pág. 307.
70. H. Jacobi, *Gaina Sûtras*, Part I, pág. xxxiv.
71. H. Jacobi, *Gaina Sûtras*, Part II, pág. xx-xxi.
72. B.C. Jain, *Jainism in Buddhist Literature*, pág. 21.
73. W. Schubring, *The Doctrine of the Jainas*, pág. 247.

## PARTE IV: MAHĀVĪRA

1. P. Dundas, *The Jains*, pág. 16.

### CAPÍTULO 8: EL ASCETA VARDHAMĀṆA

1. D. Snellgrove, *Indo-Tibetan Buddhism*, págs. 7-8.
2. R. Gombrich, *Theravāda Buddhism*, pág. 21.
3. M. Ratna-Prabha Vijaya, *Śramaṇa Bhagavān Mahāvīra. His Life and Teaching*, vol. 1, parte I, págs. 71-86.
4. M. Ratna-Prabha Vijaya, *Śramaṇa Bhagavān Mahāvīra. His Life and Teaching*, vol. 1, parte I, págs. 190-194.
5. *Bhāgavata-purāṇa*, X, 2, 8 (G.V. Tagare: vol. IV, 1263).
6. *Kalpa-sūtra, Jina-caritra*, 17 (H. Jacobi: 225).
7. M. Ratna-Prabha Vijaya, *Śramaṇa Bhagavān Mahāvīra. His Life and Teaching*, vol. 1, parte I, págs. 196-197.
8. *Kalpa-sūtra, Jina-caritra*, 94 (H. Jacobi: 250).
9. P.S. Jaini, *Collected Papers on Jaina Studies*, págs. 114-115.
10. M. Jivanlal Doshi, "The Horoscope of Śramaṇa Bhagavān Mahāvīra", págs. 166-174.
11. *Dīgha-nikāya*, I, 57 -PTS- (TW. Rhys Davids: 74-75).
12. N.N. Bhattacharyya, *Jain Philosophy*, pág. xvi.
13. *Ācārāṅga-sūtra*, II, 15, 16 (H. Jacobi: 194).
14. *Kalpa-sūtra, Jina-caritra*, 108. (H. Jacobi: 255-256).
15. *Ācārāṅga-sūtra*, II, 15, 26 (H. Jacobi: 201-202).
16. J. Laidlaw, *Riches and Renunciation*, pág. 42.
17. *Ācārāṅga-sūtra*, I, 8, 4, 5 (H. Jacobi: 86).
18. M. Eliade, *El yoga. Inmortalidad y libertad*, pág. 136.
19. Jinasena, *Ādi-purāṇa*, XXXVI (R. Strohl, "The Story of Bharata and Bāhubali", pág. 239).
20. Rājaśekhara, *Prabandhakośa* (P. Granoff, "Jain Biographies", pág. 145).
21. *Kalpa-sūtra, Jina-caritra*, 118 (H. Jacobi: 260).
22. *Ācārāṅga-sūtra*, I, 8, 1, 12 (H. Jacobi: 80-81).
23. *Kalpa-sūtra, Jina-caritra*, 119 (H. Jacobi: 262).
24. *Ācārāṅga-sūtra*, I, 8, 2, 3 (H. Jacobi: 82).

### CAPÍTULO 9: EL *JINA* MAHĀVĪRA

1. *Ācārāṅga-sūtra*, II, 15, 25 (H. Jacobi: 201).
2. *Ācārāṅga-sūtra*, II, 15, 26 (H. Jacobi: 201-202).
3. *Majjhima-nikāya, sutta* nº 14 (A. Solé-Leris y A. Vélez: 370). *Majjhima-nikāya*, I, 92-94 -PTS- (B. Ñāṇamoli y B. Bodhi: 187-188).
4. Umāsvāti, *Tattvārtha-sūtra*, I, 4 (N. Tatia: 6).
5. K.K. Dixit, *Jaina Ontology*, pág. 5.
6. P.S. Jaini, *The Jaina Path of Purification*, pág. 42.
7. P.S. Jaini, *The Jaina Path of Purification*, pág. 196.
8. K. Folkert, *Scripture and Community*, págs. 147.
9. J. Laidlaw, *Riches and Renunciation*, pág. 31.
10. J. Jain, *Life in Ancient India as Depicted in Jaina Canon and Commentaries*, pág. 13.
11. *Kalpa-sūtra, Jina-caritra*, 122 (H. Jacobi: 264).
12. M.S. Yasovijaya, *Tirthankara Bhagwan Mahavira*, págs. 45-48.
13. R. Gombrich, *Theravāda Buddhism*, pág. 75.
14. K.K. Dixit, *Early Jainism*, pág. 9.
15. K.K. Dixit, *Early Jainism*, pág. 9.
16. K.K. Dixit, *Early Jainism*, pág. 5.
17. *Sūtrakṛitāṅga*, I, 2, 2, 10 (H. Jacobi: 254).
18. *Majjhima-nikāya sutta* nº 56 (A. Solé-Leris y A. Vélez: 305). *Majjhima-nikāya*, I, 372 -PTS- (B. Ñāṇamoli y B. Bodhi: 477).
19. *Ācārāṅga-sūtra*, I, V, 4, 3 (H. Jacobi: 48).
20. *Ācāraṅga-sūtra*, I, 6, 4, 2 (H. Jacobi: 59).
21. *Daśavaikālika-sūtra*, VI, 5 (K.C. Lalwani: 114).
22. M. Biardeau, *Hinduism. The Anthropology of a Civilization*, pág. 177.

23. L. Dumont, *Homo Hierarchicus*, pág. 191.
24. *Manu-smṛiti*, V, 39-40 (G. Bühler: 175).
25. B. Oguibénine, "De la rhétorique de la violence", pág. 92.
26. *Chāndogya-upaniṣad*, III, 17, 4 (D. de Palma: 63).
27. B. Oguibénine, "De la rhétorique de la violence", pág. 93.
28. *Sūtrakṛitāṅga*, I, 11, 7-11 (H. Jacobi: 311).
29. P. Dundas, *The Jains*, pág. 39.
30. M. Tobias, *Life Force. The World of Jainism*, págs. 70-71.
31. *Ācārāṅga-sūtra*, I, 5, 5, 4 (H. Jacobi: 50).
32. *Sūtrakṛitāṅga*, I, 3, 4, 20 (H. Jacobi: 271).
33. P. Bilimoria, "Indian Religious Traditions", pág. 9.
34. *Sūtrakṛitāṅga*, II, 6, 30-42 (H. Jacobi: 415-417).
35. L. Dumont, *Homo Hierarchicus*, págs. 246-247.
36. *Mahābhārata*, XIII, 116, 37-39 (M.N. Dutt: vol. VII, 256).
37. *Manu-smṛiti*, VI, 40 (G. Bühler: 206).
38. Vyāsa, *Yoga-sūtra-bhāṣya* II, 30 (B. Baba: 55).
39. *Uttarādhyayana-sūtra*, XXIII, 23 (H. Jacobi: 122).
40. P.S. Jaini, *The Jaina Path of Purification*, págs. 17-18.
41. *Uttarādhyayana-sūtra*, XXIII, 26 (H. Jacobi: 122).
42. *Uttarādhyayana-sūtra*, XXIII, 32 (H. Jacobi: 123).
43. *Vyākhyā-prajñāpti*, V, 9, 247b (J. Deleu: 117).
44. P. Dundas, *The Jains*, págs. 28-29.
45. H. Jacobi, *Gaina Sûtras*, Part II, pág. xxxii.
46. K.C. Jain, *Lord Mahāvīra and His Times*, págs. 84-88.
47. H. Bechert, "Introductory Essay. The Dates of the Historical Buddha. A Controversial Issue", págs. 11-36.
48. *Majjhima-nikāya*, I, 78-79 -PTS- (B. Ñāṇamoli y B. Bodhi: 173-174).
49. Amitagati, *Subhāṣita-ratnasaṁdoha*, XVIII, 68. Citado en A.K. Warder, *Indian Kāvya Literature*, vol. 6, pág. 260.
50. H. von Glasenapp, *Jainism*, pág. 500.
51. Xuanzang, *Da Tang xiyou-ji*, III (S. Beal: vol. I, 144-145).
52. H. Jacobi, *Gaina Sûtras*, Part I, págs. xvii-xix.
53. *Dīgha-nikāya*, III, 209-210 -PTS- (T.W. Rhys Davids: vol. III, 203).
54. A. Mette, "The Synchronism of the Buddha and the Jina Mahāvīra and the Problem of Chronology in Early Jainism", pág. 183.
55. K.C. Jain, *Lord Mahāvīra and His Times,* pág. 72.
56. *Majjhima-nikāya*, II, 223 -PTS- (B. Ñāṇamoli y B. Bodhi: 833).
57. Hemacandra, *Yoga-śāstra*, IV, 102, 10. Citado por P. Dundas, *The Jains*, pág. 207.
58. S. Radhakrishnan, *Indian Philosophy*, vol. 1, pág. 292.

## PARTE V: LA FORMACIÓN DE LA COMUNIDAD

### CAPÍTULO 10: LOS SUCESORES DE MAHĀVĪRA

1. B.M. Barua, *A History of Pre-Buddhistic Indian Philosophy*, pág. 374. Citado por K.C. Jain, *Lord Mahāvīra and His Times* pág. 48.
2. Patañjali, *Yoga-sūtra*, III, 37-38 (B.K.S. Iyengar: 204-205).
3. *Dīgha-nikāya*, I, 213 -PTS- (T.W. Rhys Davids: 278).
4. *Daśavaikālika-sūtra*, IX, 4, 3-4 (K.C. Lalwani: 197-198).
5. *Sūtrakṛitāṅga*, II, 6, 7 (H. Jacobi: 411).
6. A.L. Basham, *History and Doctrines of the Ājīvikas*, págs. 277.
7. M. Eliade, *Técnicas del Yoga*, pág. 89-90.
8. K.C. Jain, *Lord Mahāvīra and His Times*, pág. 59.
9. *Uttarādhyayana-sūtra*, X, 1 (H. Jacobi: 41).
10. *Uttarādhyayana-sūtra*, X, 16 (H. Jacobi: 43).
11. *Uttarādhyayana-sūtra*, X, 34-35 (H. Jacobi: 45).
12. *Kalpa-sūtra*, *Jina-caritra*, 127 (H. Jacobi: 265-266).

13. *Ācārāṅga-sūtra*, I, 1, 1 (H. Jacobi: 1).
14. Hemacandra, *Pariśiṣṭa-parvan*, IV, 49-51 (R.C.C. Fynes: 114).
15. *Uttarādhyayana-sūtra*, V, 24 (H. Jacobi: 23).
16. *Uttarādhyayana-sūtra*, V, 25 (H. Jacobi: 24).
17. *Uttarādhyayana-sūtra*, II, 18 (H. Jacobi: 12).
18. *Uttarādhyayana-sūtra*, XI, 14 (H. Jacobi: 47).
19. K.K. Dixit, *Early Jainism*, pág. 34.
20. K.K. Dixit, *Early Jainism*, pág. 35.
21. *Kalpa-sūtra*, *Sthavirāvalī*, 2 (H. Jacobi: 287).
22. L. Teskey Denton, "Varieties of Hindu Female Ascetism", págs. 211-231.
23. *Bṛihadāraṇyaka-upaniṣad*, III, 8, 1-12 (M. Müller: 136-139).
24. *Bhagavad-gītā*, IX, 32 (S. Radhakrishnan: 252).
25. *Cullavagga*, X, 1, 3 (T.W. Rhys Davids y H. Oldenberg: vol. III, 322).
26. *Vyākhyā-prajñāpti*, XII, 2 556b/558b (J. Deleu: 182-183).
27. A.S. Altekar, *The Position of Women in Hindu Civilization*, pág. 208.
28. *Kalpa-sūtra*, *Jina-caritra*, 144 (H. Jacobi: 268).
29. N. Shāntā, *The Unknown Pilgrims. The Voice of the Sādhvīs*, pág. 90.
30. *Ācārāṅga-sūtra*, I, 7, 2 (H. Jacobi: 64-66).

## CAPÍTULO 11: LA EXPANSIÓN DEL JAINISMO

1. S. Dasgupta, *History of Indian Philosophy*, vol. 1, pág. 210.
2. M. Eliade, *El yoga. Inmortalidad y libertad*, pág. 93.
3. *Uttarādhyayana-sūtra*, XXV, 30 (H. Jacobi: 140).
4. Amitagati, *Subhāṣita-ratnasaṁdoha*, XVII, 7-10. Citado en A.K. Warder, *Indian Kāvya Literature*, vol. 6, pág. 260.
5. Hemacandra, *Yoga-śāstra,* II, 37-39 (A.S. Gopani: 41-42).
6. *Uttarādhyayana-sūtra*, XII, 44 (H. Jacobi: 56).
7. *Uttarādhyayana-sūtra*, XI, 40-42 (H. Jacobi: 55).
8. *Dīgha-nikāya,* I, 127-149 -PTS- (T.W. Rhys Davids: 173-185).
9. *Bhagavad-gītā*, IV, 25-30 (S. Radhakrishnan: 166-168).
10. Jinabhadra Gaṇi, *Viśeṣāvaśyaka-bhāṣya* 1649 –*Gaṇadhara-vāda*, 101– (D.P. Thaker: 140-141).
11. Kumārila Bhaṭṭa, *Tantra-vārtika*, I, 3, 3 (G. Jha: 167).
12. *Mahāvagga*, VI, 31, 1 (T.W. Rhys Davids y H. Oldenberg: vol. II, 108).
13. *Uttarādhyayana-sūtra*, XXV, 31-32 (H. Jacobi: 140).
14. *Sūtrakṛitāṅga*, I, 9, 1 (H. Jacobi: 301).
15. *Dhammapada*, XXVI, 4 (S. Radhakrishnan: 178). *Dhammapada*, 386 (C. Dragonetti: 173).
16. Patañjali, *Mahābhāṣya*, II, 4, 9. Citado por N. Tatia y M.M. Kumar, *Aspects of Jaina Monasticism*, pág p.xxi.
17. Merutuṅga, *Ṣaḍḍarśana-nirṇaya* (K.W. Folkert: 384).
18. L. Dumont, *Homo Hierarchicus*, pág. 77.
19. *Uttarādhyayana-sūtra*, XII, 37 (H. Jacobi: 54-55).
20. *Mātaṅga-jātaka,* XV, 497 (E.B. Cowell: vol. IV, 235-244).
21. *Āpastamba-dharma-sūtra*, I, 3, 9, 15 (G. Bühler: 34).
22. Hemacandra, *Pariśiṣṭaparvan*, VIII, 194-469 (R.C.C. Fynes: 170-188).
23. É. Lamotte, *History of Indian Buddhism*, pág. 268 (245).
24. V.A. Smith, *The Edicts of Asoka*, págs. 9-10.
25. *Āvaśyaka-cūrṇi*, II, 196. Citado por J. Jain, *Life in Ancient India as Depicted in the Jaina Canon and Commentaries*, pág. 422.
26. J. Jain, *Life in Ancient India as Depicted in the Jaina Canon and Commentaries*, pág. 469.
27. Xuanzang, *Da Tang xiyou-ji*, X (S. Beal: vol. II, 195).
28. Xuanzang, *Da Tang xiyou-ji*, X (S. Beal: vol. II, 208).

## CAPÍTULO 12: LA ESCISIÓN DEL JAINISMO

1. Hemacandra, *Pariśiṣṭa-parvan*, IX, 55-113 (R.C.C. Fynes: 193-197).
2. *Ācārāṅga-sūtra*, I, 6, 3, 1-2 (H. Jacobi: 57-58).
3. *Uttarādhyayana-sūtra*, II, 12 (H. Jacobi: 11).
4. Hariṣena, *Bṛihatkathākośa*, 131, 58-59. Citado por P.S. Jaini, *Gender and Salvation*, pág. 44.
5. P.S. Jaini, *Collected Papers on Jaina Studies*, págs. 297-312.

6. *Ācārāṅga-sūtra*, I, 6, 2, 3 (H. Jacobi: 56).
7. Kundakunda, *Pravacanasāra*, III, 25 (P.S. Jaini, *Gender and Salvation*, pág. 146).
8. Kundakunda, *Sūtraprābhṛita*, 22-23 y 25 (P.S. Jaini, *Gender and Salvation*, pág. 35).
9. Kundakunda, *Pravacanasāra*, 224, 12 (A.N. Upadhye: internet).
10. P. Dundas, *The Jains*, pág. 242.
11. Prabhācandra, *Nyāyakumudacandra* (P.S. Jaini, *Gender and Salvation*, págs. 120-123).
12. P.S. Jaini, *Gender and Salvation*, pág. 14.
13. Guṇabhadra, *Ātmānuśāsana*, 126 (J.L. Jaini: internet).
14. *Ṣaṭkhaṇḍāgama-sūtra*, I, 92-93. Citado por P.S. Jaini, *Gender and Salvation*, pág. 110.
15. Vīrasena, *Dhavalā*, I, 92-93. Citado por P.S. Jaini, *Gender and Salvation*, pág. 110.
16. *Jñānārṇava*, XII, 57 (P.S. Jaini, *Gender and Salvation*, pág. 176).
17. Śākaṭāyana, *Strīnirvāṇa-prakaraṇa*, 2 (P.S. Jaini: 49).
18. Umāsvāti, *Tattvārtha-sūtra*, I, 1 (N. Tatia: 5).
19. Śākaṭāyana, *Strīnirvāṇa-prakaraṇa*, 49 (P.S. Jaini: 91).
20. Śākaṭāyana, *Strīnirvāṇa-prakaraṇa*, 26 (P.S. Jaini: 70).
21. J. Reynell, "Women and the Reproduction of the Jain Community", pág. 41.
22. *Uttaradhyāyana-sūtra*, XXXVI, 52-53 (H. Jacobi: 211).
23. Meghavijaya, *Yuktiprabodha* (P.S. Jaini, *Gender and Salvation*, pág. 185).
24. Guṇaratna, *Tarkarahasyadīpikā-vṛitti* (P.S. Jaini, *Gender and Salvation*, pág. 155).
25. P.S. Jaini, *Gender and Salvation*, pág. 23.
26. Meghavijaya, *Yuktiprabodha* (P.S. Jaini, *Gender and Salvation*, pág. 185).
27. Meghavijaya, *Yuktiprabodha* (P.S. Jaini, *Gender and Salvation*, pág. 185).
28. N. Shāntā, *The Unknown Pilgrims. The Voice of the Sādhvīs*, pág. 644.
29. N. Shāntā, *The Unknown Pilgrims. The Voice of the Sādhvīs*, pág. 640.
30. P.S. Jaini, *Collected Papers on Jaina Studies*, págs. 293-294.

## CAPÍTULO 13: LA COMUNIDAD DE RENUNCIANTES

1. S. Stevenson, *The Heart of Jainism*, pág. 170-171
2. J. Gonda, *Change and Continuity in Indian Religion*, pág. 337.
3. N. Shāntā, *The Unknown Pilgrims. The Voice of the Sādhvīs*, pág. 448.
4. P. Dundas, *The Jains*, pág. 132.
5. N.K. Singhi, "A Study of Jains in a Rajasthan Town", págs. 150-151.
6. *Vyavahāra-sūtra*, VII, 19-20. Citado por N. Shāntā, *The Unknown Pilgrims. The Voice of the Sādhvīs*, pág. 417.
7. N. Shāntā, *The Unknown Pilgrims. The Voice of the Sādhvīs*, pág. 668.
8. L. Babb, *Redemptive Encounters*, págs. 139-155. Citado por J. Laidlaw, *Riches and Renunciation*, pág. 58.
9. N. Shāntā, *The Unknown Pilgrims. The Voice of the Sādhvīs*, págs. 431-432.
10. *Ācāraṅga-sūtra*, II, 15, i, 1 (H. Jacobi: 202).
11. *Daśavaikālika-sūtra*, IV, 23, 9-10 (K.C. Lalwani: 49).
12. *Ācāraṅga-sūtra*, II, 15, ii, 1 (H. Jacobi: 204).
13. *Ācāraṅga-sūtra*, II, 15, iii, 1 (H. Jacobi: 205-206).
14. *Ācāraṅga-sūtra*, II, 15, iv, 1 (H. Jacobi: 207).
15. *Ācāraṅga-sūtra*, II, 15, v, 1 (H. Jacobi: 208).
16. *Majjhima-nikāya sutta* nº 7 (A. Solé-Leris y A. Vélez: 269). *Majjhima-nikāya*, I, 39, 13-16 -PTS- (B. Ñāṇamoli y B. Bodhi: 120).
17. Hemacandra, *Yoga-śāstra*, IV, 117-122 (A.S. Gopani: 125-126).
18. *Uttarādhyayana-sūtra*, XXVI, 12 (H. Jacobi: 143).
19. *Kalpa-sūtra*, *Jina-caritra*, 1 (H. Jacobi: 217).
20. *Ācārāṅga-sūtra*, II, 3, 1, 1 (H. Jacobi: 136).
21. N. Tatia y M.M. Kumar, *Aspects of Jaina Monasticism*, págs. 27-30.
22. N. Tatia y M.M. Kumar, *Aspects of Jaina Monasticism*, págs. 5-10.
23. N. Tatia y M.M. Kumar, *Aspects of Jaina Monasticism*, págs. 14-20.
24. W. Schubring, *The Doctrine of the Jainas*, pág. 284.
25. S. Stevenson, *The Heart of Jainism*, pág. 211.
26. N. Shāntā, *The Unknown Pilgrims. The Voice of the Sādhvīs*, pág. 685.
27. N. Shāntā, *The Unknown Pilgrims. The Voice of the Sādhvīs*, pág. 551.

# PARTE VI: EL DESARROLLO DEL JAINISMO

## CAPÍTULO 14: EL JAINISMO EN EL CENTRO

1. U.P. Shah, *Studies in Jain Art*, pág. 64.
2. *Uttarādhyayana-sūtra*, XXXV, 8-9 (H. Jacobi: 204).
3. H. Jacobi, *Gaina Sûtras*, Part I, pág. xxi.
4. A.K. Coomaraswamy, *Yakṣas*, Part I, págs. 36-37.
5. A.K. Coomaraswamy, *Yakṣas*, Part I, pág. 18.
6. A.K. Coomaraswamy, *Yakṣas*, Part I, págs. 19-20.
7. A.K. Coomaraswamy, *Yakṣas*, Part I, págs. 27-28.
8. M.N.P. Tiwari, "Jaina Iconography: Evolution and Appraisal", pág. 15.
9. P. Pal, "Introduction", pág. 16.
10. G.J. Larson, *India's Agony Over Religion*, pág. 75.
11. D. Loy, *No-dualidad,* pág. 214.
12. V.M. Kulkarni, *The Story of Rāma in Jain Literature*, pág. 86.
13. K. Folkert, *Scripture and Community*, pág. 152.
14. Jaṭāsiṁhanandi, *Varāṅga-carita*, XXII, 33. Citado por R.B.P. Singh, *Jainism in Early Medieval Karnataka*, págs. 25-26.

## CAPÍTULO 15: EL JAINISMO EN EL DECCAN

1. Hemacandra, *Pariśiṣṭa-parvam*, XI, 83-102 (R.C.C. Fynes: 207-208).
2. P. Dundas, *The Jains*, pág. 99.
3. R.B.P. Singh, *Jainism in Early Medieval Karnataka*, págs. 163-166.
4. B. Stein, *Peasant State and Society in Medieval South India*, págs. 79-80. Citado por P. Dundas, "The Digambara Jain Warrior", pág. 175.
5. P.S. Jaini, *Gender and Salvation*, pág. 43.
6. Jinasena, *Ādi-purāṇa*, I, 21, 231. Citado por R.B.P. Singh, *Jainism in Early Medieval Karnataka*, pág. 33.
7. Jaṭāsiṁhanandi, *Varāṅga-carita*, 23, 57. Citado por R.B.P. Singh, *Jainism in Early Medieval Karnataka*, pág. 41.
8. Mallisena, *Bhairava-Padmāvatī-kalpa*, II, 2-4. Citado por R.B.P. Singh, *Jainism in Early Medieval Karnataka*, pág. 59.
9. R.B.P. Singh, *Jainism in Early Medieval Karnataka*, pág. 108.
10. H. von Glasenapp, *Jainism*, pág. 60.

## CAPÍTULO 16: EL JAINISMO EN EL SUR

1. É. Lamotte, *History of Indian Buddhism*, pág. 374 (341).
2. É. Lamotte, *History of Indian Buddhism*, págs. 405-406 (369).
3. Xuanzang, *Da Tang xiyou-ji*, X (S. Beal: vol. II, 227-231).
4. K. Sivaraman, "Śaiva Siddhānta and Religious Pluralism", pág. 156.
5. Campantar, *Tēvāram*, III, 307, 1, *Namaccivāyat Tiruppatikam* (I.V. Peterson: 217).
6. Campantar, *Tēvāram*, I, 69, *Aṇṇāmalai* (I.V. Peterson: 170).
7. Appar, *Tēvāram*, IV, 39, 1-4 *Tiruvaiyāṟu* (I.V. Peterson: 286-287).
8. I.V. Peterson, "Śramaṇas Against the Tamil Way", pág. 183.
9. F. Gros, *Le Livre de l'amour*, pág. 18.
10. Iḷaṅkō Aṭikaḷ, *Cilappatikāram*, X, 59-62 (R. Parthasarathy: 95).
11. R. Parthasarathy, *The Tale of An Anklet*, pág. 9.
12. Iḷaṅkō Aṭikaḷ, *Cilappatikāram*, XI, 182-194 (R. Parthasarathy: 115).
13. Iḷaṅkō Aṭikaḷ, *Cilappatikāram*, IX, 12-22 (R. Parthasarathy: 89).
14. J. Ryan, "Erotic Excess and Sexual Danger in the Cīvakacintāmaṇi", pág. 69.

## CAPÍTULO 17: EL JAINISMO EN EL NOROESTE

1. G. Flood, *An Introduction to Hinduism*, pág. 52.
2. F. Matchett, *Kṛṣṇa. Lord or Avatāra?*, págs. 17-18.
3. J. Cort, "Who is a King? Jain Narratives of Kingship in Medieval Western India", págs. 87-96.
4. J. Cort, "Who is a King? Jain Narratives of Kingship in Medieval Western India", pág. 98.
5. J. Cort, "Who is a King? Jain Narratives of Kingship in Medieval Western India", pág. 99.
6. Somadeva Sūri, *Yaśastilaka-campū*, II, 97. Citado por P.S. Jaini, *The Jaina Path of Purification*, págs. 313-314.

7. V. Bouillier, "La violence des non-violents, ou les ascètes au combat", págs. 213-243.
8. Somadeva Sūri, *Nītivākyāmṛita*, XXX, 5 (S.K. Gupta: 295).
9. G.J. Larson, *India's Agony Over Religion*, págs. 103-104.
10. Prabhācandra, *Prabhāvaka-carita*, IX, 41-42. Citado por N. Shāntā, *The Unkwnown Pilgrims. The Voice of the Sādhvīs*, pág. 182.

## PARTE VII: LAS ÓRDENES JAINISTAS

1. P. Dundas, *The Jains*, pág. 210.

### CAPÍTULO 18: EL JAINISMO EN EL MEDIOEVO

1. K. Folkert, *Scripture and Community*, pág. 172.
2. H. von Glasenapp, *Jainism*, pág. 80.
3. Śrutasāgara, *Darśana-prābhṛita*, 11. Citado por P. Dundas, "The Digambara Jain Warrior", pág. 170.
4. A. Watts, *Vivir el presente*, pág. 47.
5. S. Stevenson, *The Heart of Jainism*, pág. 19.
6. A.L. Basham, *The Wonder That Was India*, pág. 292.

### CAPÍTULO 19: ESCUELAS Y ÓRDENES JAINISTAS

1. *Kharataragaccha-bṛihadgurvāvali* (P. Granoff, "Jain Biographies", pág. 177).
2. *Daśavaikālika-sūtra*, III, 3 (K.C. Lalwani: 13).
3. *Kharataragaccha-bṛihadgurvāvali* (P. Granoff, "Jain Biographies", págs. 176-178).
4. P. Granoff, "Jinaprabhasūri and Jinadattasūri. Two Studies from the Śvetāmbara Jain Tradition", págs. 65-66.
5. S.B. Deo, *History of Jaina Monachism*, pág. 440.
6. P. Dundas, *The Jains*, págs. 212-213.
7. P. Dundas, *The Jains*, pág. 213.
8. *Uttarādhyayana-sūtra*, XXVI, 23-27 (H. Jacobi: 145-146).
9. P. Dundas, *The Jains*, pág. 217.
10. J. Farquhar, *Modern Religious Movements in India*, pág. 104.
11. Ācārya Tulasi, "Anuvrat. A Way to Reconciliation and Tolerance", pág. 4.
12. Ā. Mahāprajñā, *Prekṣā Dhyāna. Theory and Practice*, pág. 1.
13. P. Dundas, *The Jains*, pág. 226.
14. W.-H. Morris-Jones, *The Government and Politics of India*, pág. 59. Citado por C. Jaffrelot, *La démocratie en Inde*, pág. 85.
15. M. Gandhi, *Autobiografía. La historia de mis experimentos con la verdad*, pág. 99.
16. M. Gandhi, *Collected Works*, XXIII, 20. Citado por J.F.T. Jordens, "Gandhi and Religious Pluralism", pág. 8.
17. C. Key Chapple, "Life Force in Jainism and Yoga", pág. 143.
18. V. Sangave, "Reform Movements Among Jains in Modern India", pág. 237.

## PARTE VIII: SOCIOLOGÍA

1. Somadeva Sūri, *Upāsakādhyayana*, XXXVI, 480. Citado por M. Lath, "Somadeva Suri and the Question of Jain Identity", pág. 27.

### CAPÍTULO 20: LAS CASTAS JAINISTAS

1. *Ṛig-veda*, X, 90, 12-13 (R.T.H. Griffith: 603).
2. *Manu-smṛiti*, I, 88-91 (G. Bühler: 24).
3. *Manu-smṛiti*, X, 97 (G. Bühler: 423).
4. G. Sorman, *Le génie de l'Inde*, pág. 88.
5. M. Monier-Williams, *A Sanskṛit-English Dictionary*, pág. 418.
6. G. Sorman, *Le génie de l'Inde*, pág. 151.
7. *Manu-smṛiti*, X, 5-56 (G. Bühler: 402-415).
8. P. Kolenda, *Caste in Contemporary India*, pág. 35.
9. M. Monier-Williams, *A Sanskṛit-English Dictionary*, pág. 924.
10. T. Trautmann, *Aryans and British India*, págs. 210-211.

11. L. Dumont, *Homo Hierarchicus*, págs. 69-85.
12. M. Marriott, "Multiple Reference in Indian Caste Systems", págs. 103-114.
13. L. Dumont, *Homo Hierarchicus*, pág. 101.
14. M.N. Srinivas, *Village, Caste, Gender and Method*, pág. 88.
15. M.N. Srinivas, *Village, Caste, Gender and Method*, págs. 73-101.
16. W. Halbfass, *Tradition and Reflection*, pág. 353.
17. J. Jain, *Life in Ancient India as Depicted in Jaina Canon and Commentaries*, pág. 185.
18. M. Eliade, *Historia de las creencias y de las ideas religiosas*, vol. 1, pág. 208.
19. G. Dumézil, *Mythe et Epopée*, vol. I, págs. 9-27.
20. P. Kolenda, *Caste in Contemporary India*, págs. 24-29.
21. Jinasena, *Ādi-purāṇa*, XXXIV (R. Strohl, "The Story of Bharata and Bāhubali", pág. 220).
22. Jinasena, *Ādi-purāṇa*, XXXIV (R. Strohl, "The Story of Bharata and Bāhubali", pág. 220).
23. Jinasena, *Ādi-purāṇa*, XVI, 243. Citado por R.B.P. Singh, *Jainism in Early Medieval Karnataka*, pág. 74.
24. Hemacandra, *Triṣaṣṭiśalākapuruṣa-caritra*, I, 155, 343-346. Citado por J. Laidlaw, *Riches and Renunciation*, pág. 111.
25. J. Jaini, *Life in Ancient India as Depicted in the Jaina Canon and Commentaries*, pág. 186.
26. P.S. Jaini, *The Jaina Path of Purification*, pág. 291.
27. Hariṣeṇa, *Bṛihatkathākośa*, 31. Citado en A.K. Warder, *Indian Kāvya Literature*, vol. 6, pág. 237.
28. J. Laidlaw, *Riches and Renunciation*, pág. 113.
29. Somadeva Sūri, *Upāsakādhyayana*, XXXVI, 476. Citado por M. Lath, "Somadeva Suri and the Question of Jain Identity", pág. 27.
30. M. Lath, "Somadeva Suri and the Question of Jain Identity", pág. 27.
31. V. Sangave, *Jaina Religion and Community*, págs. 103-131.
32. J. Reynell, "Women and the Reproduction of the Jain Community", pág. 47.
33. P. Kolenda, *Caste in Contemporary India*, págs. 151-155.
34. L. Dumont, *Homo Hierarchicus*, pág. 280.
35. S.A. Barnett, "Approaches to Changes in Caste Ideology in South India", pág. 159.
36. M. Galanter, "The Religious Aspects of Caste", págs. 277-279. Citado por G.J. Larson, *India's Agony Over Religion*, pág. 223.
37. G.J. Larson, *India's Agony Over Religion*, pág. 226.
38. G. Sorman, *Le génie de l'Inde*, pág. 277.

## CAPÍTULO 21: EL JAINISMO EN LA SOCIEDAD

1. *Ācārāṅga-sūtra*, I, 6, 5, 3 (H. Jacobi: 60).
2. R. Panikkar, *El Cristo desconocido del hinduismo*, pág. 37.
3. *Sūtrakṛitāṅga*, II, 2, 58 (H. Jacobi: 354).
4. Xuanzang, *Da Tang xiyou-ji*, VII (S. Beal: vol. I, 55-56).
5. H. von Glasenapp, *Jainism*, pág. 351.
6. P.S. Jaini, "The Jaina Faith and Its History", pág. xxv.
7. J. Jaini, *Outlines of Jainism*, pág. 73.
8. J. Laidlaw, *Riches and Renunciation*, págs. 87-88.
9. M. Weber, *Ensayos sobre sociología de la religión*, vol. II, págs. 210-211.
10. J. Laidlaw, *Riches and Renunciation*, págs. 362-363.
11. J. Laidlaw, *Riches and Renunciation*, pág. 103.
12. C. Cottam Ellis, "Jain Merchant Castes of Rajasthan", pág. 104.
13. M. Carrithers y C. Humphrey, "Conclusion", pág. 291.
14. L. Babb, *Absent Lord*, pág. 155.
15. L. Babb, *Absent Lord*, pág. 157.
16. C. Clémentin-Ojha, "L'initiation de la *devī*. Violence et non-violence dans un récit viṣṇuite", págs. 141-154.
17. C. Clémentin-Ojha, "L'initiation de la *devī*. Violence et non-violence dans un récit viṣṇuite", págs. 147.
18. L. Harlan, *Religion and Rajput Women*, págs. 86-88. Citado por L. Babb, *Absent Lord*, pág. 158.
19. L. Babb, *Absent Lord*, pág. 169.
20. L. Babb, *Absent Lord*, pág. 169.
21. L. Babb, *Absent Lord*, pág. 170.
22. D. Hudson, "Violent and Fanatical Devotion Among the Nāyanārs", pág. 396.
23. I.V. Peterson, *Poems to Śiva*, pág. 273.

24. Haribhadra, *Yoga-bindu*, 271, 4. Citado por H. von Glasenapp, *Jainism*, pág. 504.
25. B.K. Sarkar, *The Folk-Element in Hindu Culture*, pág. 141.
26. R. Williams, *Jaina Yoga*, pág. xxiii.
27. D.N. Lorenzen, *The Kāpālikas and Kālāmukhas*, pág. 39.
28. A. Bose, *Population Profile of Religion in India*, pág. 5.
29. J.E. Cort, "Introduction: Contested Jain Identities of Self and Other", pág. 7.
30. G.J. Larson, "Are Jains Really Hindus?", pág. 58.
31. P. Dundas, "The Digambara Jain Warrior", pág. 186.
32. P. Dundas, "The Digambara Jain Warrior", pág. 185.
33. C. Humphrey, "Fairs and Miracles: At the Boundaries of the Jain Community in Rajasthan", págs. 201-225.
34. C. Humphrey, "Fairs and Miracles: At the Boundaries of the Jain Community in Rajasthan", pág. 209.
35. H.M. Jones, "Jain Shopkeepers and Moneylenders", pág. 128.
36. C. Humphrey, "Fairs and Miracles: At the Boundaries of the Jain Community in Rajasthan", pág. 219.
37. C. Humphrey, "Fairs and Miracles: At the Boundaries of the Jain Community in Rajasthan", pág. 222.
38. S. Seymour, *Women, Family, and Child Care in India*, pág. 8.
39. S. Seymour, *Women, Family, and Child Care in India*, pág. 8.
40. M. Banks, "Orthodoxy and Dissent: Varieties of Religious Belief Among Inmigrant Gujarati Jains in Britain", págs. 248-257.
41. M. Banks, "Orthodoxy and Dissent: Varieties of Religious Belief Among Inmigrant Gujarati Jains in Britain", pág. 248.
42. M. Banks, "Orthodoxy and Dissent: Varieties of Religious Belief Among Inmigrant Gujarati Jains in Britain", pág. 253.

## PARTE IX: LOS TEXTOS

### CAPÍTULO 22: LOS TEXTOS DEL JAINISMO

1. M. Monier-Williams, *A Sanskṛit-English Dictionary*, pág. 129.
2. H. von Glasenapp, *Jainism*, pág. 121.
3. P. Dundas, *The Jains*, pág. 70.
4. W. Schubring, *The Doctrine of the Jainas*, pág. 76.
5. K. Folkert, *Scripture and Community*, pág. 61.
6. K. Folkert, *Scripture and Community*, pág. 48.
7. J. Cort, "Śvetāmbar Mūrtipūjak Jain Scripture in a Performative Context", pág. 179.
8. J. Jain, *Life in Ancient India as depicted in Jaina Canon and Commentaries*, pág. 48.
9. C. Caillat, "El jinismo", pág. 158.
10. M. Winternitz, *A History of Indian Literature*, vol. 2, págs. 426-427.
11. M. Winternitz, *A History of Indian Literature*, vol. 2, pág. 448.
12. N. Balbir, "Stories from the Āvaśyaka Commentaries", pág. 70.
13. M. Winternitz, *A History of Indian Literature*, vol. 2, pág. 455.
14. Yatiṛiṣabha, *Tiloyapaṇṇattī*, IV, 1476-1490. Citado por B.C. Jain, *Jainism in Buddhist Literature*, págs. 39-40.
15. K.K. Dixit, *Jaina Ontology*, pág. 79.
16. K. Folkert, *Scripture and Community*, pág. 51.
17. P.S. Jaini, *The Jaina Path of Purification*, págs. 78-87.
18. V.M. Kulkarni, *The Story of Rāma in Jain Literature*, págs. 63-68.
19. R. Williams, *Jaina Yoga*, págs. 2-4.
20. H. von Glasenapp, *Jainism*, pág. 136.
21. W. Johnson, *Harmless Souls*, pág. 231.
22. R. Williams, *Jaina Yoga*, págs. 4-8.

## PARTE X: FILOSOFÍA

1. R. Williams, *Jaina Yoga*, pág. xix.
2. *Uttarādhyayana-sūtra*, VII, 9-10 (H. Jacobi: 26).

3. R. Panikkar, *La experiencia filosófica de la India*, págs. 113-146.
4. M. Monier-Williams, *A Sanskṛit-English Dictionary*, págs. 470-471.
5. W. Halbfass, *India and Europe*, págs. 267-268.

## CAPÍTULO 23: LA NATURALEZA DE LA REALIDAD

1. K.K. Dixit, *Jaina Ontology*, pág. 12.
2. S. Vidyabhusana, *History of Indian Logic*, pág. 168.
3. Y. Shastri, *Praśamarati-prakaraṇa*, pág. 12.
4. W. Schubring, *The Doctrine of the Jainas*, pág. 59.
5. K.K. Dixit, *Jaina Ontology*, pág. 88.
6. H.L. Jain y A.N. Upadhye, "General Editorial", pág. 8.
7. K.K. Dixit, *Jaina Ontology*, pág. 148.
8. P.S. Jaini, *The Jaina Path of Purification*, pág. 89.
9. E. Frauwallner, *History of Indian Philosophy*, vol. II, pág. 213.
10. Siddhasena Divākara, *Nyāya-avatāra*, I (S. Vidyabhusana: internet).
11. *Uttarādhyayana-sūtra*, XXXIII, 4 (H. Jacobi: 193).
12. *Kalpa-sūtra*, *Jina-caritra*, 15 (H. Jacobi: 223).
13. *Ācārāṅga-sūtra*, II, 15, 23 (H. Jacobi: 200).
14. Umāsvāti, *Tattvārtha-sūtra*, V, 29 (N. Tatia: 135).
15. *Vyākhyā-prajñāpti*, XXV, 2 855b (J. Deleu: 267).
16. Umāsvāti, *Tattvārtha-sūtra*, V, 29 (N. Tatia: 135).
17. *Vyākhyā-prajñāpti*, XIV, 4 640a (J. Deleu: 206).
18. H.R. Kapadia, *Anekāntajayapatākā of Haribhadrasūri*, pág. xi. Citado por S.M. Desai, *Haribhadra's Yoga Works and Psychosynthesis*, pág. 6.
19. *Vyākhyā-prajñāpti*, II, 1 112a (J. Deleu: 89).
20. *Sūtrakṛitāṅga*, II, 2, 79 (H. Jacobi: 385).
21. Haribhadra, *Śāstravārtā-samuccaya*, VI, 51-53. Citado por M. Nyāyavijayajī, *Jaina Philosophy and Religion*, pág. 421.
22. Haribhadra, *Śāstravārtā-samuccaya*, VIII, 8. Citado por M. Nyāyavijayajī, *Jaina Philosophy and Religion*, pág. 422.
23. Mādhava, *Sarvadarśana-saṅgraha* (E.B. Cowell y A.E. Gough).
24. W. Halbfass, *India and Europe*, pág. 266.
25. Haribhadra, *Lokatattva-nirṇaya*, I, 38. Citado por H. von Glasenapp, *Jainism*, pág. 338.
26. Haribhadra, *Yogadṛiṣṭi-samuccaya*, 129-130. Citado por P. Dundas, *The Jains*, pág. 196.
27. Haribhadra, *Śāstravārtā-samuccaya*, III, 10-14. Citado por M. Nyāyavijayajī, *Jaina Philosophy and Religion*, pág. 419-420.
28. *Sūtrakṛitāṅga*, II, 6, 48 y 51 (H. Jacobi: 418).
29. Haribhadra, *Yogadṛiṣṭi-samuccaya*, 205. Citado por C. Key Chapple, "Haribhadra's Analysis of Pātañjala and Kula Yoga in the Yogadṛṣṭisamuccaya", pág. 26.
30. Merutuṅga, *Ṣaḍdarśana-nirṇaya* (K.W. Folkert: 386).
31. K. Folkert, *Scripture and Community*, pág. 224.
32. S. Mookerjee, *The Jaina Philosophy of Non-Absolutism*, pág. 272.
33. Kumārila Bhaṭṭa, *Śloka-vārtika*, II, 132 (G. Jha: 41).
34. K.K. Dixit, *Jaina Ontology*, pág. 111.
35. S. Dasgupta, *A History of Indian Philosophy*, vol. 1, págs. 176-178.
36. *Udāna*, VI, 4. Citado por M. Winternitz, *A History of Indian Literature*, vol. II, pág. 85.
37. Siddhasena Divākara, *Sanmati-sūtra*, III, 47. Citado por K.K. Dixit, *Jaina Ontology*, pág. 111.
38. *Vyākhyā-prajñāpti*, XVIII, 6 748a (J. Deleu: 240).
39. Jinabhadra Gaṇi, *Viśeṣāvaśyaka-bhāṣya*, 72. Citado por K.K. Dixit, *Jaina Ontology*, pág. 126.
40. K.K. Dixit, *Jaina Ontology*, págs. 168-171.
41. Amṛitacandra, *Laghutattva-sphoṭa*, 476 (P.S. Jaini: 164).
42. M. Nyāyavijayajī, *Jaina Philosophy and Religion*, pág. 341.
43. S. Radhakrishnan, *Indian Philosophy*, vol. 1, pág. 302.
44. C. Key Chapple, *Nonviolence to Animals, Earth and Self in Asian Traditions*, pág. 93.
45. H. Jacobi, *Gaina Sûtras*, Part II, págs. xxvii-xxviii.
46. E. Conze, *Buddhism. Its Essence and Development*, págs. 141-142.
47. N. Ross Reat, "The Historical Buddha and His Teachings", págs. 37-38.

48. H. von Glasenapp, *La filosofía de los hindúes*, pág. 312-313.
49. M. Hiriyanna, *Essentials of Indian Philosophy*, pág. 69.
51. B.K. Matilal, "Anekānta: Both Yes and No", pág. 3.
51. B.K. Matilal, *Logic, Language and Reality*, págs. 314-319.
52. C. Key Chapple, "Monist (Ekatva) and Pluralist (Anekānta) Discourse in Indian Traditions", pág. 127.

## CAPÍTULO 24: METAFÍSICA

1. *Uttarādhyayana-sūtra*, XXVIII, 7 (H. Jacobi: 153).
2. T.U. Mehta, *Path of the Arhat*, pág. 119.
3. H. Jacobi, *Gaina Sûtras*, Part I, pág. 3.
4. M. Monier-Williams, *A Sanskṛit-English Dictionary*, pág. 422.
5. W. Schubring, *The Doctrine of the Jainas*, pág. 152.
6. M. Hiriyanna, *Essentials of Indian Philosophy*, pág. 60.
7. Jinabhadra Gaṇi, *Viśeṣāvaśyaka-bhāṣya* 1652-1653 –*Gaṇadhara-vāda*, 104-105– (D.P. Thaker: 144-145).
8. *Ācārāṅga-sūtra*, I, 5, 5, 5 (H. Jacobi: 50).
9. Jinabhadra Gaṇi, *Viśeṣāvaśyaka-bhāṣya* 1557 –*Gaṇadhara-vāda*, 9– (D.P. Thaker: 16).
10. Jinabhadra Gaṇi, *Viśeṣāvaśyaka-bhāṣya* 1582 –*Gaṇadhara-vāda*, 34– (D.P. Thaker: 53).
11. Umāsvāti, *Tattvārtha-sūtra*, II, 10 (N. Tatia: 40).
12. *Daśavaikālika-sūtra*, X, 5 (K.C. Lalwani: 202).
13. P. Sukhalalji, *Essence of Jainism*, pág. 31.
14. *Uttarādhyayana-sūtra*, XX, 37 (H. Jacobi: 104).
15. D. Loy, *No-dualidad,* págs. 205 y 276.
16. Umāsvāti, *Tattvārtha-sūtra*, II, 8 (N. Tatia: 39).
17. P.C. Nahar y K.C. Ghosh, *An Encyclopaedia of Jainism*, págs. 263-264.
18. M. Nyāyavijayajī. *Jaina Philosophy and Religion*, pág. 31.
19. G. Parrinder, *Mysticism in the World's Religions*, pág. 50.
20. Kundakunda, *Samayasāra*, 144 (A. Chakravarti: 106). *Samayasāra*, 151. (J.L. Jaini: 90).
21. Kundakunda, *Samayasāra*, 38 (A. Chakravarti: 41).
22. Kundakunda, *Samayasāra*, 278-279 (A. Chakravarti: 178).
23. Nemicandra, *Dravya-saṃgraha*, 17-18 (S.C. Ghoshal: 52-54).
24. Nemicandra, *Dravya-saṃgraha*, 22 (S.C. Ghoshal: 62).
25. N.N. Bhattacharyya, *Jain Philosophy*, pág. 140.
26. Umāsvāti, *Tattvārtha-sūtra*, 5, 19 (N. Tatia: 129).
27. W. Halbfass, *Karma y renacimiento*, pág. 72.
28. K.V. Mardia, *The Scientific Foundations of Jainism*, págs. 101-110.
29. W. Schubring, *The Doctrine of the Jainas*, págs. 14-15.
30. N.N. Bhattacharyya, *Jain Philosophy*, pág. 187.
31. H. Zimmer, *Philosophies of India*, pág. 281.
32. Śaṅkara, *Brahma-sūtra-bhāṣya*, II, 2, 33-36 (G. Thibaut: vol. I, 428-434).
33. W.J. Johnson, *Harmless Souls*, págs. 95-96.
34. A. Chakravarti, *Samayasāra*, pág. 77.
35. Kundakunda, *Pravacanasāra*, 173 (A.N. Upadhye: internet).
36. W.J. Johnson, *Harmless Souls*, págs. 125-126.

## CAPÍTULO 25: LA SITUACIÓN DE ATADURA

1. *Bṛihadāraṇyaka-upaniṣad*, III, 2, 13 (M. Müller: 127).
2. D.J. Kalupahana, *Mūlamadhyamakakārikā of Nāgārjuna*, pág. 244.
3. A. Daniélou, *La fantaisie des Dieux et l'aventure humaine*, págs. 124-125.
4. H.W. Tull, *The Vedic Origins of Karma*, págs 31-41.
5. Jinasena, *Ādi-purāṇa*, IV, 36. Citado por Y. Krishan, *The Doctrine of Karma*, pág. 44.
6. J. Campbell, *Las máscaras de Dios*, vol. 2, pág. 264.
7. M. Weber, *Economía y sociedad*, págs. 416-417.
8. *Sūtrakṛitāṅga*, I, 12, 11 (H. Jacobi: 317).
9. M. Nyāyavijayajī, *Jaina Philosophy and Religion*, pág. 313.
10. C.J. Fuller, *The Camphor Flame*, pág. 250.
11. *Praśamarati-prakaraṇa*, 302-308 (Y. Shastri: 88).
12. C. Key Chapple, "Karma and the Path of Purification", pág. 258.

13. *Uttarādhyayana-sūtra*, XXVIII, 14 (H. Jacobi: 154).
14. Kundakunda, *Samayasāra*, 153 (J.L. Jaini: 92). *Samayasāra*, 146 (A. Chakravarti: 108).
15. Umāsvāti, *Tattvārtha-sūtra*, VI, 1-2 (N. Tatia: 151).
16. *Sūtrakṛitāṅga*, II, 4, 2-3 (H. Jacobi: 400).
17. *Daśavaikālika*, IV, 1 (K.C. Lalwani: 46-47).
18. *Vyākhyā-prajñāpti*, III, 3 182b (J. Deleu: 100).
19. Kundakunda, *Pravacanasāra*, 217, 1-2 (A.N. Upadhye: internet).
20. Kundakunda, *Pravacanasāra*, 159-160 (A.N. Upadhye: internet).
21. Umāsvāti, *Tattvārtha-sūtra*, VIII, 1 (N. Tatia: 189).
22. *Daśavaikālika-sūtra*, VIII, 37 (K.C. Lalwani: 165).
23. Umāsvāti, *Tattvārtha-sūtra*, VII, 8 (N. Tatia: 173).
24. W.J. Johnson, *Harmless Souls,* pág. 87.
25. Kundakunda, *Pravacanasāra*, 173 (A.N. Upadhye: internet).
26. P.S. Jaini, *The Jaina Path of Purification*, pág. 114.
27. Kundakunda, *Pravacanasāra*, 184 (A.N. Upadhye: internet).
28. Pūjyapāda Devanandi, *Sarvārthasiddhi*, 275. Citado por P.S. Jaini, *The Jaina Path of Purification*, pág. 113.
29. Umāsvāti, *Tattvārtha-sūtra*, II, 42 (N. Tatia: 56).
30. *Taittirīya-upaniṣad,* II, 2 a II, 5 (F. Ilárraz: 286-290).
31. *Uttarādhyayana-sūtra*, XXXIV, 1-9 (H. Jacobi: 196-197).
32. Devendra Sūri, *Karma-grantha*, I, 93. Citado por H. von Glasenapp, *Jainism*, págs. 210-211.
33. H. von Glasenapp, *The Doctrine of Karman in Jain Philosophy*, págs. 8.
34. P.S. Jaini, *The Jaina Path of Purification*, pág. 118.
35. W. Schubring, *The Doctrine of the Jainas*, pág. 185.
36. S. Stevenson, *The Heart of Jainism*, pág. 181.
37. W. Schubring, *The Doctrine of the Jainas*, pág. 195.
38. *Sūtrakṛitāṅga*, II, 3, 21 (H. Jacobi: 393).

## PARTE XI: LA PRÁCTICA

1. F. Staal, *Exploring Mysticism*, pág. 173.
2. F. Staal, *Ritual and Mantras. Rules Without Meaning*, pág. 389.
3. R. Redfield, *Peasant Society and Culture*, pág. 72. Citado por M. Wijayaratna, "El budismo en el país del Theravada", pág. 463.
4. D.K. Swearer, *The Buddhist World of Southeast Asia*, págs. 5-7.
5. P.S. Jaini, "Is There a Popular Jainism?", pág. 188.
6. K. Folkert, *Scripture and Community*, pág. 10.

### CAPÍTULO 26: ICONOGRAFÍA JAINISTA

1. C. Maillard y Ó. Pujol, *Rasa. El placer estético en la tradición india*, págs. 14-15.
2. J. Laidlaw, *Riches and Renunciation*, pág. 249.
3. C. Maillard y Ó. Pujol, *Rasa. El placer estético en la tradición india*, pág. 92.
4. N. Brand, *The Vision of Kings*, pág. 74.
5. H. Zimmer, *Yoga y budismo*, pág. 84.
6. J. Laidlaw, *Riches and Renunciation*, pág. 259.
7. Hemacandra, *Yoga-śāstra*, II, 4 (A.S. Gopani: 29).
8. J. Cort, "Jain Questions and Answers: Who Is God and How Is He Worshiped?", pág. 599.
9. P.S. Jaini, *The Jaina Path of Purification*, pág. 194.
10. R. Barz, *The Bhakti Sect of Vallabhācārya*, pág. 88.
11. J. Cort, "Introduction: Contested Jain Identities of Self and Other", pág. 9.
12. L. Babb, *Absent Lord*, pág. 7.
13. L. Babb, "Ritual Culture and Distinctiveness of Jainism", págs. 154-156.
14. L. Babb, "Ritual Culture and Distinctiveness of Jainism", pág. 155.
15. L. Babb, "Ritual Culture and Distinctiveness of Jainism", págs. 156-157.
16. P.S. Jaini, "Is There a Popular Jainism?", págs. 194-195.
17. P. Dundas, *The Jains*, pág. 182.

18. W. Schubring, *The Doctrine of the Jainas*, pág. 16.
19. H. von Glasenapp, *Jainism*, pág. 449.
20. Somadeva Sūri, *Upāsakādhyayana*, 697. Citado por P.S. Jaini, "Is There a Popular Jainism?", pág. 197.
21. R.H. Davis, "The Story of the Disappearing Jains", pág. 218.
22. Somadeva Sūri, *Upāsakādhyayana*, 62-93. Citado en P.S. Jaini, "Is There a Popular Jainism?", pág. 190.
23. P.S. Jaini, "Is There a Popular Jainism?", pág. 196.
24. G.J. Larson, *India's Agony Over Religion*, pág. 74.
25. P. Pal, "Two Jain *Yantras* of the Fifteenth Century", pág. 25.
26. P.S. Jaini, *The Jaina Path of Purification*, pág. 254.
27. M. Eliade, *Técnicas del Yoga*, pág. 152.

## CAPÍTULO 27: EL CULTO (*PŪJĀ*)

1. J. Laidlaw, *Riches and Renunciation*, págs. 271-274.
2. F. Staal, *Ritual and Mantras. Rules Without Meaning*, págs. 101-102.
3. L. Babb, *Absent Lord*, pág. 93.
4. J. Cort, "Mūrtipūja in Śvetāmbar Jain Temples", pág. 220.
5. K. Titze, *Jainism. A Pictorial Guide To the Religion of Non-Violence*, pág. 242.
6. L. Babb, *Absent Lord*, pág. 27.
7. L. Babb, *Absent Lord*, pág. 70.
8. L. Babb, *Absent Lord*, pág. 77.
9. L. Babb, *Absent Lord*, pág. 77.
10. L. Babb, *Absent Lord*, pág. 79.
11. B.K. Smith, *Reflections on Resemblance, Ritual and Religion*, págs. 104-105.
12. L.A. Babb, "Ritual Culture and Distinctiveness of Jainism", pág. 143.
13. J. Cort, "The Rite of Veneration of Jina Images", pág. 327.
14. Jinaprabha Sūri, *Vividhatīrthakalpa*, XXVII (J. Cort: 267).
15. J. Laidlaw, *Riches and Renunciation*, págs. 78-79.
16. J. Laidlaw, *Riches and Renunciation*, pág. 28.
17. L. Babb, *Absent Lord*, págs. 100-101.
18. L. Babb, *Absent Lord*, pág. 127.
19. L. Babb, *Absent Lord*, pág. 103.
20. P. Dundas, *The Jains*, pág. 122.
21. L. Babb, *Absent Lord*, pág. 134.
22. L. Babb, *Absent Lord*, pág. 172.

## CAPÍTULO 28: LA PRÁCTICA AUSPICIOSA

1. J. Laidlaw, *Riches and Renunciation*, pág. 281.
2. J. Laidlaw, *Riches and Renunciation*, pág. 285.
3. *Kalpa-sūtra*, *Jina-caritra*, 128 (H. Jacobi: 266).
4. J. Laidlaw, *Riches and Renunciation*, pág. 368.
5. P. Dundas, *The Jains*, pág. 186.
6. J. Laidlaw, *Riches and Renunciation*, pág. 374.
7. J. Laidlaw, *Riches and Renunciation*, pág. 375.
8. V. Sangave, *Jaina Religion and Community*, pág. 160.
9. Jinaprabha Sūri, *Vividhatīrthakalpa*, I, 96 (J. Cort: 250).
10. Jinaprabha Sūri, *Vividhatīrthakalpa*, I, 42 (J. Cort: 247).
11. G.D. Sontheimer, "Between Ghost and God", págs. 324-325.
12. K.R. Norman, "The Role of the Layman According to the Jain Canon", pág. 36.
13. Jinasena, *Ādi-purāṇa*, XXXVIII, 270. Citado por R.B.P. Singh, *Jainism in Early Medieval Karnataka*, pág. 82.
14. Pūjyapāda, *Savārtha-siddhi*, VII, 38. Citado por R.B.P. Singh, *Jainism in Early Medieval Karnataka*, pág. 84.
15. *Daśavaikālika-sūtra*, I, 2-3 (K.C. Lalwani: 2).
16. *Daśavaikālika-sūtra*, V, I (K.C. Lalwani: 58-96).
17. *Daśavaikālika-sūtra*, V, I, 2 (K.C. Lalwani: 59).
18. *Ācārāṅga-sūtra*, II, 1, 1, 12 (H. Jacobi: 91).
19. J. Laidlaw, *Riches and Renunciation*, pág. 322.
20. J. Laidlaw, *Riches and Renunciation*, pág. 313.

21. Vaṭṭakera, *Mūlācāra*, 816. Citado por P. Dundas, *The Jains*, pág. 152.
22. L. Babb, *Absent Lord*, págs. 61-62.
23. J. Laidlaw, *Riches and Renunciation*, pág. 317.
24. S.A. Rizvi, *The Wonder That Was India*, pág. 229.
25. M. Tobias, *Life Force. The World of Jainism*, pág. 43.
26. V. Sangave, *Jaina Religion and Community*, pág. 171.
27. P. Dundas, *The Jains*, pág. 170.
28. Umāsvāti, *Tattvārtha-sūtra*, V, 21 (N. Tatia: 131).
29. M. Nyāyavijayajī, *Jaina Philosophy and Religion*, pág. 140.
30 W. Halbfass, *Karma y renacimiento*, pág. 84.
31. P.S. Jaini, *The Jaina Path of Purification*, pág. 292.
32. H. von Glasenapp, *Jainism*, pág. 462.
33. *Āśvalāyana-gṛihya-sūtra*, I, 6 (H. Oldenberg: 166-167).

## CAPÍTULO 29: LA PRÁCTICA ASCÉTICA

1. P.S. Jaini, *The Jaina Path of Purification*, pág. 208.
2. J. Laidlaw, *Riches and Renunciation*, pág. 60.
3. J. Laidlaw, *Riches and Renunciation*, pág. 64.
4. J. Laidlaw, *Riches and Renunciation*, pág. 211.
5. Vaṭṭakera, *Mūlācāra*, II, 8. Citado por S. Jain, "The Jaina Spirit and Spirituality", pág. 164.
6. *Āvaśyaka-sūtra*, 10. Citado por P.S. Jaini, *The Jaina Path of Purification*, pág. 209.
7. J. Laidlaw, *Riches and Renunciation*, pág. 215.
8. *Aṅguttara-nikāya*, I, 204 -PTS- (F.L. Woodward: 185).
9. L. Babb, *Absent Lord*, pág. 178.
10. J. Laidlaw, *Riches and Renunciation*, pág. 216.
11. J. Reynell, "Women and the Reproduction of the Jain Community", pág. 64.
12. P. Dundas, *The Jains*, pág. 172.
13. J. Laidlaw, *Riches and Renunciation*, págs. 239-242.
14. J. Laidlaw, *Riches and Renunciation*, pág. 393.
15. P.S. Jaini, *The Jaina Path of Purification*, pág. 221.
16. Vaṭṭakera, *Mūlācāra*, 533. Citado por P. Dundas, *The Jains*, pág. 149.

# PARTE XII: SOTERIOLOGÍA

1. H. Zimmer, *Philosophies of India*, pág. 227.
2. Vaṭṭakera, *Mūlācāra*, 97. Citado por P. Dundas, *The Jains*, pág. 129.
3. *Uttarādhyayana*, XXXVI, 50. (H. Jacobi: 211).
4. *Sambodhasaptati*, II. Citado por M. Nyāyavijayajī, *Jaina Philosophy and Religion*, pág. 150.
5. L. Babb, *Absent Lord*, pág. 24.
6. K.R. Norman, "The Role of the Layman According to the Jain Canon", págs. 38-39.

## CAPÍTULO 30: EL *YOGA* JAINISTA

1. Umāsvāti, *Tattvārtha-sūtra*, I, 1 (N. Tatia: 5).
2. *Uttarādhyayana-sūtra*, XXVIII, 30 (H. Jacobi: 156).
3. Kundakunda, *Darśanaprābhṛita*, V, 6. Citado por S. Jain, "The Jaina Spirit and Spirituality", pág. 163.
4. Cāmuṇḍārāya, *Cāritrasāra*, pág. 2. Citado por R. Williams, *Jaina Yoga*, pág. 41.
5. Nemicandra, *Dravya-saṃgraha*, 42. (S.C. Ghoshal: 104).
6. Kundakunda, *Pravacanasāra*, 233 (A.N. Upadhye: internet).
7. J. Jaini, *Outlines of Jainism*, pág. 65.
8. *Samavāya-sūtra*, 26b. Citado por W. Schubring, *The Doctrine of the Jainas*, pág. 320.
9. H. von Glasenapp, *Jainism*, pág. 221.
10. S. Stevenson, *The Heart of Jainism*, pág. 187.
11. Patañjali, *Yoga-sūtra*, IV, 34 (B.K.S. Iyengar: 265).
12. Īśvarakṛiṣṇa, *Sāṃkhya-kārikā*, LXVIII (G.J. Larson: 275).
13. C. Key Chapple, "Haribhadra's Analysis of Pātañjala and Kula Yoga in the Yogadṛṣṭisamuccaya", pág. 16.
14. S.M. Desai, *Haribhadra's Yoga Works and Psychosynthesis*, pág. 51.

## CAPÍTULO 31: EL CAMINO DE LOS LAICOS

1. P.S. Jaini, *The Jaina Path of Purification*, pág. 160.
2. *Kalpa-sūtra, Jina-caritra*, 1 (H. Jacobi: 217).
3. P.S. Jaini, *The Jaina Path of Purification*, pág. 163.
4. J. Jaini, *Outlines of Jainism*, pág. 71.
5. Hemacandra, *Yoga-śāstra*, III, 37 (A.S. Gopani: 68).
6. J. Laidlaw, *Riches and Renunciation*, págs. 151-152.
7. J. Laidlaw, *Riches and Renunciation*, pág. 174.
8. J. Laidlaw, *Riches and Renunciation*, pág. 186.
9. Hemacandra, *Yoga-śāstra*, II, 31 (A.S. Gopani: 40).
10. Hemacandra, *Yoga-śāstra*, II, 20 (A.S. Gopani: 38).
11. *Daśavaikālika-sūtra*, VI, 10 (K.C. Lalwani: 116).
12. *Daśavaikālika-sūtra*, IV, 11 (K.C. Lalwani: 30).
13. *Vyākhyā-prajñāpti*, VII, 1 288b (J. Deleu: 131).
14. *Manu-smṛiti*, X, 81-94 (G. Bühler: 420-422).
15. *Manu-smṛiti*, V, 5 (G. Bühler: 170).
16. R. Williams, *Jaina Yoga*, pág. 177.
17. J. Laidlaw, *Riches and Renunciation*, pág. 169.
18. M. Nyāyavijayajī, *Jaina Philosophy and Religion*, pág. 145.
19. Hemacandra, *Yoga-śāstra*, III, 48 (A.S. Gopani: 70).
20. Hemacandra, *Yoga-śāstra*, III, 62 (A.S. Gopani: 74).
21. *Śrāvaka-prajñāpti*, 293. Citado por R. Williams, *Jaina Yoga*, pág. 134.
22. S. Stevenson, *The Heart of Jainism*, pág. 217.
23. G. Schopen, "Death, Funerals, and the Division of Property in a Monastic Code", pág. 482.
24. *Vyākhyā-prajñāpti*, II, 1 118a (J. Deleu: 89).
25. *Sūtrakṛitāṅga*, I, 8, 15 (H. Jacobi: 299).
26. Pūjyapāda, *Sarvārtha-siddhi*, VII, 22. Citado por R.B.P. Singh, *Jainism in Early Medieval Karnataka*, pág. 68.
27. M. Nyāyavijayajī, *Jaina Philosophy and Religion*, pág. 159.
28. Āśādhara, *Sāgāra-dharmāmṛita*, VIII, 69. Citado en R. Williams, *Jaina Yoga*, pág. 169.
29. P.S. Jaini, *The Jaina Path of Purification*, pág. 232.

## CAPÍTULO 32: EL CAMINO QUE LLEVA AL *NIRVĀṆA*

1. *Uttarādhyayana-sūtra*, XXXII, 101 (H. Jacobi: 190).
2. Umāsvāti, *Tattvārtha-sūtra*, IX, 2 (N. Tatia: 219).
3. *Uttarādhyayana-sūtra*, XXIV, 2 (H. Jacobi: 129-130).
4. *Uttarādhyayana-sūtra*, XXIV, 27 (H. Jacobi: 136).
5. Hemacandra, *Yoga-śāstra*, I, 34 (A.S. Gopani: 20).
6. *Uttarādhyayana-sūtra*, II, 1 (H. Jacobi: 8-9).
7. P. Sukhalalji, *Essence of Jainism*, pág. 129.
8. Vaṭṭakera, *Mūlācāra*, 521. Citado por P. Dundas, *The Jains*, pág. 147.
9. *Āvaśyaka-cūrṇi*, II, 188, 11-189, 3 (N. Balbir, "Stories from the Āvaśyaka Commentaries", pág. 47).
10. Hemacandra, *Yoga-śāstra*, IV, 86-91 (A.S. Gopani: 117-119).
11. Umāsvāti, *Tattvārtha-sūtra*, IX, 3 (N. Tatia: 219).
12. Umāsvāti, *Tattvārtha-sūtra*, IX, 19 (N. Tatia: 232).
13. J. Laidlaw, *Riches and Renunciation*, pág. 242.
14. Hemacandra, *Yoga-śāstra*, IV, 113 (A.S. Gopani: 124).
15. P. Dundas, *The Jains*, pág. 143.
16. Hemacandra, *Yoga-śāstra*, XI, 4 (A.S. Gopani: 237).
17. Hemacandra, *Yoga-śāstra*, V, 1 (A.S. Gopani: 131).
18. M. Eliade, *Técnicas del Yoga*, pág. 58.
19. Hemacandra, *Yoga-śāstra*, IV, 134 (A.S. Gopani: 130).
20. M. Eliade, *Técnicas del Yoga*, pág. 65.
21. M. Eliade, *Técnicas del Yoga*, pág. 72.
22. Śubhacandra, *Jñānārṇava*, III, 33 (A. Prasada: internet).
23. Patañjali, *Yoga-sūtra*, II, 33-34 (B.K.S. Iyengar: 137-141).
24. Hemacandra, *Yoga-śāstra*, XI, 2 (A.S. Gopani: 236).

25. Umāsvāti, *Tattvārtha-sūtra*, X, 7 (N. Tatia: 262-263).
26. W. Schubring, *The Doctrine of the Jainas*, pág. 316.
27. Hemacandra, *Yoga-śāstra*, IX, 11 (A.S. Gopani: 227).
28. Patañjali, *Yoga-sūtra*, III, 3 (B.K.S. Iyengar: 169-170).
29. M. Eliade, *Técnicas del Yoga*, pág. 84.
30. Śubhacandra, *Jñānārṇava*, XXXIII-XXXV (S.C. Ghoshal, *Dravya-saṃgraha*, pág. 241).
31. Umāsvāti, *Tattvārtha-sūtra*, X, 1 (N. Tatia: 253).
32. P.S. Jaini, *The Jaina Path of Purification*, pág. 258.
33. *Bhagavad-gītā*, II, 48 (S. Radhakrishnan: 120).
34. *Kalpa-sūtra*, *Jina-caritra*, 121 (H. Jacobi: 263-264).
35. Amṛitacandra, *Laghutattva-sphoṭa*, 15 (P.S. Jaini: 7).
36. *Pañcaviṃśatisāhasrikā-prajñā-pāramitā-sūtra*, I, 2, 6-7 (E. Conze: 76-78).
37. M. Eliade, *Técnicas del Yoga*, págs. 38-39.
38. *Praśamarati-prakaraṇa*, 273-274 (Y. Shastri: 85).
39. *Uttarādhyāyana-sūtra*, XXIII, 81 (H. Jacobi: 128).
40. *Uttarādhyayana-sūtra*, XXIII, 83 (H. Jacobi: 128).
41. Umāsvāti, *Tattvārtha-sūtra*, X, 3 (N. Tatia: 254).
42. Amṛitacandra, *Laghutattva-sphoṭa*, 599 (P.S. Jaini: 215).
43. Haribhadra, *Yoga-bindu*, 445. Citado por S.M. Desai, *Haribhadra's Yoga Works and Psychosynthesis*, pág. 66.
44. Kundakunda, *Pañcāstikāyasāra*, 28 (A. Chakravarti: internet).
45. Kundakunda, *Pravacanasāra*, 195 (A.N. Upadhye: internet).
46. Kundakunda, *Pravacanasāra*, 160 (A.N. Upadhye: internet).
47. Amṛitacandra, *Laghutattva-sphoṭa*, 53 (P.S. Jaini: 22).
48. W.J. Johnson, *Harmless Souls*, pág. 223.
49. W.J. Johnson, *Harmless Souls*, pág. 228.
50. W.J. Johnson, *Harmless Souls*, pág. 245.
51. Kundakunda, *Samayasāra*, 183 (A. Chakravarti: 125).
52. W.J. Johnson, *Harmless Souls*, pág. 265.
53. Kundakunda, *Samayasāra*, 296 (A. Chakravarti: 182).
54. Nāgārjuna, *Mūlamadhyamakakārikā*, XXIV, 10 (D. Kalupahana: 333). *Mūlamadhyamakakārikā*, XXIV, 10 (J.L. Garfield: 298).
55. Kundakunda, *Samayasāra*, 196 (J.L. Jaini: 115). *Samayasāra*, 189 (A. Chakravarti: 128).
56. Kundakunda, *Samayasāra*, 306 (A. Chakravarti: 187).
57. W. Johnson, *Harmless Souls*, pág. 301.
58. Kundakunda, *Niyamasāra*, 159 (U.S. Jain: internet).
59. Amṛitacandra, *Laghutattva-sphoṭa*, 14 (P.S. Jaini: 6).
60. W.J. Johnson, *Harmless Souls*, pág. 181.
61. *Ācārāṅga-sūtra*, I, 5, 6, 3-4 (H. Jacobi: 52).

# BIBLIOGRAFÍA

## FUENTES JAINISTAS


*Ācārāṅga-sūtra*. Traducción al inglés e introducción de Hermann Jacobi (1884) en: *Gaina Sûtras,* Part I, "Sacred Books of the East", vol. 22. Delhi: Motilal Banarsidass, 1964.

Amṛitacandra. *Laghutattva-sphoṭa*. Traducción al inglés e introducción de Padmanabh Jaini (1978) en: *Amṛtacandrasūri's Laghutattvasphoṭa*. Ahmedabad: L.D. Institute of Indology, 1978.

— *Ātmakhyāti*. Traducción al inglés e introducción de A. Chakravarti (1971) en: *Samayasāra with English Translation and Commentary based upon Amṛitacandra's Ātmakhyāti*. N. Delhi: Bharatiya Jnanpith, 1997.

*Daśavaikālika-sūtra*. Traducción al inglés y notas de Kastur Chand Lalwani (1973) en: *Daśavaikālika-sūtra*. Delhi: Motilal Banarsidass, 1973.

Guṇabhadra. *Ātmānuśāsana*. Traducción al inglés de Jagmanderlal Jaini (1928) en: *Atma Anushasana*. Internet: http://www.aditi.net/Jain/Sacred/SacredHome.htm.

Hemacandra. *Pariśiṣṭa-parvan*. Traducción al inglés e introducción de R.C.C. Fynes (1998) en: *The Lives of the Jain Elders*. Oxford: Oxford University Press, 1998.

— *Yoga-śāstra*. Traducción al inglés de A.S. Gopani (1989) en: *The Yoga Shastra of Hemchandracharya*. Jaipur: Prakrit Bharti Academy, 1989.

Iḷaṅkō Aṭikaḷ. *Cilappatikāram*. Traducción al inglés, introducción y postfacio de R. Parthasarathy (1993) en: *The Tale of An Anklet*. Nueva York: Columbia University Press, 1993.

Jinabhadra Gaṇi. *Gaṇadharavāda*. Traducción al inglés e introducción de D.P. Thaker (1950) en: M. Ratna-Prabha Vijaya (ed.), *Śramaṇa Bhagavān Mahāvīra. His Life and Teaching*, vol. 3. Delhi: Parimal, 1989.

— *Nihnavavāda*. Traducción al inglés e introducción de D.P. Thaker (1947) en: M. Ratna-Prabha Vijaya (ed.), *Śramaṇa Bhagavān Mahāvīra. His Life and Teaching*, vol. 4. Delhi: Parimal, 1989.

Jinaprabha Sūri, *Vividhatīrthakalpa*. Traducción parcial al inglés de John Cort (1990) en: "Twelve Chapters from *The Guidebook to Various Pilgrimage Places*". En: P. Granoff (ed.), *The Clever Adulteress*. Oakville: Mosaic Press, 1990.

*Kalpa-sūtra*. Traducción al inglés e introducción de Hermann Jacobi (1884) en: *Gaina Sûtras* Part I, "Sacred Books of the East", vol. 22. Delhi: Motilal Banarsidass, 1964.

Kundakunda. *Niyamasāra*. Traducción al inglés de Uggar S. Jain (1931) en: *Niyamsara*. Internet: http://www.aditi.net/Jain/Sacred/SacredHome.htm.

— *Pañcāstikāyasāra*. Traducción al inglés y comentarios de A. Chakravarti (1920) en: *Panchastikayasara*. Internet: http://www.aditi.net/Jain/Sacred/SacredHome.htm.

— *Pravacanasāra*. Traducción al inglés de A.N. Upadhye (1984) en: *Pravachansara*. Internet: http://www.aditi.net/Jain/Sacred/SacredHome.htm.

— *Samayasāra*. Traducción al inglés con comentarios de J.L. Jaini (1930) en: *Samayasara*. N. Delhi: Today and Tomorrow's, 1990.

— *Samayasāra*. Traducción al inglés e introducción de A. Chakravarti (1950) en: *Samayasāra with English Translation and Commentary based upon Amṛitacandra's Ātmakhyāti*. N. Delhi: Bharatiya Jnanpith, 1997.

Merutuṅga. *Ṣaḍdarśana-nirṇaya*. Traducción al inglés y estudio complementario de Kendall W. Folkert (1985) en: *Scripture and Community. Collected Essays on the Jains*. [Editado por John Cort]. Atlanta: Scholars Press, 1993.

Nemicandra. *Dravya-Saṃgraha*. Traducción al inglés, introducción y comentarios de S.C. Ghoshal (1917) en: *Dravya-Saṃgraha*. Delhi: Motilal Banarsidass, 1989.

*Praśamarati-prakaraṇa*. Traducción al inglés, introducción y notas de Yajneshwar S. Shastri (1989) en: *Prāśamarati Prakaraṇa*. Ahmedabad: L.D. Institute of Indology, 1989.

Rājaśekhara. *Ṣaḍdarśana-samuccaya*. Traducción al inglés y estudio complementario de Kendall W. Folkert (1985) en: *Scripture and Community. Collected Essays on the Jains*. [Editado por John Cort]. Atlanta: Scholars Press, 1993.

Śākaṭāyana. *Strīnirvāṇa-prakaraṇa*. Traducción al inglés y estudio de Padmanabh S. Jaini (1991) en: *Gender and Salvation. Jaina Debates on the Spiritual Liberation of Women*. Berkeley: University of California Press, 1991.

Siddhasena Divākara. *Nyāya-avatāra*. Traducción al inglés y comentarios de Satishchandra Vidyabhusana (1915) en: *Nyaya Avatara*. Internet: http://www.aditi.net/Jain/Sacred/SacredHome.htm.

Somadeva Sūri. *Nītivākyāmṛita*. Edición y traducción al inglés de Sudhir K. Gupta (1987) en: *Nitivakyamritam. 10th Century Sanskrit Treatise on Statecraft*. Jaipur: Prakrita Bharati Academy, 1987.

Śubhacandra. *Jñānārṇava*. Traducción al inglés de Ajit Prasada (1940-1941) en: *Gyana Arnava*. Internet: http://www.aditi.net/Jain/Sacred/SacredHome.htm.

*Sūtrakṛitāṅga*. Traducción al inglés e introducción de Hermann Jacobi (1895) en: *Gaina Sûtras,* Part II, "Sacred Books of the East", vol. 45. Delhi: Motilal Banarsidass, 1964.

Umāsvāti. *Tattvārtha-sūtra*. Edición y traducción al inglés de Nathmal Tatia (1994) en: *That Which Is*. Londres: Harper Collins, 1994.

*Uttarādhyayana-sūtra*. Traducción al inglés e introducción de Hermann Jacobi (1895) en: *Gaina Sûtras,* Part II, "Sacred Books of the East", vol. 45. Delhi: Motilal Banarsidass, 1964.

*Vyākhyā-prajñāpti*. Traducción -abreviada- al inglés e introducción de Jozef Deleu (1970) en: *Viyahapannatti (Bhagavai)*. Delhi: Motilal Banarsidass, 1996.

## FUENTES NO JAINISTAS

*Aitareya-brāhmaṇa*. Traducción al inglés e introducción de Arthur Berriedale Keith (1920) en: *Rigveda Brahmanas. The Aitareya and Kausitaki Brahmanas of the Rigveda*. Delhi: Motilal Banarsidass, 1971.

*Aṅguttara-nikāya*. Traducción al inglés y notas de F. L. Woodward (1932) en: *The Book of Gradual Sayings* (5 vols). Londres: PTS, 1995.

*Āpastamba-dharma-sūtra*. Traducción al inglés e introducción de Georg Bühler (1879) en: *The Sacred Laws of the Āryas,* Part I, "Sacred Books of the East", vol. 2. Delhi: Motilal Banarsidass, 1965.

*Āśvalāyana-gṛihya-sūtra*. Traducción al inglés de Hermann Oldenberg (1886) en: *The Grihya Sutras*, "Sacred Books of the East", vol. 29. Delhi: Motilal Banarsidass, 1965.

*Atharva-veda*. Traducción al inglés comentada de R.T.H. Griffith (1895-1896) en: *Hymns of the Atharvaveda* (2 vols). Delhi: Munshiram Manoharlal, 1985.

*Baudhāyana-dharma-sūtra*. Traducción al inglés e introducción de Georg Bühler (1882) en: *The Sacred Laws of the Aryas,* Part II, "Sacred Books of the East", vol. 14. Delhi: Motilal Banarsidass, 1965.

*Bhagavad-gītā*. Traducción al inglés y estudio de S. Radhakrishnan (1948) en: *The Bhagavad-Gita*. Londres: Aquarian, 1989.

*Bhāgavata-purāṇa*. Traducción al inglés y notas de Ganesh V. Tagare (1978) en: *The Bhagavata-Purana* (5 vols). Delhi: Motilal Banarsidass, 1989.

*Bṛihadāraṇyaka-upaniṣad*. Traducción al inglés e introducción de Max Müller (1884) en: *The Upanishads,* Part II, "Sacred Books of the East", vol. 15. Delhi: Motilal Banarsidass, 1965.
*Cullavagga*. Traducción al inglés y notas de T.W. Rhys Davids y H. Oldenberg (1885) en: *Vinaya Texts*, "Sacred Books of the East", vols. 17 y 20. Delhi: Motilal Banarsidass, 1965.
*Chāndogya-upaniṣad*. Traducción al castellano de Daniel de Palma (1995) en: *Upaniṣads*. Madrid: Siruela, 1995.
*Dhammapada*. Traducción al inglés, introducción y notas de Sarvepalli Radhakrishnan (1950) en: *The Dhammapada*. Madrás: Oxford University Press, 1966.
— Traducción al castellano, introducción y estudio de Carmen Dragonetti (1964) en: *Dhammapada. La esencia de la sabiduría buddhista*. Barcelona: Círculo de Lectores, 2000.
*Dīgha-nikāya*. Traducción al inglés y prefacios de T.W. y C.A.F. Rhys Davids (1899-1921) en: *Dialogues of the Buddha* (3 vols). Londres: PTS, 1995.
*Gautama-dharma-sūtra*. Traducción al inglés e introducción de Georg Bühler (1879) en: *The Sacred Laws of the Aryas,* Part I, "Sacred Books of the East", vol. 2. Delhi: Motilal Banarsidass, 1965.
Īśvarakṛiṣṇa. *Sāṃkhya-kārikā*. Traducción al inglés y estudio de Gerald J. Larson (1969) en: *Classical Sāṃkhya*. Delhi: Motilal Banarsidass, 1979 (ed. revis.).
*Jātakas*. Traducción al inglés a cargo de varios autores bajo la dirección de E.B. Cowell (1895) en: *The Jātaka or Stories of the Buddha's Former Births* (6 vols). Delhi: Motilal Banarsidass, 1990.
*Kauṣītaki-brāhmaṇa-upaniṣad*. Traducción al castellano, introducción y notas de Ana Angud y Francisco Rubio (2000) en: *La ciencia del brahman. Once Upaniṣad antiguas*. Madrid: Trotta, 2000.
Kauṭilya. *Artha-śāstra*. Traducción al inglés, introducción y estudio de R.P. Kangle (1963, 1972 -ed. revis.-) en: *The Kauṭilīya Arthaśāstra*. Delhi: Motilal Banarsidass, 1986.
Kumārila Bhaṭṭa. *Śloka-vārtika*. Traducción al inglés y notas de Ganganatha Jha (1900, 1908) en: *Ślokavārtika wiht the Commentaries "Kasika" and "Nyayaratnakar"*. Delhi: Sri Satguru, 1983.
*Mahābhārata*. Traducción al inglés de Manmatha N. Dutt (1896) en: *The Mahabharata* (7 vols). Delhi: Parimal Publications, 1994.
*Mahāvagga*. Traducción al inglés y notas de T.W. Rhys Davids y H. Oldenberg (1885) en: *Vinaya Texts*, "Sacred Books of the East", vols. 13 y 17. Delhi: Motilal Banarsidass, 1965.
*Majjhima-nikāya*. Traducción al inglés, introducción y notas de B. Ñāṇamoli y B. Bodhi (1995) en: *The Middle Length Sayings Discourses of the Buddha*. Boston: Wisdom, 1995.
— *Majjhima-nikāya*. Traducción parcial al castellano, introducción y notas de Amadeo Solé-Leris y Abraham Vélez de Cea (1999) en: *Majjhima Nikāya. Los Sermones Medios del Buddha*. Barcelona: Kairós, 1999.
*Manu-smṛiti*. Traducción al inglés e introducción de Georg Bühler (1886) en: *The Laws of Manu*, "Sacred Books of the East", vol. 25. Delhi: Motilal Banarsidass, 1965.
Nāgārjuna. *Mūlamadhyamakakārikā*. Traducción al inglés, introducción y comentarios de David J. Kalupahana (1986) en: *Mūlamadhyamakakārikā of Nāgārjuna. The Philosophy of the Middle Way*. Delhi: Motilal Banarsidass, 1991.
— *Mūlamadhyamakakārikā*. Traducción al inglés y comentarios de Jay L. Garfield (1995) en: *The Fundamental Wisdom of the Middle Way*. Nueva York: Oxford University Press, 1995.
*Nārada-bṛihaspati*. Traducción al inglés e introducción de Julius Jolly (1889) en: *The Minor Law-Books*, "Sacred Books of the East", vol. 33. Delhi: Motilal Banarsidass, 1965.
*Pañcaviṃśa-brāhmaṇa*. Traducción al inglés anotada de W. Caland (1931) en: *Pañcaviṇśa Brāhmaṇa*. Delhi: Sri Satguru, 1982.
*Pañcaviṃśatisāhasrikā-prajñā-pāramitā-sūtra*. Traducción al inglés y comentarios de Edward Conze (1975) en: *The Large Sutra on Perfect Wisdom*. Delhi: Motilal Banarsidass, 1979.
Patañjali. *Yoga-sūtra*. Traducción al inglés, introducción y comentarios de B.K.S. Iyengar (1993) en: *Light on the Yoga Sutras of Patañjali*. Londres: Aquarian Press, 1993.

*Ṛig-veda*. Traducción al inglés y notas de R.T.H. Griffith (1889, 1896) en: *The Hymns of the Ṛgveda*. Delhi: Motilal Banarsidass, 1973.
Śaṅkara. *Brahma-sūtra-bhāṣya*. Traducción al inglés de George Thibaut (1904) en: *The Vedānta-Sūtras with the Commentary by Śaṅkarākārya*, "Sacred Books of the East", vols. 34 y 38. N. Delhi: Motilal Banarsidass, 1962.
*Śatapatha-brāhmaṇa*. Traducción al inglés e introducción de Julius Eggeling (1882) en: *The Shatapatha Brahmana*, "Sacred Books of the East", vols. 12, 26, 41, 43, 44. Delhi: Motilal Banarsidass, 1989.
*Śvetāśvatara-upaniṣad*. Traducción al castellano, introducción y notas de Ana Angud y Francisco Rubio (2000) en: *La ciencia del brahman. Once Upaniṣad antiguas*. Madrid: Trotta, 2000.
*Taittirīya-saṃhitā* (*Yajur-veda* "negro"). Traducción al inglés e introducción de Arthur Berriedale Keith (1914) en: *The Veda of the Black Yajus School entitled Taittiriya Sanhita* (2 vols). Delhi: Motilal Banarsidass, 1967.
*Taittirīya-upaniṣad*. Traducción al castellano e introducción de Félix G. Ilárraz (1992) en: *Chandogya, Taittiriya, Aitareya y Kena Upanishades*. Benarés: Los Libros de Benarés, 1992.
*Tēvāram*. Traducción al inglés y estudio de I.V. Peterson (1989) en: *Poems to Śiva. The Hymns of the Tamil Saints*. Delhi: Motilal Banarsidass, 1991.
Tiruvaḷḷuvar. *Tirukkuṟaḷ*. Traducción al francés de una de las tres partes –el *Kāmattupāl*– e introducción de François Gros (1992) en: *Le livre de l'amour*. París: Gallimard, 1992.
*Vāyu-purāṇa*. Traducción al inglés, introducción y notas de G.V. Tagare (1987) en: *The Vayu Purana* (2 vols). Delhi: Motilal Banarsidass, 1987.
*Viṣṇu-purāṇa*. Traducción al inglés, introducción y notas de H.H. Wilson (1840) en: *The Visnu Purana* (2 vols). Delhi: Nag Publishers, 1980.
Vyāsa. *Yoga-sūtra-bhāṣya*. Traducción al inglés de Bangali Baba (1976) en: *Yogasūtra of Patañjali with the Commentary of Vyāsa*. Delhi: Motilal Banarsidass, 1979.
Xuanzang. *Da Tang xiyou-ji*. Traducción al inglés y notas de Samuel Beal (1884) en: *Si-Yu-Ki. Buddhist Records of the Western World* (2 vols.). Delhi: Motilal Banarsidass, 1981.
*Yajur-veda*. Ver *Taittirīya-saṃhitā*.

## ESTUDIOS

Altekar, A.S. (1956). *The Position of Women in Hindu Civilisation*. Delhi: Motilal Banarsidass, 1959.
Babb, Lawrence A. (1996). *Absent Lord. Ascetics and Kings in a Jain Ritual Culture*. Berkeley: University of California Press, 1996.
— (1998). "Ritual Culture and Distinctiveness of Jainism". En: J.E. Cort (ed.), *Open Boundaries*. Albany: SUNY, 1998.
Balbir, Nalini (1990). "Stories from the Āvaśyaka Commentaries". En: P. Granoff (ed.), *The Clever Adulteress & Other Stories*. Oakville: Mosaic Press, 1990.
Banks, Marcus (1991). "Orthodoxy and Dissent: Varieties of Religious Belief Among Immigrant Gujarati Jains in Britain". En: M. Carrithers y C. Humphrey (eds.), *The Assembly of Listeners*. Cambridge: Cambridge University Press, 1991.
Barnett, Stephen A. (1975). "Approaches to Changes in Caste Ideology in South India". En: B. Stein (ed.), *Essays on South India*. N. Delhi: Munshiram Manoharlal, 1997.
Barz, Richard (1976). *The Bhakti Sect of Vallabhācārya*. N. Delhi: Munshiram Manoharlal, 1992.
Basham, Arthur L. (1951). *History and Doctrines of the Ājīvikas*. Londres: Luzac, 1951.
— (1954, 1967). *The Wonder That Was India*. N. Delhi: Rupa, 1981.
— (1989). *The Origins and Development of Classical Hinduism* [Editado por Kenneth Zysk]. Boston: Beacon Press, 1989.
Batchelor, Stephen (1994). *The Awakening of the West*. Londres: Aquarian, 1994.

Bechert, Heinz (1995). "Introductory Essay. The Dates of the Historical Buddha. A Controversial Issue". En: H. Bechert (ed.), *When Did the Buddha Live?* Delhi: Sri Satguru, 1995.

Bhattacharyya, Narendra N. (1975). *Ancient Indian Rituals and their Social Contents*. N. Delhi: Manohar, 1996 (ed. revis.).

— (1976). *Jain Philosophy*. N. Delhi: Munshiram Manoharlal, 1976.

Biardeau, Madeleine (1981). *L'hindouisme. Anthropologie d'une civilisation*. [Versión inglesa: *Hinduism. The Anthropology of a Civilization*. Delhi: Oxford University Press, 1989.]

— (1993). "Le brâhmanisme ancien, ou la non-violence impossible". En: D. Vidal, G. Tarabout y É. Meyer (eds.), *Violences et non-violences en Inde (Collection Puruṣārtha 16)*. París: École des Hautes Études en Sciences Sociales, 1994.

Biardeau, Madeleine y Malamoud, Charles (1976). *Le sacrifice dans l'Inde ancienne*. París: P.U.F., 1976.

Bilimoria, Purushottama (1998). "Indian Religious Traditions". En: D.E. Cooper y J.A. Palmer (eds.), *Spirit of the Environment. Religion, Value and Enviromental Concern*. Londres: Routledge, 1998.

Bose, Ashish (1997). *Population Profile of Religion in India*. Delhi: B.R. Publishing, 1997.

Bouillier, Véronique (1993). "La violence des non-violents, ou les ascètes au combat". En: D. Vidal, G. Tarabout y É. Meyer (eds.), *Violences et non-violences en Inde (Collection Puruṣārtha 16)*. París: École des Hautes Études en Sciences Sociales, 1994.

Brand, Michael (1995). *The Vision of Kings*. Camberra: National Gallery of Australia, 1996.

Caillat, Colette (1970). "El jinismo". En: H-C. Puech (ed.), *Historia de las religiones* (vol. 4). Madrid: Siglo XXI, 1978.

Caillat, Colette y Kumar, Ravi (1981). *La cosmologie jaïna*. París: Chêne, 1981.

Campbell, Joseph (1962). *The Masks of God*. [Versión castellana: *Las máscaras de Dios* (4 vols). Madrid: Alianza Editorial, 1991.]

Cantwell Smith, Wilfred (1978). *The Meaning and End of Religion*. San Francisco: Harper & Row, 1978.

Carrithers, Michael (1991). "Community Among Southern Digambar Jains". En: M. Carrithers y C. Humphreys (eds.), *The Assembly of Listeners*. Cambridge: Cambridge University Press, 1991.

Carrithers, Michael y Humphrey, Caroline (1991). "Conclusion". En: M. Carrithers y C. Humphrey (eds.), *The Assembly of Listeners*. Cambridge: Cambridge University Press, 1991.

Chakrabarti, Dilip K. (1997). *Colonial Indology. Sociopolitics of the Ancient Indian Past*. N. Delhi: Munshiram Manoharlal, 1997.

Chakravarti, Appaswami (1950). *Samayasāra with English Translation and Commentary based upon Amṛitacandra's Ātmakhyāti*. N. Delhi: Bharatiya Jnanpith, 1997.

Chattopadhyaya, Debiprasad (1990). *Cārvāka/Lokāyata*. N. Delhi: Indian Council of Philosophical Research, 1994.

Chang, Garma C.C. (1971). *The Buddhist Teaching of Totality. The Philosophy of Hwa Yen Buddhism*. Delhi: Motilal Banarsidass, 1992.

Clémentin-Ojha, Catherine (1993). "L'initiation de la *devī*. Violence et non-violence dans un récit viṣṇuite". En: D. Vidal, G. Tarabout y É. Meyer (eds.), *Violences et non-violences en Inde (Collection Puruṣārtha 16)*. París: École des Hautes Études en Sciences Sociales, 1994.

Conze, Edward (1951). *Buddhism. Its Essence and Development*. N. Delhi: Munshiram Manoharlal, 1994.

Coomaraswamy, Ananda K. (1914). *Jaina Art*. N. Delhi: Munshiram Manoharlal, 1994.

— (1928). *Yakṣas* (2 Partes). N. Delhi: Munshiram Manoharlal, 1980.

— (1934). *The Transformation of Nature in Art*. [Versión castellana: *La transformación de la naturaleza en arte*. Barcelona: Kairós, 1997.]

Cort, John E. (1991). "Mūrtipūja in Śvetāmbar Jain Temples". En: T.N. Madan (ed.), *Religion in India*. Delhi: Oxford University Press, 1992.

— (1992). "Śvetāmbar Mūrtipūjak Jain Scripture in a Performative Context". En J. Timm (ed.), *Texts in Context*. Delhi: Sri Satguru, 1997.

— (1995). "The Rite of Veneration of Jina Images". En: D.S. Lopez jr. (ed.), *Religions of India in Practice*. Princeton: Princeton University Press, 1995.
— (1995). "Jain Questions and Answers: Who Is God and How Is He Worshiped?". En: D.S. Lopez jr. (ed.), *Religions of India in Practice*. Princeton: Princeton University Press, 1995.
— (1998). "Introduction: Contested Jain Identities of Self and Other". En: J.E. Cort (ed.), *Open Boundaries*. Albany: SUNY, 1998.
— (1998). "Who is a King? Jain Narratives of Kingship in Medieval Western India". En: J.E. Cort (ed.), *Open Boundaries*. Albany: SUNY, 1998.
Cottam Ellis, Christine (1991). "Jain Merchant Castes of Rajasthan". En: M. Carrithers y C. Humphrey (eds.), *The Assembly of Listeners*. Cambridge: Cambridge University Press, 1991.
Couliano, Ioan P. y Eliade, Mircea (1990). *Dictionnaire des Religions*. [Versión castellana: *Diccionario de las religiones*. Barcelona: Paidós Ibérica, 1992.]
Daniélou, Alain (1985). *La fantaisie des Dieux et l'aventure Humaine*. Monaco: Rocher, 1985.
Dasgupta, Surendranath (1922-1955). *A History of Indian Philosophy* (5 vols). Delhi: Motilal Banarsidass, 1975.
Davis, Richard (1995). "Introduction". En: D.S. Lopez jr. (ed.), *Religions of India in Practice*. Princeton: Princeton University Press, 1995.
— (1998). "The Story of the Disappearing Jains". En: J.E. Cort (ed.), *Open Boundaries*. Albany: SUNY, 1998.
Deo, S.B. (1955). *History of Jaina Monachism*. Puna: Deccan College Dissertation Series, 1956.
Desai, S.M. (1983). *Haribhadra's Yoga Works and Psychosynthesis*. Ahmedabad: L.D. Institute of Indology, 1983.
Dixit, K.K. (1971). *Jaina Ontology*. Ahmedabad: L.D. Institute of Indology, 1971.
— (1978). *Early Jainism*. Ahmedabad: L.D. Institute of Indology, 1978.
Drew, John (1987). *India and the Romantic Imagination*. Delhi: Oxford University Press, 1987.
Dumézil, Georges (1968, 1971, 1973) *Mythe et Epopée I, II, III*. París: Gallimard, 1995 (ed. revis.).
Dumont, Louis (1966, 1979). *Homo Hierarchicus. Le système des castes et ses implications*. París: Gallimard, 1979.
Dundas, Paul (1991). "The Digambara Jain Warrior". En: M. Carrithers y C. Humphrey (eds.), *The Assembly of Listeners*. Cambridge: Cambridge University Press, 1991.
— (1992). *The Jains*. Londres: Routledge, 1992.
Eliade, Mircea (1972). *Le yoga. Immortalité et liberté*. [Versión castellana: *El yoga. Inmortalidad y libertad*. México: F.C.E., 1991.]
— (1975). *Techniques du Yoga*. [Versión castellana: *Técnicas del Yoga*. Barcelona: Kairós 2000.]
— (1976). *Histoire des croyances et des idées religieuses*. [Versión castellana: *Historia de las creencias y de las ideas religiosas* (4 vols). Madrid: Ediciones Cristiandad, 1978.]
Farquhar, J.N. (1914). *Modern Religious Movements in India*. N. Delhi: Munshiram Manoharlal, 1977.
Feuerstein, Georg (1989). *Yoga. The Tecnology of Ecstasy*. Los Angeles: Jeremy Tarcher, 1989.
Feuerstein, G., Kak, S. y Frawley, D. (1995). *In Search of the Craddle of Civilization*. Wheaton: Quest, 1995.
Flood, Gavin (1996). *An Introduction to Hinduism*. Cambridge: Cambridge University Press, 1996.
Folkert, Kendall W. (1993). *Scripture and Community. Collected Essays on the Jains*. [Editado por John Cort]. Atlanta: Scholars Press, 1993.
Frauwallner, Erich (1953). *Geschichte der Indischen Philosophie*. [Versión inglesa: *History of Indian Philosophy* (2 vols.). Delhi: Motilal Banarsidass, 1983-1984.]
Frazer, Elizabeth (1940). "The Origin of Religion". En: M. Ratna-Prabha Vijaya (ed.), *Śramaṇa Bhagavān Mahāvīra. His Life and Teaching* (6 vols). Delhi: Parimal, 1989.
Fynes, R.C.C. (1998). *Hemacandra. The Lives of the Jain Elders*. Oxford: Oxford University Press, 1998.
Gandhi, Mohandas K. (1925, 1955). *An Autobiography or the Story of My Experiment with the*

*Truth*. [Versión castellana: *Autobiografía. La historia de mis experimentos con la verdad*. Caracas: Monte Ávila, 1973.]
Ghoshal, S.C. (1917). *Dravya-Saṃgraha*. Delhi: Motilal Banarsidass, 1989.
Glasenapp, Helmuth von (1915). *Die Lehre von Karman in der Philosophie der Jainas*. [Versión inglesa: *The Doctrine of Karman in Jain Philosophy*. Bombay: Bai Vijibhai Jivanlal Pannalal Charity Fund, 1942.]
— (1925). *Der Jainismus. Eine Indische Erlösungsreligion*. [Versión inglesa: *Jainism. An Indian Religion of Salvation*. Delhi: Motilal Banarsidass, 1999.]
— (1958). *Die Philosophie der Inder*. [Versión castellana: *La filosofía de los hindúes*. Barcelona: Barral Editores, 1977.]
Gombrich, Richard (1988). *Theravāda Buddhism*. Londres: Routledge & Kegan Paul, 1988.
Gonda, Jan (1965). *Change and Continuity in Indian Religion*. N. Delhi: Munshiram Manoharlal, 1997.
Granoff, Phyllis (1990). "Jain Biographies". En: P. Granoff (ed.), *The Clever Adulteress*. Oakville: Mosaic Press, 1990.
— (1992). "Jinaprabhasūri and Jinadattasūri. Two Studies from the Śvetāmbara Jain Tradition". En: P. Granoff y K. Shinohara (eds.), *Speaking of Monks*. Oakville: Mosaic Press, 1992.
Gros, François (1992). *Le livre de l'amour*. París: Gallimard, 1992.
Halbfass, Wilhelm (1988). *India and Europe*. Delhi: Motilal Banarsidass, 1990.
— (1991). *Tradition and Reflection*. Delhi: Sri Satguru, 1992.
— (2000). *Karma und Wiedergeburt in indischen Denken*. [Versión castellana: *Karma y renacimiento*. Barcelona: Libros Cúpula, 2001.]
Hardy, Friedhelm (1990). "The Story of King Yaśodhara". En: P. Granoff (ed.), *The Clever Adulteress*. Oakville: Mosaic Press, 1990.
Hegel, G.W.F. (1837, 1840). *Vorlesungen über die philosophie der Geschichte*. [Versión castellana: *Lecciones sobre la filosofía de la historia universal*. Madrid: Alianza, 1980.]
Heesterman, Jan C. (1985). *The Inner Conflict of Tradition. Essays in Indian Ritual, Kingship, and Society*. Chicago: The University of Chicago Press, 1985.
Hiriyanna, M. (1945). *Essentials of Indian Philosophy*. Londres: George Allen & Unwin, 1978.
Hopkins, E. Washburn (1898). *The Religions of India*. N. Delhi: Munshiram Manoharlal, 1970.
Hudson, Dennis (1989). "Violent and Fanatical Devotion Among the Nāyanārs". En: A. Hiltebeitel (ed.), *Criminal Gods and Devotees*. Albany: SUNY, 1989.
Humphrey, Caroline (1991). "Fairs and Miracles: At the Boundaries of the Jain Community in Rajasthan". En: M. Carrithers y C. Humphrey (eds.), *The Assembly of Listeners*. Cambridge: Cambridge University Press, 1991.
Inden, Ronald (1990). *Imagining India*. Bloomington: Indiana University Press, 2000 (ed. revis.).
Jacobi, Hermann (1884, 1895). *Gaina Sûtras* (2 vols), "Sacred Books of the East", vols. 22 y 45. Delhi: Motilal Banarsidass, 1964.
Jaffrelot, Christophe (1998). *La démocratie en Inde*. París: Fayard: 1998.
Jain, B.C. (1972). *Jainism in Buddhist Literature*. Nagpur: 1972.
Jain, H.L. y Upadhye, A.N. (1971). "General Editorial". En: A. Chakravarti, *Samayasāra with English Translation and Commentary based upon Amṛitacandra's Ātmakhyāti*. N. Delhi: Bharatiya Jnanpith, 1997.
Jain, Jagdishchandra (1947). *Life in Ancient India as Depicted in Jaina Canon and Commentaries*. N. Delhi: Munshiram Manoharlal, 1984 (ed. revis.).
— (1989). "The Medieval Bhakti Movement: Its Influence on Jainism". En: N.N. Bhattacharyya (ed.), *Medieval Bhakti Movements in India*. Delhi: Munshiram Manoharlal, 1989.
Jain, Jyoti P. (1951). *Jainism. The Oldest Living Religion*. Benarés: P.V. Research Institute, 1988.
Jain, Kailash Chand (1974). *Lord Mahāvīra and His Times*. Delhi: Motilal Banarsidass, 1991 (ed. revis.).
Jain, Kamala (1983). *The Concept of Pañcaśila in Indian Thought*. Benarés: P.V. Research Institute, 1983.

Jain, Sagarmal (1989). "The Jaina Spirit and Spirituality". En: K. Sivaraman (ed.), *Hindu Spirituality*. Delhi: Motilal Banarsidass, 1995.
Jaini, Jagmanderlal (1916). *Outlines of Jainism*. Indore: J.L. Jaini Trust, 1979.
Jaini, Padmanabh S. (1978). *Amṛtacandrasūri's Laghutattvasphoṭa*. Ahmedabad: L.D. Institute of Indology, 1978.
— (1979). *The Jaina Path of Purification*. Delhi: Motilal Banarsidass, 1979.
— (1991). *Gender and Salvation. Jaina Debates on the Spiritual Liberation of Women*. Berkeley: University of California Press, 1991.
— (1991). "Is There a Popular Jainism?". En: M. Carrithers y C. Humphrey (eds.), *The Assembly of Listeners*. Cambridge: Cambridge University Press, 1991.
— (1994). "The Jaina Faith and Its History". En: N. Tatia, *That Which Is. Tattvārtha Sūtra*. Londres: Harper Collins, 1994.
— (2000). *Collected Papers on Jaina Studies*. Delhi: Motilal Banarsidass, 2000.
Jivanlal Doshi, M. (1948). "The Horoscope of Śramaṇa Bhagavān Mahāvīra". En: M. Ratna-Prabha Vijaya (ed.), *Śramaṇa Bhagavān Mahāvīra. His Life and Teaching*, vol. 2. Delhi: Parimal, 1989.
Johnson, William J. (1995). *Harmless Souls. Karmic Bondage and Religious Change in Early Jainism with Special Reference to Umāsvāti and Kundakunda*. Delhi: Motilal Banarsidass, 1995.
Jones, J. Howard M. (1991). "Jain Shopkeepers and Moneylenders". En: M. Carrithers y C. Humphrey (eds.), *The Assembly of Listeners*. Cambridge: Cambridge University Press, 1991.
Jordens, J.F.T. (1987). "Gandhi and Religious Pluralism". En: H. Coward (ed.), *Modern Indian Responses to Religious Pluralism*. Delhi: Sri Satguru, 1991.
Kalupahana, David J. (1986). *Mūlamadhyamakakārikā of Nāgārjuna. The Philosophy of the Middle Way*. Delhi: Motilal Banarsidass, 1991.
Key Chapple, Christopher (1990). "Karma and the Path of Purification". En: V. Hanson, R. Stewart y S. Nicholson (eds.), *Karma. Rhythmic Return to Harmony*. Wheaton: Quest, 1990.
— (1993). *Nonviolence to Animals, Earth and Self in Asian Traditions*. Delhi: Sri Satguru, 1995.
— (1996). "Monist (Ekatva) and Pluralist (Anekānta) Discourse in Indian Traditions". En: N. Smart y S. Murty (eds.), *East-West Encounters in Philosophy and Religion*. Long Beach: Long Beach Publications, 1996.
— (1998). "Haribhadra's Analysis of Pātañjala and Kula Yoga in the Yogadṛṣṭisamuccaya". En: J.E. Cort (ed.), *Open Boundaries*. Albany: SUNY Press, 1998.
— (2000). "Life Force in Jainism and Yoga". En: J. Runzo y N.M. Martin (eds.), *The Meaning of Life in the World Religions*. Oxford: OneWorld, 2000.
Khadabadi, B.K. (1992). *Śrāvakācāra. Its Significance and Its Relevance to the Present Times*. N. Delhi: Sri Rajakrishna Jain Charitable Trust, 1992.
Kinsley, David (1982). *Hinduism. A Cultural Perspective*. Englewood Cliffs: Prentice-Hall, 1982.
Klostermaier, Klaus K. (2000). *Hinduism. A Short History*. Oxford: Oneworld, 2000.
Kolenda, Pauline (1978). *Caste in Contemporary India*. Menlo Park: Benjamin/Cummings Publishing, 1978.
Kosambi, D.D. (1965). *The Culture and Civilisation of Ancient India in Historical Outline*. N. Delhi: Vikas, 1997.
Krishan, Yuvraj (1997). *The Doctrine of Karma*. Delhi: Motilal Banarsidass, 1997.
Kulkarni, V.M. (1952, 1990). *The Story of Rāma in Jain Literature*. Ahmedabad: Saraswati Pustak Bhandar, 1990.
Laidlaw, James (1995). *Riches and Renunciation. Religion, Economy and Society Among the Jains*. Oxford: Oxford University Press, 1995.
Lamotte, Étienne (1958, 1976). *Histoire du Bouddhisme Indien*. [Versión inglesa: *History of Indian Buddhism*. Louvain: Institut Orientaliste de Louvain, 1988.]
Larson, Gerald J. (1994). "Are Jains Really Hindus?". En: P. Pal (ed.), *The Peaceful Liberators. Jain Art from India*. Nueva York: Thames & Hudson, 1994.
— (1995). *India's Agony Over Religion*. Delhi: Oxford University Press, 1997.

Lath, Mukund (1991). "Somadeva Suri and the Question of Jain Identity". En: M. Carrithers y C. Humphrey (eds.), *The Assembly of Listeners*. Cambridge: Cambridge University Press, 1991.
Laughlin, Charles (1994). "On the Relationship Between Science and the Life-World". En: W. Harman y J. Clarks (eds.), *New Metaphysical Foundations of Modern Science*. Sausalito: Institute of Noetic Sciences, 1994.
Lefeber, Rosalind (1990). "Hemacandra's Pariśiṣṭaparva. The Story of Cāṇakya". En: P. Granoff (ed.), *The Clever Adulteress*. Oakville: Mosaic Press, 1990.
Lewis, Martin y Wigen, Kären (1997). *The Myth of Continents. A Critique of Metageography*. Berkeley: University of California Press, 1997.
Lingat, Robert (1967). *Les Sources du droit dans le système traditionel de l'Inde*. París: Mouton, 1967.
Lorenzen, David N. (1972). *The Kāpālikas and Kālāmukhas*. Delhi: Motilal Banarsidass, 1991.
Loy, David (1988). *Nonduality*. [Versión castellana: *No-dualidad*. Barcelona: Kairós, 2000.]
Mahāprajñā, Ācārya (1994). *Prekṣā Dhyāna. Theory and Practice*. Ladnun: Jain Viśva Bharati, 1994.
Maillard, Chantal y Pujol, Óscar (1999). *Rasa. El placer estético en la tradición india*. Varanasi: Indica Books, 1999.
Mardia, K.V. (1990). *The Scientific Foundations of Jainism*. Delhi: Motilal Banarsidass, 1996.
Marriott, McKim (1968). "Multiple Reference in Indian Caste Systems". En: J. Silverberg (ed.), *Social Mobility in the Caste System in India*. La Haya: Mouton, 1968.
Matchett, Freda (2001). *Kṛṣṇa. Lord or Avatāra?* Richmond: Curzon Press, 2001.
Matilal, Bimal K. (1985). *Logic, Language and Reality. An Introduction to Indian Philosophical Studies*. Delhi: Motilal Banarsidass, 1999.
— (1999). "Anekānta: Both Yes and No". En: N.J. Shah (ed.), *Jaina Theory of Multiple Facets of Reality and Truth (Anekāntavāda)*. Delhi: Motilal Banarsidass, 2000.
McCrindle, John W. (1926). *Ancient India as described by Megasthenês and Arrian*. Nueva Delhi: Munshiram Manoharlal, 2000.
Mehta, T.U. (1993). *The Path of the Arhat*. Faridabad: Pujya Sohanalala Smaraka Parsvanatha Sodhapitha, 1993.
Mette, Adelheid (1995). "The Synchronism of the Buddha and the Jina Mahāvīra and the Problem of Chronology in Early Jainism". En: H. Bechert (ed.), *When Did the Buddha Live?* Delhi: Sri Satguru, 1995.
Monier-Williams, Monier (1899). *A Sanskṛit-English Dictionary*. Delhi: Motilal Banarsidass, 1970.
Mookerjee, Satkari (1944). *The Jaina Philosophy of Non-Absolutism*. Delhi: Motilal Banarsidass, 1978.
Mora, Juan Miguel de (2001). "Ecología jaina y Anekāntavāda". En: C. Maillard (ed.), *El árbol de la vida. La naturaleza y el arte en las tradiciones de la India*. Barcelona: Kairós, 2001.
Nahar, P.C. y Ghosh, K.C. (1917). *An Encyclopaedia of Jainism*. Delhi: Sri Satguru, 1988.
Norman, K.R. (1991). "The Role of the Layman According to the Jain Canon". En: M. Carrithers y C. Humphrey (eds.), *The Assembly of Listeners*. Cambridge: Cambridge University Press, 1991.
Nyāyavijayajī, Muni (1952-1954). *Jaina Darśana*. [Versión inglesa: *Jaina Philosophy and Religion*. Delhi: Motilal Banarsidass, 1998.]
Oguibénine, Boris (1993). "De la rhétorique de la violence". En: D. Vidal, G. Tarabout y É. Meyer (eds.), *Violences et non-violences en Inde (Collection Puruṣārtha 16)*. París: École des Hautes Études en Sciences Sociales, 1994.
Olivelle, Patrick (1993). *The Āśrama System*. Nueva York: Oxford University Press, 1993.
Pal, Pratapaditya (1994). "Introduction". En: P. Pal (ed.), *The Peaceful Liberators. Jain Art from India*. Nueva York: Thames & Hudson, 1994.
— (1995). "Two Jain *Yantras* of the Fifteenth Century". En: R.T. Vyas (ed.), *Studies in Jaina Art and Iconography and Allied Subjects in Honour of U.P. Shah*. Vadodara: Oriental Institute-University of Baroda, 1995.

Pande, G.C. (1984). *Foundations of Indian Culture* (2 vols). Delhi: Motilal Banarsidass, 1984.

Pániker, Salvador (1987). *Ensayos retroprogresivos*. Barcelona: Kairós, 1987.

Panikkar, Raimon (1957, 1976). *The Unknown Christ of Hinduism*. [Versión castellana: *El Cristo desconocido del hinduismo*. Madrid: Grupo Libro 88, 1994 (ed. revis.).]

— (1966, 1983). *El silencio del Buddha*. Madrid: Siruela, 1996 (ed. revis.).

— (1981). "Presentation. A Treatise of Spirituality". En: N. Shāntā, *The Unknown Pilgrims*. Delhi: Sri Satguru, 1997.

— (1997). *La experiencia filosófica de la India*. Madrid: Trotta, 1997.

Paper, Jordan (1995). *The Spirits are Drunk. Comparative Approaches to Chinese Religion*. Albany: SUNY, 1995.

Parpola, Asko (1994). *Deciphering the Indus Script*. Cambridge: Cambridge University Press, 1994.

Parrinder, Geoffrey (1970). *Avatar and Incarnation*. Oxford: Oneworld, 1997.

— (1976). *Mysticism in the World's Religions*. Oxford: Oneworld, 1995.

Parthasarathy, R. (1993). *The Tale of An Anklet. An Epic of South India*. Nueva York: Columbia University Press, 1993.

Peña, Ernesto de la (1992). *Kautilya o el Estado como mandala*. México: Pórtico de la Ciudad de México, 1993.

Peterson, Indira Viswanathan (1989). *Poems to Śiva*. Delhi: Motilal Banarsidass, 1991.

— (1998). "Śramaṇas Against the Tamil Way". En: J.E. Cort (ed.), *Open Boundaries*. Albany: SUNY, 1998.

Radhakrishnan, Sarvepalli (1923, 1929). *Indian Philosophy* (2 vols). Delhi: Oxford University Press, 1940.

Ratna-Prabha Vijaya, Muni (1948-1950). *Śramaṇa Bhagavān Mahāvīra. His Life and Teaching*. (6 vols). Delhi: Parimal, 1989.

Reynell, Josephine (1991). "Women and the Reproduction of the Jain Community". En: M. Carrithers y C. Humphrey (eds.), *The Assembly of Listeners*. Cambridge: Cambridge University Press, 1991.

Richards, Glyn (1985). *A Source-Book of Modern Hinduism*. Londres: Curzon Press, 1996.

Ries, Julien (1989). "El hombre religioso y lo sagrado". En: J. Ries (ed.), *Tratado de Antropología de lo sagrado*, vol. 1. Madrid: Trotta, 1995.

Rizvi, S.A.A. (1987). *The Wonder That Was India, Part II*. Calcutta: Rupa, 1993.

Robert, Jean-Noël (1993). [Versión castellana: "El budismo. Historia y fundamentos". En: J. Delumeau (ed.), *El hecho religioso*. Madrid: Alianza Editorial, 1995.]

Ross Reat, Noble (1996). "The Historical Buddha and His Teachings". En: K.H. Potter (ed.), *Encyclopaedia of Indian Philosophies*, vol VII. Delhi: Motilal Banarsidass, 1996.

Royston Pike, Edgar (1951). *Encyclopaedia of Religion and Religions*. [Versión castellana: *Diccionario de religiones*. México: F.C.E., 1960.]

Ryan, James (1998). "Erotic Excess and Sexual Danger in the Cīvakacintāmaṇi". En: J.E. Cort (ed.), *Open Boundaries*. Albany: SUNY, 1998.

Said, Edward W. (1978). *Orientalism*. [Versión castellana: *Orientalismo*. Madrid: Libertarias/Prodhufi, 1990.]

Sangave, Vilas (1959). *Jaina Religion and Community*. Long Beach: Long Beach Publications, 1997 (ed. revis.).

— (1991). "Reform Movements Among Jains in Modern India". En: M. Carrithers y C. Humphrey (eds.), *The Assembly of Listeners*. Cambridge: Cambridge University Press, 1991.

Sarkar, Benoy Kumar (1917). *The Folk-Element in Hindu Culture*. N. Delhi: Oriental Books Reprint, 1972.

Schopen, Gregory (1995). "Death, Funerals, and the Division of Property in a Monastic Code". En: D.S. Lopez jr. (ed.), *Buddhism in Practice*. Princeton: Princeton University Press, 1995.

Schubring, Walther (1934). *Die Lehre der Jainas nach den alten Quellen dargestellt*. [Versión inglesa: *The Religion of the Jainas*. Delhi: Motilal Banarsidass, 1978.]

Sergent, Bernard (1997). *Genèse de l'Inde*. París: Payot, 1997.
Seymour, Susan C. (1999). *Women, Family, and Child Care in India*. Cambridge: Cambridge University Press, 1999.
Shah, Umakant P. (1955). *Studies in Jain Art*. Varanasi: Jaina Cultural Research Society, 1955.
— (1973). *More Documents of Jaina Paintings and Gujarati Paintings of Sixteenth and Later Centuries*. Ahmedabad: L.D. Institute of Indology, 1976.
Shāntā N. (1985). *La voie jaina*. [Versión inglesa: *The Unknown Pilgrims. The Voice of the Sādhvīs*. Delhi: Sri Satguru, 1997.]
Shastri, Yajneshwar S. (1989). *Praśamarati-prakaraṇa*. Ahmedabad: L.D. Institute of Indology, 1989.
Shendge, Malati J. (1977). *The Civilized Demons: The Harappans in the Ṛgveda*. N. Delhi: Abhinav Publications, 1977.
Singh, Ram Bushan P. (1975). *Jainism in Early Medieval Karnataka*. Delhi: Motilal Banarsidass, 1975.
Singhi, N.K. (1991). "A Study of Jains in a Rajasthan Town". En: M. Carrithers y C. Humphrey (eds.), *The Assembly of Listeners*. Cambridge: Cambridge University Press, 1991.
Sircar, D.C. (1971). *Studies in the Religious Life of Ancient and Medieval India*. Delhi: Motilal Banarsidass, 1971.
Sivaraman, Krishna (1987). "Śaiva Siddhānta and Religious Pluralism". En: H. Coward (ed.), *Modern Indian Responses to Religious Pluralism*. Delhi: Sri Satguru, 1991.
Smith, Brian K. (1989). *Reflections on Resemblance, Ritual and Religion*. Nueva York: Oxford University Press, 1989.
Smith, R. Morton (1973). *Dates and Dynasties in Earliest India*. Delhi: Motilal Banarsidass, 1973.
Smith, Vincent A. (1909). *The Edicts of Asoka*. Nueva Delhi: Munshiram Manoharlal, 1992.
Snellgrove, David (1987). *Indo-Tibetan Buddhism*. Londres: Serindia, 1987.
Sontheimer, Günther D. (1989). "Between Ghost and God". En: A. Hiltebeitel (ed.), *Criminal Gods and Devotees*. Albany: SUNY, 1989.
Sorman, Guy (2000). *Le génie de l'Inde*. París: Fayard, 2000.
Srinivas, M.N. (1996). *Village, Caste, Gender and Method. Essays in Indian Social Anthropology*. Delhi: Oxford University Press, 1996.
Staal, Frits (1975). *Exploring Mysticism. A Methodological Essay*. Berkeley: University of California Press, 1975.
— (1990, 1993). *Ritual and Mantras. Rules Without Meaning*. Delhi: Motilal Banarsidass, 1996.
Stcherbatsky, T. (1923). *The Central Conception of Buddhism and the Meaning of the Word Dharma*. [Versión castellana: *Dharma. El concepto central del budismo*. Málaga: Sirio, 1994.]
Stevenson, Sinclair (1915). *The Heart of Jainism*. N. Delhi: Munshiram Manoharlal, 1984.
Stietencron, Heinrich von (1989). "Hinduism: On the Proper Use of a Deceptive Term". En: G.-D. Sontheimer y H. Kulke (eds.), *Hinduism Reconsidered*. N. Delhi: Manohar, 1997.
Strohl, Ralph (1990). "The Story of Bharata and Bāhubali". En: P. Granoff (ed.), *The Clever Adulteress*. Oakville: Mosaic Press, 1990.
Sukhalalji, Pandit (1962). *Jain Dharmno Pran*. [Versión –y selección– inglesa: *Essence of Jainism*. Ahmedabad: L.D. Institute of Indology, 1988.]
Swearer, Donald K. (1995). *The Buddhist World of Southeast Asia*. Albany: SUNY, 1995.
Tardan-Masquelier, Ysé (1999). *L'Hindouisme. Des origines védiques aux courants contemporains*. París: Bayard Éditions, 1999.
Tatia, Nathmal (1994). *That Which Is. Tattvārtha Sūtra*. Londres: Harper Collins, 1994.
Tatia, Nathmal y Kumar, Muni Mahendra (1981). *Aspects of Jaina Monasticism*. Ladnun: Jain Vishva Bharati, 1981.
Teskey Denton, Lynn (1991). "Varieties of Hindu Female Ascetism". En: J. Leslie (ed.), *Roles and Rituals for Hindu Women*. Delhi: Motilal Banarsidass, 1992.

Thapar, Romila (1978). *Ancient Indian Social History*. Hyderabad: Orient Longman, 1979.
— (1989). "Syndicated Hinduism". En: G.-D. Sontheimer y H. Kulke (eds.), *Hinduism Reconsidered*. N. Delhi: Manohar, 1997.
— (1996). *Time as a Metaphor of History: Ancient India*. Delhi: Oxford University Press, 1996.
Titze, Kurt (1998). *Jainism. A Pictorial Guide To the Religion of Non-Violence*. Delhi: Motilal Banarsidass, 1998.
Tiwari, Maruti N. P. (1995). "Jaina Iconography: Evolution and Appraisal". En: R.T. Vyas (ed.), *Studies in Jaina Art and Iconography and Allied Subjects in Honour of Dr. U.P. Shah*. Vadodara: Oriental Institute-University of Baroda, 1995.
Tobias, Michael (1991). *Life Force. The World of Jainism*. Berkeley: Asian Humanities Press, 1991.
Trautmann, Thomas R. (1997). *Aryans and British India*. N. Delhi: Vistaar Publication, 1997.
Tulasi, Ācārya (s/f). "Anuvrat. A Way to Reconciliation and Tolerance". En: S.L. Gandhi (ed.), *Anuvrat Movement*. Ladnun: Jain Vishva Bharati, 1992.
Tull, Herman W. (1989). *The Vedic Origins of Karma. Cosmos as Man in Ancient Indian Myth and Ritual*. Delhi: Sri Satguru, 1990.
Vyas, R.T. (1995). En: R.T. Vyas (ed.), *Studies in Jaina Art and Iconography and Allied Subjects in Honour of U.P. Shah*. Vadodara: Oriental Institute-University of Baroda, 1995.
Vidyabhusana, Satishchandra (1978). *A History of Indian Logic*. Delhi: Motilal Banarsidass, 1996.
Warder, A.K. (1972-1987). *Indian Kāvya Literature* (6 vols). Delhi: Motilal Banarsidass, 1992.
Watts, Alan (s/f). *Live in the Moment*. [Versión castellana: *Vivir el presente*. Barcelona: Kairós, 1994.]
Weber, Max (1921). *Gesammelte Aufsätze zur Religionssoziologie*. [Versión castellana: *Ensayos sobre sociología de la religión* (3 vols). Madrid: Taurus, 1987.]
— (1922). *Wirtschaft und Gesellschaft. Grundriss der Verstehender Soziologie*. [Versión castellana: *Economía y sociedad. Esbozo de sociología comprensiva*. México: F.C.E., 1964.]
Whitehead, Alfred North (1925). *Science and the Modern World*. Nueva York: Free Press, 1967.
Williams, R. (1963). *Jaina Yoga*. Delhi: Motilal Banarsidass, 1983.
Wijayaratna, Mohân (1993). "El budismo en el país del Theravada". En: J. Delumeau (ed.), *Le fait religieux*. [Versión castellana: *El hecho religioso*. Madrid: Alianza, 1995.]
Winternitz, Moritz (1907-1922). *Geschichte der indischen Litteratur*. [Versión inglesa: *History of Indian Literature* (3 vols). Delhi: Motilal Banarsidass, 1983.]
Yasovijaya, Muni Shri (1974). *Tirthankara Bhagawan Mahavira*. Bombay: Jain Snaskruti Kala Kendra & Shri Parshwa Padmavati Trust, 1993 (ed. revis.).
Zaehner, R.C. (1962). *Hinduism*. Londres: Oxford University Press, 1962.
Zimmer, Heinrich (1935). *Indische Sphären*. [Versión castellana: *Yoga y budismo*. Barcelona: Editorial Kairós, 1998.]
— (1951). *Philosophies of India*. [Editado por Joseph Campbell]. Princeton: Princeton University Press, 1969.
— (1955). *The Art of Indian Asia* (2 vols). [Editado por Joseph Campbell]. Princeton: Princeton University Press, 1983 (ed. revis.).

# LISTA DE FIGURAS Y CUADROS*

## FIGURAS EN EL TEXTO



## LÁMINAS A COLOR



* Hemos intentado identificar y contactar correctamente con cada uno de los propietarios de los derechos de autor. Lamentamos cualquier posible omisión o error, y nos comprometemos a rectificar los que nos señalen tan pronto como sea posible.

**Figura 38:** Rājacandra Rājīvbhāī
Por cortesía de la editorial Munshiram Manoharlal.
**Figura 39:** Muni Jambūvijaya
Foto: Kurt Titze. (Por cortesía de la editorial Motilal Banarsidass.)
**Figura 40:** Ācārya Śāntisāgara
Por cortesía de la editorial Motilal Banarsidass.
**Figura 41:** Vijaya Dharma Sūri
Por cortesía de la editorial Motilal Banarsidass.
**Figura 42:** Yuvācārya Mahāprajñā
Foto: Kurt Titze. (Por cortesía de la editorial Motilal Banarsidass.)
**Figura 43:** Tulasi y Yuvācārya Mahāprajñā
Foto: Jain Viśva Bharati
**Figura 44:** Mapa de densidad de la población jainista por distritos
Fuente: Agustín Pániker.
**Figura 45:** Los seis tintes
De *La cosmologie jaïna*.
**Figura 46:** Nirgrantha recibiendo a un príncipe *rājput*
Los Angeles County Museum of Art. Donación del Sr. y la Sra. Robert L. Cunningham, Jr. (Foto: Museum Associates/LACMA.)
**Figura 47:** *Kalpa-sūtra*
National Gallery of Australia, Camberra.
**Figura 48:** *Kalpa-sūtra*
National Gallery of Australia, Camberra.
**Figura 49:** *Tīrthaṅkara* en *kāyotsarga*
Foto: Agustín Pániker.
**Figura 50:** Ṛiṣabha
Foto: Agustín Pániker.
**Figura 51:** *Jina* desnudo
British Museum, Londres.
**Figura 52:** Nemi
Por cortesía del National Museum, Nueva Delhi.
**Figura 53:** Escoltas de los *jinas*
Foto: Marcelo Di Pietro y Agustín Pániker.
**Figura 54:** Ambikā
Los Angeles County Museum of Art. Adquirida por gentileza de R. Ellsworth. (Foto: Museum Associates/LACMA.)
**Figura 55:** Baño ritual (*abhiṣeka*)
Foto: Agustín Pániker.
**Figura 56:** *Pūjā* a Bharu
Foto: Agustín Pániker.
**Figura 57:** *Pūjā* de las ocho substancias
Foto: Agustín Pániker.
**Figura 58:** *Snātra-pūjā*
Foto: Caroline Humphrey. (Por cortesía de Caroline Humphrey.)
**Figura 59:** *Dādāguru* Jinacandra Sūri Maṇidhārī
Foto: Lawrence Babb. (Por cortesía de Lawrence Babb. De su libro *Absent Lord*)
**Figura 60:** Rito de re-consagración de imágenes
Foto: Kurt Titze. (Por cortesía de la editorial Motilal Banarsidass.)
**Figura 61:** *Pūjā* de las ocho substancias
Foto: Thomas Dix.
**Figura 62:** Sameṭa Śikhara
Foto: Kurt Titze. (Por cortesía de la editorial Motilal Banarsidass.)

## CUADROS

# ÍNDICE